权威机构　品牌图书　每年新版

BLUE BOOK

权威 · 前沿 · 原创

中国政府创新蓝皮书

BLUE BOOK OF CHINESE GOVERNMENT INNOVATIONS

和谐社会与政府创新

HARMONIOUS SOCIETY AND GOVERNMENT INNOVATIONS

主　编／俞可平

图书在版编目（CIP）数据

和谐社会与政府创新/俞可平主编. —北京：社会科学文献出版社，2008.3
（中国政府创新蓝皮书）
ISBN 978-7-5097-0078-5

Ⅰ.和… Ⅱ.俞… Ⅲ.国家行政机关-行政管理-研究-中国 Ⅳ.D630.1

中国版本图书馆 CIP 数据核字（2008）第 021640 号

法律声明

主要编撰者简介

俞可平 政治学博士，研究员、教授，哲学和政治学双学科博士生导师。现任中共中央编译局副局长、中央编译局比较政治与经济研究中心主任、北京大学中国政府创新研究中心主任、中央马克思主义理论研究与建设工程“基本观点研究”课题首席专家、“中国地方政府改革创新研究与奖励计划”总负责人，兼任北京大学、清华大学、中国人民大学、复旦大学、浙江大学等校教授，曾任联合国政府创新咨询专家、台湾东华大学、美国杜克大学、德国自由大学客座教授。主要研究领域：政治哲学、中国政治、比较政治、治理与善治、全球化、公民社会、政府创新。发表《民主与陀螺》等著作40余本，在《中国社会科学》、《新政治科学》（美国）等国内外重要学术刊物上用中英文发表学术论文200多篇。

中文摘要

本书由北京大学中国政府创新研究中心主任俞可平教授担任主编，大部分撰稿人是“中国地方政府创新”课题组的主要成员。全书由主题研讨、创新案例、政策法规、国外创新、数据资料和中国政府创新大事记组成。

“主题研讨”部分是该书的核心和灵魂，本年度的主题是“和谐社会与政府创新”。这一课题的确定，既考虑了中央的政治发展战略，又顾及了地方政府的改革实践，同时还参考了社会各界，包括政治学界所关注的热点。

“创新案例”部分从全国范围精选出十六个典型案例，从不同角度、不同层面展示了近年来各级政府的创新实践。政策法规部分从年度内出台的近 3 万多条法律条文中，筛选出 300 多条，进行统计分析、抽样研究，剖析了中国政府年度创新的现状及趋势。

“国外创新”部分向读者介绍了国外在政府创新的理论和实践方面的一些最新进展；“附录 A 数据资料”部分收集了年度内国内与政府创新相关的重要数据；“附录 B”部分向读者介绍了年度内中国政府创新的大事。这三部分内容，为关注国内外政府创新的读者提供了一些必要的参考资料。

Abstract

The book is edited by Professor Yu Keping, Director of Center for Chinese Government Innovations, Peking University. Most of contributors are from the Program of Chinese Local Governance Innovations. The book consists of thematic discussion, innovations cases, policies and laws, international innovations, basic data and appendix (Chronicle of Chinese Government Innovations).

The part of thematic discussion is the core of the book. The annual theme is harmonious society and government innovations. Central political development strategy, reform practice of local governments, and societal focus, especially political scientists' emphasis are taken into consideration when this theme is decided.

The part of innovations cases include 16 typical cases selected around the country. They are innovative practices conducted by local governments in different fields recently. The part of policies and laws selects 300 kinds from 30000 policies, laws, orders and regulations. They reflect the existing situation and trend of decision-making.

The part of international innovations introduces some updated theoretical and practical developments of government innovations in other countries. The part of data collects significant data relating to government innovations. The appendix lists major events of government innovations from January 2006 to November 2007. In addition, the Chinese Local Governance Innovations Awards is introduced. All of these three parts provide necessary materials for readers to understand government innovations.

序　言

俞可平*

2006年，北京大学中国政府创新研究中心首次编辑出版了《中国政府创新年度报告》，《报告》面世后受到读者和政府部门的普遍欢迎。编者由此受到鼓励，决定与社会科学文献出版社合作，作为其影响广泛的“皮书系列”的一种，按年度编辑《中国政府创新蓝皮书》。现在的蓝皮书仍将保持原年度报告的基本风格，由主题研讨、创新案例、政策法规、国外创新和数据资料五个部分组成，以体现理论与实践、现状与趋势、国内与国外、政策与法规相结合的编辑宗旨。毫无疑问，将原先的年度报告改为现在的蓝皮书，编辑和出版的要求都明显提高，难度也相应增大。欣赖同仁们的鼎力合作，终于按照社会科学文献出版社“皮书系列”的统一要求，如期完成了任务。

一年一度的“主题研讨”是《中国政府创新蓝皮书》的核心和灵魂。主题的确立既要考虑中央的政治发展战略，又要考虑地方政府的改革实践，还要考虑社会各界，包括政治学界的关注热点。我们将“和谐社会与政府创新”确定为本年度的研讨主题，是因为：第一，建设社会主义和谐社会，已经成为我国社会发展的长远战略目标；第二，政府的改革与创新，对建设和谐社会具有至关重要的作用；第三，政府创新与和谐社会建设，已经引起社会的广泛关注，成为各级地方政府的工作重点。和谐社会的内涵十分丰富，我们不可能都一一论及。我们认为，从政府创新的角度看，改进公共服务的质量、扩大社会保障的范围、增加社会各群体之间的共识，对于目前的和谐社会建设来说，尤其重要。因此，这些内容在本书中得到了特别的强调。

正像我们编辑出版《中国政府创新年度报告》一样，编辑出版《中国政府

---

* 俞可平，北京大学中国政府创新研究中心主任。

创新蓝皮书》的主要目的，就是忠实记录中国政治发展的年度历程，总结和交流各级政府在改革创新方面的先进经验，分析和研讨政府创新的重大理论问题，推动我国的政治文明建设和政治学研究。希望在年度报告改为蓝皮书之后，上述这些目标能够得以更好的实现，欢迎读者和同行提出建议和批评，以便我们不断提高《中国政府创新蓝皮书》的编辑出版质量。

2007 年 12 月 1 日于方圆阁

目 录

主题报告

创新案例

政策法规创新

国外政府创新

CONTENTS

Thematic Discussion

Case Studies

Innovations in Policies and Laws

Government Innovations in the World

主题报告

和谐社会建设中的中国政府创新：一个初步评价

杨雪冬*

摘　要：本文对近年来，特别是过去一年多来政府在和谐社会建设中的行为和作用进行了总结和分析。分析表明，围绕和谐社会目标，各级党委和政府在理念、制度、机制和政策等多个方面进行了改革和创新，比较有效地发挥了政府的基本职能，并推动了社会和谐的改善。尽管如此，由于一些体制和机制上长期存在的问题，政府在和谐社会建设中的作用并没有得到充分发挥，并且在某些方面甚至成为社会和谐的障碍，因此必须进行深入的自我改革。文章最后还提出了政府创新今后的方向、重点和领域。

关键词：政府创新　和谐社会　作用　评价

2006年10月，中国共产党十六届六中全会作出了《中共中央关于构建社会主义和谐社会若干重大问题的决定》（以下简称《决定》），提出要建设“富强民主文明和谐”的社会主义现代化国家，按照民主法治、公平正义、诚实友爱、充满活力、安定有序、人与自然和谐相处的总要求构建“全体人民共同建设、

* 杨雪冬，博士，中央编译局比较政治与经济研究中心副研究员。研究方向：中国政治与政治理论。

共同享有的和谐社会”。2007 年 10 月，中国共产党十七大报告中更加明确了“建设富强民主文明和谐的社会主义现代化国家”的目标。在经济持续高速增长、社会不断多元化、全球交往日益复杂化的背景下，和谐社会目标的确立具有高度战略意义，涉及各种关系的调整和重建。但是和谐社会不是自发形成的，而是全体社会主体共同参与，共同建设的。在改革开放过程中一直居于核心和主导地位的党和政府在其中发挥着关键作用。

“和谐社会”目标确立以来，各级党委和政府围绕这个目标，在理念、制度、机制、政策等方面进行了改革和创新，不仅更有效地发挥了政府的基本职能，而且为其他社会主体和所有社会公众参与和谐社会建设，分享社会发展成果创造了更为有利的条件，提供了更牢固的保障。因此，围绕和谐社会建设进行改革和创新，推动和谐社会建设是过去一年来政府创新的基本主题。在这个主题的引导下，民主、法治、责任、效益、透明、廉洁、服务等政府创新目标得到了进一步延伸①，与社会发展目标联系在一起。政府改革和创新不单单是政府取向的，也是社会取向的，即把社会和谐作为政府创新要追求的社会价值和目标。所以，在理解中国政府创新上，我们也应该把“和谐”纳入政府创新的价值目标系统，作为衡量创新效果的重要标准。

一　政府与和谐社会构建

空想社会主义者傅立叶也许是第一个在现代意义上提出“和谐”思想的人。和谐是其思想体系中的中心观念。他最早在 1803 年发表的论社会改革的文章标题就是“普遍和谐”（Harmonie Universelle）。和谐（Harmonie）一词是他赋予社会组织最高阶段的名称。和谐主义（Harmonisme）这个词是他在 1808 年造出的，开始它被用于指称人类最崇高的激情或动机；继而（作为 Harmonie 的同义词）用于指称社会发展的终极阶段。他把完美世界的幸运居民称作和谐者（harmoniens，该词于 1822 年造出）。英文的和谐主义（harmonism）一词在 19 世纪 50 年代才开始被使用。完美世界的幸运居民在英文中被译成 harmonians，作为整体的傅立叶哲学有

① 关于政府创新的目标，请参考俞可平等著《政府创新的理论与实践》，浙江人民出版社，2004。

时被描述为“和谐的学说”（Harmonian Doctrine）。在傅立叶发明这些术语的20年后，傅立叶主义运动才在英语国家中开展起来。同时，这些术语也曾分别被设计出来并应用于完全不同的社会主义组织。其中有我们熟悉的另一位空想社会主义者罗伯特·欧文在美国印第安纳开始的新和谐（New Harmony）实验。[①]

马克思在批判空想社会主义和谐思想的基础上，发展了社会和谐思想，更重要是提出了实现和谐社会的现实路径。在他的理论体系中，未来社会是一个自由人的联合体，每个人的自由全面发展是社会发展的条件。而社会和谐不仅包括社会的和谐，也包括人与自然的和谐。马克思在谈到共产主义时说：“这种共产主义，作为完成了的自然主义，等于人道主义，而作为完成了的人道主义，等于自然主义，它是人和自然界之间、人和人之间的矛盾的真正解决。”[②] 要实现和谐社会，就要消除阶级压迫，逐步消除三大差别，为人的全面自由发展创造条件。

和谐社会作为一个愿景，不是自发产生的，而是创造出来的。[③] 政府作为公共权力的代表在其中扮演着重要角色。尽管表面上看，马克思主义理论由于强调政府的阶级属性和阶级斗争的历史作用，似乎与社会和谐思想存在着内在紧张关系，但从本质上说，它关于政府与社会和谐关系的理解更具有现代性和制度建设的可操作性。这集中体现在五个方面。首先，马克思主义理论始终把社会和谐作为人类发展的根本目标，替代资本主义的社会形态必然是更为和谐的、更有利于个人发展和人类团结的社会。其次，马克思主义虽然强调政府的阶级性，但是肯定了其相对“自主性”，即在一定的条件下，政府也能从保全社会整体利益角度出发，借助对暴力工具的垄断，来缓解阶级冲突，以避免冲突双方的毁灭。这就是恩格斯所说的国家的“凌驾”地位。[④] 第三，政府是公共权力的代表，能够为社会提供基本的公共服务。马克思曾经指出，即使在“专制国家中”，政府的作用之一就是“执行由一切社会的性质产生的各种公共事务”。[⑤] 社会职能具有历

① Arthur E. Bestor, “The Evolution of the Socialist Vocabulary”, *Journal of the History of Ideas* 9 - 3, 1948, pp. 259 - 302.

② 马克思：《1844年经济学 - 哲学手稿》，人民出版社，1985，第77页。

③ 冈纳·米尔达尔：《价值在社会政策中的地位》，《反潮流：经济学批判的论文集》，陈羽纶、许约翰译，商务印书馆，1992，第36页。

④ 恩格斯：《家庭、私有制和国家的起源》，《马克思恩格斯选集》第4卷，人民出版社，1995年第二版，第166页。

⑤ 《马克思恩格斯全集》第25卷，人民出版社，1974，第432页。

史继承性，一些手段和方法是不会随国家的更替而消失的。第四，政府作为公共权力，其活动的范围、规模和力度是由社会经济发展决定的。随着社会经济活动的多样化和复杂化，政府必然更加深入地参与其中，并且干预其运行。政府有权力干预社会资源的再分配，甚至代表社会把一些重要资源和产业收归国有。这种思想为福利国家制度的建立和政府干预宏观经济活动提供了重要理论依据。第五，要克服政府由“公仆”变“主人”，只为少数人利益服务的历史难题，就要让人民来控制政府，参与政府，监督政府，把政府改造成“人民公仆”，这样才能避免政府沦为社会财富的消耗者和社会的累赘，使其成为推动社会发展的生产性工具。①

在上述分析的基础上，依据各国的发展经验，我们归纳出政府在调节社会关系、实现社会和谐中的五个基本职能：①提供安全的秩序。减少和消除社会成员之间的暴力冲突，保护每个社会个体的生存权是对政府的底线要求。②提供社会生活所需要的基本公共品。公共品的种类和数量由于各国国情不同而存在差别，但它们的共同特征是：社会经济生活运行必需的，但社会系统和经济系统自身无法提供的产品。③影响和干预社会再分配。这是现代市场经济条件下政府必须承担的职能，一方面是为了防止贫富的过度分化所引发的社会动荡，另一方面可以保障市场经济稳定运行，维护市场作为资源配置核心机制的地位。④保障社会公众的利益表达。一方面，政府要维护社会公众表达利益的权利，另一方面也要为利益的表达提供更为通畅而多样的制度渠道。这不仅是政府保持相对“自主性”的需要，也是调节社会各阶层关系的必然选择。⑤构建社会共识，培养社会认同。现代社会的基本单位——民族国家无论在种族构成还是社会构成上都是多元的，这就需要培养人们相互之间的同胞感情以及对国家的认同感，从而形成基本的价值共识。这不仅有利于减少社会敌视，也能提高集体行动的效率。

各国发展经验表明，政府基本职能能否有效实现，直接关系到社会的稳定繁荣。但是，必须看到，现代社会是一个复杂的系统，政府只是其中的一个组成部分，市场、公民社会与其形成了三角关系，并且影响着政府职能的履行。这样，政府基本职能由于针对的对象不同，就存在着目标性以及价值性冲突。如果处理不当，政府就无法在社会发展与和谐建设中发挥积极作用，反而会成为矛盾和

① 恩格斯：《〈法兰西内战〉1891 年单行本导言》，《马克思恩格斯选集》第 3 卷，1995，第 12 页。

冲突升级的推动者。在诸多冲突中，有四种最为突出。

（1）保持经济增长与实现社会再分配的冲突。在现代市场经济中，经济增长的主体是资本，社会再分配的掌握者是国家，投资、消费、税收等经济行为是二者之间联系的纽带。保持经济增长，就要为资本提供足够的激励；而要把经济增长带来的利益更公平地分配，就要加强再分配手段，这必然影响到对资本的激励。如果只有经济增长，没有再分配推动的社会公平的提高，那么就可能产生拉美国家遇到的“残酷的增长”，并诱发社会冲突；如果只强调社会再分配，忽视对经济增长的激励，那么也可能染上“福利国家病”。因此，经济增长与社会再分配应该保持适度协调。

（2）维持社会基本秩序与推动社会快速变革的冲突。稳定是社会基本秩序的核心，但变革又是现代社会的内在冲动。从传统社会向现代社会，从工业社会向后工业社会，从单一的现代性向多样的现代性，从现代向后现代，从传统社会主义向后社会主义，从计划经济向市场经济等的转变虽然是学者对不同领域中不同形式社会变革的归纳，但充分说明了社会变革的多样与快速。科技进步和社会交往的扩展直接推动着这些变革。一方面，原来固定的社会和共同体的边界随着交往手段的发展被打破了，单个社会、共同体被卷入全球变革的进程中。另一方面，包括个人在内的社会主体进一步分化，相对于以地域为基础建立起来的制度框架有了更大的流动性、选择权和自主性。这不仅意味着它们有能力挑战国家和政府维持的社会基本秩序，而且也意味着更多风险的到来。而在还没有建立起新的风险分担和应对机制之前，国家和政府依然是解决风险的“最后保障”，要为社会成员提供基本安全保障。这样，政府就陷入维持基本秩序与推动社会快速变革的两难困境。要维持基本秩序，就要限制社会成员的自由；不推动社会变革，就无法适应自由扩展的需要，难以为政府寻找到合法性的新增长点。

（3）维护社会多元化与构建社会共识的冲突。多元化是社会和谐的前提条件，社会共识则是社会和谐的结果。正是因为多元，才要追求社会和谐，但实现和谐并非消除多元，而是要在多元的基础上把它们协调起来，形成社会发展的合力。社会共识就是观念上的协调，观念的合力。之所以在多元化的基础上形成社会共识存在困难，根本原因在于社会的多元化是以利益为基础的。利益的最大化是社会成员的理性选择，要认同其他成员的价值，并形成基本共识就可能意味着自身利益的损失。对于政府来说，多元的社会是客观存在的，但没有社会共识就无法限制个别利益的无限扩张，更难以动员社会成员实现集体行动。

（4）保持经济增长与确保生态安全的冲突。经济增长是以消耗资源、破坏生态为代价的，而生态资源是不可再生的，这样经济增长就遇到了生态承受力的瓶颈。更进一步讲，以牺牲生态为前提的经济增长还面临生态正义的难题。一方面是代际正义，因为虽然经济增长可以解决当代人的就业问题，提高他们的生活质量，但可能会提前消耗，甚至破坏后代生存所需要的生态环境和资源，这不仅对他们不公平，而且直接威胁着人类的前景；另一方面是地域正义，因为经济发达的地区往往更有能力消耗更多的资源，排放更多的污染物。虽然它们可以通过市场机制以公平的价格从不发达地区购买资源，但是生态系统是开放的，不发达地区在自身经济没有发展的情况下，也必须与发达地区共同承担生态污染。对于政府来说，要解决经济增长与生态安全的关系，就意味着要协调眼前利益与长期利益、局部利益与整体利益的关系。

这些价值冲突和政策手段冲突是各国政府面临的严重挑战。而中国政府在2006年以官方文件的形式正式提出的“和谐社会”、“和谐世界”理念之所以受到各国的普遍重视和认可，成为一种全球共识，就充分反映了它们的普遍需求。[①]“和谐社会”思想不仅继承了社会主义的本质价值，而且在中国发展国情的基础上充分吸收了各国的发展经验，因此既有价值感召力，也有实践可行性。在价值目标上，和谐社会体现为民主法治、公平正义、诚实友爱、充满活力、安定有序、人与自然和谐相处，所追求的是“全体人民共同建设、共同享有”，这是社会主义的本质要求。在实践中，要坚持以人为本、科学发展、改革开放、民主法治、正确处理改革发展稳定的关系、在党的领导下全社会共同建设的原则来推进体制、机制和制度建设。

在完善社会主义市场经济体制和建设和谐社会的背景下，中国各级政府要根据这些价值目标和实践原则来调整、创新和完善自己的职能。这意味着，政府不

---

① 笔者经历的两件事情可以作为这个现象的说明。在2006年10月，笔者参加的“全球政府创新联络小组”会议上，来自拉美国家的代表要求我们能为他们提供关于“和谐社会”的官方文件，尤其是权威解释。他们认为和谐对于贫富分化严重、种族冲突不断的拉美国家来说，尤其重要。另一件事情是，2006年12月，英国保守党内的一个高层人士在访问中央编译局的时候，演讲的题目就是“英国的和谐社会建设”。他说，马克思的思想对于英国社会的发展产生了重要影响。

仅要完成自己的基本职能，更要勇于改革自身，不断拓展职能，为社会成员提供充分发展、参与和谐社会建设、分享社会发展成果所需的条件。

二 和谐社会建设中政府创新的主要内容

这里所讨论的政府创新，指的是各级政府为了适应社会经济发展需要，解决发展中出现的问题，更有效地完成基本职能，对理念、制度、机制、政策等所做的具有创造性的调整、更新和设计。政府创新一方面具有强烈的建构性，因为需要对原有的思维和行为模式进行有意识的改造；另一方面也具有内在的实践性，因为创新必须要经受实践检验，以验证是否能带来新的变化，解决具体问题。

在和谐社会建设中，还存在不少影响社会和谐的矛盾和问题。它们主要表现为：社会多元化影响了社会共识的形成，主流价值观的吸引力和引导力削弱；以收入差距为核心的城乡差距、地区差距、阶层差距有不断扩大的危险；保证社会公平正义的基本制度还不完善，执行的不得力；公共品和公共服务的提供效率低、不均等；经济增长与环境保护的矛盾还没有得到切实解决，一些地方还在以牺牲环境来求增长；一些政府及其官员的观念和能力无法满足和谐社会建设的需要；等等。如果这些问题和矛盾不能得到及时有效的解决，就可能成为激化现有矛盾、产生新问题的根源，影响和阻碍和谐社会建设。

观察近年来，特别是过去一年多来各级党委政府的运转情况，我们可以比较清晰地看到，围绕“和谐社会”建设这个目标，它们在理念、制度、机制、政策、手段等诸多方面都进行了有针对性的改革和创新，取得了一定的成果，并在各个领域推动了和谐社会建设。这些创新可以概括为以下几个方面。

（一）执政理念创新

“为人民服务”是中国共产党执政的基本理念。改革开放以来，这个理念的具体内容不断得到更新和丰富，并且在实践过程中，逐渐带有了治理的色彩。“和谐社会”思想的提出反映了中国社会经济发展的需要，有一个逐步完善的过程（见表1）。它的出现不仅为执政理念增添了新的内容，平衡了整个执政理念体系，并且推动了治理理念的创新。具体来说，“和谐社会”思想带来的执政理念创新体现在四个方面。

表 1 中国共产党关于和谐社会建设思想的发展（1987～2007）

年 份	时间、会议	提 法 和 内 容
1987	中国共产党第十三次全国代表大会	确定了社会主义初级阶段，在这个阶段要通过改革和探索，“建立和发展充满活力的社会主义经济、政治、文化体制”。
1992	中国共产党第十四次全国代表大会	提出20世纪90年代改革和建设的主要任务，“围绕经济建设中心，加强社会主义民主法制和精神文明建设，促进社会全面进步”。
1997	中国共产党第十五次全国代表大会	提出要“各个方面相互配合，实现经济发展和社会全面进步”。
2002	中国共产党第十六次全国代表大会	提出全面建设小康社会的目标，实现“社会更加和谐”。
2003	中国共产党第十六届三中全会，《中共中央关于完善社会主义市场经济体制若干问题的决定》	提出完善社会主义市场经济体制的目标和任务。“五个统筹”：统筹城乡发展、区域发展、经济社会发展、人与自然和谐发展、国内发展和对外开放。
2004	中国共产党第十六届四中全会，《中共中央关于加强党的执政能力建设的决定》	提出，要适应我国社会的深刻变化，把和谐社会建设摆在重要位置，注重激发社会活力，促进社会公平和正义，增强全社会的法律意识和诚信意识，维护社会安定团结。 从党的执政能力角度提出，“坚持最广泛最充分地调动一切积极因素，不断提高构建社会主义和谐社会的能力”。具体内容包括：①全面贯彻尊重劳动、尊重知识、尊重人才、尊重创造的方针，不断增强全社会的创造活力。②妥善协调各方面的利益关系，正确处理人民内部矛盾。③加强社会建设和管理，推进社会管理体制创新，健全工作机制，维护社会稳定。④坚持稳定压倒一切的方针，落实维护社会稳定的工作责任制。⑤坚持党的群众路线，加强和改进新形势下的群众工作。
2006年3月	《中华人民共和国国民经济和社会发展第十一个五年规划纲要》	提出立足以人为本推动发展，促使“发展由偏重于增加物质财富向更加注重促进人的全面发展和经济社会的协调发展转变”。在第十篇，专门谈推进社会主义和谐社会建设，包括五项主要工作：①全面做好人口工作；②提高人民生活水平；③提高人民健康水平；④加强公共安全建设；⑤完善社会管理体制。
2006年10月	中国共产党第十六届六中全会，《中共中央关于构建社会主义和谐社会若干重大问题的决定》	把社会主义现代化国家的建设目标从“富强民主文明”调整为“富强民主文明和谐”。提出要按照民主法治、公平正义、诚实友爱、充满活力、安定有序、人与自然和谐相处的总要求来构建“全体人民共同建设、共同享有的和谐社会”。确定了六项主要工作内容：①加强社会事业建设；②加强制度建设，保障社会公平正义；③建设和谐文化；④完善社会管理；⑤激发社会活力，增进社会团结和睦；⑥加强党的领导。
2007	政府工作报告	在“推进社会主义和谐社会建设”一节中提出以下几项工作：①加快教育、卫生、文化、体育等社会事业发展；②加强就业和社会保障工作；③强化安全生产工作和整顿规范市场秩序；④推进社会主义民主法制建设；⑤维护社会安定和谐。
2007	党的十七大报告	在“必须坚持统筹兼顾”的论述中，除了阐述统筹城乡发展、区域发展、经济社会发展、人与自然和谐发展、国内发展和对外开放“五个统筹”之外，还特别提出“统筹国内国际两个大局”。

（1）在执政基本目的的基础上，增添了新的目标取向。建设一个富强民主文明的社会主义现代化国家一直是中国共产党执政的基本目标，现在“和谐”也成为这个目标中的组成部分。在中国共产党看来，不仅要实现国家富强、民族振兴，还要保证人民幸福。“和谐”目标的提出是对社会日益多元化和经济高速增长所产生的社会生态后果的直接回应。在社会多元化的同时，我们也要看到城乡、区域发展存在的不平衡；社会成员诚信缺失、道德失范；经济高速增长面临人口资源环境的巨大压力，而经济增长带来的收益还没有以更有效的方式和渠道扩散到更多社会公众身上，就业、社会保障、教育、医疗、住房等关系群众切身利益的问题依然非常突出。因此，执政者不仅要推动多元化社会关系的和谐，还要维护人与自然的和谐。对社会发展和生态环境的关注完善了现有执政目标，使执政目标与社会每个成员的发展以及整个社会的持续存在紧密联系起来。执政不仅要实现国家强大、民族富裕，更要关注每个人的自由发展以及整个社会发展的可持续性。

（2）明确了执政者在建设和谐社会过程中的主要目标和任务。《关于构建社会主义和谐社会若干重大问题的决定》提出，到 2020 年，构建社会主义和谐社会的目标和主要任务是：社会主义民主法制更加完善，依法治国基本方略得到全面落实，人民的权益得到切实尊重和保障；城乡、区域发展差距扩大的趋势逐步扭转，合理有序的收入分配格局基本形成，家庭财产普遍增加，人民过上更加富足的生活；社会就业比较充分，覆盖城乡居民的社会保障体系基本建立；基本公共服务体系更加完备，政府管理和服务水平有较大提高；全民族的思想道德素质、科学文化素质和健康素质明显提高，良好道德风尚、和谐人际关系进一步形成；全社会创造活力显著增强，创新型国家基本建成；社会管理体系更加完善，社会秩序良好；资源利用效率显著提高，生态环境明显好转；实现全面建设惠及十几亿人口的更高水平的小康社会的目标，努力形成全体人民各尽其能、各得其所而又和谐相处的局面。这些目标和任务有的已经写入早一些时候通过的《中华人民共和国国民经济和社会发展第十一个五年规划纲要》。

（3）围绕推进和谐社会建设，提出一系列具体工作和工作重点。这些具体工作分为：加强社会事业建设；加强制度建设；建设和谐文化；完善社会管理；激发社会活力，增进社会团结和睦；以及加强党的领导六大类。每一类下面又

包括更为具体的工作。比如在社会事业建设方面，要推进新农村建设，落实区域发展战略，发展和谐劳动关系，优先发展教育，促进教育公平，加强医疗卫生服务，发展文化事业和产业，加强环境治理等七项工作。这些工作实际上是对各级党委政府提出的具体要求，同时也成为人民群众评价其工作的重要参考依据。

(4) 明确了执政党在和谐社会建设中的作用。《关于构建社会主义和谐社会若干重大问题的决定》提出，“构建社会主义和谐社会，关键在党”。因此要提高党领导社会主义和谐社会建设的能力。在和谐社会建设中，党除了要加强自身建设外，还要有效发挥把握方向、制定政策、整合利益、营造环境的作用。和谐社会建设对执政党现有的工作模式提出了新的挑战。各级党委必须从经济事务中脱离出来，学会管理社会，尤其要通过建立新的机制把自己与社会密接联系在一起。要通过自身的改革，以党内和谐推动社会和谐。

之所以说执政理念带有更为明显的治理色彩，根本原因在于执政者认识到政党不是全能型的，政府也不能无所不包，它们要逐渐从一些领域退出来，动员各种社会力量来参与国家管理和社会管理。多元参与是治理的基本精神。在社会管理体制创新中，多元参与的治理精神得到充分体现。社会管理体制创新的目标是：整合社会管理资源，提高社会管理水平，健全党委领导、政府负责、社会协同、公众参与的社会管理格局，在服务中实施管理，在管理中体现服务。在社会管理体制改革中，要发挥政府、社区、社会组织等多主体的作用。政府要强化社会管理和公共服务职能，社区要加强自治能力，社会组织要增强服务社会的功能。当然，在多元参与治理格局中，党委和政府要发挥核心作用，这样才能把多元参与协调起来，避免多元治理产生的混乱。

和谐社会带来的执政理念创新并没有停留在中央文件上，而是得到各级政府和社会各界的积极回应和认同，从而顺利地转化为全社会的共识，不仅减少了政令执行的成本，而且提高了社会行动的协调性。就各级政府来说，它们都把“和谐”作为本地区发展的目标，并且相应调整了发展策略、财政开支结构以及重点工作安排。一些政府部门还提出建设和谐机关。就社会而言，实现“和谐”不仅成为各行业自我管理的目标，而且渗透到社会成员的行为规范中。比如对于企业社会责任的讨论和实践。根据一项调查，在 2006 年上半年中国主流报纸十大流行语中，就有“和谐社会”、“社会主义新农村”、“社会主义荣辱观”、“从飞”四个与“和谐社会建设”直接相关的词汇。[①] 而在2007年的同期调查中，相关词汇更多。比如国内时政类十大流行语中，就有“物权法”、“政府信息公开”、“国家药监局”、“自行纳税申报”、“廉租住房制度”、“反渎职侵权”、“突发事件应对法草案”、“防汛抗洪”等八个词汇与“和谐社会建设”有关。而在专门增加的民生专题中，民生问题、经济适用房、手机单向收费、最低生活保障、住房公积金、街道综合执法、药品监督管理、一卡通、治理自行车被盗问题、猪肉涨价等十个流行语更是反映了政府和社会共同关注的热点问题。[②]

（二）制度创新

制度作为一组规则，能够为全体社会行为者提供稳定的激励和约束。制度创新是政府创新的核心，因为在现代社会中，政府作为公共权威不仅是主要制度的创设者和维护者，更需要建立良好而完善的制度来限制自己，以更有效地发挥服务社会的职能，防止滥用公共权力。

建设和谐社会，就要有能够实现公平正义这个基本条件的制度保障。这些制度不仅能够保障社会成员在政治、经济、文化、社会等方面的权利和权益，而且可以为他们表达利益诉求、履行义务，处理相互间关系提供正式渠道和规范依据，以建立人们对政府、对社会的基本信任。

《决定》在保障社会公平正义方面，提出要进行六个方面的制度建设：民主权利保障制度；法律制度；司法制度；公共财政制度；收入分配制度以及社会保障制度。2007年，这六个方面的制度建设具体表现如下。

——民主权利保障制度。继续推动社会主义民主政治制度化、规范化、程序化建设，完善各项民主制度。尤其在深化政务公开，依法保障公民的知情权、参与权、表达权、监督权等方面取得很大进展。其中最值得关注的创新是《中华人民共和国政府信息公开条例》在2007年1月17日国务院第165次常务会议上的通过和公布。按照这个条例，政府信息公开主体主要是行政机关和法律法规授权的具有管理公共事务职能的组织。但教育、供水、供电、供气、供热、环保、医疗卫生、计划生育、公共交通等与群众利益密切相关的公共企事业单位在提

---

① http://gb.cri.cn/9223/2006/07/31/1266@1154664.htm.

② http://www.cbifamily.com/news/36/47/200707/5280.html.

供社会公共服务过程中，也要公开与人民群众生产、生活密切相关的社会公共信息。条例的通过有利于使行政机关的职责权限、办事程序、办事结果、监督方式等为人民群众广泛知晓，有利于规范行政权力的正确行使，确保行政权力不被滥用，实现依法行政；有利于避免行政行为暗箱操作，填补权力运行机制中的漏洞，减少腐败行为发生的机会；有利于强化社会监督，拓宽人民群众参与社会经济事务管理的渠道，切实保障人民群众的知情权、参与权和监督权；有利于行政机关更好地转变职能，加强机关作风建设，不断提高行政水平和工作效率。①

——法治建设。发展社会事业、健全社会保障、加强社会管理、节约能源资源、保护生态环境等方面的立法成为年度立法重点。比如，2007 年，《社会救助法》、《慈善法》被纳入国务院、全国人大的立法规划，意味着我国社会保障改革正在进入制度化建设阶段。政府在依法行政、接受监督、加大反腐败力度等方面也取得巨大进展。据国务院法制办 2007 年进行的首次“全国市县政府依法行政现状”书面调查显示，九成市县政府成立了依法行政领导机构；八成市县政府出台了行政执法责任方面专门规定，实施了行政执法考评和责任追究制度；七成市县政府实施了政府法律顾问制度等。九成市县政府建立了领导干部学法制度；八成市县政府建立了规范性文件备案制度；超过七成的市县政府出台了规范行政决策方面的专门规定。② 2007 年 9 月，国务院常务会决定，在现有行政审批改革基础上，再取消和调整 186 项行政审批项目，其中取消行政审批项目 128 项，调整行政审批项目 58 项。③ 为解决行政纠纷问题，2006 年 4 月，国务院法制办正式设立行政复议司。2006 年底，国务院召开了新中国成立以来第一次全国行政复议工作座谈会。2007 年 6 月，国务院正式公布行政复议法实施条例，并规定于 2007 年 8 月 1 日起正式施行。④ 在反腐败方面，除了办理多个大案要案

---

① 《国务院法制办负责人就〈中华人民共和国政府信息公开条例〉有关问题答中国政府网问》，http：//www. gov. cn/zwhd/2007 -04/24/content_ 593213. htm。

② 吴兢、黄庆畅：《中国基层依法行政状况趋好　执法质量仍需提高》，2007 年 8 月 25 日《人民日报》。

③ 《国务院决定再取消和调整 186 项行政审批项目》，http：//news. sina. com. cn/c/2007 -09 -26/191613978645. shtml。

④ 《行政复议条例施行　政府强化“自我纠错”》，http：//cn. chinagate. com. cn/law/2007 -08/02/content_ 8616307. htm。

外，还加强了对群众关心的重点领域的腐败惩治，比如医疗卫生领域的反腐败；为履行《联合国反腐败公约》所规定的义务，加大预防腐败的力度，还将组建成立国家预防腐败局。为了加强对职务腐败的防治工作，中共中央纪委出台了《关于严格禁止利用职务上的便利谋取不正当利益的若干规定》，最高人民法院、最高人民检察院制订了《关于办理受贿刑事案件适用法律若干问题的意见》。2007年9月13日，国家预防腐败局正式成立。这些法律文件出台以及专门机构的成立有利于进一步健全惩治与预防腐败体系，统一惩治受贿犯罪的司法尺度，堵塞市场经济条件下滋生腐败的漏洞，并加强与《联合国反腐败公约》的衔接。

——公共财政制度。完善转移支付制度，缓解县乡财政困难，推动公共服务均等化。通过加大“三奖一补”力度，全国财政困难县的总数已经由2005年初的791个大幅减少到2007年初的200个左右。此外，还推动省以下改革财政管理体制。目前全国已经有28个省份推行乡财县管改革，18个省份推行省直管县改革，为缓解县乡财政困难提供了体制和机制保障。[①] 在财政支出结构上，坚持“三个高于”的原则，即：用于直接改善农村生产生活条件的投入高于上年，用于基础教育和公共卫生等社会事业的投入高于上年，用于西部大开发的投入高于上年。从2006年开始，用两年时间支持解决全国98086个村级组织无活动场所的问题，中央财政2006年已安排4.9亿元。2007年，中央财政安排用于“三农”的资金3917亿元，比上年增加520亿元。在农村发展农业保险，扩大农业政策性保险试点范围。在全国农村全部免除义务教育阶段的学杂费，使农村1.5亿中小学生的家庭普遍减轻经济负担。继续对农村贫困家庭学生免费提供教科书并补助寄宿生活费。完善农村义务教育经费保障机制，不断提高保障水平。2007年全国财政安排农村义务教育经费2235亿元，比2006年增加395亿元。从2007年新学年开始，在普通本科高校、高等职业学校和中等职业学校建立健全国家奖学金、助学金制度，为此中央财政支出将由2006年18亿元增加到95亿元，2008年将安排200亿元，地方财政也要相应增加支出。

——社会保障制度。建设覆盖城乡居民的基本卫生保健制度。一是积极推行新型农村合作医疗制度；二是加快建设以社区为基础的新型城市卫生服务体系；三是启动以大病统筹为主的城镇居民基本医疗保险试点，政府对困难群众给予必

① 《着力缓解县乡财政困难促进基本公共服务均等化》，www.gov.cn，2007年3月14日。

要的资助；四是做好重大传染病防治工作。新型农村合作医疗制度试点范围扩大到全国80%以上的县（市、区）。中央财政安排补助资金101亿元，比2006年增加58亿元。落实农村卫生服务体系建设与发展规划，健全县、乡、村三级农村卫生服务网络，每个乡镇由政府办好一所卫生院，采取多种形式支持每个行政村设立一个卫生室，建设农村药品供应网和监督网，加强农村卫生队伍建设，努力让广大农民享有安全、有效、方便、价廉的医疗卫生服务。2007年中央财政安排社会保障支出2019亿元，比2006年增加247亿元。继续完善企业职工基本养老保险制度，推进做实个人账户扩大试点工作。

——收入分配制度。努力增加城乡居民收入特别是中低收入者收入。合理调整和严格执行最低工资制度，落实小时最低工资标准，加强企业工资分配调控和指导，建立健全工资正常增长机制和支付机制，严格最低工资制度和小时最低工资标准的执行情况。

上面概括的制度创新内容，主要由中央政府推动。与地方政府相比，中央政府一直处于制度创新的主导地位。这是由其掌握更大权威（尤其是立法权）和更丰富资源决定的。通过立法，可以把新创立的制度确定下来，并在全国范围推广；依靠资金、人力以及技术等更丰富的资源，中央政府可以设计出更完善、更合理可行的制度，并且为其运行提供物质保障。

尽管如此，地方政府在制度创新中依然扮演着非常活跃的角色，在更为微观的制度设计方面发挥着重要作用。地方政府的作用集中体现在两个方面。一方面它们可以成为中央设计的制度的“试验田”；另一方面它们针对当地具体问题进行的创新由于具有典型性和前瞻性，也有可能被中央政府采纳，成为全国性制度。因此，地方政府推动的创新不仅减少了全国性制度创新的设计成本，而且通过微观运行提高了新制度的可行性。

（三）机制创新

这里所说的机制指的是制度运行过程中所依靠的组织形态和程序过程，包括责任的确认和分担、相关部门关系的协调、对结果的评估以及技术手段的应用。因此，机制是制度运行的组织形态和关系形态的总和。机制创新有两个基本取向。一是政府整体化取向，机制创新就是提高政府内部关系的协调性、通畅度和效率，保证政府能对社会经济的新变化作出及时而准确的反应。从这点来说，机

制创新首先是建设回应型政府的需要。另一个是政府民主化取向。现代政府的运行与社会的参与、监督密不可分。只有能为社会公众提供充分而有效的参与渠道、知情渠道，才能从根本上保证政府的运行能对社会公众负责。因此，机制创新也是建设责任政府的需要。

地方政府在机制创新中发挥了重要作用。之所以如此，有两个根本原因。一是它们是国家设计的各项制度的具体执行者，也是制度的受益对象直接面对的公共权力代表。它们不仅要理解制度的精神，更要用有力的组织形式和关系形式来支持制度的运行，以实现制度与公众之间的纽带作用；二是国家设计的制度往往在实践中需要多个机构或部门的支持，这就需要地方政府能够在以层级、部门组成的政府结构的基础上，建立起更为有效的协调机制，把分隔的部门、机构联系在一起，整合在一起。

在和谐社会建设这个主题下，下面几种机制创新尤其突出。

——公共服务机制创新。从2004年建设服务型政府被确立为政府改革的目标以来，公共服务方面的改革力度进一步加大，这不仅表现为用于公共品提供方面的资金和人力投入大大增加，更表现在服务机制的改革和完善方面。服务机制的创新要达到两个基本目的，一是要把增加了的公共品和公共服务及时而公平地送到服务对象那里，使他们能够享受到公平而优越的服务；二是要有效地控制公共服务成本，减少和避免公共资源的浪费。公平和效率是衡量公共服务机制创新的基本尺度。

近年来，有三个领域的公共服务机制创新特别值得关注。一是政务服务中心的推广和升级。一方面以集中办公为主要形式的政务服务大厅在各地普遍建立起来，在许多地方还延伸到乡镇、社区层次，不仅公开了办事程序，而且减少了居民在相关职能部门之间跑来跑去的办事时间，大大方便了居民的生活；另一方面，部分已经建立的政务服务大厅为进一步提高办事效率，便利当地居民，还不断改革内部的办公机制，力争杜绝把原来的衙门风气和办事方式带进新的政务服务环境中。比如，上海、北京等地对政务服务流程进行再造，减少部门交叉、重叠；成都等地将所有具有行政审批职能的部门都纳入政务服务中心，实现“应进必进，集中受理”的目标；天津、深圳、江苏苏州、福建泉州等地充分利用计算机技术，用办公系统来处理特定的审批项目，以约束部门和个人滥用审批权力，提高办事效率。二是社区，尤其是城市社会服务改革进展很快。2006年4

月，国务院在总结各地社区改革经验的基础上，针对和谐社会建设目标下发了《关于加强和改进社区服务工作的意见》，明确提出，要充分发挥政府、社区居委会、民间组织、驻社区单位、企业及居民个人在社区服务中的作用，整合社区资源，健全服务网络，创新服务方式，拓宽服务领域，强化服务功能。社区服务包括就业服务、社会保障服务、社区救助服务、社区卫生和计划生育服务、社区文化教育体育服务、社区流动人口管理和服务以及社区安全服务七项主要内容。三是食品药品安全管理得到高度重视。2007 年国务院发布了《中国的食品质量安全状况白皮书》，颁布了《关于食品等产品安全监督管理的特别规定》，强化地方政府在产品安全监督管理工作中负总责，加大监督管理部门监管责任和部门之间的工作协调；提出要以农村食品安全为重点，在 2007 年底前建立县乡两级的食品安全政府负总责的责任体系和事故应急体制；投资 88 个亿实施“食品药品监管系统基础设施建设规划项目”。

此外，陕西咸阳市、浙江省杭州市余杭区政府、新疆乌鲁木齐市、山西长治市、河北成安等地建设“无围墙政府”、“通透式办公”，便利居民进出办事①；北京、上海、江苏无锡等地着力深化行政体制改革和完善公共服务体系，分别展开“政事分开”、“管办分离”改革探索。这些机制性创新进一步提升了地方政府公共服务功能。

特别值得注意的是，尽管招商依然是地方政府的重要工作之一，但公共服务机制的改革和创新在一定程度上改变了它们过度重视服务投资者、忽视本地居民的倾向。因此，有的地方提出要从建设“亲商”政府转变为“亲民”政府。尽管这种提法有很大的商榷之处，但公共服务机制的完善和创新无疑对政府职能的转变起到推动和支持作用。

——公民参与机制创新。扩大公民有序参与是政治文明建设的重要内容。随着社会利益的多元化和公民参与意识和参与能力的提高，建立完善而有效的参与渠道日益重要。目前，在法律文本和制度规定上，公民有多种参与渠道和参与方式。但关键问题是这些渠道和方式如何向公民开放，使公民能容易地利用，来表达利益，并达成共识。

---

① 张悦：《河北上访大县变透明试点　通透式办公相互监督》，http：//news. sina. com. cn/c/2006 -03 -29/14569475228. shtml。

公民参与机制的创新要解决两个关键问题。一是开放哪些领域的参与；二是公民如何参与。围绕这两个关键问题，参与机制的创新应该做到：开放公众最关心的领域，以提高参与率；建立既能便利公民接近，又能把不同意见有效整合为共识的机制，保证参与质量。近年来，在各地涌现了听证会、热线电话、网络互动（包括利用 QQ 等聊天工具、博客等新的网络信息发布手段）、公示征求意见、开放党委和人大会议等多种新型的参与机制。扩大环境保护和评估、预算安排、政府部门评价等领域中的公民参与。在这些领域中，参与式预算特别值得关注。这不仅因为公共财政是和谐社会建设的重要制度支持，更因为中国的预算体制一直以保密的形式运行着，本来是公众最应该知晓的公共事务成为封闭的部门事务。现有的参与式预算创新采取了两种机制。一种是浙江温岭、上海南汇两地通过乡镇人大来征求群众意见，决定政府的整体预算安排；[①] 另一种是黑龙江哈尔滨、江苏无锡等地由政府组织公民对专项预算安排提意见。这两种形式的预算参与机制目的都是尽可能地征求相关利益方的意见，以提高预算安排的针对性和使用的效率。

从各地的经验来看，公民参与机制的创新基本上达到了两个目的。一是使当地公众进一步熟悉和了解了党委政府，实现了他们对公共事务的知情权，发挥了参与作为政治社会化机制的作用；二是通过公众参与解决了某些实际问题，甚至是难点问题，提高了政府的效能和公信力，发挥了参与作为管理手段的作用。然而，必须认识到，目前地方政府在完善公民参与机制方面的创新与社会公众强烈的参与要求之间还存在巨大差距。一些地方政府依然愿意在封闭状态下运行，害怕公民的参与削弱自己的权力。因此，公民参与机制创新更需要进行深刻的制度改革和政治文化改革。

——利益协调机制创新。利益的多样化是和谐社会的前提。没有多样化就没有和谐化。建设和谐社会不是要用一致来替代多样，而是要在保持多样的前提下实现一致与协调。因此，就需要对已经多元化的利益进行有效调节。2006 年 2 月，中共中央颁布了《关于加强人民政协工作的意见》，指出：“人民通过选举、投票行使权利和人民内部各方面在重大决策之前进行充分协商，尽可能就共同性问题取得一致意见，是我国社会主义民主的两种重要形式。”协商民主的提出为

① 包蹇：《上海惠南的预算民主：人大代表票决实事工程》，2007 年 8 月 15 日《人民日报》。

利益协调机制的创新提供了明确的理论指导和理念支持。

四个方面的利益协调机制创新值得重视：首先是协调政府与公众之间关系的机制。政府是公共利益的代表，但是政府必须依靠一定的机制、渠道才能把公众要求纳入公共政策。这些年来，各级政府比较重视决策过程中采取听证会、论证会、公示等形式来听取各种意见；发挥党代表、人大代表、政协代表广泛联系群众、集中民意民智的作用；整合信访资源，通畅信访渠道，及时解决一些信访难题。等等。除了这些有中央明确要求的改革外，一些地方还发明了新机制来沟通政府与公众之间的关系。比如浙江省温岭市建立的“民主恳谈会”机制，政府与当地群众就每年应该解决的重大问题进行协商对话，减少误解，取得共识，以提高预算资金使用的针对性和效率。第二是协调资本与劳工之间关系的机制。资本与劳工关系是市场经济条件下最基本的利益关系之一。吸引投资，增加税收一直是地方政府的工作中心，因此，在给予资本优惠政策、特别照顾的同时就忽视了对劳工利益的保护。近年来，各地工会等组织积极推动集体工资协商谈判，协调劳资关系。大量流入城市的农民工是利益被忽视最明显的群体。在中央明令要求和地区间经济竞争升级的压力下，一些地方除了建立比较有效的清理欠薪机制外，还在户籍登记、子女教育、医疗保障等方面进行了改革，使农民工享有当地居民或市民待遇。比如福建泉州就提出要使农民工成为“新泉州人”，江苏无锡提出要培养“新市民”。有的地方还有限度地打破户籍对选举权的限制，使一些农民工代表参与当地人大、政协的选举。比如浙江义乌、福建泉州等地就在这方面进行了探索。第三是企业与政府间关系的协调机制。行业协会管理体制的改革是这个方面的代表。尽管行业协会管理体制并没有实现彻底的改革，但在机制上已经有所创新。一些地方积极推动政会分开，使行业协会与政府职能部门脱离，实现运行的民间化。比如广东省省委政府 2006 年出台的《关于发挥行业协会商会作用的决定》明确提出，行业协会、商会要在“自愿发起、自选会长、自筹经费、自聘人员、自主会务”的基础上，实行无行政级别、无行政事业编制、无行政业务主管部门，真正实现民间化和自治性。政府与行业协会、商会之间是指导与被指导、监督与被监督关系。一些地方明确行业协会、商会的主管部门，避免部门之间的冲突。比如无锡在 2007 年开始将原来由政府职能部门主管的协会商会统一交给工商联主管。一些地方积极培养新兴行业协会，增强它们服务企业、向政府反映利益诉求、回馈社会的能力。第四是公众间关系的协调机制。社会的和谐在日常生活中首先体现为公众之间关系的和谐。近年来，各级政府着力推动两类机制的完善和创新。一类是社区管理体制机制创新。各地纷纷提出要建立和谐社区，并加大社区建设的资源、人力投入，发展社区服务，开展社区群众性自助和互助服务。另一类是创新人民调解机制，提倡更多地用调解方法来解决矛盾。

社会的发展，必然要求建立多样的、有效的利益调节机制。各地在相关领域中的探索和创新在一定程度上丰富了现有利益调节框架，但这些机制的运行还难以满足社会的需要。尤其重要的，这些利益调节机制在运行中，政府主导色彩过于明显，日常化水平不够，相关配套机制政策也不完善，这在很大程度上限制了这些机制功能的发挥。

——危机应对机制创新。危机应对工作引起各级政府高度重视是从2003年SARS危机开始的。2006年1月，国务院发布了《国家突发公共事件总体应急预案》，当年全国共制定各类应急预案135万多件，各省（区、市）、97.9%的市（地）和92.8%的县（市）制定了总体应急预案。中央企业预案制定率达100%，高危行业绝大部分规模以上企业已制定应急预案。全国共开展预案演练13.7万多次。全国应急预案体系已经初步形成。[①] 2007年8月30日，全国人大常委会通过了《中华人民共和国突发事件应对法》，为应对危机提供了明确的法律依据和保障。2007年9月，为了协调部门行动，国务院决定建立重特大生产安全事故责任追究沟通协调工作部际联席会议制度。

在和谐社会建设中，预防危机、化解矛盾是一方面工作，解决问题、应对危机是另一方面工作，二者缺一不可。应急预案的制订不仅规范了地方政府处理公共危机事件的行为，而且比较清晰地明确了相关部门的责任。但是作为一种计划方案，关键是使应急预案能够得到有效实施，处理好突发事件。在这方面，各级政府还有很大的改进和完善之处。而一些地方政府的创新可以为此提供借鉴。这些创新包括：开展应急意识和知识的普及；加强应急演练；改善危机期间的信息发布方式和信息管理方式；提高危机期间的公共公关活动的质量；完善危机的责任确认和追究机制等。

现阶段是风险高发期，各级政府应该高度重视危机应对机制的建设和创新，

---

① 《06年我国制定应急预案135万件　演练13.7万多次》，2007年7月23日《人民日报》。

要通过培训、宣传等方式使风险意识成为各级官员的基本素质，把危机应对能力变成政府的基本能力，并使危机应对机制建设成为政府建设的必要组成。

——绩效评估机制创新。对政府行为的效果进行评估是政府管理科学化的重要手段。评估是依据一套可以量化的指标进行的，这不仅能够客观地了解政府行为是否取得预期结果，提高管理的精细化，而且指标所体现的价值理念也能对政府部门产生引导作用。因此，绩效评估不仅是衡量政府行为的尺度，也是调整政府行为的“指挥棒”。

改革开放以来，为了适应经济的发展和现代化建设任务的需要，我国已经建立一套比较有效的评估机制。它以经济增长和其他紧迫性任务（比如计划生育、社会安定）等为核心指标，以对“一把手”的评价为主要对象，以“一票否决”为主要激励方式。随着社会经济条件的变化，这种评估机制的缺陷逐渐暴露。其中两个缺陷最为突出。一是它过度重视经济增长，忽视了社会发展的其他重要内容；二是它的运行依靠的是上级对下级的评价，缺少社会的有效参与，因此带有较强的封闭性。

经过几年的实践，绩效评估机制的创新已经走出了借鉴西方经验、在个别地方试点的阶段，在更多地方，以更多方式进行着。福建、广东、四川、山西等省的政府职能部门，厦门、南京、青岛、淮南、昆山等地方政府都参与到绩效评估机制创新中。目前，有四个发展趋势特别值得关注。

一是对于地方政府进行总体性评估的指标体系在内容上更为平衡全面，增添了社会公平、能源节约、环境保护、地理生态和政府创新等方面的指标，适当降低了经济增长方面的权重。例如，2007 年国务院作出《关于加强节能工作的决定》明确规定，要将能耗指标作为地方政府领导干部和国有大中型企业负责人的重要考核内容，实行节能工作问责制。在具体落实方面，福建省在经济增长率、恩格尔系数、社会保障率、环境质量指数等指标体系基础上，又增加了资源消耗指数、高新技术产业化指数等反映经济增长方式转变和自主创新能力的指标。山东省把污染物总量减排指标完成情况、重点河流跨界断面水质情况纳入地方领导干部政绩考核。江苏省无锡市在领导干部考核评价体系中将“城乡居民收入”列为首位，其次是“万元 GDP 能耗”和“主要污染物排放削减完成率”。北京、上海、云南、内蒙古等省、市、自治区政府绩效评估指标体系，则增加了电子政务、信息化建设等方面指标。浙江省则取消了“招商引资”这个评估指

标。安徽、江西等省将民生指标纳入政府考核。[①] 二是一些政府职能部门建立了适应本部门特色的评估体系和机制。比如，浙江衢州公安局建立了对各级警员的评估体系。广东顺德市南海区从2004年开始推行财政预算绩效评估，范围已经从信息化项目扩大到除人员经费、公用经费以外的全部财政专项资金。三是评估机制的运行更具有开放性，有了更广泛的社会参与。例如，福建安溪开展了政府绩效社会评议调查；上海徐汇区进行了政府绩效群众满意度测评；青岛市改进了绩效管理中平衡记分卡的应用方式；四川绵竹市增大了社会公众参与政府绩效评估的比率；安徽淮南市面向社会招聘群众评估员，并建立评估人才库；湖北省财政厅聘请相关专家成立财政支出绩效评价专家库；湖南冷水江市邀请各界代表对政府进行绩效测评；等等。四是评估结果的使用更为合理，放弃了急功近利、不分场合地推行一票否决、末位淘汰等不科学的做法，注重将评估结果与干部任用、奖惩和资源配置相衔接。[②] 2006年是各级政府换届年，这种倾向更为明显。

目前，绩效评估机制创新也存在一些需要警惕的问题：一是评估指标的设计还不合理，过于琐碎化和技术化。尽管政府要实行“数字化”管理，但是并非所有行为都能用定量的指标来测量。二是评估过程流于形式，尤其在公民参与方面更为明显。或者是公民对参与评估不感兴趣，而缺乏参与热情，或者是评估方有意限制公民自由而广泛的参与。三是评估结果的使用还不明确。究竟如何使用评估结果直接关系到对评估对象的激励和惩罚，以及社会公众对评估的信任度。如果对结果的使用过于随意，就无法取得预期效果，并最终断绝评估的生命力。

——环境保护机制创新。对人与自然和谐的强调是和谐社会理论的重要内容，也是该理论的创新之一。环境保护机制就承担着把这个理念转化为现实的任务。2003年9月1日，《中华人民共和国环境影响评价法》（简称《环评法》）为环境保护提供了又一部法律文件。此后，由于包括松花江污染在内的多起恶性环境污染事件的出现，环境保护机制的建设进展迅速。2005年11月国家环保总

---

① 《江西六项指标考核市县政府》，http://www.jxnews.com.cn/xxrb/system/2007/09/12/002564435.shtml。

② 迟福林主编《2007中国改革评估报告》，中国经济出版社，2007。

局出台了《推进公众参与环境影响评价办法》（征求意见稿），开启了公众参与环保的新篇章。2006 年 2 月环保总局正式发布《环境影响评价公众参与暂行办法》。同月我国第一部关于环境保护处分方面的专门规章——《环境保护违法违纪行为处分暂行规定》公布实施。《国务院关于落实科学发展观加强环境保护的决定》提出把环境保护纳入领导班子和领导干部考核的重要内容，并将考核情况作为干部选拔任用和奖惩的依据之一。2007 年，环保总局实行“区域限批”，停止审批相关行政区域境内或所属除循环经济类项目之外的所有项目，直至违规项目彻底整改为止。环保总局还联合中国人民银行、中国银监会发布《关于落实环保政策法规防范信贷风险的意见》，规定，对未通过环评审批或者环保设施验收的项目，金融机构不得新增任何形式的授信支持。同时，企业环保守法情况将作为商业银行审批贷款的必备条件之一。

尽管环保总局的许多政策措施直接挑战着许多地方政府发展经济的模式和方法，但也有一些地方政府开始重视对环境保护的落实。比如，上海、天津、河北、山东、陕西、内蒙古、辽宁、深圳、浙江等地以不同形式出台了开展规划环评工作的有关配套规定。内蒙古自治区、大连和武汉市等地启动了环评试点工作。有 10 个地方开始实行绿色 GDP 核算和环境污染经济损失调查工作试点。在各级政府努力的过程中，公共参与环境保护的工作也取得较大进展。除环境保护自愿组织和成员的数量不断扩大外，他们还直接参与到一些地方的环境影响评估和环境政策制订中，有了更多的合法参与渠道。

从某种程度上说，由于环境保护机制创新的非政治性，这个领域的创新进展迅速，但相关机制的建立和运行也面临一些困难。比如如何提高环保部门的权威性；如何在环保过程中实现多部门的配合；如何在地方经济发展中使环保工作更顺利开展起来；如何提高公众的环保意识和参与能力。环境保护是全社会的工作，但政府工作重点的调整是环保机制能否顺利进行的关键。

（四）政策创新

政府的日常运行是通过制订政策和执行政策体现的。在某种意义上，政府行为就是政策行为。尤其重要的是，我国各级政府通过政策动员和分配着大量公共资源。政策取向的调整不仅反映着政府目标的变化，也直接影响着资源的配置。

围绕和谐社会建设，各级政府的政策创新主要体现在两个方面。一是针对群

众最为关心的热点难点问题，制订了大量公共品提供和公共事业发展方面的政策，使政策的“公共性”更加突出；二是随着这些公共政策的出台，用于改善民生的资源投入也大幅增加，使相关政策有了坚实的物质支持，一定程度上在这些领域减少了“中央请客，地方埋单”的现象。

据不完全统计，截止到2007年上半年，中央层面为加大解决民生问题的力度，在减灾救灾、城乡低保、医疗救助、社会福利、优抚对象抚恤优待等方面就出台了十多项重要政策措施。比如，在救灾减灾方面，增加了特大旱灾救助项目，提高了救灾补助标准，在新印发的《国家综合减灾“十一五”规划》中，共安排八个重大项目，项目总预算投资67.6亿元。在社会救助方面，国务院发出《关于在全国建立农村最低生活保障制度的通知》，对合理确定保障标准和对象范围、规范管理、落实资金等提出了要求；2007年中央财政新增低保资金16.2亿元，以减轻猪肉、鸡蛋等副食品价格上涨对城市低保家庭带来的影响；同时，医疗救助补助资金也有所增加。在社会福利方面，民政部与国家发改委先后编制印发《“十一五”儿童福利机构建设规划》、《“十一五”流浪未成年人救助保护体系建设规划》、《“十一五”社区服务体系发展规划》；财政部、国家税务总局、民政部调整福利企业税收政策，将优惠政策扩大到由社会各投资主体投资设立的各类所有制企业。在优抚对象抚恤优待方面，国务院有关部门联合出台相关政策，1998年以来连续第九年提高抚恤补助标准。此外，中央在经济适用房、廉租房建设，稳定股市，加强食品安全等方面也出台了相应政策。针对中央制订的政策，各个地方也相应制订了配套政策，不仅落实了中央的政策精神，而且共同提高了投入水平。

2007年在政策创新方面，值得关注的一件事情是中、西部地区对于城乡一体化改革试验区的竞争。在改革开放过程中，试验区、试点、特区作为获得创新“特许权”的地方在推动政府创新中发挥了重要作用。2007年6月，国家发改委下发《国家发展改革委关于批准重庆市和成都市设立全国统筹城乡综合配套改革试验区的通知》，并且在其他省也确定了若干改革试点县市。城乡统筹发展是建设和谐社会的重要内容，建立试验区和试点不仅有利于将各地已经进行的政策创新探索固定下来，而且能够在这些政策创新的基础上寻求机制和制度创新。按照设想，在试验区将进行八个方面的改革：统筹城乡规划的编制；建立城乡统一的行政管理体制，把政府有关部门社会管理和公共服务的职能由城市延伸到农

村；建立覆盖城乡的基础设施建设及管理体制；建立城乡均等化的公共服务保障体制；建立覆盖城乡居民的社会保障体系；建立城乡统一的户籍管理制度；健全基层自治组织，推进管理有序、治安良好的和谐社区、和谐村镇建设；统筹城乡产业发展。

对于政策创新来说，要充分发挥政策效果，三方面的问题尤其值得关注。一是要通过提高执行部门对政策的理解和建立完善的激励机制来保证政策的执行力。二是要通过提供充足的资源，提高政策制订者和执行者的能力来保证政策的稳定性。三是要协调好相关部门实现政策之间的配套性。而对提高和改善公共服务的政策而言，除了要解决这三个问题外，还要注意增加资源投入，拓宽资源渠道，要充分发挥政府、社会和市场三方的力量，形成和谐社会建设的合力。

三　对政府创新的评价

近年来，各级政府通过改革和创新比较有力地推动了和谐社会建设，并且已经取得一定的效果。这具体体现在五个方面。

第一，对于群众关心的一些热点难点问题，给予了及时回应或解决，减少和避免了局部存在的问题和矛盾。2003 年以来到 2007 年 10 月，在国务院召开的 176 次常务会议中，半数涉及经济、民生议题，以发展经济、改善民生等群众关心的热点难点问题。2007 年中央政府的工作报告中特别提出：“食品药品安全、医疗服务、教育收费、居民住房、收入分配、社会治安、安全生产等方面还存在群众不满意的问题，土地征收征用、房屋拆迁、企业改制、环境保护等方面损害群众利益的问题仍未能根本解决。不少低收入群众生活比较困难。”针对这些问题，从中央到地方各级政府做了大量切实的工作。

第二，在增加公共服务数量的基础上，公共服务质量也有所提高。这与财政支出结构的调整以及公共服务体制机制改革直接相关。公共服务数量的增加不仅出现在城市里，也发生在农村中，这在一定程度上推进了公共服务的均等化。公共服务质量的改善表现为环节程序减少了，服务效率提高了，服务机制更加开放透明了。比如在行政审批制度改革方面，到 2007 年 6 月，国务院部门共取消和调整行政审批项目 1806 项，占总数的 50.1%，各省、自治区、直辖市也陆续取消和调整了半数以上的审批项目。[①] 相当数量的地方政府把公共服务水平作为政府考核的重要指标。

第三，对弱势群体的保护有所加强。在社会经济变化迅速的时期，弱势群体的出现，甚至数量的增加是必然现象。关键是如何为他们提供基本保障，以使他们也能享有自己的公民权利。农民、下岗职工、妇女很容易成为弱势群体。对他们的保护，除了要制订具体的政策措施外，还要建立基本的保障制度。据介绍，截至2007年6月底，全国31个省市都已经建立了农村最低生活保障制度，覆盖了2068万人。城镇基本养老、基本医疗、失业参保人数2007年6月末分别比2006年末增加565万人、1249万人和127万人；农民工参加工伤和医疗保险的人数分别增加525万人和321万人。农村最低生活保障制度目前保障对象达到2068万人，农村五保户供养标准大幅提高。被征地农民社会保障制度逐步建立。[②]

第四，人与自然的和谐关系日益得到社会公众以及各级政府的重视。尽管有调查显示，我国公众在环保意识增强的同时，参与意识和参与能力还很弱，环保目标被地方政府抵制。[③] 但是人与自然的和谐关系已经成为社会的基本共识，并且得到更为切实的实践。环保志愿者数量的增加，节能减排力度的加大，各级政府陆续把环境保护纳入考评体系并有意识调整经济增长与环境保护之间的矛盾等都说明了这点。

第五，政府在完善社会管理职能的同时，管理能力、责任意识、法治意识也有所提高。中央明确提出各级政府要更加重视社会管理和公共服务职能。为了更好地发挥这些职能，各级政府除了改革和完善现有机构外，还加快了相关领域的立法速度。通过扩大参与提高法律质量，对政府官员加大培训力度，提高培训的常规性和针对性，建立比较完整的问责机制，从而保证政府更有能力按照民主、法治、透明、责任等原则履行自己的职能。

---

① 《全国行政审批制度改革取得重要进展和明显成效》，中央政府门户网站，www.gov.cn，2007年6月20日。

② 《中国社会保障体系进一步健全》，新华网2007年8月29日。

③ 据国家环保总局统计，目前全国大部分省级建设项目环评执行率只有70%左右，地市级只有40%左右，部分地区县以下企业和乡镇企业仅为20%左右。《环保总局再掀环保风暴　与地方政府展开博弈》，2007年1月16日《第一财经日报》。

和谐社会建设是一项长期任务，这决定了政府必须通过不断创新，改革自身以适应社会经济发展的需要。目前，政府改革和创新还面临许多障碍，这直接制约了政府作用的发挥，甚至政府行为在某些领域成为影响社会和谐的因素。因此，要大力推进和谐社会建设，必须加快政府改革和创新，充分发挥公共权力在维护社会正义方面的作用，解决好市场失效、公民社会失效带来的各种问题。

阻碍政府在和谐社会建设中充分发挥积极作用的因素主要有以下几个。

首先，对于和谐社会的建设路径还没有明确认识。虽然各级政府官员都认识到和谐对于社会经济发展的重要性，但是对于如何建设和谐社会，特别是如何根据本地的实际情况，采取怎样的具体措施来实现社会和谐还缺乏清晰认识。比如，有的把和谐简单地等同于“稳定”，采用传统的手段措施来加强对社会的控制，消除不同意见及声音，压制而不是疏导社会矛盾；有的把完善政府的社会管理职能简单地理解为扩大政府权力，加强社会管制，因此采取各种措施来排挤市场和公民社会在完善社会管理体制中的作用；有的把实现和谐简单理解为政府要加大开支，忽视了公共支出的效益和公平；有的把实现和谐作为向上级政府争取资源的理由和借口，产生新的依赖感；有的把实现社会和谐看做停止经济发展，或者说暂时不要经济增长。这些错误、片面或扭曲的理解说明了，要把和谐社会这个社会共识转化为公共政策必须推动政府观念的改变。

其次，部门利益、个人利益的形成和巩固影响着政府内部的和谐，遏制着公共利益的实现。部门利益的典型表现是审批权和垄断经营权；个人利益的典型表现是权钱交易。这说明政企、政社还没有彻底分开，民主监督机制还没有充分建立，因此才有所谓的公共利益“部门化”、“部门利益”法制化、部门利益“个人化”、“政令不出红墙”、“政策层层打折扣”、“部门相互争夺利益”等现象的出现。根据国务院法制办的网上问卷调查，对“所在地区依法行政现状的总体评价”一题中，选择“一般”的占了51.3%；对“本地区行政机关及其工作人员执法中存在的突出问题”一题，位居前列的回答是“执法不公”和“执法创收”，分别占69.4%和63.4%。[①] 部门利益、个人利益主要从三个方面遏制了公共利益的顺利实现。一是它们干扰了公共政策的制订，在一定程度上扭曲了政策

① 吴兢，黄庆畅：《市县依法行政瞄准“三突破口”，告别“拍脑袋”决策》，2007年8月25日《人民日报》。

的目标指向和资源的分配对象；二是它们限制了公共政策的执行，以自己的利益得失作为执行政策的标准，造成政策无法落实或者某些有利于它们的效果被放大；三是它们破坏了政府作为公共利益总代表的形象，影响了政府的整体行动，削弱了政府的公信力。① 另外特别值得注意的是，部门利益和个人利益的蔓延成了社会差距拉大的一个因素，激化了社会不公平感和阶层之间对立的情绪。

第三，公共服务机制和配套机制建设的滞后制约了公共品和公共服务的提供。为全体社会公众提供均等化的公共品和公共服务是建设和谐社会的重要条件，也是各级政府的基本职能。近年来，各级政府不断加大资源投入，增加公共品和公共服务的数量。尽管投入与社会的需要还有很大差距，但在经济发展水平的硬约束条件下，管理好投入与增加投入同样重要。这就需要建立和完善有效机制来把公共品和服务及时公平地送到服务对象手中。在相关机制建立过程中，要遵循三个基本原则。一是顾客导向，要根据社会公众的要求提供他们最为普遍需要的公共产品；二是公平，要保证所有应该享受某种公共产品的对象都能获得这种产品；三是责任，要建立有效的问责机制来监督公共服务机制的运行，以提高效率，保证公平。在机制建设过程中，要特别重视充分利用新的信息手段。电子政务的发展不仅可以提高政府的管理水平，也能为公众表达意见、积极参与提供有效的渠道。

第四，一些官员的意识和能力还难以与政府职能的转化相适应。各级官员是政府发挥职能的主体，他们的意识、素质和能力直接决定了政府运行的质量。社会公众是通过这些官员个体来认识政府的，他们也是政府的形象。目前，部分官员在意识和能力方面主要存在三个方面的不足。一是缺乏对公众的服务意识、责任意识。他们长期习惯于控制、管制，为公众服务意识淡薄；习惯于服从上级长官意志，对社会的要求不敏感，回应不积极，责任感淡漠。二是缺乏解决新问题的新方法。出于工作惯性，他们很容易用旧的方法手段，尤其是计划经济时代的方法手段来解决新问题，结果不仅没有解决问题，反而引发更多问题。三是缺乏开拓新领域、发挥新作用的勇气和能力。一些官员或者囿于知识的限制，或者害怕出错，抱残守缺，过于求稳，结果贻误了改革和发展的时机。意识和能力的不

① 环境保护方面能集中反映出部门、地方利益的冲突。一些地方为了发展经济，招商引资心切，不惜以牺牲环境为代价，降低环保门槛。而作为落实生态政绩考核的地方环保部门，却面临自身力量薄弱和外部体制制约双重难题。

足使我们经常看到，一些地方政府把好事办坏，“懒政”、“庸政”、“恶政”等现象经常出现，从而破坏政府形象，浪费了执政资源。

中国共产党第十六届中央委员会第六次全体会议公报明确提出从现在开始到2020年构建社会主义和谐社会的目标和主要任务。这为政府创新的方向、领域和重点提供了重要指南。

在方向上，各级政府要把实现社会和谐作为创新的重要价值理念和评价创新成功与否的指标之一。和谐不是整齐划一，而是多元协调。和谐不仅是社会和谐，还包括人与自然的和谐。政府不仅要为社会和谐提供制度保障，发挥公共权力的作用来有效调节多样的社会关系，弥补市场和公民社会的失效；还要激发社会活力，培养社会的自我管理能力，增加社会团结和睦。但必须明确的是，政府推动和谐社会建设，不是包揽所有社会管理事务，而是为社会形成自身和谐机制提供支持。

在领域上，政府创新要集中在职能转变、制度建设、机制完善和人员能力提高等方面。各级政府要注重履行社会管理和公共服务职能，改进管理，提高效能，从“政治人”转向“社会人”，从“经济人”转变为“公共人”。要围绕社会公平正义加快制度建设，切实保障人民在政治、经济、文化、社会等方面的权利和利益。要根据民主、法治、透明、参与、责任、效益等原则建立和完善各种机制，以有效地解决问题，充分发挥制度的作用。要加大对各级政府官员的培训，使其转变观念，提升能力，切实实现为人民服务的根本宗旨。

目前，政府创新的重点应该是通过创新有效解决社会公众最关心的难点热点问题，比如医疗、教育、住房、收入差距扩大、环境保护等。对于地方政府来说，解决这些难点热点问题意味着要调整现有的甚至是长期习惯和坚持的工作重点，平衡各项工作之间的关系（比如经济增长与环境保护、社会稳定与社会和谐发展），改变工作方法和思维习惯。这需要各级政府清醒认识面临的问题，处理好部门利益与整体利益，地方利益与国家利益，短期利益与长期利益，以及辖区利益与人类利益的关系，对于出现的各类问题及时做出准确回应，最大限度地增加和谐因素，最大限度地减少不和谐因素，通过扎实的效果为和谐社会的持续进行创造有利条件。

公共财政与基本公共服务均等化

刘承礼*

摘　要：建立和完善公共财政体系是今后若干年中国财政制度改革的方向。本文首先论述了在社会主义市场经济体制和社会主义和谐社会构建的双重背景下中国公共财政体系建设的基本特点，进而从观念创新、制度创新、体制创新和政策创新等方面总结了中国公共财政制度的改革实践，并以基本公共服务均等化为视角，透视了中国现行财政制度的缺陷。文章最后提出，我国应致力于建立惠及全民的公共财政体系，努力实现基本公共服务均等化。

关键词：公共财政　基本公共服务均等化　财政制度

在我国，关于建设公共财政体系的动议始于社会主义市场经济体制目标的确立。自1998年末全国财政工作会议首次提出构建公共财政基本框架的目标以来，社会各界对公共财政制度的探索日渐增多。随着十六届四中全会部署的“构建社会主义和谐社会”战略深入人心，加快政府职能转变、完善公共财政体系已成国民共识。为此，《中华人民共和国国民经济和社会发展第十一个五年规划纲要》明确提出：“加快公共财政体系建设……逐步推进基本公共服务均等化。”① 中国共产党第十六届中央委员会第六次全体会议通过的《中共中央关于构建社会主义和谐社会若干重大问题的决定》更是进行了具体安排：“健全公共财政体制，调整财政收支结构，把更多财政资金投向公共服务领域，加大财政在教育、卫生、文化、就业再就业服务、社会保障、生态环境、公共基础设施、社会治安

* 刘承礼（1978～），男，安徽安庆人，中央编译局当代所助理研究员，中国人民大学经济学院博士研究生。研究方向：中国经济改革与发展。

① 《中华人民共和国国民经济和社会发展第十一个五年规划纲要》，北京，人民出版社，2006，第59页。

等方面的投入。”① 党的十七大报告也对此进行了强调：“围绕推进基本公共服务均等化和主体功能区建设，完善公共财政体系。”② 可见，公共财政体系建设已经被纳入构建社会主义和谐社会的伟大创举之中。

社会和谐是中国特色社会主义的本质属性，公共财政对促进社会和谐发挥着举足轻重的作用，因而公共财政体系的建立和完善在社会主义和谐社会建设中具有重要地位。为了服务社会主义和谐社会建设的目标，社会主义公共财政制度必须比一般公共财政制度更能展现其公共性和公益性，从而体现社会主义制度的优越性。目前，“基本公共服务体系更加完备”已被明确列为2020年我国构建社会主义和谐社会的九大目标和主要任务之一，这对实现基本公共服务均等化，建立中国特色公共财政体系具有十分重要的意义。

综观中外财政制度发展史，公共财政无疑是市场经济的产物，公共服务原则上需要通过公共财政予以提供，而充当公共权力代表的各级政府承担着为民众提供公共服务的主要责任。社会主义和谐社会倡导全民共享社会发展的成果，而共享的前提是机会的均等，为了取得公平分享的机会，普通民众对于基本公共服务的需要应该得到满足。因此，在社会主义和谐社会目标的指引下，政府将会逐渐完成从经济建设属性向公共服务属性的转变，这种转变势必伴随公共财政制度的建立和完善。虽然西方发达国家的公共财政制度与市场经济体制经过多阶段的磨合已经趋于成熟，其他转轨国家的财政公共化雏形也已基本形成③，然而，对于构建社会主义和谐社会的历史使命来说，公共财政的价值取向决定了我国的公共财政制度改革比之西方发达国家和其他转轨国家有着根本性的差异，正因如此，我国公共财政体系建设必然要在改革和发展中寻求全面的创新路径。

一　中国特色的公共财政制度

社会主义市场经济体制的完善和社会主义和谐社会的构建是我国当前政治经

① 《中国共产党第十六届中央委员会第六次全体会议文件汇编》，北京，人民出版社，2006，第18～19页。

② 胡锦涛：《高举中国特色社会主义伟大旗帜，为夺取全面建设小康社会新胜利而奋斗》，北京，人民出版社，2007，第26页。

③ 吕炜：《市场化进程与公共财政的范围》，《经济社会体制比较》2004年第1期。

济生活的主旋律。一方面，在市场经济条件下，市场无法自动提供公共物品，因而经济运行过程中难免会出现市场失灵。为了弥补市场无法提供公共物品的天然缺陷，国家和政府必须发挥其调配公共支出的功能，提供包括基础设施、公共秩序等在内的各种公共服务；另一方面，在和谐社会愿景下，公民有权公平分享经济社会发展的成果，而公平地享受公共服务是实现全民公平分享社会发展成果的前提和基础。因此，构建服务型政府来提供相对公平的公共服务，满足社会公共需要是市场经济改革与和谐社会建设的共同要求。

既然服务型政府的职能是为普通民众提供公共服务，那么建设服务型政府必然离不开公共财政的支撑。在市场经济格局中，公共财政处理的是政府与市场的关系，或者说政府与市场的动态关系决定着公共财政的范围。① 从这个意义上说，政府与市场具有某种程度的互补性，公共财政体制的建立就是为了实现政府与市场分工的制度化。各国经验表明，在市场经济条件下，政府应当在公共服务的提供中发挥主导作用。由政府来提供公共服务，其方式是多种多样的，既可以由各级政府动用财政资金直接提供，也可以由政府与某些市场主体达成某种协议间接提供，总之，政府的财政资金要成为公共服务提供的杠杆，从而解决纯粹市场的固有难题。在一般语境下，公共财政具有公共性、法治性等特征②，而鉴于当前所处的政治经济环境，我国拟构建的公共财政体制必然具有更加丰富的内涵：首先，公共财政是全民所有的财政。社会主义的性质决定了我国的公共财政收入归全民所有，因而公共财政应以满足全体人民的公共需要为目标。其次，公共财政蕴含了现代民主的成分。社会主义公共财政要求在最大限度内实现公众参与、程序公开、结果透明，以更好地体现财政“取之于民，用之于民”的本质。再次，公共财政肩负着经济社会协调发展的责任。城乡二元经济结构是我国作为发展中国家最为显著的特征，城乡经济发展水平和经济结构的差异对财政资金的使用提出了更高的要求。在构建社会主义和谐社会的要求和城乡二元经济结构固化的矛盾下，熨平城乡经济发展的鸿沟需要公共财政付出更大的努力。最后，公共财政具有鲜明的价值取向。在社会主义和谐社会目标下，公共财政还承担着扶

---

① 吕炜：《市场化进程与公共财政的范围》，《经济社会体制比较》2004 年第 1 期，第 8 页。

② 张馨将公共财政的基本特征概括为：弥补市场失效；提供“一视同仁”的服务；非市场营利性；法制化。参见张馨《公共财政论纲》，北京，经济科学出版社，1999。

贫济弱的重任，以减少社会冲突，维护社会稳定，所以公共财政需要合理地协调各种社会利益阶层的利益关系。

服务型政府以提供公共服务为导向，或者说服务型政府的主要职责在于为社会公众提供公共服务。所谓公共服务，是指政府利用公共权力或公共资源，为促进居民基本消费的平等化，通过分担居民消费风险而进行的一系列公共行为。①服务型政府所提供的这些公共服务被划分为一般公共服务和基本公共服务，其中，基本公共服务有利于基本公民权利的实现②，换言之，基本公共服务是指由政府通过公共财政手段提供的旨在满足公民基本权利的各项服务。在此基础上，基本公共服务可划分为基本民生性服务、公共事业性服务、公益基础性服务和公共安全性服务。③ 此种认定较为全面。当然，也有学者提出，基本公共服务应限定在义务教育、公共卫生和基本医疗、最低生活保障上。④ 对于基本公共服务范围的认定，笔者认为，那种能够有利于公民基本权利实现的标准比较现实，因为全体人民公平地享受到基本公共服务也就实现了他们的基本公民权利，这是多年来我国政府倡导建立公共财政体系，推进基本公共服务均等化的原因和动力所在。

实现基本公共服务均等化是公共财政与服务型政府的共同职能。⑤ 虽然公共财政的职能与政府职能不尽相同，但是对于基本公共服务均等化的任务来说，政府需要通过公共财政手段来实现，而公共财政政策则需要围绕服务型政府的宗旨来设置。从满足公民的基本权利要求而言，实现基本公共服务的均等化，要求政府能够提供某种制度或机制，使公民在享用基本公共服务时能够实现机会公平、规则公平和结果公平。基于中国城乡有别、区域发展差异较大的国情，基本公共

① 刘海音：《怎样实现我国基本公共服务均等化——访财政部财政科学研究所副所长刘尚希》，《上海党史与党建》2007 年第 7 期。

② 唐钧认为，在公共服务领域，国家必须保障或者满足公民的六项基本权利：生存权、健康权、居住权、受教育权、工作权和资产形成权。转引自钱凯《我国公共服务均等化问题研讨综述》，《经济研究参考》2007 年第 42 期，第 40 页。

③ “基本民生性服务”包括就业服务和基本社会保障等；“公共事业性服务”包括义务教育、公共卫生和基本医疗、公共文化等；“公益基础性服务”包括公益性基础设施和生态环境保护等；“公共安全性服务”包括生产安全、消费安全、社会安全和国防安全等。参见常修泽《中国现阶段基本公共服务均等化研究》，《中共天津市委党校学报》2007 年第 2 期，第 66 页。

④ 丁元竹：《基本公共服务如何均等化》，《瞭望》2007 年第 22 期，第 64 页。

⑤ “公共服务均等化是公共财政的基本目标之一，是指政府要为社会公众提供基本的、在不同阶段具有不同标准的、最终大致均等的公共物品和公共服务。”参见《中共中央关于制定国民经济和社会发展第十一个五年规划的建议（辅导读本）》，北京，人民出版社，2005，第 575 页。

服务的均等化不等于基本公共服务的平均化，均等化实质上体现的是一种公平的思想。因此，服务型政府的首要职能是保证公民在享用政府提供的基本公共服务上具有公平的机会，即在基本公共服务提供的决策机制、融资机制和监督机制上都要尽可能地消除歧视性动机，保证处于不同境遇的公民均能在自己的可及范围内尽可能公平地享用基本公共服务；其次是服务型政府在公共服务的提供与分配上要制定公平的规则，消除社会矛盾，减少不稳定因素；第三是发挥政府宏观调控的优势，合理调剂公共财政资源，努力实现全体公民在基本公共服务上的均等化。总之，限于政府财力、历史惯性等因素，公民在享用一般公共服务上无法达到均等化的要求，但基本公共服务的均等化却是服务型政府在公共财政的支撑下可以而且必须实现的。

结合目前经济社会发展所处的阶段性特征和改革的市场化导向，我们认为我国公共财政体系建设具有如下特点。

第一，社会主义市场经济体制与公共财政制度的结合。社会主义生产的目的是为了满足人民群众日益增长的物质和文化需要，达到这一目的需要某种形式的桥梁，这便是人民群众首先必须有权公平分享基本公共服务。市场机制本身并不能也不会自发提供公共服务，它有天然的缺陷，这就需要通过非市场机制来提供基本公共服务，而非市场机制的运行需要借助公共财政来完成。然而，公共财政运行的背景是市场经济①，因此，在目前局势下，使用非市场机制来解决基本公共服务的提供问题，必然涉及社会主义市场经济这个前提，这就需要处理好社会主义与市场经济和市场机制与公共财政的双重结合问题。也就是说，在社会主义市场经济体制中建立和完善公共财政制度，必然会产生不同于西方发达国家的价值取向：一是要以社会主义为前提，以国家或政府为主体调剂、满足社会公共需要，从而实现共同富裕；二是要以市场化改革为导向，合理安排好政府的活动空间。为此，需要发挥社会主义国家的政府在经济社会发展中的宏观调控作用，通过政府的主导作用合理配置公共财政资源，调动各利益主体的积极性，集中解决市场经济中难以避免的市场失灵问题。同时，发挥公共财政对市场机制的补充作用，在基本公共服务的提供方面，借助公共财政这种非市场机制来解决市场无力或不能解决的供给总量不足和布局不合理问题。

① 武振荣：《公共财政：从逻辑前提到规则选择》，《财经科学》2006 年第 11 期，第 76 页。

第二，和谐社会思想贯穿公共财政体系的建设。推行社会主义市场经济体制改革极大地解放了生产力，带来了经济效率的迅速提高。然而，由于市场经济体制尚不完善，相关配套措施尚不健全，市场经济自发配置资源的结果必然会引起社会分配的不公，使贫富差距越来越大，各利益主体的对抗性矛盾趋于激化。在这种情况下，党和政府审时度势，及时提出构建社会主义和谐社会的设想，要求“按照民主法治、公平正义、诚信友爱、充满活力、安定有序、人与自然和谐相处的总要求……推动社会建设与经济建设、政治建设、文化建设协调发展”。[①] 和谐社会构想的提出，为公共财政满足社会公共需要指明了正确的方向和提出了更高的要求。有学者认为，和谐社会建设体现的是和谐导向型改革，而和谐导向型改革需要和谐财政，因此，应该从体制和谐、政策和谐与运行和谐等三个方面来建设和谐财政。[②] 还有学者将公共财政看做构建社会主义和谐社会的重要工具，并针对和谐社会的六项总要求分析了公共财政在和谐社会构建中的责任、政策取向与可能的政策途径。[③] 的确，在政府力图消除社会不和谐因素的过程中，公共财政应该也能够发挥其在经济发展与社会和谐中的协调和稳定作用。

第三，经济转型、政府转型与公共财政。我国近三十年的改革开放史实际上就是经济转型、政府转型的实践史，财政体制改革经历了从计划经济条件下的财政向市场经济条件下的财政转型的过程。相比较而言，政府的职能发生了根本性转换，由原来全能型政府转变为经济建设型政府，再由经济建设型政府转变为服务型政府，同时财政的公共性在逐渐显现，财政的使用方向也在发生重大变化。具体来说，在计划经济条件下，财政收入主要来自公有经济部门，财政支出也主要偏向以公有制为主体的国有经济和集体经济部门；在市场经济条件下，财政收入的来源是多元的，财政支出结构也发生了重大变化[④]，财政支出越来越集中于公共服务领域，同时特别强调财政支出在基本公共服务上的调剂功能，以满足全社会的公共需要。转型是时代特征，经济转型要求政府转型相适应，而政府转型

① 《中国共产党第十六届中央委员会第六次全体会议文件汇编》，北京，人民出版社，2006，第5页。

② 邓子基：《公共财政与和谐社会》，《厦门大学学报（哲学社会科学版）》2005年第6期，第41页。

③ 贾康：《公共财政与和谐社会》，《经济研究参考》2006年第45期，第13页。

④ 高培勇主编《公共财政：经济学界如是说》，北京，经济科学出版社，2000，第43页。

是经济转型的保障。公共财政一方面要为经济转型提供可靠的物质保障，另一方面又要为政府转型准备公共行政的资源。正是经济转型与政府转型的共同作用引致公共财政的正确定位，即将满足全社会的公共需要作为出发点，以有利于全体人民实践其基本权利为归宿，消除经济转型和政府转型的障碍，更好地进行社会主义和谐社会建设。

上述几个方面基本反映了我国公共财政体系建设的时代背景。正是时代赋予的使命，使我国公共财政与服务型政府建设紧密地连接在一起。公共财政是服务型政府为社会提供基本公共服务的现代工具，这一工具的建立与完善必须契合社会主义市场经济体制的格局，必须满足建设社会主义和谐社会的需要，同时还要服务于经济转型与政府转型。惟其如此，公共财政体系才能更加妥善地协调社会各阶层的利益关系，正确回应全社会的公共需要，从而成为构建社会主义和谐社会的坚实保障。

二　中国公共财政制度的改革与创新

无论从横向上看还是从纵向上看，公共财政均不是什么新鲜事物。然而，经济社会发展阶段和体制背景的不同，势必给公共财政烙上不同时代的特征，现阶段中国公共财政制度也不例外。综观近年来党和政府的重要文献，我们可以从观念创新、制度创新、体制创新和政策创新等四个方面总结中国公共财政制度的改革与创新进程。

（一）观念创新

——以科学发展观为指导。全面贯彻科学发展观是“十一五”时期统领全局的指导思想。以人为本是科学发展观的核心，“始终把最广大人民的根本利益作为党和国家一切工作的出发点和落脚点……做到发展为了人民、发展依靠人民、发展成果由人民共享，促进人的全面发展”。[①] 以人为本思想的提出，给中国公共财政制度的建设奠定了人文关怀的基础，要想实现人的全面发展，其前提是普通民众的基本公民权利得到满足，这有赖于政府通过公共财政的手段实现基

① 《中国共产党第十六届中央委员会第六次全体会议文件汇编》，北京，人民出版社，2006，第6页。

本公共服务的均等化。科学发展观强调的是“五个统筹”，即“统筹城乡发展、统筹区域发展、统筹经济社会发展、统筹人与自然和谐发展、统筹国内发展和对外开放”。[①] 对于中国公共财政制度的建设来说，落实“五个统筹”实际上就是要从财政上解决我国城乡、区域、经济与社会、人与自然、国内与国外发展之间的不平衡问题。

——引进和谐的思想。用和谐的理念指导我国公共财政制度的建设工作是思想观念的创新。根据党和政府关于和谐社会构建的总体要求，中国公共财政制度的改革方向是明确的：在民主法治的要求下，公共财政要实行民主理财的程序，不断提高财政透明度；在公平正义的要求下，公共财政要满足全体公民的共同需要，在实现公民基本权利问题上达到全国统一；在诚信友爱的要求下，公共财政建设要解决政府信任、公民信任、社会信任等难题，在财政领域营造诚信氛围；在充满活力的要求下，公共财政建设促进了政府效率的提高，为公民参与公共领域的活动提供了方便；在安定有序的要求下，公共财政建设必须为经济社会发展提供强有力的后勤保障；在人与自然和谐相处的要求下，公共财政需要在生态环境建设上下工夫。可以认为，将和谐的思想引入公共财政建设是中国特色社会主义的一项创举，和谐的理念赋予了中国公共财政制度以鲜明的中国特色。

——生存底线的理念。各国经验表明，财政只是政府实施公共行政职能的手段，它本身无法包揽一切。作为弥补市场失灵和纠正市场缺陷的重要手段，政府提供公共服务是保持经济社会持续稳定发展的前提。然而，考虑到政府的财力和国际通行标准，并不是所有公共服务一律由政府来提供。相反，如果政府不切实际地包揽一切公共服务，则其公平与效率都无法得到保证。在这一点上，中国的公共财政制度建设没有好高骛远，而是量力而行，并经过多年的实践摸索，现已基本定位于实现基本公共服务的均等化，即为普通民众提供生存底线的基本公共服务。事实证明，由政府提供基本公共服务是消除社会不和谐因素的重要手段，因此，公共财政改革实际上是在收缩财政阵线，将有限的财政资源集中于为民服务。

（二）制度创新

——公共财政制度方面。自 1998 年提出建立公共财政框架以来，中国财政

① 《中国共产党第十六届中央委员会第六次全体会议文件汇编》，北京，人民出版社，2006，第 7 页。

制度改革稳步推进，具体措施包括：实行部门预算（综合预算）改革；实行单一账户的国库集中收付改革；推行“收支两条线”改革；推行以招投标集中采购为代表的政府采购制度改革；研讨和准备收支分类的改革；研讨和探索财政绩效评估方法和绩效预算的逐步构建；积极实施“金财工程（政府财政管理信息系统）”。[①] 所有这些改革都有利于公共财政制度的建立，都有利于政府在市场经济条件下解决公共问题，提供公共产品，满足公共需要，服务社会公众利益。经过多年的努力，财政的公共化取向已成共识。围绕财政公共化改革，政府一方面逐步理顺财政管理体制，完善中央与地方政府之间、地方政府与地方政府之间的公共决策机制，以实现各级政府职能的统筹协调、相得益彰；另一方面将公共财政定位于弥补市场失灵，纠正市场缺陷，解决市场经济条件下市场机制无法解决的公共物品提供问题。

——民主理财制度方面。在社会主义和谐社会的建设过程中，公共财政制度建设要贯彻民主理财的理念。民主思想的引入是人类社会走向现代文明的标志，公共财政的公平性和透明度的实现需要民主原则作保障。民主机制对公共服务的提供来说非常重要。这些年来，各级政府逐步推行了相关的民主理财制度，民主化和法治化进程在不断加快，比如“阳光财政”的推行、参与式预算制度的试点等便是例证。“阳光财政”要求财政收支信息尽可能向民众公开，在民众的监督下完成财政的循环过程，减少政府的腐败行为，提高政府的行政效能。公共参与使公共财政制度更加透明，比如参与式预算反映了公民参与财政预算的决策过程，是一种民主直接参与决策的治理形式。[②] 通过参与式预算过程，公民可以反映自己的公共利益诉求，从而促进公共财政的法治化和民主化进程。

——转移支付制度方面。转移支付制度是实现基本公共服务均等化、调节收入再分配和实现政府政策目标的重要手段。[③] 1994 年分税制改革后转移支付制度的建立对权衡中央与地方政府之间的财税关系起到重要作用，但从实际运行过程

① 具体内容参见贾康《公共财政与社会和谐》，《经济研究参考》2006 年第 45 期，第 7～8 页。

② 陈家刚等以浙江省温岭市新河镇为例，分析了参与式预算在地方治理过程中的运作过程、成效及挑战。参见陈家刚、陈奕敏《地方治理中的参与式预算——关于浙江温岭市新河镇改革的案例研究》，《公共管理学报》2007 年第 3 期，第 76～83 页。

③ 金人庆：《完善公共服务制度逐步实现基本公共服务均等化》，《求是》2006 年第 22 期，第 8 页。

来看，中央与地方政府之间财权与事权不对称仍是困扰地方政府公共服务提供不足的难题。究其原因来说，有学者认为，现行转移支付制度存在如下问题：一是转移支付形式过多，相互之间缺乏统一的协调机制；二是现行的税收返还制度不利于公共服务均等化的实行；三是一般性转移支付规模过小；四是专项转移支付规模过大，且运行不规范。[①] 新时期我国政府多次重申要完善中央和地方共享税收分成办法，完善中央和省级政府的财政转移支付制度，加大财政转移支付力度和结构的调整，促进转移支付规范化、法治化，将财政资金更多地引向公共服务领域，在基本公共服务领域给予普通民众以“国民待遇”。此外，政府还加强了中央对地方专项转移支付管理，并建立了科学的监督评价体系。

——财政投资制度方面。多年来，我国国家财政投资存在两种倾向：一是财政投资结构失衡，财政支出大量用于建设性和生产性公共投资，而用于消费性的公共投资明显不足；二是财政投资规模较小，不适宜于建立健全的公共服务体系，特别是基本公共服务体系。针对这两种偏差，国家财政投资规模在不断优化，投资方向和投资结构都在不断调整，以解决国民经济发展中的短板效应。一方面，“逐步增加国家财政投资规模，不断增强公共产品和公共服务供给能力”[②]，比如2006年中央政府投资总规模达1254亿元（含超收安排100亿元），主要用于社会主义新农村建设、社会事业、环境生态、西部大开发等方面的项目，适当开工建设关系发展全局的重大项目[③]；另一方面，国家投资逐步从建设性和生产性投资领域退出，向公民基本生活必需的基本公共服务方面转移，特别是不断加强了对中西部欠发达和贫困地区的投资力度，以确保这些地区的居民也能享受到经济社会发展的成果。

（三）体制创新

——公共服务体制方面。建立服务型政府已被写入《“十一五”规划纲要》，

① 安体富、任强：《公共服务均等化：理论、问题与对策》，《财贸经济》2007年第8期，第52页。

②《中国共产党第十六届中央委员会第六次全体会议文件汇编》，北京，人民出版社，2006，第19页。

③ 财政部《关于2006年中央和地方预算执行情况与2007年中央和地方预算草案的报告》，参见：http：//www. mof. gov. cn/news/20070306_ 3176_ 25038. htm。

因而经济建设型政府向服务型政府的转变是现阶段我国政府改革的一项重要任务，完成这项任务的关键是要坚持行政管理改革必须以为社会提供公共服务为导向，而提供公共服务的过程包括对社会公共需求信息的收集、整理、加工和反馈。[①] 可见，公共服务体制改革是一项复杂系统，它与政府职能转变、公共财政体系建设等重要改革任务紧密联系在一起，涉及政府在公共服务提供中的合理定位，各级政府在公共服务提供中决策、融资、监督机制的完善，建立可持续的公共服务体制的制度保障等问题。目前，政府在公共服务体制建设上的重要举措是确立服务型政府建设的理念，“按照精简、统一、效能的原则和决策、执行、监督相协调的要求，建立决策科学、权责对等、分工合理、执行顺畅、监督有力的行政管理体制，加快建设服务政府、责任政府、法治政府”。[②]

——财政税收体制方面。推进财政税收体制改革是适应社会主义市场经济体制与构建社会主义和谐社会的重要举措。2005 年 10 月 11 日通过的《中共中央关于制定国民经济和社会发展第十一个五年规划的建议》提出：“合理界定各级政府的事权，调整和规范中央与地方、地方各级政府间的收支关系，建立健全与事权相匹配的财税体制。”[③] 2006 年 3 月 14 日通过的《中华人民共和国国民经济和社会发展第十一个五年规划纲要》要求推进财政税收体制改革，“加快公共财政体系建设，明确界定各级政府的财政支出责任，合理调整政府间财政收入划分”。[④] 因此，建立财税体制改革的关键在于理顺中央与地方、地方各级政府之间的财权与事权，建立财权与事权相匹配的财政管理体制。将财权与事权紧密联系起来有利于各级政府履行自己的公共服务供给职能，特别是为基本公共服务的均等化奠定了基础。

——财政管理体制方面。随着农村税费的全面取消，县乡财政运转日渐困难，基层政府提供公共服务的能力受到很大削弱。为了维持农村经济社会的发

① 匡贤明、夏锋、何冬妮：《加快建立社会主义公共服务体制》，《转轨通讯（中文版）》2006 年第 3 期，第 12 页。

② 《中华人民共和国国民经济和社会发展第十一个五年规划纲要》，北京，人民出版社，2006，第 56 页。

③ 《中国共产党第十六届中央委员会第五次全体会议文件汇编》，北京，人民出版社，2005，第 22 页。

④ 《中华人民共和国国民经济和社会发展第十一个五年规划纲要》，北京，人民出版社，2006，第 59 页。

展，亟须建立和完善公共财政体系，这就意味着政府必须改革财政管理体制，建立全国统一的财政管理体系，统筹城乡经济发展，解决区域经济发展不平衡问题。为此，政府正在探索和完善财政奖励补助政策，创立“三奖一补”方案解决农村税费改革后基层财政运转困难问题。① 同时，中央政府还倡导构建省以下财政管理体制，允许有条件的地方实行省级直接对县的管理体制，增强省政府对市县政府的调控和协调能力，从战略高度重建基层政府的基本公共服务提供能力。②

——预算管理体制方面。预算管理体制改革与财税体制改革相辅相成。改革预算编制制度，提高预算的规范性和透明度是近年来政府预算管理体制改革的重要内容。建立服务型政府要求预算管理体制改革首先要考虑的是满足社会公共需要，并根据基本公共服务均等化原则，合理安排财政资金的投向。具体来说，公共财政预算安排的优先领域依次是：“农村义务教育和公共卫生、农业科技推广、职业教育、农村劳动力培训、促进就业、社会保障、减少贫困、计划生育、防灾减灾、公共安全、公共文化、基础科学与前沿技术以及社会公益性技术研究、能源和重要矿产资源地质勘察、污染防治、生态保护、资源管理和国家安全等。”③ 从公共财政预算安排的优先次序明显看出，政府预算管理体制改革充分照顾到了城乡二元经济结构中农村较低的经济发展水平，表明了政府千方百计缩小城乡差距、为城乡居民提供同等生存机会的努力。

（四）政策创新

——教育、卫生、文化等社会事业发展方面。据统计，2003～2006年，中央政府和地方政府在文教、科学、卫生事业上的支出均有大幅增加。其中，中央

---

① 2005年、2006年、2007年中央财政分别安排奖补资金150亿元、235亿元、335亿元，呈逐年递增趋势。参见 http：//www. mof. gov. cn/news/20070319_ 3242_ 25656. htm。

② 关于“三奖一补”方案和省以下财政管理体制的详细论述，详见金人庆《完善公共财政制度逐步实现基本公共服务均等化》，《求是》2006年第22期，第8页。2006年，全国28个省份推行乡财县管改革，18个省份推行省直管县改革，为缓解县乡财政困难提供了体制和机制保障。参见财政部《关于2006年中央和地方预算执行情况与2007年中央和地方预算草案的报告》，参见 http：//www. mof. gov. cn/news/20070306_ 3176_ 25038. htm。

③ 《中华人民共和国国民经济和社会发展第十一个五年规划纲要》，北京，人民出版社，2006，第79页。

政府在这四年间的支出分别为：507.94 亿元、520.56 亿元、587.67 亿元、719.07 亿元；地方政府的支出分别为：3997.57 亿元、4623.09 亿元、5516.51 亿元、6706.91 亿元。[①] 从教育事业上看，政府坚持将教育放在优先发展的战略地位，按照“普及和巩固义务教育，加快发展职业教育，着力提高高等教育质量”的总体布局，加快各级各类教育发展。为促进教育公平，2007 年中央财政专门安排专项资金用于在普通本科高校、高等职业学校和中等职业学校建立健全国家奖学金、助学金制度；在教育部直属师范大学实行师范生免费教育，建立相应制度。从卫生事业上看，政府着眼于建设覆盖城乡居民的基本卫生保健制度，积极推行新型农村合作医疗制度；加快建设以社区为基础的新型城市卫生服务体系；启动以大病统筹为主的城镇居民基本医疗保险试点，2003～2006 年，中央财政为此安排补助资金达 55 亿元，4.1 亿农民从中受益；同时在重大传染病防治工作上也取得进展。从文化事业上看，政府对扶持文化产业的发展，推进文化体制改革，积极发展体育事业和体育产业进行了部署。[②]

——就业再就业服务方面。就业是公民基本工作权的体现，提供就业再就业服务是国家经济社会发展和调整经济结构的重要目标。随着经济转型的推进，我国就业形势将日益严峻。针对日益严峻的就业形势，政府不得不出台相关的促进就业再就业的政策举措来解决就业问题，因为促进就业、提高就业率是服务型政府的重要职能。近年来，政府在促进就业再就业方面做了大量工作：一是在建立各级人才交流中心、就业再就业培训网络、就业咨询与信息共享机制等方面发挥了重要作用，逐步建立了面向全体劳动者的就业服务体系；二是健全就业与再就业援助制度，发放再就业补助资金，着力帮助下岗职工、“零就业家庭”和就业困难人员再就业；三是通过加强税费减免力度，开展小额担保贷款，扩大失业保险基金支出范围试点等措施，建立了较为全面的就业再就业政策保障体系。

——社会保障方面。社会保障工作是政府提供基本公共服务的重要内容，关系到人们健康权的实现。近几年的社会保障工作主要集中于两个方面：一是加强

---

① 根据财政部近几年出版的《中国财政年鉴》整理。

② 温家宝：《政府工作报告——2007 年 3 月 5 日在第十届全国人民代表大会第五次会议上》，北京，人民出版社，2007，第 34～39 页。

社会保障体系建设。2003～2006年，全国财政用于社会保障支出年均增长13.4%，2007年中央财政安排社会保障支出2019亿元，着力于完善企业职工基本养老保险制度；健全城镇职工基本医疗保险和失业、工伤、生育保险制度；建立适合农民工特点的社会保障制度；多渠道筹集和积累社会保障基金；积极发展社会福利事业。二是完善城乡社会救助体系。健全城市居民最低生活保障制度、城乡医疗救助制度、城市生活无着的流浪乞讨人员救助制度①，同时支持中西部地区农村医疗救助制度建设、困难地区城市医疗救助试点和农村五保供养工作。② 例如，2003～2006年，中央财政对中西部地区参加合作医疗的农民共安排补助资金55亿元。正是公共财政资源向社会保障体系和城乡社会救助体系的倾斜，巩固了社会保障的防线，对社会公平的实现起着至关重要的作用。

——生态建设和环境保护方面。作为经济发展任务紧迫的发展中国家，我国的生态建设和环境保护必须依靠政府强力执行，这是公共财政的重要内容之一。近几年我国政府加大了在此方面的财政投入力度，据统计，"十五"期间我国用于环境保护的资金达1115亿元。③ 2006年，环境保护更是正式纳入我国的财政预算。从公共财政的角度看，我国政府在生态环境和环境保护上所采取的具体措施有：投入大量资金进行污染治理和环境保护；增加国债资金和中央预算内资金，支持城镇生活污水、垃圾处理和危险废物处理设施建设；发展循环经济和绿色经济，建设和完善支持资源节约型和环境友好型社会建设的财税政策体系，为全体公民提供良好的生态环境，以维持代际公平，促进人与自然协调发展。

——公共基础设施方面。公共基础设施是全体公民赖以生存的基础，如农村饮水工程、农村道路等公益性基础设施对农村居民的生产和生活起着十分重要的作用。自1998年以来，财政发行了近1万亿元的长期建设国债，主要用于公共基础设施建设，包括道路交通、港口和机场基础设施建设，农村电网改造，城市清洁能源体系建设，粮库和经济适用住房建设等。④ 目前，我国地区经济发展的

---

① 温家宝：《政府工作报告——2007年3月5日在第十届全国人民代表大会第五次会议上》，北京，人民出版社，2007，第39～41页。

② 参见 http：//www. mof. gov. cn/news/20070306_ 3176_ 25038. htm。

③《财政部官员称中国将继续加大环境保护财政投入》，参见 http：//news1. jrj. com. cn/news/2006－10－27/000001736213. html。

④ 贾康：《公共财政与和谐社会》，《经济研究参考》2006年第45期。

不平衡使得公共基础设施建设的缺口还很大。对小型公共基础设施而言，可以采用 BOT 等项目融资方式予以解决；但对大中型公共基础设施来说，考虑到国家经济安全等因素，目前仍然采取财政投入和银行贷款的方式，从长远看，需要探索私人资本与政府财政资金相结合的多元融资方式来提供。

——社会治安综合治理方面。社会治安综合治理关系到全体民众的切身利益，是社会主义和谐社会建设的重要内容。在这方面，政府逐渐建立并完善了矛盾纠纷排查调处机制，加强和改进了社会管理体制，健全和完善了社会治安防控体系，推动和落实了社会治安综合治理工作责任制，以及加强了社会治安综合治理宣传教育和理论研究工作等。①

三 中国现行财政制度的缺陷：以基本公共服务均等化为视角

中国财政制度正处在改革之中，我们以基本公共服务均等化为视角，考察中国现行财政制度可能存在的问题，并对产生这些问题的原因进行探讨。

为了分析问题的方便起见，我们首先对中国公共服务供给的现状进行简单描述。

从近十年的情况来看，我们选择性地列出三组数据：一是财政支出的增长速度。1997~2006 年我国国家财政总支出的增长速度分别为：16.3%、16.9%、22.1%、20.5%、19.0%、16.7%、11.8%、15.6%、19.1%、19.1%。二是 GDP 增长速度。1997~2006 年我国 GDP 增长速度分别为：9.3%、7.8%、7.6%、8.4%、8.3%、9.1%、10.0%、10.1%、10.2%、10.7%。三是财政支出占 GDP 的比重，1997~2006 年分别为：11.69%、12.79%、14.71%、16.01%、17.24%、18.33%、18.15%、17.82%、18.53%、19.17%。② 不难发现，在近十年间，我国财政支出增长速度有升有降；财政支出的增长速度普遍高于相应年份 GDP 的增长速度；财政支出占 GDP 的增长速度呈逐年递增趋势。这

① 《2007 年社会治安综合治理重点抓好七方面的工作》，参见 http://news.xinhuanet.com/legal/2006-11/29/content_5403464.htm。

② 根据近几年《中国统计年鉴》的相关数据整理与计算而得。

些特征至少说明三个问题：一是随着我国公共财政制度的建立和完善，公共支出的规模在逐年扩大，从而公共服务供给的总量在不断增加；二是随着经济发展速度的加快，社会日益产生了对公共服务的需求，从而引致财政支出增长的速度超过 GDP 的增长速度；三是随着市场经济体制的日益完善，政府与市场的分工日益制度化，政府在经济社会发展中发挥着不可替代的作用。

以上分析表明，我国公共服务的总量在不断增加，然而，各类公共服务发展不平衡的趋势却日益明显，特别是基本公共服务在城乡之间、地区之间发展很不平衡。[①] 从城乡之间的差异来看，目前，除国防、外交等公共服务具有城乡均等化意义外，其他大多数公共服务在城乡之间的分布明显不均。从地区之间差异来看，在经济发展水平大大领先的东部地区，地方政府有足够财力向公共服务领域投入更多的资金；而广大西部地区，乃至中部有些地区，财政状况十分拮据，地方政府向公共服务领域投资的资金必然十分有限，再加上各地财政提供公共服务的单位成本也由于地域等原因而相差较大，使得各地区之间的基础设施、医疗、教育等公共服务水平差距比较明显。

此外，在我国，公共服务结构的不均衡涉及不同社会阶层之间的利益关系，均等化将减少部分既得利益集团多占的公共利益，从而均等化过程势必会受到各方面的阻碍。

综上所述，我国公共服务总体上呈现总量不断增加、结构逐渐失衡的局面。公共服务，特别是基本公共服务分布不均的原因是多方面的，我们拟从四个方面对其进行探讨。

（一）财政分权效果：财权与事权

基本公共服务均等化是检验中央政府与地方政府之间财政分权效果的一把标尺。有关分权行为及其效果的西方理论分别从中央政府与地方政府在职能、信息占有量、权能、效率等方面的比较上论证最优分权程度[②]，其中重要的一点，即财政分权有利于激励地方政府提供基本公共服务的积极性，解决的是基本公共服

① 郑曦：《建立健全公共财政体制　提高政府的公共服务能力》，《财政研究》2007 年第 4 期，第 41 页。

② 财政分权是西方国家财政理论的一个重要内容，王军总结了八种有关的分权理论。参见王军《中国转型期公共财政》，北京，人民出版社，2006，第 132～139 页。

务提供的效率问题，而财政集权则有利于中央政府确保基本公共服务提供方面的公平性。1994 年分税制改革为财政分权奠定了很好的基础，特别是理顺了中央政府与省级政府之间的财政关系。但是十多年来，省级以下的财政体制还远远没有达到理想状态，特别是在农村税费改革后，作为公共服务重要提供者的县乡政府的财政十分困难，县乡政府的运转基本上借助中央政府与省政府的财政转移支付，且不说财政转移支付的效率损失，仅就财政转移支付的可持续性而言，它也只能是过渡性措施；从长远看，必须加强中央财政的分权力度，从而解决地方政府在基本公共服务供给上的财权与事权不对称问题。财政分权是财政体制改革的核心，涉及中央政府与地方政府的事权划分和财权划分问题。就事权划分来说，它既要在有利于中央政府宏观调控的前提下发挥地方政府的积极性，又要体现中央政府与地方政府在公共服务提供上的职能差异；就财权划分来说，它要以事权划分为基础，根据地方政府承担的事权赋予相应的财权，进而实现财权与事权、收入与支出的均衡。目前，省以下政府层层向上集中资金，而事权却有所下移，特别是县乡政府履行事权所需财力与其可用财力不对称，成为现在的突出矛盾。① 因此，短期内可通过中央和省级政府的财政转移支付解决部分问题，但是，从长期来看，理顺省级以下财政管理体制将是财政分权取得最终效果的必经之路。

（二）公共服务范围：缺位与越位

前已述及，经济社会转型是我国财政转型的前提，转型过程中财政职能的转换势在必行。计划经济条件下的财政被称为“生产建设性财政”，财政支出规模庞大，正是财政支出的庞大规模迫使政府必须辅之以超常的财政收入。在当时体制下，财政收入的绝大部分来自国有经济部门上缴的利税，而征自国有经济部门的财政收入又反过来必须服务于国有经济部门，这就造成国家财政部门的大收大支。随着市场经济体制改革的进行，所有制结构发生重大变化。同时来自非国有经济部门的税收越来越大，改变了以往单一由国有经济部门提供收入来源的税收格局，财政再也没有理由统揽一切收支，这为财政职能的收缩准备了前提。② 在

---

① 财政分权是西方国家财政理论的一个重要内容，王军总结了八种有关的分权理论。参见王军《中国转型期公共财政》，北京，人民出版社，2006，第 149 页。

② 高培勇：《市场经济体制与公共财政框架》，载高培勇主编《公共财政：经济学界如是说》，北京，经济科学出版社，2000，第 3 ~ 5 页。

市场经济条件下，市场在配置资源中发挥基础性作用的地位得到充分肯定，政府职能必然要发生变化，即从全能型政府向服务型政府转型。正是这种转型使得财政职能也随之发生转换，由生产建设性财政转换为服务型财政，公共财政体系才得以确立。在公共财政体系下，公共服务范围的界定就显得相对重要，该由政府提供的公共服务政府没有提供则属政府职能"缺位"；不该由政府提供的服务政府提供了则属政府职能"越位"，建立公共财政的目的是为了使政府及其财政"归位"。由于在经济社会转型阶段，财政职能的转换牵涉纷繁复杂的因素，加之人们对政府与市场关系认识的不清晰，从而导致公共服务边界的不确定，此时政府与市场的分工不明确，政府职能"缺位"与"越位"现象在所难免。对于公共服务范围的界定取决于对市场失灵和市场机制缺陷的认定。服务型政府的职能在于通过调用公共财政资源弥补市场失灵、纠正市场机制缺陷，它以直接或间接满足社会公共需要为目的，提供市场不能或不愿提供的公共服务。

（三）社会公正程度：相对与绝对

公共财政作为政府进行公共资源配置的重要手段，其不可推卸的责任就是要体现社会公正。公共财政要满足社会公共需要，维护社会公正，可以从两个方面进行理解：一方面，公共财政是从全社会汲取公共资源的，而出于各种原因，财政收入的来源并不遵循"国民待遇"原则，不同性质的经济主体在经济社会发展中承担的角色不同，因而其在财税的征集中可能会遇到不对等的待遇，即在财政收入的获取方面存在绝对公正与相对公正的问题；另一方面，公共财政要为社会提供公共服务，特别是为全体公民提供基本公共服务，实际上是要实现公民在生存与发展权上的社会公正，此时的社会公正也是相对的，绝对的社会公正并不存在。要达到相对的社会公正，公民基本权利的满足是先决条件，而使公民普遍实现基本权利的方式是满足其对基本公共服务的需要。在基本公共服务的提供方面，相对社会公正程度也取决于多种因素，如经济发展水平、人们的认知水平、社会文明程度等，正是这些因素使社会公正的实现需要具体问题具体对待。实现社会公正对于缓解社会矛盾来说至关重要，特别是相同条件下，人们对社会公正的认同度决定了社会矛盾的消长。只有基本公共服务得到相应满足，相对的社会公正才有实现的可能，社会矛盾的隐患才能更好地消除，构建和谐社会的目标才能达到。在公共财政领域，社会公正的实现的确存在相对与绝对的问题，如公共财政在处理城乡二元经济结构问题时就有鲜明的反映。鉴于城乡二元经济结构下城市和农村初始条件的巨大差异，公共财政只有尽可能地提供与基本公民权利顺利实现有主要关系的基本公共服务。

（四）服务供给次序：生存与发展

公共财政所能调用的公共财政资源受经济发展水平、政治体制刚性等因素的制约，因而在公共服务，尤其是基本公共服务的供给次序上应该有所区分，必须分清轻重缓急，贯彻“生存第一，发展第二”的原则。在社会主义市场经济体制与社会主义和谐社会构建的双重任务下，我国公共财政的目的是为全体人民的生存与发展服务，而生存与发展权是人类的最基本权利，但生存权先于发展权，只有生存权优先得到保障，发展权才有实现的可能。所以公共财政在进行基本公共服务的提供时，优先考虑的是公民的生存权，其次才是发展权。这就决定了基本公共服务的供给次序必定是先供给有利于生存权实现的公共服务，再供给有利于发展权实现的公共服务。目前倡导基本公共服务均等化，就是在公民生存权与发展权得不到同步满足基础上提出的一种权衡目标。基于中国的国情，城乡之间、区域之间基本公共服务的供给成本不同，公民生存与发展的要求不同，政府提供的基本公共服务应该有很大区别。然而，我国基本公共服务供给体制却以强制性供给为主，对基本公共服务接受方的需求考虑不够，造成基本公共服务供给过剩与不足并存的结构性失衡。例如上级政府代替乡镇政府决策、乡镇政府代替村委会决策、乡镇政府和村委会代替农民决策，于是盲目拔高供给标准和档次，乱集资、乱摊派盛行，不问农民需要不需要，造成短期能凸显官员政绩的公共服务供给过剩，而符合农民需求但需要大量政府投资，且在短期内难见成效的公共服务供给不足。因此，对公共需求的正确定位和满足，在公共财政实行的绩效上将非常重要。

四　建立惠及全民的公共财政体系，努力实现基本公共服务均等化

在是否应该建立公共财政体系这个问题上，理论界在20与21世纪之交曾经有过大规模的论争。论争的观点主要分为正反两方：一方主张应该建立公共财政

体系，理由是：公共财政不是区分资本主义和社会主义的标准，它是市场经济体制改革的要求，是正确处理政府与市场关系，为全体人民提供公共服务的关键性制度；另一方主张建立公共财政体系应当缓行，理由是：作为发展中的社会主义国家，我国的经济发展和宏观调控任务还很重，国有经济占主导地位的所有制格局不能改变，从而振兴财政的压力还很大，此时实行公共财政将会放弃国家在经济发展中的作用，同时使得财政的资源配置、收入分配和经济稳定作用得不到有效发挥。这两方争论涉及公共财政与国家财政、公共财政与公共经济学、公共财政与财政等关系的辨析及其理论根据，对我们廓清社会主义市场经济条件下建设什么样的财政制度，如何进行财政制度建设有重要启发，毕竟真理愈辩愈明。

我们认为，社会主义市场经济体制与社会主义和谐社会建设要求建立惠及全民的公共财政体系，以促进基本公共服务的均等化。建立公共财政体系是对市场化改革的回应，因而，在以社会主义市场经济体制为目标的市场化改革前提下，公共财政是我国财政体制改革的目标模式，是对财政职能的正确定位。公共财政的初衷是为了在市场失灵情况下给经济主体提供市场难以或无法提供的公共服务，因而政府及其公共财政提供的公共服务必然不能带有歧视性，特别是在基本公共服务的提供上更是如此。对我国现阶段而言，建立公共财政体系具有重要意义：一是对市场化改革取向的肯定，市场化改革对应着市场在资源配置中发挥基础性作用，而市场不能发挥作用的领域需要政府行为予以矫正，而矫正市场失灵的主要策动者是政府，只有政府通过公共财政才能予以解决；二是构建社会主义和谐社会的需要，基于公共财政所具有的各项特性，它与社会主义和谐社会的目标是吻合的；三是反映政府转型的决心，实行公共财政是实现政府职能转变的物质保障；四是明确了我国财政体制改革的方向，财政体制改革反映了财政运行方式的改变，基于我国国情，公共财政是一种比较适宜的方式。

建立惠及全民的公共财政体系要求合理设计财政收入与支出结构，而满足公共财政性质的财政收入与支出结构必须依赖于对公共财政职能的正确定位。我们的逻辑是在公共财政职能的合理定位下，对公共服务领域进行适当的界定，从而合理选择公共财政手段，最终形成初步的公共财政框架。社会主义市场经济体制和社会主义和谐社会双重背景下的公共财政，应该是国家为社会提供公共服务而进行的国家分配活动，是以社会主义、市场经济与和谐社会为基础和目标的财政体制改革的目标模式。

（一）公共财政职能的定位

前两任财政部长都在此方面有过重要论述。项怀诚提出：社会主义市场经济条件下的财政职能，主要表现在保证社会公共需要，优化资源配置，调控宏观经济运行，促进公平分配，协调地区经济均衡发展等方面。金人庆也撰文指出，“在构建社会主义和谐社会的进程中，财政支出必须坚持以人为本，把更多财政资金投向公共服务领域，大力支持教育事业发展、大力支持医疗卫生事业发展、大力支持就业和社会保障工作、大力支持生态环境建设、大力支持司法能力建设。”[①] 由此奠定了公共财政职能的基调，增强了政府的服务意识，即公共财政的主要职能是直接或间接为社会提供公共服务，因而，对公共服务领域的界定成为厘清公共财政职能的重要命题。

事实上，公共财政不是资本主义制度的专利，社会主义也可以搞公共财政，公共财政是与市场经济相孪生的一种财政运行模式。在市场经济条件下，公共财政的一般职能为：资源配置、收入分配和经济稳定。但是，在我国必须解决公共财政的共性与特性问题，即在社会主义市场经济与和谐社会的主题下，进行公共财政体系建设，既要解决人们的生存问题，又要推动经济社会发展，更要促进社会和谐，因而公共财政的内容更加丰富。在西方财政学教科书中，公共财政的活动被限定在市场经济范围之外，侧重从对市场机制进行指导、修正、补充的角度界定公共财政活动的范围。[②] 我国公共财政的作用范围并不能局限于弥补市场失灵和解决市场机制缺陷，而是调动各利益主体的积极性，共同构建社会主义和谐社会。因而，社会主义公共财政在为全社会提供公共服务的同时，在进行宏观调控、收入分配、经济稳定等方面也应发挥重要作用。

（二）公共服务领域的界定

公共财政的主要职能是提供公共服务，这就意味着公共财政主要解决的是市

① 金人庆：《完善公共财政制度　逐步实现基本公共服务均等化》，《求是》2006 年第 22 期，第 7 页。

② 姜维壮：《西方公共财政在我国的可行性研究》，载高培勇主编《公共财政：经济学界如是说》，北京，经济科学出版社，2000，第 168 页。

场失灵与市场机制缺陷的问题，但并不是所有市场失灵和市场机制缺陷的领域都是公共财政应该涉及的领域。对公共服务领域的界定有诸多尝试，总结起来有如下几种：第一，从公共服务与公共需要的关系入手界定公共服务领域。公共服务与公共需要相对应，但满足公共需要的任务并不一定都由政府来完成，公共服务有其自身特征①，非政府组织也可以提供公共服务。因此，从公共需要的角度来界定公共服务领域是不充分的，公共需要不一定非得由公共财政来满足，而财政也不仅仅是为了提供公共服务而存在。第二，从市场失灵和市场机制缺陷的角度界定公共服务领域。公共领域的存在是市场失灵的原因之一，但市场失灵也不全都由政府去矫正，在公民社会日益发展的今天，市场失灵的矫正任务有相当一部分交给了公民社会去完成；同样地，政府及其财政可以弥补市场机制缺陷，但它们并不是弥补市场机制缺陷的唯一主体。第三，从竞争性领域和非竞争性领域来界定公共服务领域。因为在有些领域，究竟是竞争性的还是非竞争性的很难区分清楚，且竞争性领域的市场经济活动有时还可能需要财政的力量予以支撑，因此，也无法以判断竞争性领域和非竞争性领域的方式来界定公共服务领域。第四，从经济性支出和福利性支出相区分的角度界定公共服务领域。工业化与市场化转型尚未完成，经济性支出还应在政府支出中占有一定比重，因而全然用福利性支出概括公共服务也不甚科学。第五，从私人物品与公共服务相对立的角度界定公共服务领域。使用这种非此即彼的划分方法首先要求对私人物品有很好的定义，目前理论界在私人物品的概念上尚未达成一致意见，因而这种界定也不现实。

在不同国家和同一国家的不同时期，公共服务领域并不是一成不变的，它会受到很多因素的影响。例如，公共服务范围的确定与经济发展水平相关，经济发展水平较高的经济体市场发挥作用的能力较大，相反，经济发展水平较低的经济体市场发挥作用的能力较小。我国作为发展中国家，属于后一种情况，因而对公共服务领域的界定尺度应该放宽。在我国，基本公共服务领域的确定需要摆在优先地位，而基本公共服务又是满足公民基本权利的各项服务，解决的是公民的机

---

① 刘诗白先生将公共服务的特征概括为：（1）产品具有满足共同需要，特别是社会公共需要的性质；（2）在生产与提供中发挥机构、团体，特别是政府的职能和依靠财政资金；（3）动员社会力量，充分运用市场机制；（4）实行公共参与决策。参见刘诗白《市场经济与公共产品》，《经济学动态》2007 年第 6 期，第 4 页。

会公平、规则公平和结果公平问题。根据历年公开的中央文献资料，我们将现阶段的基本公共服务领域归结如下：教育、卫生、文化、就业再就业服务、社会保障、生态环境、公共基础设施、社会治安等。

（三）公共财政框架的建立

“加快公共财政体系建设，明确界定各级政府的财政支出责任，合理调整政府间财政收入划分。完善中央和省级政府的财政转移支付制度，理顺省级以下财政管理体制，有条件的地方可实行省级直接对县的管理体制，逐步推进基本公共服务均等化”是《“十一五”规划纲要》明确提出的要求，同时建立和健全公共财政体制也是提升政府公共服务能力的有效途径。在中国现阶段，生产力发展水平和对效率的需求决定了政府还不能将公共财政能力或公共服务水平均等化作为现实目标，但基本公共服务均等化是必要的，而且是可行的。因此，我们所构建的公共财政框架应该是初步框架，解决的是基本公共服务的均等化问题。

——公共财政原则的确立。实行公共财政，就是要切断财政收入与财政支出的一一对应关系，这是体现公共财政公共属性的根本。为此，一要矫正政府职能“缺位”与“越位”现象，真正实现财政“归位”；二要完善预算管理制度，深化部门预算、国库集中收付、政府采购和收支两条线管理制度改革；三要建立财权与事权相匹配的财税体制，要给予完成地方性和区域性基本公共服务的地方政府以相应的财权，当然这里要克服财力分散的问题，即财政分权应当适中，不能以分权为由损失中央政府在国民经济中的导向作用和调控作用。

——财政收入结构的优化。公共财政的收入体系由税收、制度化的收费和适度的公债组成，其中税收是政府的根本性财政收入，制度化的收费是辅助性的服务收入，公债是弥补财政赤字的手段。[①] 公共财政奉行民主理财原则，政府的一切收入都应纳入国家预算，而国家预算制度是要经过立法的，所以公共财政的财政收入应该以税收收入为主。对于构建公共财政制度而言，在今后的税收收入征集上，应该遵循“国民待遇”原则，这是经济体制改革的要求，也是市场化改革与和谐社会构建的方向。此外，税收结构的优化，包括中央与地方税收结构的

① 叶振鹏、焦建国：《公共财政的内涵与基本框架》，载高培勇主编《公共财政：经济学界如是说》，北京，经济科学出版社，2000，第99～100页。

优化也十分重要，特别是必须加快地方税改革步伐，完善地方税体系。

——财政支出结构的协调。以公共财政为目标模式的财政支出结构应该体现公共财政的公共性和公益性。财政支出结构源于财政职能，而公共财政的职能主要集中于提供公共服务，因此，财政支出结构主要围绕公共服务而建立。由于公共服务有一般公共服务和基本公共服务之分，因而财政支出也应包括一般公共支出和基本公共支出。一般公共支出是指一般的行政性和事业性支出，这是保证国家机构得以存在和运转的前提，包括行政机构、司法机构和军事机构等方面的支出，涵盖这些部门的人员经费、办公经费、各种业务费、房屋设备的购置和维修费等。基本公共支出主要是在教育、卫生、文化、就业再就业服务、社会保障、生态环境、公共基础设施、社会治安等方面的支出。这里的基本公共支出需要剔除市场机制能够自发和自愿提供的那些产品或服务，而专指与公民基本权利的实现相关的基本公共服务上的支出。建立公共财政框架的初衷是为了更好地实现基本公共服务的均等化，因而，各项公共支出之间的协调和统一至关重要。财政支出结构的调整反映了服务型政府的政治意志，将更多的财政资金投向公共服务领域是推进基本公共服务均等化的重要举措。要实现基本公共服务均等化，财政支出结构还要充分考虑我国城乡差别、区域差别，以及各类基本公共服务不均衡、基本公共服务滞后于公众需求等结构性不均衡的特点。

——财政管理体制的完善。财政管理体制是指处理中央与地方政府之间、地方政府与地方政府之间财权财力等的分配制度。在公共财政制度下，完善财政管理体制有如下内容：首先，理顺中央与地方政府之间财权与事权的匹配关系，明确各级政府在提供义务教育、公共服务、社会保障和生态环境上的职能和权限，体现财力向公共服务倾斜，向农村倾斜，向西部倾斜，切实增强乡镇政府履行职责和提供公共服务的能力。其次，推行省以下财政管理体制改革。继续探索省以下财政管理体制改革的经验，在有条件的地方积极推行“省直管县”和“乡财县管”的改革试验，减少行政层级和财政层级，完善以分税制为基础的分级财政体制。再次，完善预算管理体制。在预算管理体制改革的进程中，应根据事权所确定的支出责任合理界定中央与各级财政的支出需求，按支出与收入相匹配的原则，调整各级政府的财权划分和事权划分，在现有宪法框架内逐步调整行政层级和财政层级。最后，从纵向和横向上规范财政转移支付制度，强化转移支付资金的管理机制。财政转移支付制度是实现基本公共服务均等化的重要手段，要逐步探索中央政府向地方政府进行转移支付的标准和规模，以及东部发达省份对西部欠发达省份的财政转移支付方式，坚持公平、公正、公开的原则，实行财力性转移支付为主、专项转移支付为辅的财政转移模式。

参考文献

陈昌盛、蔡跃洲：《中国政府公共服务：体制变迁与地区综合评估》，北京，中国社会科学出版社，2007。

〔美〕大卫·N. 海曼：《公共财政：现代理论在政策中的应用》，章彤译，北京，中国财政经济出版社，2001。

高培勇主编《公共财政：经济学界如是说》，北京，经济科学出版社，2000。

孔志锋：《中国特色的公共财政探索》，北京，经济科学出版社，2003。

吕炜：《我们离公共财政有多远?》，北京，经济科学出版社，2006。

王军：《中国转型期公共财政》，北京，人民出版社，2006。

张馨：《公共财政论纲》，北京，经济科学出版社，1999。

张馨：《财政公共化改革：理论创新、制度变革、理念更新》，北京，中国财政经济出版社，2004。

安体富：《完善公共财政制度　逐步实现公共服务均等化》，《财经问题研究》2007 年第 7 期。

安体富、任强：《公共服务均等化：理论、问题与对策》，《财贸经济》2007 年第 8 期。

常修泽：《中国现阶段基本公共服务均等化研究》，《中共天津市委党校学报》2007 年第 2 期。

陈海威：《中国基本公共服务体系研究》，《科学社会主义》2007 年第 3 期。

陈家刚、陈奕敏：《地方治理中的参与式预算——关于浙江温岭市新河镇改革的案例研究》，《公共管理学报》2007 年第 3 期。

邓子基：《公共财政与和谐社会》，《厦门大学学报（哲学社会科学版）》2005 年第 6 期。

丁元竹：《基本公共服务如何均等化》，《瞭望》2007 年第 22 期。

高培勇：《中国公共财政建设指标体系：定位、思路及框架构建》，《经济理论与经济管理》2007 年第 8 期。

贾康：《公共财政与和谐社会》，《经济研究参考》2006 年第 45 期。

蒋佳林：《公共财政：统筹经济社会协调发展的有效途径》，《财政研究》2007 年第 2 期。

金人庆：《完善公共服务制度　逐步实现基本公共服务均等化》，《求是》2006 年第 22 期。

匡贤明、夏锋、何冬妮:《加快建立社会主义公共服务体制》,《转轨通讯(中文版)》2006 年第 3 期。

林双林:《中国公共财政面临的挑战与对策》,《北京大学学报(哲学社会科学版)》2006 年第 6 期。

刘邦驰:《公共财政在构建和谐社会中的重大历史使命》,《经济学家》2007 年第 5 期。

刘国军:《实现基本公共服务均等化的制度保障》,《红旗文稿》2007 年第 9 期。

刘海音:《怎样实现我国基本公共服务均等化——访财政部财政科学研究所副所长刘尚希》,《上海党史与党建》2007 年第 7 期。

刘诗白:《市场经济与公共产品》,《经济学动态》2007 年第 6 期。

吕炜:《现代公共财政的定位:一种分析框架》,《经济学家》2006 年第 5 期。

吕炜:《市场化进程与公共财政的范围》,《经济社会体制比较》2004 年第 1 期。

钱凯:《我国公共服务均等化问题研讨综述》,《经济研究参考》2007 年第 42 期。

王泽彩:《财政均富:实现公共服务均等化的理论探索》,《财政研究》2007 年第 1 期。

武振荣:《公共财政:从逻辑前提到规则选择》,《财经科学》2006 年第 11 期。

夏杰长:《提高基本公共服务供给水平的政策思路——基于公共财政视角下的分析》,《经济与管理》2007 年第 1 期。

郑曦:《建立健全的公共财政体制 提高政府的公共服务能力》,《财政研究》2007 年第 4 期。

中国(海南)改革发展研究院:《加快建立社会主义公共服务体制(18 条建议)》,《转轨通讯(中文版)》2006 年第 3 期。

从“三农问题”到“新农村建设”

——中国农村政策的创新轨迹

陈雪莲*

摘　要： 从“家庭联产承包责任制”、“村民自治”、“税费改革”、“新农村建设”一系列涉农政策的出台过程来看，我国涉农政策重心的转换正是因为不同时期面临的首要问题发生了变化，农民和基层工作人员根据实际情况创造出最适合自己的办法（即，基层创新），上级政府面对基层创新实践通常采取审慎的态度，但最终会鼓励基层试验、从局部试点做起，逐步推开，在改革方案彻底成熟后，新的政策才会正式出台。在介绍和分析新农村建设核心构成部分即农村经济建设、公共服务体系建设、公共管理机制建设方面的基层创新个案以及农民对新农村建设的需求之后，本报告认为地方政府正在探索的新农村建设方案尚没有和农民的意愿完全统一，进一步鼓励基层创新、总结和提高基层创新经验是实现新农村建设平稳发展、农村制度稳步变革的前提。

关键词： 涉农政策　基层创新　新农村建设　农民需求

中国的改革，没有现成的模式可以借用，却又不得不在急速变化的环境中及时调整政策，以应对世界范围内的经济竞争和制度竞争。这种背景下的改革机制只能是“纠错机制”——在不断解决每一个当前面临的问题中逐步自我完善。农村，一直是中国政府改革创新的实验田，而农民也总是扮演着打破体制束缚和体验新政策成果的先锋者角色。1978 年那场轰轰烈烈的“家庭联产承包责任制”

* 陈雪莲，图宾根大学大中华研究中心在读博士生，中央编译局当代所助理研究员，研究方向为政治文化与政治变迁。

运动拉开了中国改革开放的序幕，20 年后，从直选村民带头人的《村委会组织法》(1998 年)，到农村税费改革（2002 年），再到废止农业税、全面建设新农村（2006 年），农民、农村、农业再次成为中国体制改革和发展建设的最大热点。政府创新是体制改革大氛围下的产物，中国农村当下呈“燎原之势”的体制改革正是近年来各地如“星星之火”般涌现的创新实践激发而成，基层的创新实践推动着总体政策机制的变革。剖析中国农村的政策创新历程会是我们把握中国地方政府创新的运行机制和发展走向的最佳入手点。

2000 年，一位乡党委书记“农村真穷，农民真苦，农业真危险”的谏言将中国农村、农民、农业的发展困境推入公众视野；2006 年，中国政府宣布废止已有 2000 多年历史的“农业税”，同时全面开展新农村建设。数年间，中国农村地区的发展政策有了质的转向，这种政策转向的背后是国家与农民关系、农村地区发展思路、“三农”政策的突破与创新。这些改革决策是如何做出的？那些激发改革政策出台的基层创新理念与实践是如何诞生的？这些创新理念与实践的效果如何？它们对农村政策整体又将有什么样的影响？我们在回顾中国农村地区近 30 年改革发展历程、探析 2006 年以来新农村建设的创新理念与实践中寻找上述问题的答案。

一 1978～2005 年中国农村政策的发展历程

目前以“三农”为对象的最全面的政策设计是 2006 年“一号文件”提出的“二十字方针”——生产发展、生活宽裕、乡风文明、村容整洁、管理民主。虽然如此系统的农村发展政策到 2006 年才提出，但这些领域内的某些工作已经开展了多年，尤其是 1978 年以后的 30 年里，我国农村在生产发展、生活宽裕和管理民主等方面有了很大突破。本文表 1 整理了 1978 年以来中国主要的涉农文件和法规，通过这些文件我们可以发现 1978 年至今的 30 年间，中国农村的发展政策和方针在不同时期有着不同的侧重点，这些政策重心变化的背后是并不平稳的农村发展。从时间序列上来看，我们可以将中国农村这 30 年的发展根据政策重心的不同而分为三个阶段：1978～1987 年，以经营体制改革为主体的农村经济体制改革时期；1987～1998 年，以村民自治为主体的农村政治体制改革时期；1999 年至今，农村综合体制改革时期，这一时期又可分为 1999～2005

年以税费改革为主体的农村综合体制改革初期和2006年开始的新农村建设时期。①

表1 1978年以来中国主要的涉农文件

年·月	重要涉农文件	政策焦点	政策目标
1978.12	《中共中央关于加快农业发展若干问题的决定(草案)》	恢复和加快发展农业生产	集中主要精力把农业尽快搞上去
1982.1	《全国农村工作会议纪要》	农业生产责任制	鼓励探索不同形式的农业生产责任制
1983.1	《当前农村经济政策的若干问题》	联产承包责任制	改革人民公社体制,实行联产承包责任制,政社分离
1984.1	《关于一九八四年农村工作的通知》	联产承包责任制	提高土地承包期,激励农民生产积极性
1985.1	《关于进一步活跃农村经济的十项政策》	改革农产品统派购制度,实行合同定购和市场收购	农村经济部分市场化
1986.1	《关于一九八六年农村工作的部署》	发展农业商品经济	发展农业
1987.11	《村民委员会组织法(试行)》	农村基层组织建设、农村基层民主	村民自治,改善农村干群关系
1993.11	《关于当前农业和农村经济发展的若干政策措施》	延长耕地承包期至30年	稳定完善以家庭联产承包为主的责任制和统分结合的双层经营体制
1998.10	《中共中央关于农业和农村工作若干重大问题的决定》	“三农问题”	提出解决“三农”问题,制定了“从现在起到2010年建设有中国特色社会主义新农村的目标”
1998.11	《村民委员会组织法》	农村基层组织建设、农村基层民主	村民自治,农村干群关系和谐稳定
2000.3	《关于进行农村税费改革试点工作的通知》	农村税费改革试点	安徽省进行农村税费改革试点
2003.10	《中共中央关于完善社会主义市场经济体制若干问题的决定》	税费改革	逐步降低农业税率,切实减轻农民负担

① 关于中国农村改革30年的发展阶段划分有不同的观点，相关文献回顾参见张新光《中国近30年来的农村改革发展历程回顾与展望》，《中国农业大学学报（社会科学版）》2006年第4期。本文提出的三个阶段的划分以时间为序列，但这三个阶段之间并不绝对独立，只是某一时期内某方面的政策倾向更为突出。此外，每个阶段的结束并不意味着该阶段内的核心改革任务彻底完成，而只是在新情况下政策重心出现了新的转向。

续表 1

年·月	重要涉农文件	政策焦点	政策目标
2004.1	《中共中央国务院关于促进农民增加收入若干政策的意见》	农民增收减负	降低农业税税率，取消除烟叶外的农业特产税
2005.1	《中共中央国务院关于进一步加强农村工作提高农业综合生产能力若干政策的意见》	坚持"多予少取放活"方针	增收减负，提高农民生活水平
2005.12	废止《农业税条例》	取消农业税	减轻农民负担
2006.1	《中共中央国务院关于推进社会主义新农村建设的若干意见》	新农村建设	促进农民增收，加强农村基础设施建设，发展农村公共事业，加强农村民主政治建设
2007.1	《中共中央国务院关于积极发展现代农业扎实推进社会主义新农村建设的若干意见》	发展现代农业推进新农村建设	巩固、完善、加强支农惠农政策，加大农业投入，推进现代农业建设，强化农村公共服务，深化农村综合改革，确保农村和谐稳定
2007.7	《国务院关于在全国建立农村最低生活保障制度的通知》	农村最低生活保障制度	将符合条件的农村贫困人口全部纳入保障范围。

（一）1978～1986，农村经济体制改革

中国的改革从农村开始，农村的改革从变革集体所有制为联产承包责任制的农村经营体制改革开始。“文革”期间，农业生产受到极大破坏，农业基础十分薄弱，当时最重要的任务是“恢复和加快发展农业生产”。要想实现这个目标，农业生产、农村经济体制和管理体制急需变革。1978 年 12 月十一届三中全会确立了“集中主要精力把农业尽快搞上去”的政策目标，1982 年的第一个“一号文件”鼓励探索不同形式的农业生产责任制，1983 年的“一号文件”明确要求全面推行家庭联产承包责任制。[①] 当代中国农村经济体制改革跨出第一步用了四年时间。

在 1978 年十一届三中全会召开的一年前，政治气氛有所松动，部分地方政府就已经开始筹划如何发展农业生产。[②] 1977 年 6 月，安徽省农委在时任省委书

① 参见《中共中央关于加快农业发展若干问题的决定（草案）》（1978）、《全国农村工作会议纪要》（1982）、《当前农村经济政策的若干问题》（1983）。

② 安徽、四川等地率先探索农村生产经营体制改革，安徽省相关文件出台的同时，四川省省委也“放宽政策”，制定了《关于目前农村经济政策几个主要问题的规定》，允许和鼓励社员经营少量的自留地和家庭副业，肯定了四川农村不少地方已经实行的“定额到组、评工到人”的办法。

记万里的支持下经过反复调查研究，起草了《关于当前农村经济政策几个问题的规定》，并以省委名义于1977年11月15日在安徽全省农村工作会议上通过。这个文件允许农民搞家庭副业，其收获除完成国家任务外，可以到集市上出售；生产队可以实行定任务、定质量、定工分的责任制，只需个别人完成的农活可以搞责任制，这就是著名的"安徽六条"。这份文件被认为是"四人帮"垮台后全国出现的第一份关于农业生产责任制的文件。[①] 1978年夏秋之交，安徽大旱，安徽省委提出临时性的变通办法——"借地种麦"[②]。借地唤起农民生产积极性，"省委六条"也让基层干部和农民看到政策变通余地。同年12月，安徽凤阳县梨园公社小岗生产队18户农民秘密签订契约，决定将集体耕地承包到户，搞大包干。在当时，"包产到户"是严重违反政策的，但是安徽省委和凤阳县委对此采取了默许的态度。

安徽省委"借地种麦"的做法在当时有很大争议，但在1978年的中央工作会议期间，万里曾就肥西县"借地种麦"及包产到户问题请示过陈云和邓小平，陈云说"我举双手赞成"，邓小平说："不要争论，你就这么干下去就行了，实事求是干下去。"[③] 紧接着召开的十一届三中全会上，《关于加快农业发展若干问题的决定（草案）》和《农村人民公社工作条例（试行草案）》两个重要文件出台，中央决定放宽农村政策，尊重生产队的自主权，鼓励和支持农村搞家庭副业，建立农业生产责任制，特别是允许"包工到作业组，联系产量计算报酬，实行超产奖励"，但是，两个文件仍明文规定"不许包产到户，不许分田单干"。但会上邓小平指出："在全国的统一方案没有拿出来以前，可以先从局部做起，从一个地区、一个行业做起，逐步推开。中央各部门要允许和鼓励进行这种试验。"中央的态度给了基层创新的勇气和动力。高层的舆论导向和十一届三中全会确立的解放思想、实事求是的工作方针给地方留有自主空间，鼓励了地方自我变革的积极

① 参见《农村经济体制改革的兴起与发展》，李景治主编《社会主义建设理论与实践》，中国人民大学出版社，2003。

② "借地种麦"指将凡是集体无法耕种的土地，借给社员种麦种菜，鼓励多开荒，谁种谁收，国家不征统购粮，不分配统购任务。这一为了战胜农业灾害而制定的决策，极大地调动了广大农民生产自救的积极性。这年11月，天公作美，下了一场透雨，借地农民普遍获得了好收成。据估计，这项措施为安徽省增加秋种面积1000多万亩。

③ 吴志菲：《中国改革总设计师的三步大棋》，人民网：http://cpc.people.com.cn/GB/64162/64172/64915/5435041.html（2007年3月3日发表）。

性。农业生产责任制在全国各地以不同形式迅速发展起来，到1980年3月，全国实行包工责任制的核算单位占全国生产队总数的55.7%，包产到组的占28%，其余是实行包产到户和包干到户的生产队或是未实行生产责任制的生产队。①

能否推广包产到户在当时引起激烈争论，在总结实践经验的基础上，中央决定将自发状态的包产到户加以总结提高，以指导全国农村改革。1981年10月，全国农村工作会议在北京召开，1982年1月1日，中共中央批转了《全国农村工作会议纪要》（第一个“一号文件”）。会议明确提出：“目前实行的各种责任制，都是社会主义集体经济的生产责任制，不论采取什么形式，只要群众不要求改变，就不要变动。”这次会议上农村发展有了重大理论突破——“包干到户不同于合作化以前的小私有的个体经济，而是社会主义农业经济的组成部分”。②1982年9月，十二大对以包干到户为主要形式的农业生产责任制给予充分肯定。1983年1月2日，中共中央印发《关于当前农村经济政策的若干问题》的文件（第二个“一号文件”），进一步肯定了家庭联产承包责任制，提出这种分散经营和统一经营相结合的经营方式具有广泛的适用性，要求全面推行家庭联产承包责任制。文件下发后，在很短的时间内，实行包干到户的农户就达到农户总数的95%以上。③与此同时，“三级所有，队为基础”的人民公社体制退出历史舞台，取而代之的是县乡镇政府。1984年1月1日，中共中央又发出《关于一九八四年农村工作的通知》（第三个“一号文件”），提出延长土地承包期到15年以上，帮助农民在家庭经营的基础上扩大经济规模，提高经济效益。随后，1985年和1986年的两个“一号文件”进一步放宽了农村经济发展政策，鼓励发展农业商品经济。④在中央政府和农民及基层政府的互动中，中国农村第一波以经营体制改革为主体的经济体制改革终于确立和功固。

---

① 李景治：《农村经济体制改革的兴起与发展》，《社会主义建设理论与实践》，中国人民大学出版社，2003。转引自中宏网：http://www.macrochina.com.cn/zhzt/000076/004/20010627010613.shtml（2001年6月27日发表）。

② 《全国农村工作会议纪要》（1982年）。

③ 李景治：《农村经济体制改革的兴起与发展》，《社会主义建设理论与实践》，中国人民大学出版社，2003。转引自中宏网：http://www.macrochina.com.cn/zhzt/000076/004/20010627010613.shtml（2001年6月27日发表）。

④ 《关于进一步活跃农村经济的十项政策》（1985年）和《关于一九八六年农村工作的部署》（1986年）。

（二）1987～1998，农村政治体制改革

1987年之后的中国农村经济体制改革重点在于巩固和完善前期改革成果，如农产品流通体制改革、调整农村产业结构和发展乡镇企业等，在政策和实践上基本没有较大创新和突破。实际上，自1984年10月党的十二届三中全会提出把我国经济体制改革的重心由农村转到城市之后[①]，很长一段时间内，全党和全国的经济工作重点不再是农村，这种局面一直持续到1998年十五届三中全会的召开。这次会议上全党再次认识到农业和农村工作的重要性，重新提出把农业放在国民经济发展的首位，将解决“三农”问题作为全党工作的重中之重。[②] 这十年间，农村虽然不再是经济体制改革的重心，但另一更重要的改革领域——政治体制改革率先在农村实现突破。村民自治是农民在民主自治领域的自发创造，这一制度模式的推行对于中国政治体制改革进程的影响绝不亚于“家庭联产承包责任制”在经济体制改革领域内的历史地位。

家庭联产承包责任制的实施与推广使得建立在集体统一经营基础上的“政社合一”的人民公社体制失去了存在的基础，农村地区的生产方式和分配方式发生了根本性的变化。“土地分到户，生产队就没人管事了，农村社会治安问题、民事纠纷大量增加，乱砍乱伐树林的情况也出现了，偷牛盗马的事情时有发生。”[③] 原来负责农村公共事务的“生产大队”党支部和管委会工作内容和工作方法已经不适应新情况，正如1982年《全国农村工作会议纪要》中提到的那样，很多地区“生产队的机构和领导班子陷于瘫痪、半瘫痪状态，致使很多工作无人负责”。[④] 村里的公共事务究竟由谁来管？怎么管？农民们自己想出了解决问题的办法。1980年2月，全国出现了第一个由农民选举产生的村民委员会——广西宜州市屏南乡果作村民委员会。[⑤] 同时，广西罗城、宜山县一些村庄的农民也自发选举产生了村民委员会，村民一起订立村规民约，实行自我管理，

---

① 参见《中共中央关于经济体制改革的决定》（1984年）。

② 会议通过了《中共中央关于农业和农村工作若干重大问题的决定》（1998年）。

③ 白益华：《亲历村民委员会组织法制定（上）》，《中国人大》。转引自人民网：http：//www. people. com. cn/GB/14576/28320/35193/35204/2641757. html（2004年7月15日发表）。

④ 《全国农村工作会议纪要》（1982年）。

⑤ 民政部官方认定广西宜州市屏南乡果作村民委员会是全国第一个村民委员会。也有学者认为广西罗成县肆把乡冲弯村村民委员会是全国第一个村民委员会。

使农村出现的一些问题，如偷盗、乱占耕地、打架斗殴、水利失修、乱砍滥伐等迅速得到解决。此时的村委会功能主要是协助政府维护社会治安。随后，河北、四川等省的农村也出现了类似的群众性组织，这类组织的功能越来越向管理经济、政治、文化等村庄公共事务的方向扩展。这一新生事物得到高层的重视和肯定。1981 年 6 月，《关于建国以来党的若干历史问题的决议》中明确提出要“在基层政权和基层社会生活中逐步实现人民的直接民主”。1981 年下半年，中央派出调查组，经过深入调查研究后对这一做法予以肯定。1982 年修改宪法时，总结各地经验，废止人民公社制度，确立“基层政权的组织形式为乡（民族乡）、镇政府”，并把“村民委员会”这一组织形式写进了宪法条文，明确规定“农村按居民居住地区设立的村民委员会是基层群众性自治组织。村民委员会的主任、副主任和委员由居民选举”。① 村民委员会是群众性自治组织的法律地位正式确立。

1982 年的宪法只是确立了村民委员会这一组织形式和它作为群众性自治组织的组织性质，至于村民委员会如何由村民选举产生，村委会如何开展工作，作为自治组织的村民委员会与村党支部以及乡镇政府的关系如何确立，尚缺乏明确的规章制度。明确和完善村委会工作规范成了政策制定者不得回避的任务。时任全国人大委员会委员长彭真认为：“光有宪法规定还不能直接实施，村民委员会还得像居民委员会那样，建立单行法。”② 在全国统一的法规出台前，由民政部起草一份中央文件下发，鼓励“各地在建乡中可根据当地情况制定村民委员会工作简则，在总结经验的基础上，再制定全国统一的村民委员会组织条例”。③ 在各地总结出的村民委员会工作经验的基础上，当时的民政部民政司参照一些地方制定的村民委员会工作简则，于 1984 年着手村民委员会组织条例的起草工作。历时四年，1987 年 11 月《中华人民共和国村民委员会组织法（试行）》颁布，“村民自治”进入制度化运作阶段。

《村民委员会组织法（试行）》的出台乃至其后的试行并不一帆风顺，“历时 4 年，经历了三次全国人大常委会会议和一次全国人民代表大会会议审议，向各

① 《中华人民共和国宪法（1982 年）》第一百一十一条。

② 白益华：《亲历村民委员会组织法制定（上）》，《中国人大》。转引自人民网：http://www.people.com.cn/GB/14576/28320/35193/35204/2641757.html（2004 年 7 月 15 日发表）。

③ 《中共中央、国务院关于实行政社分开建立乡政府的通知》，中发（1983）35 号文件。

地、各部门及有关单位征求意见多次，彭真同志先后发表了7次重要讲话，反复修改30稿”[①]，《村民委员会组织法》才得以试行。当时争议最多的三个问题是：一，作为群众性自治组织的村民委员会和乡镇政府的关系如何界定？多数意见认为：“乡政府和村委会应该是领导关系，而不是指导关系，否则村委会不完成国家规定的任务怎么办？”[②] 二，村民委员会和村党支部的关系如何协调？如何保证党在农村的领导地位？三，村民自治会不会搞乱了？很多人认为农民不具备必要的民主素质，宗族宗派等势力会介入村民自治，把农村搞乱。针对这些争议，民政部提供的调查报告证明：将村民委员会界定为群众性自治组织可以减轻政府负担，同时，选举出来的村民委员会或类似组织的干部比未经选举产生的村干部能够更有效地维持社会秩序。村民选举改善了干群关系，被选举的村干部能更有效地完成上级政府分配的任务，党在中国农村的领导地位得到维持和加强。[③] 彭真也坚持认为民主和政令畅通互不矛盾，他主张民主意识和民主习惯应该在实践中养成，“村委会是最大的民主训练班”。[④] 除了彭真作为高层领导人发挥了极大的积极影响之外，1987年10月召开的党的十三大对村民委员会组织法的修订和最后审议通过也起了十分重要的推动作用。[⑤] 1989～1990年期间，《村民委员会组织法》遭遇较大冲击，村委会作为群众性自治组织的组织性质受到很大挑战。针对当时的争论，中央政治局常委、中组部部长宋平再次认可了村民自治的做法，理由是：“宪法已经定了，村委会组织法已经定了，定了的就要按法律去办。”[⑥]

---

① 白益华：《亲历村民委员会组织法制定（下）》，《中国人大》。转引自人民网：http：//www.people.com.cn/GB/14576/28320/35193/35204/2641758.html（2004年7月15日发表）。

② 白益华：《亲历村民委员会组织法制定（下）》，《中国人大》。转引自人民网：http：//www.people.com.cn/GB/14576/28320/35193/35204/2641758.html（2004年7月15日发表）。

③ 马明杰：《这一步来之不易：访原民政部部长崔乃夫》，1998年6月19日《中国青年报》。转引自中国农村村民自治信息网：http：//www.chinarural.org/newsinfo.asp？Newsid = 23949（2007年7月25发表）。

④ 白益华：《亲历村民委员会组织法制定（下）》，《中国人大》。转引自人民网：http：//www.people.com.cn/GB/14576/28320/35193/35204/2641758.html（2004年7月15日发表）。

⑤《沿着有中国特色的社会主义道路前进》（1987年，十三大报告）指出，“凡是适合于下面办的事情，都应由下面决定和执行。这是一个总的原则”，“在党和政府同群众组织的关系上，要充分发挥群众团体和基层群众性自治组织的作用，逐步做到群众自己的事情由群众自己依法去办”。

⑥ 宋平也提到：“彭真同志很关心这件事情，说要相信群众，按村委会组织法规定办，这是人大立的法，要通过实践统一大家的思想认识。”彭真的影响力再一次保护了村民自治。资料来源：白益华《亲历村民委员会组织法制定（下）》，《中国人大》。转引自人民网：http：//www.people.com.cn/GB/14576/28320/35193/35204/2641758.html（2004年7月15日发表）。

《村民委员会组织法（试行）》是在众多争议和阻力中出台的，因而内容表述比较模糊，尤其是在争议较大的地方没有给出明确界定。例如虽然规定“村民委员会主任、副主任和委员，由村民直接选举产生”，但没有给出具体的选举原则。因而大多数地区的情况是名义上实施村民选举实际上仍然由党支部或乡镇政府提名或任命村委会成员，但是政策上的模糊性也给了地方较大的自主性和创新空间。1991 年末至 1992 年初进行的村委会换届选举中，吉林省梨树县双河乡平安村在确定村委会主任候选人时出现分歧——基层党组织提名的候选人群众不满意，而群众联名推举的候选人基层组织又不认可。这时，县民政局的有关官员决定借鉴 1986 年北老壕村的选举办法[①]，发给有选举权的村民每人一张白纸，让选民任意填写自己认可的人，谁得票多就确定谁为候选人。这种由选民直接提名、确定候选人的选举方法在当地被称为“海选”。[②] 随后该县在 1994 年末至 1995 年初进行的村委会换届选举中在全县范围内推广“海选”候选人的方式，同时逐步探索了候选人在正式选举前做竞选演讲、差额选举、秘密投票等选举程序。梨树县农民和基层干部创造出的“海选”经验被高层政策制定者吸纳借鉴，1998 年正式颁布实施的《村民委员会组织法》比 1987 年的试行法更加具体地规定了选举的程序：“村民委员会主任、副主任和委员，由村民直接选举产生。任何组织或者个人不得指定、委派或者撤换村民委员会成员”，“选举村民委员会，由本村有选举权的村民直接提名候选人。候选人的名额应当多于应选名额”。[③]

《村民委员会组织法》的政策原则和操作规则仍然留有较大争议，在基层的

---

① 1986 年，吉林省梨树县政府根据吉林省民政厅党组《关于在基层政党中认真搞好村民委员会和居民委员会建设的通知》的文件，成立“梨树县村委会整顿补课试点指导小组”。同年 12 月，在“指导小组”的操作下，该县北老壕村根据《宪法》“村民委员会成员由村民直接选举产生”的规定，民主选举产生梨树县第一个由村民民主选举产生的村民委员会——北老壕新的村民委员会。此次选举的方法是：不定杠、不划框、不提名、不搞上面提名下面划圈，完全由选民预先确定候选人。预选只向选民发一张白纸，由选民填写自己认为满意的候选人。根据预选得票数，再根据差额的原则，确定正式候选人，进行正式选举。这一次民主试验得到吉林省政府和民政部的积极肯定和支持。资料来源：余维良《梨树县村民自治大事记》，中国农村村民自治信息网：http：//www. chinaelections. org/NewsInfo. asp？NewsID = 81218（2003 年 4 月 26 日发表）。

② 《梨树县民政局资料汇编（2002）》。

③ 《中华人民共和国村民委员会组织法》（1998 年）。

落实过程中也出现了一些问题，但是这部正式法规的出台给村民自治中的“四个民主”之首——民主选举提供了法律保障。① 直接选举这种制度形式开始在中国农村地区普及，这种以直接选举为基础的基层民主成为我国民主政治建设的一个特色。

（三）1999～2005，农村综合体制改革初期

家庭联产承包责任制为主的农村经营体制改革解放了农村生产力，农民生活水平有很大提高。表2提供的数据表明，仅从“农村消费品零售额占全社会消费品零售额的比重”这一直接反映农民实际生活水平的指标来看，虽然1987年的“农业从业人员占社会从业人员的比重”由1983年的67.1%下降到60.0%，下降了7.1个百分点，但1987年“农村消费品零售额占全社会消费品零售额的比重”（51.7%）仍然比1983年（51.4%）高了0.3个百分点。与此同时，1985年、1986年、1987年三年的“农业各税占财政收入比重”是1983～2005年23年间历史最低水平，分别为2.1%、2.1%、2.4%。②

表2　1983～1989年农村经济发展水平及生活水平部分指标*

年份	农业从业人员占社会从业人员的比重(%)	农村居民人均总收入（元）	农村居民人均纯收入（元）	农村消费品零售额占全社会消费品零售额的比重(%)	农业各税占财政收入的比重（%）
1983	67.1	412	310	51.4	4.2
1884	64.2	476	355	52.5	3.7
1985	62.4	547	398	53.0	2.1
1986	41.5	593	424	52.1	2.1
1987	60.0	654	463	51.7	2.4
1988	59.5	785	545	50.8	3.1
1989	60.1	875	602	50.0	3.1

资料来源：农业部编订《2006年中国农业发展报告》，表1，见农业部网站：http://www.agri.gov.cn/sjzl/baipsh/WB2006.htm#1。本表经过笔者加工整理。

*农业部提供的统计数据从1983年开始，因此本表以1983年为起点。本表中1986年的“农业从业人员占社会从业人员的比重”41.5%的数据来源于农业部提供的原始数据，该数据与前后数年的数据差距较大，农业部没有提供数据说明。

---

① “四个民主”，即民主选举、民主决策、民主管理、民主监督，被写入1997年的十五大报告。

② 农业部：“表1.农村经济在国民经济中的地位”，《2006年中国农业发展报告》，农业部网站：http://www.agri.gov.cn/sjzl/baipsh/WB2006.htm#1（2007年10月15日登入）。

实行联产承包责任制之后的10年，是我国农村和农业的“黄金发展期”。从改革初期到1987年期间，农民负担的增长慢于收入的增长。1988年开始，农民负担的增长逐步超过农民收入的增长。从20世纪80年代末开始，农产品供给出现了结构性和地区性过剩，农产品销售不畅，价格下跌，农民增收困难。此外，农民享有的“休养生息”政策不再，各级政府自上而下层层下达各种经济社会发展任务，除了农业税之外，还有“三项提留、五项统筹”、各式名目的“集资收费”。农民负担的不断加重，激起农民的强烈不满。从表3的数据可以发现，20世纪90年代是农民负担最重、生活水平提高最缓慢的一个时期。这些情况引起中央和部分地方政府对减轻农民负担工作的重视。1990年2月国务院发出《关于切实减轻农民负担的通知》，指出“不少地方农民人均负担的增长，超过了人均纯收入的增长，超过了农民的承受能力，严重挫伤农民发展生产的积极性，损害党群、干群关系。如此发展下去，必将影响农村经济的发展和社会安全”。《通知》简单规范了农民负担的提取比例和提取办法，但其中的规章制度灵活性较大，没有能够实现减轻农民负担的目的。但文件中鼓励各地政府“要在调查研究的基础上，根据本通知的规定，制定减轻农民负担的具体办法”。[①] 在这个鼓励减轻农民负担政策出台的同期，部分地方政府和部分学者也已开始着手研究如何解决征粮征税难和减轻农民负担问题。尤其在1993年和1994年国务院连续召开两个与减轻农民负担有关的工作会议后[②]，一些地区自发进行了费税改革创新试点，如河北正定县的“公粮制”、安徽太和县“税费合一”、湖南武冈市“费改税”等。这些各地自发进行的税费改革，明确了税费项目，简化了征管办法，因而提高了农民负担的透明度，比较有效地遏制了“三乱”，在一定程度上控减了农民负担，改善了农村干群关系。但是由于县乡村三级财政、行政大环境尤其是相关法律文本没有变动，这些地区性的创新只能局限于推行新的农业税费征管办法，而不能从根本上减轻农民不合理的负担。

1998年10月召开的十五届三中全会通过了《中共中央关于农业和农村工作若干重大问题的决定》，这次会议提出“农业、农村和农民问题是关系改革开放

① 《关于切实减轻农民负担的通知》，1990。

② 《全国减轻农民负担工作电话会议》（1993），《全国农民负担监督管理工作会议》（1994）。

表 3　农村经济在国民经济中的地位（1985～2005）

单位：%

年　份	农业增加值占国民生产总值的比重	农业从业人员占社会从业人员的比重	农村消费品零售额占全社会消费品零售额的比重	农业各税占财政收入的比重	用于农业的支出占财政支出的比　重
1987	28.3	60.0	51.7	2.4	8.0
1995	20.8	52.2	43.2	4.5	8.4
2000	16.4	50.0	38.2	3.5	7.8
2005	12.5	44.7	32.8	3.0	7.2
2005/1987 增幅	-15.8	-15.3	-18.9	0.6	-0.8

资料来源：农业部编订《2006 年中国农业发展报告》，表 1，见农业部网站：http：//www.agri.gov.cn/sjzl/baipsh/WB2006.htm#1。本表经过笔者加工整理。

和现代化建设全局的重大问题。没有农村的稳定就没有全国的稳定，没有农民的小康就没有全国人民的小康，没有农业的现代化就没有整个国民经济的现代化”。中央政府认为这一时期影响农村稳定和发展的关键因素是农民负担问题，决定以农村税费改革为突破口。会后，国务院成立了由财政部、农业部和中央农村工作领导小组办公室三个部门主要负责同志组成的国务院农村税费改革工作小组，开始着手研究和制定新的改革方案，为减轻农民负担工作由治乱减负适时转向税费改革做准备。此前地方政府中涌现的税费改革创新实践为中央政策制定者提供了改革思路和改革经验。税费改革涉及整个县乡村三级的行政、财政运转，中央政府对这项改革采取了更为审慎的态度：从自发进行税费改革最积极的安徽省开始试点（2000 年 3 月）①，第二年因对配套改革力度估计不足而有所调整，只鼓励具备条件的省份进行试点（2001 年 3 月）②，改革经验更为成熟后第三年将改革试点扩展到 20 个省（2002 年 3 月）③，第四年全面推进农村税费改革试点

① 《关于进行农村税费改革试点工作的通知》（2000 年），率先在安徽省进行试点。

② 《关于进一步做好农村税费改革试点工作的通知》（2001 年），在“扩大试点、积累经验”的基础上，具备条件的省份可以全面推开试点工作。江苏省依靠自身财力率先开展自费改革试点，其他省份也选择部分县（市）进行局部试点。

③ 《关于做好 2002 年扩大农村税费改革试点工作的通知》（2002 年），试点范围进一步扩大到河北、内蒙古、吉林、黑龙江、江西、山东、河南、湖北、湖南、重庆、四川、贵州、陕西、甘肃、青海、宁夏等 16 个省份，加上江苏、浙江、上海等自费试点和安徽省，全国共有 20 个省份展开农村税费改革试点工作。

工作，缩小征税范围、降低税率（2003 年 3 月）。[①] 2004 年初，中断了 18 年的中央涉农“一号文件”再次出台。这次的一号文件把农业税税率整体下降 1 个百分点，取消除烟叶外的农业特产税。[②] 随后的 2005 年里，全国 27 个省宣布取消农业税。温家宝 2004 年 3 月承诺的“5 年内取消农业税”目标在 2005 年年底提前完成，自 2006 年 1 月 1 日起全国废止《农业税条例》。

该时期农村税费改革所遇到的阻力远大于此前的家庭联产承包责任制和村民自治制度改革。20 世纪 90 年代地方政府和群众自发的创新实践屡遇非议和压制，2000 年以后中央正式实行改革试点也仍然有所反复。2001 年 3 月《关于进一步做好农村税费改革试点工作的通知》下达仅一个月后，国务院办公厅又发文明确指示暂停扩大推行农村税费改革试点。这是因为“税费改革”实施后，减免了一些收费项目，但财政配套措施没有跟上，基层政权机构的运转发生了困难，农村义务教育也受到了剧烈冲击。但是，中央政府已经意识到“农民收入长期上不去，不仅影响农民生活水平提高，而且影响粮食生产和农产品供给；不仅制约农村经济发展，而且制约整个国民经济增长；不仅关系农村社会进步，而且关系全面建设小康社会目标的实现；不仅是重大的经济问题，而且是重大的政治问题”。[③] 不论是出于促进经济发展的目的，还是为了保持社会稳定，农民减负势在必行。“农村税费改革”在重重困难中于 2005 年年底实现了政策目标：废止农业税，最大程度减轻农民不合理负担。

从“家庭联产承包责任制”、“村民自治”、“税费改革”这三大涉农政策的出台过程来看，我国涉农政策重心的转换正是因为不同时期面临的首要问题发生了变化，在促进经济发展或保持社会稳定的压力推动下，中国农村改革逐步深入。这 30 年来农村改革政策的形成过程大体可以概括为：发展中的问题积累到一定程度时，中央政府调整政策目标，比如发展经济、缓解干群关系、为农民增收减负等，给基层留有一定的政策空间；基层干部和民众根据当时当地的情况“创造出”解决问题的办法，这些来自基层的创新思路引起上级重视；上级政府面对基层创新实践通常采取审慎的态度，但最终会鼓励基层试验，从局部试点做

① 《关于全面推进农村税费改革试点工作的意见》（2003 年），文件要求“各地区应结合实际，逐步缩小农业特产税征收范围，降低税率，为最终取消这一税种创造条件”。

② 《关于促进农民增加收入若干政策的意见》，2004 年“一号文件”。

③ 《关于促进农民增加收入若干政策的意见》，2004 年“一号文件”。

起，逐步推开；在改革方案彻底成熟后，新的政策才会正式出台。这样的改革路径能够成功运转的前提是较为宽松的政治环境，同时也需要精英人物发挥催化剂的作用。这些历史关键时刻出现的核心人物可以是具有改革意识的高层领导，如彭真、万里；也可以是在解决问题中训练出创新能力的地方行政官员，如退出“海选”的吉林基层乡镇干部；或者是具有社会责任感的学者们，比如率先提出“税费改革”思路的学者何开荫；被环境逼出“创新”勇气的基层群众也可以是引领改革的精英，比如安徽小岗村的十八户农民。

二　新农村建设中的创新实践与政策变革（2006～2007）

从减轻农民负担这个政策目标来看，我国的费税改革在宣布废止《农业税条例》的2005年年底完成。但是解决“三农”问题的根本不可能止于“减负”，更重要的是“增收”。从表4“城乡居民人均收入支出对比”中我们可以发现，1985～2000年的15年间，农村居民的人均纯收入增长了5.7倍，而城市居民的收入则增长了8.5倍。与收入增长趋势分布相反，城市居民的生活消费支出增长比（7.4）与收入增长比（8.5）差距较大，农村居民的生活消费支出增长比（5.3）与收入增长比（5.7）差距较小，这意味着农村居民的发展收益远低于城市居民的发展收益。即使是农村税费改革试点等一系列减轻农民负担的政策实施五年后的2005年，城乡居民纯收入比仍然达到3.2，比2002年的城乡居民纯收入比的2.8高出了0.4，城乡收入差距和发展收益差距在加速扩大中。

取消农业税并不意味着农民的生存状况有了根本性的改善。2006年全国范围内取消农业税，与税费改革之前比，减轻农民税费负担1200多亿元①；1200亿分摊到9亿农民个人，每个农民只能增收100多元。2004年和2005年的“一号文件”都提到农民增收困难、农业发展缓慢不仅仅是因为农民税费负担重，农业投入不足、基础设施落后、农民增收的长效机制没有建立、制约农业和农村发展的深层次矛盾尚未解决才是根本原因。此外，免除农业税意味着以往建立在“皇粮国税”基础上的“国家－农民”关系发生了根本性转变，农村基层工作机

① 《取消农业税一年来农民负担减轻1200亿》，2006年12月28日《人民日报》。

表4　城乡居民人均收入支出对比（1985，2000，2005）

单位：元，人

	1985年人均纯收入	2000年人均纯收入	2005年人均纯收入	1985年人均生活消费支出	2000年人均生活消费支出	2005年人均生活消费支出	2000/1985人均收入增长比	2000/1985人均生活支出增长比	2005/2000人均收入增长比	2005/2000人均生活支出增长比
农村居民	398.0	2253.0	3255.0	317.0	1670.0	2555.4	5.7	5.3	1.4	1.5
城镇居民	739.1	6280.0	10493.0	673.0	4998.0	7943.0	8.5	7.4	1.7	1.6
城乡居民比	1.9	2.8	3.2	2.1	3.0	3.1	—	—	—	—

资料来源：农业部编订《2006年中国农业发展报告》，表22和表23，见农业部网站：http://www.agri.gov.cn/sjzl/baipsh/2006.htm。本表经笔者加工整理。

制和运转方式出现一系列新问题，比如取消农业税之后的农村公共产品的供给问题、村民自治治理什么、乡镇机构与行政管理体制改革等。解决这些问题，“必须继续采取综合措施”①，“在发展战略、经济体制、政策措施和工作机制上有一个大的转变”。② 中央政府于2006年年初提出全面建设社会主义新农村的构想，与以往的农村改革一样，“社会主义新农村建设”没有模板可以借鉴，基层干部和群众在“新农村建设”这个政策框架下开始新一轮的探索与创新。

中央政府设立的新农村建设任务是：“按照‘生产发展、生活宽裕、乡风文明、村容整洁、管理民主’的要求，协调推进农村经济建设、政治建设、文化建设、社会建设和党的建设。”③ 从政府运作空间的角度出发，我们可以将新农村建设任务归纳为三个方面：经济建设、公共服务和公共管理。农村经济建设主要包括发展农业、促进农民增收方面的措施；农村公共服务建设指为农民提供用水用电设施、道路交通、教育培训、医疗卫生、养老助残、文化娱乐等公共产品；农村公共管理建设的主要内容是完善和推进村民自治制度，规范乡镇政府和村级党组织在农村基层的工作方式。近年来基层政府和群众以及社会组织在新农村建设领域内进行了很多有益的创新尝试，总结和归纳这些基层创新的经验和教训，有助于我们形成科学的新农村建设观。

---

① 《关于进一步加强农村工作提高农业综合生产能力若干政策的意见》，2005年“一号文件”。

② 《关于促进农民增加收入若干政策的意见》，2004年“一号文件”。

③ 《关于推进社会主义新农村建设的若干意见》，2006年“一号文件”。

（一）经济建设

从国家政策层面来说，中央政府这两年在农村经济建设领域的努力方向可以总结为：终结农业税费①，加大农业投入②，强化农业补贴③。从基层涌现的创新实践来看，地方政府的农村经济建设思路主要有政策扶持、加大“三农”资金投入、引导农村产业结构调整和优化、调整土地政策和管理制度、培育新型合作经济组织、提供农业科技培训等。这些建设思路又因各地区的自然条件和历史基础有所差异而呈现出不同的发展侧重点，这其中比较具有代表性的创新实践有适合农业基础较好地区的“农业三化”和“土地整理”，适合地方财政配套不足地区的“农业基础设施共建”，适合资源贫困地区的“生态移民”等。

经济建设领域内的农业“三化”有两种解释，大“三化”是农业区域化布局、专业化生产和产业化经营，小“三化”包括农业产业化、农民组织化、农产品生产标准化。④ 农业“三化”在山东、江苏等经济基础较好的地区最先开展，随后中西部一些地区如四川、安徽、湖北的部分地区也逐步实施。山东部分农村地区创造出“公司＋农户”、“公司＋基地＋农户”、“公司＋基地＋合作组织＋农户”等多种农业“三化”模式，在生产、流通领域把现代化的、大规模的、有比较优势的技术、金融、生产方式引到以户为基础的农区。例如，成立一家农业机械服务公司后给分散的农民提供从耕种到收割的各种机械化服务；整合供销社资源发展农村现代流通服务网络等。

江苏部分农村地区的思路是通过引导农民组建和发展农产品专业（股份）合作社来推进农民集体行动，组合农民拥有的闲散资金、社会资本以及能人要素等，提高生产经营的产业化和组织化程度，促进农民分享农产品加工和流通环节的利润，最终实现农民增收的目标。以江苏省苏州市吴中区东山镇古尚碧螺春茶

① 终结农业税的任务在2005年年底完成，2006年以后的任务是防止“乱收费、乱集资、乱摊派”以其他形式出现。

② 加大农业投入包括加大中央财政对粮食主产县和财政困难县的奖励补助力度；加大农业综合支持和服务能力建设力度，增加农田水利、农业科技、扶贫开发和农业综合开发投入，完善减灾防灾体系、动物防疫体系和农村流通体系，加强安全饮水等农村基础设施建设。

③ 强化农业补贴包括粮食直补、良种补贴、农机具购置补贴、产粮大县奖励补助和农业生产资料综合直补。

④ 官方文件中将农业“三化”定义为农业现代化、农村城镇化和农民专业化。

叶合作社为例。[①] 吴中区所在地是中国十大名茶碧螺春的传统产地，碧螺春茶是当地具有自然资源优势的产品，但在以户为单位分散经营时期，鲜茶叶收购价仅为每斤 80 元左右，加工后的茶叶价格在每斤 800 ~ 1000 元。2004 年主产碧螺春茶的东山尚锦村由 20 名自然人投资 280 万组建茶叶合作社，开展茶叶标准化生产和品牌化经营，由合作社负责统一定种、技术辅导、炒制、商标包装和销售。同时，政府有关部门成功申报了原产地域产品保护，开展茶文化旅游节等活动。合作社会员成品茶的销售价格达到 2600 元/斤，茶农不仅鲜茶叶销售有了保证，而且价格大幅上升，鲜茶叶收购价升至 250 元/斤。合作社还在经营利润中提取 20% 二次分配给会员。同样的土地，同样的茶农，由于合作化和专业化经营而实现收入增长 3 倍以上。在引导农民组建农产品专业合作社的过程中，吴中区积累的经验有：首先由政府提供科学发展规划引导农民拓宽发展视野。该区根据自然资源和传统产业优势，提出并全面实施“一杯茶、一只蟹、一羽鸡、一棵菜、一头羊、一株苗”的“六个一”农业产业化工程。其次，规范专业合作社的性质和操作办法。合作社由本村农民自愿入股组建，农民入股户数不少于 200 户，原则上农民股本金占股金总额不得低于 50%。只有真正符合农民股份合作社性质的组织才可以享有政府的支持。第三，政府为农民股份合作社制定了一套扶持和管理办法。简化合作社工商登记手续，规定农民投资性股份合作兴办项目原则上实行“零交费”原则，实施税收返还和奖励等优惠政策。第四，积极培育典型，提供资金扶持。由区财政对每一家新成立符合规定要求的合作社给予 5 万 ~ 10 万元扶持资金。第五，把基层乡镇和村干部参与协助组建和发展农民专业合作社的工作纳入乡镇干部岗位目标责任制和农村重点工作考核内容之中，并与干部奖金挂钩。[②]

与吴中区发展思路类似的是部分地区开展的“一村一品”工程。到 2006 年底，全国一村一品专业村已达到 41293 个，从业农户 1870.58 万户，从业农户人均纯收入达到 4560 元，比全国农民人均收入高出 27%。[③] 在基层积累的经验基

---

① 吴中区案例数据来自李剑阁主编的《中国新农村建设调查》，上海远东出版社，2007，第 378 ~ 380 页。

② 这类对基层工作人员下达“行政命令”以推动农村经济的做法是否合理尚有争议，但是对于农业合作社的组建，还是有一定的积极意义。

③ 《农业部结合实施特色产业项目每年推 150 个一村一品示范村》，2007 年 9 月 28 日《农民日报》。转引自“三农在线”网：http：//www. farmer. com. cn/news/zt/xnc/200709280445. htm。

础上，农业部计划2008年在全国实施“一村一品强村富民工程”，结合实施一村一品特色产业项目，每年推出150个左右一村一品示范专业村，力争经过3～5年的努力，在全国形成1000个左右有龙头带动、有知名品牌、有较高市场份额和增收潜力的专业村、专业乡镇。为了避免盲目建设，政府开始引导农业“三化”由自发形成向有序推进转变，由资源依赖向市场导向转变，由产品生产为主向产加销一体化经营转变，由单纯依靠传统经验向运用先进农业科学技术转变。

农业“三化”在农业基础较好的地区更容易推广，在农业基础设施尚不健全的欠发达农产区，发展农业的第一步是在国家财政的扶持和补贴下加速交通水利等农业、农村基础设施建设。国家对于农业基础设施建设的支持力度较以往有很大增长，2006年在中央预算内投资和国债投资中，用于农业和农村建设方面的投资530亿元，占全年中央投资总规模的45.74%[①]，但目前阶段仍然需要省市区县等地方政府提供配套建设资金。对于不发达地区来说，地方政府财政配套有一定难度。陕西省咸阳市秦都区的做法是从“示范村”做起，“上面投一点”、“部门抓一点”、“社会扶一点”、“农民建一点”以实现“基础设施共管共建”。“上面投一点”是指中央及省市财政投入一些，“部门抓一点”指区级主要政府部门都需要负责主抓一个新农村示范村以充分利用不同部门的项目资金和技术支持，“社会扶一点”主要指呼吁效益较好的企业与新农村示范村结成帮扶对象，利用社会力量共建新农村，“农民建一点”是号召农民出工出劳参与建设。

对于自然生态环境恶劣地区的农村来说，如何改善农民的经济状况？目前我国约80%的国家级贫困县分布在六个区域：蒙古高原东南边缘风蚀沙化地区、黄土高原沟壑水土严重流失区、秦巴山区、西南喀斯特高原丘陵区、横断山脉高山峡谷区和西部沙漠高寒山区。[②] 这些地区农民贫困的主要原因是生态条件恶劣，在生态环境脆弱地区搞“新农村建设”很难行得通。贵州省毕节地区属于自然环境恶劣、人口密度高于全国水平的生态脆弱区，该地区的发展思路是进行“生态移民”以降低人口对环境的压力，通过退耕还林缓解土地开垦过度，同时在石漠化地区进行坡梯改造工程既改善生态环境又增加农业耕地面积。

---

① 三农在线：http：//www.farmer.com.cn/news/ssyw/dtbt/200710020071.htm（2007年10月2日）。

② 李剑阁：《中国新农村建设调查》，上海远东出版社，2007，第421页。

（二）公共服务体系建设

第四届中国地方政府创新奖（2007 年度）收到的 201 份有效申请中，有 65 个项目与农村建设有关，占项目总数的 33%。这 65 个项目中，以村级公共管理和公共服务项目为主，分别占农村项目总体的 51% 和 37%。农村基层在村民自治领域内的改革已经开展了 20 年，因而在村级公共管理方面的创新实践比较多。村级公共服务项目明显增多则与国家“新农村建设”的号召不无关系。在公共服务方面，除了交通水利等农村基础设施之外，国家在 2006 年中央农村工作会议上设立了三个目标：加快农村九年义务教育和农民培训步伐，加快农村公共卫生设施和基本医疗服务体系建设①，加快农村公共文化设施和服务体系建设。与此相对应，地方涌现的公共服务方面的创新实践也主要围绕村容村貌、乡风文明、养老助困、医疗卫生②、教育培训等问题展开，出现了“三清、五改”、农民公共活动中心、农民学校、“送人送信息下乡”等多种提供公共服务的形式。

在村容村貌的改造方面，多数农村地区的工作重点在“三清”和“五改”，“三清”即清垃圾、清路障、清污泥，“五改”指改水、改厕、改路、改厨、改圈。在“三清、五改”过程中，有条件的地区开始利用生态能源，如太阳能、沼气等。改造村容村貌需要农民积极参与资金投入。在如何动员群众积极投入方面，除了宣传发动、以示范村带动周边地区等常规做法外，江西省赣州市在各个自然村建立“新农村建设理事会”。理事会由户主大会民主选举产生，村组干部、致富能人、离退休老干部、老教师等 5～15 人组成。建设资金由理事会来筹集管理，建设合同由理事会签订，工程进度由理事会监督，建设质量由理事会监

---

① 我国在建立农村最低生活保障方面的步伐比较快，2003 年底全国享受最低生活保障和特困户生活救助的农村特困人数仅为 1257 万人，2007 年 7 月国务院发布《在全国建立农村最低生活保障制度的通知》将最低生活保障制度覆盖至全国范围。

② 农村医疗保障已经由最初的各地试点步入制度化运作阶段。我国从 2002 年开始建立以大病统筹为主的新型农村合作医疗制度，由政府组织、引导、支持，农民自愿参加，政府、集体、个人多方筹资。2004 年 6 月“合作医疗”覆盖 9504 万农业人口，实际参加人数为 6899 万人，2007 年全国农村参加新型合作医疗的人数则达到 4.1 亿人，覆盖全国农业人口的一半左右。2006 年末，全国开展新型合作医疗试点的县（市、区）达到 1451 个，占全国县（市、区）总数的 50.7%。

管。理事会的成员在群众中都有较强影响力，能够高效动员和说服群众参与村庄改造。在如何筹集建设资金方面，对于欠发达地区来说，政府投入主要是起引导作用。具体操作办法是：政府部门帮扶，城乡共建，强化政策激励，提供技术服务，带动农民自建。部分地区给市/县直所有单位都确定了新农村建设帮扶对象，引导政府部门项目资金流向农村；在政策激励方面，优先审批“五改”项目，给完成“清改”任务的农户补助资金，对完成沼气池建设的农户奖励沼气灶具等。在带动农民自建方面，江西部分地区提出“两个不搞”、“五个优先”原则。“两个不搞”即群众申报率未达80%的不搞，群众筹资未达应出资60%以上的不搞；“五个优先”指大点优先，难点优先，申报率高的优先，“三清”动作快的优先，群众自筹资金多的优先。

地方政府在乡风文明建设、教育培训领域的作用是引导人力、信息资源流向农村。浙江等地区以兴办农民学校、农民公共活动中心等方式为农民提供公共文化服务。如浙江新昌县整合文化、卫生、科技等部门的下乡服务队伍，推出“星期三下乡”制度，定期向农村提供文化、农技、卫生、法律、计生等服务；浙江温岭市箬横镇田后村的“村级社区学校”在争取市相关部门的知识、信息支持下不仅为村民提供机械、计算机等实用技能培训，还开办了烹饪、花卉、时装表演、书法、法律知识等丰富农民业余文化生活、提高农民法律意识的课程。北京地区则利用自己的区位优势改变过去支农“见钱见物不见人”的做法，出台教育、卫生、科技等人力资源对口支农的办法。[①] 市教委实施城乡“手拉手”活动，组织103所城市学校和103所农村学校对口帮扶，以城镇优势师资力量支援农村教育，将支教一年作为教师今后职称评定的条件；市卫生部门在积极完成覆盖山区1486个村级社区卫生服务站标准化建设任务的同时，计划为每个村培养一名全科医生，安排市区医院与郊区医院对接，实现设备、人才共享，规定卫生技术人员晋升副高级职称前要累计在农村基层工作一年；市科委会同市农委整合52个科技单位，聘请150多名科技人员为专家，组织科技指导员，深入乡镇、科技示范户，举办各类技术培训班；市教委、市科委、市劳动和社会保障局、市财政局、市乡镇企业局、市妇联等部门联合建立“北京市农村富余劳动力转移

---

① 北京案例的资料来源：韩俊等《新农村建设的北京案例》，《中国发展观察》2006年第2期。转引自：http://lib.tzswdx.gov.cn/wenku/xinnongcun/0633141939960210631018553557650.html。

培训工作联席会议”工作机制，有针对性地开展农村富余劳动力转移培训工作；北京市农学院、农职院定向在郊区农村招收“农村实践生”，为乡村培养高素质村干部。

（三）公共管理机制建设

不论是发展农业生产，还是改造村容村貌、培育乡风文明，这些工程的真正落实和发展不可能始终依靠政府投入、政府管理、政府维持的建设模式，新农村建设的持续与发展最终依靠的是农民的自我投入和自我管理，这就涉及农村公共管理体制的完善。中央政府也看到现阶段农村综合改革深入开展下去的前提是“调整不适应生产力发展的农村生产关系和上层建筑的某些环节”①，但是如何调整这些不适应生产力发展的“上层建筑”？从20世纪80年代开始的村民自治机制至今仍留有一系列悬而未决的问题。

首先，如何平衡村“两委”的关系？1987年颁布的《村委会组织法（试行）》中没有关于村党组织的规定。1998年修订的《村委会组织法》虽然明确规定村党组织是“领导核心”，但村党组织如何发挥领导核心作用，与村委会是一种什么关系，村书记与村主任如何开展工作，都没有可操作性的规定。实际工作中便出现了村“两委”关系不协调、村书记和村主任“内耗”导致村级工作无法开展等问题。其次，如何摆正乡镇政府与村委会的关系？我国宪法和法律都明确规定村委会是基层群众性自治组织，它要对村民群众负责，其主要任务是把涉及村民利益的一些自治事务办好。实际工作中，“上面千根线，下面一根针”，很多上面交付的行政性任务仍然需要村委会来落实，乡镇政府应该以什么方式来“指导”村民自治工作？第三，很多地区的村民自治“四个民主”只落实了民主选举，而没有民主决策、民主管理和民主监督。笔者2007年6~7月走访浙江、安徽、陕西三个地区的六个村庄，这其中有两个村的“村务公开拦”是形式，陕西某村的村务公开栏上是隔壁小学学生字迹模糊的涂鸦，安徽某村的村务公开栏内只有几张很久以前的计划生育政策宣传画。

在解决村“两委”关系问题上，早期出现的湖北广水、山西河曲等地的

---

① 温家宝：《不失时机推进农村综合改革，为社会主义新农村建设提供体制保障》，《求是》2006年第18期，第1~9页。

“两票制”[①]，山东、广东等地率先实施的“一肩挑”[②]，河北武安市的“一制三化”[③] 等方案是以一定的民主形式重塑党支部在村民自治活动中的合法性，有效规避“两委”矛盾的产生。与这些创新实践相比，河北青县的“青县模式”更符合村民自治理念。“青县模式”成熟于2003年，该模式的突出特点在于提升和明确村民会议及其代表会议在村庄和村庄治理中的主体地位，规定村民会议是村庄的权力组织，对村庄重大事务拥有最终决定权。村代会是议事组织，由10～15户村民推选一名代表组成，经授权代村民会议负责日常的决策、监督；村委会是办事组织，由全体村民选举产生，负责执行村民会议和村代会决议和日常管理工作，同时对村代会的决议有权提出复议，或提请村民会议公决；党支部是领导核心，负责组织、协调村代会和村委会在村民自治框架内正常运行，积极支持帮助共产党员依法竞选村代会主席和村民代表，发挥党员的影响力、带动力，以村代会为载体，组织和带领村民和村民代表民主选举、民主决策、民主管理、民主监督。“青县模式”的核心原则是“党支部领导，村代会做主，村委会办事”。上文提到的江西赣州市在各个自然村建立“新农村建设理事会”成功调动群众积极参与新农村建设的个案与青县的农村公共管理机制有一定相似之处。赣州的经验告诉我们：理顺农村公共管理机制，能够有效降低新农村建设成本，提高新农村建设速度和成效。

上文整理了新农村建设的核心构成部分经济建设、公共服务体系建设、公共管理机制建设方面的基层创新实践个案。区位差异使得每个地区新农村建设的起点和重点不同。从政府推动的角度来看，东部和中西部城郊村庄的新农村建设重点在于提高公共服务质量、完善公共管理机制，经济建设更多是一种政府引导下的市场行为。在中西部农业基础较弱的村庄，新农村建设的重点在“补课”——在政府财政支持下加快交通、水利等农业基础设施建设，同时确保义

① “两票制”的做法是选举党支部书记和支部成员时，先由全体有选举权的村民对村内党员投信任票，获得50%以上信任票的党员才有资格被确定为支部成员的候选人，然后召开村党员大会，由党员对候选人投选举票，选举产生党支部。

② “一肩挑”是指村支书、村主任由一人兼任，同时实行其他两委成员交叉任职。“一肩挑”的方式已经得到官方认可并在全国范围内推广，中办发【2002】14号文件要求党员通过选举竞争赢得村民的信任和支持，实行村书记和村主任“一肩挑”，“两委”成员交叉兼职。

③ “一制三化”中的“一制”是指党支部领导下的村民自治运行机制，“三化”指支部工作规范化，村民自治法制化，民主监督程序化。

务教育、基本社会保障的落实。在自然条件恶劣、自然资源匮乏的地区，新农村建设的任务是“生态移民”、退耕还林、开辟新农业资源。这些措施是政府主导下的新农村建设，他们是否和农民的需要一致呢？

有学者2006年在江苏、甘肃、河北、湖南四个不同地理区位和经济区位的省份以480名村民为调查对象①，分析农民视野中的新农村建设。图1提供的数据显示现阶段新农村建设政策以“发展农业生产、增加农民收入”为核心任务的定位是符合村民要求的。“农业生产”和“打工”仍然是多数农民增收途径的首选（见表5），但在发展生产中，农民最缺少的是资金扶持（见表5）。除了政府的资金投入外，如何建立和完善行之有效的农村金融体制以扩大农民获得生产发展资金的渠道是我们新农村建设中尚未解决的问题。农民家庭最急需政府帮助解决的问题、农民最希望村里有的公共文化设施、村容村貌中最急需改进的方面分别是减轻孩子学费负担、兴建图书室、加强垃圾管理（见表5），这与农民对生活宽裕的定义正相吻合（见图2）。除了增加收入外，教育条件、就医条件、环境条件的改善是农民眼中宽裕生活的三个首要标准。在城乡平等原则下建设新农村，农民这三个方面的愿望应该是最先被落实的。目前地方政府推动农业发展

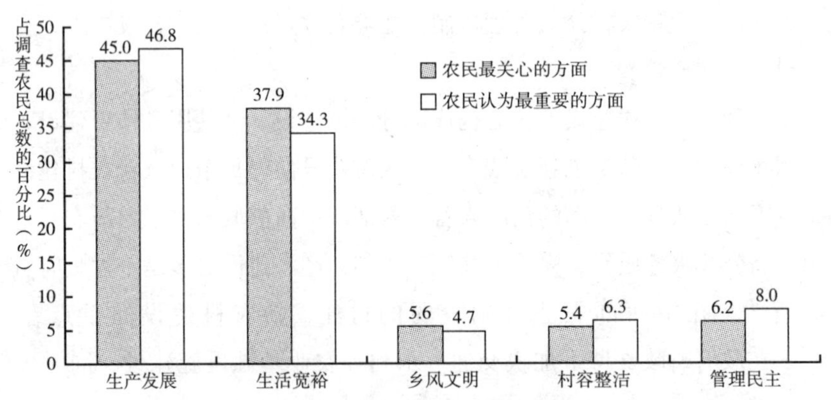

图1　农民对新农村建设五个方面的关心程度

数据来源：叶敬忠著《农民视角的新农村建设》，社科文献出版社，2006，第65页。

① 这里是指中国农业大学人文与发展学院“农民视角的新农村建设研究”课题组在2006年2～9月所进行的研究，后文中提到的数据和表格是笔者根据该课题组的调查数据整理所得。原始数据资料参见叶敬忠《农民视角的新农村建设》，社科文献出版社，2006。

表 5　农民在新农村建设中最急需解决的困难

单位：%

在农业生产中最急需解决的困难	缺少资金投入	灌溉等基础设施差	缺少技术	劳动力不足	销售困难	其他		
	47.1	20.7	16.4	6.9	4.5	4.3		
农民打算增加收入的方式	发展农业生产	打工	发展养殖业	做买卖	其他			
	38.2	35.5	10.7	7.6	8.0			
农民家庭最急需政府帮助解决的问题	孩子学费负担	看病难和看病贵	就业问题	农产品销售问题	养老问题	基本生活保障问题	其他	不需要帮助
	30.5	17.1	12.1	11.5	8.8	4.6	4.2	11.3
农民最希望村里有的公共文化设施	图书室	室外活动场所	体育健身设施	娱乐设施	室内活动室	其他		
	23.7	23.2	19.6	17.3	14.0	2.3		
村容村貌中最急需改进的方面	垃圾乱扔乱倒	房屋规划凌乱	街道状况差	工业污染严重	卫生条件差	绿化差	其他	
	36.6	26.1	20.7	5.9	5.2	4.3		
农民加入各类合作组织的意愿	专业技术协会	经济合作组织	基金信贷组织	文艺类协会	其他	都不愿意		
	43.5	33.5	20.4	17.9	0.4	21.9		

数据来源：叶敬忠著《农民视角的新农村建设》，社科文献出版社，2006，第 66～139 页。本表经过笔者加工整理。

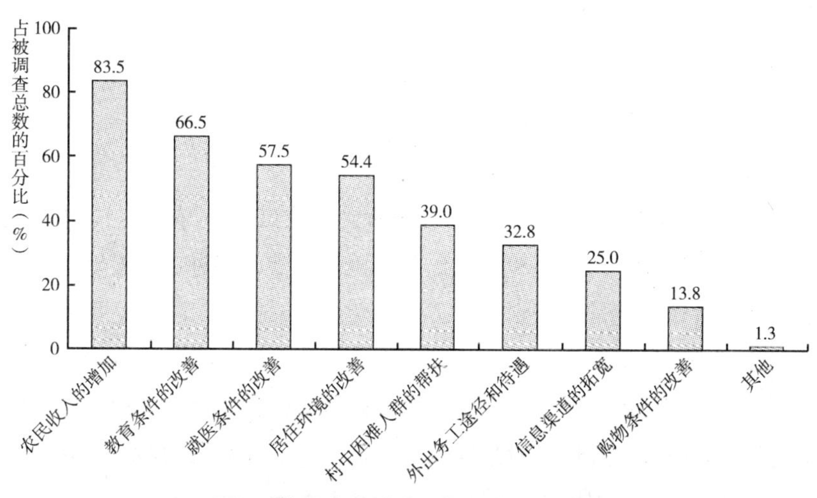

图 2　农民在生活宽裕方面关心的内容

数据来源：叶敬忠著《农民视角的新农村建设》，社科文献出版社，2006，第 88 页。

的主要措施是农业“三化”。对于加入合作组织，农民的想法是什么？愿意加入专业技术合作组织的农民将近半数（43.5%），任何合作组织都不愿参与的农民达21.9%，二者相加为65.4%。这意味着地方政府目前正在大力推广的经济合作组织和经济学学者们倡导的基金信贷合作组织并不被多数农民看好，农民认为自己更需要知识和技术而不是组织化。

通过本文整理的新农村建设个案，我们发现新农村建设的统一标准和运作机制尚没有完全建立，地方政府正在探索的新农村建设方案也没有和农民的意愿完全统一。当前这个发展阶段与此前的“家庭联产承包制”、“村民自治”、“税费改革”等新政策出台前的时期有些类似之处：国家在意识到发展农村的重要性和迫切性之后，提出一个宏观的政策目标——“建设新农村”。这个政策的内涵前所未有的宽广，基层在实践中探索创新之路似乎有了足够的政策空间，但是，和此前的改革一样，推进新农村建设必定面临赢得农民逐步认可和支持、突破旧制度和体制束缚的任务。哪些制度束缚是地区性创新无法突破、必须在国家整体政策有所松动之后才能够让局面真正改观的？是城乡二元化的户籍制度改革和农村土地制度改革。随着新农村建设的推进，城乡二元化的户籍制度给农业现代化、农民增收以及社会公平带来的负面效应已经到了不可回避的阶段。市场经济条件下的土地作为生产要素之一应该如何有序流通？如何在实现农村城镇化、农业工业化的同时保障失地农民的基本权益？这些都是自下而上式基层创新无法解决的问题。

三　讨论：基层创新与制度变革

笔者2007年春末在安徽省某个村庄里听到一位60岁的农民这样“回顾”我国近30年的农村改革历程：“废除人民公社搞大包干，刚过了几天好日子，就碰到谷子卖不上价钱；地是包干到户了，可上交得越来越多；盼到税取消不要交钱还能领补贴了，天旱渠干要引水却找不到人管了，说是没钱；电视里说国家建设新农村要给农村修路修渠，可啥时候轮到我们呢？让我们自己选村干部是好，可选来选去就那几个人，我们村村长还是老大队书记，都干了快20年啦。隔壁村的干部倒是老换，可每回选干部村里就闹得慌，都是说情拉票请吃饭的。”这是对我们30年农村改革发展历程的另一种解读。的确，中国式农村改革就是在问

题中前进，最先发现问题所在的是农民自己，提出最佳变革思路的也是他们，但是局部创新之后的巩固和提高阶段需要的是政府及时的政策调整。因而，中国式改革历程也是政府与基层干部、农民互动的历程。

任何一项制度变革都可能带来冲击和动荡，将制度变革带来的震荡降到最低点的唯一方式是：鼓励农民和基层工作人员创造出最适合自己的办法。在这个意义上，基层的创新实践是实现社会平稳发展、制度稳步变革的前提。如何给基层创新提供一个良好的制度空间？正如历次总结我国农村改革经验时提到的那样，农村改革有三个原则：一，“尊重农民的首创精神”，“坚持从群众中来、到群众中去的根本工作路线”；二，以三个有利于为标准，是否有利于发展社会主义社会的生产力，是否有利于增强社会主义国家的综合国力，是否有利于提高人民的生活水平；三，“鼓励试、允许看、不争论，及时总结经验，加强指导，对的就坚持，不对的就改正”。[①] 这三个原则就是基层创新的政策支点。

---

① 《中共中央关于农业和农村工作若干重大问题的决定》，1998。

通过治理创新构建和谐社区

——中国城市社区建设的现状与未来

周红云*

摘　要：社区成为社会的基本细胞，和谐社区建设成为构建社会主义和谐社会的题中应有之义。本文主要以中国城市社区建设为主题，在描述城市社区建设多样化实践的基础上，分析了城市社区建设和治理创新实践中所取得的成就及其中存在的不足，并进一步探讨了城市和谐社区建设的前景与未来。

关键词：城市社区　社区建设　创新　和谐社区

社区是社会的细胞，建设和谐社区是构建和谐社会的基础，这是人们达成的共识。和谐社区建设成为构建社会主义和谐社会的题中应有之义。2006 年中国共产党十六届六中全会作出的《关于构建社会主义和谐社会若干重大问题的决定》提出，要"全面开展城市社区建设，积极推进农村社区建设，健全新型社区管理和服务体制，把社区建设成为管理有序、服务完善、文明祥和的社会生活共同体"。

一　城市社区建设的多样化实践

随着改革的深入，城市社区建设和社区改革被国家提上议事日程。20 世纪 80 年代，社区概念重新获得国家确认并逐步被官方文献采用。20 世纪 80 年代

* 周红云，博士，中央编译局比较政治与经济研究中心副研究员，研究方向为政治社会学。

初，国家民政部提出“社会福利社会办”的口号，开始与“社会福利单位办”的模式分道扬镳，“社区服务”概念被引入；20世纪80年代后期90年代初，“社区服务”延伸扩展为“社区建设”，而且全国各地都开始社区建设活动；1998年，为推动社区建设的进程，作为国家主管部门的民政部开始在全国选择26个国家级社区建设实验区进行探索；2000年11月，中共中央办公厅、国务院办公厅发出转发《民政部关于在全国推进城市社区建设的意见》（又称23号文件）。至此，城市社区建设以前所未有的速度在全国广泛推进。城市社区建设在全国推进的过程也就是街居体制逐步向社区体制转变的过程。所谓“社区制”，则是强调以“聚集在一定地域范围内的人们所组成的社会生活共同体”[①] 的社区作为基本治理单位的城市基层社会的组织和管理体制。

“23号文件”下发以后，社区建设随着两轮社区体制改革的进程而推进：第一轮社区体制改革主要围绕确立以社区为基础的城市社会管理框架，出现的较为明显变化就是将组织机构分散的、规模很小的居民委员会改造成居民人数较多的资源比较充分的城市社区；第二轮社区体制改革主要围绕提供社区服务和实现社区自治两大目标取向，出现的较明显变化是政府管理重心不断下移到社区，同时社区居民对社区的需求越来越多、要求越来越高。在这种现实背景下，社区建设中出现的许多深层次问题和带有普遍性的问题要求探索符合社区实际和民主自治需要的有效制度安排。对国家来说，建设服务型政府和和谐社会的目标贯穿于社区建设活动过程中。近些年来，在推进以社区作为基本治理单位的社区建设和发展进程中，不乏社区建设和治理的改革创新实践，出现了各具特色的社区管理和治理新模式，例如，北京九道湾模式、哈尔滨南岗模式、上海卢湾模式、广西模式、沈阳模式、江汉模式、杭州模式、深圳莲花北模式、武汉百步亭模式、成都锦江模式、青岛浮山后模式、贵阳小河模式、南京白下区模式、深圳盐田模式等等。下面先简单介绍几种较早出现的社区建设模式，如上海模式、沈阳模式和江汉模式，然后再较为详细地描述几种社区建设和治理的创新模式，包括北京鲁谷模式、深圳盐田模式、南京白下模式和宁波海曙模式，以展示我国城市社区建设的多样性实践。

---

① 《民政部关于在全国推进城市社区建设的意见》中这样定义社区，它是指“聚集在一定地域范围内的人们所组成的社会生活共同体”。

上海模式[①]

在社区治理实践中，上海实行的是“两级政府、三级管理、四级网络”的社区管理模式。所谓“两级政府、三级管理、四级网络”主要是指市和区政府，市、区和街道办事处三级管理主体，市、区、街道和居委会构成城市基层社会管理的四级网络。在这一模式中，最重要的是街道办事处成为一级管理主体的地位得到市、区政府的明确授权，随着市区两级政府权力的下放，街道办事处的管理权限逐步扩大而成为街道行政权力的中心。上海模式的主要做法是，将社区定位于街道范围，街道成为社区建设和管理的平台，在市、区、街道和居委会共同构成四级管理网络的基础上，构建社区管理领导系统、社区管理执行系统和社区管理支持系统，共同致力于社区建设和发展。

社区管理领导系统主要由街道办事处和城区管理委员会构成。作为街道行政权力的中心，街道办事处具有以下权限：部分城区规划的参与权、分级管理权、综合协调权和属地管理权。为了有效克服街道这一社区范围内的各块分割，街道办事处牵头成立了由派出所、房管所、环卫所、工商所、街道医院、市容监察分队等单位参加的城区管理委员会。城区管理委员会定期召开例会，商量、协调和督察城区管理和社区建设中的各种事项，制定社区发展规划。城区管理委员会发挥着重要的行政协调功能。

社区管理执行系统由四个工作委员会构成，均设在街道范围内。它们是：市政管理委员会、社区发展委员会、社会治安综合治理委员会和财政经济委员会。市政管理委员会负责市容卫生、市政建设、环境保护、除害灭病、卫生防疫、城市绿化；社区发展委员会负责社会保障、社区福利、社区服务、社区教育、社区文化、计划生育、劳动就业等与社区发展有关的工作；社会治安综合治理委员会负责社会治安和司法行政；财政经济管理委员会对街道财政负责预决算，对街道内经济进行工商、物价、税收方面的行政管理，扶持和引导街道经济。以街道为

① 本文对于上海模式的介绍引自何海滨《我国城市基层社会管理体制的变迁：从单位制、街居制到社区制》，《管理世界》（月刊）2003 年第 6 期。上海模式是对上海各社区建设模式的一个较为笼统的称呼，事实上，上海不同社区的建设实践之间各有区别。要较完整了解上海社区建设模式，可参看徐中振主编《上海社区建设研究报告》（丛书），上海大学出版社，2000。这套丛书分别从不同角度介绍了上海杨浦区、静安区、黄浦区、卢湾区、虹口区、徐汇区、浦东新区和闵行区的社区建设实践。

中心组建各工作委员会的做法，把相关部门和单位都包容进来，使得街道对日常事务的管理和协调有了组织依托。

社区管理支持系统，主要由街道辖区内企事业单位、社会团体、居民群众及其自治性组织构成。它们通过一定的组织形式，如，社区委员会、社区事务咨询会、协调委员会、居民委员会等，主要负责议事、协调、监督和咨询，从而对社区管理提供有效支持。

在将社区定位在街道层面这种社区治理实践中，上海强化了街道作为基层政府的功能，并运用政府及其所控制的资源进行自上而下的社会整合，社区只是落实和完成政府任务的平台。当然，近些年来，上海的社区建设也加强了居委会作为群众自治组织的力量，开展居委会民主选举的试点，培育社区居民自治，实行居民自我管理、自我教育、自我服务和自我监督。

沈阳模式①

与上海模式不同，沈阳模式将社区定位于小于街道而大于居委会辖区的范围上，在社区内创造性地设立了社区成员代表大会、社区协商议事委员会和社区（管理）委员会三个社区自治的主体组织。这套制度设计在全国产生了广泛影响。

社区成员代表大会是社区最高的民主管理权力机构，是决策层。社区成员代表由社区居民、驻社区单位及团体按一定比例推荐产生。

社区议事协商委员会是社区成员代表大会推荐产生的议事协商机构，是议事层。成员由社区内有声望的知名人士、居民代表以及单位代表等人组成，主任一般由社区党组织负责人兼任。议事协商委员会作为社区成员代表大会闭会期间常设的义务工作机构，定期召开会议，行使社区民主议事、民主监督职能。

社区（管理）委员会，即执行层，是经社区成员代表大会选举产生的执行机构。社区委员会设主任、副主任及委员若干名，一般 3 ~6 名。委员会是社区各项工作的实际组织者、实施者。

江汉模式②

江汉模式是武汉市社区制实践的经验，它以转变政府职能为主要特点，体现

---

① 关于沈阳模式的介绍，引自何海滨《我国城市基层社会管理体制的变迁：从单位制、街居制到社区制》，《管理世界》（月刊）2003 年第 6 期。

② 关于江汉模式的介绍，引自何海滨《我国城市基层社会管理体制的变迁：从单位制、街居制到社区制》，《管理世界》（月刊）2003 年第 6 期。

为行政调控机制与社区自治机制结合、行政功能与自治功能互补、行政资源与社会资源整合、政府力量与社会力量互动的社区治理模式。与沈阳模式一样，江汉区也将社区定位为“小于街道、大于居委会”，并成立了社区成员代表大会、社区居委会和社区协商议事会，这三个组织构成社区自治组织体系。与沈阳模式不同的是，江汉区的社区议事协商会并不是社区成员代表大会的常设机构。同时，江汉区明确提出，通过政府职能转变培育和达到社区自治的目标。他们的主要做法如下。

（1）理顺社区居委会与街道、政府部门的关系，明确职责，保障社区居委会的自治性，包括：明确居委会与街道办事处是指导与协助、服务与监督的关系，而不是上下级行政关系；重新界定街道各行政部门与社区组织的职责，街道负责行政管理，承担行政任务，而社区居委会负责社区自治，不再与街道签目标责任状，并有权拒绝不合理的行政摊派；建立社区评议考核街道各职能部门的制度，并以此作为奖惩的主要依据。

（2）政府职能部门面向社区，实现政府工作重心下移。区街政府部门要做到“五个到社区”，即工作人员配置到社区；工作任务落实到社区；服务承诺到社区；考评监督到社区；工作经费划拨到社区。

（3）权随责走，费随事转。主要表现为：区街政府部门需要社区居委会协助处理“与居民利益有关的”工作时，经有关部门批准，并征得社区组织同意后，区街政府部门必须同时为社区组织提供协助所需的权力和必要的经费；当区街政府部门做不好也做不了的社会服务性职能向社区转移时，必须同时转移权力和工作经费，做到“谁办事、谁用钱、谁负责、谁有权”，从而保证社区在协助工作时或在承接社会性服务职能时，做到“有职、有权、有钱”。

（4）责任到人、监督到人。为保证区街政府部门职能转换到位，不走过场，根治过去那种“遇见好事抢着做，遇见麻烦无人做，遇见责任踢皮球”的顽症，建立“责任到人、承诺到人和监督到人”的实施机制。

北京鲁谷街道社区管理体制改革①

鲁谷社区原来隶属北京市石景山区八宝山街道办事处，2002 年被批准组建

① 第三届“中国政府创新奖”十大优胜奖之一。关于该项目更为详细情况可参看中国地方政府创新奖组委会编发的《中国地方政府创新（2005～2006）》，或者陈雪莲《从街居制到社区制：城市基层治理模式的转变——“北京市鲁谷街道社区管理体制改革”案例分析》，载俞可平主编《中国地方政府创新案例研究报告（2005～2006）》，北京大学出版社，2007。

鲁谷街道办事处，2003 年在街道层面进行管理体制改革试点并成立鲁谷社区。鲁谷社区面积 7 平方公里，各类人口近 10 万人，中央和市属单位 20 家，下辖 20 个居委会。

鲁谷社区体制改革采取的是“大社区”理念，在街道层面成立社区，通过构建“三个体系”、理顺“两个关系”、坚持“两个依法”和实现“两个归位”的具体改革思路，建立“小政府、大社区、高效率、大服务”的新型社区管理模式。所谓构建“三个体系”，即指构建社区党的领导核心体系——社区党工委，负责社区党建工作；建立社区行政管理体系——社区行政事务管理中心，承担社区行政管理职能；建立社区民主自治工作体系——社区代表会议及相关组织，负责社区居民自治事务。理顺“两个关系”是指在定位政府、社会和市场三者之间关系的基础上，理顺区政府有关职能部门与鲁谷社区之间的关系；理顺社区党工委、社区行政事务管理中心和社区委员会等自治组织之间的关系。坚持“两个依法”是指政府依法行政，社区依法自治。实现“两个归位”是指政府行政管理职能的归位，把辖区有关行政执法和行政审批的各项职能经梳理后归位于政府职能部门，建立“责、权、利”统一的新型“条块”关系；将有关社会事务职能进行归位，把过去由政府直接管理和操作的有关社会事务剥离出来归还社会，逐步交由社区组织和各中介组织承担，并大力培育、发展社会中介组织，实现党和政府及群众自治组织对社区的有序和高效管理。鲁谷社区管理体制创新的主要做法如下。

（1）精简社区内设机构，降低行政成本

鲁谷社区的基本组织架构为“三驾马车”，包括社区党工委、社区行政事务管理中心和社区代表会议及其常设机构社区委员会。作为区委的派出机构，社区党工委在新体制中处于核心领导地位，对社区性、社会性和群众性工作负总责，确保党对基层行政工作及社区自治工作的核心领导权；作为区政府的派出机构，社区行政事务管理中心对辖区内城市管理、社区建设及有关社会事务进行管理、协调、指导、监督和服务，社区行政管理中心负责人由区政府任命；选举产生的鲁谷社区代表会议及其常设机构社区委员会负责民主自治工作，指导居民委员会和中介组织的工作，社区委员会主任和副主任由社区党工委提名，经社区代表会议差额选举产生。

鲁谷社区党工委和行政事务管理中心内设行政编制机构四个，即“三部一室”和事业编制机构“一所两室”。所谓“三部一室”指社区党工委下设的党群工作部和社区行政事务管理中心下设的城市管理部与社区事务部，以及社区党工委和社区行政事务管理中心合设的综合办公室。党群工作部9人，下辖20个社区居委会党组织，由原来街道组织人事、宣传等五个科室合并而成，履行原来街道党口的全部职能。社区事务部9人，由原来街道民政、计生等四个科室合并而成，履行原来街道民政、计生职能和劳动、文教的行政协调职能。城市管理部7人，由原来街道城建科和综治办公室合并而成，并履行其职能。综合办公室由原来街道工委办、行政办和财政科合并而成，并履行其全部职能。社区中心共设行政编制39人，除上述部室人员外，处级干部6名（现行街道一般在8~10人左右）。其中，书记、主任各一名，副书记兼党群工作部部长和工会主席一人，纪委书记兼武装部长和社区委员会副主任委员一人，副主任两名，分别兼社区事务部和城市管理部部长。事业编制机构的“一所两室”指社区行政事务管理中心下设的社会保障事务所、企业服务办公室和社区代表会议的常设机构——社区委员会办公室。除此之外，还设有1个自收自支事业单位——社区服务中心。社区机关下辖机构人员编制共17名。

鲁谷社区的“三部一室”行政机构设置较之原有街居体制下的街道工委和街道办事处的内设机构大大减少。与北京市同类街道平均公务员人数90人相比，鲁谷社区只有39名公务员编制。比照同等规模街道机构要少73%，人员精简幅度达57%，处级干部职数也比同类街道减少近40%。在改革过程中，被撤销的部门和科室有：劳动科、文教体卫办公室、财政科、统计科、企业服务办公室。合并的部门和科室有：工委办、行政办、财政科合并为综合办公室；组织人事科、宣传科、工青妇联合办公室、人民武装部合并为党群工作部；城市管理科和综合治理办公室合并为城市管理部；民政科、计划生育办公室和文教体卫办公室合并为社区事务部。鲁谷社区进行的行政机构改革大大减少了行政管理层次，实现了机构瘦身，避免了人员浪费。

（2）转换和归位职能，提高行政管理效能

鲁谷社区的成立并进行街道体制改革的重点在于理顺区、街和居委会之间的条块关系，转换政府职能，归位社会管理职能。首先，区政府职能部门在鲁谷社区设立以下相应派出工作机构：设立鲁谷社区公安派出所，由公安分局垂直领导，履行原来街道派出所职能；设立鲁谷社区城市管理监察分队，由区城市管理监察大队垂直领导，同时接受鲁谷社区党工委的领导和鲁谷社区行政事务管理中心的指导和监督；设立鲁谷社区统计所，由区统计局垂直领导，鲁谷社区为其提供办公场所和相关服务；设立鲁谷社区司法所，由区司法局垂直领导，鲁谷社区为其提供办公场所和相关保障；区交通安全、消防部门在鲁谷社区派驻专业工作人员，由职能部门直接领导，鲁谷社区为其提供办公场所及相关保障服务。其次，政府职能部门在鲁谷社区管理职责进行相应调整：社区劳动监察职能由区劳动和社会保障局负责，其他社会保障事务由现社区社会保障事务所承担；辖区居民的私房翻建审核工作由区规划分局直接负责；辖区内的文教体卫部分社会事务由鲁谷社区自治组织和有关中介组织承担，相关指导与协调工作由鲁谷社区行政事务管理中心负责；辖区殡葬管理的行政执法工作由区民政局负责，鲁谷社区给予必要协助与配合；鲁谷社区社会人员高考报名、咨询、体检等专业事务由区教委招生考试中心负责，鲁谷社区负责提供辖区社会人员高考档案。

改革后的鲁谷社区新机构共承担80项职能，与原来所属的八宝山街道职能相比减少28项。其中，调整到职能局处的行政管理和执法职能9项，转入社区自治组织6项，转入社会保障事务所6项，合并职能6项，撤销1项，社区保洁等社会事务转为市场化运作。

（3）培育自治组织及社团，激活基层民主

鲁谷社区管理体制改革的另一个重点是创建社区民主自治工作体系，在整个鲁谷社区依法实行民主自治。鲁谷社区自治组织体系由社区代表会议、社区委员会、各居民委员会和社区各中介组织构成。社区代表会议的社区代表每届任期三年，代表成员由三部分组成，一是居民代表，由选民或选民代表通过差额无记名投票方式选举产生；二是驻社区单位代表，由本单位推举产生；三是驻社区的各级人大代表、政协委员，不经选举，直接获得社区代表资格。社区委员会是通过召开社区代表会议选举产生的社区民主自治组织，是社区代表会议的议事、协调机构。鲁谷社区内各居民委员会统一称“石景山区鲁谷社区XXX居民委员会”。社区委员会每届任期三年，共设35名左右委员，设主任委员1名和副主任委员6名（兼职）（由社区党工委提名，经社区代表会议选举产生）。社区委员会委员由社区代表会议在本届代表中选举产生，通常由各居民党组织书记或居委会主任、驻社区单位代表、社区知名人士和居民代表若干名组成。社区委员会在社区党工委领导下，承担有关社会性和群众性民主自治工作，指导各居民委员会和各

社区服务中介组织的工作，代表社区内广大居民群众的利益，发动居民群众和社区单位参与社区建设，指导社区居民提升自我教育、自我服务和自我管理的能力。社区委员会下设六个专业工作组，即社区服务和社会福利组、社区治安和人民内部矛盾调解组、社区医疗和计划生育组、社区文教体卫组、社区环境和物业管理组、社区共建和协调发展组，分别负责社区相关事务的协调与监督。社区委员会下设办公室，是社区委员会的常设执行机构，负责处理代表会议闭会期间辖区内民主自治工作的日常事务。

社区代表会议和社区委员会除履行政府剥离出来的社区教育、体育、群众文化等社区事务性职能之外，还需要为社区建设和管理建言献策，对政府职能部门、派出机构及其负责人进行监督、评议，动员辖区居民积极参与社区事务。社区代表反映意见和建议，可在会议期间（每年召开一次）直接提出，也可以通过填写《社区代表建议书》或直接向社区委员会办公室反映。对社区代表提出的意见和建议，社区委员会办公室专人负责登记、办理，及时协调解决，或给予明确解释。除了以社区代表会议制度激活社区民主外，鲁谷社区还设立了党代表任期制，选举产生148名党代表和13名党委委员，定期开展代表联组活动，以党内民主促进社会民主。另外，为了改变城市基层公共参与不足的局面，也为了整合更多的社会资源共同参与社区治理与服务，鲁谷社区还积极培育和发展义工协会、社区艺术团、爱心家园等社团组织。

江苏南京市白下区淮海路街道管理体制改革①

为了顺应“小政府，大社会”的要求，以减少管理层次来推进政府职能转变和增强社区自治，2002年，南京白下区区政府提出“改革街道管理体制，强化居委会的社区自治功能，弱化街道办事处行政职能，直至撤销街道办事处”的设想并开始进行街道管理体制改革的试点。他们的主要做法如下。

（1）在全国第一个撤销了街道办事处，打破了传统的城市管理模式。撤销淮海路街道办事处，原街道的行政职能归位到区职能部门，按照“费随事转，权随责走”的原则，把属于行政管理和行政执法的57项职能全部移交给13个职能部门。这样，城市管理层次由四级变为三级。对一些需要延伸到社区的工作，

① 第三届“中国地方政府创新奖”入围奖之一，案例来源：参看中国地方政府创新奖组委会编发的《中国地方政府创新（2005～2006）》。

由政府职能部门招聘或派人承担。建立淮海路社区党工委，作为区委的派出机构实现党对基层组织的领导，监督政府活动实施，支持和保障社区自治，下设综合协调的工委办公室、负责辖区内信访和社会稳定工作的社区综合治安治理办公室和负责人民武装工作的武装部。成立过渡性质的行政事务受理中心，作为区政府有关职能部门在辖区内直接面对居民服务的平台，由劳动、民政、计生、城建、市容、司法等职能部门派出的工作人员组成，方便群众办事，使区政府直接服务于社区群众。

（2）把自治权下放给居委会。撤销街道办事处后，属于社会性、群众性的工作，由社区居委会全面承接，改变了其几十年来承担街道办事处分配任务的传统工作模式，社区居委会直接面向居民，主体作用得到充分发挥。同时，给社区居委会“减负”，政府不再对社区进行各种检查评比，传统管理体制下的各类台账由过去的72本精简为“5+1”本；社区居委会普遍建立银行独立账户和理财小组，实行自主支配和民主理财，并定期向居民公示财务账目，有力地保障了社区公共事务的有效处理。另外，社区内实行“议行分离”，建立“社会工作站”和专职化的社区工作者队伍，负责长期由居委会统揽的社区公共服务和福利保障事务，促进社区居民参与公共事务的服务与管理。

深圳盐田“社区治理体制改革”①

深圳市盐田区的“社区治理体制改革”开始于1999年，其基本思路是围绕理顺政府与社区关系，增强政府管理水平和社区自治功能“两条主线”，采取“议行分设”的理念，确立“一会两站”和“居站分开”的社区治理模式，实行城市基层管理全面改革，重构社会管理体制，使社区建设逐渐由政府主导变为社会主导，达到并推动社区居委会自治。

盐田模式的形成经历了两个重要阶段：第一阶段主要是从居委会“议行合一”的旧体制向以“议行分设”理念构建的“一会（居委会）合两站（社区工作站和社区服务站）”的社区管理体制过渡；第二阶段则将承担政府工作的社区组织从社区居委会中剥离出来归入政府条条管理，再以“会站分离”的理念构

① 第三届“中国地方政府创新奖”十大优胜奖之一。关于盐田改革更为详细的情况可参看侯伊沙《“盐田模式”的社区治理体制改革》，载俞可平主编《中国地方政府创新案例研究报告（2005～2006）》，北京大学出版社，2007；或侯伊沙著《激活和谐社会的细胞——“盐田模式”制度研究》，中央编译出版社，2007。

建“一会（分）两站”的社区治理体制新模式。盐田社区治理模式建立在居委会层面的社区基础上，强调社区治理理念的创新。其基本做法如下。

(1) 采取“议行分设”的理念，建立“会站分离”模式。在改革的第一阶段，为了重新明确居委会的定位，从制度上保证居委会的自治地位，盐田区出台了《关于明确社区居委会、社区工作站和社区服务站权责关系的意见》和《盐田区政府职能部门向社区居委会实行“费随事转”暂行办法》和新的考评办法等一系列政策措施，采取“议行分设”理念，明确了社区居委会、社区工作站、社区服务站的各自职责及与政府机构的权责关系。这在一定程度上保障了社区居委会的合法权益，使社区居委会能够逐步独立自主地开展为居民办事和服务的各项工作。在改革的第二阶段，为了更好地解决社区居委会的行政化问题，区委、区政府又于2005年制定出台了《中共深圳市盐田区委、盐田区人民政府关于加强社区建设的工作意见》和《关于做好我区社区党组织和社区居委会换届选举工作的通知》，从社区居委会、社区工作站和社区服务站的组织结构、性质、职能、人员、经费、场地等关键环节进行分离，从而厘清社区工作站和社区居委会及社区服务站相互关系，并进一步理顺政府与社区居委会的关系。

在职能定位上，重新界定社区工作站职能和定位，将社区工作站从社区居委会中剥离出来，作为区社区建设委员会设在社区的工作和服务平台。社区工作站人员由雇员组成，行政关系隶属街道办事处，主要承担政府交办的工作，并将已经进入社区的各项工作分别归并到社区组织、社区卫生、社区环境、社区治安、社区文化和社区计生等社区建设六项内容，以此作为社区工作站的主要职能；同时，还规定社区工作站要协助社区居委会处理各项居民事物，接受社区居委会协调、监督和评议，对政府聘任的社区工作站人员，社区居委会享有推荐和建议解聘的权利，从而将政府职能从社区居委会中完全剥离出来。在人员分离上，盐田区规定，凡是当选为社区居委会成员者，不得聘用为社区工作站工作人员，社区居委会成员与社区工作站人员不再交叉任职，各社区工作站由区编委配备七名左右的雇员和适量的临聘人员，由各街道办事处申报，经区组织人事部门和各街道办事处审定、考试考核后方可聘用，这样就确保了工作站人员的专业化和职业化。在经费和财产分配上，规定把社区居委会和社区工作站的财务主体彻底分开，社区工作站工作经费、办公经费和在编工作人员的工资、福利由财政予以统一安排，纳入区财政预算，政府全额拨款，不能向居民收取任何费用，财务由街

道办事处按照收支两条线的办法进行管理。在办公和服务场地分割上，为确保三个社区组织的办公和活动用房，盐田区规定由政府投资建设的社区服务综合楼等物业产权属于街道办事处，但各街道办事处应为社区居委会在社区服务综合楼至少配备100平方米以上的议事和办公产地；其他空间以大致各占一半的比例分配给和以低廉价格租借给社区工作站和社区服务站进行办公、服务。

（2）改革社区治理体系，在推动政府管理重心下移的同时，减轻政府行政带给社区的负担。为了加强政府工作重心下沉，提高政府工作效率，区成立了社区建设工作委员会，下设办公室作为专职协调职能部门进社区工作的机构，负责整合政府进社区各项工作职能和人员，确保政府工作有序而合理地进入社区；建立社区建设委员会办公室（区民政局）——街道社区建设委员会办公室（社会管理科）——社区工作站的垂直管理体制，使政府的职责、任务、资金、人员等可直接到达社区工作站。社区工作站的创建，解决了政府公共服务没有基层承接的问题。更进一步，为合理规范社区工作站的行政事务工作，优化资源配置，减轻社区工作站负担，实行政府工作准入制度。政府职能部门凡下达社区的工作及工作要求、标准、经费、人员、政策、期限和培训等内容，必须提交区政府常务会议审议同意后方可下达。

（3）解决社区居委会行政化问题，强化社区自治功能。首先，建立社区居委会直接选举制度。社区居委会委员由居民直接选举产生，社区居委会根据社区人口数量配备5～9名委员，基本实现属地化和兼职化。所有社区居委会成员全部采取选民无记名投票直接选举，凡满18周岁的户籍居民和工作生活在盐田半年以上、有固定居所、有合法收入来源的年满18周岁的非户籍居民都可以登记为选民，有选举权和被选举权；选举过程中不指定、不推荐候选人，创造条件是候选人进行公开、公平竞选活动；引入选举观察员制度，聘请专家学者和人大代表和政协委员担当选举观察员。居民充分享有选举权，使直接选举产生的社区居委会真正实现了角色归位。其次，社区工作站从社区居委会剥离后，社区居委会真正彻底回归到法律规定的群众自治组织的地位。其主要功能是充当政府组织、社会中介组织与居民的桥梁，调动社区资源进行社区建设，将居民的权利要求转达给政府组织和社会中介组织，并代表居民对政府组织、社区中介组织的行为进行监督；同时通过下设社会发展所需成立的各类专业委员会，举办社区公益事业和社区服务活动，为社区居民服务。社区居委会成员与社区工作站人员不再交叉

任职。社区居委会成员不拿工资，实行属地化和兼职化，区财政给社区居委会成员发放相当于社区工作站人员工资五分之一左右的岗位补贴。根据居民同意的原则，社区居委会也可从社区服务站的利润中适当给他们一些补贴。为了使社区居委会财产不被挤占和不流失，盐田区还规定原属社区居委会的公章、账簿、债权债务和其他社会组织及集体财产归属社区居委会。再次，在归位社区居委会角色，解决社区居委会职能交叉和去行政化问题之后，通过创新社区服务机制，解决社区居委会被弱化和边缘化的问题。设立社区服务专项资金，按照政府购买服务项目的方式，对社区服务站从事的无偿服务进行评估和补贴，并鼓励社区服务站低偿运营，享受税收减免政策；政府还推出等额购买公益服务项目，鼓励民办非企业性质的社区服务项目，为新型社区居委会开展社区服务提供有力支持和广阔平台，推进社区服务产业化和社会化；各社区居委会通过设立社区服务站，并登记为民办非企业单位，把社区服务作为推动整个社区工作的龙头。这样，隶属社区居委会的社区服务站提供的低于市场价格和优质的各种服务，提高了社区居委会的凝聚力和活动力，增强了社区居委会的自治能力，解决了社区居委会被弱化和边缘化的问题。同时，政府也通过购买服务的方式向居民提供了品种多样的福利和服务，社区中的公共服务提高了全体居民特别是弱势群体的生活质量，大大加强了社区居民对政府和作为社区居民自治组织的居委会的信任和认可。

（4）创新社区参与机制，提高社区居民和社区单位的参与机会和能力。首先，积极拓宽社区居民参与的渠道和途径。社区居委会的居务、政务、财务和服务等内容全部对居民公开，使居民享有知情权；每年年底对社区工作人员进行民主评议，使居民享有监督权；定期召开居民代表大会、户代表会议、居民小组会议、论坛和各类问题活动等，使居民享有参与权。依靠社区组织解决社区内部的各类问题，实现对城市基层社会资源的有效整合。社区居民自治可以为社区成员提供与日常生活密切相关的公共事务管理机会，扩大居民政治参与；可以使公民在民主选举、民主决策、民主管理和民主监督的实践中培育公共意识、合作精神和契约观念，解决居民参与公共事务机会少和能力弱的问题。二是培育社区非政府组织。盐田区各类民间组织60多家，每年组织的各类大型活动有近100多场，参加人数达十万人次；依托区、街道社区服务中心和社区服务站，组建各类社区居民、外来人员兴趣活动小组，每年组织举办“社区建设艺术节”；动员吸纳户籍居民和外来务工人员加入社区义工队伍，已有注册义工2000多人，成立了十

多支专业义工队伍。每月参加社区服务活动和接受服务的居民有32000多人次，通过开展形式多样、健康有益的群众性文化、体育、科普、教育、娱乐等活动，把社区居民最大限度地组织起来，使其参与进来，形成文明和谐、人人关心和社会参与的社区氛围。三是搞好共驻共建，实现资源共享。盐田区有近20个部门的30多项工作下沉到了社区，同时发动政府职能部门与社区结对子，充分发挥自身资源优势，直到各社区创建具有鲜明特点或特长的特色社区，支持和推动社区建设工作。政府和社区建立了合作共治的新型关系。鼓励驻社区单位的服务设施向社区居民开放，加强管理，确保安全，推动、规范社区单位资源的共享，社区服务设施对居民开放率显著提高；与此同时，推动社区居委会加强与驻社区单位的联系和沟通，通过社区居委会为社区单位提供力所能及的服务，支持其发展，形成社区成员单位资源共享、事务共办、文明共建的机制和良性互动。

（5）社区党组织的结构、领导理念和领导方式的改革。在“居（居民委员会）改社（社区）”阶段，居委会党支部改为社区党支部。由于党员数量增多，社区党支部改设社区党总支，设在社区工作站。一般由社区工作站站长兼社区党总支书记，社区居委会主任兼任副书记，由社区工作站、社区居委会和社区服务站的党员选举产生，主要职责是完成街道党工委下达的各项社区党建任务。在“会站分离”阶段，社区党组织从社区工作站剥离出来，社区党组织由社区党员大会或党员代表大会选举产生；社区党组织管理对象包括社区各类组织党员的全体社区党员，真正成为社区各类组织和各项工作的领导核心；职责也由只对一个社区组织的领导，调整为领导社区各组织，指导各组织按照自身的职责规范运作，协调社区居委会、社区工作站和社区服务站，共同解决工作中的矛盾和发展中出现的新问题，团结社区各类组织和公民，构建社会主义和谐社区。

（6）合理调整社区规模，探索“一站多居”社区发展模式。本着控制政府行政成本和便于居民自治的原则，合理划分社区，适量增加社区工作站，积极探索在每个相对独立的住宅小区设立一个社区居委会的“一站多居”的新型社区发展体制。

（7）建立社区居委会评议政府机制。每年年终由区人事局负责，按照分片区、分工作重点的原则，安排各社区居委会及其居民代表对向社区下沉工作的职能部门进行工作评议。社区居委会和居民代表对职能部门的评议情况，由区人事局书面告知职能部门。社区居委会对政府有关职能部门的评议分数占相关职能部门年终考评分数的10%。积极探索政府职能部门的回应机制，建立对社区居委会和居民代表的评议意见、建议的反馈制度。

(8) 建立人大代表与社区居委会工作对接机制。积极探索人大代表日常工作下沉到社区居委会的路子。人大代表在固定工作日到社区居委会接待居民，接受咨询，并及时把社区居委会代表居民提出的意见和建议拟出议案和建议，提交同级或上一级人大协调解决，实现人大代表社区工作机制与社区居委会的运作机制对接。

(9) 建立社区各组织工作人员的培训新标准和机制。区人事局、区民政局等部门负责制定、出台关于社会工作者的评价、岗位设定和使用制度。充分利用区委党校、区社区学校和有关大、中专院校平台，全面开展“大规模、全方位、多层次、多类别、高水平”的社区工作者队伍培训，逐步探索推动社区各类组织专职工作人员向社会工作者转型的路子。

浙江宁波海曙区“参与式社区治理改革”[①]

宁波海曙区将社区定位在居委会层面，改革的要点在于街道和社区进行合作治理，并通过项目制充分培育和提高社区居委会组织的自治能力和居民参与社区公共事务的能力。他们的主要做法如下。

(1) 通过项目制合作治理，理顺街道与社区关系。政府承担放权和支持的角色，社区事务由社区自治决定。所谓项目制合作治理就是指政府、社区居委会与民间组织[②]一起通过项目的方式进行多元主体的合作治理，它强调在街道层面转变观念，在操作层面上实践改变工作方法的目标，其核心是改变政府向社区投

① 更为详细的案例介绍可参见《城市社区的参与式治理——以宁波海曙区参与式治理为例》，见公民参与研究课题组《公民参与：经验与模式案例集》，清华大学 NGO 所，2007 年 1 月。

② 浙江宁波海曙区实施的“选聘分离制度下的街道和社区参与式合作治理”项目，是中国第一个在街道层面政府和民间组织合作开展的治理项目，该项目是由海曙区政府、海曙区精神文明办公室、民间机构社区参与行动与试点街道望春街道合作实施的。这里所指的民间组织不是宁波当地的民间组织，而是一个非营利民间组织，即“社区参与行动”。社区参与行动是一个促进社区公众参与的非营利民间组织，成立于 2002 年，其宗旨是帮助中国城市社区建立和提高社区参与能力，推动持续性的社区参与式治理，促进和谐社区关系的建立。社区参与行动的工作领域包括向城市社区提供社区参与的信息、咨询和培训；从事社区参与的信息收集和出版物出版；开展中国城市社区参与行动研究；在政府、专家学者、NGO 和社区公众间建立沟通、交流与合作的平台以及培育社区自组织发展的能力等。关于“社区参与行动”，可登陆 www.communityaction.org.cn 进一步了解。

入资源的决策方式，改变过去由街道行政指派的部分工作，形成自下而上的、以社区需求为中心的权力和资源分配体制。在确定政府、社区居委会和民间组织等多元主体合作治理的基础上，成立不同工作小组负责不同事项，旨在提高政府服务群众的能力，提高处理社会矛盾的能力，同时提高社区居委会自治能力，提高社区居民参与公共事务的能力。其具体操作方法是社区针对居民需求建立一个解决需求的项目报告，以招标竞争的形式向街道提出项目申请。在项目制的合作治理中，作为基层政府代表的街道起到提供资金支持、审批和监督项目实施并评估项目成效的作用；作为居民利益代表的社区居委会组织负责进行居民需求调研、决策并实施和监督项目。从职能定位的角度看，政府的角色是放权和支持，即承诺将社区政务减少到最低，而社区事务则由社区自治决定，同时政府依据项目的形式予以资金扶持；社区居民委员会则扮演居民需求的调查者、居民利益的代表者以及对项目实施的监督者的角色。

（2）为避免政府职能边界不清和社区居委会责权不一致，对社区居委会承担的事务进行分类处理。对于居民个人选择性事务，主要涉及文体活动，比如社区文艺比赛、随节日开展的各类活动、组建各类居民兴趣团体等。这类事务的开展属于居民行使公共基本权利的问题，不仅政府撤出，不再出面组织，将居民的治理权归还居民，给居民予自治空间，同时，现实中承担部分此类事务的居委会也要撤出，既还给居民自治空间，也减轻居委会负担。对于既属于政府公共事务范畴，又与社区密切相关的社区和社会公共事务（这类职能以环保、治安、卫生最为典型）则进行合理分工和明确职责，属于政府职能范围的由政府统一规划、统一组织，属于社区职能范围的由社区负责完成，两者目标是一致的，工作方法略有不同。对于政府委托事务，如计生、统计、保洁费收取等，则采取政府购买服务的方式，在社区有余力的情况下协助政府完成任务。

（3）建立“社区准入”制度。浙江省2004年出台了《城市社区政府工作申报准入实行办法》，规定除法律法规有明确规定以外，政府各职能部门和有关单位，原则上不得在社区内设立行政性机构，如确需在社区内设立组织机构或向社区居民委员会下达工作任务的，必须向同级城市社区工作（建设）协调（领导小组）提出申请，实施准入审批；社区政府工作申报准入遵循政事分开、政社分离原则，凡属政府部门承担的职能不得转嫁给社区居民委员会，政府各职能部门不得以行政命令的方式向社区居民委员会派任务、下指标；对涉及社区居民委员会共作的事务，政府职能部门要充分尊重居民委员会的自主权，支持和帮助社区居民委员会实行自主管理；社区居民委员会对不属于职责范围的事项或不具备工作条件的任务，有权拒绝接受或办理。

（4）建立社区居委会“选聘分离”体制。“选聘分离”体制包含两个制度，一是选举制度，即社区居委会直接选举制度，第二个就是聘用制度，即职业化社区工作者规范化管理办法。“选聘分离”体制的基本操作思路是，社区居委会由本社区成员组成，经居民差额选举产生；社区居委会下设办公室，工作人员由专职社区工作者组成，由社区居委会或街道办事处聘用，政府支付成本，主要承担居委会交办的自治性工作以及政府在社区层面的相关公共管理和服务工作。这一制度让民选者以志愿者身份真正成为社区居民利益的代言人，让聘任的社工职业化，落实具体的社区管理和服务工作。

二 城市社区建设的成就与问题

上述模式并不能穷尽中国城市社区建设的丰富实践。自从国家颁布《民政部关于在全国推进城市社区建设的意见》以来，在民政部选择26个国家级社区建设试验区的大力推动下，在加强社区服务和增强社区自治这两大主题下，我国城市社区建设蓬勃开展并取得了一系列成就。

（1）由“议行合一”体制向“议行分设”转变成为一种目标。长期以来，城市基层社会的组织和管理是通过“街居体制”实现的。街道办事处作为上一级政府的派出机构，承担着国家试图将行政能力渗透到社会最基层并实现政府权力对城市基层社会进行有效管理控制的职能；居委会组织虽然法律上定性为“群众自治组织”，但实际上它与街道办事处这一政府派出机构一起承担着相应的行政管理职能，俨然类似于“准行政组织”。然而，伴随着计划经济向市场经济的转变，伴随着社会结构的整体性变迁，特别是单位制的松动与瓦解，“街居体制”面临严峻的管理困境，尤其是居委会组织在社区管理中遭遇一系列新问题和管理困境。身兼“群众自治组织”和“准行政组织”二职的居委会在组织定性与实际功能、在拥有的职权和组织资源与承担的管理任务以及自身组织结构等方面都无法适应社会发展和现代城市社区管理要求。居委会组织的现状是在达成社区建设基本目标中最先遇到的问题，因此，如何改革和创新居委会模式，改变居委会作为“居民的头”和作为“政府的腿”的尴尬境地，便成为各地社区建设实践中不得不解决的一个问题。为促使居委会的行政、服务和自治三种功能进行体内分化，许多地方进行了由“议行合一”的旧体制向“议行分设”理念的转变。所谓“议行分设”就是指将居委会作为自治组织的民主议事和决策的“议”的功能与承担的协助政府行政和提供社区服务的“行”的功能分开，从而改变原来集自治、行政和服务于一身的状况。

（2）由“街聘民选”或“民选街聘”制度向“选聘分离”制度转变。“选聘分离”的探索是在居委会“议行分设”理念下的一种新的制度安排。所谓“街聘民选”或“民选街聘”模式，是指街道向社会招聘，并通过选举使其成为社区居委会成员，或者由居民先选出社区居委会成员，然后由街道聘用，街道付给社区居委会成员一定的工资。这两种模式曾经吸纳了社会上有一定知识水平和工作能力的人参与到居委会工作中，在一定程度上提高了社区居委会干部的年轻化和知识化，对提高居委会干部队伍素质起了一定的作用。但是，无论是“街聘民选”还是“民选街聘”的做法都强化了居委会成员所承担的角色的分裂与冲突，在一定程度上与社区居委会的自治性质背道而驰。选聘合一的双轨式体制模式所包含的内在张力在实践中的不适应性越来越明显，解决城市社区发展面临的深层次体制问题便提上日程。“选聘分离”制度便是这样一种探索。

所谓“选聘分离”就是一种构建社区居委会回归民主自治位置的制度安排，社区居委会由社区居民选举产生，使社区居委会成员成为社区居民利益的代言人，而一些社会公共服务职能则由聘用来的职业化社区工作者承担和完成。在实践中，“选聘分离”大致有两种模式：一种是社区居委会选举产生后，社区居委会下设办公室，工作人员由专职社区工作者组成，社区居委会聘用，由政府提供人力成本，主要承担居委会交办的自治性工作以及政府下达的相关公共管理和服务工作；另一种是社区居委会成员选举产生，只负责社区自治事务，而政府下达的相关公共管理和服务工作则完全由政府聘用而来的社区工作者承担，二者互不交叉。

（3）政府管理重心下沉社区的同时，推进政府职能转变并减轻政府带给社区的负担。如何实现社会主义市场经济体制下政府对城市基层社会的组织和管理并提供相应公共服务，应该说是我国发起社区建设活动的一个基本目标。在社区建设过程中，如何实现政府管理重心下移和职能转换，如何理顺政府（包括街道办事处在内）与社区之间关系等都是政府社区建设中不断探索的问题。应该说，政府成功地将管理重心下沉到社区就是多年来社区建设的一个成果，相应的职能、任务、人员、经费等各方面都在不同程度地进入社区。同时，从转换政府职能、降低政府管理成本和提高政府基层执政能力的角度，无论是街道层面还是社区层面的改革，各地社区建设都做出了诸多努力，而且收到了较好的效果。例如，从街道层面推进社区建设、提高政府执政能力的做法有这样几种模式：一是接受现实，将街道办事处定位为一级政府，实行三级政府、三级管理和城市管理体制；二是“虚区实街”原则，把街道办事处变成政权实体，把区级政府变成市级政府的派出机关；三是主张取消街道办事处，把区的管辖范围划小，由区直接指导居民委员会，实行“二级政权，二级管理”体制；四是坚持街道办事处派出机构的性质，把重点放在改革和完善现行街道管理体制上，简政放权、理顺条块关系、明确责权、管理有序。① 又如，从社区层面出发，武汉市江汉区为深化“社区建设883行动计划”，改革社区公共管理和公共服务体制及运作机制，推进社区居民自治，推出了《关于社区公共事务分类管理的意见》，结合当地社区建设和城市管理的工作实际，区分了不同种类的社区公共事务，并制定了不同管理机制：社区行政执法事务由相应行政管理和执法部门及其下派和委派的工作人员独立承担；社区公共服务事务由公营事业部门独立承担，社区可在职能范围内积极配合；商品房小区物业管理事务由物业管理部门独立承担；非商品房小区的物业管理事务，针对不同社区性质采取不同办法进行管理；社区居民互助事务，主要通过社区中介组织完成；社区组织事务，由社区组织在党的领导下和政府职能部门的指导下，开展民主自治活动；社区临时性、突发性事务，建立临时性、突发性事务进入社区的准入制，由当地社区建设指导委员会统一审核、归口管理。② 当然，至于上述做法孰优孰劣，分类是否科学，都需要具体情况具体分析，而且有待实践检验。

另外，许多地方在将政府管理重心下移并推进政府职能转变的过程中，还进一步思考如何减轻政府行政给社区带来的负担和提供更好的社会服务，例如政府

---

① 引自陈雪莲《从街居制到社区制：城市基层治理模式的转变——“北京市鲁谷街道社区管理体制改革”案例分析》，载俞可平主编《中国地方政府创新案例研究报告（2005～2006）》，北京大学出版社，2007，第122～123页。

② 详细情况可参见《武汉市江汉区人民政府关于社区公共事务分类管理的意见》。

工作社区准入制就是这样一种探索。在浙江宁波海曙区，政府工作社区准入制就是其进行以满足社区需求为出发点的社区体制改革的前提性制度；在深圳盐田，政府社区工作准入制是其深化社区治理体制改革的重要步骤。

（4）社区居委会民主选举成为基层民主政治建设的亮点，大大提高了社区居委会的自治能力。民主选举是社区自治的第一步，它建立新的权力授受关系，重建社区自治的真实主体，是构建社区民主治理结构的重要环节。在社区建设过程中，为使社区居委会回归群众自治组织的地位，强化社区居委会作为居民利益代言人的角色，越来越多的地方开始实行社区居委会民主选举，很多地方还开始探索社区居委会直接选举制度，不仅使社区居委会民主选举成为基层民主政治建设的亮点，而且大大推动了基层民主政治建设。虽然各地在社区民主选举的具体程序和操作方法上不完全相同，有的甚至还不规范，但是，社区民主选举对于基层社会的民主训练所体现出来的民主功能和价值，却给这项改革探索带来更为深远的意义。与农村村民委员会直接选举制度在推进农村村民自治建设中发挥重要作用一样，社区居民委员会的直接选举制度也必将大大推进中国城市社区自治和社区建设的进程。

（5）培养新的社区组织，形成社区多中心治理局面。在 20 世纪 80 年代以前，社区的主体组织一直都是以居民委员会这一法定自治组织为主。20 世纪 80 年代以后，社区服务和社区建设被国家提上议事日程，社区体制改革接踵而至。在社区体制改革过程中，最明显的变化就是社区服务和社区建设的主体组织增加。一方面，原来规模较小、资源较贫乏的居民委员会朝着人数较多和资源较充分的方向发展；另一方面，除了注重发挥社区党组织在社区建设中的重要领导作用外，政府还特别注重培育新的社区组织。许多新的社区组织，如社区代表会议、社区居民会议、社区工作站、社区服务站、社区义工组织、社区艺术团等逐渐成为参与社区建设的主体组织，充分整合社区内的各种资源，从而形成社区多中心治理局面。我们看到，各地政府改革和创新了“责随事转、费随事转”和其他政府购买服务的制度安排，为培育和发展社区自治和中介组织，提高社区自我管理、自我服务的自治能力做出了切实努力。

（6）在社区建设过程中，各地在理顺政府与社区关系的基础上进一步理顺政府、市场和社会三者之间的关系上取得了一定的成绩。在社区服务和社区建设中，理顺政府和社区之间的关系是一个无法绕开的问题。政府、市场和社会三者之间的宏观关系集中体现在社区这一微观治理单位中，社区范围内各种社区组织之间的关系正是政府、市场和社会关系的投影。从上面介绍的各种社区建设和社区治理实践中，我们可以看到，有的地方从街道管理体制改革的角度入手尝试科学划分政府职能，理清政府在社区的管理和服务职能，并发挥社区在自我服务和自我管理方面的力量；有的地方从社区层面入手，考虑怎样发挥在市场体制下政府为社会提供公共服务的途径，培育社区自治组织进行民主自治，培育各种社会中介组织等民间组织提供公共服务、自我管理等功能。

与上述社区建设取得的成就相对应，社区建设中也还存在诸多问题，社区建设依然是个长期过程。主要问题表现在以下几个方面。

（1）虽然“议行分设”和“选聘分离”成为社区建设的理念，但是，从理念的转换到实践的演练还需大量探索。社区建设和社区体制改革没有固定的一成不变的模式可以套用，社区建设的过程应该是开放的和发展的。事实上，社区建设更多的是一种实践的操练和落实，只有在实践过程中总结出来的理论才能更加经得住推敲。更为重要的是，社区建设看似是基层社会的变迁，但与社区建设紧密关联的社区体制改革实际上首先是政府自身的一场革命。因此，“议行分设”和“选聘分离”等这些从实践中摸索和总结出来的理念想要应用到更为广泛的社区建设中，仍然需要各地政府创新的勇气和智慧，率先表率，积极推动，才能使理念变为实践。多年社区建设所取得的成就不可否认，但是，社区建设的形象化和形式化因素也不可忽视，甚至有些外国学者在考察中国城市社区之后得出结论说，中国还没有真正意义的社区。外国学者以西方的视角得出这样的结论也许不完全符合中国的实际，但是非常值得思考。

（2）如何准确定位市场经济体制下政府、市场和社会的关系以及落实到社区层面的政府与社区的关系，仍然有待探索。在社区建设的实践中，与社区关系最近的两级政府与社区的关系，具体地说，不设区的市、区政府（设区的市）和街道（作为政府的派出机构但实践中却成为一级政府）与社区党组织和社区自治组织、社区中介组织等各种社区民间组织到底是什么样的关系，以及更进一步，社区内各种组织之间的关系又是如何，虽有探索，但仍难有定论。从理论上说，政府、市场与社会的关系应该是明晰的，但是，实践上却始终没有得到很好的处理。关系不顺、职责不清是社区实际运作中的通病。从这个意义上来说，任何将涉及社区事务进行梳理以明确政府职能部门、街道和社区组织之间的职责和

关系的做法都是值得肯定的探索。更为重要的是，落实到社区层面的公共事务是随着社会经济发展的变化和推进而有所变化的，如何根据社会发展的实际和新事务的出现而科学划分政府和社区的职责，并配之以相应的“责、权、利”的调整，以促进社区建设和发展，是一个更为复杂的问题。

（3）在政府管理重心成功下沉到社区的同时，职能转移过多、转移过程中随意而没有规范、没有约束机制的问题也随之而来；承接政府剥离出来任务、帮助社区提高自治能力以及帮助社区居民提高参与公共事务能力的社区工作者，其职业化和专业化水平仍不高。从政府职能转移和下沉到社区的过程来看，政府职能转移过多而随意和不规范现象最为明显。“上面千条线，下面一根针”使得社区很难摆脱行政化倾向而走向社区自治的目标，甚至出现由原来的政府包办变为社区包办的倾向。在“责、权、利”失衡的状态下，社区不堪重负地运行，即使在一些进行“责随事转”、“费随事转”制度改革的地方，“费随事转”制度运作也很不到位，很不规范。居委会过多的行政事务与社区自治的矛盾并没有因为“费随事转”而得到很好解决，甚至矛盾更为突出。与此相关的另一方面是，政府剥离出来的任务由社区工作者来承接，但是，刚刚起步的社区工作者制度不完善，社区工作者的职业化和专业化水平依然不高。目前，在我国，社区工作者职业地位、职责和功能认识不清，社区工作者制度和社区工作者队伍都还没有建立起来。社区工作者职业化和专业化既关系到政府在社会管理和公共服务领域的职能向社会基层的转移和实现，也关系到社区居委会自治地位的回归并增强社区居委会自治能力的提升。

（4）“选聘分离”和社区居委会民主选举后，建立一种怎样的激励机制来保证非职业化的社区居委会真正承担起自治组织的功能，依然是个问题。“议行分设”、“选聘分离”也好，社区居委会直接选举也好，都是为了保证社区居委会真正回归作为基层群众性自治组织的位置，真正担当起充当居民利益代言人的角色。但是，“选聘分离”和社区居委会的民主选举后，社区居委会所具有的属地化和兼职化性质使得居委会工作不再作为一种职业，而是一种义务性、参与性的公益工作，社区居委会成员为居民服务和管理社区事务的持续热情从何而来便成为一个很大的问题，否则，随着时间的推移，这种热情的边际递减效应在所难免。事实上，在有些地方进行社区体制改革之初，这个问题就已经被提出来了。例如，在深圳盐田，在改革从“一会（合）两站”的第一阶段向“一会（分）

两站”的第二阶段过渡过程中，原来居委会的多数成员都愿意留在社区工作站工作，因为社区工作站成员是政府雇员，有稳定的收入来源，而“居站分离”后的社区居委会成员都是直接选举产生，不再拿政府工资，只拿少量补贴，完全兼职化。为了保证社区居委会工作的可持续性，也为了保证社区居委会真正发挥自治组织的功能，提升自治能力，盐田出台了一系列扶持社区居委会发展的政策。例如，创新社区服务机制，设立社区服务专项资金，为新型社区居委会开展社区服务提供有力支持和广阔平台，大大提高社区居委会可资利用的各种资源，提高社区居委会自治能力、凝聚力和活动能力，提高社区居民对社区居委会的信任和认可，解决社区居委会被弱化和边缘化的问题。当然，这只是其中一种探索。如何避免改革后的社区居委会能力弱化、边缘化，甚至空心化，依然是个问题。

（5）社区参与程度仍然很低，制度化和非制度化参与渠道有限，参与能力不足，是社区建设中的突出问题。社区参与程度低，最主要表现为被动式参与多，而参与的主动性和自觉性不够，这也可能是我国社区建设才刚刚开始不久必然存在的问题。较长时间以来，我国城市社区基本被单位体制包围，人们更习惯单位范围内的活动，而很少诉求于社区范围内。当然，随着“单位人”向“社会人”的转变，人们逐渐转向社区。但是，当人们转向社区时发现，无论是制度化的还是非制度化的参与渠道都非常缺乏，同时，无论是政府还是作为居民利益代言人的社区居委会也都还停留在行政化时代，政府社会管理和公共服务职能的实现多以动员方式出现，而没有摆脱行政化倾向的居委会对社区居民没有吸引力，无法代表社区居民利益，社区居民不关心也无渠道关心居民自治事务。在这样的情况下，社区参与主动性和自觉性不够、参与能力不足也就成为一个大问题。社区居委会的直接选举制度将有利于居民参与渠道的扩展、参与主动性和参与能力的提升，但是，如何建立规范的和高质量的直选制度也仍然需要长期探索。

（6）社区党组织在社区建设中的作用如何发挥、社区党支部与社区自治组织和社区其他组织之间的关系如何定位依然是个问题。应该说，对于如何发挥社区党组织在社区建设中的作用，如何定位社区党支部与社区组织的关系，各地都进行了丰富多样的探索。例如，社区党支部负责人与社区居委会组织的负责人“一肩挑”模式，以发挥社区党组织对社区的领导作用；又如，在街道层面建立

社区党工委，取代原来的街道党委而作为上一级党的委员会的派出机构，以强化党对基层组织的领导。但是，在具体工作中，有关党支部的领导作用和居委会自治组织作用的发挥问题，出现两种极端表现：一种是党支部陷于具体事务中难以自拔，削弱了党的领导核心作用的发挥；另一种表现为党支部“眉毛胡子一把抓”，削弱了居委会的自治功能。[①] 从目前情况来看，多数仍然停留在“社区党组织领导本地区工作，支持和保证群众自治组织行使职权”这样一种原则层面和空洞的口号上面，鲜有真正创新。我们知道，社区建设必须坚持党的领导，但是，党的领导方式也应随着时代的步伐而创新。在社会转型、社会矛盾增多而且日益复杂的情况下，党如何既避免对社区进行直接领导和管理，又能发挥出应有的领导作用，在社区中构建最广泛和牢固的社会基础，实现对社区的有效整合，是一个极为重要的问题。

上面提到的这些问题都是社区建设中遇到的面上的问题，在实践中，具体的问题还很多。需要特别说明的是，上述社区建设的成就只能说是我国城市社区建设中进行的一些创新和探索，并不具有普遍性，而存在的问题却是全国社区建设中普遍面临的。从这个角度来说，为解决社区建设中遇到的问题，促进未来和谐社区的构建，社区建设中的创新实践更值得借鉴和进一步探索。

三　和谐社会建设与社区发展的前景

2006 年，为推进公共服务体系建设，使政府公共服务覆盖到社区，国务院专门下发了《关于加强和改进社区服务工作的意见》，提出了发挥政府、社区居委会、民间组织、驻社区单位、企业和居民个人等在社区服务中的作用，进行社区就业服务，社会保障服务，社区救助服务，社区卫生和计划生育服务，社区文化、教育和体育服务，社区流动人口管理和服务，社区安全服务等各项工作。这一意见进一步明确了以提供公共服务为社区建设的重要方向之一。

关于社区发展的未来，中国社区研究出现两种理论分野：一种将社区建设和发展定位在街道层面，将社区看做政府加强对基层社会控制的工具，以解决基层社会管理面临的日益严峻的问题。他们的解决思路是，将街道作为大社区，明确

① 陈怡：《党支部：切忌在居民自治中走向极端》，中国城市社区网，2005 年 6 月。

授权街道作为一级行政组织和管理平台，整合原有街道范围内居委会组织和其他社会资源，而街道以下的居委会组织作为落实社区建设任务的平台，共同推动社区的发展。另一种则将社区的建设和发展看做完善国家与社会关系的途径和方式，强调政府、市场和社会的分离，注重政府职能转变、市场发育和社会成长。他们的解决思路是，政府退出市场和社会领域，政府管理好本该自己管理的公共事务，把不该管和管不好的交给市场和社会。具体到社区，街道一级应该由对上负责转变为服务于社区居民，充分培育社区内各种中介组织和自治组织，从而使社区逐步走向自治。学术界将这样两种理念和倾向归纳为行政性导向和自治化导向的社区建设和发展思路。

然而，综观上述社区治理创新实践，严格地说，我国各地进行的社区治理实践既没有完全的行政性模式，也没有完全自治性模式。我国社区治理的实践还处在从行政性倾向向社区自治的过渡和发展阶段，因为在一些行政性倾向较明显的社区治理模式中，政府也致力于社区自治的培育和发展；而在那些朝自治性方向努力的社区治理实践中，社区自身的力量还没有成长和强大到可以支撑社区发展和建设的全部过程。可以说，各地社区治理实践采取的基本上都是自上而下的行政建设和自下而上的自治建设双轨推进的策略，只不过有的表现出更为依靠行政力量推动，而有的则更倾向致力于培育自治力量，甚至有的在通过自上而下的行政建设推动社区自治的发展和通过自下而上的方式培育公民社会成长的两条路上都走得更远。

与所有事物的发展一样，中国社区建设和发展也遵循“路径依赖”原理，和谐社区的未来必然取决于社区发展的历史背景和社区发展的现实条件。因此，在中国情境下，社区建设和发展必然源于两种结构性力量，一种是政府的行政力量，另一种则是基层社会自治的力量，这两种力量的相互补充和博弈构成不同模式的社区治理实践。总体上看，大多数学者赞成自治性社区治理实践的取向，而否定行政性社区建设模式，认为社区居民自治应该是我国社区建设和发展的未来。

笔者认为，在我国社区发展的历史背景和现实条件下，我国和谐社区建设的未来应该遵循以下几条基本原则。

第一，政府和社会共治。在中国，随着市场经济体制的建立，社会出现不同利益群体和多元化利益诉求。对于社会的整合和再造，以前依靠政府力量包揽一

切的做法已经失灵，仅靠政府单方面的力量既不能满足市场和社会发展的需要，也不能弥补市场和社会自发发展中的失灵。因此，从整合多元化社会的角度来说，社区作为社会整合的细胞单位，其建设和发展离不开政府和社区自组织力量的共同治理。为满足社区不同利益群体的利益诉求，社区共同治理必须发挥政府、社区自治组织和社区居民等多元主体的力量。首先，政府在社区培育、社区服务以及提高社区自治能力等方面发挥重要作用；其次，在政府放权和转变职能的前提下，鼓励社区居民自我组织、自我管理和自我服务，支持社区居民自治组织的发展和社区居民的自治。

第二，政府在社区建设和发展中起着主导作用。有学者提出，未来和谐社区的建设模式应该是政府主导型自治。笔者赞成这一看法。所谓政府主导型自治，一方面，坚持社区建设和发展中的自治导向，并不否认和弱化政府的作用，相反，对政府的要求更高；另一方面，政府主导也并不表示政府行政权力的无限扩大，相反，政府要下放权力，培育社区自治组织和社区自组织的发展，形成社区与政府对社区的合作管理，并通过社区自治实现政府对社区的管理和民主治理。

第三，培育社区层面的自组织发展。社区居民自治和公民社会的成长应该是政府在社区建设和发展中要达到的终极目标。因为只有社区居民自治和公民社会成长才能实现政府对社区的管理和民主治理。而要培育社区居民自治和公民社会成长需要培育社区层面的自治组织和各种民间组织。

经济转型与社会安全网建设

丁开杰*

摘　要： 文章从经济转型的视角，对当前的弱势群体和社会安全网进行了研究。首先，文章讨论了“十一五”规划实施以来（2006年至今），中国政府针对弱势群体保障在社会安全网建设上的观念创新。然后，文章分析了中国社会安全网建设近年的发展和存在的不足，同时介绍了中国政府在社会安全网建设上的一些创新实践。文章最后探讨了中国社会安全网建设的发展趋势和重点领域，认为未来中国社会安全网建设应该重视加强社会保障基金监管，坚持城乡统筹，加快新的医疗保障体系的构建，加快社会保障立法，发挥社区保障作用，健全社会管理体制，健全公共财政等工作。

关键词： 经济转型　社会安全网　弱势群体　保险　政府

自20世纪90年代以来，中国经济进入急速转型期，社会安全网也得到迅速发展。一方面，经济转型推动了社会安全网的建立和完善；另一方面，社会安全网的建立和完善则一定程度上确保了经济转型的顺利进行。与西方国家相比，中国的社会安全网建设目前还主要集中在社会保障制度的建设上，政府仍然是社会安全网建设的主体。本文将从经济转型角度，对中国近年来的社会安全网建设进行考察，探讨中国社会安全网建设的发展趋势和重点领域。其中，“社会安全网”主要指狭义上的社会安全网，即社会保障制度。①

* 丁开杰，男，中央编译局比较政治与经济研究中心助理研究员，主要研究方向：比较经济学、社会政策。

① 社会安全网一般泛指政府主导形成的社会安全保障系统。由于涵盖内容非常广泛，没有特定和严密的法律概念，在政策法规的制定中极少使用，现较多提到“社会保障安全网”，它是社会安全网的一部分。党的十四届三中全会《关于建立社会主义市场经济体制若干（转下页注）

一 经济转型、弱势群体与社会安全网

中国现阶段的经济转型一般可以分为两个方面，即从计划经济向市场经济的转型和从二元经济向现代经济（或称从乡村型农业社会向城市型工业社会）的转型；常常把前者简称为体制转型，把后者简称为发展转型。[①] 其中，从计划经济向市场经济的转型，主要开启于20世纪90年代初期。而考察20世纪90年代以来的中国社会安全网建设，我们可以发现，中国社会安全网建设与经济转型以及大量弱势群体的出现是紧密联系在一起的。三者之间的正向关系表现为如下逻辑：①经济转型推动社会结构变迁，产生利益受损的弱势群体，比如国有企业改革，产生大量下岗职工和家庭，这些职工和家庭陷入贫困、相对剥夺的状态；②弱势群体的相对剥夺感得不到缓解，一定时期和一定程度上形成社会不稳定因素，威胁到社会安全；③按照社会公正的要求，政府需要建立正式的社会保障制度，帮助弱势群体提高自身能力，摆脱所处的困境，形成社会认同，增强社会团结，从而维持社会安全；④在社会安全网的保障下，弱势群体不断减少，社会和谐度不断增强。当然，三者之间也可能存在负向关系，或者负反馈的关系。比如由于社会保障制度的不健全，使得弱势群体问题突出，阻碍了经济的转型，影响到社会稳定。必须承认，在中国的实际中也存在大量这样的负反馈关系，比如在一定时期，城镇养老保险体系的不健全阻碍了老工业城市的转型速度和质量，大量利益受损群体得不到合理保障，从而形成社会不稳定因素。

从计划经济向市场经济的转型过程中，中国政府的角色日益发生改变，面临双重压力。一方面，政府面临来自市场经济的压力；另一方面，在经济转型的过程中，中国社会阶层发生分化，各阶层间的利益结构不断调整，从而产生

（接上页注①）问题的决定》中，把建立多层次的社会保障体系作为建立社会主义市场经济体系的重要组成部分，明确社会保障体系包括社会保险、社会救济、社会福利、优抚安置和社会互助、个人储蓄积累保障。建立社会保障体系，对推进企业改革、促进经济发展、保证人民基本生活和保持社会稳定具有重大作用。因此，有些专家学者也称社会保障体系为“社会保障安全网”。新华社，2000年10月10日电。

① 赵人伟、赖德胜、魏众主编《中国的经济转型和社会保障改革》，北京师范大学出版社，2006，序言。

利益冲突和矛盾，出现了很多利益受损的弱势群体。可是，在此情况下，原本在计划经济时期行之有效的一些社会保障制度开始丧失它们应有的功能或者面临改革和创新，新社会保障制度的出台和体系的完善却不可能一蹴而就，从而使得在中国经济体制转轨和社会结构转型的特定时期，弱势群体问题变得尤其突出。[①] 有数据显示，2000 年中国 60 岁以上老人就已达 10%，以总人口 13 亿计，全国老龄人口达 1.3 亿，中国进入老龄化国家行列；同时，中国有 6000 万残疾人，他们中的大多数人生活、就业和婚姻遇到极大困难；此外，贫困农村为数不少的适龄儿童不能就学，尤其是 13 ~ 15 岁的适龄儿童；更突出的是，社会弱势群体的数量值得关注，尤其是下岗、失业人员，老人、儿童及残疾人，城乡贫困人口，失地农民以及进城农民工、灾民等几类弱势群体的规模非常庞大（见表 1）。如果将各类弱势群体人数加总，扣除其中重复计算的部分，总数可能会达到两亿左右。这引起政府和社会公众的高度重视。[②] 为推动经济社会的顺利转型，中国政府从 20 世纪 90 年代开始建设适应社会主义市场经济体制的社会安全网。

表 1　中国主要弱势群体的规模

	类　别	数量		类　别	数量
下岗失业人员	社会性弱势群体	3000 万	失地农民	社会性弱势群体	4000 万
农村无保障老人	社会性弱势群体	1 亿	农民工	社会性弱势群体	2000 万
残疾人	生理性弱势群体	6000 万	灾　民	社会性弱势群体	4000 万
农村贫困人口	社会性弱势群体	3000 万			

资料来源：李迎生《社会转型加速期的弱势群体问题：特点及其成因》，《河南社会科学》2007 年第 3 期。

1993 年，中共十四届三中全会作出《关于建立社会主义市场经济体制若干问题的决定》，把社会保障体制同现代企业制度、统一的市场体系、宏观调控体系、收入分配制度并列为构筑中国社会主义市场经济框架的重要组成部分，社会

① 学术界通常把社会弱势群体分为两类：生理性弱势群体和社会性弱势群体。前者沦为弱势群体，有着明显的生理原因，比如儿童、老年、残疾；后者则基本上是社会原因，比如因为产业结构调整或企业改制而出现的下岗人员、失业者。

② 李迎生：《社会转型加速期的弱势群体问题：特点及其成因》，《河南社会科学》2007 年第 3 期。

保障体系改革被纳入整个社会主义市场经济体系建设中。经过20多年的探索和实践，中国社会保障体系建设逐步由国家统管向国家、单位、个人三方负担转变，由企业自保向社会互济转变，由现收现付向部分积累转变，由政策调整向法律规范转变，初步构建了适应社会主义市场经济要求的社会保障体系框架，已经进入定型化、规范化、法制化的时期。① 到了“十五”计划期末，中国已初步建立一个独立于企业事业单位之外、资金来源多元化、保障制度规范化、管理服务社会化的社会保障体系。

二 “十一五”规划期间的中国社会安全网建设：以民生为本

截至2005年底，在“十五”计划期间，中国城镇社会保障事业取得长足发展。首先，实施的“两个确保”政策，加快了国有企业改革和城镇社会保障体制转型。城镇下岗职工通过再就业服务中心按月领取基本生活费，生活获得基本保障。“十五”期间，全国共筹集下岗职工基本生活保障资金618亿元，确保了2400多万进入再就业服务中心的下岗职工的基本生活。从2001年开始，国有企业下岗职工基本生活保障制度并轨转入失业保险制度。同时，企业离退休人员的基本养老金也做到了按时足额发放。“十五”期间，全国共发放企业离退休人员基本养老金13867亿元，其中补发历史拖欠40多亿元。其次，在东北三省改革试点成功经验的推动下，中国城镇社会保障体系的覆盖面不断扩大。通过改革，城镇初步实现了公费、劳保医疗制度向城镇职工基本医疗保险制度的平稳转轨。在建立基本医疗保险制度的同时，医疗补助、医疗救助和企业补充医疗保险等措施也相继推行，较好地满足了参保人员多层次的医疗需求。失业保险覆盖范围继续扩大。同时，失业保险制度的政策体系不断完善，保障基本生活和促进就业的作用有所发挥。第三，在整顿规范农村养老保险制度的同时，推行了针对被征地农民、乡镇企业从业人员、农民工等群体特点的社会保障体制改革试点，积累了有益的经验。② “十五”期末，全国参加基本养老保险、基本医疗保险、失业保

① 闻哲：《中国加快社会保障立法》，2007年9月24日《人民日报海外版》。

② 王德文：《“十一五”时期我国社会保障体制改革展望》，《开放导报》2007年6月第3期。

险、工伤保险、生育保险的人数分别达到1.75亿人、1.38亿人、1.06亿人和8478万人、5408万人，参加农村社会养老保险的人数达到5442万人（见表2）。2005年，社会保险基金收入6968亿元，支出5401亿元。第四，企业退休人员社会化管理服务取得积极进展。企业年金制度也开始实行。①

表2 中国“十五”计划期末与“十一五”规划期末的社会保险指标比较

单位：亿人

指　标	基本养老保　　险	基本医疗保　　险	失业保险	工伤保险	生育保险
“十五”期末	1.75	1.38	1.06	0.8478	0.5408
“十一五”期末	2.23	3	1.2	1.4	0.8
变动量	+0.48	+1.62	+0.14	+0.5522	+0.2592

资料来源：《劳动和社会保障事业发展“十一五”规划纲要（2006～2010年）》，新华网，2006年11月08日。

2006年底，国家劳动和社会保障部制定了《劳动和社会保障事业发展“十一五”规划纲要（2006～2010年）》。按照规划，“十一五”规划期间的目标和主要任务是要使社会保障体系比较完善。建立健全社会保障制度和管理服务体系，实现资金来源多渠道、保障方式多层次、管理服务社会化。进一步扩大社会保障覆盖范围，基本实现城镇各类就业人员平等享有社会保障。健全农村社会保障制度。到“十一五”期末，城镇基本养老、基本医疗、失业、工伤和生育保险参保人数将分别达到2.23亿人、3亿人、1.2亿人、1.4亿人和8000万人以上，参加农村社会养老保险和企业年金的人数也将逐步增长，分别比“十五”期末增长0.48亿人、1.62亿人、0.14亿人、0.5522亿人、0.2592亿人（见表2）。“十一五”规划期间将是中国社会安全网快速发展的新时期。

实际上，“十一五”规划期间的中国社会安全网建设是在一系列新理念的指导下进行的。这些新理念就是党的十六大以来陆续提出的、指导新阶段中国特色社会主义建设的战略思想，包括科学发展观、和谐社会、新农村建设等。其中，科学发展观统领一切工作，而和谐社会与新农村建设则指导着具体实践。正是在这些新理念的指导下，中国社会安全网建设走上以民生为本的道路，不断取得发展。

① 刘羊旸：《“十五”期间五项社保参保人数均有大幅增加》，新华网，2006年11月8日电。

首先，“科学发展观”统领中国社会安全网的建设。2003年10月14日，党的十六届三中全会通过《中共中央关于完善社会主义市场经济体制若干问题的决定》，提出了“坚持以人为本，树立全面、协调、可持续的发展观，促进经济社会和人的全面发展”，强调“按照统筹城乡发展、统筹区域发展、统筹经济社会发展、统筹人与自然和谐发展、统筹国内发展和对外开放的要求”，推进改革和发展。这就完整地提出了科学发展观。科学发展观是开展中国社会安全网建设的统领思想。科学发展观从根本上说着眼于人，在于人的全面发展。人是科学发展观的活动主体，也是科学发展观最宝贵的资源和核心动力。人的多层次需要的满足，人的整体素质的提高，人的全面发展，是科学发展观的根本价值取向。因此，在科学发展观的指导下，中国社会安全网的建设将充分认识人的多层次需要，考虑社会保障项目的多层性。此外，统筹城乡经济社会发展，除了构筑城乡一体的国民经济格局外，最为基础的工作就是建立城乡社会保障体系。社会保障体系的建设是实现城乡统筹协调发展的基础，享受来自社会和国家提供的各种社会保障，是每一个公民的一项基本权利，占中国总人口70%多的农民当然也不例外。要推进城乡经济社会统筹发展，社会保障制度体系应是覆盖全社会的，城乡居民在社会保障的基本方面应该统一。因此，建立农村社会保障制度，建立城乡统一的社会保障体制，让农民拥有国民待遇，有利于缩小城乡差别，促进人才流动，是改变城乡二元结构、实现城乡一体化的必由之路。

其次，“和谐社会”建设推动中国社会安全网建设的具体实践。2004年9月，党的十六届四中全会通过《中共中央关于加强党的执政能力建设的决定》，正式提出了构建社会主义和谐社会的新概念。《决定》明确指出，“要适应我国社会的深刻变化，把和谐社会建设摆在重要位置，注重激发社会活力，促进社会公平和正义，增强全社会的法律意识和诚信意识，维护社会安定团结”。[①] 我们要建设的社会主义和谐社会，应该是民主法治、公平正义、诚信友爱、充满活力、安定有序、人与自然和谐相处的社会。当代中国处于社会的转型时期和改革发展的关键时期，改革中各项制度的调整必然带来利益结构的变化，在各种利益关系变动中产生矛盾和冲突，构成体制转型中的诸多社会问题。比如城乡差距、

① 《中共中央关于加强党的执政能力建设的决定》，2004年9月19日中国共产党第十六届中央委员会第四次全体会议通过。

地区差距扩大，分配不公矛盾凸显，农民并没有充分分享改革开放所取得的成果，国企改制、搞活，致使大批产业工人下岗。这些在计划经济时代作出重要贡献的产业工人和无地农民、失地农民获得的补偿显然与其所作的贡献不对等。和谐社会要求的“公平正义”，就是社会各方面的利益关系得到妥善协调，人民内部矛盾和其他社会矛盾得到正确处理，社会公平和正义得到切实维护和实现。因此，当前最重要的是要解决好不同社会群体之间的权利和利益不平衡问题，尤其要关注弱势群体的权利保障，制定社会保障政策时要更多地向弱势群体倾斜，给予他们必要的扶持和帮助，以权利的社会调剂实现贫富的社会调剂，为社会成员提供基本的社会保障和社会福利，使社会的和谐有坚实的群众基础。①

第三，“新农村建设”加快中国社会安全网的城乡统筹进程。中共十六届五中全会提出建设社会主义新农村的重大历史任务。2006 年，中央一号文件则明确提出了建设社会主义新农村的战略构想。新农村建设有着丰富的内涵，农村社会保障制度就是其中重要内容之一，是新农村建设的重要制度保障。建设社会主义新农村，必须以科学发展观为指导，坚持“多予、少取、放活”和“工业反哺农业、城市支持农村”的方针，积极推进城乡统筹发展，推进现代农业建设，全面深化农村改革，大力发展农村公共事业，千方百计增加农民收入，努力改善农村生产生活条件，提高农民生活质量，促使农村整体面貌出现较大改观。这为农村养老保险、新型农村合作医疗、失地农民保障、进城务工农民的保障等事业的发展指明了方向，提供了强有力的指导。在新农村建设中，以上安全网必将得到很大改善，推动城乡一体化。

三　中国社会安全网建设的近期进展和不足

在中国，社会保障体系包括社会保险、社会救济、社会互助、社会福利、优抚安置、个人强制性储蓄保障、企业补充保障等，涉及内容比较多。然而，“十一五”规划实施以来，中国社会保障事业进入一个快速发展新时期，社会安全网的重点建设领域与民生密切相关，主要包括城镇居民基本医疗保险、农民工保障、失地农民保障、城镇居民养老保险、农村居民最低生活保障制度、新型农村

① 朱文兴：《社会政策的公正性：构建和谐社会的基石》，《国家行政学院学报》2006 年第 5 期。

合作医疗、农村养老保险等八个方面。

1. 社会保险

2006 年以来，中国社会保险发展比较迅速。与 2005 年相比，2006 年的养老保险、医疗保险、工伤保险、失业保险、生育保险等五大险种的参保人数都有了很大增加，保险基金增幅较大，年末基金累计结存也增加较多（见表 3）。2006 年年末全国参加城镇基本养老保险人数为 18766 万人，比 2005 年年末增加 1279 万人。全国参加失业保险人数为 11187 万人，比 2005 年末增加 539 万人。全国

表 3　2005～2006 年的中国各项社会保险指标

养老保险	全国参加城镇基本养老保险人数(万人)	城镇基本养老保险基金(亿元)	年末养老保险基金累计结存(亿元)
2005	17487	5093	4041
2006	18766	6310	5489
变动量	+1279	+1217	+1448
失业保险	全国参加失业保险人数	全年失业保险基金收入	年末失业保险基金累计结存
2005	10648	333	511
2006	11187	385	708
变动量	+539	+52	+197
医疗保险	全国参加基本医疗保险人数	全年医疗保险基金收入	年末医疗保险基金累计结存
2005	13783	1405	1278
2006	15732	1747	1752
变动量	+1949	+342	+474
工伤保险	全国参加工伤保险人数	全年工伤保险基金收入	年末工伤保险基金累计结存
2005	8478	93	164
2006	10268	122	193
变动量	+1790	+29	+29
生育保险	全国参加生育保险人数	全年生育保险基金收入	年末生育保险基金累计结存
2005	5408	44	72
2006	6459	62	97
变动量	+1051	+18	+25

资料来源：《2005 年劳动和社会保障事业发展统计公报》、《2006 年劳动和社会保障事业发展统计公报》。

参加基本医疗保险人数为15732万人，比2005年末增加1949万人。2006年末参加基本医疗保险的农民工人数为2367万人。从表3可以看出，养老保险和医疗保险的基金规模最大，可见两者是最受关注的险种。如何实现“老有所养，病有所医”，是当前最牵动老百姓和政府的两大问题，也是两大难题。值得指出的是，2007年，国务院召开专门会议，部署了全国城镇居民基本医疗保险试点工作，包括郑州、长春、哈尔滨等在内的大部分省会城市和无锡、上饶等79个城市都将作为试点城市启动城镇居民基本医疗保险工作。2008年，国家将扩大城镇居民基本医疗保险试点，争取2009年试点城市达到80%以上，2010年在全国全面推开，逐步覆盖全体城镇非从业居民。此外，2006年中国继续加强了社会保险基金监督。2006年底，全国共有30个省成立了省级社会保障监督委员会，逐步加强基金监督工作，基金管理进一步规范。推进企业年金基金市场化管理，截至2006年末，共认定了29家机构的37个企业年金基金管理机构资格。

2. 城市流浪儿童保障

据联合国儿童基金会公布的数字，全世界现有流浪儿童总数约在8000万～1亿人之间。近年来中国也出现了流浪儿童数量大增、成因日渐复杂的趋势。据国务院妇女儿童工作委员会办公室等单位抽取北京、上海、杭州等九城市样本进行的调查显示，全国每年存在的流浪儿童人数应该在100万～150万之间。[①] 对于城市生活无着的流浪乞讨人员给予临时救助，是中国社会救助制度的组成部分。在2003年新的救助管理办法出台之前，中国流浪儿童救助管理主要依据1982年国务院发布的《城市流浪乞讨人员收容遣送办法》及随后民政和公安部门联合发布的《实施细则》。根据《收容遣送办法》及其《实施细则》，流浪儿童和成年流浪乞讨人员一样，被公安机关发现后，收容到收容遣送站，然后由民政部门遣送回原籍，当地政府责成有关村镇、街道妥善安置，认真解决他们的生活问题。2006年，民政部与有关部门联合出台了有关意见，进一步明确了街头危重病人、精神病人的救治原则和经费渠道，以及流浪未成年人、孤儿救助保护工作的部门职责和工作方法；指导推广以“主动救助”为工作原则的郑州、牡丹江等城市创新救助管理模式，收到了良好效果。全国全年共投入福利金1500万元用于资助地方救助机构基础设施的兴建和改造。中国现在已建有1100多个社会

---

① 刘娟：《完善我国流浪儿童监护和社会保障制度的法律思考》，《理论月刊》2007年第2期。

救助站和130个流浪儿童救助保护中心。2006年，我们对210万人次实施了临时救助，其中有10万多流浪未成年人。

3. 低收入家庭住房保障

据测算，低收入家庭群体目前大概还有1000万户的家庭住房比较困难，其中400万户是低保家庭，600万户是低收入家庭。这是按照低收入口径，再加上人均10平方米以下的建筑面积居住水平来衡量的，是所谓的双困户。[①] 2007年8月13日，中国政府公布《国务院关于解决城市低收入家庭住房困难的若干意见》，该意见的核心内容是“加快建立健全以廉租房制度为重点、多渠道解决城市低收入家庭住房困难的政策体系”，以廉租房与经济适用房满足低收入阶层的住房需求，以商品房满足另一部分人的需求。2010年底前，全国城市低收入住房困难家庭都要纳入保障范围。

4. 城镇社会保障体系试点

东北老工业基地是中国最早实行计划经济体制的地区，当时“低工资、高就业、高福利”的指导思想，导致国有企业存在大量冗员，人浮于事。“下岗分流，减员增效”减轻了企业的负担，但社会的再就业压力却增加了很多。如何为庞大的下岗、失业群体提供必要的生活保障，创造再就业机会和渠道，已成为东北地区急需解决的涉及人民切身利益的头等大事。国家在东北开展了城镇社会保障体系试点。2005年底，吉林和黑龙江两省分别有130万人和183万人实现了国有企业下岗职工基本生活保障向失业保险的并轨，已分别做实基本养老保险个人账户27.5亿元和32.4亿元。辽宁省做实基本养老保险个人账户206亿元。到2006年底，辽宁、吉林、黑龙江、天津、山西、上海、山东、河南、湖北、湖南、新疆等11个试点省份，共积累基本养老保险个人账户基金485亿元。

5. 城市低收入群体的医疗救助和临时救助

2005年，中国城市医疗救助制度试点工作全面展开，计划用两年时间在全国各省、自治区、直辖市的部分县（市、区）探索城市医疗救助的管理体制、运行机制和资金筹措机制，之后再用2～3年时间在全国建立起管理制度化、操作规范化的城市医疗救助制度。2006年以来，国家民政部继续提高优抚对象生

---

① 杨华云：《79城市试点城镇居民基本医保，包括多数省会城市》，中国网，2007年7月24日《新京报》。

活保障水平，连续第八次大幅度提高抚恤补助标准。截至2006年底，全国共有21个省（自治区、直辖市）建立了抚恤补助标准自然增长机制。2007年以来，在粮、油、肉、菜、蛋食品类生活消费品价格上涨的情况下，中国政府积极保障城市低收入群体的基本生活。绝大部分地区采取了发放临时物价补贴的方式，有一些地方则采取提高补助水平或低保标准等方式，一定程度上缓解了猪肉等食品价格上涨对低收入群体生活造成的影响。①

6. 农民工保障

2006年，为积极解决农民工社会保障问题，劳动和社会保障部制定并组织实施了以推进矿山、建筑等高风险企业农民工参加工伤保险为主要内容的“平安计划”，提出三年内实现高风险企业农民工全部参加工伤保险的工作目标，明确将企业参加工伤保险作为煤矿企业获取安全生产许可证的必备条件。截至2006年底，全国农民工参加工伤保险人数达到2537.9万人，比2005年底增加了1286万人，增幅102.7%。全国煤炭行业94个国有重点煤矿集团全部参保。农民工参加医疗保险的工作也有很大进展，按照“低费率、保大病”的原则，采取大病医疗保险统筹基金的办法来解决农民工大病医疗保障问题；到2006年底，共有2367万农民工参保，比2005年增加了1878万人，实现了2006年初农民工参保人数翻两番的目标。教育部成立了“农民工子女义务教育工作领导小组”，加强对各地农民工子女义务教育工作的指导，推动各地初步形成以公办学校为主接收流动人口子女就学的格局。目前，北京市在公办中小学接受义务教育的流动人口子女已达22.8万人，占就学流动人口子女总数的63%。江苏省75%的流动人口子女已在城市公办学校就读。

7. 新型农村合作医疗

从制度渊源上看，新型农村合作医疗属于恢复性质，其是对农村合作医疗的恢复和发展，主要解决农民“看病难”、“因病致贫”问题。随着2003年在全国开展的新型农村合作医疗制度的试点工作，这项由农民自愿缴纳、集体扶持、政府资助的民办公助的新型合作医疗制度逐步推广。截至2005年底，全国已有678个新型农村合作医疗试点县（市、区），覆盖人口2.36亿人，共有1.79亿

---

① 魏武、卫敏丽：《民政部：四大措施保障城市低收入群体基本生活》，新华网北京2007年8月27日。

农民参加了合作医疗，参合率为75.7%，参合农民就诊率和住院率均明显提高，就医经济负担有所减轻，新型农村合作医疗制度得到农民群众的广泛拥护。全国共补偿参加新型农村合作医疗的农民1.22亿次，补偿资金支出61.75亿元。截止到2006年底，全国已有1451个县（市、区）开展了新型农村合作医疗，覆盖人口为5.08亿人，4.10亿农民参加了合作医疗，参合率为80.7%。参合农民就诊率和住院率均明显提高，就医经济负担有所减轻，新型农村合作医疗制度得到农民群众的广泛拥护。2006年全国共补偿参加新型农村合作医疗的农民2.72亿人次，补偿资金支出合计为155.81亿元。2007年，覆盖率将扩大到60%左右；2008年，在全国基本推行；2010年实现新型农村合作医疗制度基本覆盖农村居民的目标。

8. 农村最低生活保障制度

农村最低生活保障的目标是保障贫困人口生存权，满足贫困家庭的最低生活需求。中国农村绝对贫困群体的成因主要有五种：一是因病，二是因残，三是年老体弱，四是缺乏劳动力或劳动力的劳动能力低下，五是生存条件恶劣。这部分人口占中国农村人口的3.5%左右，帮助这部分人解决温饱问题，实现对其“应保尽保”，是农村低保制度的基本立足点。从1997年开始，中国部分有条件的省、区、市逐步建立起农村最低生活保障制度。2006年12月底召开的中央农村工作会议上首次提出，将积极探索如何建立覆盖城乡居民的社会保障体系，在全国范围建立农村最低生活保障制度。截至2006年底，全国有23个省份建立了农村最低生活保障制度，2133个县（市）开展了农村最低生活保障工作，有1593.1万人、777.2万户得到了农村最低生活保障，分别比2005年增长了93.1%和91.4%。在没有开展农村居民最低生活保障工作的地区，实施农村特困户救助制度，2006年共有325.8万户、775.8万人得到特困救助，由于部分特困户逐步被纳入农村最低生活保障，特困户的数量比2005年同期有所减少。全国农村得到五保供养人数503.3万人，468万户。[①] 到2007年3月，中国已经有25个省区市和2133个县建立了农村低保制度，低保对象达到1509万人。未建立农村低保制度的地区也普遍实行了农村特困户定期定量救助，救助人数将近730万。[②]

---

① 《2006年民政部事业发展统计公报》，中国发展门户网（www.chinagate.com.cn）。

② 潘跃：《我国农村低保进入新阶段，低保对象达1509万人》，2007年4月5日《人民日报》。

9. 失地农民保障

过去由于征地补偿标准低，没有相应的社会保障制度安排，不少被征地农民陷入“种田无地、就业无岗、保障无份、创业无资金”的状态。如何解决被征地农民的后顾之忧一直是社会关注的焦点。自2004年《国务院关于深化改革严格土地管理的决定》文件颁布后，党中央、国务院仅2006年就又相继出台三个政策文件，在政策上实现了一系列突破。被征地农民社会保障制度建设呈现政策越来越完善、力量越来越大、可操作性越来越高的趋势。劳动保障部和国土资源部已下发文件，规定社会保障费用不落实不得批准征地。一些地方政府也在解决失地农民保障上进行了尝试。四川省成都市在2004年就将征地农转非人员一次性货币化安置改变为纳入城镇社会保险的制度性安排。对新征地农转非人员，由征地部门按照不同年龄段，分别一次性为其缴纳10~15年的养老保险费、5~10年的住院医疗保险费和发给就业补助金，确保社会保险制度覆盖每个新征地农转非人员。追溯解决了1991年以来27.65万户已征地农转非人员的社会保险问题。[①] 截至2007年10月，中国已有1000多万征地农民加入最低生活保障和养老保障。[②]

在肯定中国社会安全网建设所取得的进展的同时，我们必须看到，中国社会保障制度建设仍然存在一些不足，面临许多挑战。比如，中国从20世纪90年代开始就进入老龄化社会，在养老保险、医疗保险等方面的社会保障基金都承载着巨大的支付压力。在原有现收现付制的筹资模式下，中国退休人员逐年递增，养老保险个人账户却没有做实。此外，企业退休人员基本养老金水平与机关事业单位退休人员退休费水平形成差距，成为影响社会稳定的因素；而部分城镇居民医疗保障缺乏制度安排；失业保险促进就业的功能尚未得到充分发挥；安全生产的严峻形势也对工伤保险提出了更高的要求；等等。这些问题成为全社会关注的焦点，必须引起高度重视。[③]

1. 社会保障基金监管亟待加强

从1986年中国社保制度进入重构至今，中国社保框架的雏形初显。随着改

---

① 《建立覆盖城乡居民的社保体系——全国统筹城乡社会保障工作综述》，新华社成都2007年7月3日，来源：中央政府门户网站（www.gov.cn）。

② 2007年10月13日，中央电视台《新闻联播》。

③ 《劳动和社会保障事业发展“十一五”规划纲要（2006年~2010年）》，新华网北京2006年11月8日电。

革不断深化，社保覆盖范围不断扩大，基金支撑能力逐步增强，始终保持良好的发展势头。截至2006年年底，各项基金已经超过1.8万亿元，占全国一年GDP的一成。但是由于中国的社保工作起步较晚，基础薄弱，尤其是社保基金监管工作与飞速发展的社会主义市场经济的要求还很不适应，目前正处于“覆盖面窄、待遇水平低、管理服务差”的发展阶段，存在着“重制度轻落实、重政策轻管理、重资金轻服务”的倾向。[①] 中国社会保障基金投资工具有限，投资收益率较低，投资渠道单一，制约了中国社会保障政策目标的实现。[②] 而基金管理监督工作仍然存在制度缺失、执行规定不严、监督力量不足、违规问题经常发生、长效机制尚未建立等问题，基金管理监督工作任重道远。[③] 统计显示，在1986～1997年间，全国有上百亿元社会保险基金被违规动用。据不完全统计，1998年以来，全国清理回收挤占挪用基金160多亿元，至2005年底，还有10亿元没有回收入账。截至“十五”期间，劳动和社会保障部接到挤占挪用基金举报案件96件。[④]

2. 外出农民工保险关系跨省接续难

现阶段中国推行养老保险基金区域统筹政策，基金管理条块分割，不同区域政策迥异，这与农民工就业地点不稳定、跨省区流动频繁的特点严重冲突。区域政策差异致使农民工跨省区调换就业地点后很难转移养老保险关系。按照有关政策规定，“农民工解除劳动合同时，可保留保险关系，重新就业时接续”。但由于目前的保险社会化程度低，即使在同一个县、市范围内，农民工由于暂时失业或者工作变动，也会因手续繁琐而中断参保。因而，养老保险关系转移、接续困难使农民工很难真正享受社会养老保险待遇。[⑤] 据湖南省开展的一项调查，外出农民工的养老保险关系转移接续极其困难，养老保险制度亟须创新。这次调查涵盖14个县的332个乡镇，向103.81万名出省农民工发放了调查问卷，回收有效答卷72.74万份。调研结果显示，农民工外出打工的目的地主要集中在广东、浙江、福建、上海等沿海发达地区。调查发现，在回答“将来回家乡是否愿意将

① 王博：《我国社会保障基金监管中的问题及对策思考》，《运城学院学报》2007第25卷第3期。

② 周长进、李娅：《社会保障基金安全运用研究》，《法治论丛》2007年5月第22卷第3期。

③ 刘羊旸：《刘永富副部长：基金监督要覆盖到各类社保基金》，新华网，2006年12月1日。

④ 赵小剑：《社保基金为何大案频发》，2006年8月10日《南方周末》。

⑤ 姜华：《以商业保险为平台建立新型农民工养老保险制度》，《中国金融》2006年第11期。

养老保险关系转移至家乡继续参加养老保险”的问题上，回答“愿意”的有51.59万人，占总数的70.9%。此外，有9.74万人因转移手续困难和养老金的地域差异选择“继续在外地参保”，占13.4%，还有15.7%的人选择回乡时“退保”。[①]

3. 机关事业单位退休职工和企业退休人员养老金之间存在较大差距

这些年来，党和政府高度重视企业退休人员基本生活保障工作，养老保险事业取得重大进展。1998~2006年，企业职工基本养老保险基金征缴收入由1353亿元增加到4599亿元，各级财政补助由24亿元增加到948亿元，参保离退休人数由2727万人增加到4264万人，基本养老金发放额由1512亿元增加到4199亿元。2004年以来，基本养老金发放连续三年无当期拖欠。自2005年起到2007年，国家连续三年提高企业退休人员基本养老金，企业月人均养老金将从714元提高到963元。这项政策惠及企业退休人员，受到社会各方面的欢迎。[②] 但从总的情况看，目前企业退休人员收入水平仍然较低，继续给他们适当增加养老金，有利于保障他们的基本生活，并逐步提高他们的生活质量。

4. 养老金账户空账运行

20世纪90年代，中国实行由现收现付制度和个人养老账户这两大支柱组成的模式。根据该模式，一部分养老保险费用于支付当前退休者的养老金，另一部分则被存入个人账户，以后直接付给缴纳养老保险费的个人。但是，这种“老人老办法、新人新措施”的养老金制度在实际运行过程中必然产生“空账”问题。2000年中国养老金“空账”还仅仅为360多亿元，到了2005年底，“空账”已经达到8000亿元。而这8000亿的亏空还只是为了供养少部分加入养老保险的公民而造成的。[③] 对此，中国政府需要从社会保障基金的筹集、管理、运营的保值增值以及基金的支付入手，不断缩小直至化解“转制成本”，做实“个人账户”，有效管理社会保障筹集管理基金，并对其进行合理的投资盘活，以抵御老

---

① 方大丰、龙巨：《“跨省接续难”呼唤养老保险制度创新——来自72万湘籍出省农民工的调查报告（上）》，2007年6月13日《工人日报》，湖南省常德市总工会网站。

② 张晓松、刘铮、杜文景：《劳动保障部有关负责人就养老金调整问题答记者问》，新华社北京8月10日电，中国政府网。

③《养老金账户出现巨额空账，中国考虑提高退休年龄》，2006年10月27日《中国财经报》。http://news.fznews.com.cn/。

龄化社会给社会保障体系带来的风险。

5. 社会保障立法滞后

在西方发达国家，社会保障的任何一项制度的建立和改革，都是以相关法律的制定和修正为先导的。在中国，从总体上看，社会保障法制建设尚缺乏整体性、系统性和权威性，与社会主义市场经济对社会保障事业发展的要求不甚适应。比如，由于长期以来对农村社会保障工作和法制建设的忽视，结果在中国当前各种层次的立法中，很少见到关于农村社会保障的法律、法规或者规章的踪影。目前仅见20世纪90年代初制定的《农村社会养老保险基本方案》（1991年）（以下称《基本方案》）、《农村五保工作条例》（1994年）、《关于进一步做好社会养老保险工作的意见》（1995年）、《农村社会养老保险交费领取表》、劳动与社会保障部办公厅发《2002年农村养老保险工作安排（供参考）》。①

6. 缺乏社区服务保障

社会保障主要有经济保障和服务保障。保障的形式有两种：一是自上而下，以政府为主体，直接向居民提供服务，称为政府服务；二是把服务重心放在基层，政府予以必要的指导和适当的资助，由社区组织居民进行自我服务。第二种保障形式即为社区服务。社区服务是社会保障的重要组成部分。而长期以来，中国社会保障制度建立和完善过程中，在制度设计和执行上，过分偏重资金保障，而忽略了服务保障。

7. 社会保障管理体制分散、政出多门，政策难以协调，缺乏统一性

由于种种原因，目前中国社会保障事业由政府各部门多头分散管理，在实际操作过程中也存在一些严重问题，除发放渠道未完全实现社会化外，突出的问题还包括具体办法不统一，地区特别是行业分割严重。从区域看，统筹范围仍普遍较小，更高层次的统筹协调及转移支付能力很弱，致使经济越困难的地区社会保险工作也越难维持。此外，主管部门的部门利益问题突出，主要表现是管理费用提取过高。许多地区提取的管理费用都超过甚至大大超过国家的规定提取标准。同时，基金被挪用、管理不善等问题也较为普遍。2006年披露的上海市劳动和社会保障局违规使用社会保障基金一案，就是一个惨痛的教训。

---

① 潘怀明：《当前我国农村社会保障法制建设中存在的问题及其对策》，《集团经济研究》2007年6月上旬刊。

四 社会安全网的政府创新实践：中央与地方的互动

在经济转型期，政府经济职能必须转变，以适应市场经济环境的要求，促进市场经济的发展。中国政府正在从管制型政府向服务型政府转变，从无限政府到有限政府转变。①“十一五”规划实施以来，从中央政府到地方政府在社会安全网建设上都积极开展了创新实践，通过二者的互动，推动中国社会安全网不断健全成熟。

（一）中央政府的探索和努力

中央政府在社会安全网建设上作的积极努力，主要体现在两个方面：一是颁布出台了很多重要法规文件，二是召开了多次重要会议，对中国社会安全网建设做了具体部署。一方面，通过制发多个重要法规文件，中国社会安全网建设的制度化、规范化、法制化水平不断提高。这些重要的法规文件包括《中共中央国务院关于推进社会主义新农村建设的若干意见》（中发〔2006〕1号文件）、《残疾人就业条例》、《流浪未成年人救助保护设施建设的指导意见》、《优抚对象医疗保障办法》、《国务院关于在全国建立农村最低生活保障制度的通知》（国发〔2007〕19号）、《国务院关于开展城镇居民基本医疗保险试点的指导意见》、《伤残抚恤管理办法》、《国务院关于解决农民工问题的若干意见》等。其中，2005年12月31日中共中央国务院下发《中共中央国务院关于推进社会主义新农村建设的若干意见》（中发〔2006〕1号文件）。这个文件延续了2004年、2005年中央1号文件的精神，继续研究三农问题，加大了解决农业、农民和农村问题的力度。另一方面，2006年以来，中央政府还召开了多次会议对社会安全网建设进行部署，加强了对社会安全网建设的组织领导和战略管理。党的十六届六中全会、中央农村工作会议、全国农村最低生活保障会议、国务院常务会议、全国城镇居民基本医疗保险试点工作会议等，均对建设新时期社会安全网作了新的部署。比如，2007年6月26日，全国建立农村最低生活保障制度工作会

① 朱云平：《转型经济期政府经济职能转变的合理性趋向分析》，《沈阳工程学院学报（社会科学版）》2007年第3卷第1期。

议在北京举行，会议研究部署了农村最低生活保障工作。而2007年7月23日至24日在北京召开的全国城镇居民基本医疗保险试点工作会议，决定从2007年开始试点，用三年时间逐步在全国城镇全面推开城镇居民基本医疗保险。

（二）地方政府的创新实践

中国地方政府在社会安全网建设上开展了积极的创新实践，取得了不少成功的经验，为中国未来的社会安全网建设提供了有益的借鉴和启示。这些创新实践主要是在中央政府相关的社会保障制度改革试点中进行的，我们可以称之为“试点中的创新”。这些创新性实践在坚持国家试点原则的同时结合了本地实际，从而在技术操作和制度运行层面推进了部分社会安全网项目的发展。与全国视野中的社会安全网建设一样，地方政府的创新实践也具有明显的“民生保障”特色。下面择要介绍中国地方政府在社会安全网建设上的一些创新性实践。

1. 积极探索农民工工伤保险，扩大覆盖面

2006年以来，各地在工伤保险上作了积极探索。其中，北京、深圳、株洲等地进行了大胆创新。2006年9月，北京市在全国率先出台了《关于做好北京市建筑业农民工参加工伤保险工作的通知》。新的办法突破了一般单位的参保方式，根据建筑业农民工流动性大的特点，改为以建设项目为单位，所需工伤保险资金由工程款中单独列支，由建设方将款划拨给总承包单位，再由总承包单位为所有参加该项目施工的所有单位的所有农民工一次性统一办理参加工伤保险手续，在开工前一次性缴纳，并持缴费凭证到建设主管部门办理开工手续，这样从制度上保障了建筑业农民工全部参保。① 2007年，深圳重新修订了《〈深圳经济特区企业员工社会养老保险条例〉实施规定》，其中最大的突破是非深户籍员工养老门槛降低，取消了非深户籍员工退休前5年连续缴费的限制。这意味着，非深户籍员工在养老的条件上和深户籍员工平起平坐，即只要累计缴费满15年，并达到法定退休年龄就可在深圳退休，按月领取养老金。新规定还包括建立了深户籍人员“延缴延退”制度、台港澳人员和外籍人员的参保等。② 截至2006年

---

① 北京市政府：《2007年上半年北京市劳动保障工作呈现六大亮点》，2007年8月16日。

② 李桂茹：《深圳经济特区取消养老保险户籍限制，惠及320万民众》，2007年1月15日《中国青年报》。

底，深圳工伤保险参保人数700多万人，率先在全国实现了全覆盖，并且成为全国参保人数最多的城市。

2. 在养老保险上，创新参保模式，改善参保方法

在上海，作为中国养老保障体制的重要补充，个人缴纳商业养老金制度有望通过论证在税收优惠政策上获得突破，并进而在上海实行试点。[①] 而浙江嘉兴市创新农村养老保险模式，将参保范围要求由原来的完全以群众自愿原则调整为政策推动和利益引导，并对现行办法作了一些创新。如，首次在中国农村养老保险制度中专门针对计生户这一重要群体的养老保险模式进行创新；首次把城镇中无能力参加城镇职工养老保险的弱势群体纳入农村社会养老保险体系；改进了养老待遇的计发办法；创立了农村养老保险与职工养老保险双向转换衔接的措施等。此外，安徽省六安市霍邱县依据粮食优势，开展农村社会养老保险制度创新和管理规范试点，允许农民直接以粮食等大宗农产品缴纳保险费，国家用粮食风险基金等支农资金，对缴纳保险费的农民进行直接补贴；建立农村计划生育对象养老保险；制定奖励或补贴政策，采取“财政补一点、集体出一点、个人交一点”的办法筹集养老保险金；开展村干部养老保险。部分县规定村干部社会养老保险费分基础部分和奖励部分，基础部分由县、乡镇、村和个人按2∶2∶2∶4的比例共同负担，奖励部分按年考核，乡镇负担40%，村负担60%[②]。

3. 采取多种措施，加强农民工权益保障

近年来，青岛建立了“信访协调、争议仲裁、劳动监察、行政复议、效能监督、督查考核”的“六位一体”维权联动机制，全方位维护农民工合法权益，建立了“以日常监控为主、重点排查为辅、部门分工联动、集中严厉查处”的解决拖欠农民工工资的机制。[③] 2006年，深圳市劳动保障局重点推出了十大关爱农民工措施，着力解决600多万农民工最关心、最直接、最现实的问题，探索建立解决农民工问题的长效机制，切实保障农民工权益，取得明显成效；特别是建立了劳务工合作医疗制度，采取“五险合一”和“单一缴纳”相结合的征收模

---

① 《补充养老险创新突破，上海有望试点税延型养老保险》，解放网－每日经济新闻，2007年8月16日。

② 孙祖文、张书喜：《六安失地农民养老有保险》，2006年8月17日《安徽日报》。

③ 于洪光、孙刚、学昆：《创新农民工劳动合同管理模式——访青岛市副市长吴经建》，2006年4月17日《农民日报》。

式促进工伤保险扩面征缴，有效解决农民工医疗、工伤两个突出问题，使得深圳成为全国工伤保险参保人数最多的城市。

4. 城镇居民医疗保险扩大覆盖范围，建立企业退休人员统一补充医疗保险

在海南，城镇居民基本医疗保险与社区医疗服务紧密结合，实行社区首诊制和双向转诊制度。首诊社区卫生服务定点机构为参保居民建立健康档案，负责参保居民的门诊首诊和住院转诊。参保居民因病情需要住院的，由首诊社区卫生服务定点机构出具转诊证明，办理转诊登记手续。[①] 而在广东省佛山、东莞、中山三市，医疗保障覆盖范围已经从城镇职工向城乡居民、被征地农民扩展。其中，佛山市顺德区已率先实现户籍人口全覆盖目标；珠海出台未成年人参加医疗保险办法。佛山、东莞、中山、珠海四市参加城乡居民医疗保险人数共达358.2万人。[②] 北京市在2006年建立了企业退休人员统一补充医疗保险制度。这是一项重大制度创新，在全国也是首次，它为137万人次报销医疗费3.8亿元，受到群众的普遍欢迎；企业退休人员门诊大额医药费社会化报销取得较快进展，选择社会化报销医疗费的退休人员达到100万人，占居住在本市退休人员总数的65%。[③]

5. 创新缴费机制，有效解决改制企业职工社会保险关系接续难问题

企业困难丧失缴费能力、下岗失业人员收入低无力接续保险关系、改制企业保险关系接续难，一直是养老保险工作的难题，不少职工因此无法继续参加养老保险，导致“断保”。甘肃省酒泉市创新缴费机制，帮助全市8574名断保人员接续了养老保险关系，有效遏制了养老保险实际缴费人数下降的势头，维护了参保职工的权益。针对大量企业处于停产半停产状态、丧失缴费能力的实际，酒泉市社保部门通过掌握职工要求接续养老保险的情况，采取本人提出申请，经单位同意后由申请人先行接续补缴养老保险金，待企业改制后予以一次性补偿的办法，为困难企业职工接续养老保险关系铺路搭桥。对生活困难的下岗失业人员，

① 王晓樱、魏月蘅：《海南启动城镇居民基本医疗保险试点》，2007年6月27日《光明日报》，http://news.ins.com.cn。

② 方潮贵：《我省2006年劳动保障工作基本情况和2007年工作安排》，广东省劳动和社会保障厅，http://www.rd.gd.cn/wjf/new/2007/newrd030.htm。

③《不平凡的2006年——北京市劳动保障工作成就巡礼》，2007年4月11日《北京劳动就业报》。

酒泉劳动保障部门通过落实社保补贴和岗位补贴政策，为他们提供再就业援助，以巩固他们的经济基础，以此带动下岗失业人员接续养老保险关系。酒泉劳动保障部门还主动参与改制企业的分流安置工作，帮助置换身份职工和分流职工社会保险关系及时接续，有效解决了改制企业职工社会保险关系接续难的问题。①

6. 创新资金筹措模式，为失地农民建立养老保险制度

山东省潍坊市在失地农民养老保险制度的建立过程中采取了多种资金筹措方式。①政府、村集体和个人三方筹措资金，分别从出让土地收入、安置补助费和土地补偿费中出资，为被征地农民建立社会统筹与个人账户相结合的基本养老保险制度，建立基本养老金调整机制。②村集体和个人两方筹措：村集体经济势力较强和村办企业发达的村，由村集体或村办企业、个人两方筹措资金，纳入城镇职工社会养老保险和农村社会养老保险。③村集体单方筹措：对经济势力强的村，从出让土地的安置补助费中，一次性为被征地农民缴足农村社会养老保险金。目前，潍坊市已有3.4万被征地农民参加基本养老保险，有4500名被征地农民开始按月领取养老金，月领取标准在90~200元之间。

五　中国社会安全网建设的发展趋势和重点领域

当前，中国正处在全面建设小康社会的重要战略机遇期。在科学发展观的指导下，结合中国社会发展的阶段性特征来看，未来的社会安全网建设将具有以下四个特点：①坚持城乡统筹，加快农村社会保障体系建设，推动中国工业化和城市化发展。②坚持区域统筹，以民为本，建立多层次社会保障体系，满足多层次需求。③坚持政府为主，扩大市场、公民参与社会安全网建设，即坚持公平与效率相结合，避免社会保障水平过高、覆盖面过宽、超过国力负担的局面出现。中国的社会安全网应该以“基础普惠制”为方向，在考虑扩大覆盖面的同时，也强调社会安全网激励公民就业，促进经济增长的作用。④在中国社会管理体制改革中，社会安全网机制是重要一环，应在加强社会立法的过程中，不断完善和健全社会保障相关法规，提高社会保障的立法水平。具体看，如下九方面是未来中国社会安全网建设应该重视的内容。

---

① 孙海峰：《酒泉创新缴费机制解决养老保险“断保”难题》，2006年3月20日《甘肃日报》。

1. 加强社会保障基金监管，确保基金增值保值

中国已经进入老龄化社会，为了应对由此产生的社会保障危机，中国社会保障基金从过去的“现收现支”转变为“统账结合”的部分积累制，而在转制的过程中产生诸多问题。对此中国政府需要从社会保障基金的筹集、管理、运营的保值增值以及基金的支付入手，不断缩小直至化解“转制成本”，做实“个人账户”，有效管理社会保障筹集管理基金，并对其进行合理的投资盘活，以抵御老龄化社会给社会保障体系带来的风险。中国现在社会保障基金的监管方式采用的是严格限量监管。这种模式的选择是由中国现实国情决定的。然而，随着资本市场的成长、个人账户逐步做实的要求，以及面对未来人口老龄化的压力，应该尝试将现行的监管方式由严格限量监管向审慎性监管转变，在给社会保障基金以最适合的约束条件下，充分发挥其资本的增值空间，“收好、管好、用好每一分钱”。①

2. 坚持城乡统筹，切实解决失地农民保障

做好被征地农民的就业培训和社会保障工作，在中国工业化、城镇化、现代化进程中处于十分重要的地位。② 近10年来，中国城镇化速度加快，2006年城镇化率超过44%，已累计产生4000多万被征地农民。由于过去一段时期征地安置补偿机制不健全，就业门路狭窄，社会保障制度缺失，相当多被征地农民生活水平因征地而下降，其中一部分人成为“无地、无业、无社会保障、无创业资金”的四无人员，产生新的社会矛盾。“十一五”期间，中国的城镇化率将以平均每年0.8个百分点的速度提高，预测每年还要新增被征地农民300多万。应坚持城乡统筹，切实解决失地农民保障问题。这既是推进城镇化建设的重要举措，也是建设社会主义新农村的配套政策，还是构建和谐社会的必然要求。

3. 加快新的医疗保障体系的构建，重点是新型农村合作医疗制度、城镇居民基本医疗保险和城乡医疗救助

2007年，新型制度试点范围将扩大到全国80%以上的县（市、区），提前一年基本在全国范围内建立起新型农村合作医疗制度。地方财政补助标准也要全部

---

① 余为恒：《浅析中国社会保障基金监管方式——从严格限量型转向审慎型》，《中南财经政法大学研究生学报》2006年第4期。

② 高楠：《切实做好被征地农民社会保障工作——访劳动保障部副部长胡晓义》，《中国劳动》2007年第1期。

提高到每人20元。应该继续推进新型农村合作医疗在更多的地方实施，解决农民看病难问题。此外，从2007年开始进行城镇居民基本医疗保险试点，逐步将城镇职工之外的城镇居民纳入基本医疗保险的覆盖范围。应该始终按照《国务院关于开展城镇居民基本医疗保险试点的指导意见》提出的目标，2007年在有条件的省份选择2~3个城市启动试点，2008年扩大试点，争取2009年试点城市达到80%以上，2010年在全国全面推开，逐步覆盖全体城镇非从业居民。

4. 坚持正确的立法原则，加快社会保障立法

无论从市场经济、WTO对法制环境的要求，还是社会保障制度本身需要的角度看，加快中国社会保障的立法工作已成为中国社会保障制度改革进程中一项紧迫而严峻的任务。[①] 多年来，中国政府曾出台相应法规，比如《工伤保险条例》、《失业保险条例》、《社会保险基金的征缴条例》等等，劳动和社会保障部也以部令的形式出台了相关配套的规章，初步形成了国家、企业和个人共同负担的多层次的社会保障新格局。但迄今为止，中国仍然缺乏全国性的社会保障立法，只有一些零散的地方性法规及规范性文件加以规定。从整体来看，社会保障立法的规模不大，规格不高，法制化程度太低，尚不能给国家解决社会保障面临的复杂问题提供充分有效的法律依据，远远不能满足市场经济和社会保障事业发展的需求。经过多年探索，中国社会保障体系框架已基本形成，将被实践证明行之有效的政策措施上升为法律的时机已经成熟。2007年，《社会保险法》草案已经提交国务院法制办，被列入全国人大常委会2007年的立法规划中。同时被列入全国人大常委会2007年立法规划的，还有《社会救助法》。今后，应该在坚持正确立法原则的基础上选择合适的立法模式，从而扩大立法保障的覆盖面，完善社会保障法律体系。

5. 充分利用社区平台，发挥社区保障作用

社区是社会的细胞工程，而社区安全是社会安全的重要基础。2007年5月14日，国家发展和改革委员会、民政部印发了《"十一五"社区服务体系发展规划》（发改社会〔2007〕975号）。这是中国社区服务体系建设领域的第一个国家专项规划，必将有力引领社区服务体系的发展，为居民群众带来实惠。规划提出，到2010年，全国每个街道基本拥有一个综合性的社区服务中心；每万名城

---

① 韩颖等：《我国社会保障研究文献综述》，《理论参考》2007年第4期。

镇居民拥有约4个社区服务设施，每百户居民拥有的服务设施面积不低于20平方米；70%以上的城市社区具备一定现代信息技术服务手段，初步建立起覆盖社区全体成员、服务主体多元、服务功能完善、服务质量和管理水平较高的社区服务体系。应该借鉴国外成功经验，积极推广城镇和农村地区的社区保障建设，切实解决社会保障制度的不足。[①] 要更多地利用社区卫生服务资源，把群众日常的疾病或者是能够不住院治疗的疾病在社区这个层次上解决，这样，不仅能降低群众看病的费用，而且也方便为群众服务。

6. 健全社会管理体制，大力培养社会工作者，有效配置社会资源

十六届四中全会通过的《中共中央关于加强党的执政能力建设的决定》勾勒了新的社会管理模式的基本框架蓝图。《决定》指出，全党应“深入研究社会管理规律，完善社会管理体系和政策法规，整合社会管理资源，建立健全党委领导、政府负责、社会协同、公众参与的社会管理格局”。[②] 在计划经济向市场经济转型的过程中，中国出现了一些民间兴办的社会组织。这些社会组织是政府管理社会的重要中介和纽带，也是政府管理社会的有力杠杆。健全社会管理体制，关键是健全社会安全网机制，应该大力培养社会工作者，发挥社会组织的作用，有效配置社会资源，为全体社会成员，特别是那些处于边缘、弱势和不利地位的群体提供基本的社会保障和社会服务，为社会安全运行“兜底”。[③]

7. 健全公共财政，加强住房保障

中国廉租房的建设保障基金多年来一直缺乏稳定、可靠的来源，还没有被完全纳入清晰的政府公共财政体系。在此情况下，廉租房的保障范围在未来相当长一段时期内肯定还是非常窄的，绝大多数城乡居民还得靠自身力量去购买或租赁商品房。换句话说，在公共财政能力有限的情况下，人们对刚刚建立的住房保障体系一时还不能寄望过高。今后，应该以财政预算资金为主，多渠道筹措资金，形成稳定规范的住房保障资金来源。特别是，应该动员社会资源，鼓励社会组织和个人为住房保障事业进行捐赠。

8. 建立养老金差距调整机制，推动机关事业单位养老保险改革

企业退休人员基本养老金水平与机关事业单位退休人员退休费水平形成差

---

① 刘桂芝：《推广社区社会保障的模式设计》，《税务与经济》2002年第5期。

② 《中共中央关于加强党的执政能力建设的决定》，人民出版社，2004，第25页。

③ 丁元竹：《社会管理体制创新需完善四个机制》，2005年11月10日《文汇报》。

距，成为影响社会稳定的因素。此外，要稳步推进事业单位养老保险制度改革工作。结合事业单位改革，研究制定事业单位养老保险制度改革试点方案。对未来退休的人员，主要通过完善社会保障制度来解决，也就是说要建立多层次的养老保障体系。在建立基本养老保险制度的同时，还要建立企业年金，提高他们退休后的生活水平。不断提高企业退休人员基本养老金标准。继续给他们适当增加养老金，有利于保障他们的基本生活，并逐步提高他们的生活质量。一个国家两套社会保险制度的弊端越来越明显，影响了劳动力的合理流动，增加了制度的管理成本，造成两套制度内职工享受社会保险待遇的不公平。今后，应在建立机关事业单位和企业单位统一的社会保险制度上做文章，以改变社会保险制度条块分割、职工享受社会保障待遇不公平的局面。①

9. 重视社会保险接续关系，建立多层次的跨地区转移手续

随着包括社会保险在内的社会保障事业的推进，社会保险关系跨地区转移接续问题逐步凸显，引起关注。社会保险关系跨地区转移接续的“跨地区”有多级层次，如地市内、省内、省与省之间，直至全国统筹，每一级都是艰巨的经济和社会发展的攀登。② 参考相关建议，可以考虑如下三个措施作为主要的破解接续关系难的措施：一是按照积极稳妥，逐步推进的方式，先建立和规范养老保险省级统筹，保证省内范围的农民工养老保险关系转移畅通。然后，加快全国养老保险统筹步伐，为实现农民工养老保险跨省流动做好准备。二是实行国内微机联网。养老保险信息管理系统实行国家、省、市、县四级计算机联网，建立参保企业和参保个人省级数据库，实现全国范围内社保机构网上转移。三是建立省际社保机构协调机制。省与省社保机构要通过协商签订省际养老保险关系转移协议书，协调解决省际劳动力流动、农民工养老保险关系转移中的问题，建立起正常的协调机制。③

---

① 刘钧：《我国社会保障制度改革的进展与前景》，《宏观经济管理研究》2007 年第 7 期。

② 《大胆创新构建“无缝社保”网》，2007 年 3 月 20 日《羊城晚报》。

③ 吴睿鸫：《养老保险如何破解“跨省接续难”困局》，http：//www.rednet.cn，2007 年 6 月 14 日，红网。

阶层分化与共识形成

黄相怀*

摘　要：阶层和谐是社会关系和谐的关键。改革开放以来中国阶层分化的总体特征就是社会阶层构成的细密化、流动化。基于此，在意识形态整合方面，中国共产党着力通过建设社会主义核心价值体系等谋求形成社会共识；在创新实践方面，着力通过做好新社会阶层人士统战工作、发展和谐劳动关系等谋求促进阶层关系和谐。取得的成就包括社会共识趋于形成，阶层关系趋向和谐，阶层关系协调机制不断健全，但问题依然很突出；阶层和谐导向的政府创新，应当着力于建设更加包容的价值整合系统，建设更加完备的制度整合机制和建设更加强大的组织整合力量。

关键词：阶层分化　政府创新　和谐阶层关系　社会共识

2005年2月，胡锦涛在中共中央政治局第二十次集体学习会上说："要加强对构建社会主义和谐社会重大问题的调查研究和理论研究"，"加强对社会结构发展变化的研究，深入认识和分析阶层结构、城乡结构、区域结构、人口结构、就业结构、社会组织结构等方面情况的发展变化和发展趋势，以利于深入认识在发展社会主义市场经济和对外开放的条件下我国社会发展的特点和规律，更好地推进社会建设和管理。"阶层结构之所以重要，是因为它决定着社会各个阶层之间关系的基本框架，而社会和谐的基本要义乃是人与人、人与社会以及人与自然的和谐，可以说，社会关系的和谐是和谐社会的基础和根本保证。在社会关系的主要构成要素中，阶层关系占据主导地位，阶层和谐是社会关系和谐的关键，是构建社会主义和谐社会的重要保证。从伦理学意义上说，和谐社会乃是社会的多

* 黄相怀，博士，中央宣传部思想政治工作研究所。

元利益主体通过道德的认同和行为选择的协调而形成的一种有利于满足人的需要、促进人的发展的具有良好道德关系和精神氛围的社会。[①] 十六届六中全会《中共中央关于构建社会主义和谐社会若干重大问题的决定》提出，要"统筹协调各方面利益关系，妥善处理社会矛盾"，"坚持把改善人民生活作为正确处理改革发展稳定关系的结合点，正确把握最广大人民的根本利益、现阶段群众的共同利益和不同群体的特殊利益的关系，统筹兼顾各方面群众的关切"。这实际上就是把妥善协调社会各阶层间的关系放在十分重要的位置，作为构建和谐社会的着力点。

一　改革开放进程与阶层分化

改革开放前的中国社会是个总体性社会，[②] 总体性社会的特点表现在国家直接垄断大部分社会资源，社会政治结构的横向分化程度低，纵向结构简单，是一个结构分化程度很低的社会，高度一体化的社会。总体性社会并非不存在社会分层，但分层的原则是一种"身份制"，即行政权力对社会资源的配置具有决定性作用，由此而形成某种"先定身份"规约着的不同社会成员。

改革开放以来，中国社会发生了历史性的阶层分化，主要表现在：第一，由支撑总体性社会的三大板块——干部、工人、农民所构成的社会阶层结构发生了侵蚀性的变化，出现了众多亚阶层和亚群体；第二，众多社会成员从原阶层中分离出来，衍生出了介于原阶层之间的边缘阶层和群体以及不同于原阶层的新生阶层和群体；第三，从动态上看，不同阶层之间的人员流动日益频繁，先定身份原则被打破、社会成员的垂直性移动日益增多。总的特征就是社会阶层构成的细密化、流动化。《当代中国社会阶层研究报告》[③] 以职业分类为基础，以组织资源、经济资源和文化资源的占有状况为标准，将当代中国社会划分为 10 个社会阶层，即国家与社会管理者阶层、经理人员阶层、私营企业主阶层、专业技术人员阶

① 李晓南：《社会认同与社会和谐》，中国（海南）改革发展研究院编《政府转型与建设和谐社会》，中国经济出版社，2005，第 313 ~ 324 页。

② 中国战略与管理研究会社会结构转型课题组：《中国社会结构转型的中近期趋势与隐患》，《战略与管理》1998 年第 5 期。

③ 陆学艺主编《当代中国社会阶层研究报告》，社科文献出版社，2002。

层、办事人员阶层、个体工商户阶层、商业服务业员工阶层、产业工人阶层、农业劳动者阶层和城乡无业失业半失业者阶层；并在此基础上将十个阶层划分为五个地位层级，即上层、中上层、中中层、中下层和底层。它试图比较全面地勾画或描述当代中国社会分化的具体图像，认为现代化的社会阶层结构雏形在中国已经形成。“当前中国社会阶层结构已不再是‘两个阶级一个阶层’，原来的阶层发生分化，新阶层已经形成和壮大，更重要的是出现了一个不断扩大的社会中间层和企业家阶层。与发达国家相比，现代化社会阶层结构的基本构成成分在中国已经具备，凡是现代化国家所具备的社会阶层，都已经在中国出现，有的已经具有相当的规模，只是各个阶层规模有大小区别而已。”①

阶层分化还在政治和文化价值上产生了影响。罗伯特·达尔把处于某一政治体系之内的人按照与权力的接近程度分为四种类型：无政治阶层、政治阶层、谋求权力者和有权者。② 按照达尔的分析，人们之所以处于政治分层的不同位阶，除了个人的主观意愿外，还取决于个人对参与政治的成本－收益考量以及对个人参与效能的评估。如此，社会分层与政治分层便具有内在联系。一种观点认为，中国社会分层的一个重要特点是政治分层与经济分层的区分。中国改革开放以前是政治分层为主的社会，那时社会上人们经济不平等程度较低，而政治不平等程度较高，甚至存在较严重的政治歧视。改革开放以后，政治不平等程度大大下降，而经济不平等程度却大大上升。因此，中国改革以来，社会分层结构的变化并不简单就是差距迅速拉大的过程，而是经济上的不平等取代政治上的不平等。也可以说，政治分层差距的弥合，对于经济分层差距的拉大起到一种补偿或平衡作用。③ 实际上，改革开放以来“政治分层与经济分层的区分”只是一种阶段性现象，时至今日，因社会分层而导致的政治分层已经成为阶层分化的主要表现，甚至还在一定程度上成为社会分层的原因。社会阶层的政治分化主要表现在各个阶层的政治参与程度及参与效能上。我国现阶段阶层分化日益明显，不同阶层间经济地位的差别不断扩大，使得物质财富越来越成为影响政府决策的独立力量。

① http：//www.china.org.cn/chinese/PI－c/105121.htm.

② 〔美〕罗伯特·A. 达尔：《现代政治分析》，王沪宁、陈峰译，上海译文出版社，1987，第130页。

③ 李强：《政治分层与经济分层》，中国网，2003年4月16日，http：//www.china.org.cn/chinese/zhuanti/socclass/314633.htm。

企业家、外商、私营企业主和其他高收入阶层凭借掌握的丰富经济资源，主动影响政府决策。在优势地位阶层日益成为政治参与的显著力量时，另一个事实也不容忽视，由于经济收入低下，低收入阶层对自身经济状况的关注要远远超过政治体制改革，政治层面对这部分阶层而言显然是间接的，他们的政治参与功效感明显不足。这部分社会群体对政治参与的利益认识不足，很多人游离在国家政治生活之外，呈现明显的政治冷漠倾向。各个社会阶层政治参与的不平等以及社会弱势群体的非制度化政治参与，已经成为十分引人注目的问题。更为重要的是，政治分化还有可能反作用于社会阶层分化，成为造就特定阶层结构的原因。有学者注意到，国家自主性被削弱使国家无法阻止地方政府向市场扑近而与市场中强势组织（集团）的黏合以及在调节社会阶层结构秩序上的不作为，这样国家就无法依循其价值操守来调节社会利益关系和社会阶层结构秩序，从而“社会阶层结构中出现的两极分化趋势没有得到有效抑制”。①

阶层的文化分化，是指社会各个阶层在价值观念、心理情绪、生活方式等方面产生的稳定性的区分，这种区分还可以演变成阶层亚文化，从而形成一个主文化或综合文化与多个亚文化并存的社会阶层文化分化图景。在一般的社会认知中，当前社会阶层的文化分化被合理地简化为“富人与穷人”或“权势阶层或无权势阶层”在对待同样问题上的态度的差异。上海市委党校课题组的一项调查报告显示，目前高低收入层都存在心理失衡倾向，但两者相互认同程度不高，具体包括：①人们对收入差距的关注已经转化为对分配秩序的关注；②不仅低收入阶层，部分高收入阶层也存在不同程度的心理不平衡；③高低收入阶层双方之间的相互评价存在差异，影响相互间的认同。“问卷统计表明，对于低收入者的贫困原因，其自身倾向于解释为体制因素，而高收入人员则倾向于解释为个人素质低；对于高收入者的致富手段，其自身倾向于解释为‘勤奋才智’和‘合法经营’，低收入者则倾向于解释为‘依靠机遇’或存在剥削等其他负向手段。”②

许多对于贫富差距的讨论已不再停留于经济角度和宏观政策角度，贫富差距已经被等同于社会的不公平。北京社会心理研究所调查发现，76%的被访者认为

① 潘修华：《当代中国社会阶层结构变迁与重建国家自主性》，《理论与改革》2005 年第 4 期。

② 中共上海市委党校课题组：《社会利益关系调整与党建新格局的构筑》，中央编译局马克思主义与现实杂志社编《中国调查报告：社会经济关系的新变化与执政党的建设》，社会科学文献出版社，2003，第 181 页。

差距比前几年更大了，12.9%的人认为差距与以前一样，只有3.5%的人认为差距缩小了，还有7.6%的人回答不知道。[①] 对于贫富差距扩大的感知与个体所处的贫富两极之间的位置有关，这种位置的确定也基于自我判断。自我判断越是靠近“贫”的一端，个体体会的贫富差距会越强烈。一份最新的关于上海市社会结构的调查显示，上海社会分层结构的主观意识特征主要表现为：①中间阶层，尤其是高层群体扩大，主观阶层认同结构由菱形向椭圆形发展；②主观阶层认同结构向两极分化，社会不公正意识增强；③较高层次的主观阶层认同向下偏移，低层的主观认同向上偏移；④主观阶层认同结构中的低层群体过大，且比重相对稳定。[②] 当前，阶层文化分化最重要的表现形式乃是社会心理失衡，部分社会群体认为，他们为社会发展作出的贡献与所得到的报偿不相称，从而产生严重的“相对剥夺感”。在社会核心价值观缺失、社会价值体系无序的状况下，失衡的社会心理与社会情绪极易通过网络等媒体手段扩散到整个社会，从而不但会导致各个阶层间的不尊重与误解，甚至还会导致严重的对立情绪。

二　构建和谐阶层关系的理论创新

培养社会共识，构建社会认同，是现代民族国家的一项基本任务。进入21世纪，针对经济、政治、文化生活等各个领域发生的深刻变化，中国共产党总结出了“四个多样化”，即“社会经济成分和经济利益多样化、社会生活方式多样化、社会组织形式多样化、就业岗位和就业方式多样化日趋明显”；在“四个多样化”条件下，就个体而言，“人们思想活动的独立性、选择性、多变性和差异性不断增强”，就整体而言，“思想文化领域出现多元、多样、多变的特点”。在意识形态领域，一元与多样、差异与共识、最高价值与多层次价值之间的矛盾成为培养社会共识所面临的最大问题，为此，中国共产党积极探索“在多元中立主导、在多样中求共识”的策略手段，确立了建设社会主义核心价值体系与构建和谐文化的重大任务。

---

① 王俊秀：《当前中国社会心态分析报告》，http：//www. sociology. cass. cn/shxw/shgz/default. htm。

② 《上海市社会结构和社会利益关系分析研究》，刘云耕主编《2006～2007年上海社会报告书：迈向和谐社会的追求》，上海社会科学院出版社，2007，第224～231页。

（一）建设社会主义核心价值体系

十六届六中全会《决定》指出，要“建设社会主义核心价值体系，形成全民族奋发向上的精神力量和团结和睦的精神纽带”；并要“坚持以社会主义核心价值体系引领社会思潮，尊重差异，包容多样，最大限度地形成社会思想共识”。胡锦涛在“6·25”重要讲话中强调，要大力建设社会主义核心价值体系，巩固全党全国人民团结奋斗的共同思想基础。中央宣传部理论局编著的《理论热点面对面·2007》把社会主义核心价值体系定位为维系社会团结和睦的精神纽带，推动社会全面发展的精神动力，指引社会前进方向的精神旗帜。在当前经济体制深刻变革、社会结构深刻变动、利益格局深刻调整、思想观念深刻变化，思想大活跃、观念大碰撞、文化大交融的背景下，提出建设社会主义核心价值体系，具有重要的理论意义和极强的现实针对性。那么，提出社会主义核心价值体系的原因是什么呢？《理论热点面对面·2007》总结了四点：提出建设社会主义核心价值体系，向世人展现了我们党思想上精神上的旗帜；提出建设社会主义核心价值体系，是巩固全党全国人民团结奋斗的共同思想基础的需要；提出建设社会主义核心价值体系，有利于引导全社会在思想道德上共同进步；提出建设社会主义核心价值体系，是增强民族凝聚力、提高国家竞争力的迫切需要。可见，社会主义核心价值体系目的是“在尊重差异中扩大共识，在包容多样中共铸和谐”，其要义在于“最大限度地促进和形成全社会的共识”。

建设社会主义核心价值体系的提出，在两个方面具有创新性。首先，把现阶段必须确立的世界观、人生观、价值观和道德观的本质要求集中表述，从不同层次把社会主义意识形态的精髓提炼出来，总结出一套价值认同体系，这在党的历史上是一次重大的理论创新。“我们党提出建设社会主义核心价值体系，产生于建设和谐文化的迫切要求，是建设社会主义和谐社会的必然产物，也是我们党凝聚和统一社会各阶层各利益群体思想、推动社会主义和谐社会建设的强大思想武器。”① 其次，提出用社会主义核心价值体系引领社会思潮，并坚持“尊重差异，包容多样，最大限度形成社会共识”的原则，体现了中国共产党对意识形态建

① 黄中平：《学习与运用党的最新理论成果》，红旗出版社，2007，第171页。

设规律和思想文化建设规律的认识的提升。长期以来，党的思想宣传工作坚持的是马克思主义的指导、“为人民服务、为社会主义服务”的方向和“百花齐放、百家争鸣”的方针，而提出“尊重差异、包容多样”，实际上是认识到，对于多样化的社会思潮，既不能够放任自流，也不能够一味堵塞，而必须积极进行“引领整合”。这种策略不但意味着倡导健康向上的思想文化，容忍有益无害的思想文化，打击消极落后的思想文化，也意味着社会主义核心价值体系建设能够从各种社会思想文化中吸收积极合理的成分，从而扩大社会主义主流意识形态的影响力、吸引力和渗透力。

（二）建设和谐文化

从文化内涵和文化意义的角度解读构建社会主义和谐社会，就产生了“建设社会主义和谐文化”这一命题。十六届六中全会《决定》指出，“建设和谐文化，是构建社会主义和谐社会的重要任务”。“必须坚持马克思主义在意识形态领域的指导地位，牢牢把握社会主义先进文化的前进方向，弘扬民族优秀文化传统，借鉴人类有益文明成果，倡导和谐理念，培育和谐精神，进一步形成全社会共同的理想信念和道德规范，打牢全党全国各族人民团结奋斗的思想道德基础。”所以，和谐文化能够为构建社会主义和谐社会提供有力的精神支撑和良好的文化条件。① 和谐文化是和谐社会的精神支柱。②

建设和谐文化之所以能够打牢共同的思想道德基础，是因为和谐文化被认为能够承担以下任务：首先，和谐文化被认为能够化解社会矛盾，形成良好人际关系。和谐文化强调和而不同、以和为贵，主张人与人之间相互尊重、相互信任、相互帮助，反对相互敌视、相互欺诈、相互对抗。建设和谐文化，在全社会大力倡导和谐理念，培育和谐精神，就能够形成解决社会矛盾的新认识，处理社会关系的新方法，引导人们用和谐的思想认识事物，用和谐的态度对待问题，用和谐的方式处理矛盾，使崇尚和谐、维护和谐内化为人们的思维方式和行为习惯。“这无疑有助于引导人们用正确的立场、观点和方法去观察社会，用宽容理性的

---

① 刘云山：《建设和谐文化　巩固社会和谐的思想道德基础》，2006 年 10 月 24 日第 002 版《人民日报》。

② 《和谐社会呼唤和谐文化》，《半月谈》，2006 年 9 月 27 日。

态度看待和处理问题，避免思想认识上的片面性和极端化，理性合法地表达利益诉求，推动形成良好的社会秩序和团结和睦的人际关系。"[①] 其次，和谐文化强调尊重文化多样性，被认为能够繁荣发展社会主义文化。和谐文化主张各种健康思想文化相互借鉴、相得益彰，主张在坚持核心价值体系的基础上，尊重文化的多样性，推动不同文化相互学习、取长补短，实现弘扬主旋律与提倡多样化的有机统一。建设和谐文化，在多元中立主导，在多样中谋共识，减少思想冲突，增进社会认同，有效避免因认识差异引发社会动荡；使先进文化得到发展，健康文化得到支持，落后文化得到改造，腐朽文化得到抵制，使民族文化与外来文化、传统文化与现代文化、高雅文化与通俗文化在交流比较中互动融合、相互促进，使各种文化形式、文化门类、文化业态各展所长，共同发展。

和谐文化既是一种"倡导和谐理念，培育和谐精神"的文化样式，又是主张各种文化形态和谐共处的文化愿景。建设社会主义和谐文化的创新之处，在于它发展了"先进文化"论，既强调先进文化的主导地位，又强调各种文化形态的和谐共处；既强调社会主义文化的"先进性"要求，又为社会主义文化建设注入"和谐"的精神要素。和谐文化以马克思主义为指导，继承中国传统文化精华，同时又借鉴世界各国的文明成果，与社会发展的现实需要相适应，更具开放性、包容性和发展性。由"先进文化"论转而强调"和谐文化"论，标志着中国共产党文化建设方略的重大转向，也意味着主导文化与多元文化、文化冲突与文化融合、文化积累与文化创新等重大文化关系主题进入执政党的视野范围之中。[②]

（三）追求人类的普遍价值

2006 年 4 月，胡锦涛在耶鲁大学演讲接受提问时提出了"没有民主就没有现代化"的论断，表示"我们愿意借鉴外国政治建设的有益经验，但我们不会照搬外国政治制度的模式"。[③] 2007 年 3 月，温家宝在答记者问时提出，"民主、法制、自由、人权、平等、博爱，这不是资本主义所特有的，这是整个世界在漫

① 《扎实推进和谐文化建设——学习〈决定〉八题》，人民网，2006 年 10 月 24 日。

② 上海市邓小平理论和"三个代表"重要思想研究中心：《建设和谐文化要处理好几个关系》，2006 年 12 月 18 日，人民网，http：//cpc. people. com. cn/GB/67481/71679/73150/5179547. html。

③ 《胡锦涛耶鲁大学演讲接受提问时谈政治体制改革》，中国网，2006 年 5 月 1 日，http：//www. china. com. cn/chinese/news/1199378. htm。

长的历史过程中共同形成的文明成果，也是人类共同追求的价值观”；同时也表示，“民主制度同任何真理一样，都要接受实践的考验，任何地区和国家，民主制度的状况、优劣，都要以实践为标准”。温家宝认为，社会主义初级阶段要实现两大任务：一是集中精力发展社会生产力；二是推进社会的公平与正义，特别是让正义成为社会主义制度的首要价值。推进两大改革：一是推进以市场化为目标的经济体制改革；一是以发展民主政治为目标的政治体制改革。[①] 胡锦涛“6·25”讲话强调，发展社会主义民主政治是我们党始终不渝的奋斗目标。除了已经融入主流意识形态，成为执政党决策理论依据的“人的全面发展”和“以人为本”外，自由、民主、正义等字眼，开始频繁出现于最高领导人的讲话中，从中透出的政治意涵颇耐人寻味：在执政党的执政目标诉求中，人类的普遍价值已经成为重要组成部分。有学者认为，改革开放以来，我国社会阶级阶层结构和主导阶层的变化和发展为自由、平等、民主、公正、以人为本的社会价值观和政治价值观的发展创造了良好的环境和条件：社会阶级阶层和主导阶层更加多元化；主流政治文化和各种先进的亚政治文化不断得到发展；工具性政治主体的结构和决策向民主化、制度化、规范化、程序化的方向发展。“自由、平等、民主、公正、以人为本的社会价值观和政治价值观不断地在主流政治文化和各种亚政治文化中得到提升和发展。”[②] 俞可平总结了改革开放以来中国政治发展所取得的主要进步：其一，党和国家开始适度分离，党的活动被限制在国家法律范围之内；其二，依法治国，初步建立比较完备的法律体系；其三，扩大直接选举和地方自治的范围；其四，推行政务公开，提高政治透明度；其五，建立服务政府，改善公共服务质量；其六，实行听证制度和协商制度，推进决策民主化。他从而得出结论：“中国政治的上述这些发展，都是改革开放的产物，它们本身都属于国内的政治改革。所有这些政治发展和政府创新，哪怕最初源于对西方文明的借鉴，也都带有明显的中国特色，都是与中国具体的国情相结合的结果。中国政治的所有这些新发展，都体现着人类社会普遍的政治价值。从根本上说，支撑这些政治变革的普遍价值，就是自由、民主、平等和人权。”[③]

---

① 温家宝：《民主制度同任何真理一样都要受实践考验》，中国经济网，2007 年 3 月 16 日，http：//www. ce. cn/xwzx/gnsz/szyw/200703/16/t20070316_ 10718620. shtml。

② 李元书、薛立强：《社会主导阶层与政治发展》，《学习与探索》2005 年第 1 期。

③ 俞可平：《思想解放与政治进步》，2007 年 9 月 17 日《北京日报》。

尽管西方理论家们都坚持认为“自由、民主、平等和博爱”是人类的普遍价值，甚至不乏出现“历史终结论”或“意识形态终结论”这样的极端看法，但在社会主义国家领导人看来，“资产阶级理论家”所强调的人类普世性价值观，始终只是也只能是“资产阶级的”价值观。社会主义属性的民主、平等等价值观，尽管立足于不发达的经济基础之上，但就其内在本质和实现程度而言，要高于“资产阶级的”价值观。特别是自20世纪90年代世界范围内共产主义运动进入低潮之后，对社会主义制度属性和中国国家特色的强调始终是改革特别是政治改革首要考虑的因素。2002年，社会主义的政治文明与物质文明和精神文明一道被正式确定为中国共产党及中国政府的基本目标，被写入中国共产党的十六大报告，这是一个非常重要的转折点。它意味着中国领导人认识到，中国的政治发展之路并不能与世界政治文明的进程相隔绝与背离。而十六届六中全会《决定》描绘和谐社会的两大首要特征是“民主法治、公平正义”，则正式标志着中国共产党的政治诉求非但不与人类普遍价值背道而驰，而恰恰是在对人类普遍价值的追求中实现了思想解放与政治进步，追求人类普遍价值实现政治发展是中国共产党进行政治改革的一个基本经验。

三　构建和谐阶层关系的创新实践

研究表明，使各阶层和谐相处的关键有三点：一是使社会各阶层都能分享社会经济发展的成果；二是使社会各阶层都能充分表达自己的利益诉求；三是使社会各阶层之间社会流动的渠道通畅无阻。① 近年来，在构建和谐阶层关系方面，中央和地方政府主要围绕以下几个方面形成了工作创新亮点。

（一）做好新社会阶层人士统战工作

2006年2月《中共中央关于加强人民政协工作的意见》指出，“构建社会主义和谐社会，必须充分发挥人民政协的作用”。关于“切实抓好人民政协自身建设”，提出“要通过界别渠道密切联系群众，努力协调关系、化解矛盾、理顺情绪，增进社会各阶层和不同利益群体的和谐”。2006年7月，胡锦涛在全国统战

① 唐钧：《如何使社会各阶层和谐相处》，《党课参考》2005年第1期。

工作会议上指出，“必须科学分析和准确把握我国社会阶层结构发生的深刻变化，全面兼顾和实现社会各阶层群众的利益，充分发挥社会各阶层在推动经济社会发展中的作用。要坚持充分尊重、广泛联系、加强团结、热情帮助、积极引导的方针，切实做好新的社会阶层人士的工作，尊重他们的劳动创造和创业精神，凝聚他们的聪明才智，引导他们做合格的中国特色社会主义事业的建设者”。2006 年 11 月《中共中央关于巩固和壮大新世纪新阶段统一战线的意见》指出，要切实做好新社会阶层人士统战工作，“新的社会阶层人士是统一战线工作新的着力点，要最大限度地把他们团结在党的周围，充分发挥他们的作用，不断为实现中华民族的伟大复兴凝聚新力量”。

“新社会阶层”主要指新兴的中产阶级，可以概括为“非公有制经济人士和自由择业知识分子”。统战部副部长陈喜庆分析认为，新社会阶层人士广泛分布于新经济组织和新社会组织之中，“这是一个巨大的群体，无论从人数还是从实力上看，都已经成为中国经济和社会发展举足轻重的力量”。[①] 学界研究认为，中国新社会阶层的主要利益诉求有五点：一是希望党和政府为非公经济发展创造更加稳定的政策和法律环境；二是希望降低产业准入门槛，民营经济也能进入诸如基础建设、物流和股份银行等只向国企和外资开放的领域；三是希望享受和国企同等的政策支持和资源配置，如获得银行信贷等；四是希望政府转变职能，建立服务型政府；五是希望通过各种渠道如参加政协、人大等更多地参政议政，传达自己的呼声。同时，新社会阶层也开始产生文化上的诉求。[②]

据中共中央统战部 2006 年 7 月统计，目前全国各级人大、政府、政协配备党外干部和代表人士取得了新的进展。其中，全国各级人大代表，有党外人士 17 万名；各级政协委员有党外人士 33 万名。国家机关各部门共配备党外领导干部 19 名，27 个省区市和 18 个副省级城市配备党外副省长（副主席、副市长）或助理，九成以上地级市和 87% 县级市都配备了党外副市长（县长）。此外，省市两级政府工作部门、法院、检察院领导班子配备党外干部近 6000 名。[③] 与此

① 2007 年 6 月 11 日《人民日报》。

② 林乐士：《新社会阶层的文化诉求》，www. chinaelections. org。

③ 网评：《万钢任科技部部长的标本意义》，新华网，2007 年 4 月 28 日，来源：中国共产党新闻网，http：//news. xinhuanet. com/tech/2007 -04/28/content_ 6039847. htm。

相印证，南京市于2007年5月18日颁布了《南京市2007～2011年培养选拔党外领导干部工作规划》，明确规定了党外人士担任领导干部的范围，比如规定："市、区县人大常委会副主任中至少各有1名党外人士；市人大常委会组成人员中党外人士不少于30%；市人大专门委员会和常委会工作机构负责人中有一定数量的党外干部担任专职领导，常委会副秘书长中党外人士不少于1名。"① 做好新社会阶层人士统战工作，扩大党外人士担任领导干部范围，不但代表了中国民主政治的新发展和协商民主特色的强化，而且也标志着执政党对体制外优势社会阶层和社会力量整合力度的加大与整合方式的创新，折射出执政党包容开放、务实灵活的品性。

（二）保护弱势群体权益

社会弱势群体，是指那些由于某些障碍及缺乏经济、政治和社会机会而在社会上处于不利地位的人群。在我国，弱势群体主要包括城乡贫困人口，经济结构调整中的失业、下岗人员，残疾人，农民工，老龄与高龄人口，天灾人祸中的受灾者等社会人群。弱势群体经济上的低收入、生活上的低质量、政治上的低影响力和心理上的高敏感性使他们最先感受到改革的代价，一旦各种社会矛盾激化，经济压力和心理负荷积累到相当程度，社会风险就会首先从这一最脆弱的群体身上爆发。今天中国存在的庞大社会弱势群体，已成为现阶段社会和谐与稳定的巨大隐患，使社会成员对社会公正等基本价值理念产生消极的认识，影响社会整体的公平正义性程度。

2007年5月发生的"山西黑砖窑事件"及其处理，既揭示了现阶段弱势群体保护机制的缺失，又体现了和谐社会理念下执政者保护弱势群体权益的决心，具有标志性意义。事件被揭露之后，山西省出台11个文件防范黑砖窑事件，河南省强化规范用工行为，国务院对全国整治非法用工和打击违法犯罪工作作出部署，劳动和社会保障部表示要强化乡村小企业用工规范，进一步加强监督、执法和监察。据全国整治非法用工和打击违法犯罪专项行动反馈的数据，截至2007年7月30日，各地检查乡村小砖窑、小煤矿、小矿山、小作坊及其他用人单位27.7万户，涉及劳动者1267万人；已责令9.8万户用人单位为149.8万名劳动

① 《南京市2007～2011年培养选拔党外领导干部工作规划》，www.nj.gov.cn。

者补签劳动合同，补发 11.6 万名劳动者工资和经济补偿金 1.3 亿元，督促用人单位为劳动者办理社保 53.6 万人。①

近年来，政府在保护弱势群体方面做了大量工作，取得了突出成绩。2006 年《政府工作报告》显示，在教育方面，中央和地方财政安排专项资金 70 多亿元，对 592 个重点贫困县 1700 万名贫困家庭学生免除学杂费、免费提供教科书和补助寄宿生生活费，还为中西部地区 1700 多万名贫困家庭学生免费提供教科书，许多辍学儿童重新回到学校。继续实施西部地区"两基"攻坚计划。两年来新建、改建、扩建农村寄宿制学校 2400 多所，为 16 万个农村中小学校和教学点配备了远程教育设施。在社会保障方面，已有 17 个省（区、市）完成国有企业下岗职工基本生活保障向失业保险并轨。城市低保对象基本实现应保尽保。重点优抚对象抚恤补助标准明显提高，中央财政安排优抚事业费 74.6 亿元，比 2005 年增长 90%。28 个省（区、市）、2300 个县（市）已初步建立社会救助体系的基本框架。救灾和扶贫工作力度加大。全年中央财政用于抗灾救灾的资金 89 亿元，救助受灾群众 9000 多万人次。中央和地方财政安排扶贫资金 162 亿元，农村贫困人口比 2005 年减少 245 万人。2007 年的《政府工作报告》强调了公共文化服务体系建设，指出"文化基础设施尤其是农村基层文化设施建设得到加强，广播电视村村通工程由行政村向自然村延伸，社区和乡镇综合文化站工程、全国文化信息资源共享工程建设继续推进"。还特别强调了农民工问题，指出"制定并实施解决农民工问题的政策措施，从解决工资偏低和拖欠、依法规范劳动管理、加强就业培训和社会保障等方面，维护了农民工的合法权益"。

在探索弱势群体保护机制方面，地方政府的创新经验更值得重视。比如，在农民工维权方面，山东省要求降低农民工维权门槛和成本。法律援助机构对农民工追索工资及工伤赔偿案件，不再审查其经济困难条件，不再要求农民工提供经济状况证明；河南省依法治省办公室近年来为进城务工人员实施"金手杖"工程，由各级司法行政机关依托各乡镇司法所为进城务工的农民传授法律知识；福州正式开通农民工维权法律服务、劳动争议仲裁等五条"绿色通道"，等等。在城市低收入家庭住房方面，北京将加快建立多层次、多渠道解决城市低收入家庭住房困难的政策体系，加快推进保障性住房建设，在"十一五"期间基本解决

① 《山西黑砖窑事件集中调查处理工作基本结束》，http://news.qq.com/a/20070814/001419.htm。

城市低收入群众住房难问题；厦门市预计2009年基本解决中低收入家庭住房困难问题；贵州省决定把各地政府解决低收入家庭住房困难工作纳入目标责任制管理，并将有关工作情况纳入对城市人民政府的政绩考核。①

（三）健全社会流动机制

社会学研究表明，一个和谐有序的社会，需要社会结构的两个特征为其支撑：一是合理的社会阶层结构，具体来说就是"橄榄形"的社会阶层分布；二是良性的社会流动机制，具体来说就是顺畅的垂直和水平流动机制。在我国，影响社会垂直流动的最重要因素是教育制度，影响社会水平流动的最重要因素是户籍制度。近年来，各级政府在基础教育方面投入相当多的财力和人力，取得巨大成绩，影响社会流动的教育制度实际上主要是高等教育制度。社会水平流动目前在我国最典型的表现就是流动人口，其中既包括农民工，也包括相当部分的白领。在改革开放以来的20多年中，流动人口在我国的基础建设和经济增长中作出了巨大贡献。然而，巨大的城市流动人口也给城市管理带来一系列难题，如流动人口聚集区的管理问题、流动人口的社会保障问题、流动农民工子女的教育问题、流动人口的就业问题、外来人口与本地居民的关系问题、流动人口的住房与社会服务问题、农民工对于城市社区生活的适应问题、打工妹的社会保护问题，等等。这些都对构建社会主义和谐社会提出了严峻挑战。酝酿已久、近年来动作比较大的户籍制度改革被认为代表着解决这些问题和应对这些挑战的努力。

2007年3月公安部召开了全国治安管理工作会议，会议议题之一是讨论建立城乡统一的户口登记制度，这意味着近年来广受关注的取消农业、非农业二元户口制度问题有望得到解决。6月，公安部新闻发言人武和平称，公安部正抓紧《户口法》立法调研。自2005年至今，河北、辽宁、山东、广西、重庆等12个省（自治区、直辖市）已经取消了农业户口和非农业户口的二元户口性质划分，统一了城乡户口登记制度，统称为居民户口。北京、上海两市也已下发本市农业人口转为非农业人口实施意见，放宽了条件限制；广东省的佛山、深圳、

① 《贵州将解决低收入家庭住房纳入政绩考核》，http：//news. gz163. cn/news/gz/gzsz/2007_ 9_ 14/224396. shtml。

中山等地将城镇化水平较高的农村地区居民统一转为非农业户口，实行城市化管理。户籍制度改革动作比较大的成都市，于2006年下发《关于深化户籍制度改革 深入推进城乡一体化的意见（试行）》，规定在成都购买符合条件的二手房甚至是租房，都可在成都落户。户籍制度改革迈出实质性步伐的云南红河州，下发《关于深化户籍管理制度改革，促进公民迁徙自由的决定》，规定从2006年起，红河州将全面施行新的户籍管理制度，废弃《暂住证》，鼓励自由迁徙，农村人口将与城镇人口享受平等的报考公务员、低保、养老保险、子女教育等待遇。①

（四）发展和谐劳动关系

十六届六中全会《决定》提出“发展和谐劳动关系”，指出要“完善劳动关系协调机制，全面实行劳动合同制度和集体协商制度，确保工资按时足额发放。严格执行国家劳动标准，加强劳动保护，健全劳动保障监察体制和劳动争议调处仲裁机制，维护劳动者特别是农民工合法权益”。政府在2006年大力推动劳动关系立法建设，这年被称为“劳动保障立法年”。一是全面启动推进劳动合同制度实施的三年行动计划，努力扩大集体合同覆盖面，保护中小企业职工权益，推动并规范区域性行业性集体协商工作。二是积极做好国有企业改制中的劳动关系处理工作。三是积极开展劳动争议案件处理工作，建立解决拖欠农民工工资问题的长效机制。全国24个省（区、市）建立了工资保证金制度，多数地区建立了工资支付监控制度。四是加大保障低收入职工报酬权益的工作力度，继续完善最低工资标准的正常调整机制。五是颁布《国务院关于解决农民工问题的若干意见》，把农民工工作摆在前所未有的重要地位。六是大力推进劳资关系协调机制建设。2006年国家劳动关系三方会议决定，在全国开展创建劳动关系和谐企业活动，确立了八个标准作为构建和谐劳动关系的基础。②

各级地方政府以劳动部门为抓手，以工会组织为依托，以建设和谐劳动关系

---

① 人民网，时政专题：《关注户籍制度改革》，http：//politics. people. com. cn/GB/shizheng/252/6093/。

② 中国社会科学院“社会形势分析与预测”课题组：《中国进入全面建设和谐社会新阶段——2006～2007年中国社会形势分析与预测总报告》，http：//www. sociology. cass. cn/shxw/shgz/shgz30/t20070104_ 10401. htm。

为着眼点，积极探索协调劳资关系的多种有效途径。珠海市劳动保障局向社会通报，珠海将在全市范围内大力推行工资集体协商制度，力争在五年内，这项制度能够覆盖全市16000多家建有工会的企业。具体做法是："工会职工代表与企业代表依法就企业内部工资分配制度、形式、收入水平进行平等谈判，并在协商一致的基础上签订工资协议，双方达成协议后报送劳动部门备案并由其监督执行。"① 无锡市总工会在贯彻实施《劳动法》中，注重维护劳动者权益，构建和谐劳资关系，建立健全了"维权对象全覆盖，维权内容全方位，维权力量全联动，维权环节全过程"的维权机制。② 泉州市总工会强化基层工会组织建设，实现工会组织向企业延伸，着眼于"维护外来工合法权益，促进企业发展，构建和谐社会"，创造了外来工维权新模式。③

四　构建和谐阶层关系的成就与问题

（一）社会共识趋于形成，但深度分歧依然存在

坚持以人为本，树立科学发展观，构建社会主义和谐社会等执政理念和执政方略的提出，深化了人们对中国特色社会主义的认识，丰富了执政党"立党为公、执政为民"在新世纪新阶段的内涵，进一步夯实了执政党的阶级基础和社会基础，提升了执政党执政的合法性程度，增强了执政党的执政能力。之所以能够取得这样的成效，首要地，当然在于执政党巩固和拓展了执政绩效，使社会经济继续保持平稳快速发展；同样重要的是，这些执政理念和执政方略在相当程度上凝聚了社会各阶层的思想共识，打造了全社会共同的思想基础。④ 在数年之中，"促进社会的全面进步和人的全面发展"、"树立科学的政绩观，发展绿色GDP"、"共建和谐社会，共享发展成果"等已经变为执政党治国理政的主流话

---

① 《劳资协商工资应成为常态》，http：//news. xinhuanet. com/comments/2007 - 06/13/content_6234847. htm。

② 《无锡市总积极构建和谐劳动关系》，http：//www. jsgh. org/template/10001/file. jsp。

③ 《福建省泉州市"构建外来工维权新模式"》，http：//www. chinainnovations. org/。

④ 秦晖：《和谐社会：难得的思想共识》，http：//news. xinhuanet. com/politics/2006 - 10/17/content_5213325. htm。

语，已经成为国家与社会进行政治沟通的主要话语平台。说“科学发展、共建和谐”已经深入人心，见之于行事，是不为过的。①

但是，从阶层分化的角度看，“科学发展、共建和谐”只是在社会各阶层间形成了基本共识，而并未形成深层次共识。所谓深层次共识，是指社会各阶层不但对某政治话语和政治表述基本认同，而且还对支撑这些话语和表述的价值理念以及实现这些话语和表述的原则、途径和措施基本认同。目前，社会各阶层并未形成深层次共识。十六届六中全会《决定》描绘的和谐社会的基本特征是：“民主法治、公平正义、诚信友爱、充满活力、安定有序、人与自然和谐相处。”这固然是非常全面而无争议的。但是，在“构建和谐社会”的语境下谈“发展社会主义民主政治”，其具体意涵究竟该如何理解呢？是偏重于强调“自由”的民主，还是偏重于强调“平等”的民主呢？是强调发展民主的“人民性”，还是强调发展民主的“可控性”呢？对于不同社会阶层来说，不同的答案意味着迥然相异的利害取舍并且会产生实质性后果。再如，认为“公平正义是社会主义的本质属性”，确实是思想的一大解放和政治的一大进步，但是，在实际的操作层面，是应当重视程序的公平，还是结果的公平呢？是应当重视机会的平等，还是强调能力的平等呢？如果不对这样深层次的、原则性的问题进行圆满的调和与解答，深层次的公民共识和社会认同是不可能形成的。实际上，“反思改革”、“争论民主社会主义”等思潮之所以在一定范围内流行，与其说是知识界的困惑与混乱，还不如说是社会认识的分歧在知识界触发的理论反应。

（二）阶层关系趋向和谐，但紧张关系依然明显

在“构建和谐社会”目标指引下，中央和地方各级政府为营建阶层和谐关系作出了积极努力，阶层关系总体趋向和谐。财政分配正在从过去的兼顾公平和效率、效率优先的思路转向兼顾公平和效率、公平和效率并重的思路；注重用制度保障社会公平正义，通过完善民主权利保障制度、社会保障制度等，提高低收入者收入水平，逐步扩大中等收入者比重，调节过高收入，取缔非法收入。根据《北京市“十一五”时期就业和社会保障发展规划》，“十一五”期间，北京市将

① 《“和谐”已成为广受中国各阶层欢迎的词汇》，http：//news. xinhuanet. com/newscenter/2007 - 09/20/content_ 6759577. htm。

新增城镇就业232万人，城镇登记失业率将控制在3.5%以内；浙江相继作出实施“八八战略”和建设“平安浙江”、文化大省、“法治浙江”的决策部署，按照“发展固和谐、民主促和谐、文化育和谐、公正求和谐、管理谋和谐、稳定保和谐”的总体思路，推动社会建设与经济建设、政治建设、文化建设协调发展。据国家统计局发布的数据，“十六大”以来，城乡居民享受到了更多的社会保障和救助制度等的实惠。包括城镇，养老、医疗、失业、工伤、生育保险在内的社会保障体系框架基本形成，而且覆盖面不断扩大。2006年底，养老、医疗、失业、工伤、生育保险参保人数分别达到18766万人、15732万人、11187万人、10268万人和6459万人，分别比2002年增加4029万人、6331万人、1005万人、5862万人和2971万人。[①]

但是，社会阶层间紧张关系依然存在，且局部存在扩大趋势。在收入分配领域，收入差距扩大的态势没有得到根本扭转，“两极分化”现象严重存在；上层精英们获得了太多利益而承担的义务太少，中下层民众承担着几乎全部的改革成本却所获甚微；[②] 不平衡的社会心理情绪在下层民众和弱势群体中广泛存在，甚至有逐步扩散趋势。“在民众眼中，当前社会中利益关系的扭曲程度已经到了比较严重的地步，社会的利益正日益远离广大的工人、农民等占社会大部分的群众，而倒向了有钱、有权的既得利益集团。社会发展的成果正日益被少部分优势群体享有，而发展的代价却由大部分弱势群体所承担。”[③] 尽管所造成的问题不如部分学者所说的“社会断裂”、“深度分裂”等那样严重，但阶层间紧张关系，特别是上层与下层之间的结构性紧张关系依然存在，并且还相当严重，却是不争的事实。

（三）阶层关系协调机制不断健全，但完善任务依然艰巨

十六届六中全会《决定》提出：“统筹协调各方面利益关系，妥善处理社会矛盾。”“适应我国社会结构和利益格局的发展变化，形成科学有效的利益协调

---

① 国家统计局：发展回顾系列报告之一：《大开放　大发展　大跨越》，http://www.stats.gov.cn/tjfx/ztfx/sqd/t20070918_402433210.htm。

② 吕承槐：《当前中国社会的结构性矛盾与构建开放政治体系简论》，《中共浙江省委党校学报》，2005年第4期。

③ 戴建中主编《2006年：中国首都社会发展报告》，社会科学文献出版社，2006，第136页。

机制、诉求表达机制、矛盾调处机制、权益保障机制。”中央和地方各级政府积极探索完善阶层关系协调机制的创新措施，通过健全信访制度，搭建多种形式的沟通平台，把群众利益诉求纳入制度化、规范化、法制化的轨道；积极利用互联网、手机等新媒体途径，健全社会舆情汇集和分析机制，完善矛盾纠纷排查调处工作制度；通过完善应急管理体制机制，妥善处理群体性突发事件；通过完善多党合作和政治协商制度，突出政治体系的多阶层代表性；通过完善基层民主，有效化解社会矛盾和不良情绪，等等。这些举措，使阶层关系协调机制不断完善，各阶层的正当利益得到维护和保障。阶层关系协调的制度化、法制化、科学化程度逐步提高。

但是，有效整合社会阶层关系，吸纳政治参与压力，回应各阶层利益诉求，化解社会矛盾的任务依然艰巨复杂。这在多方面都有表现，比较突出的包括：非公有制企业工人群众的合法权益尚未得到有效保护；社会弱势群体缺乏政治参与和沟通的渠道；“利益联盟”左右政府决策现象在地方广泛存在；主导社会阶层社会责任意识薄弱，主要社会阶层归属感弱化；各阶层利益要求和价值观多元化的趋势日益加深；新媒体环境下的舆论导向难以把握；境外敌对势力利用“维权”等话题借题发挥、大肆炒作，混淆视听；严重违法犯罪现象得不到有效控制，社会治安形势长期处于严峻状态等。营建各阶层间相互理解、相互关怀、团结和睦的关系局面，任重而道远。

五　阶层和谐导向的政府创新着力点

“1978 年以后，随着经济领域改革的持续深入，市场的力量渗透到社会领域的各个层面，市场社会和市场力量激励和影响着各个社会行动主体，各个社会行动主体之间的关联与互动形成了一个不同于过去‘政治社会’的‘多元社会’。”① 阶层分化造成社会利益主体的多元化，提出了对社会进行重新整合的需要，而这种整合，必然要通过政治并由政治来执行；阶层分化造成利益关系复杂化，各种利益之间的摩擦程度增加，甚至演变成对立的利益关系，协调和平衡复杂化了的利益关系的力量，必然是政治系统；阶层分化造成利益需求的多样化，

① 王邦佐等著《执政党与社会整合》，上海人民出版社，2007，第 161 页。

稳定的需求、公平的需求、效率的需求、参与的需求等错综复杂地交织在一起，导致政策价值取向的选择上进退两难，从而对政府的治理能力提出了更高要求。[①] 阶层分化社会的和谐建构，必然产生对高水平政治整合的需要。当前，构建和谐阶层关系最迫切需要的政府创新举措包括三个方面。

建设更加包容的价值整合系统 阶层分化的社会必然是一个多元化的社会，多元化社会必然会产生多元化的价值观，多元化的价值观必然会给既有的政治认同体系带来挑战。在现行的意识形态话语中，这种挑战被归结为“四个多样化”条件下社会思想观念的“多元、多样、多变”以及全球范围内思想文化的“交流、交融、交锋”。基于构建和谐社会的目标，为了应对这些挑战，中国共产党提出了“建设社会主义核心价值体系”、“建设社会主义和谐文化”等意识形态建设工程。问题的关键，不在于这些工程能够在多大范围内和多大程度上取得显著成效，而在于这些工程能够以什么样的路径、以多大的速率与现代社会的终极价值系统，也即人类的普遍价值诉求，融会贯通，有机融合在一起，从而有效整合不同阶层、群体的利益需求、观念诉求和价值要求。

建设更加完备的制度整合机制 阶层分化极大地激发了社会成员利益表达的愿望和政治参与的热情，人们的政治参与需求大为高涨，但我国的政治参与制度化水平不高，参与途径不顺畅，无法有效地将可能的政治发展资源充分转化为现实的政治资源。同时，由于经济实力、知识水平等因素越来越成为影响政治决策的重要因素，社会阶层分化带来了政治参与不均衡问题。十六届六中全会《决定》提出“扩大公民有序参与”，实际上就是强调阶层政治参与的制度整合问题。当前，构建和谐阶层关系，整合社会阶层有序参与政治的最重要路径，乃是对民间组织的培育与整合。社会组织将各种分散的社会利益群体组织起来，将各种政治力量整合进政治体系，以便将可能存在的政治对抗消融在政治生活中，可以实现政治沟通在国家与社会之间的良性循环。建立民间组织与政治系统之间的制度化沟通渠道，以有效的制度安排来凝聚、整合民间组织的社会力量，能够化解因表达不畅而引起的对政治系统的敌视和抗拒行为，化约来自社会多个阶层的政治输入要求，缓和各个社会阶层政治参与不均衡带来的矛盾。甚至有学者主张，“应该将利益群体显性化为利益集团，从而使不同利益群体的利益表达具备

---

① 黄相怀、余树林：《阶层分化对政治发展的挑战与应对》，《理论与现代化》2006 年第 2 期。

确定的形式和通道，为政治决策和公共政策的制定提供信息更为完备的前提”。[①] 同时，这也是现代社会政府创新从统治走向治理的必然要求。[②]

建设更加强大的组织整合力量 阶层分化导致社会利益的摩擦和社会观念的冲突，使得国家控制社会的难度加大，而阶层化所衍生的各个阶层对政治的需求却空前高涨，这将导致国家权力或国家能力的相对下降。但是阶层分化所带来的一系列社会和政治问题却都必须由国家来解决，具备一个强权力、高能力的政治系统是必要条件。因此，组织的整合力量对于构建和谐阶层关系，具有至关重要的意义。在我国，最重要的组织整合力量当然是中国共产党。因此，利用党组织的力量创新性地整合社会各阶层，就成为构建和谐阶层关系必然的也是必要的途径。必须以社区为着力点、以社会服务为导向，对社会各阶层进行组织整合。巩固党的阶级基础，扩大党的社会基础，增强党的文化软实力，提升党的软权威，以利益关怀、精神关怀、政治关怀、生活关怀来加强党组织在社会各阶层的影响力、渗透力和凝聚力，从而在新的社会结构和新的社会生活中实现对社会的有效整合。

---

① 文力：《利益群体显性化：利益表达和均衡的有效机制》，中国（海南）改革发展研究院编《政府转型与建设和谐社会》，中国经济出版社，2005。

② 俞可平：《政府创新的主要趋势》，《民主与陀螺》，北京大学出版社，2006，第129～131页。

政府创新与生态文明建设

冉　冉*

摘　要： 日益凸现的环境和生态问题，已经成为中国各级政府不得不面对和解决的关键问题之一，也正在成为政府创新的一个新兴领域。本文通过理念创新和制度创新两个层面梳理了各级政府在生态文明和环境保护方面的主要创新，继而分析了政府在生态文明建设过程中的努力目标和创新方向。

关键词： 政府创新　生态文明　环境保护

中国自改革开放以来的快速工业化和现代化进程，取得了令世界瞩目的经济发展奇迹。GDP 始终保持 7% 以上的增长速度，人均 GDP 达到 1000 美元以上，已经基本实现了小康。然而，这种空前的经济增长速度，也为中国带来了前所未有的生态和环境问题。人口、资源、环境之间的矛盾日渐加剧。西方国家 200 年的工业化道路所积累的环境问题，在中国目前短短 20 多年的时间里都集中爆发出来。粗放型、资源型的经济发展模式，导致资源的长期不合理开发，环境质量严重恶化。目前，中国已经是世界上环境污染最为严重的国家之一。三分之一国土被酸雨侵害；全球污染最严重的 10 个城市中，中国占了一半；七大江河水系中劣五类水质占 41%；城市河段 90% 以上遭受严重污染；全国有 3.6 亿农村人口喝不上符合卫生标准的饮用水；全国沙漠和沙化总面积达 174.3 万平方公里，每年还在以 3436 平方公里的速度扩展；水土流失面积占国土面积的 37%。① 在国家“十五”规划中提出的各项指标中，唯有环境保护的指标没有完成。目前，中国的二氧化硫排放总量已经是世界第一，二氧化碳排放总量仅次于美国，居世

* 冉冉，德国杜伊斯堡大学政治学系博士候选人。

① 潘岳：《环境文化与民族复兴》，转引自：http：//env. people. com. cn/GB/8220/50110/3502857. html。

界第二，但将在2008年超过美国。

从全世界范围来看，环境问题真正引起各国政府的重视是在20世纪70年代以后。人们开始注意到环境的恶化是全球面临的共同挑战，因此应对这些挑战人类生存的环境问题是全球、全人类的共同责任。环境与污染的治理，不但需要世界各国的紧密合作和协调，还需要国家与公民社会的合作，需要政府、企业、非政府组织、公民个人的积极行动和共同参与。其中，各级政府及其职能部门应该扮演不可替代的主导性角色，这是由环境问题的复杂性和特殊性决定的。

首先，环境问题的复杂性和特殊性在于大部分环境因子和自然资源都具有公共物品的性质。保罗·萨缪尔森在《公共支出的纯理论》一文中首次提出“公共物品”和“劳务”的严格定义。“纯粹的公共物品”指的是“每个人消费这种物品或劳务不会导致别人对该物品或劳务消费的减少的物品或劳务”，公共产品及服务区别于私人产品的特点是：①效用的不可分割性；②消费的非排他性；③受益的不可阻止性。[①] 环境保护问题就具有典型的公共物品的属性。

其次，环境问题的复杂性和特殊性还在于大多数环境资源属公有财产，不可能明确产权或是明确产权的成本太高。“所有人的财产，就不是任何人的财产，所有人都可自由取得的财富对任何人都没有价值，因为一个人如果愚蠢到要等个合适的时候来使用这笔财富，他只会发现别人已经捷足先登了。”未加明确界定的产权，势必带来“市场失灵”，导致“外部性”问题的出现。外部性是一个经济学概念，它是指私人成本或收益与社会成本或收益的不一致，从而导致资源不能得到有效配置。具体到环境问题的外部性而言，每个人在开发、利用森林、海洋等公共自然资源时，都会追求个人利益的最大化，造成资源的浪费和破坏。正如亚里士多德在两千多年前指出的：“凡是属于最多数人的公共事物常常是最少受人照顾的东西，人们关怀着自己的所有，而忽视公共的事物，对于公共的一切，他至多只留心到其中对他个人多少有些相关的事物，而私人事物则往往受到私人最大可能的照顾。”[②] 市场在环境问题上的失灵，为政府干预提供了机会和理由，政府作为公共产品和公共服务的提供者有责任通过立法等手段来纠正市场的失灵。充分发挥政府管理环境的职能，使外部性问题内部化，加强环境的保护

---

① 胡鞍钢、王绍光：《政府与市场》，中国计划出版社，2002，第32页。

② 亚里士多德：《政治学》，商务印书馆，1996，第56页。

与治理，促进可持续发展。

正是由于认识到环境问题的特殊性和政府在环境治理过程中应该发挥的主导性角色，面对日益恶化的生态和环境问题，近年来，中国各级政府进行了一些有益的理论和实践创新，包括理念、制度等不同层面。这些创新正在成为中国政府创新的关键领域和新型增长点。

一　理念创新

树立健康的环境意识和生态理念，是治理环境问题的基础。人类对自身与自然、生态环境之间关系的认识经历了一个漫长的演变过程，这些变化都是人类在与自然界、其他物种的互动中逐渐形成的。我们可以将人与自然关系的演变过程简单概括为：敬畏——利用——征服——和谐共处。

中国政府在生态和环境理念方面的创新和变化正是在生态伦理革新的全球大背景下发生的。这些创新主要包含以下五方面内容。

1. “科学发展观”：党和政府的执政理念创新

“科学发展观”是胡锦涛总书记在中共十六届三中全会中明确提出来的，是中国共产党关于发展模式的全新执政理念，反映了中国共产党对发展问题的新认识。其核心观点是：“坚持以人为本，树立全面、协调、可持续的发展观，促进经济社会和人的全面发展。”① 在十七大报告中，胡锦涛指出：“科学发展观是我国经济社会发展的重要指导方针，是发展中国特色社会主义必须坚持和贯彻的重大战略思想”，“是立足社会主义初级阶段基本国情，总结我国发展实践，借鉴国外发展经验，适应新的发展要求提出来的”。他强调，“科学发展观，第一要义是发展，核心是以人为本，基本要求是全面协调可持续，根本方法是统筹兼顾”。“必须坚持全面协调可持续发展。要按照中国特色社会主义事业总体布局，坚持生产发展、生活富裕、生态良好的文明发展道路，建设资源节约型、环境友好型社会，实现速度和结构质量效益相统一、经济发展与人口资源环境相协调，使人民在良好生态环境中生产生活，实现经济社会永续发展。”② 尤其可见，改

① http：//cpc. people. com. cn/GB/104019/104098/6377892.

② http：//cpc. people. com. cn/GB/104019/104098/6377892.

变经济增长方式，保护生态和环境，走可持续发展道路是科学发展观的核心内容之一。

2. “和谐社会”：党和政府的执政目标创新

十六届四中全会《中共中央关于加强党的执政能力建设的决定》首次完整提出了“构建社会主义和谐社会”的概念。《决定》将其正式列为中国共产党的执政目标之一，指出：我们所要建设的社会主义和谐社会，应该是民主法治、公平正义、诚信友爱、充满活力、安定有序、人与自然和谐相处的社会。

可见，和谐社会不仅是人与人之间的和谐，更包括人与自然的和谐。因此，和谐社会的构建，要求加强环境治理和保护，促进人与自然的和谐共存。《决定》提出，应该“以解决危害群众健康和影响可持续发展的环境问题为重点，加快建设资源节约型、环境友好型社会。优化产业结构，发展循环经济，推广清洁生产，节约能源资源，依法淘汰落后工艺技术和生产能力，从源头上控制环境污染。实施重大生态建设和环境整治工程，有效遏制生态环境恶化趋势。统筹城乡环境建设，加强城市环境综合治理，改善农村生活环境和村容村貌。加快环境科技创新，加强污染专项整治，强化污染物排放总量控制，重点搞好水、大气、土壤等污染防治。完善有利于环境保护的产业政策、财税政策、价格政策，建立生态环境评价体系和补偿机制，强化企业和全社会节约资源、保护环境的责任。完善环境保护法律法规和管理体系，严格环境执法，加强环境监测，定期公布环境状况信息”。①

3. “节约型社会”：党和政府的战略性决策创新

长期以来的资源消耗型发展模式，使我国淡水、土地、能源、矿产等资源不足的矛盾不断突出，环境压力日益增大。为了解决这一问题，中国政府提出了建设节约型社会的战略目标。2005 年 7 月，国务院下发了《国务院关于做好建设节约型社会近期重点工作的通知》。这标志着节约型社会的建设正式成为中央政府的战略决策。② 节约能源、节约用水、节约原材料、节约和集约利用土地和加强资源综合利用，是建设节约型社会的重点工作。

4. “生态文明”：后工业化时代的文明形态创新

除了政府在生态和环境保护方面的执政理念、目标创新外，一些学者积极研

---

① http://politics.people.com.cn/GB/1026/4932440.html.

② http://news.sina.com.cn/c/2005-07-06/03597141645.shtml.

究和倡导的国内外最新环保概念和理论成果也很好地被政府采纳。“生态文明”就是其中的范例。俞可平教授在《科学发展观与生态文明》一文中指出，生态文明是“人类在改造自然以造福自身的过程中为实现人与自然之间的和谐所做的全部努力和所取得的全部成果，它表征着人与自然相互关系的进步状态。生态文明既包含人类保护自然环境和生态安全的意识、法律、制度、政策，也包括维护生态平衡和可持续发展的科学技术、组织机构和实际行动。如果从原始文明、农业文明、工业文明这一视角来观察人类文明形态的演变发展，那么可以说，生态文明作为一种后工业文明，是人类社会一种新的文明形态，是人类迄今最高的文明形态”。他明确提出了建设社会主义生态文明的观点，指出建设社会主义的生态文明是实施和落实科学发展观的要求。他在论证生态文明与物质文明、政治文明和精神文明的关系时指出，“建设社会主义的物质文明、政治文明和精神文明，与建设社会主义的生态文明，是互为条件、相互促进、不可分割的一个整体”。他还主张“把建设社会主义生态文明的目标，与社会主义现代化建设的其他远景发展目标有机地结合起来，使生态文明的建设与小康社会、和谐社会、节约型社会的建设，以及联合国千年发展目标的实现，有机地整合起来，互相协调，整体推进”。①

日前，党的十七大报告已经明确将建设生态文明作为今后全面建设小康社会的目标之一，指出，要“建设生态文明，基本形成节约能源资源和保护生态环境的产业结构、增长方式、消费模式。循环经济形成较大规模，可再生能源比重显著上升。主要污染物排放得到有效控制，生态环境质量明显改善。生态文明观念在全社会牢固树立”。②

5. “三个转变”：政府环境工作的具体指导思路创新

2006 年 4 月，国务院总理温家宝在全国第六次环境保护大会上发表了重要讲话，第一次旗帜鲜明地提出：“做好新形势下的环保工作，关键是要加快实现三个转变：首先是从重经济增长轻环境保护转变为保护环境与经济增长并重，把加强环境保护作为调整经济结构、转变经济增长方式的重要手段，在保护环境中求发展；其次是从环境保护滞后于经济发展转变为环境保护和经济发展同步，做

① 俞可平：《科学发展观与生态文明》，载《马克思主义与现实》2005 年第 4 期。

② http://cpc.people.com.cn/GB/104019/104098/6377892.

到不欠新账，多还旧账，改变先污染后治理、边治理边破坏的状况；第三是从主要用行政办法保护环境转变为综合运用法律、经济、技术和必要的行政办法解决环境问题，自觉遵循经济规律和自然规律，提高环境保护水平。”① 目前，“三个转变”已经成为指导环境保护工作的具体思路。

作为政府理念创新的不同维度，科学发展观的提出和落实，和谐社会、节约型社会的构建，生态文明观念的推广，以及“三个转变”的实践，将在以下三个方面影响到中国生态与环境问题的治理。

首先，为环境保护工作提供了有利的战略指导思想。

与单纯的以经济建设为中心不同，科学发展观和和谐社会虽然仍然强调发展是第一要务，但旨在将经济发展模式从“又快又好”向“又好又快”的方向转变，减缓并逐步解决中国过去20多年经济、社会发展积累的环境矛盾。在经济发展与环境保护的关系上，倡导可持续的发展模式。胡锦涛指出，“统筹人与自然和谐发展是科学发展观的重要内涵之一。促进可持续发展，就是要促进人与自然的和谐，实现经济发展和人口、资源、环境相协调，坚持走生产发展、生活富裕、生态良好的文明发展道路，保证一代接一代地永续发展。要彻底改变以牺牲环境、破坏资源为代价的粗放型增长方式，不能以牺牲环境为代价去换取一时的经济增长，不能以眼前发展损害长远利益，不能用局部发展损害全局利益。发展经济要充分考虑自然的承载能力和承受能力，坚决禁止过度性放牧、掠夺性采矿、毁灭性砍伐等掠夺自然、破坏自然的做法”。②

这些中央层面的观念创新一方面为环保行政部门及环境相关部门的工作提供了意识形态上的合法性依据，在一定程度上改变环保部门“软执法”的现状；另一方面也有助于在整个社会树立良好、健康的生态文明意识，使政府、企业、公民个人更加重视生态和环保工作。

其次，在一定程度上扭转官员的政绩观。

改革开放以来，整个国家的重心由阶级斗争转到经济建设。然而，领导干部，尤其是地方领导干部，通常把发展简单地理解为经济增长，把“发展是硬道理”理解为“GDP是硬道理”，把经济发展简单化为GDP决定论。这些在

---

① http：//news. xinhuanet. com/newscenter/2006 －04/23/content_ 4463242. htm.

② http：//politics. people. com. cn/GB/1026/4932440. html.

“发展”问题上的误区，导致政府官员不同程度地出现了片面的政绩观。上级对下级干部的考核指标，主要以 GDP 为主。GDP 甚至成为领导干部升迁、去留的唯一标准。与此同时，在以经济数据、经济指标论英雄的片面政绩观的引导和驱使下，一些政府官员开始脱离地方实际，为追求一时的增长速度，在招商引资过程中，以牺牲环境为代价，盲目上项目、办企业、引投资；大搞“形象工程”，为地方污染企业充当保护伞。可见，片面的政绩观给地方生态和环境造成了很大的危害。

这些错误的政绩观是由错误的发展观造成的。因此，树立和落实科学发展观，改变领导干部政绩考核的指标和内容，加入环境保护等体现可持续发展的内容，将能够在一定程度上扭转政府官员唯 GDP 论的政绩观。如果政府官员拥有更加“绿色环保”的政绩观，这将对中国环境问题的解决起决定性作用。至少就目前来看，“要金山银山，更要绿水青山”已经成为各级地方官员讲话中的常见表述。

最后，向世界展示中国负责任大国的国际形象。

我们正生活在一个日益全球化的时代。这一时代的主要特征在于：在经济一体化的基础上，世界范围内产生一种内在的、不可分离的和日益加强的相互联系。全球化对政治价值、政治行为、政治结构、政治权力和政治过程的深刻影响，集中体现为它对基于国家主权之上的民族国家构成严重挑战。环境、反恐等全球问题的增加使得国家权力的边限在一定程度上开始变得模糊，一些原本的国内问题成为国际问题。①

环境问题是全球化所面临的核心问题之一。随着中国持续的经济增长，支持增长的能源和环境问题也日益引起全世界的关注。能源危机、自然资源的破坏性开发和生态环境的毁灭性污染等问题是“中国环境威胁论”的主要原因。1994 年 9 月，美国世界观察研究所所长莱斯特·布朗在美国《世界观察》上发表了题为《谁来养活中国——来自一个小行星的醒世报告》的文章。该报告认为，中国水资源日益严重短缺，工业化进程大量侵蚀破坏农田，同时每年新增加大量人口，中国为了养活 10 多亿的人口，可能从国外进口大量粮食，引起世界粮价的上涨，对世界的粮食供应产生巨大影响。布朗警告世界：“食品的短缺伴随着

---

① 俞可平：《论全球化与国家主权》，载《马克思主义与现实》2004 年第 1 期。

经济的不稳定，其对安全的威胁远比军事入侵大得多。”尽管布朗报告没有明确提出“中国环境威胁论”，但其论述粮食生产过程中所涉及的水资源、土地、能源、大气等问题与环境密切相关，其实质是一种不言自明的“中国环境威胁论”。20 世纪 90 年代中期，时任美国总统的克林顿在会见江泽民时说：“美国认为中国对美国最大的威胁不是在军事上，而是在环境问题上。”事实上，能源与环境问题已经成为中国外交关系的一个重点政策领域。面对国际社会对中国环境问题各种形式的关注，中国政府应该向全世界表现出解决问题的诚意和努力。科学发展观、和谐社会、和谐世界、生态文明等概念和理论的提出，本身就可以告诉世界中国政府在应对环境问题上的决心和态度，体现中国作为一个负责任大国的国际形象。

二 制度创新

如何在良好的生态、环境理念指导下进行制度创新，建立一套运转有效的环境保护制度，是解决环境问题的关键。近年来，中央政府和地方政府具体的创新实践可以归纳为法律法规、政策机制、组织机构三个方面的内容。

1. 法律法规

由于环境问题具有跨区域、跨流域的性质，因此，相对于分散的地方政府，中央政府在法律法规的制定和修改方面起着主导作用。《可再生能源法》、《环境影响评价公众参与暂行办法》等一些全国性环境法律法规的制定和执行，在特定领域填补了法律的空白，逐步健全了环境法律体系，使环境保护工作拥有更完善的法律依据（详见表 1）。仅 2007 年上半年，国家环保总局单独或联合国家其他部委发布的涉及环境保护的部门规章和规范性文件就有 40 项之多，内容涉及再生资源、生态补偿、节能减排、核安全、环保科技等方面。

以《环境影响评价公众参与暂行办法》为例，这部由环保总局在 2006 年 2 月 22 日正式公布的部门规章，是我国第一部具体规定公众参与公共事务的部门规章，也是我国环境保护领域第一部专门针对公众参与问题而制定的规范性法律文件。为了保证公众真正参与到环境影响评价活动中来，《暂行办法》做出了很多细节性的规定，包括：五种公众参与的具体形式：调查公众意见、咨询专家意见、座谈会、论证会、听证会；六种情况应当公开征求公众意见；详细规定了建

表1　2006～2007年上半年中央层面颁布的主要法律法规

法　律　名　称	颁　布　机　构
《中华人民共和国可再生能源法》	全国人大
《中华人民共和国畜牧法》	全国人大
《关于审理环境污染刑事案件具体应用法律若干问题的解释》	最高人民法院
《中华人民共和国濒危野生动植物进出口管理条例》	国务院
《防治海洋工程建设项目污染损害海洋环境管理条例》	国务院
《黄河水量调度条例》	国务院
《中国人民解放军环境影响评价条例》	中央军事委员会
《放射性同位素与射线装置安全许可管理办法》	环保总局
《环境影响评价公众参与暂行办法》	环保总局
《病原微生物实验室生物安全环境管理办法》	环保总局
《环境保护违法违纪行为处分暂行规定》	环保总局、监察部
《电子信息产品污染控制管理办法》	环保总局、海关总署 信息产业部、国家发展和改革委员会 商务部、工商行政管理总局、质量监督检验检疫总局
《全国污染源普查条例》	国务院
《商务部、环保总局关于加强出口企业环境监管的通知》	商务部、环保总局
《民用核安全设备监督管理条例》	国务院
《国务院关于修改〈中华人民共和国防治海岸工程建设项目污染损害海洋环境管理条例〉的决定》	国务院
《国家突发环境事件应急预案》	国务院
《电子废物污染环境防治管理办法》	环保总局
《环境监测管理办法》	环保总局
《洗染业管理办法》	商务部、工商行政管理总局、环保总局
《环境信息公开办法(试行)》	环保总局
《环境行政复议与行政应诉办法》	环保总局
《环境统计管理办法》	环保总局
《环境信访办法》	环保总局

设单位和环保部门具有公开环境信息和征求公众意见的义务，要求建设单位或编制机关应当在委托环境影响评价单位进行环境影响评价工作后，七日内向公众公告与建设项目有关的五项信息；还要对环境可能造成的影响以及预防或者减轻不良环境影响的对策和措施等进行公开；要求建设单位在环评文件报送审查之前，征求公众意见的期限不能少于10日。

国外环境治理的经验证明，解决环境污染问题，不仅要靠政府的行政力量，更需要民众的有效参与。确立公众有效参与的机制尤为重要。然而，在中国，由于没有建立环境保护领域中的公众参与机制，公众缺乏获得环境信息的渠道和参与环保事务的有效途径。《环境影响评价公众参与暂行办法》的制定因为填补了这一空白，而具有特别重大的意义。

目前，公众参与环境保护的制度性渠道还只局限于《暂行办法》中规定的环境影响评价环节。事实上，"公众不仅可以通过环境影响评价环节参与环境保护工作，环境信息知情权的满足、各项环境事务的参与以及知情权、参与权的救济都是公众参与环境保护的重要体现，都需要得到法律保障，因此，制定更广泛意义上的公众参与环境保护活动相关法规就成为必然选择"。最近，专家学者已经开始着手拟定《公众参与环境保护办法》的专家意见稿，希望迈过环境影响评价环节这道门槛，将公众参与环境保护引领到更广阔的空间，让公众的环境知情权、参与权和救济权得到更全面的实现和保障。①

地方政府根据自身的立法权限，在法律法规的创新方面，也不仅局限于对中央法律法规的细化。一些地方立足于地方实践，进行了一些立法创新和尝试，成为中国环境法律体系不可或缺的一部分。例如，2006 年 3 月，深圳市人大常委会制定了《深圳经济特区循环经济促进条例》，借鉴发达国家成功经验，结合深圳实际需要，确立了 10 项基本制度。其中，循环经济发展评价制度，规定建立循环经济发展指标体系，从而改变过去片面追求 GDP 增长的发展模式。2006 年 3 月 29 日，浙江省人大常委会审议通过了《浙江省固体废物污染环境防治条例》，在国内地方立法中首创污染土壤的评估和修复制度，明确规定谁造成土壤污染就必须承担修复责任，加强土壤污染的防治。2006 年 4 月，江西省人大批准了《南昌市城市湖泊保护条例》，并于 5 月 1 日开始实施。这是我国首部专门针对城市规划区内的湖泊保护进行的立法。2006 年 7 月 13 日，浙江省人民政府公布了《浙江省环境污染监督管理办法》，明确要求将浙江省内各行政区域的环境质量水平纳入领导干部政绩考核。2006 年 8 月 16 日，深圳市人大常委会颁布了《深圳经济特区建设项目环境保护条例》。该条例有以下几方面的亮点：①引入了环境影响回顾评价和检察机关支持环境污染诉讼的制度；②借鉴香港开展

① 杨东平主编《2006 年：中国环境的转型与博弈》，社科文献出版社，2007，第 54 页。

"环境监察"的经验，规定对重大建设项目实行"工程环境监理制度"，这在全国建设项目管理的立法领域属首例；③首次规定产业导向目录将由环保部门对涉及环保的禁止项目和限制项目进行补充规定；④环保部门对环境违法的建设单位最高可处100万元罚款，创目前全国环境违法处罚金额之最。①

总体而言，中国的环境法律体系还是较为健全的，目前，国家正在着手修订《环境保护法》和《水污染防治法》等几部重要的环境法律。过去和未来的几年内，随着政府对环境问题重视程度的不断提升，将是中国环境立法的高峰期。然而法律不只是一纸空文，接踵而来的困境是如何真正执行和落实这些法律和法规。

2. 政策机制

《中华人民共和国国民经济和社会发展第十一个五年规划纲要》的一个明显变化是将环境保护方面的指标设为具有法律效力的约束性"硬指标"，提出：2006~2010年要在保持国民经济平稳较快增长的同时，使重点地区和城市的环境质量得到改善，生态环境恶化趋势基本得到遏制，单位国内生产总值能耗降低20%左右；主要污染物排放总量减少10%；森林覆盖率由18.2%提高到20%。与此相反，GDP增长率倒成了预期性的软指标。这一变化表明，环境保护已经成为衡量国民经济和社会发展的主要指标（详见表2）。

表2 "十一五"期间中国经济发展与环境保护的主要规划指标

类　　别	指标	2005年	2010年	年均增长(%)	属性
国内生产总值(万亿元)	—	18.2	26.1	7.5	预期性
单位国内生产总值能源消耗降低(%)	20	—	—	—	约束性
单位工业增加值用水量降低(%)	30	—	—	—	约束性
耕地保有量(亿公顷)	—	1.22	1.2	-0.3	约束性
主要污染物排放总量减少(%)	10	—	—	—	约束性
森林覆盖率增长(%)	1.8	18.2	20	—	约束性

2006年以来，为了完成这一约束性指标，国务院、作为国家环境保护行政主管部门的环保总局、其他具有环境保护相关职能的部委及各级地方政府相继制

① 杨东平主编《2006年：中国环境的转型与博弈》，社科文献出版社，2007，第57页。

定了一些新的政策机制，落实科学发展观，治理总体趋势不断恶化的生态和环境问题。中央政府层面的创新主要有以下几项。

（1）“节能减排”

所谓节能减排就是节约能源，减少污染物排放，简称“节能减排”。2006年下半年，以国务院印发的《加强节能工作的决定》为标志，中央正式启动了全社会范围内的节能减排工作。其中，国家发改委负责总体协调，国家环保总局负责污染减排。虽然采取了一些宣传、组织等政策手段，但2006年并没有实现年初确定的节能降耗和污染减排的目标。2007年5月，国家发改委会同有关部门制定了《节能减排综合性工作方案》，国务院下发了《关于印发节能减排综合性工作方案的通知》，要求各部门、各级地方政府严格实施节能减排的各项政策。

这项政策的创新之处体现在以下三点：首先，明确责任，分解目标。地方各级人民政府对本行政区域节能减排负总责，政府主要领导是第一责任人。把节能减排各项工作目标和任务逐级分解到各市（地）、县和重点企业。其次，“一票否决”，加强监督。《通知》强调要把节能减排指标完成情况纳入各地经济社会发展综合评价体系，作为政府领导干部综合考核评价和企业负责人业绩考核的重要内容，实行“一票否决”制。规定：省级人民政府每年要向国务院报告节能减排目标责任的履行情况。国务院每年向全国人民代表大会报告节能减排的进展情况，在“十一五”期末报告五年两个指标的总体完成情况。地方各级人民政府每年也要向同级人民代表大会报告节能减排工作的实施情况。最后，组织保障。为加强对节能减排工作的组织领导，国务院成立了由温家宝任组长，曾培炎任副组长的节能减排工作领导小组。领导小组的主要任务是，部署节能减排工作，协调解决工作中的重大问题。领导小组办公室设在发展改革委，负责承担领导小组的日常工作，其中有关污染减排方面的工作由环保总局负责。① 同时要求地方各级政府也成立相应的机构加强节能减排工作的统一领导。

2007年9月1日，由中央17个部门联合举办的“节能减排全民行动”系列活动，在人民大会堂举行启动仪式，希望通过全民参与，形成全社会重视节能减

① 国务院《关于印发节能减排综合性工作方案的通知》。

排的氛围。2007 年上半年，单位国内生产总值能耗同比下降 2.8%，二氧化硫排放减少 0.88%，化学需氧量（COD）排放增幅下降 0.76 个百分点。[①] 然而，2007 年一季度，工业特别是高耗能、高污染行业增长过快，占全国工业能耗和二氧化硫排放近 70% 的电力、钢铁、有色、建材、石油加工、化工等六大行业增长 20.6%，同比加快 6.6 个百分点。[②] 可见，环境形势依然不容乐观。环境的治理和改善是一个长期过程，政策有效性的发挥可能需要相当长时间段才能显现出来。因此，节能减排政策的有效性还有待长期观察和检验。

（2）"区域、流域限批"

国务院 2005 年 12 月出台的《国务院关于落实科学发展观加强环境保护的决定》中，第 21 条明确指出："对超过污染物总量控制指标、生态破坏严重或者尚未完成生态恢复任务的地区，暂停审批新增污染物排放总量和对生态有较大影响的建设项目。"这为国家环保总局"区域限批"政策提供了法律依据。

2007 年 1 月 10 日，国家环保总局有关负责人通报了投资 1123 亿元的 82 个严重违反环评和"三同时"制度的钢铁、电力、冶金等项目，并宣布国家环保总局将停止河北省唐山市、山西省吕梁市、贵州省六盘水市、山东省莱芜市四个行政区域和大唐国际、华能、华电、国电四大电力集团的除循环经济类项目外的所有建设项目的审批。这是环保总局及其前身成立近 30 年来首次启用"区域限批"这一行政惩罚手段。

2007 年 7 月 3 日，环保总局副局长潘岳向新闻界通报，针对中国当前严峻的水污染形势，环保总局自即日起对长江、黄河、淮河、海河四大流域部分水污染严重、环境违法问题突出的 6 市 2 县 5 个工业园区实行"流域限批"，这是区域限批政策向流域的一个延伸，意味着环保总局将停止这些地区除污染防治和循环经济类外所有建设项目的环评审批。此次限批地区包括：长江安徽段的巢湖市和芜湖经济技术开发区；黄河流域的甘肃白银市与兰州高新技术产业开发区、内蒙古巴彦淖尔市、陕西渭南市、山西河津市（县级）与襄汾县；淮河流域的河南周口市、安徽蚌埠市；海河流域的河北邯郸经济技术开发区、河南濮阳经济开发区、山东莘县工业园区。

---

① http：//news. xinhuanet. com/newscenter/2007 -09/01/content_ 6644964. htm.

② http：//www. zhb. gov. cn/hjyw/200706/t20070604_ 104472. htm.

按照相关法律法规，上述被限批的13个市、县、工业园区，应在三个月内对本辖区存在的环境问题进行如下整改，以下七条一日没完成，一日不解除“限批”。

一，对流域内所有排污口进行清理，拆除一、二级饮用水源保护区范围内的排污口。

二，按照流域或地区水污染防治规划应该建设城市污水处理厂仍未建设的，必须立即启动污水处理厂及其配套管网建设；已建成仍未正常运转的，必须立即采取措施确保正常运转。

三，辖区内所有未经环评审批擅自开工建设、未经环保验收擅自投入运营的建设项目，必须立即停止建设或生产，依法进行环境影响评价和“三同时”验收。

四，全面清理取缔本地区违反国家环保法律法规、庇护污染企业的“土政策”。

五，所有限批城市必须立即启动城市发展和流域开发的规划环评，结合流域环境承载力，明确本流域和区域主体功能和生态功能定位，为下步调整产业结构和布局奠定基础。

六，多次发生重大水环境污染事故、环境风险隐患突出、对下游饮用水源构成威胁的城市，必须立即制定相应的流域水环境事故防范应急预案，并建立与下游城市的联动防范机制。

七，限批地区对超标排放的企业要立即进行处罚和整治，重点污染源要立即安装在线监控设施，并将整改达标情况及时上报环保总局。

所谓“区域限批”、“流域限批”政策是指在一定期限内，在环境污然问题严重的区域或流域，环境行政主管部门将停止对一切产生污染的建设项目的环境审批，直到达到环保部门的整改要求，才能解除限批。环保总局副局长潘岳强调，这项政策“是以解决区域严重环境问题为切入点，从根本上推进地区产业结构升级和布局优化，走出低水平发展道路，实现经济发展与环境保护的协调统一”。他认为，首次“历时3个月的区域限批所取得的成效，比以往任何一次环评执法都更加明显，既解决了一些遗留的严重环境违法问题，也扭转了一些地方政府先污染后治理、先积累后发展的思路，使他们逐渐甩掉对高耗能产业规模数量的依赖，加速跨入发展新型产业的行列”。“环保总局认真督促限批的四市、四电力集团进行整改，各级环保部门对20多个省的82家企业进行了上百次现场检查，确保整改工作的落实。通过此次对一批违法项目的淘汰和整改，预计每年可削减二氧化硫排放超过19万吨”。[①]

虽然能够取得一些短期成效，但需要关注的是如何将这种运动式的“风暴”转变成常规性的制度。被称为“连坐”式行政惩罚手段的“区域流域限批”政策，体现了现有环境法律法规的制度性缺陷。由于现有法律的缺陷，被叫停的违法违规项目往往补办环评手续后就能过关，然后用各种手法拖延或拒绝兑现环保承诺。一些企业因违法生产或者不按环保“三同时”要求投产后获利不菲，而政府和环保部门很难作出关停企业的处理决定，至多罚款20万元后予以补办手续。“守法成本高，违法成本低”，企业由此尝到了违法建设的甜头，形成了“先建设、后处罚、再补办手续”的怪圈。正是在这个意义上，潘岳说：“从区域限批到流域限批，可以说在既有法律法规范围内已经把行政手段用到了极限。”[②] 当务之急是在法治的框架下，建立一套运转有效的环保行政管理体制。

（3）全国污染源普查

为全面准确地掌握全国的污染排放情况，建立科学、完整、统一的环境统计指标体系、监测体系和考核体系，实现“十一五”污染减排目标，国务院决定在全国范围内开展第一次污染源普查。普查的目标是，查清全国工业污染源，农业污染源，生活污染源，集中式污染处理设施的数量、行业和地区分布，主要污染物种类及其排放量、排放去向，各污染治理设施运行状况、污染治理水平和污染治理费用等情况。[③]《工作方案》已于2007年4月份审议通过，国务院随后颁布了《全国污染源普查条例》，计划2007年底完成准备工作，2008年1月正式开始全面普查。目前，一些试点城市和地区的污染源普查工作已经展开。

准确的信息是政府决策和行政执法的必要条件。然而中国现有的环境统计难以满足环境监测和管理的需要。目前，我国工业企业法人单位有145万多家，纳入环境统计重点调查的企业只有8万家，通过重点调查测算的企业也只有30多

① http://news.xinhuanet.com/fortune/2007－04/10/content_5955564.htm.

② http://finance.sina.com.cn/roll/20070930/12561700599.shtml.

③《全国污染源普查条例》。

万家。开展全国性的污染源普查，摸清污染的真实情况，有利于科学制订和执行环境政策，有针对性地解决污染问题。进一步说，污染源普查，还有助于改革环境统计调查制度，完善调查体系，建立重点污染源档案数据库，提高环境统计数据质量，提高监管能力，加强环境监测体系建设。当然，在普查中，如何避免地方政府和企业领导干部虚报、瞒报、拒报、迟报，伪造、篡改普查数据和资料，将是普查工作需要面对的难点问题。

（4）中央财政预算中设立独立的环境保护科目

环境恶化当然是很多综合因素造成的，但是中国的环境保护资金投入不足确是一个不可回避的问题。与经济的发展速度相比，中国的环保公共财政投入比例严重失调。“十五”期间，环保投资只占同期 GDP 的0.99%。而20 世纪70 年代的美国大约是2%，80 年代末期的日本是3.4%，德国2.1%，英国2.4%。即便在很少的财政投入中，我们还无法准确推定公共财政投入所占的比例。因为，在统计中没有指明多少来自政府公共财政支出，多少来自企业商业资金。[①] 自1979 年《环保法》颁布实施以来，承担着环境保护主导型角色的政府却没有专门的环境保护预算支出科目。也就是说，政府并没有稳定可靠的环境保护资金来源来执行法律赋予的责任。虽然近年来以环境保护为目的的财政支出总量有所提高，但主要是按部门、项目分配的，往往具有应急的性质，缺少统筹规划，容易造成资金配置的不合理和不可持续性。例如国家财政重点在2004 年转向农村财政改革后，退耕还林的财政资金投入就受到一定影响。

但值得高兴的是，中央政府已经意识到了这个问题，并于2006 年在中央财政预算中开始设立独立的环境保护科目，2007 年已经开始正式执行。当然，设立单独的环境保护科目并不一定意味着政府的环保投入状况很快就会发生转变。为了保证该科目发挥作用，还需要一些配套工作，例如需要把目前由各个部门分别管理、散落在不同资金科目、以不同形式存在的、属于环境财政支出的资金，统一纳入环境保护科目实施预算内管理，保证一定的总量和规模。当然，如何监督各级地方政府保证预算支出的有效执行又涉及另外一个问题，即如何建立透明的公共财政体系。

---

① 马中、吴健：《环境财政是落实十一五环境保护目标的关键》，载杨东平主编《2006 年：中国环境的转型与博弈》，社科文献出版社，2007，第47 页。

（5）"绿色信贷"

2007年7月，国家环保总局、中国人民银行、中国银监会联合出台《关于落实环境保护政策法规防范信贷风险的意见》，规定对不符合产业政策和环境违法的企业和项目进行信贷控制。这一政策被人们形象地称为"绿色信贷"。"绿色信贷"政策要求环保部门将对各种环境违法企业和项目的查处通报给当地人民银行、银监部门和金融机构。金融机构依据通报的情况，严格贷款审批、发放和监督管理，"对未通过环评审批或者环保设施验收的项目，不得新增任何形式的授信支持。金融机构应依据国家产业政策，进一步加强信贷风险管理，对鼓励类项目在风险可控的前提下，积极给予信贷支持；对限制和淘汰类新建项目，不得提供信贷支持；对属于限制类的现有生产能力，且国家允许企业在一定期限内采取措施升级的，可按信贷原则继续给予信贷支持；对于淘汰类项目，应停止各类形式的新增授信支持，并采取措施收回已发放的贷款"。[①] 目前，环保总局已向银监会、人民银行通报了第一批30家环境违法企业名单。

这项新政策的制定，是政府部门利用行政手段以外的经济杠杆来解决环境污染问题的一个有益尝试。这也是目前国际上很多发达国家的通行做法，即利用税收、价格、信贷等经济手段，来迫使企业将污染成本内部化，事前减少污染，而不是事后再进行治理。事实上，绿色信贷，不仅是银行应该履行的社会责任，同时也是银行降低和防范自身风险的有效途径。否则，一旦信贷企业因公民抗议或受环保部门查处而被施以重罚甚至停产关闭，银行将有可能血本无归。但问题是，在没有足够法律约束力的状况下，包括银行在内的企业，并不会主动履行社会责任。因此，政府部门出台相关的约束性政策显得极为必要。

然而，在目前的经济发展状态下，银行业金融机构控制"高耗能、高污染"行业贷款的任务非常艰巨。银监会的数据显示，"两高"行业贷款呈总量上升、增幅下降的趋势。截至2007年5月末，全国主要银行业金融机构向石油加工及炼焦、化工、建材、钢铁、有色和电力等"两高"行业，发放中长期贷款1.5万亿元，比年初增加1040亿元，同比少增527亿元。对比全部贷款数据，会发现当前高耗能、高污染行业的生产增长依然较快。[②]

---

① 《关于落实环境保护政策法规防范信贷风险的意见》。

② http://news.xinhuanet.com/comments/2007-08/02/content_6463692.htm.

除了以上五个主要的、有代表性的政策创新外，还有一些正在实施或刚刚启动的政策也值得关注。例如，商务部与环保总局联合出台的加强对出口企业环境监管的政策；发展改革委、环保总局、电监会、能源办联合推出的改革现行发电调度方式，开展节能发电调度的措施等。总之，这些新政策的出台，一方面表现出中央政府治理环境问题的决心和态度，另一方面也表明生态和环境保护需要跨区域、跨部门的协调与合作，综合运用多种政策手段，形成综合、多元的复合治理格局。

地方政府的创新主要集中在如何协调和落实中央的各项政策上。如：2005年起，厦门市委与学术机构合作共同研究“生态文明的理论和厦门的实践模式”，并开发设计生态文明的指标体系，探讨如何将生态文明的概念具体化、操作化。2007年，湖北省创新排污费征收机制。新机制由过去的“排污费由环保部门负责核定和征收”改为“环保部门负责核定、地税部门负责征收”，将“环保开票、银行代收、财政统管”的模式改为“环保开票、税务代收、银行入库、财政统管”，形成环保、税务、财政三部门联动的排污费核定、征收及使用机制，旨在从根本上解决环保部门吃排污费的问题。2007年2月起，江苏省决定对环境基础设施建设和运营过程中的部分行政事业性收费和基金实行优惠。优惠范围包括城镇污水集中处理工程、污水收集工程、环境噪声污染防治工程、市容环境卫生工程、垃圾处理工程、可再生能源工程（生物质能发电、太阳能发电、风力发电等）、再生水（中水）处理利用工程、环境质量监测监控设施、污染源自动监控设施、突发环境污水事件应急处置系统、从事环保公益性事业的环保监测站及科研院所的实验室和环保工程技术研发推广中心等环境基础设施建设项目。

3. 组织机构

政策的实施需要有利的组织保证，为了执行和监督环境政策的实施，中央政府成立了一些跨部门、跨地区的组织机构。

（1）成立国家应对气候变化及节能减排工作领导小组

2007年，为了积极应对全球气候变化问题，发改委会同有关部门制定了《中国应对气候变化国家方案》。为了落实这个方案，同时加强国内的节能减排工作，成立了国家应对气候变化及节能减排工作领导小组。对外视工作需要称为“国家应对气候变化领导小组”或“国务院节能减排工作领导小组”（一个机构、两块牌子），作为国家应对气候变化和节能减排工作的议事协调机构。领导小组的主要任务是：研究制订国家应对气候变化的重大战略、方针和对策，统一部署应对气候变化工作，研究审议国际合作和谈判对案，协调解决应对气候变化工作中的重大问题；组织贯彻落实国务院有关节能减排工作的方针政策，统一部署节能减排工作，研究审议重大政策建议，协调解决工作中的重大问题。领导小组的组长由温家宝担任，副组长是曾培炎和唐家璇。组成人员包括发改委、外交部、科技部、国防科工委、监察部、财政部、国土资源部、建设部、铁道部、交通部、水利部、农业部、商务部、卫生部、国资委、税务总局、质检总局、环保总局、民航总局、统计局、林业局、国务院法制办、中科院、气象局、电监会、海洋局的主要领导。

领导小组下设国家应对气候变化领导小组办公室、国务院节能减排工作领导小组办公室，具体承担领导小组的日常工作，这两个机构均设在发改委。但有关综合协调和节能方面的工作由发改委为主承担，有关污染减排方面的工作由环保总局为主承担。[①]

（2）成立大区环境督察中心

2006年7月，国家环保总局宣布将要成立华东、华南、西北、西南、东北五个环保督察中心。2006年底，五个环保督察中心全部挂牌成立。这是国家环保总局为强化国家环境监察能力、加强区域环境执法监察的重要举措之一，旨在扭转环境执法能力偏软，遏止环保方面的地方保护主义；是实现确立“国家监察、地方监管、单位负责”环境监管体制的步骤之一。

督察中心被看做国家环保总局派出的“钦差大臣”。它们的主要任务是：督察地方对国家环境政策、法规、标准执行情况；督察重大环境污染与生态破坏案件；督察重、特大突发环境事件应急响应与处理；督察重点污染源监管和国家审批建设项目“三同时”执行情况；督察国家级自然保护区（风景名胜区、森林公园）、国家生态功能保护区环境执法情况；同时还要帮助和协调地方环境保护部门开展跨省区域重大环境纠纷的协调，跨省区域和流域环境污染与生态破坏案件的来访投诉受理和协调等工作。可以看出，作为国家环境保护总局派出的执法监察机构，督察中心主要负责跨流域、跨行政区划的环境问题，查办重大环境污

① 《国务院关于印发中国应对气候变化国家方案的通知》。

染与生态破坏案件，协调处理跨省区域和流域重大环境纠纷，督察重、特大突发环境事件应急响应与处理。

然而，督察中心成立一年以来，主要面临下面两个难题。首先，执法地位不明确。就目前督察中心的身份来说，它们是参照公务员管理的事业单位，但作为国家环保总局监察局行政职能的延伸，它们事实上从事着环境执法的工作。但其执法行为由于缺乏高规格的法律、法规依据，而缺乏有效性。督察中心的工作原则是“一事一委托”，没有总局的授权不能轻举妄动。其次，如何定位、协调与地方环保部门的关系？据了解，督察中心已经在工作中遇到了诸如“遇到环境应急事件或重大环境污染案件，地方环保局应向谁汇报，总局还是督察中心？督察中心应如何参与其中？”这样的尴尬问题。由于地位模糊，环保督察中心到污染现场调查需要事先由总局与地方环保部门沟通后，才能得到地方环保部门的配合，没有地方环保部门的引领，他们很难进入事故现场和企业内部进行调查取证，给现场快速取证带来很大困难。[①] 此外，五大督察中心如何在职权范围内与地方政府协调、沟通，做好国家环保总局与地方政府的桥梁将是考验其是否能长期存在并发挥作用的关键要素。

三　结论：生态文明建设与政府创新的方向

首先，生态和环境保护的创新需要政府间更多的合作。目前来看，大多数创新性的制度和做法都是由中央政府做出的，中央政府与地方政府在生态与环境创新问题上的态度和利益有所差别。中央政府在环境保护问题上的态度更为积极，承担的责任更大。而地方政府的角色则更为消极和被动，甚至是起到阻碍性作用。造成这种差别的主要原因有以下五个方面。

1. 这是由环境问题的特性造成的，一般而言，环境保护都是中央政府所应承担的主要职能。因为，环境问题没有边界，跨地区、跨流域的环境问题必须由中央政府统一协调、解决。

2. 中央政府的执政合法性不仅来源于以经济增长为代表的绩效合法性，更

① 《无高规格立法后盾　环保督察中心赤手空拳难执法》，http：//www.jcrb.com/200706/ca609349.htm。

有赖于提供良好、健康的生存环境等道德合法性。因此，中央政府必须应对环境问题，以获得国内民众和国际社会足够的合法性支持和认同。相反，由于地方政府官员的升迁主要取决于上级的评价和任命，因此，他们更加看重那些能够获得上级认可的政绩。在目前的干部指标考核体系中，起决定作用的硬指标仍然是经济发展和社会稳定。

3. 在中国目前的发展阶段，尤其是一些欠发达地区，环境保护被看做与经济增长和社会稳定相矛盾。污染设施的使用将提高企业运营的成本，从而降低政府的税收；污染企业的关闭，意味着工人的失业和下岗，有可能影响社会的稳定。

4. 地方政府间的竞争，导致各地竞相降低环保门槛。资本的自由流动性和利益最大化的特性决定它们是用脚对不同城市进行投票。环保标准是政府与企业进行讨价还价的重要筹码，执行严格的环保政策，会给地方政府的招商引资带来重大挑战。目前，一些地方政府还没能发展到“招商选资”的阶段。对资本“来者不拒”的态度，使地方政府领导以各种手段让地方环保部门不得不“支持地方经济建设的大局”。

5. 地方领导人的任期和轮换制度，使得他们难以将工作重心放在环境保护这样的长期工作上。生态和环境保护是一项“前人栽树，后人乘凉”的事业，需要长远的视野和战略。而且由于其跨区域性，还可能“种了别人的田，荒了自己的地”。上游城市政府开展的河流整治最终有可能成为下游城市政府官员的政绩。因此，大多数官员在短短的任期内，通常会把有限的资源放到那些“短平快”的项目，难以顾及生态及环境的治理与改善。

因此，虽然环保法明确规定地方政府对辖区内环境负总责，但他们仍然没能对这一问题表现出丝毫兴趣，除非发生大的环境突发性事件，引发地方群体性事件，进而受到全国性新闻媒体或中央高层的关注。例如松花江水污染事件。

其次，生态和环境保护的创新需要部门间更多的合作。我国目前的环境行政管理体制的特点是“专门环境机关的统一管理和其他 15 个部门相协调的管理模式”。国家环保总局，作为国务院环境保护行政主管部门，对全国环境保护工作实施统一监督管理；县级以上地方人民政府环境保护行政主管部门，对本辖区的环境保护工作实施统一监督管理。然而，没有其他政府职能部门的配合，国家环

保总局和各级地方环保局无法单独应对日益严峻的环境污染问题。近年来，国家环保总局在工作中表现出相当积极的态度，掀起了一股股“环保风暴”。但与此同时，由于缺乏其他部门的有效配合，使一些政策创新的有效性和持续性大打折扣。形成环保部门孤军奋战局面的原因一方面在于，环保部门与其他政府职能部门在生态与环境保护问题上的立场有所冲突，另一方面则是由于环保部门缺乏相应的法律地位和行政手段以履行环保法赋予的对环境保护工作实施统一监督管理的职责。环保部门在政府各部门中排名较低，还处于相对弱势的位置。再加上，它们的工作时常与政府的整体目标相背离，因此，环保部门往往不太受欢迎。这些都为环保部门与其他部门的沟通和协调带来一定障碍。但是，令人欣慰的是，从最近的制度创新我们可以看到，环保部门与其他政府职能部门联合出台政策、规定的案例明显增多，这为我们传递出了环保部门更加重视部门间的协作、配合的信号。这是防止部门间政策冲突，促使环境制度得到有效落实的重要一步。

第三，生态和环境保护的创新需要政府和公民社会的更多合作。从上面的创新实践，我们可以看出政府已经开始注重采用经济手段、市场方式、司法途径解决和治理环境问题，倡导循环经济、绿色信贷等；同时，鼓励媒体、非政府组织和公民参与到环境的治理中来，制定了《环境影响评价公众参与暂行办法》。这些可喜的变化，都标志着政府在朝着更为透明、民主、法治的道路迈进。然而，进一步改进的空间仍然很大。例如，政府如何处理与国内外各种环境非政府组织的关系，如何对待环境维权和上访人士，如何对待环境群体性事件，在这些方面，采取更为包容和开放的姿态，将有助于建立人民对政府的信任，获得更多合法性支持。

最后，生态和环境保护的创新需要中国与国际社会的更多合作。在一个全球化时代，任何政府都不可能单独应对本国的环境问题。况且，中国的环境问题是国际社会关注的焦点之一，在这样的状况下，多层次的国际交流与合作显得尤为重要。《中国应对气候变化国家方案》的出台和国家应对气候变化领导小组的成立有助于展示中国应对全球气候问题的决心。在有关国际对话中，指出全球气候变化的趋势应主要由发达国家负责，因为它们上百年的工业化历程和二氧化碳排放造成目前局面的事实当然非常必要，但这并不能成为中国拒绝或推迟采取积极行动的借口。当今，在西方国家，尤其是欧洲，环境保护已经成为一种意识形态和“政治正确”，任何政党或政府都不能超越这个底线。中国只有更加积极、坦诚地参与到全球生态与环境治理体系中，才能取得各国媒体和人民的理解和支持。否则，西方媒体充斥的将仍然是中国污染的河流和浑浊的空气，中国环境威胁论将难以消除。

事实上，政府所有的生态和环境保护创新和实践都必须关心一个核心问题，即如何有效执行这些静态的制度，让它们真正运转起来？这一问题也正是目前困扰中国生态和环境保护工作的最主要难题。

创新案例*

案例一
四川平昌县：乡镇党委班子公推直选

近年来党内民主和基层民主的发展成了政治改革和政治发展的焦点，地方党委在推进基层党内民主方面做了一些积极的尝试和探索。诸多改革创新的试点表明我国民主逐步从村级民主走向乡镇民主，尤其是作为乡镇民主标志的乡镇长、乡镇党委书记的直选和竞选在不少省份进行试点，为推进乡镇民主积累了有益经验。2001 年乡镇换届时，四川平昌县在灵山乡进行了公推直选乡镇党委班子试点并取得成功，2004 年 1 月，平昌县在实行乡镇综合改革的基础上，在九个乡镇实行公推直选产生乡镇党委领导班子成员，九个乡镇的党委书记和党委其他成员全部由公推直选产生。

平昌县乡镇党委班子公推直选是利用乡镇换届的时机进行的，可以分为三个阶段，首先是准备阶段，其次是实施阶段，最后是后续阶段。准备阶段包括以下几个重要步骤：成立乡镇党委班子公推直选领导小组及其办公室；领导小组是这次乡镇党委公推直选试点的领导者和组织者，也是制度设计者；领导小组由县委

---

* 本部分共包含 16 个创新案例，案例主要选自“中国政府创新奖”（以往三届）申报项目资料库，部分来自各类媒体和政府网站相关报道，基本内容围绕和谐社会建设这个主题展开。案例编写成员均来自中共中央编译局比较政治与经济研究中心，大致分工如下：案例二、五、十、十一（周红云博士）；案例一、十三、十五（王勇兵博士）；案例四、七、九、十四、十六（包雅钧博士）；案例六、八（高新军研究员）；案例十二（郇继红副研究员）；案例三（徐焕助理研究员）。

书记任组长，在县委组织部设立办公室，承担本次试点的组织协调工作。从领导小组的设立及其构成可以看出，乡镇党委的公推直选是在县委的直接领导和控制下进行的。“坚持党的领导是做好乡镇公推直选工作的根本保证”，这也是乡镇党委公推直选体现党的领导和党管干部原则的具体表现之一。接着是制定乡镇党委公推直选的实施方案，2003 年 12 月 25 日印发了《中共平昌县委关于在乡镇换届中展开公推直选乡镇党委领导班子试点的实施意见》的县委文件，这是试点工作的纲领性文件和操作方案。文件列出了实行试点的九个乡镇的名单，文件的主要内容包括试点的指导思想、目的和意义、总体要求、参选对象和条件、方法步骤。然后是宣传发动。县委利用本县的有线电视、广播、标语和会议等多种形式广泛宣传公推直选乡镇党委领导班子的指导思想、原则和方法步骤，向社会公开竞选的职位、任职资格条件和下届党委工作目标、选举办法和程序等，动员符合条件的干部积极报名竞选，发动全体党员、各方面人士参与和支持公推直选工作。

根据平昌县乡镇党委公推直选实施意见（以下简称实施意见），报名条件可以分为三个层次，首先是前提条件，即参选对象是县级党政群机关的国家公务员或党的机关工作者、乡镇现有领导班子成员、乡镇机关国家公务员。竞选者应具备的基本条件主要是政治方面的，包括具有履行职责所需要的政策水平和理论素养；坚决执行党的基本路线和各项方针政策；坚持解放思想、实事求是；具有强烈的政治责任感和实践经验；依法办事、清正廉洁；坚持和维护党的民主集中制。基本条件是务虚的，但也是不可缺的。根据实施意见，第三个层次的条件是资格条件：①具有 3 年以上工龄和 2 年以上党龄；②具有大专以上文化程度；③必须经过党校、行政学院或者组织人事部门认可的其他培训机构两个月以上的培训；④身体健康，年龄在 45 岁以下；⑤参加党委书记竞选的，必须在副科级以上岗位工作两年以上，同时应具有从事党务工作和经济工作的经历。现任本乡镇领导班子成员报名参加现岗位竞选可不受上述条件限制。从参选条件来看，这些条件比较苛刻，结果限制了一些人的被选举权，降低了选举的竞争性。要求参选对象必须是党政工作人员或国家公务员将广大的非从事公务或党务的党员排除在参选对象之外。从报名的实际情况来看，报名人数并不多，9 个乡镇中的 8 个乡镇都只有两个人报名参选党委书记，只有兰草镇有三人报名参选镇党委书记。

平昌县乡镇党委班子公推直选最重要的创新特征可以概括为：开放式提名，

直接选，差额选，“倒着选”。候选人提名是选举的第一个环节，对于选举来说相当重要。提名权掌握在谁的手上往往直接影响到选举的性质。传统选举的提名权掌握在上级组织手上，上级组织的提名候选人就是组织意图。从这么多年的实践来看，提名基本上直接决定了选举的结果，因为极少出现上级提名的人选不能当选的现象。平昌县公推直选采取符合资格条件的党员自愿报名的方式，尽管实施意见上写着报名方式为个人自荐、群众推荐与组织推荐，但实际上都是自己报名，没有组织提名。公推直选由县委规定报名对象范围和资格条件，实行开放式提名，从某种意义上说，改变了提名权的配置，提名权由县委和部分党员共同掌握。直接选和差额选的意思容易理解，不用再解释；“倒着选”主要是针对原来的选举而言，即先由党员选举党代表，党代表再选举委员，委员再选举书记和副书记，而“倒着选”即指由党员直接选举党委书记，再选举副书记，最后选举党委委员。直接选、差额选、“倒着选”是保证公推直选成为体现选举人意志的竞争性选举的重要措施。直接选举与间接选举作为两种选举方式，从理论上来说，并没有优劣好坏之分，但在我国的乡镇党委选举中，实施两者的效果却大不相同。间接选举是由党员选举党代表，再由党代表选举乡镇党委委员。一方面，党代表人数一般只有党员人数的15%，人数相差悬殊。一个有1000名党员的乡镇，党代表为150名，由1000名党员来选举和由150名党员代表来选举效果是不一样的；另一方面，党代表实际上很难真正代表党员。笔者调研中了解到，党代表的产生一般是由各个党支部推荐，被推荐为党代表的党员往往认为自己当上党代表是党组织对他的信任，党代表自然要根据组织意图来投票。结果，间接选举往往变成贯彻组织意图的选举工具。由党员直接选举可以避免上述间接选举的弊端，有利于体现选举人的意志。等额选举由于排除了其他候选人的竞争，毫无疑问是希望唯一的候选人得到选举人的确认。差额选举是体现竞争性选举或竞选的最基本形式，也是尊重选举人选择权的最基本要求，差额候选人通过竞选演讲，接受选举人的投票选择。从某种意义上说，差额选举最为重要，直接选举或间接选举往往涉及选举的方式，尽管也很重要（如前所述），而差额选举涉及选举的核心。没有差额选举，即便是直接选举，选举也缺乏竞争性，选举的意义将大打折扣。从这个意义上讲，平昌县乡镇党委班子公推直选更为准确的说法应该是公推直选竞选。因为平昌县的做法，不仅是直选，还有竞选。“倒着选”是一个很精巧的制度设计，其一，针对原来层层间接选举的现象，选举人的范围越来

越小，由党员选党代表是小范围的，党代表选委员也是小范围的，再由委员选党委书记和副书记的范围就更小了，十来个委员就把最重要的职位党委书记和副书记选举出来了，这种多层次间接选举不能体现选举人的意志。其二，先选党委书记，然后选党委副书记，再选党委委员，有利于竞选者报名竞选，保证党的人才不至于因落选而流失，同时有利于党的团结。从高到低职位轮次选举，竞选党委书记的落选者根据个人意愿可以参加副书记的竞选，竞选副书记落选的候选人根据个人意愿可以参加党委委员的竞选，使得竞选高职位的落选者有机会参与低职位的竞选，避免发生高职位竞选者一旦落选就失去了别的机会，逼得落选者成为反对派。这也有利于减少公推直选对现有乡镇领导带来的冲击。如果先选举党委委员，再由党委委员竞选党委书记和副书记，会遇到很多困境。首先，党委委员在竞选的时候不能明确自己要竞选的职位，不利于做竞选演讲和承诺；其次，如果一个党委委员想先竞选书记，竞选书记不成之后再竞选副书记，那么他面临选择的困境，也减少了他竞选的机会。

公推直选通过开放提名，实行“直接选、差额选、倒着选”的方式，改变了传统的党内基层选举制度，使得乡镇党委选举由确认型选举或动员型选举向竞争性选举转变，真正体现党员作为选举人的意志。

点　评

乡镇党委班子公推直选是基层党内民主的重要进步，是基层政治体制改革的重要突破，不仅巩固了党在农村的领导和执政地位，而且将根本改善农村基层政治生态，有利于维持农村长期稳定和促进农村各项事业的发展。

首先，扩大党内民主，保障党员权利。乡镇党委班子公推直选扩大了党内民主，保障了党员权利，增强了党的凝聚力。竞争性选举制度是民主政治的根本标志和保证。改革和完善党内选举制度是发展党内民主的根本途径。乡镇党委班子公推直选是乡镇党委竞争性选举，体现党员作为选举人的意志。保障党员的权利必须首先保障党员的选举权，因为选举权是党员参与党的活动和事业最重要的权利。选举权是一项综合的民主权利，它既体现对重要事务发表意见，又体现充分的参与决策，同时还体现有效监督和制约党的干部的权利。

其次，领导干部管理体制改革的突破口。乡镇党委班子公推直选是领导干部

管理体制尤其是基层领导干部产生方式的重要变革，从根本上改变了传统的“由少数人在少数人中选人”的机制，实现了党管干部原则和群众公认原则的结合，体现了公开公平公正的原则，体现了竞争和择优的原则。公推直选能够把有能力办事、得到党员和群众拥护的人选到领导岗位上来，有利于打破按资排辈用人机制，有利于优秀人才脱颖而出。

再次，有利于防止腐败。腐败是危害执政党执政地位的毒瘤，而用人腐败是最严重的腐败，直接危害到党的执政合法性。乡镇党委班子公推直选从根本上铲除了乡镇领导干部用人腐败的土壤，杜绝了乡镇领导干部任用腐败现象的发生。因为乡镇领导干部不是由县委几个领导说了算，而是由广大党员和群众的选票决定的。在平昌县实行公推直选的乡镇，往县委书记或组织部长那里跑官要官的情况少了。最后，有利于领导干部对上负责与对下负责相结合。

乡镇领导由于长期的任命制或确认型选举使得乡镇领导只对上负责不对下负责，导致官僚主义和形式主义泛滥。平昌县委推动乡镇党委班子公推直选就是通过党员投票决定干部去留促使乡镇领导关注党员群众的呼声和需求。“权力来源于哪里，就向哪里负责，我们通过调整权力来源方向促使乡镇领导关注党员群众的要求。”党员在推荐大会和党员大会上向候选人提问，反映党员群众的意见和要求，候选人回答提问，这是一个双方沟通和交流的过程，乡镇领导通过竞选更清楚地了解党员的利益需求。只有为群众办实事的人才能当选。通过直选产生的乡镇党委书记普遍感到自己身上的责任更重了，压力更大了，对待普通党员群众的态度都完全变了。原来一些乡镇领导以官员自居，高高在上，实行直选后，乡镇领导不敢随便怠慢普通党员群众的要求，即使不能马上解决群众反映的问题，也要向群众耐心解释。

乡镇党委班子公推直选将对基层民主政治发展产生长久而深远的影响，不仅直接推动基层党内民主的发展和基层领导干部管理体制的改革，切实保障党员的民主权利，激发和调动党员群众的积极性；而且有利于解决当前基层面临的一些矛盾和问题，有利于改善基层党群干群关系，促进农村各项事业的发展。四川省积极推动乡镇党委班子公推直选不仅仅出于推动党内民主，积极推进政治文明建设，对他们来说更为重要的是，通过公推直选能够解决基层突出的一些矛盾和问题，这也是为什么四川比东部地区在推动基层民主方面较为积极的原因。公推直选重塑了党在农村的执政合法性，增强了党的凝聚力，不是削弱了党的领导，而

是加强和改善了党的领导。

总之，扩大基层党内民主是近年来党在政治发展和政治建设方面的重要政策，平昌县实行的公推直选乡镇党委班子为推动乡镇民主提供了具有普遍意义的经验。乡镇党委公推直选不仅有利于保障党员权利，扩大党内民主，增强党的凝聚力，改善党群干群关系，增强党在农村的执政合法性；而且有利于缓解农村地区各种矛盾和困难，激发党员干部和广大党员参与农村各项事业的积极性，促进农村经济社会的发展。公推直选作为党领导下有序进行的体现党内民主的选举方式，既符合价值性目标，也符合工具性目标。试点的基本经验表明这项改革创新可以在全国范围普遍推广，根据各地的实际情况逐步实行。各省不断扩大乡镇党委公推直选试点，已经预示着这是基层民主政治发展的一个趋势。

［案例来源：王勇兵《党内民主制度创新——四川平昌县乡镇党委班子公推直选案例研究》，载俞可平主编《中国地方政府创新案例研究报告（2005~2006）》，北京大学出版社，2007］

案例二

浙江省温岭市委宣传部："民主恳谈"会

温岭市地处浙江省东南沿海，是一个人口 116 万的县级市。温岭市以"民主恳谈"为载体探索基层民主政治建设始于 1999 年，起步于当时的农业和农村现代化教育活动。在进行农业农村现代化教育活动中，他们发现，城镇和农村居民与镇党委、政府之间存在较大的心理距离，镇党委、政府对群众缺乏亲和力，群众的许多热点难点问题难以得到及时反映和解决，群众对镇党委政府有一种疏离感。为了使教育活动真正取得实效，他们决定跳出令群众反感的传统教育方式——召开动员大会，宣传发动，然后集中上课，尝试采取一种干群面对面沟通交流的教育形式，变原来的灌输式教育为新型的互动式沟通。当时，他们给这种新的教育形式取名叫"农业农村现代化建设论坛"。

在活动过程中，这种干群平等对话、沟通交流、解决实际问题的教育活动在各镇（乡）、村以各种各样的形式出现，如"民情恳谈"、"村民民主日"、"农民讲台"、"民情直通车"、"民主论坛"、"民主听证会"、"村民主议事会"以及"民情通道"等。2000 年，这些形式各异的民主沟通和民主对话活动被统一更名为"民主恳谈"会。随着活动的不断深入，"民主恳谈"开始在全市范围各乡镇（街道）、村、社区、非公有制企业和政府职能部门等各层次扩展和全面推开；"民主恳谈"的主题也由最初多为群众提出的与自己切身利益相关的问题转变为涉及村、镇、企业或全市的公益大事为主；以"群众出题目，政府抓落实"、"一期一主题"为基本形式的活动也逐步朝制度化、规范化和程序化方向发展，并成为村、镇、企业和市政职能部门做出重要事项决策的必经程序。这样，原来作为农村思想政治教育工作新形式的"农村农业现代化建设论坛"转变成具有基层民主政治建设新功能的"民主恳谈"。制度化后的"民主恳谈"最大的创新性体现在继民主选举之后，为民主决策、民主管理和民主监督的实现提供了新的平台和载体，为实现群众在基层公共事务管理中的参与权、知情权、选择权和监督权提供了独特的途径，成为基层民主治理的新形式。

在“民主恳谈”的形成、发展和深化、完善的过程中，温岭市委共下发了三个指导和规范性文件，即温市委发［2001］35号文件、温市委发［2002］55号文件以及温市委［2004］7号文件，用于指导和规范各个层面以及多种形式的“民主恳谈”活动。其中，温市委［2004］7号文件［即《中共温岭市委关于“民主恳谈”的若干规定（试行）》，2004年9月29日制订］对“民主恳谈”制度的内涵、性质、基本原则以及“民主恳谈会”的议题范围、参加对象、基本程序以及实施和监督等环节进行了明确规定。镇（街道）、村、城市社区、市政府职能部门等的“民主恳谈”活动都根据这个文件要求实施和开展，同时，社会团体、行业协会和企事业单位的“民主恳谈”可参照该规定组织实施。下面根据这个规定的内容简单介绍一下温岭“民主恳谈”的基本做法。

“民主恳谈”的议题范围

①镇（街道）“民主恳谈”的议题范围包括：经济社会发展规划的编制和调整；经济和社会发展的重要政策、社会公共事务管理办法的制定和修改；政府投资加大的工程建设项目；群众普遍关注或反映强烈的重要事项；五分之一以上镇人大代表联名提出，经镇人大主席团同意列入“民主恳谈”会讨论的事项；其他涉及大多数群众利益的重要公共事务和公益事业；“民主恳谈”的下列议题应由镇人大主席团召集人大代表审议，依法做出决定：未列入当年人代会讨论又确需做出决定的重大事项；“民主恳谈”会上意见分歧较大，难以协商确定的重大事项；镇人大主席团认为需要提交人民代表大会讨论决定的重大事项；镇政府认为需要提交人民代表大会讨论决定的重大事项；五分之一以上人大代表联名提出要求召开人民代表大会表决作出决定的重大事项。②镇（街道）党委党内“民主恳谈”的议题范围包括：党代表提出的全局性或涉及面较广的建议案；事关物质文明、政治文明、精神文明建设的重要事项；党建工作；当地经济和社会发展规划的制定、修改、完善；党委认为需要提交党内“民主恳谈”会讨论的重要事项。③村“民主恳谈”的议题范围包括：村民自治章程、村规民约的制定和修改；村财务年度、半年度收支情况；村集体资金使用安排；村建设规划的编制和调整；重要工程建设项目及承包方案；村民承包土地的变更、调整及征收与征用；村集体企业、资产、资源等的承包、出租和出售；村干部享受误工补贴的人数及补贴标准；公益事业建设资金的筹集；其他涉及多数村民利益的公共事务

和公益事业。④城市社区"民主恳谈"的议题范围包括：居民公约等社区自我管理制度的制定和修改；社区公益事业；社区物业管理以及居民其他合法权益的维护和保障；优抚救济、安居福利房分配等民政福利事项；治安管理、公共卫生、社区文化、计划生育、道德建设和社区服务等事项；民主评议社区工作者；其他涉及社区多数居民利益的重要公共事务。⑤市政府职能部门"民主恳谈"的议题范围，由各单位根据各自的管理、服务职能和具体情况，按照政务公开的要求确定。

"民主恳谈"会的参加对象

①镇（街道）、市政府职能部门的"民主恳谈"会，一般应由与讨论事项相关的利益群体或个人参加，可邀请人大代表、政协委员参加，其他群众均可参加。镇（街道）涉及市职能部门工作的专题"民主恳谈"会，市职能部门要主动配合、参与，派人员参加。②党内"民主恳谈"会，应根据议题的内容、范围和工作需要，确定参加对象。必要时可邀请人大代表、政协委员和其他相关人员参加。市党代表和其他党员均可参加。③村（社区）"民主恳谈"会，凡本村（社区）村民（居民）均可参加。

"民主恳谈"的基本程序

①议题的提出和确定。镇（街道）"民主恳谈"的议题，由镇政府（街道办事处）提出，经镇（街道）党委研究决定，要在充分调查研究的基础上，召开党政联席会议，研究提出初步意见或方案，五分之一以上镇人大代表联名提出的议题，需经镇人大主席团审查确定；镇（街道）党内"民主恳谈"的议题，由镇（街道）党委提出并确定；村"民主恳谈"的议题，由村党组织、村民委员会、十分之一以上村民联名或五分之一以上村民代表联名提出，由村党组织统一受理，并召集村党组织和村民委员会联席会议，研究提出初步意见或方案；城市社区"民主恳谈"的议题，由社区党组织和社区居委会提出并确定；市政府职能部门"民主恳谈"的议题，由各职能部门党委（党组）提出并确定。②"民主恳谈"会的议程。通报议题：主持人通报本次"民主恳谈"会议题提出的缘由及初步意见或方案。辩论发言：参加"民主恳谈"会的人员具有同等的发言权，均可对讨论事项提出建议、意见、要求和主张。提交决定：主持人将"民主恳谈"的讨论事项和辩论发言情况提交领导班子集体研究，对本次"民主恳谈"会的讨论事项作出决定，对于"民主恳谈"会上意见分歧、争议较大的事

项，应由镇政府提请人大主席团召开镇人民代表大会，由人大代表审议表决作出决定。村“民主恳谈”会，应由村民会议或村民代表对讨论事项进行表决作出决定。宣布决定：主持人应对领导班子会议作出的决定以及未被采纳的建议、意见、要求作出解释、说明。镇“民主恳谈”会，群众对宣布的决定持有异议，可向镇人大主席团或人大代表反映，若获得五分之一以上人大代表支持联名提出，镇人大主席团应召开人民代表大会表决作出决定。

“民主恳谈”讨论事项的实施和监督

①经“民主恳谈”讨论协商作出决定的事项，要认真组织实施。②市人大代表、市政协委员、镇（街道）人大主席团（人大工委）、村民（居民）代表监督委员会或村民（居民）监督小组等要对“民主恳谈”讨论事项的实施情况进行督查。③“民主恳谈”讨论事项的实施情况，要在下一次“民主恳谈”会或在年终的“民主恳谈”会上作出反馈，接受群众的评议和监督。

作为一种制度，“民主恳谈”的绩效表现在两个方面：首先，从基层民主治理角度来说，它扩大了基层民主，不仅为基层社会民主决策、民主管理和民主监督提供了一条新途径，而且促进了有关基层民主的现行法规、条例的进一步落实，推动了乡镇人民代表大会和村民代表会议作用的发挥；其次，从取得的直观效果来说，它加强了干群沟通，融洽了干群关系，提高了人民群众的民主意识；增强了干部民主意识和服务意识，转变了干部工作作风；化解了社会矛盾，维护了社会稳定，促进了社会发展。具体表现在如下方面。

（1）促进了决策的民主化和科学化。“民主恳谈”扩大了群众对公共事务的参与度和知情度，增加了广大人民群众在决策中的发言权。在决策中，决策部门把相关问题交给参加“民主恳谈会”的群众进行讨论，出点子，使得决策透明化、民主化，增强了决策科学性，降低了决策成本，减少了决策失误带来的风险。原来的“暗箱操作”、“拍脑门”、“少数领导拍板”的决策方式变成了集思广益的“阳光决策”，提高了决策形成和实施过程的透明度，原来的单方面决策行为变成决策部门和群众的互动合作，使得决策更能体现民意，代表当地大多数人民群众的利益和意愿。

（2）建立了民主管理和民主监督的新平台。按照我国现行的政治体制，基层群众的政治参与主要通过乡镇人大来实现，而乡镇人大代表人数一般仅有数十人，大镇也不过百余人，其他公众几乎没有参与社会公共事务管理的机会，而

"民主恳谈"为广大人民群众直接参与基层社会公共事务的管理和监督提供了渠道。同时，温岭在深化"民主恳谈"的过程中，把政务、村务和厂务的"三公开"作为恳谈会的重要内容，在农村基层建立起人民群众广泛参与的民主管理和监督机制，提高了人民群众对基层社会公共事务的知情度、参与度和监督度，有效防止和约束了基层公权力对公众利益的侵害，维护了广大人民群众的根本利益。

（3）促进了乡镇人民代表大会和村民代表会议作用的发挥。"民主恳谈"制度不仅仅是继我国农村普遍建立起村民自治和村委会直接选举的民主制度以后，为民主决策、民主管理和民主监督提供的一条崭新路径。反过来，这条新的民主路径又促进了现行民主法规和条例的落实，尤其是促进了乡镇人民代表大会和村民代表会议作用的发挥。例如，在村一级，"民主恳谈"制度推动了村民代表会议和村民大会作用的发挥，以前不常召开的村民代表会议或村民大会，现在已经变得经常化。

（4）加强了干群沟通，融洽了干群关系，提高了人民群众的民主意识。"民主恳谈"会上，通过干群之间双向平等的交流，群众合理的要求得到答复和落实，群众不了解的政策得到解释，群众不满的情绪得到宣泄，从而加强了干部和群众的沟通，消除了群众的疑虑和不满，弥合了干群之间的隔阂和距离，融洽了干群关系。同时，人民群众通过"民主恳谈"会广泛真切地参与基层公共事务的决策、管理和监督，民主意识和民主观念不断增强，民主习惯不断形成，行使民主权利的能力不断提高，政治参与的热情也不断高涨。

（5）增强了干部民主意识和服务意识，转变了工作作风。从某种角度来说，"民主恳谈"确实可以算得上是政府进行的一场自我革命。开展"民主恳谈"实际上就是基层党委政府进行的自我加压。"民主恳谈"在开展的初期也遇到来自部分机关干部，甚至领导干部的抵制和思想分歧的困境。他们认为"民主恳谈"给老百姓创造了一个"发牢骚"的基地，是让"干部丢面子"的一种做法；认为抓民主恳谈仅仅是政治作秀的一种形式而已；认为民主恳谈越深入，政府业绩就越淡化，干部形象就越受影响，干群关系就越僵化，等等。但是，随着"民主恳谈"制度的深化，不仅广大群众尝到了民主的甜头，广大干部也同样受益于民主恳谈，如，面对面地交流培养了干部的沟通技巧和表达能力，干部的工作更多地得到了群众的理解，干部给群众做工作也更容易了，干部在群众心目中的形象也更清廉了，干部群众之间距离缩短了，关系也更融洽了。在这个过程中，干部不仅自身受到教育，增强了民主意识，而且提高了服务意识，转变了工作作风。

（6）化解了社会矛盾，维护了社会稳定，促进了社会发展。“民主恳谈”会上讨论的问题多半是群众关心的热点、难点问题，在处理不当时最容易激发矛盾，影响社会稳定。“民主恳谈”会上，干部与群众面对面交流沟通，释疑解惑，拉近了干部与群众的距离；同时群众有了提问、投诉和建言的渠道，化解了群众与群众、群众与干部之间的矛盾，维护了社会稳定。在松门镇，他们通过建立便民绿色通道使“民主恳谈”的听意见、办实事的服务功能经常化、具体化，专门开辟具体的反映渠道，经常性地听意见，抓落实，让群众反映的诸如宅基地审批、邻里纠纷调解、企业用地、交通整治、液化气价格、环境卫生等具体问题能够及时地到便民服务中心反映，并能及时得到答复或落实。这样，及时化解了可能出现的矛盾和问题，维护了社会稳定。另外，对于诸如学校教育、环境卫生、社会治安、投资环境、基础设施建设、村镇建设、城市规划、经济发展等这些公共事务和公益事业，“民主恳谈”能够起到积聚民智、集思广益、促进经济社会发展的作用。

点　评

基层民主治理实践是建构和谐社会的重要途径之一。温岭“民主恳谈”这一民主形式被誉为“中国基层民主政治新曙光”。温岭“民主恳谈”具有以下两个显著特点：政府主导着“民主恳谈”活动的开展和深化的整个过程，但注重对话与参与，平等对话、民主参与是“民主恳谈”的核心。

首先，政府主导是“民主恳谈”开展和深化的前提条件。这里所说的政府，并不是狭义上的政府，而是包括党委、政府在内的广义上的政府。一方面，“民主恳谈”的产生与发展离不开地方政府的创新与推动。另一方面，党委政府也是“民主恳谈”活动的一方重要主体。党委政府不仅在具体的“民主恳谈”活动中起着组织、协调的作用，同时，党委政府也是接受“恳谈”的对象。“恳谈”的内容说到底都是党委政府的各项工作，从这个意义上说，“民主恳谈”也是政府主动进行的一场自我革命。

其次，对话与参与是"民主恳谈"活动的实质内容。政府在"民主恳谈"活动中占据着主导地位，但是，"民主恳谈"活动的本质在于政府与公民的双向合作互动，因此，"民主恳谈"活动的实质内容必定强调政府与公民的平等对话和公民对公共事务的民主参与。

由于"民主恳谈"所具有的平等对话和民主参与等特点，温岭的"民主恳谈"被认为体现了协商民主的要素、特征和精神。二者之间的契合点主要体现为以下方面。

第一，参与性和多元性。"民主恳谈"为广大群众广泛有序的政治参与提供了渠道和场所。广大群众不仅能通过民主恳谈会表达自己的利益诉求，而且参与政府决策过程，监督政府公权力的行使。另外，对于"民主恳谈"，广大群众可自由和自愿参加，这样就保证了有着不同利益诉求的利益相关者和多元化的利益主体都有机会为自己的利益进行讨价还价和协商，从而达成利益协调与妥协，以便做出有利于各方利益主体的决策。

第二，平等性与对话性。"民主恳谈"会上参加对话的广大群众与决策者都是平等的主体，有着平等的发言权，有着表达意见的平等机会。这样，平等对话和交流的机会不仅能够起到消除各方之间分歧的作用，而且有助于各方以宽容的态度接纳和容忍别人的不同意见，从而达成最终的利益平衡。

第三，公开性与透明性。"民主恳谈"首先提供了信息的自由和公开的交流场所，这样不仅保证参加对话者之间充分了解对方的意见和想法，使参加对话者都能参与达成共识的过程，而且在公开的交流过程中进行自我教育，通过观点的比较和思想的碰撞，使狭隘的自我利益服从于公共利益的要求（如，这在一定程度上能够满足初期"民主恳谈"想要达到宣传政策、教育群众的目标）；其次，"民主恳谈"还为广大群众监督基层公权力的行使开辟了一条新途径，可以阻止秘密的和幕后的决策，使决策过程由原来的"暗箱操作"变成"阳光决策"，提高了决策的透明度和科学性。

第四，合法性。正是由于参与性、对话性、平等性和公开透明性，才使得"民主恳谈"做出的决策具有合法性基础，它不仅能够聚合参加对话者的所有意见，也反映出更高程度集体的理性反思和相互责任。由于"民主恳谈"听取了广大群众的意见而增强了民意基础，使得看似提高了决策运行成本的措施从结果来看实际上分散了决策压力和风险，降低了决策执行成本。原来那些带着思想顾虑开展民主恳谈的干部以及那些“不喜欢”民主恳谈的干部，都因为“民主恳谈”带来了决策的合法性，减少了执行决策的压力和阻力，提高了干部自身工作的效率并且得到了群众的认可和欢迎，而卸掉了思想包袱，受益于“民主恳谈”的基层干部也变得很有积极性和主动性开展民主恳谈了。

作为基层民主治理和民主政治建设的一种新载体，“民主恳谈”不可能走回头路，真正尝到民主甜头的广大人民群众不会让民主的进程停下脚步，受益于“民主恳谈”的地方政府也将继续推进和深化这一民主进程。虽然温岭的“民主恳谈”实践仍有诸多不完善和有局限的地方，例如，“民主恳谈”议题的确定程序有待完善，“民主恳谈”的民意代表性仍有待提高，“民主恳谈”的决策程序有待规范，“民主恳谈”的制度化程度仍然有限，等等，但是，作为协商民主在中国基层的实践与经验，其中所蕴含的对话与协商等要素，使得“民主恳谈”具有协商民主或对话民主的特性，成为一种具有巨大潜能的民主治理形式，体现出强大的民主价值和民主功能，一定程度上解决了我国基层民主化进程如何由民主选举向民主决策、民主管理和民主监督继续推进的问题。正是从这个意义上说，“民主恳谈”不失为我国基层民主治理实践的一种新形式，值得推广和借鉴。

［案例来源：周红云《对话与协商：基层民主治理实践的新形式——浙江温岭“民主恳谈”案例分析》，载俞可平主编《中国地方政府创新案例研究报告（2003～2004）》，北京大学出版社，2006］

案例三

环保“流域限批”制度化建设

环境问题已经逐渐成为制约中国经济社会发展的主要瓶颈。2007 年入夏以来，太湖、滇池、巢湖又接连出现蓝藻暴发事件，这使人们愈发意识到环境治理迫在眉睫。2006 年，全国发生严重环境污染事故 161 起，环境投诉达 60 万人次，比 2005 年增加了 30%。[①] 自松花江事件后，平均每两天发生一起的环境突发事故中，水污染事故占 70%。中国已经进入水污染密集爆发阶段，而传统的治理方式已无法应对日趋严峻的水资源污染形势。

2007 年 7 月 3 日，国家环保总局宣布对长江、黄河、淮河、海河四大流域水污染严重、环境违法问题突出的 6 市、2 县和 5 个工业园区实行“流域限批”，即停止这些地区除污染防治和循环经济类外所有建设项目的环评审批。这些“流域限批”的地区包括：长江安徽段的巢湖市和芜湖经济技术开发区；黄河流域的甘肃白银市与兰州高新技术产业开发区、内蒙古巴彦淖尔市、陕西渭南市、山西河津市（县级）与襄汾县；淮河流域的河南周口市、安徽蚌埠市；海河流域的河北邯郸经济技术开发区、河南濮阳经济开发区、山东莘县工业园区。同时，环保总局还宣布对区域内不正常运转的石家庄深泽县东区污水处理厂等 6 家污水处理厂和环境违法严重的攀钢钛业有限公司钛白粉厂等 32 家企业进行“挂牌督办”。

国家环保总局要求上述地区在三个月内对本辖区存在的环境问题进行一系列整改：①对流域内所有排污口进行清理，拆除一、二级饮用水源保护区范围内的排污口；②按照流域或地区水污染防治规划应该建设城市污水处理厂仍未建设的，必须立即启动污水处理厂及其配套管网建设；已建成仍未正常运转的，必须立即采取措施确保正常运转；③辖区内所有未经环评审批擅自开工建设、未经环

① 《环保总局首启“区域限批”遏制高污染》，2007 年 1 月 11 日《中华工商时报》。

保验收擅自投入运营的建设项目，必须立即停止建设或生产，依法进行环境影响评价和“三同时”验收；④全面清理取缔本地区违反国家环保法律法规、庇护污染企业的“土政策”；⑤所有限批城市必须立即启动城市发展和流域开发的规划环评，结合流域环境承载力，明确本流域和区域主体功能和生态功能定位，为下步调整产业结构和布局奠定基础；⑥多次发生重大水环境污染事故、环境风险隐患突出、对下游饮用水源构成威胁的城市，必须立即制定相应的流域水环境事故防范应急预案，并建立与下游城市的联动防范机制；⑦限批地区对超标排放的企业要立即进行处罚和整治，重点污染源要立即安装在线监控设施，并将整改达标情况及时上报环保总局。

除了上述整改要求外，国家环保总局还制定了相应的后续措施，对“流域限批”和“挂牌督办”的地区和单位定期或不定期开展后期督查，对失职渎职的政府官员按照《环境保护违法违纪行为处分暂行规定》追究行政责任，适时对外公布处理结果。对于实行“流域限批”的地区，国家环保总局严格实行“一日没完成，一日不解除‘限批’”的原则。

此次施行的大规模“流域限批”与我国现阶段水资源环境密切相关。

我国是一个水资源缺乏的国家。水是工业化、城市化以及人民生存的命脉，而我国水资源总量不足，年降水 62000 亿立方米，年地表径流 28000 亿立方米，年“可用水量”11000 亿立方米；平均量严重不足，平均年降水 600 毫米，人均年径流量约 2200 立方米（处世界人均最低水平之列）；时空分配严重不均，东部南部多，“聚集”70% 以上，西部北部少，大部分地方重度缺水，甚至极度缺水，无法维持生态。①

水资源环境破坏严重。中国环境监测总站 2007 年 1～4 月份全国地表水水质监测结果表明，长江、黄河、淮河、海河及其支流的一些流经城市的水质多数为重度污染：长江安徽段巢湖全湖平均为Ⅴ类；黄河支流渭河的渭南市、淮河支流沙颍河的周口市的国控断面，2007 年前 4 个月的监测结果全部为劣Ⅴ类。按照水质的分类标准，Ⅴ类水已不能和人体接触，劣Ⅴ类水更是丧失基本水体的生态功能。而环保总局近日对海河和淮河流域干流和支流 67

① 蒋皋：《我国水资源气候出路构想义理思考——700 亿东南藏水智解千年之渴百世之忧》，中国社会科学院经济文化研究中心《调查研究通讯》2007 年第 9 期。

个断面水质抽样监测结果显示，全部为劣V类。2006年七大水系V类和劣V类水质占26%。①

水污染事故频发。近年来，水污染事故占环境突发事故一半以上。2007年入夏以来，太湖、滇池、巢湖又接连发生了蓝藻暴发事件。内蒙古巴彦淖尔市金星纸浆股份有限公司在2006年4月发生50万立方米造纸污水池坍塌，因无防渗措施，已对地下水造成污染，直接威胁黄河水环境安全。2007年5月，安徽蚌埠市五个排污通道超标排污严重，直排淮河，在淮河已形成1公里长的泡沫带，COD浓度超过标准9倍。

2007年初“区域限批”的顺利实施为大规模“流域限批”奠定了基础。“区域限批”是暂停某区域除循环经济类项目外所有项目的环评审批，这些地区大多本身已无环境容量却仍然盲目发展高耗能高污染产业。2007年1月11日，国家环保总局首次启用“区域限批”的行政惩罚手段，宣布对河北省唐山市、山西省吕梁市、贵州省六盘水市、山东省莱芜市，以及大唐国际、华能、华电、国电等四大电力集团的所有建设项目实行停批、限批，并建议监察部门追究有关人员行政责任。此次“区域限批”涉及82个项目1123亿资金。环保总局责令其中的23个“三同时”违规项目限期办理验收手续、限期改正或停止试生产，责令其中的59个未批先建违规项目停止建设或生产。此次限批成效显著，限批的行政区域和集团整改工作取得阶段性进展。

在此背景下，“流域限批”取得良好成效。经过两个多月的整改，2007年9月23日，经过环保总局督察组的现场检查和有关省环保局组织的验收，国家环保总局通报了基本达到有关环保要求的首批五个地区“流域限批”解限区域名单，包括：内蒙古自治区巴彦淖尔市、河南省周口市、陕西省渭南市、山西省襄汾县和安徽省芜湖市。9月30日，国家环保总局又宣布对达到整改要求的甘肃省白银市，安徽省巢湖市、蚌埠市，河北省邯郸经济开发区，山东省莘县工业园区等五个地区解除限批。此次大规模“流域限批”是环保治理上的一项重要突破。

首先，整顿力度之大，为今后的环保治理奠定了基础。截至2007年9月23日，全国各地共清理了1162个违法企业和项目，其中已关停400个、停产整顿249个、限期治理102个；追缴排污费7.25亿元，罚款787万元，增设了19个

① 王大鹏：《重污染水域实行流域限批》，2007年7月4日《晨报》。

环境执法督察机构。① 如，甘肃省白银市政府对2004年以来238个建设项目进行了认真清查，同时将整改工作向前延伸，将前一阶段中办、国办督察组和环保总局西北督察中心，以及省、市查出的环境违法问题，一并纳入整改范围。山西省襄汾县对工业区内项目逐一进行清理，一次淘汰了11个小洗煤、小选矿、小化工、小再生纸项目，并对其他35个不符合环评或环境要求的项目分别采取关停措施，其中11个项目停止建设，7个项目停止生产，17个项目限期治理。对迟迟不整治的隆顺达焦化企业实施强制爆破。为加强监管，白银市、周口市还对重点污染企业派驻环保驻厂监督员，全程监控企业排污行为。

其次，推动了限批地区的产业结构调整。如，在限批的推动下，内蒙古巴彦淖尔市关停取缔了乌拉特前旗中建冶炼公司等66项未批先建、不符合产业政策的建设项目，其中包括3家焦化厂、27个炼铁小高炉、3家小炼铜厂、5家铜选矿厂、6家铁选矿厂、4家铅锌选矿厂、1家选金厂，为发展符合国家产业政策和地方发展规划的项目腾出了总量指标。襄汾县已提前淘汰80万吨机焦、180万吨生铁、800万吨洗煤、80万吨精矿粉、7万吨再生纸和10万吨化工产品，涉及固定资产20多亿元。甘肃省白银市银光公司总投资3.93亿元的硫酸雾污染治理工程于2007年8月10日正式开工建设，总投资2.948亿元的白银公司三冶炼ISP环保工艺改造项目资金也已全部到位。

第三，各地清理了大批有悖于环保法律法规的“土政策”，为“流域限批”的制度化建设奠定了基础。实施“流域限批”两个月以来，各地共清理违规政策112件，其中周口市在2003年以来的76份文件中清理出11份，各区县修订文件45个，废止5个，同时对372家“挂牌保护”企业实施了摘牌。巴彦淖尔市清理废除28个文件。渭南市清理了13个文件。巢湖市和邯郸市委废止了限制环保执法检查的文件，芜湖市清理了6个违反环保法规的“土政策”。② 邯郸经济技术开发区停止执行邯郸市环保局下达开发区的环保审批权限，由市环保局对开发区原审批的环评项目进行重新评审。濮阳经济开发区对区内未经环评的工业企业以及未经环评擅自开工建设的项目，一律实施强制性停产整顿。

---

① 《环保：流域限批回头看——来自甘肃省白银市的调查报告》，http：//www.stdaily.com/gb/kebaishidian/2007－09/04/content_ 716249.htm。

② 《环保总局对“流域限批”地区提出七项整改要求》，中国政府网，http：//www.gov.cn/zxft/ft52/content_ 736735.htm。

点　　评

近年来，国家环保总局多次掀起“环保风暴”，但被叫停的项目往往补办手续先过关，然后用各种手法拖延或者拒绝兑现环保承诺，使一次次声势浩大的环评执法效果有限。而作为一种特殊的行政处罚手段，“流域限批”无疑给予污染行为当头一棒。但我们必须认识到，我国相关环境法律法规仍不健全、政策制度尚不完善。如果要将国家保护环境的意志转化为各级政府、相关部门和全社会的积极行动，必须以完备而有力的制度体系作为保障。因此，扭转目前环境保护的困局，绝不能仅仅依靠“流域限批”等行政手段，只有切实加强制度化建设才能从根本上解决环境问题。

1. 要建立官员的环境问责制度和考核制度

遏制污染恶化势头首先应建立环境问责制度，加大、加重对环境违法行为的责任追究。追究政府相关人员尤其是相关领导的环境责任，并且实行环境责任跟踪制度，即对当任时所造成的环境责任进行跟踪追究。同时，将环境指标真正、有效地纳入官员考核制度，以杜绝一些地方官员为了追求短平快的政绩而和一些追求暴利的企业结合起来，无视本地区环境容量而仍然盲目发展高耗能、高污染产业。

2. 要逐步探索完善环境执法程序，建立环保后督察制度

第一，要加大行政处罚的政务公开力度，充分发挥公众监督的作用，保障公众在重大环境事务上享有充分的知情权、监督权和参与权。2006 年 3 月实施的《环境影响评价公众参与暂行办法》以及 2007 年 4 月公布的《环境信息公开办法（试行）》有效地推动了公众参与环境治理的制度化建设。一年来，环保总局拒绝受理了一些公众了解信息不充分、参与范围不全面、参与代表性没有保证等不符合公众参与要求项目的环评，消除了大量环境隐患。第二，要完善对重点违法案件的驻厂督察员制度和环境违法企业整改报告制度。第三，建立上级环保部门对下级政府及环保部门行政处罚落实情况督察督办的制度，切实保障行政处罚、整改措施落实到位。

3. 要建立跨地区、跨部门的流域管理体制

“垂直分级负责，横向多头管理”的流域水环境保护体制存在重大缺陷，它

涉及各个部门、各个行业和各个地区之间的权能和利益调整。而我国跨部门跨流域的统一综合治理机制，目前还仅停留在跨省应急协调和联动机制的层面。如，松花江支流发生水环境事件后，吉林和黑龙江两省政府建立了《吉林黑龙江两省松花江流域环境应急协调机制协议》，但此联动机制只停留在“应急机制”层面，对于流域污染防治工作没有效力。因此，我们需要尽快建立跨区域、跨部门、跨流域的统一综合治理机制，理顺相关职能部门的职责及相互关系。一方面，环保部门履行环境保护和监管职责，另一方面，各相关部门必须在水资源配置和项目开发上科学规划、严格审批，在污染防治上相互协调、各尽其责。

我们需要建立完善的环境经济政策体系。环境经济政策是指按照市场经济规律的要求，运用价格、税收、财政、信贷、收费、保险等经济手段，调节或影响市场主体的行为，以实现经济建设与环境保护协调发展。环境经济政策包括：市场创建手段，如排污交易；环境税费政策，如环境税等；金融和资本市场手段，如绿色信贷、绿色保险；财政激励手段以及财政转移支付的生态补偿手段等等。[①] 目前，环境经济政策建设在我国才刚刚起步。2007 年 7 月，环保总局与中国人民银行、中国银监会联合发布了《关于落实环保政策法规防范信贷风险的意见》。商业银行可以通过查询系统，对有环境违法行为的企业拒绝发放贷款。

4. 要推动规划环评制度的有效实施

规划环评是我国当前现实迫切需要的政策，2002 年 10 月 28 日，第九届全国人大常委会第 13 次会议已经通过了《环境影响评价法》，依法正式建立了规划环评制度。2006 年 12 月，环保总局又起草了《规划环境影响评价条例（送审稿）》报送至国务院。但规划环评制度在实际工作中并没有有效发挥其应有的作用。

此次“流域限批”中，环保总局已要求所有限批城市必须立即启动城市发展和流域开发的规划环评，结合流域环境承载力，明确本流域及区域主体功能和生态功能定位，为下一步调整产业结构和布局奠定了基础。

（主要资料来源：国家环保总局网站 http：//www.zhb.gov.cn/）

① 《潘岳：谈谈环境经济新政策》，网易新闻中心，http：//news.163.com/07/0930/09/3PKKCG45000121EP.html。

案例四

全国农村建立最低生活保障制度

最低生活保障制度是指，根据维持最起码生活需求的标准设立一条最低生活保障线，每一个公民，当其收入水平低于最低生活保障线而生活发生困难时，都有权利得到国家和社会按照明文公布的法定程序和标准提供的现金和实物救助。《中共中央国务院关于积极发展现代农业扎实推进社会主义新农村建设的若干意见》（中发〔2007〕1号）和温家宝总理在十届全国人大五次会议上作的《政府工作报告》都指出，2007年要在全国范围建立农村最低生活保障制度，这是建设社会主义新农村和构建社会主义和谐社会的一项重要举措，要推动各地在已有探索、实践的基础上，对已建立该项制度的地区，进一步完善制度，尚未建立该项制度的地区加快制度建设。温家宝总理2007年5月23日专门主持召开国务院常务会议，研究部署在全国建立农村最低生活保障制度工作。会议明确，落实在全国范围建立农村最低生活保障制度的工作，将符合条件的农村贫困人口纳入保障范围，重点保障病残、年老体弱、丧失劳动能力等生活常年困难的农村居民。建立农村最低生活保障制度以地方人民政府为主，实行属地管理，中央财政对财政困难地区给予适当补助。截至目前，全国已有27个省（自治区、直辖市）全面建立了农村最低生活保障制度，其余省（区）正在加紧工作，将于近期出台本省（区）农村低保政策和实施办法。全国农村最低生活保障对象达到1815万人，此外还有农村特困救助对象562.3万人。

在全国范围建立农村低保制度，将符合救助条件的农村贫困群众纳入保障范围，稳定持久地解决农村贫困人口的温饱问题，是实施农村低保制度的主要目标。设定这一目标主要有两点考虑：一是《中国农村扶贫开发纲要（2001～2010年）》提出，2010年前要“尽快解决少数贫困人口温饱”问题。实现这一任务，一方面需要加大扶贫开发力度，帮助有劳动能力的贫困人口通过发展生产，自食其力，逐步摆脱贫困状况；另一方面需要通过实施低保制度对常年困难人口给予救助，基本解决其温饱问题。二是党的十六届六中全会提出了到2020年基本建立覆盖城乡居民的社会保障体系的目标，这就要求加快农村社会救助体系建设的步伐，特别是要尽快建立农村最低生活保障制度，使困难群众能够通过低保救助维持起码的生活水平。在建立农村低保制度以前，各地通过实行特困户定期定量生活救助以及临时生活救助，对农村特困群众给予救助。由于缺少制度规范和程序要求，加上资金投入不足，所以一般都是根据当地政府能拿出多少钱，来决定救助的人数和标准，往往导致很多贫困人口得不到救助，或者虽得到救助但救助水平较低。通过建立和实施农村低保制度，将病残、年老体弱、丧失劳动能力等常年困难的人口纳入保障范围，就可以形成解决困难群众“天天困难”问题的长效机制，确保贫困群众依法得到救助。

农村低保对象范围，是指家庭人均纯收入低于当地低保标准的贫困居民。根据各地农村低保工作的实际情况，保障的重点是那些因疾病、残疾、年老体弱、丧失劳动能力和生存条件恶劣等原因造成家庭生活常年困难的农村居民。重点保障特困人员也有利于鼓励有劳动能力的困难群众，在“三农”政策和扶贫开发政策支持下，千方百计发展生产，依靠积极劳动脱贫致富。建立农村低保制度是以地方人民政府为主，实行属地管理，低保标准要由县以上各级地方政府自行制定和公布执行。各地确定低保标准主要从以下几方面考虑：一是维持当地农村居民基本生活所必需的吃饭、穿衣、用水、用电等费用；二是当地经济发展水平和财力状况；三是当地物价水平。目前，除了少数东部发达地区，一般地方都参照国家每年公布的贫困标准来制定。2006 年国家公布的贫困标准是年人均纯收入683 元，2007 年是693 元。农村低保起码应该保证低保对象的生活水平不低于绝对贫困线，否则就无法保证农村居民的最低生活需求。但低保标准也不宜比贫困线高的太多，否则会不利于鼓励有劳动能力的群众生产自救。目前全国已实施农村低保的中西部地区年低保标准一般在 600 ~ 800 元之间，东部地区一般在1000 ~ 2000 元之间。根据民政部的统计，截至 2006 年底，低保对象实际领到的低保金为月人均 33. 2 元；截至 2007 年第一季度末，则为 27. 6 元。由于 2006 年下半年以来，一些中西部省份陆续出台了农村低保政策，虽然保障人数有所增加，但按人均计算的补助水平则略有下降。随着农村低保制度的全面建立以及各级政府逐步加大投入，尤其是中央财政对财政困难地方给予适当补助资金，实际补助水平会逐步有所提高。

核定低保申请人家庭的收入等情况，是审核审批低保对象的一个重要程序。目前各地根据本地实际，对于核定低保申请人的收入等情况采取了因地制宜的方法，主要可以分为两种类型：一类是一些东部经济发达地区，由于已经实现城乡低保一体化运行，城市化水平高，工作基础较好，可以做到在较准确地核定低保申请人家庭收入的基础上，原则上按照申请人家庭年人均纯收入与保障标准的差额发放低保金；另一类是在广大中西部地区和部分东部地区，基于农村居民收入渠道比较多，生产经营活动形式多样，家庭收入难以准确核算，但困难家庭的情况左邻右舍都清楚等实际情况，通常是在初步核查申请人家庭收入的基础上，更多地依靠民主评议等办法来确定低保对象，并采取按照低保对象家庭的困难程度和类别，分档发放低保金，这样做比较适合农村的特点，同时也较为简便易行。

各地在实施农村低保制度的过程中，普遍对低保对象的申请、审批程序作了具体规定，并遵循公开公正透明的原则。申请农村低保的基本程序是：由户主向乡（镇）政府或者村民委员会提出申请；村民委员会开展调查、组织民主评议提出初步意见，经乡（镇）政府审核，由县级政府民政部门审批。乡（镇）政府和县级政府民政部门对申请人的家庭经济状况进行核查，了解其家庭收入、财产、劳动力状况和实际生活水平，结合村民民主评议意见，提出审核、审批意见。在申请和接受审核的过程中，要求申请人如实提供关于本人及家庭的收入情况等信息，并积极配合审核审批部门按规定进行的调查或评议，有关部门也应及时反馈审核审批结果，对不予批准的应当说明原因。为保证审核发放低保金过程中的公正，各地采取了一系列民主公开的措施，包括严格执行民主评议、张榜公布、群众监督等程序，有关部门经常进行抽查，检查也成为一项基本的工作制度，使得低保工作比以往的救助工作更加公开、公正和透明。

要把农村低保这件好事办好，把中央决策落到实处，必须把筹集资金、建立稳定的低保资金保障机制放在首位。国家实行最低生活保障，是履行政府公共服务职责，资金主要来自各级财政的投入。过去，各地实行农村低保的资金都来源于各级地方财政，2006 年各地财政共支出农村低保资金 41.6 亿元，加上农村特困户定期定量救助资金 13.9 亿元，一共是 55.5 亿元。从 2007 年开始，中央财政将对财政困难地区实施农村低保制度给予资金补助。中央对地方的补助，将成为支持地方建立和完善农村低保制度的重要资金来源。应该说，在中央和地方的共同努力下，农村低保资金的来源和数量都是有保障的。政府各级有关部门也将加强对农村低保资金的监督管理，规范和完善资金管理制度，保证专款专用，推行通过代理金融机构直接发放低保金的办法，确保各级财政安排的低保金能够及时足额地发放到低保户手中。

2007 年初中央一号文件明确提出在全国范围建立农村最低生活保障制度的要求以来，国家民政部和各地都积极贯彻落实中央精神，加大推进农村低保制度建设的力度。现在，低保制度的实施范围迅速扩大，发展势头很好。目前尚未出台农村低保政策的仅有四个省份，并且，这四个省份的农村低保文件以及实施方案都已上报省级政府审议，有望于近期出台。在这种情况下，国家民政部也着手准备总结各地的成功经验，指导各地根据本地的经济发展水平和财力状况，合理确定低保标准、低保范围和低保对象；同时将配合有关部门制定中央财政对财政困难地区的资金补助方案，及时下拨补助资金，支持地方政府建立和完善农村低保制度；规范低保操作程序和有关工作规程，保证低保制度有条不紊地落到实处；并指导各地加强基层民政部门低保机构的能力建设，使之在人员配置、工作经费安排上适应农村低保制度建立后增加大量工作量的需要。

点　　评

我国全面建立农村低保制度，既是迫切需求，又切实可行。说是迫切需求，是因为：第一，原有的政府扶贫模式需要改善。中国政府经过多年的扶贫开发，现在以普遍增长为目标的扶贫方式已经不适用这些边缘的贫困人口。而区域性开发式扶贫的效果也日益减弱。在这种情况下，只能转而采用政府直接投入为主导的扶贫保障机制。第二，它是维护农民作为公民应当享有的生存权利的需要。由于传统的城乡分治二元框架和制度安排，农民实际上没有真正享受到国家应当为他们提供的公共产品。城市居民能享受到的最低生活保障，农村居民也一样应该享受。第三，它是实现社会稳定，构建和谐社会的需要。目前，除全国温饱问题没有解决的人口外，每年还有许多灾民、特困户和孤老残幼需要扶持与救济。如果这些农村贫困人口的基本生活问题不尽快解决，势必会影响农村乃至全国的稳定。而城乡居民收入悬殊，部分贫困农村人口心理不平衡，有可能成为农村社会不稳定因素。第四，它是促进农村经济发展的需要。市场经济就是风险经济，以小规模、分散化为特征的家庭承包制使得弱小的农民个体无法依靠自身的力量化解市场风险。在加入 WTO 后，我国农业面临巨大挑战，农民将承受更大的市场风险。这就需要国家帮助他们化解市场风险。我国要实现农村产业结构的升级，也需要促进农民人身自由流动，需要国家解除农民基本生活的后顾之忧。说切实可行，是因为：第一，我国已经基本具备这样的经济实力。根据国家统计局资料显示，2002 年年底人均纯收入低于 627 元的农村贫困人口为 2820 万人，他们的年人均纯收入为 531 元。如果把农村最低生活保障线确定为 627 元，以 2002 年的口径计算，这仅需要 27.07 亿元，相当于当年国家财政支出的 0.12%，国家财政完全有能力承受这部分支出。此外，我国农村集体经济也不断壮大，公共积累大幅增加，有能力对建立这项制度予以较大投入。第二，我国广大地区已经为建立这一制度进行了先行探索，有坚实的实践经验可循。而启动农村最低生活保障工作也深得民心，是众望所归。

由此可见，在全国普遍建立农村最低生活保障制度，可以使改革发展的成果进一步惠及农村困难群众，对于构建社会主义和谐社会和新农村建设具有重要意义。做好这项工作，有利于统筹经济与社会、城市与农村以及区域间的协调发展；有利于兼顾不同群体的利益，协调各方面的利益关系，缩小收入差距；有利于维护社会公平，消解社会矛盾，促进社会稳定，为社会主义和谐社会构筑牢固的社会基础和群众基础。

当然，建立全国农村最低生活保障制度不是一夕之功，现在我们仍要按国家部署，做好以下几个方面的协调工作：①合理确定保障标准和范围。我国地域广阔，发展很不平衡，保障标准和范围都要从实际出发，与各地经济社会发展水平、财力状况和当地生活水平相适应。②加强制度建设。坚持公开、公平、公正的原则，规范申请、审核和审批程序，实行民主评议、社会公示、动态管理，做到制度完善、程序明确、操作规范；加强保障资金的管理和监督，确保资金安全。③做好农村最低生活保障制度与其他农村社会保障政策和补助措施的衔接工作，保持农村各项救助、优抚制度的基本稳定。④继续加强扶贫开发，改善贫困地区的生产和生活条件。积极推进农村劳动力培训和转移就业工作，扶持有劳动能力的贫困人口自强自立、发展生产，加快脱贫致富。

（主要资料来源：《国家民政部最低生活保障司关于农村最低生活保障政策问答》，参见 http：//www. agri. gov. cn/ztzl/t20070522_ 820194. htm）

案例五

浙江省湖州市公安局：户籍制度改革

1958年《中华人民共和国户口登记条例》颁布以来，户籍制度不仅严格限制了人口的自由迁徙，在城乡居民之间筑起了身份和待遇的鸿沟，而且，随着社会的发展，户籍制度以及隐含在这一制度背后的一系列具体的社会制度严重影响了经济和社会的进一步发展，给社会主义和谐社会的建设带来极为不利的影响。浙江省湖州市是较早改革城乡二元户籍制度的城市，他们的一些经验和探索值得其他城市借鉴。

户籍制度原本是政府职能部门对所辖民户的基本状况进行登记并进行相关管理的一项国家行政管理制度，其目的在于维护社会治安和提供人口统计资料。但是，我国1958年以来所建立的户籍制度已经远远超出了治安管理和人口统计的职能，户口与粮油供应、劳动就业、福利保障、义务教育等具体社会制度的结合使得户籍制度成为固化公民先天身份、控制人口自由迁移的手段，这在计划经济体制的背景下显得尤为突出。当然，历史上的户籍制度也曾适应了当时社会的需要，一定程度上起到了维护当时社会秩序和社会稳定的积极作用。

改革开放以来，随着市场经济体制的确立和发展，户籍制度的弊端开始逐渐暴露。首先，户籍制度严重影响市场经济的发展，城乡二元对立的户籍制度大大限制了市场经济所需要的自由劳动力供给；其次，现行户籍制度在相当程度上助长了业已存在的城乡差别，被户籍政策阻挡而滞留在农村的剩余劳动力和进城务工的“农民工”问题都已经给城乡和谐协调发展带来极大挑战；再次，户籍制度对公民的自由迁徙所造成的实质性限制大大破坏了公民自由、平等等基本权利的实现，严重损害了社会主义公平正义原则。这些问题在我国社会发展的各个阶段不同程度地存在着，而今天却显得更为严重。

面对其带来的种种弊端，从20世纪80年代起，户籍制度也经历了一系列渐进改革。1984年，国务院发布了《关于农民进入集镇落户问题的通知》，这一

“农民自理口粮”的做法标志着户籍制度改革的正式开始；80 年代中后期到 90 年代，“城镇户口商品化”的户籍改革模式运行一时；1992 年，国务院成立了由办公厅、公安部参加的国务院户籍制度改革文件起草小组，并制定户籍制度改革的总体方案，形成了《国务院关于户籍制度改革的决定》征求意见稿；1997 年，国务院批转了公安部《小城镇户籍管理制度改革试点方案》和《关于完善农村户籍管理制度的意见》，正式启动了小城镇户籍管理制度的改革程序；2001 年，国务院又批转了公安部《关于推进小城镇户籍管理制度改革的意见》，开始在试点工作的基础上全面推进小城镇户籍管理制度改革。正是在上述户籍制度改革的大背景下，浙江湖州开始探索户籍制度改革的方向。

湖州户籍制度改革经历了三个阶段：第一阶段是 1995～1998 年，开展了以小城镇户籍管理制度改革试点为主要内容的户籍管理制度改革。在这一阶段，小城镇户籍制度改革主要体现为：变多元户口管理为按居住地和职业登记户口；解决一批长期以来受户口政策限制的突出户口问题。第二阶段从 1999 年开始，是以解决户口管理工作中几个突出问题为主要内容的户籍管理制度改革，主要内容包括子女落户随父随母自愿、夫妻投靠、父母子女投靠、购房入户和取消“蓝印户口”等。第三阶段是 2001 年以后以推进城市化进程为主要内容的户籍管理制度改革，湖州推出了具有创新性的“零门槛”户籍制度改革方案。

被称为湖州“户籍新政”的改革本着放开政策、简化手续、提高效率、方便群众的原则，为建立起有利于城镇发展的集聚机制，提高城镇人口、产业集聚功能的政策环境，对湖州市区户口迁移管理作出了更加具体、宽松的规定。这一无条件“零门槛”户籍制度改革方案的主要内容如下。

（一）亲属投靠户口的办理。①出生申报户口，按照随父随母自愿申报原则，当即办理落户登记。②收养子女的，凭《收养证》、收养人户口簿，当即办理准迁或者落户手续。③子女投靠父母的，凭子女户口所在地户籍证明、父亲或母亲户口簿及单位或街道居委会出具的家庭关系证明，当即办理准迁手续。④夫妻投靠的，凭投靠人户籍证明、结婚证、申请人户口簿，当即办理准迁手续。⑤父母投靠子女的，凭父母户口所在地户籍证明、子女户口簿及单位或街道居委会出具的家庭关系证明，当即办理准迁手续。⑥其他亲属投靠的，凭投靠人户籍证明、单位或街道居委会出具的亲属关系证明、申请人户口簿，当即办理准迁手续。

（二）购房兴业户口的办理。购买房屋、投资兴业，本人、配偶及随同居住的亲属要求在房屋所在地或者投资地落户，凭房屋所有权证或者营业执照及落户人户籍证明，当即办理准迁手续。

（三）毕业生和干部、科技人员调动（录用）户口的办理。①干部、职工调动落户，凭调入单位的证明、本人身份证，当即办理准迁手续；家属要求随迁的，可以同时办理。②大中专毕业生，可以凭就业单位证明或亲属及其他关系人的申请，当即办理落户手续。各类职业学校（含职业高中）毕业的毕业生，可以比照前款规定办理。③对全市范围内引进的科技人才，要求在市区入户的，准许入户。

（四）在市区务工、经商人员户口的办理。务工人员已与务工单位签订一年以上劳动合同或已办理社会养老保险并缴纳一年以上养老金的，经商人员已依法申领营业执照一年以上的，可以在单位集体户、店铺开设地或者住所地落户，凭劳动合同、养老金缴费凭证或营业执照、本人户籍证明，当即办理准迁手续。

（五）对新建住宅小区，尚未建立居民委员会等基层组织，只要人员已实际入住，户口登记机关应准予办理户口迁移，可采取靠入就近居委会的办法解决，不得以未建居委会为由不予办理户口迁移。

（六）对符合上述落户条件的户口迁移（申报）事项，区公安分局和市公安局不再逐级审核审批，申请人可直接在户籍窗口办理准迁或迁移手续。

湖州“户籍新政”破解了现有户籍制度存在的几个重要问题：第一，解决了阻碍该市农村剩余劳动力合理流动、城市化进程和社会主义市场经济发展的问题。改革开放以来湖州市农村在解决温饱、全面建小康的进程中，一个突出的矛盾是农民收入增长缓慢，重要原因是农村中积累了大量剩余劳动力，严重压制了农业劳动生产率的提高。而改革前的户籍制度用计划经济体制下形成的行政手段把城乡人口分别固定在各自的出生地，很难自由流动，影响劳动力资源合理配置和人才的使用开发，与加快城市化进程，市场经济体制要求城乡劳动者、资金、物资按照市场经济规律有效地调配和组合，形成城乡一体化市场经济体制相悖。第二，解决了户籍制度附属的权利不公问题。改革前户籍制度的背后，隐含着许多与之相关联的社会福利和权益。比如，“农转非”需交上万元城市建设费，非市区户口不能在市区上学，在湖的省、市重点中学招生录取分数线，农村须高出市区几十分等等。同样是社会主义公民，农民与市民不能一样共享经济和社会发

展成果。第三，解决了部分“人户分离”难点问题。新增市民中有相当数量属于在湖城工作、生活多年，而户口受政策限制一直难以迁入者。这种“人户分离”现象，给公安管理带来很大难度。新的户籍制度实施后，这部分原先已经进城、户口搁置原籍的人口，实现了按居住地无疏漏登记，这对准确掌握实有人口信息，提高人口管理水平，维护社会治安有很大帮助。

湖州户籍改革的成效是明显的。第一，促进了城市人口聚集，加快了城市化进程。湖州市把城市化作为实现经济社会跨越式发展的突破口，提出到2010年全市城市化水平达到50%以上。湖州户籍制度改革两年来就办理户口迁移6.41万人，其中“农转非”3.26万人，中心城市新增2.55万人。2001年、2002年全市城市化水平先后达到39.9%、41.5%，分别比上年提高1.2、1.6个百分点。第二，切实解决进城人员的实际问题，确保他们享受与老市民同等待遇。2001年市政府和有关部门在中心城市投资4000万元新建一所高中，对初中、小学普遍进行扩班，挖掘教育潜力，解决进城人员子女就学问题；对十多所医院进行了改扩建，解决进城人员就医问题；扶持适合进城农民务工经商的相关产业，特别是发展第三产业；进城人员可享受城市最低生活保障；创新土地流转机制，允许进城农民保留土地承包权。第三，促进了城市居民可支配收入提高，农民人均纯收入增加。2001年、2002年湖州城市居民可支配收入达9872元、11388元，分别比上年提高13.7%、15.4%，位居长江三角洲15个城市第5位。2001年、2002年该市农民人均收入4695元、5052元，分别比上年增加7.6%、8.3%。第四，有助于社会治安综合治理、社会稳定。2001年、2002年湖州市刑事发案仅占浙江省的4.8%、4.7%，刑事案件破案率分别高于全省平均破案率3、6.6个百分点。2002年9月初，浙江省政法委对该市市民两次问卷调查显示，95%的市民对目前的社会治安满意。

这一改革带来了多赢的结果。首先，进城农民和外地人是直接利益的主要获得者。他们成为市民后享受到原来没有的市民待遇，其中很多新市民在城里找到了就业岗位，生活来源稳定，收入增加。他们的子女在城里中小学上学，得到了原来在农村得不到的高质量的文化教育。他们安居乐业，劳动积极性、创造性空前高涨，其中还有不少人的智力、能力也得到较大发挥。其次，留守农村的农民也是直接利益获得者。他们有很大可能获得多余农村劳动力转移到城里后转让的土地流转经营权，有利于从事规模经营、效益农业，提高劳动生产率，增加收入。再次，中心城市市民是户籍制度改革的间接受益者。随着城市基础设施的扩建，城市人口增多，城市框架拉大了，城市人气旺了，促进了房地产业、公共交通运输业、服务业的蓬勃发展，城市居民居住环境改善，交通方便，生活水平提高了。最后，主动进行自我革命的政府也是改革的受益者。对于政府部门而言，户籍改革有利于降低行政成本。原来的户口迁移，特别是“农转非”，须经户口所在地派出所、分局、市局承办人和分管领导逐级审批，环节多，时间长，名额少，迁移工作既难又烦。户籍制度改革革除了层层把关的繁琐手续，实行准入登记，节省了警力投入，减少了周转时限，提高了工作效率，节省了公共财政的支出。

点　评

湖州户籍制度改革的创新之处在于实现了户口迁移零门槛。依湖州现有户口迁移管理规定，只要在湖州城里有合法固定住所、稳定职业或生活来源或是亲属投靠，不管是农民还是外来打工者，不论以前户口在哪里，只要愿意，基本上都可以登记为湖州城市户口，享受市民待遇，并把户口迁移审批改为登记。这种完全拆除城乡壁垒的城乡一体化做法从根本上消除了农村和城市人口的身份差别，在全国地级市中开创了公民迁徙和居住的先河。湖州市户籍制度改革实现了公民各种权利的基本平等，为社会和经济发展提供了新的动力，在推进城市化进程中逐渐形成一种政府部门、市场和公民共赢的格局，既为逐步全面打破户口限制，实现公民资格平等提供了可行的实践经验，也为我国城市化进程提供了新的路径选择。湖州市的户籍制度改革在全国形成了一定的社会影响，中央和省级的多家新闻媒体给予了充分的肯定和支持，称之为“户籍变法的先河”。

户籍改革具有牵一发而动全身的特点，这不仅表现在改革所涉及的内容方方面面，而且改革过程带来的问题也非常复杂。正是因为这一特点，如果某一个环节处理不好，或者改革过程中的配套措施不能及时跟进，则很容易导致改革的失败。例如，户籍改革带来就业、子女就学、住房、计划生育、公共交通、消费服务、环境卫生、城市建设、社会治安等一系列问题。河南郑州的户籍制度改革就因为就学等问题而遭到挫败。湖州户籍制度改革采取各种有效措施较好地解决了这些基本问题。同时，人们担心的户籍制度改革会使城市人口大量增加而导致人

口膨胀的问题在湖州也没有出现。湖州的成功经验告诉我们，目前像湖州这样的中小城市已经具备放开户籍政策的环境和条件。湖州市的户籍制度改革经验对中等城市具有较强的示范效应和推广意义。

当然，湖州户籍制度改革本身也带来了一些需要探索的新问题。例如，如何从城乡统筹的新角度来考虑城市规划问题；如何处理改革与外来人口管理之间的关系；如何不断赋予户籍制度改革以新内容，从而逐步实现城乡户口管理一体化。其中，湖州户籍制度改革面临的最棘手问题就是不能实现双向的自由迁徙，即只允许“农转非”，而不可以“非转农”。湖州户籍制度改革后出现的“非转农”人员越来越多，这是改革者当初始料未及的。出现这种情况的主要原因当然是湖州经济发展的大背景决定的：随着湖州城市规模的不断扩大，用地需求相应增加，农村大量的土地要被征用，从而使农村土地增值成为可能，出于利益的考虑有些人要求将户口迁回农村，还有一些人想将户口迁往农村以便享受农民建房的政策。但是，这反映出户籍制度改革将遇到的更为深层次的问题，那就是，无论在城市还是在农村，户籍和户口背后附加和隐含了太多的特殊利益，如何将附加在户口上的利益彻底剥离出来并还户口以本来功能，成为户籍制度改革需要更加深入探讨的问题。

面对这些问题，如何深化户籍制度改革，不仅是湖州这样勇于改革的城市要面临的，它同时更是国家需要认真对待并加以解决的一个问题。它不仅关系到城乡经济社会的发展，也关乎社会和谐与公平正义。

［案例来源：冉冉《浙江湖州户籍制度改革——宏观背景与微观透析》，载俞可平主编《中国地方政府创新案例研究报告（2003～2004）》，北京大学出版社，2006］

案例六

河北青县："青县村治模式"

青县位于河北省沧州市北部，总面积968平方公里，辖6镇4乡1个国有农场，345个行政村，总人口38.9万，其中农业人口32.9万。2006年，全县实现地方生产总值68亿元，财政收入4.54亿元，农民人均纯收入4018元。

近年来，随着市场经济的深入推进和民主政治建设进程的加快，广大农民主体意识和民主意识日益增强，为农村经济社会发展注入了强大的生机与活力。同时，农村社会治理中也出现了一些问题。

一是有的农村党支部领导失灵。"大包干"以后，集体手里没有了土地等生产资料，领导失去了抓手和载体。面对新的形势，一些农村党支部不能领导、不会领导、不敢领导，农村秩序混乱。

二是民主参与渠道不畅通。尽管"海选"使村民的民主选举权得到落实，但"民主决策、民主管理、民主监督"权利还缺乏应有的体制保障。有的地方民主选举的干部不民主、不公平、不廉洁，村民自治变成村委会自治，村民当家作主的愿望难以实现、意见很大。

三是村"两委"矛盾突出。由于村庄权力过于集中，村内组织的职能设置、职责划分不够明确，导致一些村庄党支部与村委会出现争权夺利、推诿扯皮现象。这样的内耗既削弱了党的领导，又阻碍了村民自治的推进，同时也加剧了农村的不稳定。

青县党委政府经过调查研究发现，产生这些问题的根本原因，在于旧的农村治理模式与"大包干"后新的农村经济基础不适应，党支部领导方式与村民自治框架不接轨，党支部领导、农民当家作主、依法办事缺乏有机结合。为从体制和机制上解决这些问题，青县党委政府总结一些村正反两方面的经验教训，从2002年6月解决陈嘴乡时楼村矛盾开始，形成了把村民代表会议（村代会）建成经常性议事组织的思路框架。之后，又经过反复实验，归纳设计出一套村治方

法，借2003年2月第六届村委会换届选举的契机在全县推开。自那时以来，经过典型示范、普遍培训、分类指导、稳妥推进，这一村治方法已经基本进入常态化运行轨道，逐步成为青县农村稳定可靠、规范有序的治理模式。

青县的村治模式，可以扼要概括为“党支部领导、村代会做主、村委会办事”。这一模式是在现行政策和法律框架内，对传统农村组织架构及其职能设置、运作方式的整合改良。具体工作是从调整村治结构和改良工作方法两个方面展开的。

调整村治结构。就是改变过去由党支部或“两委”“行政合一”为民做主的体制框架，明确村民会议及其代表会议在村庄和村庄治理中的主体地位，以保障村民当家作主的权利。以此为宗旨，重新调整村内各组织的职能和职权，规定村民会议是村庄权力组织，拥有对村庄重大事务的最终决定权；村代会是议事组织，由10~15户推选一名代表组成，经授权代村民会议行使日常决策、监督权；村委会是办事组织，由全体村民选举产生，负责执行村民会议和村代会决议以及日常村务管理，同时对村代会决议有权提出复议或提请村民会议公决；党支部是领导核心，负责组织协调村内各组织在村民自治框架内正常运转，要注重以村代会为载体，发挥党员的影响力、带动力，领导村民民主选举、民主决策、民主管理、民主监督。

改善工作方法。主要是调整农村党支部的领导方式，要求党支部改变过去包揽村庄事务的做法，有所为有所不为。强调党支部要在政治上总揽全局，协调“两会”（村代会、村委会）抓民生、抓民主、抓民心。在具体事务工作上放心、放手，充分依靠“两会”各司其职，按规则运行。

首先要依法领导，提高影响力。要求村党支部书记按民主程序依法竞选村代会主席，党员竞选村主任、村民代表，积极在村民代表中发展党员，把党组织与村民组织融为一体，取得领导的合法性和话语权。同时强调党的领导要在村民自治体制框架内依法实施，从而规范领导方式，提高领导效能。

其次要坚持民主领导，提高公信力。为使党的领导建立在广泛的民意基础之上，要求农村党支部通过村代会这一载体，把领导核心作用具体化、技术化，通过村代会的议题和解决问题议案的提出，通过组织引导村民代表积极参政议政、科学决策，通过带领党员群众对村委会和村政村务工作监督，通过组织党员带动群众落实村代会决议、实行民主管理等活动，具体实现党的领导。把党的领导过

程变成组织引导村民和村代会民主选举、民主决策、民主管理、民主监督的过程，变成集中民智、凝聚民力、实现民意的过程。实现党的领导与村民当家作主的有机统一，把党的主张变为村民组织和村民的自觉行动。

再次要坚持科学领导，提高民主治理的能力。民主化、规范化是科学领导的基础，健康缜密的运行机制是科学领导的保证。青县党委政府研究分析各个村级组织的利益关系、反应机制等内在规律，从各组织的职能、运作程序、相互关系、例外情况的处置等各方面加以制度化。要求党支部带头遵守、严格执行，为科学决策、科学管理奠定了基础。

经过治理结构和工作方法的调整，各个村级组织的职能职责、履职方式以及它们之间的相互关系发生了积极变化——党支部“抓大放小”，领导核心作用到位；村代会“由虚变实”，决策监督作用到位；村委会“二线变一线”，权力职责到位，逐步形成了以章理事、以制治村、积极配合、合理制约的治理机制。

自2003年以来，这一村治模式已被绝大多数村接受，并在工作中养成了习惯，治理效果十分明显。可以感受到十六大提出的“村党组织领导的充满活力的村民自治机制”正在形成。

一是农村党组织有了领导民主的“抓手”，焕发了新的生机与活力。推行新模式后，农村党组织找准了位置，通过村代会这个载体，使自己的领导名正言顺地融入村民自治框架，并与村民利益绑在一起，荣辱与共、相得益彰，党的领导与民主政治由矛盾掣肘变成共生双赢。目前，全县345个村中，通过民主选举，306名支部书记被村民选举兼任村代会主席或村主任，占总数的89%；2622名党员被推选为村民代表，占村民代表总数的41.5%。农村青年申请入党空前踊跃，五年来全县平均每年新发展农村党员560多名，比以前年份增加近3倍。

二是村民有了参政议政的平台，村委会有了依法办事的空间，有效消除了“两委”矛盾和干群矛盾。通过推行新模式，村民当家作主有了村代会这个平台，又有党组织的领导和支持，渠道畅通，说话算数，怨气越来越少。还权于民之后，“两委”无权可争，“两委”矛盾、干群矛盾逐步消除。目前全县“两委”班子和谐共事、运转协调的村达到334个，占总村数的96.8%。这几年全县反映“两委”矛盾、干群矛盾的上访案件基本没有新的发生，一些历史遗留的老大难

问题也逐步得到化解。有的农民说：“自己的事情自己管，错了也没得怨，告谁去？”全县农村信访总量逐年下降，2003 年、2004 年、2005 年、2006 年分别比上年下降 11%、26.8%、22.6%、8%，基本杜绝了赴省进京集体上访事件，促进了农村社会的和谐稳定。

三是农村基层权力运作有了制约监督机制，规范了农村干部行为，增强了农村干部的自律意识。“党支部领导、村代会做主、村委会办事”的村治结构，有效建立起职责明确、权限明确的村级组织分权制衡机制，使权力运行始终处于民主监督的环境中。村务公开由原来的“秋后算账”、被动应付变成全程、全面公开，由外力强制变成内在机制，各种偏私腐败失去了空间，有效遏止和预防了农村干部专断专权、以权谋私、铺张浪费等行为的发生。一组数据明显说明了实施“村治模式”前后的鲜明对比。青县农村反映村干部的违纪信访案件 1999 年是 47.6%，到 2002 年上升到 79%；查处的农村村干部经济违纪案件 1999 年是 35.1%，2002 年上升到 45.9%。自实行新模式后，青县农村反映干部的违纪信访案件由 2003 年的 56% 下降到 2006 年的 38%；查处的农村村干部经济违纪案件由 2003 年的 50% 下降到 2006 年的 30%。2003～2006 年 4 年间青县共查处农村村干部经济违纪案件 74 件，其中 63 件发案时间在 1999～2002 年间，占比 85.1%，11 件发案时间在 2002～2006 年间，只占 14.9%。发案量大幅下降。

四是民主治理使干部群众心齐气顺了，农村公共服务建设效果好。通过推行新模式，村务决策和管理集思广益，民意基础好、工作失误少，广大干部群众建设家乡、改变农村面貌的积极性空前高涨。自 2003 年下半年以来，青县 340 多个村新修村内柏油、砖砌街道 753 公里，相当于平常年份的 4～5 倍。2003～2005 年，青县用于文明生态村和公益事业投入 1.89 亿元，是前 3 年的 4 倍，农民人均纯收入由 2002 年的 2842 元上升到 2006 年的 4018 元。有 50 多个村还规划建设了小公园、小广场等休闲设施，一些过去政府给钱都办不成的事，现在农民自发地办成了，由此也促进了良好村风民俗的形成和农民素质的提高。

五是村民自治能力有了明显提高，新的农村政治秩序开始显现。广大农民经过民主实践和切身体会，对村民自治有了正确理解和认识，政治上趋于理性和成熟。村委会换届选举的质量和秩序，一届好于一届。平时的矛盾冲突，一般可以按村中的规则自行化解。一个规范有序、稳定和谐的农村政治秩序正在形成。

点　评

合理的治理模式，要求各方权力划分清楚，边界明确，分权以实现相互制约和合作。这种在世界上已经通行并行之有效的治理理念，在我国则处于初创阶段。河北省沧州市北部的青县，在处理农村中党支部、村代会、村委会关系的时候，通过自己的探索，创新了一套适合中国北方农村的治理模式："青县村治模式。"其中的深刻含义在于：他们在没有借助任何外部成熟的治理理念的情况下，独自创造出了符合世界通行并行之有效的治理结构，发现了中央提出的"党的领导、人民当家作主、依法治国"有机结合在村级组织的具体实现形式。在"分权"的基础上实现相互制约和合作，只有这样，善治才是可能的。

"青县村治模式"的优势在于：

第一，它在村一级实现了善治。"青县模式"的突破点和切入点，是通过解决人民的参与问题，把权力从党支部和村委会，交给了村民代表大会，把村民代表大会做实，使它变成一种决策的实体，与村民委员会、村主任和党支部书记一起，形成了相互制约、相互合作的关系。经济体制改革从增量改革开始，政治体制也是这样，要从增量开始，以增量激活存量。在"青县模式"中，通过扩大村民的参与程度，使村民代表会议具有实质上的决策权力，来重新摆正党支部、村委会和村民代表大会的关系，从而实现了他们之间的相互制约和相互协调。

第二，青县"党支部领导、村代会做主、村委会办事"的模式，在目前情况下比较好地解决了党支部和村代会、村委会的关系，为解决"两委矛盾"提供了一条思路。

第三，这种模式为解决村务管理中普遍存在的"后选举治理"问题，提供了一条可资借鉴的思路，为村民真正当家作主，实现对村党支部和村委会干部的监督做了可贵的尝试。

第四，这个模式也为将民主治理向乡镇一级逐步推进，提供了可资借鉴的思路。在村一级，起决策作用的是村民代表会议，那么，在乡镇一级起作用的就应该是乡镇人民代表大会。由乡镇人民代表大会行使决策权，审查和批准乡镇

政府的预算、重大投资决策、发展规划、公共服务方向等重大问题，已经迫在眉睫。

但是，这个模式本身我认为也存在一些可以讨论的地方。其实，“青县村治模式”的核心部分是看那里的村民代表大会是否能够真正起作用。

首先，青县地处经济欠发达地区，人口 38.9 万人，每年的财政收入只有 4.54 亿元。由于人员流动性很大，外出务工经商的人口一定不少。真正在村子里的人员恐怕以老人、妇女和孩子居多，年轻人大多外出务工经商去了。在这样的情况下，村民代表大会的成员构成、开会时间、开会质量都成问题。而且，村民代表大会的人员流动性也会很大，这种情况会造成一种局面，就是村民代表大会表面上是决策机构，但实际上起不到这样的作用。

其次，每个行政村里的事项与村民的关系是不同的。也就是说，对于每一个具体事项来说，村里面的利益相关者的数量和规模都是不一样的。当村民代表大会讨论某一项事情时，与此关系不大的村民代表就会缺乏兴趣和参与的积极性。比如，修一条路，解决的是一个自然村的问题，那么其他自然村的村民代表，自然也就缺乏参与讨论的积极性了。所以说，这种模式虽然从形式上做实了村民代表大会，使它成为决策组织，但是，由于它没有考虑到村务管理中具体事项的利益相关者的参与程度和参与差异，所以在实际操作过程中就会产生与我们设计制度时不同的结果。也必然会发生实际决策、监督作用不明显的效果。

第三，我认为，民众参与程度是由两方面因素决定的：一是参与渠道；二是参与成本。前者是从供给方面来看的；后者是从需求方面来看的。现在的“青县村治模式”向村民提供了一种村民代表大会的参与方式，但其参与成本是：常年参与、自己是否是利益相关者、是否与自己的工作有时间上的矛盾，从而影响到自己的收入等等。从实际在农村调查的情况看，如果村民参与公共事务的渠道比较单一的话，在参与成本的影响下，村民的参与积极性和热情则比较低。

第四，青县村治模式在很大程度上是自上而下推动的。为此，青县党委政府从 2003 年起培训了村干部、村民代表 8000 余人次。村民在这里比较被动。由有创新意识的基层干部来推动制度创新，是我国制度创新的特点。但是在村一级，如何创造出更多的民众参与渠道，把基层领导的制度创新，与普通农民的积极参与结合起来，仍旧有待于更深入的探索。同时，在我国现有条件下，有创新意识的基层干部是一种稀缺资源，如何把这种可贵的稀缺资源配置好、使用好，形成一种新的政治生态，是上级党委、政府应该注重思考的问题。

（案例选用了2007年4月由中共青县县委辑印的《青县村治模式资料汇编》中“青县村治模式简介”材料。在此表示感谢）

案例七
浙江武义：村务监督委员会

在整个浙江省，随着经济的快速发展，很多乡村拥有较大量的集体资产，而由于现行村庄管理体制之限，民主管理与监督乏力，村干部胡作非为、以权谋私现象大量存在。这引起村民的强烈不满，危及农村政治稳定与和谐发展。武义县虽然属于浙江省内欠发达县市，但近年来区域经济发展迅猛，尤其是城郊农村主要由于征地，许多村的集体资产上达千万元之多。这就给部分村干部以乱来的机会。2000～2003 年，全县共查处农村干部违法乱纪案件 153 起，处理干部 123 人。同时，针对村干部的上访信访案件居高不下。2003 年县纪委受理这类案件 305 起，占全县信访量 65%，其中不少是越级上访、重复上访。如何从根本上约束村干部违法乱纪行为，一直是县领导十分关心的问题。白洋街道的后陈村地处城郊结合部，有 310 户 886 人。长期以来，该村属于全县经济条件较好的村，靠出租房屋、承包沙场及鱼塘等为集体收入主要来源。但是由于村级管理不公开，财务不透明，该村村民从 20 世纪 90 年代末以来连续向县纪委、街道反映村里的问题，并且长期得不到解决。2001 年，该村村民掀翻来村调解的街道干部的车子，并与前来维持秩序的警察发生冲突。2002 年及 2003 年，连续两任村支书由于经济问题被查处落马。2004 年初，村里有 1000 多亩土地被征用，获得征用补偿金 1900 多万元。如何处理这些集体资产成为村内一个难题，有的村民强烈主张全部分光，以免被村干部乱来花掉了。村内矛盾更加突出。2004 年初，由于两任村支书被处理，后陈村村民基于对本村的了解，要求长期借用在街道的党员胡文法同志接任书记，这是村民对他的信任。而白洋街道也对胡文法寄予厚望。胡文法同志为人正派，有丰富的经济管理经验与广泛人缘。他接任村支书后开始考虑着手从制度上加以规范村中民主监督体系，并向上级党委寻求支持。而为群众上访搞得焦头烂额的县纪委得知此消息后，决定以此为契机，帮助村民设计科学合理的制度，从根本上解决问题。于是，制度的创新设计开始迈开历

史性的一步。

村务监督委员会制度的最终出台，经历了充分调研、民意集中与通过三个过程。2004 年 2 月 18 号，武义县纪委就村务公开民主管理现状和存在的问题开始广泛调研，并同县委、白洋街道办事处组建村务监督改革指导小组进驻后陈村。指导组在村里走访农户，倾听他们对村务管理的意见。最后问题的根子落脚在制度的健全上，即如何创造一个真正能让村民有效制约村干部的机制？在刚开始，村民有一种意见："你们不要搞什么制度了，我们现在制度不少，问题在于如何落实已有的制度。"但是，制度上进行改良仍有大量空间。调研组在调研过程中意识到，一种村级的"宪法"赋予村民监督权限可以加以考虑。于是村务监督委员会制度浮现在调研组的脑海里。这一设想的核心在于，另外组建一个相对独立的监督委员会，其产生不由村委会及村支部支配，其权限事先予以明确。基于这个构想，在 2004 年 5 月和 6 月，调研组清理了后陈村的各项管理制度，分别拟出《后陈村村务管理制度》、《后陈村村务监督制度》两个讨论稿，分发到户，并组织村两委、党员和群众代表座谈，充分吸收民意，进行补充和完善。最后，召开村民代表大会加以讨论和通过。

村务监督委员会制度在后陈村主要体现为"一个机构，两项制度"。《后陈村村务管理制度》明确了以下内容的管理程序、原则与基本要求：①村集体资产管理，包括集体资产的保管、承包、租赁、处置；村集体土地征用费分配使用；村集体投资项目收益和经营利润分配；村集体建设工程投资；等。②村财务管理，包括村集体财务委托街道管理、货币资金与票据管理、财务收支管理、村干部误工补贴及通讯费补贴管理、财务公开与财务审计，等。③其他村务，如计划生育管理、村民建房管理、低保对象的确定及救灾救济款物发放使用管理、印章管理与会议记录，等。《后陈村村务监督制度》则明确了：①村务监督机构的产生、组成、职能、义务、罢免程序；②村民代表联系户制度；③村民代表会议制度；④村务公示制度；⑤听证制度；⑥村干部的述职考核制度，等。作为整个监督制度的主要载体——村务监督委员会，则依村务监督制度设立。武义县委、白洋街道联同村两委，首先制定了村务监督委员会选举办法，并得到村民代表会议的通过。按规定，村务监督委员会成员从村两委成员及其父母、配偶、子女、兄弟姐妹等直系亲属以外的村民代表中选举产生，设主任一名，委员两名。其主要职能是：①对执行党的路线、方针、政策及村务管理制度执行情况实行监督；

②列席涉及群众利益的重要村务会议；③对财务公开清单和报账前的凭证进行审核；④建议村委会就有关问题召开村民代表会议；⑤对不按村务管理制度做出的决定或决策提出废止建议，村委会须就具体事项提交村民代表大会决定；⑥参与街道党委对村干部的年终述职考评；⑦根据多数村民与村民代表的意见，对不称职的村委会成员提出罢免意见，提请村党支部报上级党委、政府后，依法启动罢免程序。为了创造一个有利于村务监督委员会开展工作的气氛，在建立两项新制度，选出村务监督委员会后，后陈村随即用一周时间，集中全村党员干部进行党纪法制教育；同时，以深化村务民主管理为主题，组织广大干部群众学习国家有关村级自治的法律法规以及党的农村工作方针政策。

后陈村这一村治改革推出以后，收到了很好的成效，村庄的民主治理能力得到极大提升，大大促进了村庄的和谐稳定。这主要表现在以下四个方面：第一，监督领域拓宽。以村务监督委员会为载体的民主监督克服了以往监督的缺位、失位、错位问题，在监督范围上由原先单纯的财务监督向村务监督全方位扩展，在监督方式上由兼职监督向专职监督转变，在监督时限上由事后监督向全程监督发展，在监督方向上由纪委与街道对村干部的垂直监督向村民自身进行的水平监督延伸。第二，村民民主参与意识加强。通过村务监督委员会的工作以及相关听证程序，村民的知情权、表达权、决策权、参与权、监督权都得到保证，从而增强了平等、公正的合作参与民主意识，也提高了村级事务的决策质量。第三，干群关系融洽，工作顺畅。由于有了这样一种监督和参与的载体，干群沟通的渠道通畅，不仅增加了群众对干部的信任与理解，也使村干部能在阳光下理直气壮地开展自己的工作。更重要的是，有了村监委，对党支部的领导方式转变也是一种促进。传统的村党支部因为平常接触的都是村里具体事物，更习惯于直接决策甚至包办，现在则要通过民主决策的方式体现领导核心地位。第四，村民共享改革成效。这一改革制度运行以后，村里民心稳定，同时由于对集体资产的规范运作，广大村民都能得到集体资产增值的效益，如分红收入得到保证。此外，村级事务的管理和运行成本也大幅下降，如村卫生管理费由原来年 6000 元降至 3900 元，水塘承包款由每三年 4 万增加至 8 万，村里招待费成倍下降。据统计，村监委会运行两个月，即增收节支 30 多万，远远超过村监委会运行的成本。鉴于村务监督委员会的良好成效，现在武义全县范围内根据以点带面、分类实施的原则推行这一制度。而这一创新之举，也得到国家民政部门、浙江省委及广大新闻媒体的支持，学术理论界也高度肯定了这一创新的成效和意义。《南方周末》、《中国青年报》、《经济日报》、《新周报》、《新华每日电讯》及中央电视台等都对此做了报道与评论。

点　评

村务监督委员会制度是我国农村基层组织建设中少见的成功的制度创新。在这里，这一制度得以成功主要归结于三个基本要素，即制度本身的科学性、政府与社会的良性互动、民众的需求。在这里，民众的需求不言自明。由于村干部对村级公共权力的不规范行使，本来应该由村民共同享用的集体资产之收益被少部分人大量占有，在很大程度上损害了村民的利益。因此，约束、规范村干部的权力是村民内心深处的强烈愿望。而制度的科学性可从两方面理解，即内容与程序。从内容上看，村务监督制度设置了村务监督委员会。村务监督制度的职能内容决定了村务监督委员会可以全程全方位监督，让村干部不能、不敢、不想滥用职权。从程序上讲，村务监督制度经过全村村民代表会议通过，任何人都不可以违背这一原则；在选举产生上，该制度保证了其人选不会受到村两委的左右。政府与社会的良性互动，在后陈村主要体现在三个方面：第一，以县纪委及白洋街道为代表，他们深入村庄调研，充分了解民意，提炼制定两项制度建议，构思监督机构设置。第二，制度设置以后，政府真正支持该项制度。第三，国家各层级相关职能部门都对此举给以支持，在社会领域，大量传媒及学者也十分肯定，他们的理解与支持源于社会领域自发的赞同。这种国家与社会两相呼应的环境为村务监督制度的运行创造了良好气氛。

围绕后陈村村务监督制度建设，我们还可以发掘出一些深层次问题来加以思考。第一，如何促进稳定。我国当前治国的总体原则是在稳定的基础上图发展。各级政府都把保持稳定作为工作任务的重中之重。可是维持和促进稳定，主要有两种方式，一是消极防御，二是积极疏导，分别对应静态与动态两种稳定观。静态的稳定观，是为稳定而稳定，通过短暂消除或压制不稳定事件，从而回复到原先的轨道上去；而动态的稳定观，则积极构建利益的表达与完善机制，通过发展谋求稳定。后陈村的村务监督制度建设体现的就是一种动态稳定观，它通过制度规范村民的利益诉求，约束村干部的不洁行为，从而造就稳定局面。它实际上是

农村基层内部的一种自我发现矛盾、化解矛盾的纠错机制。在我国当前各种信访上访和群体性事件频繁发生的情况下，这一经验值得人们总结和反思。我们建设和谐社会，政治社会稳定首当其冲，只有以制度建设促进和谐才是根本出路。第二，如何促进地方经济政治社会的和谐发展。后陈村由于构建了一套村务监督制度，村民对干部做事放心，干部做事也理直气壮，村里集体资产增值和收益明显，广大村民也从中得到实惠。结合笔者在浙江省其他地方调研的深切感受，只有体制理顺，一个地方的经济与政治才能得到同步发展，相互促进。过去我们过分偏重经济发展，造成一些后遗症，从而又影响了经济的进一步发展。现在我们要着重在制度建设上做文章，才能真正落实科学发展观，为经济发展提供充足动力和良好环境。第三，如何加强民众对制度的信任。在后陈村的村务监督制度设计之初，即有百姓提出，我们制度已经很多了，但是没有太大用处。事实上，不仅在村级，在我们政治生活中的各个领域，我们的制度不可谓不多，但是总有同志反映落实不了。由于长期制度得不到落实，人们现在对制度建设的信心有些动摇。这里面有制度不完善的因素，也有政治文化的因素，但只要有来自国家最高决策层的坚决推动，是可以搞好制度建设的，从而加强民众对制度的信任。第四，党在基层的领导与建设工作必须加强。农村村民文化程度普遍不高，对有些事物认识可能不清，必须要有党的领导才能保证村民自治的长远发展。以村集体资产来说，我国现行法律规定它属于村民集体所有，但是如何处置却没有明确规定。由于关系到全村的整体利益和长远利益，党支部必须高瞻远瞩，从长计议，不宜全部分光。当然，农村的产权尤其是土地产权制度不太清晰也给农村工作造成不少困难。党支部在村庄的存在，对于普通村民来说，是一种指导也是一种制约。从理论上讲，全体村民或大多数村民的主张并不一定就是科学合理的要求，党的工作之重要性就体现在克服、超越一般村民的狭隘眼光。不过，党的领导核心作用必须以民主法治的方式体现。后陈村的整个监督制度建设过程同党的领导与支持分不开。

［案例来源：包雅钧《从“村务监督委员会”制度看和谐村庄的构建——浙江武义县后陈村创新基层民主治理能力的案例分析》，载俞可平主编《中国地方政府创新案例研究报告（2005～2006）》，北京大学出版社，2007］

案例八
江苏徐州贾汪区：公众全程监督政务

贾汪区位于徐州市，历史上因煤成矿，因矿建城。1993年12月27日，区划调整后，贾汪区为江苏省最大的城区。1995年经省人民政府批准，贾汪区行使和享受县级经济管理职能和权限。全区总人口50万人。

贾汪区实施“公众全程监督政务”制度的目的，主要有三个方面的因素。

一是发展和稳定的需要。近年来，特别是2001年因“7·22煤矿爆炸”事故小煤矿全部关闭后，全区各类社会矛盾日益显现。在这些矛盾中，部分是因为政府部门工作效率不高、亲民意识不强造成的，其后果是群众直接到区政府上访，既造成不良社会影响，又消耗了政府的精力，不利于全面工作的开展；也有些是政府工作透明度不够造成的，在决策制定时没有广泛征求群众意见，加之宣传不到位，使群众对政府的利民之举不了解、不理解，从而引发一定的抵触情绪，不利于决策的执行。为减少和化解矛盾，提高政府掌控全局的能力，促使干部既对上负责，又对下负责，必须有一套新的机制来约束、规范政府及部门的行为，提高群众的满意度和政府的公信度。

二是密切党群干群关系的需要。落实科学发展观、加强执政能力建设、创新行政理念，必须做到为民执政、科学理政、民主行政，在实现好、维护好、发展好人民群众根本利益上体现党的执政本质。通过开门行政，让老百姓充分参与政务，减少中间环节，缩短政府与民众的距离，让老百姓有说话的地方，让老百姓说话管用，引导民众和政府一起想办法、出主意，同心同德地参与到促进经济发展、维护社会稳定之中，从而共同建设和谐社会。

三是加强执政能力建设的需要。党的十六届四中全会作出了关于加强党的执政能力建设的决定，标志着党的工作重心开始从主要侧重于思想、组织、作风和制度建设，向以提高党的执政能力为重点的重大转变。加强党的执政能力建设，既是一个宏大命题，也是一个具体要求。在这个大的时代背景下，贾汪区大胆探

索，围绕使执政意识更强化、执政方式更科学、执政机制更完善、执政环境更优化、执政基础更稳固的要求，决定率先实施政务“公众全程监督”制度，全力打造民本政府、法制政府、责任政府、效率政府。

为减少和化解矛盾，缩短政府与民众的距离，提高政府公信度和掌控全局的能力，实现“让老百姓有说话的地方，让老百姓说话管用”，共同促进经济和社会发展，经过调研酝酿，2004 年 5 月，贾汪区政府开始实施“公众全程监督政务”制度，全力打造以民为本的“阳光政府”。

“公众全程监督政务”制度的主要内容包括民意咨询、民代听政、民众质询、民调评价四个方面。

（1）民意咨询：政府干什么事——倾听群众和有关专家意见、建议。在政府重要决策出台之前，有关部门拿出初步决策意见，召开民意咨询会，充分咨询民意，广泛调研论证。通过群众代表和有关专家对拟出台决策有关条款的询问，弥补拟出台决策的不足，校正可能出现的偏差。在此基础上，进一步完善决策文本，提交政府有关决策会议研究。

（2）民代听政：政府定什么事——让老百姓全过程参与。在政府决策过程中，邀请人大代表、政协委员、随机抽取的利益关系群体代表和有关专家列席政府常务会议、区长办公会议等决策会议，旁听决策过程，参与政府决策。在决策会议召开前，区政府将有关议题告知区人大、政协，由区人大、政协抽选能够代表利益关系群体的人大代表和政协委员列席区政府决策会议。同时在参加民意咨询会的群众代表中选取适当名额一并列席决策会议。列席政府决策会议的人大代表、政协委员、群众代表和有关专家在会前广泛征求利益关系群体的意见和建议，会后及时向其通报会议内容和决策结果。凡是涉及广大群众关心的热点、难点问题的重大决策议题，通过广播、电视、报纸、政府网站等媒体报道会议过程和结果。相关决策文本、政府文件通过报纸、政府网站、政务公开栏等形式向社会发布。

（3）民众质询：政府干不好事——接受民众质询。所谓质询就是群众对各级政府及其工作部门工作不满意，要求有关负责人当面回答“为什么”没做好，以后该“怎么做”，从而促使决策不断完善，工作不断改进，执行更加有力。在政府决策执行过程中，群众有疑问或不满意的，通过口头或书面形式向政府提出质询。涉及群众比较多的和比较突出的问题，通过召开民众质询会的方式，集中

进行政府和群众之间的沟通。对群众的一般性疑问和申诉，能够现场答复或解决的，有关部门负责人现场答复或研究解决。现场不能答复或解决的，要列出答复或解决计划，明确责任人并限期解决。提出质询的群众或利益群体代表半数以上对受质询机关的答复或解决措施仍不满意的，可以要求再次召开质询会。此次答复或解决措施必须达到群众基本满意并确保落实到位。有关部门不得因自身原因就同一个问题被连续三次提起质询。群众提出的一般性问题以及热点、难点问题都可被列为质询议题，质询议题可以由群众提出后政府排定，也可以由政府直接发布。质询会由相关区长主持，会议程序当场公布，有关部门主要负责人到会当面接受质询，承诺解决办法和办结时间。

（4）民调评价：政府干的怎么样——让老百姓来评判。民调评价就是让老百姓来投票，评判政府部门的工作。在重大决策执行前后，广泛引入民意调查机制，围绕经济、社会等各方面情况进行调查分析，为政府决策提供参考。重大决策执行后，在上级验收或专家验收的基础上，增加群众验收。邀请群众代表参与决策执行结果的验收，对政府决策的落实情况进行评价。在广播、电视、报纸、政府网站等媒体设置专门板块，组织群众讨论，广泛征求群众的评价意见。重点建设工程，组织群众代表现场观摩验收。区政府指定社会独立调查机构深入利益关系集中人群发放调查问卷，调查群众评价，调查结果向社会公布。对政府某项决策的落实情况，群众意见比较集中，不满意率在50%以上的应依照政策和法律及时整改，涉及责任的要追究有关责任人责任。

“公众全程监督政务”工作四个环节相融相通，环环相扣，每个环节都充分体现了“亲民”、“利民”的鲜明特色，使我们的政府更开放透明，更具亲和力。

贾汪区实施“公众全程监督政务”制度创新解决的主要问题如下。

（1）改变了政治生态，做官的不再容易。“公众全程监督政务”是在群众的参与和监督之下，更加突出政府在解决公共服务方面的问题，满足公民需求方面的有效性和回应力，重视自上而下的决策和执行与自下而上的回应相互作用；开辟了人民群众“知政”、“参政”、“议政”、“督政”的桥梁，激发了广大群众政治热情和社会责任的重要渠道。强化政府与公民的协商与合作机制，真正做到“听政于民、监督于民、尽责于民”，彻底打破了“民可使由之、不可使知之”的陈旧观念，代之以全新的政治文明。各级领导干部进一步转变工作态度和作风，把群众的事当事看、当事办。这是政务“公众全程监督”给贾汪政治生态

环境带来的最直接、最明显的变化。

对领导干部来讲，任务完成和职能的正确履行是硬性的，众目睽睽之下，不能搞敷衍塞责、形式主义，必须追求真动作、实政绩；工作结果和效率是硬性的，只能保质完成、及时兑现。否则，公众就会否决，其后果是相关处罚程序的启动，让执行不力者、工作平庸者退出岗位。这有助于推动广大党员干部特别是领导干部不断加强个人修养，深入基层，倾听群众呼声，了解群众困难，体会群众心情，使各项决策更加体现以人为本，切合工作实际，符合群众要求，真正做到立党为公、执政为民，赢得群众的信任和支持，推动执政能力的提高。

（2）开放了行政流程，做民的说话管用。实施政务“公众全程监督”制度就是要把政府的工作意图、决策过程、要办的事情向群众公开，接受群众监督。这是保障人民群众知情权、参与权的重要途径，是政务公开的深化和创新。有利于加强基层民主政治建设，拓宽人民群众参政、议政的渠道，保证人民群众广泛的政治参与，实现真正意义上的人民当家作主。

在政府日常管理工作或某项事务执行过程中，公众因某一方面的工作认为不满意，可以主动提出，要求对政府及其部门进行质询。质询采取一种面对面的沟通和辩论，这样，公众就有了说话的地方，公众说的话管用。从已经召开的三次民众质询会来看，效果十分明显，大量长期积累的问题和矛盾在极短时间内都得到了彻底解决。同时，公众与政府的沟通不再存在仰角，而是在平等基础上的平视式交流，这样使评估权和行使权达到了最佳契合。这一契合使公众拥有一个宽松的氛围、平实的心情、理解的态度来看待政府；促使干部既对上负责，又对下负责，增强了政府与群众的互动交流，取得了人民群众的理解和支持，在制度上架起党政领导和人民当家作主的桥梁。

（3）完善了评价体系，做事的受到监督。政务“公众全程监督”制度也是一项新的绩效评价模式。其设计原理是，从改进评估系统入手，让公众参与政府决策、执行和评估的全过程，在社会管理和公共服务中实现政府与公众的互动。工作原理是，政府在决策和事务的事前、事中、事后，通过民意咨询（决策之前征求公众意见）、民代听政（人大代表、政协委员、利益关系群体列席决策会议）、民众质询（执行过程中政府官员接受利害关系群体面对面的质询）、民调评价（通过民意调查评估工作绩效）四个环节，让群众充分参与政务。

这样一来，一方面，改进政府绩效评价必须取得公众的关注与参与；另一方面，公众的关注与参与必定能有效地改进政府绩效评价。事实上，对政府绩效的评估，公众反馈的意见是首要标尺，公众不再仅仅是传统意义上的投票人、纳税人、服务的接受者，而是公共部门管理中必不可少的组成部分。公共管理活动最后是否产生好的结果，是否满足公民需求则更为重要，有助于公共部门追求以责任落实为主的行为模式，从而在主观上规避了公共部门的形式主义、浪费和官僚主义。这一评价系统将公众的满意度作为考核标准，尽管是为了定性而设计的量化标准，但却使工作有了追求目标。公共部门必须围绕追求合格满意率而开展工作。

“政务公众全程监督”制度实施以来取得了良好效果，主要体现在三个方面。

（1）群众得到实惠。拆迁补偿、市政建设、环境整治等群众比较关心的热点问题，通过民意咨询、民众质询等环节最大限度地满足了群众需要，拓展了激发广大群众政治热情和社会责任的重要渠道。如夏桥小区综合开发、民和小区拆迁以及大寨河改造工程是贾汪区城建重点工程，为积极稳妥地推进此项工作，区政府责成有关部门分别召开了由群众代表和有关专家参加的三次民意咨询会。会上，群众代表畅所欲言，纷纷就拆迁补偿、户型面积等问题提出自己的意见和要求。针对群众的意见，区有关部门及时与开发商进行协商，对原方案作了修正，最大限度地满足了群众的要求，提前化解了许多不必要的矛盾。这种集中民智、凝聚人心的活动，得到了群众高度赞誉。另外，还建立民众事务调处机制，对信访问题终结处理。目前共接待群众来信、来电、来访180件次，建议类已纳入议题库；求决类通过协调处理，95%的问题都得到解决，来访群众非常满意。区政府利用政府网站实行政务公开，开通了政务监督投诉窗口，受理投诉和建议120余条，全部给予答复、解决和处理，使老百姓得到实惠。

（2）政府效能和公信度大幅提高。到2005年上半年，全区机关部门简化办事程序、缩短办事时限的有1500多项，提前办结率从“革命”前的56%提高到86%。群众对机关作风的满意度大幅提高，有96.3%的人表示没有遇到机关工作人员推诿刁难、吃拿卡要等现象。群众信访量大幅下降，2005年上半年与2004年同期相比，党内信访和社会信访分别减少38%和32%。在群众的参与与监督之下，更加突出政府在解决公共服务方面问题的能力，满足公民需求方面的有效性和回应力，重视自上而下的决策和执行与自下而上的回应相互作用，真正

做到“听政于民、监督于民、尽责于民”。从已经举办的4次民众质询会上看，1000余名群众代表就10个大问题84个小问题向公安、工商、城管、房管等20家单位主要负责人进行了质询。这些主要负责人接受质询后的普遍感受就是在台上如坐针毡，通过老百姓尖锐的提问，才知道自己还有那么多工作没做好，才知道群众还有那么多的怨言和不答应，今后一定要更加自觉地接受群众监督，兢兢业业做好做实每一项工作。从对各单位落实情况的检查来看，群众质询的问题已基本被解决。在政务“公众全程监督”制度的督促下，政策执行更加顺畅有力。

（3）改变了政治生态，政府与公众平等协商与合作的基本格局形成，促进了社会和谐。“公众全程监督政务”变官员对上负责为对下负责；“听政于民、监督于民、尽责于民”在制度上保证了干部与群众共同“当家理政”，已经成为社会矛盾的“减压阀”和“缓冲器”。这一机制仅在民众质询环节就累计受理群众反映的问题500多个，使政务梗阻得到及时疏通，密切了干群关系。它做到了决策上大家一起细商量，避免了失误：决策的民主化氛围更浓了，区政府曾在召开的七次政府常务会议，分别邀请了20位人大代表、政协委员、群众代表及有关专家列席会议。受邀代表不但有了参与权，还有了发言权，他们的许多合理化意见和建议已被区政府采纳，直接影响了政府决策。这种从政府工作的源头实施最大限度的民主，让群众从头至尾参与政府工作全过程的做法，强化了政府和群众的协商与合作机制，增强了政府解决公共服务问题的能力与质量。同时，这项机制使干部得到锻炼：民众质询使干部感到了压力，干部的责任感更强了。在开放型的现代社会，各级领导都是公众人物，都要接受群众评判，并影响、感化和带动更广泛的群体围绕目标而行动。这些都要求各级干部不断加强个人修养。个人修养的提高，既需要个人主动，也要外力推动。在个人主动性不足的情况下，政务“公众全程监督”就是一个很好的逼其就范的契机。政府官员要在不断适应变化、摆正角色中快速提高自身的个人素质；使其更能适应群众的要求，赢得群众的信任和支持，推动政府执政能力的提高。

点　评

贾汪区“公众全程监督政务”的创新之处体现在以下三个方面。

（1）构建了公众全程参与和监督政务的完整制度，开辟了人民群众“知政”、“参政”、“议政”、“督政”的桥梁。“公众全程监督”包括民意咨询、民代听政、民众质询、民调评价四个环节，环环相扣。

(2) 形成保障公众全程监督、促生服务型政府的完整配套机制。

首先，区委、区政府领导组成实施“公众全程监督政务”制度领导小组，并成立政务监督办公室（与区政府督导办一套人马，两块牌子）负责具体实施。

其次，为便于群众参与和监督，对四个环节的制度都制定了相关程序，同时，对评价机制和监督机制予以完善。将公众全程监督与当地媒体、政府网站紧密连接，扩大影响范围。

再次，构建了自我化解矛盾的民众事务调解机制。目前，90%以上求决类新信访难题都得到解决，建议类信访纳入决策议题库。

最后，为保证群众代表更具广泛性，与群众自愿报名相结合，区政府建立了由社会各界人士代表组成的3728人的代表库。

(3) 扩大了民众参与地方政府治理的渠道。贾汪区区委区政府，在面对2001年“7·22煤矿爆炸”事故后，关闭大批小煤矿所产生的危机时，自觉运用民主治理的方式，通过扩大民众参与程度、监督全程政务的方式，来克服当地政府的官僚习气，化解了危机产生的矛盾，从而取得了良好效果。这是在中央民主执政、科学执政、依法执政、以人为本指导思想转变的大背景下，当地政府面对危机、克服危机的一场自觉革命和变革。它说明，这是在危机意识下，有创新思维的地方主要领导干部，运用民主手段打造透明政府、责任政府、服务型政府的一次成功尝试，也说明对于民主执政来说，公民参与的极端重要性。它可以说是我国地方政府化解矛盾、消除腐败、遏制官僚主义的一剂良药，是人民所热望，也是我国政治民主法制的方向。

（本文参考了徐州市贾汪区政府关于“公众全程监督政务”的有关材料和第三届地方政府创新奖项目调查组对贾汪区的考察报告。在此表示感谢）

案例九

安徽芜湖："市民心声网"促进市民与政府互动

随着经济社会的快速发展，芜湖已经成为安徽省开发开放的前沿和经济快速增长区域，是全国百强城市和竞争力50强城市之一，其制度竞争力和政府管理竞争力居全省之首、全国前列。政府在不断加快经济社会发展的同时，始终坚持以民为本，把倾听民意、关注民生作为工作的着力点和落脚点。随着互联网技术的成熟，网络平台成为一种方便、快捷的政府与民众沟通和交流渠道。为此，从2003年1月起，市政府在其网站设立了"市民心声"栏目，从事构建民意政府的探索和实践。这一活动的实施，得到全市包括省内和外省很多网民的关心、支持，在引导市民参政议政，监督、改进政府工作，丰富群众文化生活等方面发挥了积极作用，显现了良好的互动效应。2005年11月，"市民心声网"在原栏目基础上正式升级开通运行。在芜湖，为配合这一网络功效，政府与社会共同构建了四大运行机制。

（1）部门反馈的在线回复机制。对市民的咨询投诉，市政府专门下文要求各相关部门在五个工作日内做出答复，市政府督办部门加强催办、督办，并对回复情况及办理情况进行检查，结果在网上公开通报。部门答复情况纳入年度目标考核范围。通过这一制度的实施，在政府的行政干预和网络的舆论监督作用下，近三年来各部门共答复市民网上咨询投诉7000余条，解决了诸如"长宁路改造"、"驾照年审难"等一大批群众关心的热点、难点问题。

（2）覆盖全市的媒体联动机制。考虑到网络媒体的局限性，为使"市民心声"这一互动形式能覆盖到全市，市政府出台了与媒体联动的《关于"市民心声"专栏与媒体联动的方案》。2003年5月起，开始与报纸、电台、电视台等媒体联动，在《芜湖日报》、《大江晚报》设置"每周摘编"专版，刊登精彩帖文

与读者互动；在黄金时段，通过电视台播放“市民心声”宣传片，提高大众认知度，以吸引更多市民参与到与政府互动中来，将“市民心声”的影响力扩大到网络以外地方，变网民参与为全民参与。

（3）直接沟通的在线访谈机制。为实现政府与市民即时、零距离接触，市政府要求，每月由一个市直部门的主要负责同志与广大网民进行在线即时交流，现场回答网民问题。在线访谈不预设话题，不限定内容，不设主持人，全部由网友自由提问咨询，部门负责人直接在网上答复。这是芜湖市自“市长热线”、“市长接待日”之后开通的第三条直接信访渠道。近三年来已先后有市公安局、建委、财政局等 23 个部门的主要负责同志通过这种方式与市民实现了网上“面对面”交流。

（4）重在执行的政府督办机制。市政府办公室摘编“市民心声”信息，分送市委、市政府领导参阅。2003 年 6 月，市政府督办室在栏目中开设“督查反馈”栏，对领导关注、市民关心的问题和事项重点督办，及时反馈督查办理的进程，以特定网名不定期进行网上发布。本来互动是轻松和具有双向选择意味的活动，因督促检查而增加了强制性，体现了政府为民办事的决心和态度。2005 年 10 月，又增设了“新闻督办”栏，将政府行政行为和媒体的舆论力量结合起来，以强化政府及其所属部门的执行功能。这体现了政府的力量。

据有关统计，近五年来，注册网民已达 17 万人，遍及全国各省及十几个国家和地区，栏目每天访问量 1000 人左右，总访问量达 3000 多万人次；网友发言上百万条，文字 9000 万字，摄影照片近 5 万幅。通过近五年时间的运作，“市民心声”已向城市民意社区转化，并成为政府发现问题、解决问题的办公场所，成为政府与市民互动的有效载体，以极低的行政成本，获取了较大的社会效益。其实施促进了政府职能转变和行政行为的科学规范，推进了民主政治建设，推动了地方经济社会发展和“和谐芜湖”建设。其主要功效体现在：一是开辟了市民参与政府事务的新途径，得到了市民的积极响应，有利于政府了解百姓心声。二是市民反映的问题得到了及时回复和解决，维护了社会稳定，加强了公众监督，促进了政府部门工作的改进和形象的树立。近三年来有 7000 余条各类网民的意见、建议和投诉得到及时回复，在很大程度上推动了部门改进工作作风、提高工作质量。有网民投诉 110 报警电话无人接听，市公安部门不仅从业务流程、技术手段等多个角度在网上进行详细解释，还将当时的 110 报警记录公开上网，其虚心态度、政务公开的行为获得了广大网民的理解和好评，密切了警民关系。三是高素质网民的献计献策，为完善政府工作、促进经济发展提供了有益借鉴。四是各级人大代表、政协委员的积极参与，拓宽了民主渠道。"市民心声"开办以来，吸引了全市一批各级人大代表和政协委员参与其中，他们除了吸纳网友的建议形成议案建议、提案外，还在议案建议和提案提交大会之前，通过"市民心声"征求网友对草案内容的意见，以求完善。同时，市政府也及时把重点议案和提案的办理情况在网上发布，极大提高了议案和提案的质量。"市民心声"这种运作方式，无论地方政府、普通百姓，还是外来投资者均从中受益。

之所以能取得以上如此积极的效果，它与"市民心声"的独有特色分不开：①互动性。它具体表现为"市民有投诉，政府有回复；群众有意见，政府有解答"。相对于不少同类网站、论坛，该栏目最大特点体现在这种良性的互动机制上。很多地方，市民的投诉、意见往往石沉大海。在芜湖，各级政府和部门均高度重视群众的网上意见，基本上做到有投诉有回复、有意见有解答。②宽容性。一般的政府网站在一些批评性的意见上，特别是尖锐的批评性意见上，很难和市民站到平等位置。而在芜湖，各部门在开会时听不到的声音，在报告中看不到的问题，都能在这个虚拟空间中看到、感受到。有些能促进工作的改善，有些则对人们有所警示。③联动性。由于网络媒体仍处发展阶段，与传统媒体比较，其覆盖面、影响力仍有一定差距，而芜湖则将"市民心声"与日报、晚报、电视台、电台进行联动，在这些媒体上开辟专栏、专版，每周挑选一批精华帖子予以刊载、转播，进一步扩大栏目的受众面和影响范围，使栏目的作用得到充分发挥。④效益性。通过这一栏目设置，芜湖市建立起政府与市民沟通互动的桥梁，促进了市民关注的数千个问题的解决，对于推动政府各部门改进工作作风、提高工作效率起到了重要作用。但软硬件投入却不到5万元，属于典型的花小钱办大事。⑤扩展性。它为下一步开展电子政务、网上办公奠定了良好的群众基础和技术基础。以此为起点，市政府将对各部门的工作内容进行细化分解，对工作流程进行重组，对工作单元进行再造，逐步实现在线办公、网上办事。

点　　评

芜湖通过运用互联网技术，发展电子政务，在促进政府与市民互动，构建和

谐社会上下足了功夫，真正体现了以民为本。对这一机制的评价我们应当着重于其发挥的社会效益。从网站自身来看，它已经成为一个功能齐全、人气旺盛、集政务沟通与生活娱乐于一体的政府网站。从政府转变职能的角度来看，政府变被动为主动，提高了政府效率。政府不再不知道或不理会民众声音，而是切实把民众的意愿当作政府的头等大事来对待。这也有助于提升政府形象。在这个过程中，民众也得到了实惠。这不仅是指政府倾听民众的声音，解决了民众关心的问题，更具有重大意义的是，它开辟了一个新的政治空间，使民众的公共生活参与权与知情权得到了保障，这是建设民主和谐社会的重要前提。当然，从现实层面上看，通过“市民心声”解决的问题，也都大大促进了本地经济社会政治各项事务的发展，为和谐社会创造了直接的现实环境，其价值不可小视。从社会影响来看，这一机制有利于密切政府与民众关系，增强民众对政府的认同，提升政府合法性。现在，人们对因“市民之声”而构建的本地发展氛围是美誉有加。

而这一效果的实现，除了以上机制与特色之外，实际上离不开以下几个因素。一是民众的参与需求。随着经济社会向前发展，人们也面临很多困惑。在中国的历史传统下，人们对政府寄予很多厚望，需要政府指导。同时，很多关心民众利益的公共问题，需要政府出面解决。民众参与公共生活已经是大势所趋，不可阻挡。而芜湖市政府正好顺应了这一时代潮流，采用了合适的方式。当然，市领导的素质及政府官员们观念的转变也很重要。在很多地方，一些官员对民众提出的问题置之不理或冷处理，民众常常也奈何不得。而在芜湖，主要市领导表现出极高的民主素质和责任心，并较好地协调了各部门间的权责关系，规范了它们的执政行为。此外，媒体与社会各界的推动也发挥了很大作用。在现行体制下，媒体应当说是积极寻求维护保障人民权益的新途径。近些年来，媒体从业人员的素质都有了很大提高，他们敏锐地捕捉到这一新生事物，在主要政府领导的支持下给以积极配合。

芜湖“市民之声”对电子政务的探索，实际上是一个走向善治的过程。善治，就是政府与民众等各种相关主体间相互合作沟通，实现公共利益最优的状态。“市民心声”较好地调动了各种参与力量，民众和政府都相互理解，尤其是对政府而言，这又是一个挑战。如何在这个过程中做到政治透明，行动高效，责任明确，执法规范，与以往是一个划时代的转变。在走向治理与善治的途中，政

府始终扮演着关键角色。

［案例主要来源：王容川《芜湖"市民心声网"的发展历程》，《中国信息界》2007 年 Z2 期；朱昔群、周青：《中国电子政务的发展方向——以芜湖"市民心声"为例》，载俞可平主编《中国地方政府创新案例研究报告（2005～2006）》，北京大学出版社，2007］

案例十

北京市石景山区鲁谷社区：街道社区管理体制创新

鲁谷社区原来隶属北京市石景山区八宝山街道办事处，2002 年被批准组建鲁谷街道办事处，2003 年在街道层面进行管理体制改革试点并成立鲁谷社区。鲁谷社区面积 7 平方公里，各类人口近 10 万人，中央和市属单位 20 家，下辖 20 个居委会。

鲁谷社区体制改革采取的是"大社区"理念，在街道层面成立社区，通过构建"三个体系"、理顺"两个关系"、坚持"两个依法"和实现"两个归位"的具体改革思路，建立"小政府、大社区、高效率、大服务"的新型社区管理模式。所谓构建"三个体系"，即指构建社区党的领导核心体系——社区党工委，负责社区党建工作；建立社区行政管理体系——社区行政事务管理中心，承担社区行政管理职能；建立社区民主自治工作体系——社区代表会议及相关组织，负责社区居民自治事务。理顺"两个关系"是指在定位政府、社会和市场三者之间关系的基础上，理顺区政府有关职能部门与鲁谷社区之间的关系；理顺社区党工委、社区行政事务管理中心和社区委员会等自治组织之间的关系。坚持"两个依法"是指政府依法行政，社区依法自治。实现"两个归位"是指政府行政管理职能的归位，把辖区有关行政执法和行政审批的各项职能经梳理后归位于政府职能部门，建立"责、权、利"相统一的新型"条块"关系；将有关社会事务职能进行归位，把过去由政府直接管理和操作的有关社会事务剥离出来归还给社会，逐步交由社区组织和各中介组织来承担，并大力培育、发展社会中介组织，实现党和政府及群众自治组织对社区的有序和高效管理。鲁谷社区管理体制创新的主要做法如下。

1. 精简社区内设机构，降低行政成本

鲁谷社区的基本组织架构为"三驾马车"，包括社区党工委、社区行政事务管

理中心和社区代表会议及其常设机构社区委员会。作为区委的派出机构，社区党工委在新体制中处于核心领导地位，对社区性、社会性和群众性工作负总责，确保党对基层行政工作及社区自治工作的核心领导权；作为区政府的派出机构，社区行政事务管理中心对辖区内城市管理、社区建设及有关社会事务进行管理、协调、指导、监督和服务，社区行政管理中心负责人由区政府任命；选举产生的鲁谷社区代表会议及其常设机构社区委员会负责民主自治工作，指导居民委员会和中介组织的工作，社区委员会主任和副主任由社区党工委提名，经社区代表会议差额选举产生。

鲁谷社区党工委和行政事务管理中心内设行政编制机构四个，即“三部一室”和事业编制机构“一所两室”。所谓“三部一室”指社区党工委下设的党群工作部和社区行政事务管理中心下设的城市管理部与社区事务部，以及社区党工委和社区行政事务管理中心合设的综合办公室。党群工作部 9 人，下辖 20 个社区居委会党组织，由原来街道组织人事、宣传等五个科室合并而成，履行原来街道党口的全部职能。社区事务部 9 人，由原来街道民政、计生等四个科室合并而成，履行原来街道民政、计生职能和劳动、文教的行政协调职能。城市管理部 7 人，由原来街道城建科和综治办公室合并而成，并履行其职能。综合办公室由原来街道工委办、行政办和财政科合并而成，并履行其全部职能。社区中心共设行政编 39 人，除上述部室人员外，编处级干部 6 名（现行街道一般在 8 ~ 10 人左右），其中，书记、主任各一名，副书记兼党群工作部部长和工会主席一人，纪委书记兼武装部长和社区委员会副主任委员一人，副主任两名，分别兼社区事务部和城市管理部部长。事业编制机构的“一所两室”指社区行政事务管理中心下设的社会保障事务所、企业服务办公室和社区代表会议的常设机构——社区委员会办公室。除此之外，还设有 1 个自收自支事业单位——社区服务中心。社区机关下辖机构人员编制共 17 名。

鲁谷社区的“三部一室”行政机构设置较之于原有街居体制下的街道工委和街道办事处的内设机构大大减少。与北京市同类街道平均公务员人数 90 人相比，鲁谷社区只有 39 名公务员编制。比照同等规模街道机构要少 73%，人员精简幅度达 57%，处级干部职数也比同类街道减少近 40%。在改革过程中，被撤销的部门和科室有：劳动科、文教体卫办公室、财政科、统计科、企业服务办公室。合并的部门和科室有：工委办、行政办、财政科合并为综合办公室；组织人事科、宣传科、工青妇联合办公室、人民武装部合并为党群工作部；城市管理科和综合治理办公室合并为城市管理部；民政科、计划生育办公室和文教体卫办公室合并为社区事务部。鲁谷社区进行的行政机构改革大大减少了行政管理层次，实现了机构瘦身，避免了人员浪费。

2. 转换和归位职能，提高行政管理效能

鲁谷社区的成立并进行街道体制改革的重点在于理顺区、街和居委会之间的条块关系，转换政府职能，归位社会管理职能。首先，区政府职能部门在鲁谷社区设立以下相应派出工作机构：设立鲁谷社区公安派出所，由公安分局垂直领导，履行原来街道派出所职能；设立鲁谷社区城市管理监察分队，由区城市管理监察大队垂直领导，同时接受鲁谷社区党工委的领导和鲁谷社区行政事务管理中心的指导和监督；设立鲁谷社区统计所，由区统计局垂直领导，鲁谷社区为其提供办公场所和相关服务；设立鲁谷社区司法所，由区司法局垂直领导，鲁谷社区为其提供办公场所和相关保障；区交通安全、消防部门在鲁谷社区派驻专业工作人员，由职能部门直接领导，鲁谷社区为其提供办公场所及相关保障服务。其次，政府职能部门在鲁谷社区管理职责进行相应调整：社区劳动监察职能由区劳动和社会保障局负责，其他社会保障事务由现社区社会保障事务所承担；辖区居民的私房翻建审核工作由区规划分局直接负责；辖区内的文教体卫部分社会事务由鲁谷社区自治组织和有关中介组织承担，相关指导与协调工作由鲁谷社区行政事务管理中心负责；辖区殡葬管理的行政执法工作由区民政局负责，鲁谷社区给予必要的协助与配合；鲁谷社区社会人员高考报名、咨询、体检等专业事务由区教委招生考试中心负责，鲁谷社区负责提供辖区社会人员高考档案。

改革后的鲁谷社区新机构共承担80项职能，与原来所属的八宝山街道职能相比减少28项，其中，调整到职能局处的行政管理和执法职能9项，转入社区自治组织6项，转入社会保障事务所6项，合并职能6项，撤销1项，社区保洁等社会事务转为市场化运作。

3. 培育自治组织及社团，激活基层民主

鲁谷社区管理体制改革的另一个重点是创建社区民主自治工作体系，在整个鲁谷社区依法实行民主自治。鲁谷社区自治组织体系由社区代表会议、社区委员会、各居民委员会和社区各中介组织构成。社区代表会议的社区代表每届任期三年，代表由三部分成员组成，一是居民代表，由选民或选民代表通过差额无记名投票的方式选举产生；二是驻社区单位代表，由本单位推举产生；三是驻社区的各级人大代表、政协委员，不经选举，直接获得社区代表资格。社区委员会是通过召开社区代表会议选举产生的社区民主自治组织，是社区代表会议的议事、协调机构。鲁谷社区内各居民委员会统一称“石景山区鲁谷社区XXX居民委员会”。社区委员会每届任期三年，共设35名左右委员，设主任委员1名和副主任委员6名（兼职）（由社区党工委提名，经社区代表会议选举产生）。社区委员会委员由社区代表会议在本届代表中选举产生，通常由各居民党组织书记或居委会主任、驻社区单位代表、社区知名人士和居民代表若干名组成。社区委员会在社区党工委领导下，承担有关社会性和群众性民主自治工作，指导各居民委员会和各社区服务中介组织的工作，代表社区内广大居民群众的利益，发动居民群众和社区单位参与社区建设，指导社区居民提升自我教育、自我服务和自我管理的能力。社区委员会下设六个专业工作组，即社区服务和社会福利组、社区治安和人民内部矛盾调解组、社区医疗和计划生育组、社区文教体卫组、社区环境和物业管理组、社区共建和协调发展组，分别负责社区相关事务的协调与监督。社区委员会下设办公室，是社区委员会的常设执行机构，负责处理代表会议闭会期间辖区内民主自治工作的日常事务。

社区代表会议和社区委员会除了履行政府剥离出来的社区教育、体育、群众文化等社区事务性职能之外，还需要为社区的建设和管理建言献策，对政府职能部门、派出机构及其负责人进行监督、评议，动员辖区居民积极参与社区事务。社区代表反映意见和建议，可在会议期间（每年召开一次）直接提出，也可以通过填写《社区代表建议书》或直接向社区委员会办公室反映。对社区代表提出的意见和建议，社区委员会办公室专人负责进行登记、办理，及时协调解决，或给予明确解释。除了以社区代表会议制度激活社区民主外，鲁谷社区还设立了党代表任期制，选举产生148名党代表和13名党委委员，定期开展代表联组活动，以党内民主促进社会民主。另外，为了改变城市基层公共参与不足的局面，也为了整合更多的社会资源共同参与社区治理与服务，鲁谷社区还积极培育和发展义工协会、社区艺术团、爱心家园等社团组织。

点　　评

鲁谷社区管理模式的特点在于强调大社区理念，一方面通过政府行政管理职能和社会管理职能的重新归位，另一方面通过街道层面设立社区代表会议和社区委员会这一新型的民主自治组织推进社区的自治进程，较好地理顺了区、街、社区和居委会之间的条块关系，真正推动了政府职能转变和管理重心的下移；同时，在街道层面实行大自治，把过去由政府直接管理的部分社会事务交给了社区自治和中介组织，强化了社区自治的功能。

鲁谷社区管理体制改革取得的具体成效有：①政府职能的转换、退出、合并等改革大大精简了行政人员，减少了行政成本。②社区代表会议每年对社区内政府职能部门、社区管理机构进行评议的制度在一定程度上起到监督社区行政事务的作用，大大改变了行政作风；同时，社区居民也通过社区代表会议选举、民意征询会等形式熟悉了民主程序，培养和提高了社区公民的民主参与精神。③社团组织的培育和发展不仅有利于社区的和谐稳定和增强对社区的认同感，而且提高了社区居民的参与能力。④社区代表会议和社区党员代表会议制度不仅协调了社区和辖区内各机关、企事业单位等之间的关系，而且充分调动和有效整合了社区内各种资源支持社区发展。

鲁谷社区管理体制改革取得的成效是显著的，为我国城市街道管理体制改革、社区建设和和谐社会的建构提供了有益的探索模式，值得其他地方借鉴和学习。当然，鲁谷模式并不完善，且不论政府职能转换过程中职能划分是否科学、社区代表会议制度的民主化程度如何等具体做法中的问题，以下几点仍然值得进一步探讨。

（1）鲁谷社区管理体制改革的目标是通过政府职能调整和转变推动社区民主自治的发展，从现行的做法上看，政府职能转变和社区民主自治的发展都是政府自上而下推动并实施的。然而，实际上，社区民主自治的发展不仅需要自上而下的政府推动，更需要自下而上居民自治所需要的居民参与意识和参与能力的提高。在改革过程中设立的社区代表会议和社区委员会制度以及政府培育和发展社团组织固然可以在一定程度上提高公民的民主参与精神和参与能力，但是，就像以前的居民委员会作为法定的自治组织变成“政府的腿”一样，鲁谷社区这种自上而下建立的居民自治组织、中介组织和社团组织也很容易走到旧体制的老路上去。因此，如何避免行政推动社区自治的弊端，避免改革的形式化，真正培育自下而上的居民自治能力和精神，仍然是鲁谷改革中需要特别注意和值得深化的。

（2）对于政府职能的调整和转换，其真正落实也是需要认真对待的一个问题，否则，也很容易产生“精简——膨胀——再精简——再膨胀”的怪圈。鲁谷社区管理体制改革的难点在于转换政府职能后政府职能部门责权利的重新分割和利益调整，为减少改革的阻力和不确定性，鲁谷社区新体制的改革并没有不顾现实而采取一步到位的做法，而是在实践中逐步推进，例如，进一步调整街道内设机构并将现有部分社会事务和行政管理职能逐步实现调离和剥离被列入鲁谷社区改革的下一步计划。这一做法间接说明，政府职能的调整和转换并非易事。另外，鲁谷模式的可复制性和可推广性在实际操作中曾经受到质疑，因为鲁谷街道是新建制街道，改革阻力较小，这为鲁谷社区成功精简机构转换职能提供了有利条件，因此，复制鲁谷模式也并非易事。即使在鲁谷模式得到认可和推广的石景山区，其他街道的改革仍然特别强调坚持“四个不变”，即“街道名称不变、编制不变、经费不变、领导职数不变”。这也说明，政府职能的调整和转换不仅需要改革者的创新精神和政府自身的勇气，更需要改革者的智慧和改革过程中各部门之间的协调和支持。

（3）在理顺政府、市场和社会三者之间关系上，鲁谷模式只是做了初步尝试，政府的缺位、市场的缺失以及自治的不足都要求鲁谷改革进一步推进。鲁谷改革的进一步推进，不仅需要现有改革的进一步深化，还需要改革所需外围制度环境的改善。

［案例来源：陈雪莲《从街居制到社区制：城市基层治理模式的转变——“北京市鲁谷街道社区管理体制改革”案例分析》，载俞可平主编《中国地方政府创新案例研究报告（2005～2006）》，北京大学出版社，2007］

案例十一

广东深圳盐田区民政局：社区治理体制改革

深圳市盐田区的“社区治理体制改革”开始于1999年，其基本思路是围绕理顺政府与社区关系，增强政府管理水平和社区自治功能“两条主线”，采取“议行分设”理念，确立“一会两站”和“居站分开”的社区治理模式，实行城市基层管理全面改革，重构社会管理体制，使社区建设逐渐由政府主导变为社会主导，达到并推动社区居委会自治。

盐田模式的形成经历了两个重要阶段：第一阶段主要是从居委会的“议行合一”旧体制向以“议行分设”理念构建的“一会（居委会）合两站（社区工作站和社区服务站）”的社区管理体制过渡；第二阶段则将承担政府工作的社区组织从社区居委会中剥离出来归入政府条条管理，再以“会站分离”的理念构建“一会（分）两站”的社区治理体制新模式。盐田社区治理模式建立在居委会层面的社区基础上，强调社区治理理念的创新，在实践中不断推进政府、社区和居民关系的改善。其基本做法如下。

（1）采取“议行分设”的理念，建立“会站分离”模式。在改革的第一阶段，为了重新确立居委会的定位，从制度上保证居委会的自治地位，盐田区出台了《关于明确社区居委会、社区工作站和社区服务站权责关系的意见》和《盐田区政府职能部门向社区居委会实行“费随事转”暂行办法》和新的考评办法等一系列政策措施，采取“议行分设”理念，明确了社区居委会、社区工作站、社区服务站的各自职责及与政府机构的权责关系。这在一定程度上保障了社区居委会的合法权益，使得社区居委会能够逐步独立自主地开展为居民办事和服务的各项工作。在改革的第二阶段，为了更好地解决社区居委会的行政化问题，区委、区政府又于2005年制定出台了《中共深圳市盐田区委、盐田区人民政府关

于加强社区建设的工作意见》和《关于做好我区社区党组织和社区居委会换届选举工作的通知》，从社区居委会、社区工作站和社区服务站的组织结构、性质、职能、人员、经费、场地等关键环节进行分离，从而厘清社区工作站和社区居委会及社区服务站相互关系，并进一步理顺政府与社区居委会的关系。

在职能定位上，重新界定社区工作站职能和定位，将社区工作站从社区居委会中剥离出来，作为区社区建设委员会设在社区的工作和服务平台。社区工作站人员由雇员组成，行政关系隶属街道办事处，主要承担政府交办的工作，并将已经进入社区的各项工作分别归并为社区组织、社区卫生、社区环境、社区治安、社区文化和社区计生等社区建设六项内容，以此作为社区工作站的主要职能。同时，还规定社区工作站要协助社区居委会处理各项居民事物，接受社区居委会协调、监督和评议，对政府聘任的社区工作站人员，社区居委会享有推荐和建议解聘的权利，从而将政府职能从社区居委会中完全剥离出来。在人员分离上，盐田区规定，凡是当选为社区居委会成员者，不得聘用为社区工作站工作人员，社区居委会成员与社区工作站人员不再交叉任职，各社区工作站由区编委配备七名左右的雇员和适量的临聘人员，由各街道办事处申报，经区组织人事部门和各街道办事处审定、考试考核后方可聘用，确保了工作站人员专业化和职业化。在经费和财产分配上，规定把社区居委会和社区工作站的财务主体彻底分开，社区工作站工作经费、办公经费和在编工作人员的工资、福利由财政予以统一安排，纳入区财政预算，政府全额拨款，不能向居民收取任何费用，财务由街道办事处按照收支两条线的办法进行管理。在办公和服务场地分割上，为确保三个社区组织的办公和活动用房，盐田区规定由政府投资建设的社区服务综合楼等物业产权属于街道办事处，但各街道办应为社区居委会在社区服务综合楼至少配备100平方米以上的议事和办公产地；其他空间以大致各占一半的比例分配给和以低廉价格租借给社区工作站和社区服务站进行办公、服务。

（2）改革社区治理体系，在推动政府管理重心下移的同时，减轻政府行政带给社区的负担。为了加强政府工作重心下沉，提高政府工作效率，区成立了社区建设工作委员会，下设办公室作为专职协调职能部门进社区工作的机构，负责整合政府进社区各项工作职能和人员，确保政府工作有序而合理地进入社区；建立区社区建设委员会办公室（区民政局）——街道社区建设委员会办公室（社会管理科）——社区工作站的垂直管理体制，使政府的职责、任务、资金、人员等可直接到达社区工作站。社区工作站的创建，解决了政府公共服务没有基层承接的问题。更进一步，为合理规范社区工作站的行政事务工作，优化资源配置，减轻社区工作站负担，实行政府工作准入制度。政府职能部门凡下达社区的工作及工作要求、标准、经费、人员、政策、期限和培训等内容，必须提交区政府常务会议审议同意后方可下达。

（3）解决社区居委会行政化问题，强化社区自治功能。首先，建立社区居委会直接选举制度。社区居委会委员由居民直接选举产生，社区居委会根据社区人口数量配备 5～9 名委员，基本实现属地化和兼职化。所有社区居委会成员全部采取由选民无记名投票直接选举，凡满 18 周岁的户籍居民和工作生活在盐田半年以上、有固定居所、有合法收入来源的年满 18 周岁的非户籍居民都可以登记为选民，有选举权和被选举权；选举过程中不指定、不推荐候选人，创造条件使候选人进行公开、公平竞选活动；引入选举观察员制度，聘请专家学者和人大代表和政协委员担当选举观察员。居民充分享有选举权，使直接选举产生的社区居委会真正实现了角色归位。其次，社区工作站从社区居委会剥离后，社区居委会真正彻底回归到法律规定的群众自治组织的地位。其主要功能是充当政府组织、社会中介组织与居民的桥梁，调动社区资源进行社区建设，将居民的权利要求转达给政府组织和社会中介组织，并代表居民对政府组织、社区中介组织的行为进行监督；同时通过下设社会发展所需成立的各类专业委员会，举办社区公益事业和社区服务活动，为社区居民服务。社区居委会成员与社区工作站人员不再交叉任职。社区居委会成员不拿工资，实行属地化和兼职化，区财政给社区居委会成员发放相当于社区工作站人员工资五分之一左右的岗位补贴。根据居民同意的原则，社区居委会也可从社区服务站的利润中适当给他们一些补贴。为了使社区居委会财产不被挤占和不流失，盐田区还规定原属于社区居委会的公章、账簿、债权债务和其他社会组织及集体财产归属社区居委会。再次，在归位社区居委会角色，解决社区居委会职能交叉和去行政化问题之后，通过创新社区服务机制，解决社区居委会被弱化和边缘化的问题。设立社区服务专项资金，按照政府购买服务项目的方式，对社区服务站从事的无偿服务进行评估和补贴，并鼓励社区服务站低偿运营，享受税收减免政策；政府还推出等额购买公益服务项目，鼓励民办非企业性质的社区服务项目，为新型社区居委会开展社区服务提供有力支持和广阔平台，推进社区服务产业化和社会化；各社区居委会通过设立社区服务

站，并登记为民办非企业单位，把社区服务作为推动整个社区工作的龙头。这样，隶属于社区居委会的社区服务站提供的低于市场价格和优质的各种服务，提高了社区居委会的凝聚能力和活动能力，增强了社区居委会的自治能力，解决了社区居委会被弱化和边缘化的问题。同时，政府也通过购买服务的方式向居民提供了品种多样的福利和服务，社区中的公共服务提高了全体居民特别是弱势群体的生活质量，大大加强了社区居民对政府和作为社区居民自治组织的居委会的信任和认可。

（4）创新社区参与机制，提高社区居民和社区单位的参与机会和能力。首先，积极拓宽社区居民参与的渠道和途径。社区居委会的居务、政务、财务和服务等内容全部对居民公开，使居民享有知情权；每年年底对社区工作人员进行民主评议，使居民享有监督权；定期召开居民代表大会、户代表会议、居民小组会议、论坛和各类问题活动等，使居民享有参与权。依靠社区组织解决社区内部的各类问题，实现对城市基层社会资源的有效整合。社区居民自治可以为社区成员提供与日常生活密切相关的公共事务管理机会，扩大居民政治参与；可以使公民在民主选举、民主决策、民主管理和民主监督的实践中培育公共意识、合作精神和契约观念，解决居民参与公共事务机会少和能力弱的问题。二是培育社区非政府组织。盐田区各类民间组织60多家，每年组织的各类大型活动有近100多场，参加人数达十万。依托区、街道社区服务中心和社区服务站，组建各类社区居民、外来人员兴趣活动小组，每年组织举办“社区建设艺术节”。动员吸纳户籍居民和外来务工人员加入社区义工队伍，已有注册义工2000多人，成立了10多支专业义工队伍。每月参加社区服务活动和接受服务的居民有32000多人次，通过开展形式多样、健康有益的群众性文化、体育、科普、教育、娱乐等活动，把社区居民最大限度地组织起来，参与进来，形成文明和谐、人人关心和社会参与的社区氛围。三是搞好共驻共建，实现资源共享。盐田区有近20个部门的30多项工作下沉到社区，同时发动政府职能部门与社区结对子，充分发挥自身资源优势，直到各社区创建具有鲜明特点或特长的特色社区，支持和推动社区建设工作。政府和社区建立了合作共治的新型关系。鼓励驻社区单位的服务设施向社区居民开放，加强管理，确保安全，推动、规范社区单位资源的共享，社区服务设施对居民开放率显著提高；与此同时，推动社区居委会加强与驻社区单位的联系和沟通，通过社区居委会为社区单位提供力所能及的服务，支持其发展，形成社

区成员单位资源共享、事务共办、文明共建的机制和良性互动。

(5) 社区党组织的结构、领导理念和领导方式的改革。在“居(居民委员会)改社(社区)”阶段，居委会党支部改为社区党支部，由于党员数量增多，社区党支部改设社区党总支，设在社区工作站。一般社区工作站站长兼社区党总支书记，社区居委会主任兼任其副书记，由社区工作站、社区居委会和社区服务站的党员选举产生，主要职责是完成街道党工委下达的各项社区党建任务。在“会站分离”阶段，社区党组织从社区工作站剥离出来，社区党组织由社区党员大会或党员代表大会选举产生；社区党组织管理对象包括社区各类组织党员的全体社区党员，真正成为社区各类组织和各项工作的领导核心；职责也由只对一个社区组织的领导，调整为领导社区各组织，指导各组织按照自身的职责规范运作，协调社区居委会、社区工作站和社区服务站，共同解决工作中的矛盾和发展中出现的新问题，团结社区各类组织和公民，构建社会主义和谐社区。

(6) 合理调整社区规模，探索“一站多居”社区发展模式。本着控制政府行政成本和便于居民自治的原则，合理划分社区，适量增加社区工作站，积极探索在每个相对独立的住宅小区设立一个社区居委会的“一站多居”的新型社区发展体制。

(7) 建立社区居委会评议政府机制。每年年终由区人事局负责，按照分片区、分工作重点的原则，安排各社区居委会及其居民代表对向社区下沉工作的职能部门进行工作评议。社区居委会和居民代表对职能部门的评议情况，由区人事局书面告知职能部门。社区居委会对政府有关职能部门的评议分数占相关职能部门年终考评分数的10%。积极探索政府职能部门的回应机制，建立对社区居委会和居民代表的评议意见、建议的反馈制度。

(8) 建立人大代表与社区居委会工作对接机制。积极探索人大代表日常工作下沉到社区居委会的路子。人大代表在固定工作日到社区居委会接待居民，接受咨询，并及时把社区居委会代表居民提出的意见和建议拟出议案和建议，提交同级或上一级人大协调解决，实现人大代表社区工作机制与社区居委会的运作机制对接。

(9) 建立社区各组织工作人员的培训新标准和机制。区人事局、区民政局等部门负责制定、出台关于社会工作者的评价、岗位设定和使用制度。充分利用区委党校、区社区学校和有关大、中专院校平台，全面开展“大规模、全方位、多层次、多类别、高水平”的社区工作者队伍培训，逐步探索推动社区各类组织专职工作人员向社会工作者转型的路子。

点　评

盐田社区治理体制改革的特点在于沿着自上而下的行政建设和自下而上的自治建设双轨推进，构筑社区建设与治理过程中两大不可或缺的结构性力量；在淡化“政府管理”色彩的同时，重点突出基层自治组织的自治功能，建立政府部门、居民组织和服务机构都积极参与社区治理的新型社区治理结构，并创新社区选举机制、社区管理机制和社区服务机制等一系列社区治理体制和机制，通过“强政府、强社区”构建“强国家－强社会”关系的社会发展模式。其具体成效表现如下。

（1）政府行政成本和社区管理成本降低，基层政权的执政能力和行政能力增强。社区体制改革以前，平均每个社区每年需市、区财政下拨经费大约1800万元，改革后，每个社区工作站平均配备7个雇员编制，3个临聘人员，工作经费和人头费纳入办事处，进行统一部门预算，改革后的财政支出大大减少。另外，社区居委会成员实行属地化和兼职化，不再领取工资，只领取岗位补贴，工资成本大大降低。政府培育新的社会组织，使得政府从市场机制和社会自治事务中解脱出来，间接降低了政府行政成本。新型社区工作站的创建，解决了政府公共服务没有基层承接的问题。作为街道办事处的派出机构，社区工作站主要承担政府交办的工作，“区政府常务会议——街道办事处——社区工作站”的垂直管理体制，“费随事转”和责、权、利相统一等机制大大提高了社区工作站的工作效率，政府行政执行力大大增强。同时，政府提供公共物品的方式由原来的财政拨款改为政府购买服务，既提高了公共物品供给的效力，扩大了公共物品的种类，提高了社区居民的生活质量，从而也大大提高了居民对政府的信任和认可，政府执政能力增强。

（2）社区居委会自治能力提高，公民参与政治生活和社区生活的渠道增加。专门承担社区行政职能的社区工作站从社区居委会剥离出来后，社区居委会行政化和超负荷运作的弊病得到根除。同时，在建立社区居委会直选制度等“还位于社区”的基础上，通过社区居委会的一系列制度建设和政府“还利于社区”

和“还权于社区”的政策支持不仅化解了社区居委会被“边缘化”和“空心化”的威胁，大大提高了社区居委会的自治能力，而且提高了社区居民对社区居委会的认同。通过建立社区参与机制，培育各类社区非政府组织，开展各项公益活动，大大拓宽了社区居民参与政治生活和社区生活的渠道和途径。

（3）社区居民对社区管理的满意程度提高，社区内政府与公民之间更加信任。社区居委会的自治功能加强，社区居民的积极参与，大大提高了社区居民公共生活质量，居民享受到更多更好的服务，社区居民对社区居委会的认可度提高，居民的社区意识和社区认同感增强，对社区管理的满意度提高。另外，行使政府职能的社区工作站和作为居民代言人的社区居委会之间的边界越清晰，不仅使得政府与社区之间矛盾越少，政府的行政管理职能和社区自治功能的运转越良好，而且政府与社区自治组织和非政府组织之间的合作伙伴关系也越增强，政府与公民之间的信任度更加提高。

盐田模式的社区治理体制改革比较成功地分解了城市社区治理组织的行政和社区服务功能，在维持政府对社区有效管理的前提下，通过社区组织产生方式和治理结构的创新，落实了社区的自治功能，为推动公民有序参与和城市基层民主政治的发展，为建设服务型政府和改善政府服务质量，为培养一个积极健康的公民社会，为建构和谐社区和和谐社会等都做出了极为有益的尝试，值得其他地方借鉴和学习。

当然，盐田模式也还存在有待于在实践中进一步探索和完善的诸多问题，例如，如何进一步增强居民公共参与和自治的能力；如何进一步提升社会自主性，促进公民社会成长；如何体现社区党支部、社区居委会和社区工作站等之间的关系；如何进一步完善政府回应机制；如何进一步落实社区居委会成员与人大代表选举接轨等制度，等等。

［案例来源：侯伊莎《“盐田模式”的社区治理体制改革》，载俞可平主编《中国地方政府创新案例研究报告（2005～2006）》，北京大学出版社，2007；侯伊莎：《激活和谐社会的细胞——“盐田模式”制度研究》，中央编译出版社，2007］

案例十二
湖南妇联：农村妇女参与村级治理

湖南是以农业为主的省份，全省总人口 6562.05 万人，其中农业人口 4609.84 万人，占总人口的 70.24%，女性占农业人口的一半以上。市场经济的发展促进城乡流动的加强，大量农村男性劳动力进城打工，妇女留守家庭，女性在农村生产和生活中的作用越来越突出，出现了“农业女性化”的特殊现象。

女性虽然在农村经济建设中起着至关重要的作用，涌现了大量“女能手”、“女致富标兵”等。但是，她们在政治生活中的作用还是相当有限，尤其在参与村庄选举和治理方面。具体表现为：与男性比较起来，妇女在村委会成员中所占的比例较低，且正职少。妇女负责的领域一般是妇女工作、计划生育工作。她们很难在村庄治理的决策中发挥主导作用。

针对这种情况，湖南省妇联协调各方力量，发起和推动了“妇女参与村级治理”项目，希望通过项目的实施改善这种状况。为了有效实施项目，湖南省妇联抓住村委会换届选举的机会，以提高村委会女性成员比例为突破口，探索了一套“推动政策、创新机制、宣传倡导、教育培训”的工作模式。

2000 年，湖南省在修订《村委会选举办法》时，对村委会妇女成员名额问题进行了硬性规定：“村委会成员中至少有一名女性”，使《村委会组织法》中“保证村委会班子中有适当女性当选”的规定更为细化。随后，湖南省妇联与湖南省民政厅又作了政策补充，在 2001 年第五届、2005 年第六届村委会换届选举前，联合下发了《关于在村委会换届中保证村委会班子中有适当女性成员的意见》、《关于确保妇女在村委会换届选举中当选的有关问题的通知》等文件，制定了更为详尽的措施，明确规定换届选举中确保女性当选村委会成员比例的原则要求，如：选举中不得歧视女性，选举前的候选人提名须有女性，女性采用简单多数法当选，正式选举中如果没有女性当选，就要单独进行补选，或者在缺额时高职位增选，直到选出女性委员为止。这些详细的规定为提高妇女在村委会中所占的比例提供了制度保障。

湖南怎样具体实施以保证妇女被选进村委会，参与到村级治理中来呢？首先，省委、省政府支持，妇联与民政部门密切合作。例如，省委、省政府召开了市州党委、政府一把手参加的全省第五次村委会换届选举工作会议，省委副书记孙载夫主持会议，庞道沐副省长，省委副书记、常务副省长周伯华发表做好选举工作的重要讲话。省委、省政府要求各级党委、政府和民政部门在村委会选举中把好“五关”，其中就有一关是确保至少一名女性当选村委会成员。① 省委、省政府明确了县市区委一把手为村委会换届选举第一责任人，乡镇党委书记为直接责任人。省民政厅和省妇联曾先后多次对县市区村委会选举工作进行督促和检查，对已完成选举工作的村，检查其程序是否合法，村委会中有没有女性成员。

其次，加大宣传力度。妇联在宣传环节上下了很大工夫。他们利用湖南传媒优势，在立体宣传网络的基础上，突出典型带动效应。在全省开展“走近女村官”征文活动，择优编辑出版了《群星灿烂一把手》一书，宣传56名优秀女村官。在《今日女报》开辟“走近女村官”专栏，湖南妇女网站开辟“群星灿烂一把手”专栏，在《湖南日报》上宣传介绍女村官的先进事迹，印发宣传资料6000册；在浏阳开展妇女参与村级治理为主要内容的地方戏曲创作活动，编写剧本发至全县各文化站。春节、“三八”期间，自编自演的以枨冲镇坡湾村村主任张美华为原型的花鼓戏《村长是个堂客》，在农村集镇演出20多场，12000多名观众观看，还被选送进京参加汇报演出。

第三，重视培训。在选举筹备阶段，省民政厅举办了乡镇领导、民政助理员和村换届选举委员会成员培训班，提高他们的法律水平和业务素质，强调落实村委会中应有一名妇女的政策规定。如：2001年12月中旬，湖南省民政厅在长沙举办了各市（州）、县（市、区）分管选举工作的民政局局长和基层政权科（股）长参加的全省村委会选举示范培训班，期间组织全体学员现场观摩了省里换届选举试点区——长沙望城县坪塘镇山塘村的投票选举现场，并给每位学员准备了山塘村依照法律程序进行换届选举的全套工作资料。② 根据《关于在村委会换届中保证村班子中有适当女性成员的意见》这一文件，在选举结束后，县乡

① 湖南省民政厅基础政权和社区建设处：《严格依法办事，确保妇女进入村委会班子》，2002。

② 湖南省民政厅：《湖南省农村妇女参加村委会选举情况介绍》，2002。

民政、妇联部门在对新当选村委会成员进行培训时，要安排新当选的女村委会成员参加培训，使她们尽快掌握村务管理、村务决策等方面的方法和技能，以适应农村工作的需要，巩固选举成果。对任期内全心全意为村民服务，工作业绩显著的女干部，及时给予表彰。如，2002 年 6 月下旬，省妇联、省扶贫办在邵阳市城步县举办了一期贫困县村妇代会主任培训班。培训对象是年龄在 40 岁以下、初中以上文化、身体健康、工作能力较强、工作业绩突出的贫困县优秀妇代会主任。目前，不仅全省 4.9 万名女村委会委员普遍接受了 1 次以上的培训，还举办其他类型的培训班 29 期，培训 3000 多人次。“宁乡县 2003 年 10 月份举办了两期妇女骨干培训班，在接受培训的 100 名妇女骨干中，有 15 名新担任了村小组长。城郊乡参加培训的 5 名妇女中有 4 人在村委会和党支部换届选举试点中竞选为村委委员，还有 12 人在带头科技致富、发展养殖种植业取得了较大的成绩。”

第四，在选举的每个环节都采取有效措施。在推选村民选举委员会时，就引导村民积极推荐符合条件的妇女；在村民直接提名村委会成员候选人时，明确要求选民提名女性成员，同时，积极鼓励农村妇女破除封建思想和世俗偏见，勇于挑重担，敢于接受竞争。在正式介绍候选人时，村民选举委员会要介绍女候选人的情况，不得有任何歧视和不公正待遇；在投票选举时，要组织、教育和引导广大村民尤其是农村妇女正确行使民主权利，把村民拥护的思想好、作风好、有文化、有本领、真心实意为群众办事的妇女，选进村委会领导班子。例如，湖南省望城县、临澧县，在地方选举工作规程和选举办法中都强调妇女当选，力图使每一个选民都明白在投票时至少要选上一名女性委员。由于选举每个环节工作做得好，望城县与临澧县 100% 的村委会都有女委员。

“妇女参与村级治理”项目的实施，取得了明显成效。最大的成果是提高了妇女在村委会中任职的比例。2002 年，湖南省第五次村委会换届选举共 47471 个村民委员会，有女性村委会委员 49903 人，平均每个村有女委员 1.05 人，占总数的 29.3%，较上届增长 4.1%。2005 年湖南省第六届村委会换届选举，妇女占村委会委员总数的 30.1%，比同期全国平均水平 16% 高出将近一倍。

项目实施激发了妇女参与农村治理的热情。据抽样调查，第五届换届选举中女性选民直接投票率达到 90% 以上，如长沙市开福区 2004 年 5 月在村委会换届直选中，全区 21022 个女性选民，参选率高达 95.4%。

提升了妇女的参政能力。通过参与选举、管理、决策及各种能力培训，湖南省农村妇女学科学、学技术、学政策法规的主动性、创造性有很大改观。经过培训，农村妇女积累了村级治理的知识，增长了科技致富本领，提高了自身素质和能力，自信心也有很大提高。长沙市的一次问卷调查显示，86%的女村主任认为自己完全能胜任本职工作。正如当地村民说的那样："女的能管事，管了票子管章子，管了小家管大家。"

增强了农村妇女的自组织能力。各种途径的宣传和培训为农村妇女之间的沟通和交流搭建了良好的平台。各种类型的农村妇女组织逐渐增多，如"女农民专业合作协会"、"女能手协会"、"女子禁赌队"、"女子计划生育宣传队"、"女子腰鼓队"等。

项目的实施在一定程度上改变着农村落后的性别观念。我国农村地区长期存在以"男尊女卑"、"男主外，女主内"等看法为代表的重男轻女思想。这种落后的性别观念，严重影响了社会的文明与和谐。湖南省妇联通过"妇女参与村级治理"这一项目，树立了一批优秀"女村官"、"女能人"典型。这种典型的示范作用有利于激发更多的女性参与到村级治理中来，有利于男女平等观念的深化，从而在一定程度上转变人们落后的性别意识。

湖南"妇女参与村级治理"项目得到了民政部和全国妇联等上级组织的肯定。湖南经验被写进了《中国执行〈北京宣言〉、〈行动纲领〉和第23届妇女问题特别联大报告》中，提交给联合国和2005年3月联合国经社理事会妇地司召开的第49届会议。在2005年8月纪念世妇会"北京+10"会议上，湖南省妇联应邀作关于农村妇女参政的发言。该项目还得到一些国际组织的关注，2002年，获得了福特基金会23万美元的项目支持，2004年7月，又获得了中国—欧盟村务管理培训项目100万元的项目资金，专门用于培训。到目前为止，全国已有10多个省市、400多人次来湖南交流考察。

点　评

在中国实行经济体制转轨，由计划经济向社会主义市场经济发展的过程中，农村实行了家庭联产承包责任制。经济体制的变化逐渐影响到农村政治上治理方式的变革。为了适应这种新的复杂变化，农村开始探索实施村民自治。1988年11月4日第九届全国人民代表大会常务委员会第五次会议通过《中华人民共和

国村民委员会组织法》，正式颁布实施。以国家法律的形式正式保障农村村民实行自治，由村民自己依法管理村内事务，发展农村基层民主。法律规定，村民委员会是村民自我管理、自我教育、自我服务的基层群众性自治组织。治理的方式是实行民主选举、民主决策、民主管理、民主监督。

农村治理方式的改变对妇女参与村级治理有什么影响呢？培养和选拔女干部是写进中华人民共和国宪法中的。在其他一些相关法律和文件中，也一直包含着妇女的政治参与权利。过去，农村一般是由党支部直接任命妇代会主任，即每个村都有妇女主任，其基本职能是代表和维护妇女的权益。农村治理方式改变后，《中华人民共和国村民委员会组织法》中也有关于妇女参与的条款。第九条中规定，村民委员会由主任、副主任和委员共三至七人组成；村民委员会成员中，妇女应当有适当的名额，多民族村民居住的村应当有人数较少的民族的成员。

但是，公民参与的真正实施并不容易。在村民自治实施过程中，在有些地方，就出现了农村妇女在新一届村委会选举中当选比例下降的现象。湖南省也不例外。民政部曾根据中央领导指示精神，下发了《关于努力保证农村妇女在村委会成员中有适当名额的意见》文件，给地方贯彻实施提供了依据。但规定更多是建议性的，例如，文件中提到，在村委会选举的各个环节要引导村民把思想好、作风好、有文化、有本领、真心实意为群众办事的妇女，选进村委会领导班子。

湖南农村妇女参与村级治理项目则促使妇联与民政部门把国家层面的政策法律“刚性化”。2001 年 11 月 6 日湖南省民政厅与省妇联联合下发了《关于在村委会换届选举中保证村委会班子中有适当女性成员的意见》文件（湘民基发 2001 年 16 号），进一步细化了民政部的文件，明确要求在村委会选举中，一定要保证至少选出一名女委员。“要组织、教育和引导广大村民尤其是农村妇女正确使用民主权利，把村民拥护的思想好、作风好、有文化、有本领、真心实意为群众办事的妇女，选进村委会领导班子。如果选举出来的村委会成员中没有女性，成员职数缺额的可以就女性成员单独投票；成员已满原定名额的，应增加村委会成员职数，确定女性候选人进行差额选举，直至选出女性成员为止。”这样做的结果是大大提高了妇女被选进村委会的比例，极大地促进了农村妇女参与村民自治。

从民主理论来看，可以把公共参与简单地概括为，公民参与公共事务。但具体到参与主体、参与客体、参与途径、参与范围、参与层次、参与强度等内容就比较复杂了，但从发展趋势来看，公共参与呈现这样几个共同特点：从动员型向自主型发展，从非制度化向合法的制度化发展，从简单性向复杂性发展。在现代民主社会，根据国家宪法，公民有权利与义务参与公共事务。但在现实中，受多种因素影响和制约，并不是所有人都关心政治、参与政治，许多人只是被动地存在于政治体系中。湖南农村妇女参与村级治理项目就推动了农村妇女参与从动员型向自主型发展。自主型参与不仅包括政治参与，而且包括参与公共生活。在农村不仅表现在农村妇女以高涨的热情参与村委会选举中，还表现在她们以各种方式积极参与到村庄公共生活中。湖南农村妇女参与村级治理项目就通过各种途径的宣传和培训为农村妇女之间的沟通和交流搭建了良好的平台，为妇女参与公共事务的能力提高提供了充分条件。项目实施后，各种类型的农村妇女组织逐渐增多，“女农民专业合作协会”、“女能手协会”、“女子禁赌队”、“女子计划生育宣传队”、“女子腰鼓队”等等组织建立和发展起来，这些组织在发展农村经济、活跃农村文化生活、维护基层社会和谐稳定中起着重要作用。

［案例来源：冉冉《女性政治参与：湖南“妇女参与村级治理”的创新和实践》，载俞可平主编《中国地方政府创新案例研究报告（2005～2006）》，北京大学出版社，2007］

案例十三

河北省石家庄市：“少年儿童保护教育中心”

改革开放以来，随着经济的快速发展，我国进入了一个社会急剧转型时期。在社会结构转型过程中，结构冲突、价值失范、社会紧张等不断加剧，流浪儿童在城市中不断增多并成为一个突出的社会问题。加强流浪儿童社会救助，摆上了政府政策议程。2002 年 3 月，石家庄市在全国率先建立了少年儿童保护教育中心（以下简称少保中心），专门对流浪儿童进行保护教育。少保中心成立以来，在预防流浪儿童产生、维护流浪儿童权益、使流浪儿童回归主流社会、推动社会参与流浪儿童救助等方面进行了一系列探索和研究，形成了具有开创性和独具特色的流浪儿童社会救助模式。

石家庄是河北省的省会城市，同时又临近北京、天津等特大城市，历来是华北地区的重要交通枢纽，被称作“首都的南大门”。地理位置的特殊性使得石家庄市流动人口相对集中，近十年来，街头流浪儿童人数随之上升，问题日渐突出。1996 年石家庄市收容遣送站收容的流浪儿童达 112 人次，1998 年上升到 203 人次。根据石家庄 1999 年 1 月的调查，当时仅从火车站到东方购物中心不足 500 米的路段就有五六个流浪儿童团伙，约 20 多人；而在石家庄火车站三个候车厅里，竟有流浪儿童近 40 人；经常在东方购物中心附近活动的流浪儿童不下百人。1999 年 1 ~3 月，石家庄市收容遣送站收容街头流浪儿童 67 人次，是 1998 年同期的 1.6 倍。日渐增多的流浪儿童给石家庄市社会发展带来了不少问题。在恶劣的生存环境下，流浪儿童的基本权益得不到有效保护，其成长受到严重影响。流浪儿童通常在街头靠捡垃圾、乞讨、打小工、卖艺卖花等方式维持生活，食宿卫生难以保证，饥寒、疾病的困扰和其他人员的人身侵害时刻威胁他们的生命安全。流浪儿童恶劣的生存状况不仅对个人成长，而且对一个城市甚至整个社会的和谐发展都将产生严重负面影响。流浪儿童给石家庄市城市管理和社会治安带来很大压力。由于缺乏监护人的管教，享受不到国家义务教育，流浪儿童逐渐脱离主流社会，相当程度上成为“边缘少年”、“问题少年”。他们不同程度沾染上社会恶习，大部分流浪儿童带有轻微违法行为，甚至有些流浪儿童被黑社会团伙操纵利用进行犯罪活动。根据石家庄市少保中心统计，少保中心接收的流浪儿童中45%经常从事偷盗活动，75%有过偷盗行为。石家庄公安机关在打击违法犯罪行动中抓获的犯罪嫌疑人经常有流浪儿童，但这些流浪儿童通常只是轻微违法，所以，公安机关只能拘留教育后释放。流浪儿童积习难改，公安机关陷入“抓了放、放了抓”的循环之中，社会治安始终得不到有效保障，社会秩序受到现实及潜在的威胁。

2001 年 3 月，石家庄市发生了“3 · 16”特大爆炸案件，共造成 108 人死亡，38 人受伤。犯罪分子靳如超因为从小生理缺陷和生活的不幸而日益变得孤僻阴暗，最终走上犯罪道路，这体现出弱势群体更需要得到社会的关怀；而另一方面，案件得以发生也暴露出石家庄市在社会治安、城市安全管理等方面存在巨大漏洞。爆炸案成为石家庄解决流浪儿童问题的一个契机，政府的压力转化为改革的重要推动力。2001 年 6 月在通报河北省委关于石家庄市市委班子调整决定的会议上，河北省委有关领导强调：各级领导干部都要切实从“3 · 16”特大爆炸案中总结汲取教训，查找工作漏洞和不足，严格责任，加强管理，始终把保持社会稳定抓紧抓好，为经济和社会发展创造一个良好的社会环境。寻找问题根源，切中问题要害，是解决问题的关键。随后石家庄市组织了几次“严打”专项斗争和治安清查运动，在这过程中流浪儿童问题进一步暴露。

社会问题能否顺利进入政府政策议程而转变为公共政策，与政府相关领导的经历感触及对问题的认知有重要关系。石家庄市委副书记李遵英是少保中心项目的重要发起人。作为石家庄分管政法工作的市委领导，他与流浪儿童接触的机会较多，感触和体会也更为深刻。2001 年在组织石家庄公安干警进行集中整治的过程中，两个因偷窃自行车而被抓获的男孩引起这位副书记的注意。据当时派出所民警介绍，这两个孩子是在一天晚上偷窃第 12 辆自行车时被抓获的，两个孩子一个 12 岁，父母离异，由 70 多岁的奶奶抚养；另一个 14 岁，父母双亡，无人管教。民警当场提出，如果不采取措施加强管理教育，这些孩子将来的下场可能就是蹲监狱。2002 年春在石家庄收容遣送站视察时，李遵英副书记又见到了

一个从呼和浩特流浪到石家庄的男孩，当时这名男孩双手全部被冻烂，几乎没有完好的皮肤，孩子惊恐迷惘的眼神使在场所有人受到了强烈震撼。这种直接的触动不仅加深了石家庄市领导对流浪儿童问题的关切，也让石家庄政府及相关部门意识到：救助并教育好一名流浪儿童，其社会效益不亚于培养一名大学生，如果现在在建立流浪儿童救助机构上舍不得花钱，那么很快就要在建监狱上花更多的钱。

石家庄市流浪儿童保护教育中心的建立是一个分步骤、结合实际、比较借鉴、协商讨论的过程。从市委领导的重视到外出调研考察，石家庄流浪儿童保护教育中心的建立都凝聚着地方政府为维护社会稳定、解决社会问题而付出的努力。2002 年 1 月，石家庄市市委市政府又将建设少保中心列入石家庄市该年重点办好的 33 件实事之中。在石家庄市委市政府的高度重视和大力支持下，以及相关部门的积极配合、群策群力，石家庄市少保中心基建工程于 2002 年 1 月 7 日破土动工，并且仅经过两个多月时间就完成建设。2002 年 3 月 18 日，石家庄市司法局、教育局、民政局、公安局和团市委等五单位联合发出《石家庄市少年儿童保护教育中心管理试行办法》的文件，22 日石家庄市少保中心正式成立并开始接收第一批流浪儿童。为了从源头上预防流浪儿童的产生，2002 年 10 月石家庄市委市政府在《关于加强农村社会治安综合治理基层基础工作的实施意见》中提出："县级市和有条件的县要建立少年儿童保护教育中心。"此后，市辖的平山、栾城、元氏等五个县也相继建起少保中心。县级少保中心主要负责对本县范围内的孤儿和因某种原因无人照管的儿童进行救助和保护教育工作。这种就地救助减少了流浪儿童的产生和流出扩散，在一定程度上也缓解了市少保中心的压力。市县两级少保中心分工协调、优势互补，形成了"二级救助网络"。

经过探索和实验，石家庄少保中心初步形成了一套行之有效的教育管理方法和保护教育的长效机制。少保中心将管理方法归纳为：严格管理重养成；强化教育重学习；播撒亲情重感化；关注心理重矫治；发现优点重激励；寓教于乐重陶冶。在流浪儿童长效保护教育机制上，少保中心探索出了一条"建家、进校、就业走向社会"的工作思路。首先是建家，即建设少保中心，让流浪儿童在少保中心体验到家一般的温暖，同时为流浪儿童找家，寻找法定监护人。对无家可归和有家不能归的流浪儿童，中心通过新闻媒体在社会上征聘"双休日义务父母"，开展"类家庭"临时救助，让流浪儿童重温失而复得的亲情。其次是进校，就是让流浪儿童接受教育。中心不仅在内部组织规范化教学，也选送品学兼优的学生到社会上的学校就学，让流浪儿童享受到受教育的权利。第三步让大龄儿童通过就业走向社会。流浪儿童最终是要回归社会、融入社会的。少保中心通过开展课余职业技能培训或送就业中心培训，增强大龄儿童就业能力，并积极为其安排或推荐就业，使流浪儿童能够顺利地回归社会。这一管理方法与救助机制不仅让流浪儿童的心理人格得到重新塑造，而且通过知识技能获得增强自我发展的能力，较为有效地解决了重复流浪和由流浪儿童变为流浪汉等问题。

石家庄市少保中心取得的成效非常显著。其中最为直接和明显地表现在流浪儿童生活和成长环境的改善上。自创建以来，石家庄市少保中心累计救助流浪儿童350多名，其中280多名经多方查找和努力回归了家庭，另有4名流浪儿童通过就业走出少保中心。石家庄各县级少保中心也已救助500多名流浪儿童和孤儿。目前中心收留的流浪儿童约70余人。通过救助，这些少年儿童摆脱了流落街头的恶劣生活环境，合法权益得到切实保护。在少保中心的保护教育和社会各界的关爱下，流浪儿童的不良品行得到矫正，反社会甚至仇视社会的人格心理也逐渐得到消除。其次则是石家庄社会治安与城市形象得到明显改善。根据相关部门统计，2002年3~11月，石家庄市内被劳教的未成年人数量同比下降39.4%，2002年1~9月，石家庄市未成年人重新犯罪率为零。以往流浪儿童在石家庄火车站和市区繁华地段大量出现、影响城市形象的现象也得以根除。石家庄市少保中心也因此荣获“全国严打整治工作先进集体”称号，并被共青团河北省委、河北省司法厅命名为“优秀青少年维权岗”。除了上述较为直接和明显的成效外，其他方面间接的或潜在的社会效应同样不可忽视。例如通过少保中心的示范和宣传，社会各界对流浪儿童产生了新的认识，关注关心流浪儿童等弱势群体的社会氛围逐渐形成，从而促进了石家庄全市的精神文明建设。

点　评

石家庄流浪儿童保护教育模式是为了解决过去收容遣送制度的弊病和现实困境的一种尝试。石家庄流浪儿童保护教育模式具有一系列创新特征：将流浪儿童救助与流浪成年人救助分离，构建解决流浪儿童问题的新体制；通过政府主导、社会参与、事业法人管理的形式构筑可持续发展的流浪儿童救助体制；对流浪儿

童实行主动性救助；将生活性救助与发展性救助相结合，赋予救助更丰富的内涵；救助期限不拘限于现有规定，坚持以为流浪儿童找到监护人为限；注重事先预防，建立县级少保中心，减少流浪儿童的产生；救助工作与理论研究相结合。

这些创新特征构成石家庄流浪儿童社会救助模式的创新内容，也是石家庄流浪儿童保护教育模式取得突出成效的关键所在。不过，石家庄市少保中心在发展过程中也面临诸多不确定因素、困难与阻力。一方面，少保中心的体制与制度建构仍然尚未完善。另一方面，事业编制问题是少保中心在体制上面临的又一难题。作为独立事业法人，机构人员编制的落实是其正常运行的重要条件。但随着近年来我国政府改革的不断深入，石家庄新一轮的机构调整和人员精简正在逐步推进，财政拨款的机构人员编制管理日趋严格，在这种形势下，少保中心事业编制的落实具有不小的难度。此外，除了制度体制仍有完善的空间，流浪儿童保护教育的方法和模式也需要有新的探索。在流浪儿童保护教育过程中，仍然会不断出现新问题。

"国家的前途取决于养育儿童的方式"，西方国家在文艺复兴时期提出的这一观点真实揭示了解决流浪儿童问题对于国家建设的重要性。流浪儿童是一种社会结构性、制度性问题，在一定的社会阶段和发展过程中，它的产生和存在难以避免。流浪儿童保护教育问题根源的复杂性也决定了解决这一问题的难度。但正视这一客观事实，尤其是充分重视这一问题在我国的严峻性和当前的发展趋势，通过建立有效的制度对流浪儿童进行及时救助，应当是政府的明智选择，也是对政府转变职能、建立服务型政府的要求。作为地方性创新，石家庄少保中心项目虽称不上完美，但却代表了改革的一种努力方向，其中存在的问题，很大部分也是我国流浪儿童救助过程中面临或可能面临的共同问题，因此其经验和不足都可以为我国的流浪儿童社会救助改革提供有益借鉴，这也正是其创新价值所在。流浪儿童社会救助整体制度的改革，无疑也将有助于拓展少保中心进一步改革和探索的空间。

尽管《城市生活无着的流浪乞讨人员救助管理办法》已颁布实施，但我国由收容遣送向救助管理制度转变的过程尚未完全结束。全国救助管理体系正在逐步建立，工作机制也处于形成之中，救助管理制度改革必将继续深入下去。流浪儿童社会救助一方面要置于救助管理整体体系和今后社会保障的整体制度中来考虑，通过更为宏观的制度协调来解决或缓解流浪儿童现象，这是未来发展的方向。当前仅仅针对流浪儿童的救助举措基本上是“反应式”或“应急式”的，只能治标，不能治本。另一方面，流浪儿童社会救助应当从当前的救助管理制度中突出出来。特殊矛盾要用特殊办法解决，即使当前难以治本，也要力争治标，因此一套相对独立和完善的流浪儿童救助管理制度在当前至关重要。石家庄市少保中心的创新并取得良好成效正是基于流浪儿童的特殊性，石家庄市少保中心系列的创新举措，如机构独立、主动救助、保护教育并重、生活性救助与发展性救助相结合等等，应当成为目前我国流浪儿童救助管理的制度内容。

［案例来源：林志聪、丁开杰《探索对弱势群体进行社会救助的新模式——以石家庄市少年儿童保护教育中心为例》，载俞可平主编《中国地方政府创新案例研究报告（2003～2004）》，北京大学出版社，2006］

案例十四

大连市：社区公共服务社

大连市社区公共服务社是政府指导下为享受低保的部分弱势劳动群体提供组织资源和社区保障服务的自治性社区非营利组织，各社区居民委员会下设公共服务队。公共服务社的基本任务是，组织低保对象参与社会活动和社区管理，接受时事政策教育及技能培训，寻求各方面的社会援助，获得政策性有偿劳动项目，争取重新就业。社区公共服务社的运行在全国创立了低保对象管理的新模式。

由于经济转轨与单位制的瓦解，中国自1996年以来开始产生大批下岗工人，其生计成为问题。国家对此采取的措施是下岗保障与再就业，但是由于政策设计缺陷，最后相当多数的人员进入最低生活保障序列。其中不乏一些有劳动能力，而不愿意就业的人员。在这种情况下就出现如何甄别确实属于应当享受最低生活保障人员的问题。由于在社区中，的确有很多人再就业很困难，他们表现出年龄大，无技能或技能单一，文化水平低，受疾病困扰，在现实生活中开始陷入向下流动的轨道，精神不振。对他们也存在一个如何帮扶的问题。2000年4月底，朱镕基总理在辽宁省和大连市视察社会保障工作时，提出要探讨建立一个独立于企事业之外运作于社区之中的社会保障体系的思路，重点解决下岗、失业职工的生活保障问题。由此，2000年5月，中国社会科学院社会政策研究中心社会保障课题组与大连市民政局共同组成大连市最低社会保障合作研究课题组，经过深入调研，针对大连市最低生活保障制度存在的问题，提出了建立有劳动能力但不在岗的低保对象的自组织，即大连市社区公共服务社，通过组织网络解决困难群体资格甄别、生活保护、增能增权、潜能开发、促进就业等一系列目标。

据调查，大连市在实施低保制度时主要遇到以下困难：第一，失业下岗职工的隐形就业和隐形收入成为阻碍低保政策公正实施的最大障碍；第二，一大批低保对象常年闲居在家，既不能上岗，也不能正常参加社会交往和社会活动，与社会相排斥，引起社会分化；第三，基层干部和低保申请者在保障资格认定上的纠

纷屡有发生，引发干群关系紧张。于是课题组提出建立公共服务社的对策建议。2000 年 7 月，在市民政局、大连市西岗区政府的支持和社会保障课题组的监控下，在工人村街道开始试点有劳动能力的低保人员参加的社区劳动组织。工人村街道试点的基本做法是：①入户调查，重新编制有劳动能力的低保人员登记表，确定政策对象。②以街道为指导，社区居委会具体组织有劳动能力的低保人员参加社区公益活动和公共服务，每周不少于两次，每次不少于两小时。每次活动签到，一个月内累计三次无故不参加活动者，视为已隐形就业或有其他收入来源而自愿放弃最低生活保障。③街道、劳动服务站与居委会共同努力，帮助参加组织活动的低保人员再就业。2001 年 5 月，中国社会科学院相关课题组再次赴大连调研，对试点进行评估，认为工人村街道的社区公共服务社试点不仅实现了民政局甄别低保对象的目的，而且有效改善了低保人员的福利状况。于是，2001 年 6 月开始，大连市政府发布第 40 号文件，在全市推广社区公共服务社，将之定性为民办非企业单位。2001 年 12 月，课题组再次赴大连市，提出推进社区公共服务社向纵深发展的政策探索要点，这包括社区公共服务社的报酬、政府对社区公共服务社的资源支持、政府对社区公共服务社的管理、失业保障、医疗保障与最低生活保障制度的社区整合。2002 年 7 月至 2003 年 12 月，大连市民政局接受课题组建议，针对街道有关部门视公共服务社为免费的劳动力大军，过度使用不支付任何报酬，以及社员们缺乏维权意识和必要的法律知识，维护自己组织权益的能力不足这两个方面的明显缺陷，分别开展了对社区公共服务社各级管理者的政策培训和对社员的权利与创业培训。培训不仅迅速提高了各级管理者的政策水平和管理水平，而且增加了社员的权利和创业意识。课题组和工人村街道继续合作，在社员之间组织了不同类型的经济互助合作小组，通过物业管理、家庭保洁、洗车等创业项目，帮助社员通过劳动互助获得增权的经验。2003 年 1 月，工人村社区公共服务社完成了民主选举，经过社员大会竞选出了负责日常社务的副社长和管理小组，开始了组织化过程中走向自我治理的进程。2004 年 1 月至今，因政策变化，社区公共服务社开始进入自主发展新阶段。2004 年开始，大连市城市居民最低生活保障基本政策进行了调整：第一，低保线由 221 元提高到 240 元，大幅减少年节补助；第二，实行分类救助，对有劳动能力者不再实行低保线救助，而是给予定额的粮油补助；第三，再就业实行实名制。新的办法、特别是分类救助促进了再就业动机，一批社员在就业辅助政策的帮助下重新就业脱

离了低保，全市低保群体总数由年初的10万余人下降到5月底的不足9万人。社区公共服务社的目标和宗旨也相应产生变化，集中表现在政府不再把社员资格甄别功能当作社区公共服务社的功能，明确政府的责任就是提供服务。2004年5月，甘井子街道社区公共服务社招聘了2名专职社工，社区公共服务社开始超越政府曾经赋予的“资格甄别”的政策期望，走上了社员自主发展的道路。

在大连，各级政府从未给公共服务社任何专门预算支持。公共服务社成员主要是下岗失业者，他们以下岗失业者的身份参与政府组织的再就业培训、职业推荐、老年福利服务以及其他社区建设项目。它依靠成员自治的力量来协调管理、运营项目、促进资源整合等的作用彰显，既不增加新的投入，而且参与管理的过程本身就是成员增能的过程。关于公共服务社的绩效，2003年8月国家民政部、国家劳动和社会保障部、北京大学等联合评估团作出结论：对内部成员，它具有心理支持功能、能力发展功能、就业促进功能等；对外部环境，它具有促进完善最低生活保障制度和社区公共服务发展的功能。

以试点社工人村街道社区公共服务社为例，西岗区工人村街道有户数7000余户，2.3万人，两个居委会建制，占地1.59平方公里。至2001年5月，有下岗职工668人，失业者1070人。该社在试点期间（2000年7月~2001年5月）内共吸纳有劳动能力的低保人员147人，而全街道社区低保人员才540人，有劳动能力者147人，其中甄别和自动退社31人，通过服务社或其他渠道实现再就业35人，81人留社。甄别率达到收入调查和公示过关者的21%。通过参加社区公共服务社的公益或有偿劳动，工人村公共服务社有35人在劳动中走上了新的工作岗位，再就业比率达到筛选后人数的30%。2001年8月对留社的81名社员的问卷调查表明，超过90%的社员参加服务社后走出家庭，精神面貌焕然一新，没有1名社员认为服务社带来了精神上的不快。据到2002年6月的统计，大连市全市区85个街道全部成立了社区公共服务社，下辖548个社区公共服务站，领取最低保障津贴的下岗失业人员2万多人成为社区公共服务社的社员。2002年近50%的社区公共服务社开展了有偿劳动，参加劳动的社员每月增加70~270元的收入。

值得注意的是，在工人村街道试点的基础上，大连公共服务社的发展模式也有多种态势。工人村街道首先试点，同时也代表一种监督管理与自我发展的模式。它在社区公共服务社建设过程中，把分散的站点管理改为集中的总社管理，下设“家政”、“保洁”、“阳光助困”、“实体开发”五个分社，用竞聘、选举的方式产生分社社长，实现社员的自我管理。在活动组织和劳动分配上，由社员根据自身情况，实行有偿劳动阶段性轮换、无偿劳动随时调配的方式，大大满足社员的就业与服务需求。而在甘井子中山街道，则实行分类救助，设立扶贫救济金专户，专门资金来源于三个方面：一是辖区内各单位与个人的捐助，二是公共服务社通过有偿劳动积累的资金，三是街道办事处财政投入的资金。救助对象设定为在社区中的享受低保待遇，不属于市属重大疾病救助病种的疾病种类，或家庭中有突发风险及其他需要救助的低保人员。专门资金由街道财政所统一管理。第三类发展方向是同公司或协会合作，发展有偿服务，促进就业，以西岗区红岩街道为代表。由服务社与相关公司联系，通过集中生产或分散生产的方式，来改善贫困生活，开展家庭护理、家政服务等工作。生产获得的收入建立专门账户，统一管理，专款专用，在公共服务社与社员间按比例分配，并高额分配给社员。第四类是以南沙街道为代表的，依托社区就业服务中心来发展公共服务社的嫁接型。通过社区就业服务中心与公共服务社相联结，将两个组织有效结合起来，有效整合了资源。

点　　评

大连创新型的公共服务社对于完善最低生活保障制度，构建和谐社会具有重要意义。总体上看，它发挥了以下功效：第一，在社区范围消除社会排斥，实现社会融合。社区公共服务社通过组织集体活动和有偿或无偿劳动，帮助分散而孤立的贫困个体形成组织网络，获得生活、工作、培训的信息和机会，增进了交往和劳动能力，有效减缓了心理和技能贫困，被社区接纳。第二，有效整合了资源。有计划有安排地进行社区公共服务，不仅使低保经费得到充分利用，而且开发了社区公共资源，促进了多方面的社区建设。第三，有效促进了就业，提升了人们生活水平。它通过社区公益组织的权力和社会关系配置人力资源，开展经营性服务，直接促进了贫困群体在社区内的灵活就业。第四，促进了公平正义。通过公共服务社，一些不应享受低保的人员被剔出，真正需要救助的人员得到救济，使公平正义的理念得到伸张。而通过劳动获得报酬，也是实现人自身发展的必要环节。第五，促进了政府职能的转变，政府与民众的关系更加密切。公共服

务社的建立，体现了政府为民众谋利益，真正关心民众福祉的精神。在这种机制下，人们对政府的评价更加积极。而且，它为探索良好政府社会管理制度积累了经验，有利于政府管理水平再上新台阶。

当然，这种创立公共服务社的模式也有一些困难需要加以克服。首先，作为政府文件认可的民办非企业组织，在法律上还没有充分依据。它是否能够承担法人相应的民事责任，是否完全向非营利的方向发展，以及如何发展都需要进一步探索。其次，其地位需要进一步明确。从总体上看，它是社会保障政策的执行组织，不同于社区服务中心，又不同于专业的劳动就业组织，如何摆正自己的位置，也需要仔细探讨。第三，必要的资金支持。有些公共服务社，因其特有的地理优势，在积累公共资金促进服务社继续发展方面先行一步。但是仍然有相当一部分公共服务社，因为既要有专人管理，又没有专项资金，其运营则有些艰难。而政府又没有专门预算，这成为制约公共服务社发展的一个瓶颈。也许设立慈善性的专项资金是一个可以尝试的办法。

（案例来源：葛道顺《建立并完善最低生活保障制度的治理机制——大连市社区公共服务社的经验及启示》，《中国党政干部论坛》2004年第7期；朱勇、杨刚：《大连社区公共服务社的探索与启示》，《中国民政》2003年第10期；葛道顺：《MOST案例再研究：社区公共服务社的研究和政策应用——大连市完善城市居民最低生活保障制度政策过程的案例分析》，《社会学研究》2003年4期）

案例十五

上海市浦东新区：创办社会矛盾调解中心

上海市浦东新区开发过程中，大量土地被征用，撤村撤队200多个，吸纳劳动力几十万人，城区面积扩大60平方公里。如此大规模的建设与高速度的发展，必然涉及社会各阶层利益的调整，不可避免地会产生各种社会矛盾纠纷。随着浦东开发建设力度的加大，由于利益格局的调整、人们思想观念的转变以及心理承受能力和期望值的差异等多种原因所导致的社会矛盾纠纷逐年增多。仅1994年和1995年，浦东新区规模较大、较为激烈的社会矛盾和纠纷就分别达到337起和420起，涉及4万余人次。这些矛盾和纠纷具有明显的群体性、社会性倾向，一“闹”就“闹”到区、市政府机关和政府信访部门，表现为由部分公众参与并形成有一定组织和目的的集体上访、集会、堵塞交通、停工停产、妨碍生产生活秩序、围堵党政机关、静坐请愿、聚众闹事等群体行为，严重危害社会公共安全，直接困扰各级政府的正常运作，给社会稳定与经济发展带来越来越大的负面效应。

在特定的历史条件下，解决特殊类型的社会矛盾纠纷需要特殊的解决方法，这其中，司法行政部门的司法调解工作极其重要。在新区管委会和市司法局领导下，上海市浦东新区司法局于1995年6月在不增加人员编制的情况下，挑选一部分精干力量，成立了专门从事预防、调处、化解社会矛盾纠纷的调解组织——上海市浦东新区社会矛盾调解中心（后改称“上海市浦东新区司法调解中心”）。调解中心在基层与110和148形成联动，为人民群众排忧解难，及时化解和处理改革开放中出现的各种社会矛盾纠纷。调解中心整体运作上已经形成规范有序的内部运作机制、优势互补的社会协作机制、严密完善的信息反馈机制和及时有效的快速反应机制。

根据浦东新区社会矛盾纠纷的基本情况与特点，调解中心确立了如下七项主要任务与职能：①根据新区党工委、管委会的指示，直接参与区内发生的重大群体性社会矛盾纠纷的调解。②根据各街、镇、重点开发小区及有关部门的要求，参与所在地区对群体性社会矛盾纠纷的调解。③深入基层调查研究，重点调查了解区内群体性社会矛盾纠纷发生的特点、原因及其规律，为新区领导决策提供依据。④加强与新区各委、办、局、街道、重点开发小区及有关部门的联系，对重要改革措施出台、重大项目上马等可能引发的某些群体性社会矛盾纠纷，及时提出预防性建议，以增强工作的主动性和超前性。⑤做好新区群体性社会矛盾纠纷信息的收集、分析和研究工作，及时向新区领导和有关部门写出专报，并提出防范、调处对策。⑥直接受理群体性社会矛盾纠纷一方或双方的调解要求，提供义务法律咨询、法律服务，做好调解工作。⑦指导街道、乡镇对重大疑难民间纠纷的调处。从运作成效来看，调解中心自 1995 年成立以来直接参与调处各种社会矛盾纠纷 620 起，其中影响较大的有 75 起，参与了 70 多项重点工程建设的矛盾调处工作，已经成为维护社会稳定，保障浦东开发建设的一支不可缺少的重要力量。

与浦东近几年各种矛盾纠纷交替发生、群体性闹事形式更加激烈、处置工作的难度不断加大不适应的是，浦东新区传统的社会矛盾纠纷应急机构的力量有限，这些机构主要包括人民调解、法院、公安、信访等部门。第一，从传统调解委员会的调解来看，按照《人民调解委员会组织条例》而设置的单一调委会已不能完全适应新时期人民调解工作的需要。虽然传统的调委会在调处公民之间涉及人身、财产权益等方面的矛盾发挥了重要作用，但面对一些重大疑难纠纷，特别是一些涉及范围广、参与人数多、情况复杂的纠纷，传统的村（居）、企业一级调委会由于受到各种因素的限制，往往无力调解，迫切需要综合性的协调组织来协调各方加以解决。第二，从法院判决或调解来看，众多的社会矛盾纠纷如果靠法院按有关法律进行判决或调解，不仅成本过高、诉讼程序繁琐让当事人双方望而却步，而且胜诉与否很难预料，一旦败诉，当事人的声誉受损。因此，在当前情况下，靠法院按有关法律进行判决或调解难以解决问题，许多老百姓不愿接受这种调解方案。第三，从公安部门的力量来看，新区目前的公安警力非常有限，公安部门承担了大量非警务工作。虽然在公安行政管理过程中承担一定的公安行政调解职能，但公

安部门更多地承担“急救包”的职责，通常是在一些暴力性的社会矛盾纠纷发生后立即在出事现场采取应急措施，防止事态进一步恶化；而社会矛盾调解中心则能够从头到尾反馈解决。不仅如此，调解中心作为专业性调解机构，对调解和各项法规比较熟悉，通常能起到法律参谋作用。第四，从浦东信访工作的基本情况来看，也迫切需要引导群众依法上访，建立信访矛盾依法疏解机制。据统计，目前新区共有信访干部112人，其中专职信访干部95人，兼职信访干部17人，而2000年新区各街镇、居（村）委会化解的各类矛盾达16821件（人次），2001年新区信访办共处理来信7000件，来访8553人次，集体上访127批。如此繁重的信访量迫切需要调解中心等机构起到降低信访压力的分流作用，引导群众依法上访和通过司法渠道解决矛盾纠纷。因此，必须建立权威的、专业的调解中心作为政府处置社会矛盾纠纷的专业队伍，构筑大调解格局：①组织形式上，由单一的转变为立体的，由只建立在村级发展为覆盖各级政府（包括村/居委）的各个层次；②在领导方式上，由村民自治组织、自我管理的人民调解组织，转变为党委、政府统一领导，各部门、各单位广泛参与，协助配合；③在指导思想上，由被动调解为主转变为以超前预防、积极调解为主，实行预防与调解结合，标本兼治；④在方式方法上，由单纯采取说服教育的方式，转变为以法律手段为主，辅之以经济的、行政的、教育的等多种手段，以达到彻底化解矛盾，不留隐患的目的。

针对各类社会矛盾纠纷高频发生并逐年上升的现状，调解中心在思想观念、制度规范、技术支持等各个方面着力强调快速应急的原则，对一些重大的民间纠纷和群体性矛盾的调处，在接警后30分钟内能赶赴现场，实地开展调解工作。第一，职能权限。调解中心隶属新区司法局，是政府的一个职能机构，其工作在浦东新区范围内不受地域、条块的限制；依据新区管委会确认的职能，一旦遇到调解任务，便直接开赴现场，深入一线，及时有效开展工作。第二，制度规范。调解中心制定了《社会矛盾调解中心工作职责》、《纠纷、受理调处程序》、《重大案件研讨制度》、《八要八不要》等十多项制度规章，完善工作机制，并推出挂牌上岗的举措，便于现场接受群众监督。第三，信息反馈及传递。调解中心对接受处理的纠纷注重跟踪了解事态发展进程，及时分析信息并及早反馈；同时，调解中心运用司法信息专报的形式，将重大纠纷发生的调处情况及时向上报告，

为领导决策提供依据。第四，软件设施。培养一支素质相对较高的队伍。调解中心现有12名成员，均为大学本科以上文化程度，基本都具有“三懂三会”的素质，即：懂法律，懂政策，懂民情；会做思想工作，会开车，会使用电脑。第五，硬件设施：调解中心配备了一定的交通、通讯工具，使调解中心具有较强的机动性，遇有紧急情况，就能迅速作出反应，及时赶赴现场。

根据新区社会矛盾纠纷的基本情况与特点，新区管委会为调解中心确定的主要任务和职责涵盖了社会矛盾纠纷应急管理流程的三个阶段。第一，矛盾纠纷发生后，调解中心代表政府司法行政部门以第三人的身份居中调停，在矛盾纠纷之间构筑“缓冲器”、“防洪堤”，促使矛盾双方逐步缩小差距，缓解矛盾冲突的程度，通过疏导、化解最终使矛盾双方达成共识。第二，在防范、调处矛盾纠纷的工作中，调解中心不仅主动调解，了解情况，有针对性地运用和宣传有关政策、法律和法规，同时加强与有关部门的沟通和联系，及时收集、分析纠纷信息，并提出防范、调处的对策，形成了较为完善的信息反馈网络。第三，做好事前预防工作，使调解工作有备而来。调解中心不仅实行先期排查制度，按照属地管理原则分级调处，尽力把问题消化在基层；同时还超前预防，对所发生的矛盾纠纷综合分析，掌握矛盾纠纷发生的规律，提前采取措施，控制预防矛盾纠纷的发生。第四，重视对所调解的社会矛盾纠纷作出及时回应，建立信息报告和回访制度。凡群体性纠纷和疑难民间纠纷，调解员在着手受理、调处、结案等重要环节都要有信息报告，重要情况必须撰写《司法信息专报》；同时，结案后在半个月内应回访一次，听取各方反映，督促检查调解结果的落实。

调解中心成立几年来，积极参与新区各类社会矛盾纠纷的疏导化解工作，对因征地吸劳、拖欠工资、工居矛盾、拆迁房质量等引发的各种群体性社会矛盾，依法进行防范、疏导和化解，取得了积极的效果。据统计，自1995年6月成立至2001年底，调解中心共直接参与调处各类矛盾纠纷728起，其中影响较大的有65起；参与了70余项重点工程建设矛盾的调处——其中包括浦东国际机场、地铁2号线、世界大道、陆家嘴中心绿地、克虏伯工程等，说服教育来访群众近万人次，为保护人民合法权益，维护浦东社会稳定，确保新区开发建设的顺利推进起到了积极的保障作用，受到社会各界的普遍赞誉。

点　评

上海浦东新区社会矛盾调解中心及其运作模式是新形势下化解和处理社会矛盾的一种重要途径，具有很大的创新性。从组织性质来看，调解中心实际上是司法行政工作部分职能的深化和转变，无需另增人力和物力，符合节约原则；而且，随着改革开放的进一步深入，必然出现和增多的各种社会矛盾纠纷也需要由司法行政部门解决。从运作机制来看，作为一个代表政府行使社会矛盾纠纷调处职能的综合性、实体性组织，调解中心充分运用法律、行政、经济、说服教育等多种手段，综合配套地解决问题，适应了新时期化解人民内部矛盾的客观需要，保证了调解工作的权威性、有效性和公正性。从现实效果来看，调解中心在实践中已经显现出重大的社会意义，被誉为密切干群关系的"连心桥"，化解矛盾纠纷的"金钥匙"，保持基层社会安定团结的"稳压器"，深入开展法制宣传教育的"普法站"，标本兼治、重在治本、保证经济社会健康发展的"奠基石"。

我国当前处于公共治理结构的转型期，由于改革力度加大，利益格局调整以及人们思想观念转变等问题，社会上出现大量矛盾纠纷，如何有效预防、化解、处置这些社会矛盾纠纷，不仅是维护社会安定、政治稳定和经济发展的需要，也是构建现代法律服务体系的一项重要内容。本文通过研究上海浦东新区司法调解中心，来透视整个中国司法调解中心的现状、价值及进一步发展所面临的困境。在一个社会急剧动荡和变革的环境中，由于各类社会矛盾纠纷频发，社会稳定和政治稳定被政府放在最突出的位置上。在新旧体制转轨时期社会活动超前性与立法、司法活动滞后性的矛盾突出的情况下，专门从事预防、化解、处置各类社会矛盾纠纷的法律服务机构就具有存在的必要性和迫切性。司法调解中心"规范有序的内部运作机制、优势互补的社会协作机制、严密完善的信息反馈机制和及时有效的快速反应机制"，有效提高了对政府社会矛盾纠纷的应急管理能力。就调解职能而言，诚如古罗马法谚云："调解（和解）为最适当之强制执行。"司法调解中心以其机构的专业性、解决问题的客观公正性、广泛的群众性、队伍的机动性等优势而成为当事人双方愿意选择的解决矛盾纠纷的居间调停者。这种以合意为核心要素的解纷方式的实质是自治原则在纠纷解决领域的延伸，这构成社会自主治理的一个方面。不过从目前的发展现状来看，司法调解中心要以合法的身份纳入调解组织网络，行使法律赋予的各种职能，必须在运作程序、调解协议的确认等方面得到司法和法律的认可。从长远来看，这些内容在更广泛意义上则是一个现代法律服务体系的综合建设问题。

（案例来源：钟开斌《理念、范式、制度：面对社会矛盾纠纷时的政府选择——以上海市浦东新区司法调解中心为个案》，载俞可平主编《地方政府创新与善治：案例研究》，社会科学文献出版社，2003）

案例十六

广西南宁：建立社会应急联动系统

南宁市是广西壮族自治区首府，是广西的政治、经济和文化中心。随着南宁市国民经济社会发展速度的加快，自然灾害、事故灾害和突发社会公共安全事件时有发生，严重威胁着人民群众生命财产安全，影响着南宁市的发展进程。为提升南宁市的灾难防范能力，保障人民群众利益，建设和谐社会，自2001年开始，中共南宁市委、市政府带领全市人民在全国率先建设城市应急联动系统，在应急联动服务领域中打造了著名的“南宁模式”。这一机制到现在已经成功运行五年，取得了卓越成效。这一应急机制的建立历程大体如下。

1998年，国家部署社会服务联合行动工作。众多城市都在探索如何有效地整合现有资源，以图实现高效快速的城市应急救助服务。1999年4月，朱镕基总理参观了美国芝加哥911应急中心，他希望能将这一现代化的设施介绍到中国，帮助中国建立类似的具有国际现代化水平的应急中心。于是很多国内城市纷纷将建立城市应急救助系统纳入工作议程。1999年10月，南宁市市长林国强出访美国，在芝加哥与摩托罗拉公司董事长罗伯特·高尔文就城市应急联动系统的建设进行了交流，带回了不少有建设性的意见。随后，南宁市决定立项建设全国第一家政府社会性应急联动中心，把南宁市的应急系统，包括110报警台、119火警、120急救、122交通事故报警台及12345市长公开电话联合起来，再加上南宁市的城市防洪、防汛、护林防火、防震防空、水电气等应急领域都放置在一个系统建立一个平台。广西壮族自治区计委、南宁市计委分别将城市应急联动项目列为2000、2001和2002年自治区和南宁市重点建设项目，南宁市原市委书记李克以及现市委书记李纪恒都十分重视这个项目的建设，市委还将其列入“为民办实事二十件”中的第十一件，更是将中国第一家城市应急联动系统的建设迅速推上了日程。2000年10月，国家发展计划委员会对南宁市城市应急联动系统立项进行了批复：原则上同意所报南宁市社会联动系统工程项目建议书。这样，南宁市的这个项目建设也就紧锣密鼓地行动起来：同年 11 月，南宁市市政府与摩托罗拉公司在南宁就建设城市应急联动系统正式签约；同期，联合国开发计划署（UNDP）中国代表处与南宁市人民政府签约，对项目实施智力援助，协议从世界各地派 20 位管理、警务的专家对项目实施援助。除此之外，项目建设指挥部还派出技术人员前往国外进行学习、考察，获取其在该系统方面的先进技术和管理经验。另一组成员则在南宁市进行协调工作，调查组先对南宁市原有的独立门户的应急系统进行调查，争取在方案实施后能最大限度地发挥原有系统的作用；数据库的人员则在进行紧张而细致的数据收集和整理，将一层一层的数据联系起来建立系统平台。2001 年 11 月 11 日，广西壮族自治区南宁市城市应急联动系统试运行的按钮被启动，标志着这个投资 1.6 亿元的中国第一套城市应急联动系统在南宁市投入试运行。

南宁市城市应急联动系统是通过采用统一接处警平台，为公众报告紧急事件和紧急求助，整合城市各种应急救援力量及市政服务资源，实现多警种、多部门、多层次、跨地域的统一接警、统一指挥、联合行动，及时、有序、高效地开展紧急救援或抢险救灾行动，构建保障城市公共安全的综合救援体系。从技术角度来看，城市应急联动系统是集通信、计算机、网络、地理信息系统、全球定位系统、图形图像、视频监控、数据库与信息处理等多种技术为一体的通信、信息及指挥系统平台。从管理的角度来看，城市应急联动系统是政府办公、信息共享并更有效地发挥政府职能，更有效地为市民提供紧急救援及部门联合综合服务的组织体系和沟通平台。其功能主要体现如下。

（1）统一接警，统一处警功能。该系统通过 110、119、120、122 等四个特服号码统一受理全市的自然灾害、事故灾难、突发公共卫生、突发社会安全等突发公共事件的灾害报警信息，统一指挥调度和统一联动应急处置。系统值班主任在及时将特别重大、重大、较大级别的突发公共事件的信息上报市委值班室、市政府值班室的同时，及时对各类突发公共事件进行应急处置和特别重大、重大事件的先期处置，尽快控制突发公共事件事态的发展。

（2）统一调控资源功能。系统可对现场的公安、交警、消防和救护等资源进行统一指挥和调控，帮助处警调度员选择最佳资源，对事件做出最快速反应；可在重大紧急事件发生期间由市领导在应急联动中心召集全市各部门领导人对事件的处理进行特别调度指挥；通过无线集群通信系统可与现场人员进行语音、资料、图像的双向传送；可观察、记录或干预南宁市重要路口车辆交通情况；车载无线集群通信移动基站可以作为临时的现场指挥中心，并为个别无线集群通信的盲区提供现场应急指挥通信，由卫星图像传输系统（VSAT）将紧急重大事件现场图像实时传送到应急联动中心；强大的数据库查询功能和无线数据传输终端，使现场操作人员和中心指挥调度人员既可在联动中心又可在执行任务的车辆中调用各种资料信息；车辆自动定位系统（全球卫星定位系统 GPS）具有在电子地图上直接查看公安、交警、消防、急救等执行任务车辆精确位置的能力；在接警和处警时，与报警、处警事件相关的全部语音及资料信息都被记录存储，供未来检索查询。

（3）统一指挥调度功能。该系统对各类突发公共事件，由应急联动中心统一指挥调度进行处置；对特别重大、重大、较大级别的突发公共事件，由应急联动中心运用应急联动系统统一指挥调度，待上级在事发地成立应急处置指挥部前进行应急先期处置，与此同时，及时将信息上报市委、市政府；待现场指挥部成立后，现场指挥部运用应急联动系统进行统一指挥调度和应急处置。

这一系统在投入使用以后，针对灾难具有的各种灾害因素共生性、连锁性、紧急性的特点，打破政府部门工作职能的局限，统一接警、统一调度、统一指挥，应对各种灾害和突发事件，在紧急救助和非紧急救助方面取得了喜人成效，有力地保障了人民群众的生命财产安全，维护了安定团结的社会局面，成为南宁市和谐社会建设的利器。南宁市城市应急联动系统运行五年多来，得到了群众的信任，也受到了中央政府、国家有关部门的重视和肯定。其效益主要体现在如下方面。

（1）准确及时的紧急救助方便了人民群众，使市民得到了准确、快捷的救助。准确，是指求助者在紧急状态下，只要呼叫 110、119、120、122 中的任一个电话号码，就能得到准确的紧急救助服务。例如，需要医疗救助却拨打了 110，中心接警后派出施救的一定是 120 的救护车和医护人员而非警车。快捷，是指应急系统的响应时间大大提高。公安部规定应急系统的响应时间是 10 秒，其中响应时间 15 秒的不能超过 15%，南宁市联动系统的响应时间是 4～5 秒，高于相关行业标准。南宁市应急联动系统不仅方便了一般群众，还把紧急救助的服务标准扩延到老弱病残群众。当报警人遇到危难说不清或说不出相关情况时，地

理信息系统可以提供报警主叫号码、装机人姓名、装机地址以及相关属性数据四字段信息，并在电子地图上显示，使实施救助成为可能。

（2）大幅度提高了事件处理能力。南宁市城市应急联动系统建立之前，4个报警电话台的日受理能力约为800个左右。线路拥堵，电话难拨通，指挥信号也只能覆盖80平方公里的面积。应急联动系统启用后，日接听报警求助电话约5700多个，最多时达7000多个，月均超过17万个，系统处理能力提高了6倍以上。有统计显示，至2006年9月1日，共接听各类报警求助电话818万个，处理各类事件达59万余起。其中，110占69%，122占17%，120占12.5%，119占1.5%，系统指挥信号覆盖面积扩大了100多倍。

（3）综合应急能力全面提高。南宁市应急联动系统通过对资源的整合和实施紧急事件处置的统一指挥和协调，建立了顺畅的工作流程，提高了综合应急能力。若是简单事件，由接警席转相应的处警席进行处置；遇复杂事件，则由第一个接到指令的处警员发起其他部门的联合救助，使求救者获得所需要的公安、消防、医疗等全方位的救助。应急联动系统建立了拥有56个图层的电子地图，图层内容涉及救援资源分布、重要建筑物信息、消火栓信息、消防器材属性数据等等。例如，消火栓信息，显示了消火栓的使用状态、口径、接口情况、压力等等。南宁市应急联动中心的电话系统，可以在30秒之内紧急调度不在同一地点的人群召开电话会议，部署对紧急事件的处置，充分节约救援任务布置的时间。这一系统最多可以同时支持20个小型电话会议。

（4）有助于提高紧急事件管理的科学性、规范性。应急联动系统具有计算机决策与辅助决策功能，对各类刑事案件、火灾事故、矿山安全等事故的处置预案进行了电子化处理。当报警电话打进接警台时，计算机辅助决策系统会对事件类型进行自动辨识，帮助接处警员做出正确判断并发布正确指令。这一功能可以弥补接处警员主观判断的偏差和个人素质的缺陷，使事件处理规范化、科学化。应急联动系统还自动对指挥全过程实施跟踪记录，形成不可更改的电子记录档案。这有助于事件处理后评价，并可为刑事诉讼、民事诉讼和行政诉讼提供必要的证明材料。

（5）有效降低公共服务成本。如果按部门分立的模式实现应急救助的现代化，投入巨大，还将导致重复建设；而建设集成的应急联动中心，避免了重复建设，节约了资金，整合了资源，效果明显优于分散的系统。同时，集成的系统还可以为国家节约用于公共救助方面的频率和号码资源。目前，南宁市已成为具备使用统一报警特服号码条件的城市。

有很多出警案例充分说明这一应急机制的效应。例如，2005年6月5日，天降大雨，一名通信设施维护工人由于疏忽被困于下水道中。水位不停地上涨使其拨通110电话，发出求助信号。由于被困地点的特殊环境造成通信信号极差，报警手机号码多次在接警席电脑屏幕上显示但无人应答。在唯一一次听清楚报警人求助信息的情况下，应急中心下达联动处警指令，消防、巡警、医疗急救三方迅速展开搜寻，在不到20分钟内搜寻到已被水淹没至胸口的被困人，排除了险情。

点　　评

近年来，我国突发事件频发，安全形势不容乐观。据统计，我国每年因自然灾害、事故灾害和社会安全事件造成上百万人死亡，经济损失超过6000亿元。而我国城市化的发展趋势已经把城市管理工作提上重要议程，管理工作包括疾病的救助、火灾、盗匪、交通事故、供电供水供气故障、危险品的泄露等。目前，中国城镇人口的比重已经达到40%。城市集中了全国工业总值的50%，国内生产总值的70%，国家税收的80%，第三产业增加值的85%，高等教育和科研力量的90%。因此，建设城市应急联动系统已经成为城市发展、社会稳定的迫切之举。运用高科技手段，发展电子政务，提高城市管理水平现在已经成为时代发展趋势。南宁市城市应急联动系统利用集成的数字化、网络化技术，将110报警台、119火警、120急救、122交通事故报警台及12345市长公开电话，纳入统一指挥调度系统，实现了跨部门、跨警区以及不同警种之间的统一指挥协调，使统一应急联合行动成为现实，从而大大提高了城市的现代化与信息化水平。

南宁城市应急系统也反映了一种应急中集权模式。它通过采用统一的管理体制和专门的部门，有利于专业化发展，提高了指挥效率，为长远发展打下了良好基础。但它在政府管理方面存在一定风险，政府需要进行体制调整，理顺指挥关系，在新的模式下要定义好责、权、利的关系，否则协作容易出问题。而业务系统的维持也需要庞大的经费，在具体指挥救急时，更需要处理好指挥中心与现场救援间的权责关系。最后，日常管理应该常抓不懈，在此基础上做好应急管理。我们倒是希望应急越少越好。

［案例主要来源：邱霈恩、王勇兵《构建城市应急联动系统，增强政府应急处置能力——南宁首创现代城市应急联动系统的成功实践》，载俞可平主编《中国地方政府创新案例研究报告（2003～2004）》，北京大学出版社，2006；《中国制造：政府社会应急联动中心》，http：//blog. tom. com/blog/read. php？ bloggerid = 204421&blogid = 9713；《城市应急联动系统为南宁和谐社会保驾护航》，http：//www. gx. xinhuanet. com/misc/2007 -05/24/content_ 10116595_ 1. htm］

政策法规创新

2006年度中国政府创新透视

——从政策法规来看政府年度创新

周战超

政策法规是国家、政府或政党为实现一定的目标制定的路线、方针与行为准则，是政府活动的重要依据。从政策法规的制定、修订、选择与执行过程中，可以看出公共权力机关为了提高工作效率和增进公共利益而进行的创造性改革；从政策法规的变化过程中，可以看出政府创新的趋势。

对政策法规的分析是一个极其复杂的系统工程，既有定性分析也有定量分析。判断一种政策的好坏，既要考虑政策的效用后果，又要考虑政策实施过程中所体现的公共精神。本文不作详细的政策法规分析与评估，而是通过简单的量化分析，通过政策法规内容方面的简单统计来观察2006年中国政府创新的特征与趋势。与2005年不同的是，2006年的统计方法是，首先收集全年度省部级以上政府出台的所有政策法规，然后根据行政法规的标准进行筛选，最终以具有行政法规意义的文件作为分析的依据。

政策法规的外延很广，我们根据政策法规制定者的层次和政策法规的适用范围把2006年度中国政府出台的政策法规大致分为四类：①中共中央文件、中央会议决议、国家领导人重要讲话，以及对中国政府创新有指导性意义的文件等。这类政策法规一般来讲数量不多，但地位极为重要，往往具有根本性的指导作用。②全国人大委员会与最高人民法院出台的相关法规。这类法规的出台需要经

过相当严格的程序，因而具有较强的刚性与约束力。③国务院出台的行政法规、条例等。国务院是我国最高级别的行政管理机构，其出台的政策法规对各级政府都具有指导作用。④各部委与地方省级政府出台的政策法规。这类政策法规是各部委与地方政府直接实施行政管理的行为依据，具有重要的实践指导意义。

一　中共中央文件、中央会议决议、国家领导人重要讲话

2006 年度，中共中央文件、中央会议决议、国家领导人重要讲话，以及对中国政府创新有指导性意义的文件有：《中共中央关于构建社会主义和谐社会若干重大问题的决定》、《加强互利合作　实现共同发展》、《温家宝在“中国—太平洋岛国经济发展合作论坛”首届部长级会议开幕式上的讲话》、《全面落实科学发展观加快建设环境友好型社会》、《温家宝：要抓好资源节约、建设环境友好型社会》、《温家宝提出 06 年政府工作思路和经济社会发展目标》、《温家宝提出今年政府工作必须把握好四个原则》、《温家宝在国务院第四次廉政工作会议上的讲话》、《中央经济工作会议在北京召开　胡锦涛温家宝作重要讲话》、《温家宝：加强政府建设　推进管理创新》、《温家宝：认真学习〈江泽民文选〉加快推进政府职能转变》、《温家宝：坚持改革创新　全面推进现代海关制度建设》、《温家宝：把经济社会发展切实转入科学发展轨道》、《温家宝：必须大力加强政府自身改革和建设》、《温家宝介绍“十一五”战略重点和主要任务》、《温家宝：中南海的大门是面向广大群众的》等。

《中共中央关于构建社会主义和谐社会若干重大问题的决定》是中共十六届六中全会的主要内容，提出了构建社会主义和谐社会的指导思想、目标任务与原则。“到二〇二〇年，构建社会主义和谐社会的目标和主要任务是：社会主义民主法制更加完善，依法治国基本方略得到全面落实，人民的权益得到切实尊重和保障；城乡、区域发展差距扩大的趋势逐步扭转，合理有序的收入分配格局基本形成，家庭财产普遍增加，人民过上更加富足的生活；社会就业比较充分，覆盖城乡居民的社会保障体系基本建立；基本公共服务体系更加完备，政府管理和服务水平有较大提高；全民族的思想道德素质、科学文化素质和健康素质明显提高，良好道德风尚、和谐人际关系进一步形成；全社会创造活力显著增强，创新

型国家基本建成；社会管理体系更加完善，社会秩序良好；资源利用效率显著提高，生态环境明显好转；实现全面建设惠及十几亿人口的更高水平的小康社会的目标，努力形成全体人民各尽其能、各得其所而又和谐相处的局面。”这一目标任务既是我国社会发展的方向指针，也是我国政府改革创新的重要指南。“基本公共服务体系更加完备，政府管理和服务水平有较大提高”，就是我国政府在和谐社会建设过程中改革创新的目标任务。《决定》的后半部分又具体指出了和谐社会建设中政府的改革创新目标，并对这一目标作了解释，即“建设服务型政府，强化社会管理和公共服务职能。为人民服务是各级政府的神圣职责和全体公务员的基本准则。按照转变职能、权责一致、强化服务、改进管理、提高效能的要求，深化行政管理体制改革，优化机构设置，更加注重履行社会管理和公共服务职能。以发展社会事业和解决民生问题为重点，优化公共资源配置，注重向农村、基层、欠发达地区倾斜，逐步形成惠及全民的基本公共服务体系。创新公共服务体制，改进公共服务方式，加强公共设施建设。深化行政审批制度改革，进一步减少和规范行政审批事项，简化办事程序，创新管理制度，为群众和基层提供方便快捷优质服务。推行政务公开，加快电子政务建设，推进公共服务信息化，及时发布公共信息，为群众生活和参与经济社会活动创造便利条件。完善公共服务政策体系，提高公共服务质量，增强政府公信力。推进政事分开，支持社会组织参与社会管理和公共服务。加强市场监管，整顿和规范市场经济秩序”。除此之外，《决定》还提出了构建社会主义和谐社会必须遵循的六条原则，即“必须坚持以人为本；必须坚持科学发展；必须坚持改革开放；必须坚持民主法治；必须坚持正确处理改革发展稳定的关系；必须坚持在党的领导下全社会共同建设”。在最后一条原则中，明确指出要“坚持科学执政、民主执政、依法执政……”

总之，从决定内容来分析，可以总结出政府在社会主义和谐社会建设中改革创新的目标任务和主要内容，即坚持科学发展观统领，遵循六条原则，促进政府自主创新，建设服务型政府，强化社会管理和公共服务职能，坚持科学执政、民主执政、依法执政。这与2005年“十一五”规划中提出的，建立“高效、民主、法治、服务型政府”有机整合为一体，成为指导我国政府创新的根本指导思想。

2006年3月5日，国务院总理温家宝在十届全国人大四次会议上作政府工作报告时，对2006年政府工作的基本思路作了具体论述。他指出，“2006年做

好政府工作的基本思路是：以邓小平理论和‘三个代表’重要思想为指导，认真贯彻党的十六大和十六届三中、四中、五中全会精神，全面落实科学发展观，坚持加快改革开放和自主创新，坚持推进经济结构调整和增长方式转变，坚持把解决涉及人民群众切身利益问题放在突出位置，全面加强社会主义经济建设、政治建设、文化建设与和谐社会建设，为‘十一五’开好局、起好步”。他还进一步提出 2006 年政府工作必须把握好四个原则：“一是稳定政策，适度微调。继续搞好宏观调控，保持宏观经济政策的连续性和稳定性，正确把握宏观调控的方向和力度，注重区别对待、分类指导，有针对性地解决经济发展中的突出矛盾。二是把握大局，抓好重点。正确处理改革发展稳定的关系，以改革开放为动力推动各项工作，着力解决事关全局的重大问题，促进经济社会全面发展。三是统筹兼顾，关注民生。坚持以人为本，搞好‘五个统筹’，更加注重城乡、区域协调发展，更加注重社会事业建设，更加注重社会公平和社会稳定，让全体人民共享改革发展成果。四是立足当前，着眼长远。把做好今年工作和实现‘十一五’规划目标结合起来，积极进取，量力而行，注重实效。”

这段内容的核心是围绕 2006 年度我国政府改革创新根本指导思想——打造服务型政府——阐述了政府工作基本思路和原则，首先明确了社会主义和谐社会建设过程中，我国政府改革创新必须以邓小平理论和“三个代表”重要思想为指导，落实科学发展观。这实质上是指导我国发展的根本方针，政府改革创新自然也不例外。其次，对政府的工作提出了根本要求，即“坚持加快改革开放和自主创新，坚持推进经济结构调整和增长方式转变”。第三，论述了政府工作的重心是“把解决涉及人民群众切身利益问题放在突出位置”。从 2006 年度的政府工作实践来看，民生工程在政府工作中占据了相当重要的地位。最后，温家宝总理还对保证政府沿着正确方向改革创新提出了四条原则。这几个方面涵盖了我国政府改革创新的主要方面，突出强调了 2006 年我国政府改革创新的重心是建设服务型政府，充分发挥政府在社会主义和谐社会建设中的作用。其他党和国家领导人也对我国政府改革创新进行过论述，其主旨没有根本性区别。

总之，中央会议决议、重要领导人讲话为我国社会发展确立了根本方针。在其指导下，我国政府改革创新的主要内容继往开来，体现在三个方面，即建立服务型政府、民主法治政府、廉价高效政府。与 2005 年有所不同的是突出强调了政府的民生职能，着力打造政府的服务功能。全国人大委员会与最高人民法院相关立法、国务院出台的行政法规、各部委与地方政府制定的政策法规从各个具体领域体现了这些根本思想和内容。

二　全国人大委员会与最高人民法院的相关立法

2006 年度，全国人大、最高人民法院和最高人民检察院出台的具有行政法规意义的政策法规和司法解释共计 45 条。在这些法规中，除去关于国家安全与刑事的法律之外，有相当部分与我国政府管理相关，它们从服务型政府、民主法治政府、廉价高效政府几个方面体现了我国政府改革创新的具体内容。

在服务型政府方面，除为经济发展制定一些法规之外，全国人大委员会、最高人民法院和最高人民检察院出台了以人为本、关注民生、帮助弱者的保障性法规。如：中华人民共和国第十届全国人民代表大会常务委员会第二十五次会议于 2006 年 12 月 29 日修订通过《中华人民共和国未成年人保护法》，保护未成年人的身心健康，保障未成年人的合法权益。中华人民共和国第十届全国人民代表大会常务委员会第二十一次会议于 2006 年 4 月 29 日通过了《中华人民共和国农产品质量安全法》，要求县级以上人民政府农业行政主管部门负责农产品质量安全的监督管理工作，保障农产品质量安全，维护公众健康。又如，第十届全国人民代表大会常务委员会第二十四次会议通过了《关于修改〈中华人民共和国人民法院组织法〉的决定》，将人民法院组织法原第十三条修改为第十二条："死刑除依法由最高人民法院判决的以外，应当报请最高人民法院核准。"这是一项重大的司法行政体制和工作机制的改革创新，对确保提高死刑审判质量具有重大意义，体现了我国政府执政为民、以民为本、构建社会主义和谐社会的服务理念。诸如此类的法规还有：最高人民法院出台了《最高人民法院关于人民法院为建设社会主义新农村提供司法保障的意见》、《最高人民法院、最高人民检察院关于死刑第二审案件开庭审理程序若干问题的规定（试行）》等等。这些都表明了中国公共权力机构创新的公共服务特点。

在民主法治政府方面，2006 年度，我国政府加强了依法行政的措施，人大制定和修订了相应有力的政策法规。比如，中华人民共和国第十届全国人民代表大会常务委员会第二十次会议于 2006 年 2 月 28 日通过了《全国人民代表大会常务委员会关于修改〈中华人民共和国审计法〉的决定》，自 2006 年 6 月 1 日起施

行。这从根本上加强了国家的审计监督，对维护国家财政经济秩序，提高财政资金使用效益，促进廉政建设，保障国民经济和社会健康发展，提供了强有力的保障。《审计法》第四条修改为："国务院和县级以上地方人民政府应当每年向本级人民代表大会常务委员会提出审计机关对预算执行和其他财政收支的审计工作报告。审计工作报告应当重点报告对预算执行的审计情况。必要时，人民代表大会常务委员会可以对审计工作报告作出决议。"类似的修改还有十多条，不同程度地加强了人大对政府工作的监督力度。又如，为了充分发挥检察机关法律监督职能作用，遏制和防范职务犯罪，促进社会信用体系建设，打击商业贿赂违法犯罪行为，服务社会主义市场经济，中华人民共和国最高人民检察院决定建立行贿犯罪档案系统，并对外受理查询。类似的法治建设方面的法规还有：2006年1月26日通过的《最高人民检察院、全国整顿和规范市场经济秩序领导小组办公室、公安部、监察部关于在行政执法中及时移送涉嫌犯罪案件的意见》，2006年2月23日通过的《监察部、最高人民检察院、国家安全生产监督管理总局关于加强行政机关与检察机关在重大责任事故调查处理中的联系和配合的暂行规定》、《最高人民检察院关于进一步加强律师执业权利保障工作的通知》，2006年5月10日《最高人民检察院关于印发〈最高人民检察院司法解释工作规定〉的通知》等等都以法律的形式体现了我国政府法治方面的创新。

在廉价高效政府方面，全国人大与最高人民法院、最高人民检察院出台的法规不多。我国政府关于如何提高效率、降低成本的政策法规大多由政府部门自己制定。

三　国务院、各部委与地方政府出台的政策法规

国务院、各部委与地方政府出台的政策法规对研究我国政府创新有着不可替代的重要性，它代表着我国政府年度内重大创新作为。据不完全统计，除去党和国家重要领导人的讲话及中国共产党代表大会报告、全国人大与最高人民法院出台的法律之外，2006年度我国（省级以上政府包括某些重要地市）政府出台的政策法规共计近3万条，其中，具有行政法规意义的条文有257条，国务院出台的行政法规约30条，部门政策法规约193条，地方（省级与重要地市）政策法规约34条。这些政策法规基本涵盖了我国政府的全部职能，包括公共安全、社会保障、科教文卫、环境保护、经济发展等各个领域。

以政策法规所体现的公共精神为标准，从国务院2006年出台的30条政策法来分析，结果发现，公共安全类6条，约占20.00%左右；医疗、保障类3条，约占10%；民主政治类4条，约占13.33%；教科文类1条，约占3.33%；经济发展、环境保护共12条，占40%，充分体现了落实科学发展观的政策导向。通过以上几类政策法规所占的比重可以看出2006年中国政府创新的几个主要方面——公共服务、民主法治、廉价高效。

从国务院制定的政策法规来看，打造服务型政府、提供高质量的公共服务仍然是2006年中国政府创新的主要特征。根据俞可平教授在《论政府创新的主要趋势》一文中关于公共服务方面创新的论述，公共服务主要包括以下几点，即"（1）改进社会福利体制，为下岗和失业职工广泛地建立社会保障制度，为城市居民提供必要的公共医疗保险和最低生活保障；（2）扶贫济弱，政府制定具体的计划和措施，帮助贫困的穷人或社会弱势群体在一定的期限内摆脱贫弱状态；（3）治安联防，建立社区巡逻制度、110接警制度，预防日益加剧的刑事犯罪；（4）全民教育，在农村和城市社区设立各种义务学校，免费为居民提供学习知识的机会；……"① 上述国务院出台的各类政策法规中，公共服务类（公共安全、医疗、社保、教科文、环保）占40%以上，超过一半以上，超过经济发展类的行政法规。这表明2006年度中国政府创新的大部分内容是创建服务型政府，提高公共服务质量。在全国人大委员会立法与国务院出台的行政法规的指导下，各部委及地方各级政府出台的政策法规也都把"以人为本"、打造服务型政府作为主要内容。

依法行政，建立民主法治政府是2006年中国政府创新的重要特征。在2006年度国务院出台的重要行政法规中，民主法治类占13.33%。这个百分比虽然不大，也不能因此说明2006年度内，我们政府民主法治方面的创新较弱。事实上，民主法治方面的政策法规大多反映在人大立法和中纪委的政策法规数目上，本文统计中没有包括中纪委出台的一些政策法规，如果把这些类的政策法规加在一起，其比重将会大大增加。

降低行政成本、建立高效政府历来都是行政管理追求的目标。2006年度中

---

① 俞可平著《论政府创新的主要趋势》，第2页。http://www.chinainnovations.org/read.asp?type01=1&type02=3&type03=13&articleid=2481。

国政府出台的政策法规有相当一部分内容是用来规范政府管理、提高行政效率的，尤其是在中央明确以科学发展观为指导之后，节能减排成为政府工作的重要内容。至于具体如何提高行政效率、降低行政成本大多是各级地方政府制定的具体办法。所以，从政策法规层次讲，这方面的内容相对较薄弱。

综上所述，2006 年我国政府出台的政策法规大致表现为公共服务、民主法治、廉价高效几个方面。这些特点反映出我国政府改革创新继往开来的基本趋势。从公共服务类的法规来看，大多数政策是强调防范社会经济风险、支持社会弱势群体的，这表明我国政府从过去行政命令式的管理模式开始向服务型的治理模式转变；从民主法治的角度来观察，大部分政策法规的内容是约束政府权力，推行政务公开、建立依法行政，这体现出我国政府从人治走向法治、从权力集中走向权力社会化的趋势；从廉洁、高效方面来讲，这部分政策法规的内容主要是接纳国际标准，参加国际反腐公约等，这表明在全球化的背景下我国政府逐步走向世界，与国际社会接轨。

2006 年制定的政策法规既表明我国政府的创新趋势，也显示出其在创新过程中存在的问题。如果根据俞可平教授所论述的政府创新的趋势①来分析我国政府 2006 年制定的政策法规，可以明显看出，在从全能政府向有限政府方面的转变方面，几乎没有出台什么政策法规，这也表明我国政府改革创新实践与理论要求还相差很远。由于这种原因，我国政府在市场经济条件下还没有完成职能转变，包揽着过多的本来属于市场机制自身可以完成的事务。与此相对的是，一些应该由政府承担的事务政府却无力做好，出现政府职能越位和缺位现象。

政策法规是反映政府创新的一面镜子，记录着政府改革创新的过程。创新是开拓性的工作，风险性是创新过程中最突出的特征。作为公共权力机构的政府创新具有更大的风险性，因此，如何处理好俞可平教授所阐述的“四重关系，即改革政府管理体制与提高公务员素质的关系，政府机构改革与政府职能转变的关系，提高行政效率与改善政府服务质量的关系，保持政府政策连续性与推进政府管理体制创新关系”② 是我国政府在未来创新实践中必须解决的问题。

---

① 俞可平著《论政府创新的主要趋势》，http：//www. chinainnovations. org/read. asp？type01 = 1&type02 = 3&type03 = 13&articleid = 2481。

② 俞可平著《论政府创新的若干基本问题》，http：//www. chinainnovations. org/read. asp？type01 = 1&type02 = 3&type03 = 13&articleid = 2481。

2006年度政策法规创新要目

一　党和国家领导人重要讲话

1. 胡锦涛在庆祝建党85周年暨总结保持先进性教育活动大会上的讲话

2. 中共中央关于构建社会主义和谐社会若干重大问题的决定

3. 加强互利合作　实现共同发展

——温家宝在"中国—太平洋岛国经济发展合作论坛"首届部长级会议开幕式上的讲话

4. 全面落实科学发展观加快建设环境友好型社会

5. 温家宝　要抓好资源节约、建设环境友好型社会

6. 温家宝提出06年政府工作思路和经济社会发展目标

7. 温家宝提出今年政府工作必须把握好四个原则

8. 温家宝在国务院第四次廉政工作会议上的讲话

9. 中央经济工作会议在北京召开　胡锦涛温家宝作重要讲话

10. 温家宝：加强政府建设　推进管理创新　2006.09.07

11. 温家宝：认真学习《江泽民文选》　加快推进政府职能转变　2006.09.04

12. 温家宝：坚持改革创新　全面推进现代海关制度建设　2006.07.07

13. 温家宝：把经济社会发展切实转入科学发展轨道　2006.05.24

14. 温家宝：必须大力加强政府自身改革和建设　2006.03.05

15. 温家宝介绍"十一五"战略重点和主要任务　2006.03.05

16. 温家宝：中南海的大门是面向广大群众的　2006.02.10

二　全国人民代表大会年度内出台的行政法规（含主席令）

1. 全国人民代表大会常务委员会关于修改《中华人民共和国审计法》的决

定（主席令第四十八号）（2006.03.01）

2. 中华人民共和国农产品质量安全法（主席令第四十九号）（2006.04.30）

3. 中华人民共和国护照法（主席令第五十号）（2006.04.30）

4. 中华人民共和国刑法修正案（六）（主席令第五十一号）（2006.06.30）

5. 中华人民共和国义务教育法（主席令第五十二号）（2006.06.30）

6. 中华人民共和国各级人民代表大会常务委员会监督法（主席令第五十三号）（2006.08.28）

7. 中华人民共和国企业破产法（主席令第五十四号）（2006.08.28）

8. 中华人民共和国合伙企业法（主席令第五十五号）（2006.08.28）

9. 中华人民共和国农民专业合作社法（主席令第五十七号）（2006.10.31）

10. 中华人民共和国反洗钱法（主席令第五十六号）（2006.10.31）

11. 全国人大常委会关于修改《中华人民共和国人民法院组织法》的决定（主席令第五十九号）（2006.10.31）

12. 全国人民代表大会常务委员会关于修改《中华人民共和国银行业监督管理法》的决定（主席令第五十八号）（2006.10.31）

13. 中华人民共和国未成年人保护法（主席令第六十号）（2006.12.29）

14. 第八届全国人民代表大会少数民族代表名额分配方案（2006.03.15）

15. 全国人民代表大会常务委员会关于加强法制宣传教育的决议（2006.04.29）

16. 全国人大常委会关于授权香港特别行政区对深圳湾口岸港方口岸区实施管辖的决定（2006.10.31）

三　国务院年度内出台的行政法规

1. 国务院关于修改《中华人民共和国统计法实施细则》的决定（国务院令第453号）

2. 中华人民共和国海关统计条例（国务院令第454号）（2006.01.19）

3. 烟花爆竹安全管理条例（国务院令第455号）（2006.01.25）

4. 农村五保供养工作条例（国务院令第456号）（2006.01.26）

5. 艾滋病防治条例（国务院令第457号）（2006.02.12）

6. 娱乐场所管理条例（国务院令第458号）（2006.02.13）

7. 取水许可和水资源费征收管理条例（国务院令第460号）（2006.03.06）

8. 国务院关于修改《价格违法行为行政处罚规定》的决定（国务院令第461号）（2006.03.09）

9. 机动车交通事故责任强制保险条例（国务院令第462号）（2006.03.28）

10. 血吸虫病防治条例（国务院令第463号）（2006.04.11）

11. 中华人民共和国烟叶税暂行条例（国务院令第464号）（2006.05.10）

12. 中华人民共和国濒危野生动植物进出口管理条例（国务院令第465号）（2006.05.17）

13. 民用爆炸物品安全管理条例（国务院令第466号）（2006.05.22）

14. 信息网络传播权保护条例（国务院令第468号）（2006.05.29）

15. 地方志工作条例（国务院令第467号）（2006.05.29）

16. 中华人民共和国测绘成果管理条例（2006.06.07）

17. 国务院关于修改《棉花质量监督管理条例》的决定（2006.07.14）

18. 黄河水量调度条例（国务院令第472号）（2006.07.28）

19. 大中型水利水电工程建设征地补偿和移民安置条例（国务院令第471号）（2006.08.13）

20. 全国农业普查条例（国务院令第473号）（2006.08.31）

21. 风景名胜区条例（国务院令第474号）（2006.09.29）

22. 防治海洋工程建设项目污染损害海洋环境管理条例（2006.10.06）

23. 长城保护条例（国务院令第476号）（2006.10.23）

24. 中华人民共和国外资银行管理条例（国务院令第478号）（2006.11.15）

25. 公安机关组织管理条例（国务院令第479号）（2006.11.24）

26. 北京奥运会及其筹备期间外国记者在华采访规定（国务院令第477号）（2006.12.01）

27. 国务院关于修改《中华人民共和国核出口管制条例》的决定（国务院令第480号）（2006.12.01）

28. 诉讼费用交纳办法（国务院令第481号）（2006.12.29）

29. 中华人民共和国车船税暂行条例（国务院令第482号）（2006.12.31）

30. 国务院关于修改《中华人民共和国城镇土地使用税暂行条例》的决定（国务院令第483号）（2006.12.31）

四　各部委年度内出台的行政法规

发改委

1. 价格评估机构资质认定管理办法（发展改革委令第32号）（2006.01.17）

2. 价格鉴证师注册管理办法（发展改革委令第34号）（2006.01.17）

3. 钢铁产业发展政策（发展改革委令第35号）（2006.01.17）

4. 汽车产品外部标识管理办法（发展改革委令第38号）（2006.01.17）

5. 产业结构调整指导目录（2005年本）（发展改革委令第40号）（2006.01.18）

6. 政府制定价格成本监审办法（发展改革委令第42号）（2006.02.07）

7. 国家高技术产业发展项目管理暂行办法（发展改革委令第43号）（2006.03.10）

8. 政府制定价格行为规则（发展改革委令第44号）（2006.04.13）

9. 食盐专营许可证管理办法（发展改革委令第45号）（2006.05.12）

10. 国家发展和改革委员会行政复议实施办法（发展改革委令第46号）（2006.06.20）

11. 辽宁省外商投资优势产业目录（发展改革委令第47号）（2006.10.08）

12. 水泥工业产业发展政策（发展改革委令第50号）（2006.10.20）

13. 棉花加工资格认定和市场管理暂行办法（发展改革委令第49号）（2006.10.24）

14. 我国将加快循环经济立法进程建立较完善法律制度（2006.09.25）

财政部

1. 政府采购代理机构资格认定办法（财政部令第31号）（2006.02.21）

2. 财政检查工作办法（财政部令第32号）（2006.04.11）

3. 企业会计准则——基本准则（财政部令第33号）（2006.04.11）

4. 金融企业财务规则（财政部令第42号）（2006.12.18）

海关总署

1. 中华人民共和国海关关务公开办法（海关总署令第137号）（2006.01.02）

2. 中华人民共和国海关进出口货物查验管理办法（海关总署令第138号）(2006.01.02)

3. [海关总署]《海关总署关于修改〈中华人民共和国海关关于执行《内地与澳门关于建立更紧密经贸关系安排》项下《关于货物贸易的原产地规则》的规定〉的决定》(第142号令)(2006.01.04)

4. [海关总署]《海关总署关于修改〈中华人民共和国海关关于执行《内地与香港关于建立更紧密经贸关系安排》项下《关于货物贸易的原产地规则》的规定〉的决定》(第141号令)(2006.01.04)

5. [海关总署]《中华人民共和国海关进出口货物报关单修改和撤销管理办法》(第143号令)(2006.01.04)

6. [海关总署]《中华人民共和国海关关于执行〈中国－巴基斯坦自由贸易区原产地规则〉的规定》(第139号令)(2006.01.04)

7. [海关总署]《中华人民共和国海关行业标准管理办法（试行）》(第140号令)(2006.01.04)

8. 中华人民共和国海关实施人身扣留规定（海关总署令第144号）(2006.01.20)

9. 中华人民共和国海关行政处罚听证办法（海关总署令第145号）(2006.02.13)

10. 中华人民共和国海关报关员执业管理办法（海关总署令第146号）(2006.03.23)

11. 海关总署关于修改《中华人民共和国海关对进出境快件监管办法》的决定（海关总署令第147号）(2006.04.04)

12. 中华人民共和国海关特别优惠关税待遇进口货物原产地管理办法（海关总署令第149号）(2006.06.06)

13. 中华人民共和国海关加工贸易企业联网监管办法（海关总署令第150号）(2006.06.23)

14. 中华人民共和国海关《中华人民共和国与智利共和国政府自由贸易协定》项下进口货物原产地管理办法（海关总署令第151号）(2006.09.11)

15. 中华人民共和国海关对上海钻石交易所监管办法（海关总署令第152号）(2006.09.13)

16. 中华人民共和国海关统计工作管理规定（海关总署令第153号）(2006.09.14)

司法部

1. 国家司法考试违纪行为处理办法（司法部令第 97 号）（2006. 01. 19）
2. 国家司法考试应试规则（司法部令第 98 号）（2006. 01. 19）
3. 公证机构执业管理办法（司法部令第 101 号）（2006. 02. 27）
4. 公证程序规则（司法部令第 103 号）（2006. 05. 19）

税务总局

1. 注册税务师管理暂行办法（国家税务总局令第 14 号）（2006. 01. 08）
2. 个体工商户税收定期定额征收管理办法（税务总局令第 16 号）（2006. 09. 20）

文体部

1. 博物馆管理办法（文化部部令第 35 号）（2006. 01. 09）
2. 世界文化遗产保护管理办法（文化部令第 41 号）（2006. 11. 23）

教育部

1. 普通高等学校学生管理规定（教育部令第 21 号）（2006. 01. 17）
2. 中小学幼儿园安全管理办法（教育部令第 23 号）（2006. 07. 12）
3. 普通高等学校辅导员队伍建设规定（教育部令第 24 号）（2006. 07. 31）
4. 义务教育法等一批法律法规自 9 月 1 日起施行（2006. 08. 31）

公安部

1. 公安机关信访工作规定（公安部令第 79 号）（2006. 01. 19）
2. 警车管理规定（公安部令第 89 号）（2006. 12. 12）
3. 临时入境机动车和驾驶人管理规定（公安部令第 90 号）（2006. 12. 12）

国防科工委

1. 武器装备科研生产许可实施办法（国防科工委令第 15 号）（2006. 01. 18）
2. 民用爆炸物品生产许可实施办法（国防科工委令第 16 号）（2006. 09. 11）
3. 民用爆炸物品安全生产许可实施办法（国防科工委令第 17 号）（2006. 09. 12）
4. 民用爆炸物品销售许可实施办法（国防科工委令第 18 号）（2006. 09. 14）

国土资源部

1. 国土资源部关于废止部分部门规章的决定（国土资源部令第 28 号）（2006. 01. 19）

2. 地质灾害治理工程勘查设计施工单位资质管理办法（国土资源部令第 30 号）（2006. 01. 19）

3. 国土资源信访规定（国土资源部令第 32 号）（2006. 01. 23）

4. 耕地占补平衡考核办法（国土资源部令第 33 号）（2006. 06. 29）

5. 地图审核管理规定（国土资源部令第 34 号）（2006. 07. 04）

6. 土地估价师资格考试管理办法（国土资源部令第 35 号）（2006. 11. 27）

7. 国土资源管理规范性文件合法性审查办法（国土资源部令第 36 号）（2006. 12. 01）

8. 土地利用年度计划管理办法（国土资源部令第 37 号）（2006. 12. 25）

民政部

1. 基金会信息公布办法（民政部令第 31 号）（2006. 01. 19）

2. 基金会年度检查办法（民政部令第 30 号）（2006. 01. 19）

3. 婚姻登记档案管理办法（民政部令第 32 号）（2006. 02. 05）

4. 假肢与矫形器（辅助器具）制作师执业资格注册办法（民政部令第 33 号）（2006. 03. 06）

商务部

1. 汽车贸易政策（商务部令第 16 号）（2006. 01. 19）

2. 对外贸易经营者违法违规行为公告办法（商务部令第 17 号）（2006. 01. 19）

3. 低开出口发票行为处罚暂行办法（商务部令 2005 年第 26 号）（2006. 03. 03）

4. 《外商投资商业领域管理办法》的补充规定（商务部令 2005 年第 30 号）（2006. 03. 10）

5. 关于外商投资举办投资性公司的补充规定（商务部令 2006 年第 3 号）（2006. 06. 07）

6. 对外援助物资项目管理暂行办法（商务部令 2006 年第 5 号）（2006. 07. 20）

7. 零售商促销行为管理办法（商务部令 2006 年第 18 号）（2006. 09. 15）

8. 纺织品出口管理办法（暂行）（商务部令2006年第21号）（2006.09.21）

9. 易制毒化学品进出口管理规定（商务部令2006年第7号）（2006.09.26）

10. 商务部外商投资企业投诉工作暂行办法（商务部令2006年第2号）（2006.10.08）

11. 零售商供应商公平交易管理办法（商务部令2006年第17号）（2006.10.18）

12. 麻黄素类易制毒化学品出口企业核定暂行办法（商务部令2006年第9号）（2006.10.19）

13. 成品油市场管理办法（商务部令2006年第23号）（2006.12.07）

14. 原油市场管理办法（商务部令2006年第24号）（2006.12.07）

15. 外商投资商业领域管理办法补充规定（二）（商务部令2006年第22号）（2006.12.13）

16. 外国投资者对上市公司战略投资管理办法（商务部、证监会、税务总局、工商总局、外汇局令第28号）（2006.01.09）

17. 展会知识产权保护办法（商务部、工商总局、版权局、知识产权局令2006年第1号）（2006.01.11）

交通部

1. 港口统计规则（交通部令2005年第13号）（2006.01.25）

2. 机动车驾驶员培训管理规定（交通部令2006年第2号）（2006.02.09）

3. 中华人民共和国海事行政许可条件规定（交通部令2006年第1号）（2006.02.09）

4. 农村公路建设管理办法（交通部令2006年第3号）（2006.02.24）

5. 中华人民共和国高速客船安全管理规则（交通部令2006年第4号）（2006.03.27）

6. 公路工程施工监理招标投标管理办法（交通部令2006年第5号）（2006.06.19）

7. 公路建设监督管理办法（交通部令2006年第6号）（2006.06.19）

8. 公路工程施工招标投标管理办法（交通部令2006年第7号）（2006.07.10）

9. 老旧运输船舶管理规定（交通部令2006年第8号）（2006.07.18）

10. 关于废止33件交通规章的决定（交通部令2006年第10号）（2006.12.22）

11. 道路运输从业人员管理规定（交通部令2006年第9号）（2006.12.22）

12. 交通法规制定程序规定（交通部令2006年第11号）（2006.12.26）

13. 中华人民共和国内河交通事故调查处理规定（交通部令2006年第12号）（2006.12.28）

中国人民银行与证监会

1. 中国银行业监督管理委员会行政许可实施程序规定（2006.01.27）

2. 中国银行业监督管理委员会中资商业银行行政许可事项实施办法（2006.01.27）

3. 中国银行业监督管理委员会合作金融机构行政许可事项实施办法（2006.01.27）

4. 中国银行业监督管理委员会外资金融机构行政许可事项实施办法（2006.01.27）

5. 电子银行业务管理办法（银监会令2006年第5号）（2006.02.06）

6. 金融机构反洗钱规定（人民银行令〔2006〕第1号）（2006.11.15）

7. 金融机构大额交易和可疑交易报告管理办法（人民银行令〔2006〕第2号）（2006.11.15）

8. 中华人民共和国外资银行管理条例实施细则（银监会令2006年第6号）（2006.11.29）

国家食品监管局

1. 国家食品药品监督管理局听证规则（试行）（2006.01.31）

农业部

1. 草种管理办法（农业部令第56号）（2006.02.05）

2. 草原征占用审核审批管理办法（农业部令第58号）（2006.02.14）

3. 食用菌菌种管理办法（农业部令第62号）（2006.04.04）

4. 中华人民共和国海洋渔业船员发证规定（农业部令第61号）（2006.04.10）

5. 农业转基因生物加工审批办法（农业部令第59号）（2006.03.02）

6. 农业行政处罚程序规定（农业部令第63号）（2006.05.15）

7. 农业机械维修管理规定（农业部令第 57 号）（2006. 06. 06）

8. 畜禽遗传资源保种场保护区和基因库管理办法（农业部令第 64 号）（2006. 06. 21）

9. 畜禽新品种配套系审定和畜禽遗传资源鉴定办法（农业部令第 65 号）（2006. 06. 22）

10. 优良种畜登记规则（农业部令第 66 号）（2006. 06. 22）

11. 畜禽标识和养殖档案管理办法（农业部令第 67 号）（2006. 06. 29）

12. 蚕种管理办法（农业部令第 68 号）（2006. 07. 03）

13. 农产品包装和标识管理办法（农业部令第 70 号）（2006. 11. 07）

14. 农产品产地安全管理办法（农业部令第 71 号）（2006. 11. 07）

15. 联合收割机及驾驶人安全监理规定（农业部令第 72 号）（2006. 11. 10）

16. 饲料生产企业审查办法（农业部令第 73 号）（2006. 11. 30）

质检总局

1. 进境货物木质包装检疫监督管理办法（质检总局令第 84 号）（2006. 02. 05）

2. 出入境检验检疫行政处罚程序规定（质检总局令第 85 号）（2006. 03. 13）

3. 实验室和检查机构资质认定管理办法（质检总局令第 86 号）（2006. 03. 16）

4. 机动车安全技术检验机构管理规定（质检总局令第 87 号）（2006. 03. 21）

5. 出入境口岸食品卫生监督管理规定（质检总局令第 88 号）（2006. 03. 22）

6. 絮用纤维制品质量监督管理办法（质检总局令第 89 号）（2006. 10. 31）

7. 进出口煤炭检验管理办法（质检总局令第 90 号）（2006. 10. 31）

广电总局

1.《外商投资电影院暂行规定》补充规定二（广电总局令第 51 号）（2006. 02. 06）

2. 电影剧本（梗概）备案、电影片管理规定（广电总局令第 52 号）（2006. 06. 06）

建设部

1. 城市黄线管理办法（建设部令第 144 号）（2006. 02. 14）

2. 城市蓝线管理办法（建设部令第 145 号）（2006. 02. 15）

3. 城市规划编制办法（建设部令第 146 号）（2006. 02. 15）

4. 注册监理工程师管理规定（建设部令第 147 号）（2006. 02. 22）

5. 房屋建筑工程抗震设防管理规定（建设部令第 148 号）（2006. 02. 23）

6. 工程造价咨询企业管理办法（建设部令第 149 号）（2006. 04. 20）

工商总局

1. 公司注册资本登记管理规定（工商总局令第 22 号）（2006. 02. 16）

2. 户外广告登记管理规定（工商总局令第 25 号）（2006. 06. 07）

3. 医疗广告管理办法（工商总局卫生部令第 26 号）（2006. 11. 28）

科技部

1. 关于修改《社会力量设立科学技术奖管理办法》的决定（科技部令第 10 号）（2006. 02. 16）

2. 国家科技计划实施中科研不端行为处理办法（试行）（科技部令第 11 号）（2006. 11. 10）

监察部

1. 环境保护违法违纪行为处分暂行规定（监察部令第 10 号）（2006. 02. 21）

2. 安全生产领域违法违纪行为政纪处分暂行规定（监察部令第 10 号）（2006. 11. 23）

卫生部

1. 放射诊疗管理规定（卫生部令第 46 号）（2006. 02. 28）

2. 尸体出入境和尸体处理的管理规定（卫生部令第 47 号）（2006. 07. 17）

3. 医院感染管理办法（卫生部令第 48 号）（2006. 07. 25）

4. 建设项目职业病危害分类管理办法（卫生部令第 49 号）（2006. 08. 21）

信息产业部

1. 互联网电子邮件服务管理办法（信息产业部令第 38 号）（2006. 03. 06）

2. 电子信息产品污染控制管理办法（信息产业部令第39号）（2006.03.06）

3. 中华人民共和国无线电频率划分规定（信息产业部令第40号）（2006.11.07）

4. 无线电设备发射特性核准检测机构认定办法（信息产业部令第41号）（2006.11.13）

安全监管总局

1. 矿山救护队资质认定管理规定（安全监管总局令第2号）（2006.02.20）

2. 生产经营单位安全培训规定（安全监管总局令第3号）（2006.02.21）

3. 海洋石油安全生产规定（安全监管总局令第4号）（2006.02.22）

4. 非药品类易制毒化学品生产、经营许可办法（安全监管总局令第5号）（2006.04.18）

5. 尾矿库安全监督管理规定（安全监管总局令第6号）（2006.04.28）

6. 烟花爆竹经营许可实施办法（安全监管总局令第7号）（2006.09.01）

7. 危险化学品建设项目安全许可实施办法（安全监管总局令第8号）（2006.09.07）

8. 关于修改《煤矿安全规程》第六十八条和第一百五十八条的决定（安全监管总局令第10号）

食品药品监管局

1. 药品说明书和标签管理规定（食品药品监管局令第24号）（2006.03.16）

环保总局

1. 病原微生物实验室生物安全环境管理办法（环保总局令第32号）（2006.03.23）

2. 国家级自然保护区监督检查办法（环保总局令第36号）（2006.10.30）

保监会

1. 保险资金间接投资基础设施项目试点管理办法（保监会令2006年第1号）（2006.03.24）

2. 保险营销员管理规定（保监会令2006年第3号）（2006.04.11）

3. 外国保险机构驻华代表机构管理办法（保监会令 2006 年第 5 号）（2006. 07. 21）

4. 保险公司董事和高级管理人员任职资格管理规定（保监会令 2006 年第 4 号）（2006. 07. 21）

5. 健康保险管理办法（保监会令 2006 年第 8 号）（2006. 08. 14）

旅游局

1. 大陆居民赴台湾地区旅游管理办法（旅游局令第 26 号）（2006. 04. 17）

2. 国家旅游局行政许可实施暂行办法（旅游局令第 27 号）（2006. 11. 20）

文化部

1. 文化市场行政执法管理办法（文化部令第 36 号）（2006. 04. 20）

2. 音像制品批发、零售、出租管理办法（文化部令第 40 号）（2006. 11. 14）

证监会

1. 上市公司证券发行管理办法（证监会令第 30 号）（2006. 05. 08）

2. 中国证券监督管理委员会发行审核委员会办法（证监会令第 31 号）（2006. 05. 10）

3. 首次公开发行股票并上市管理办法（证监会令第 32 号）（2006. 05. 18）

4. 证券市场禁入规定（证监会令第 33 号）（2006. 06. 09）

5. 证券公司风险控制指标管理办法（证监会令第 34 号）（2006. 07. 24）

6. 上市公司收购管理办法（证监会令第 35 号）（2006. 08. 02）

7. 证券发行与承销管理办法（证监会令第 37 号）（2006. 09. 20）

8. 合格境外机构投资者境内证券投资管理办法（证监会令第 36 号）（2006. 09. 26）

9. 证券公司董事、监事和高级管理人员任职资格监管办法（证监会令第 39 号）（2006. 12. 01）

水利部

1. 水行政许可听证规定（水利部令第 27 号）（2006. 05. 30）

公安部

1. 公安机关人民警察证使用管理规定（公安部令第 81 号）（2006. 05. 31）

2. 公安机关办理行政案件程序规定（公安部令第 88 号）（2006. 09. 07）

知识产权局

1. 专利审查指南（知识产权局令第 38 号）（2006. 06. 01）

2. 专利费用减缓办法（知识产权局令第 39 号）（2006. 11. 06）

国资委

1. 中央企业投资监督管理暂行办法（国资委令第 16 号）（2006. 07. 12）

统计局

1. 统计执法检查规定（统计局令第 9 号）（2006. 07. 21）

民航总局

1. 民用机场航空器活动区道路交通安全管理规则（民航总局令第 170 号）（2006. 07. 21）

质检总局

1. 絮用纤维制品质量监督管理办法（质检总局令第 89 号）（2006. 10. 31）

2. 进出口煤炭检验管理办法（质检总局令第 90 号）（2006. 10. 31）

电监会

1. 电力并网互联争议处理规定（电监会令第 21 号）（2006. 11. 21）

劳动和社会保障部

1. ［劳动和社会保障部］台湾香港澳门居民在内地就业管理规定（部令第 26 号）（2006. 01. 06）

2. 放射性同位素与射线装置安全许可管理办法（2006. 01. 25）

3. 中外合作职业技能培训办学管理办法（劳动保障部令第 27 号）（2006. 08. 21）

五　省市（直辖市）出台的行政法规

1. 江苏省环境噪声污染防治条例（2006.01.05）

2. 青海省实施《中华人民共和国母婴保健法》办法（2006.01.05）

3. 河北省推广使用车用乙醇汽油暂行规定（2006.01.10）

4. 辽宁省道路交通事故行政责任调查追究规定（辽宁省人民政府令第191号）（2006.01.10）

5. 浙江省城市供水管理办法（浙江省人民政府令第207号）（2006.01.10）

6. 安徽省企业事业单位内部治安保卫办法（安徽省人民政府令第186号）（2006.01.10）

7. 安徽省企业信用信息征集和使用管理暂行办法（安徽省人民政府令第188号）（2006.01.10）

8. 北京市人民政府办理人民代表大会代表建议、批评、意见和人民政治协商会议委员提案办法（北京市人民政府令第165号）（2006.01.24）

9. 河北省人民政府关于修改《河北省科学技术奖励办法》的决定（河北省人民政府令第12号）（2006.01.24）

10. 河北省职工劳动模范管理规定（河北省人民政府令第11号）（2006.01.24）

11. 安徽省城市规划管理暂行办法（安徽省人民政府令第189号）（2006.04.03）

12. 上海市人民政府关于修改《上海市旅行社管理办法》的决定（上海市人民政府令第55号）（2006.04.13）

13. 内蒙古自治区城市市容和环境卫生违法行为处罚规定（内蒙古自治区人民政府令第144号）（2006.04.24）

14. 河北省粮食流通管理规定（河北省人民政府令〔2006〕第1号）（2006.04.27）

15. 上海市人民政府关于废止《上海市灾害性天气预警信号发布试行规定》的决定（上海市人民政府令第59号）（2006.06.14）

16. 黑龙江省人民政府重大决策规则（2006.07.11）

17. 海南省粮食收购许可管理若干规定（海南省人民政府令第204号）（2006.07.20）

18. 陕西省城镇退役士兵自谋职业办法（陕西省人民政府令第110号）（2006.07.25）

19. 天津国际贸易与航运服务中心管理办法（天津市人民政府令第102号）（2006.07.27）

20. 辽宁省企业厂务公开规定（辽宁省人民政府令第194号）（2006.07.28）

21. 天津市畜禽养殖管理办法（天津市人民政府令第104号）（2006.07.31）

22. 海南省农村居民最低生活保障办法（海南省人民政府令第206号）（2006.10.11）

23. 安徽省建设用地置换暂行办法（安徽省人民政府令第193号）（2006.10.17）

24. 广东省航标管理办法（广东省人民政府令第110号）（2006.10.18）

25. 安徽省人民代表大会常务委员会关于修改《安徽省淮河流域水污染防治条例》的决定（2006.10.20）

26. 安徽省人民代表大会常务委员会关于修改《安徽省农村能源建设与管理条例》的决定（2006.10.20）

27. 安徽省实施《中华人民共和国国家通用语言文字法》办法（2006.10.23）

28. 江苏省非物质文化遗产保护条例（2006.10.30）

29. 天津市行政执法违法责任追究暂行办法（天津市人民政府令第105号）（2006.11.03）

30. 山东省行政区域界线管理办法（山东省人民政府令第190号）（2006.11.03）

31. 陕西省实施《农村五保供养工作条例》办法（陕西省人民政府令第112号）（2006.12.13）

32. 陕西省地理标志产品保护办法（陕西省人民政府令第113号）（2006.12.15）

33. 陕西省村务公开民主管理办法（陕西省人民政府令第114号）（2006.12.19）

34. 陕西省医疗机构药品和医疗器械管理办法（陕西省人民政府令第115号）（2006.12.19）

六　最高人民法院和检察院年度内出台的行政法规

1. 最高人民法院关于审理未成年人刑事案件具体应用法律若干问题的解释（2006.01.24）

2. 最高人民法院关于适用《中华人民共和国仲裁法》若干问题的解释（2006. 09. 08）

3. 最高人民法院关于适用《中华人民共和国公司法》若干问题的规定（一）（2006. 04. 28）

4. 最高人民法院关于开展社会主义法治理念教育的通知（2006. 05. 08）

5. 人民法院执行文书立卷归档办法（2006. 05. 18）

6. 最高人民法院关于执行款物管理工作的规定（2006. 05. 18）

7. 最高人民法院关于加强民事裁判文书制作工作的通知（2006. 06. 27）

8. 最高人民法院关于民事执行中查封、扣押、冻结财产有关期限问题的答复（2006. 07. 11）

9. 最高人民法院关于审理环境污染刑事案件具体应用法律若干问题的解释（2006. 07. 21）

10. 最高人民法院关于人民法院为建设社会主义新农村提供司法保障的意见（2006. 08. 21）

11. 最高人民法院关于涉外民事或商事案件司法文书送达问题若干规定（2006. 08. 10）

12. 最高人民法院、最高人民检察院关于死刑第二审案件开庭审理程序若干问题的规定（试行）（2006. 09. 25）

13. 最高人民法院关于海事审判工作发展的若干意见（2006. 11. 09）

14. 最高人民法院关于建立驰名商标司法认定备案制度的通知（2006. 11. 12）

15. 最高人民法院关于审理海上保险纠纷案件若干问题的规定（2006. 11. 23）

16. 最高人民法院关于审理涉及计算机网络著作权纠纷案件适用法律若干问题的解释（2006 修正）（2006. 11. 22）

17. 最高人民法院关于审理走私刑事案件具体应用法律若干问题的解释（2006. 11. 14）

18. 最高人民法院关于人民法院办理执行案件若干期限的规定（2006. 12. 31）

19. 最高人民法院关于人民法院执行公开的若干规定（2006. 12. 31）

20. 最高人民法院关于统一行使死刑案件核准权有关问题的决定（2006. 12. 28）

21. 最高人民检察院、全国整顿和规范市场经济秩序领导小组办公室、公安部、监察部关于在行政执法中及时移送涉嫌犯罪案件的意见（2006. 01. 26）

22. 监察部、最高人民检察院、国家安全生产监督管理总局关于加强行政机关与检察机关在重大责任事故调查处理中的联系和配合的暂行规定（2006. 02. 23）

23. 最高人民检察院关于进一步加强律师执业权利保障工作的通知（2006. 02. 23）

24. 人民检察院扣押、冻结款物工作规定（2006. 03. 27）

25. 最高人民检察院关于受理行贿犯罪档案查询的暂行规定（2006. 03. 04）

26. 最高人民检察院关于印发《最高人民检察院司法解释工作规定》的通知（2006. 05. 10）

27. 最高人民检察院关于渎职侵权犯罪案件立案标准的规定（2006. 07. 27）

28. 最高人民检察院关于依法快速办理轻微刑事案件的意见（2006. 12. 28）

29. 最高人民检察院关于在检察工作中贯彻宽严相济刑事司法政策的若干意见（2006. 12. 28）

2006年度政府创新重要政策法规汇编

中共中央关于构建社会主义和谐社会若干重大问题的决定（摘编）

胡锦涛

中国共产党第十六届中央委员会第六次全体会议，全面分析了形势和任务，研究了构建社会主义和谐社会的若干重大问题，作出如下决定。

一　构建社会主义和谐社会的重要性和紧迫性

社会和谐是中国特色社会主义的本质属性，是国家富强、民族振兴、人民幸福的重要保证。构建社会主义和谐社会，是我们党以马克思列宁主义、毛泽东思想、邓小平理论和“三个代表”重要思想为指导，全面贯彻落实科学发展观，从中国特色社会主义事业总体布局和全面建设小康社会全局出发提出的重大战略任务，反映了建设富强民主文明和谐的社会主义现代化国家的内在要求，体现了全党全国各族人民的共同愿望。

社会和谐是我们党不懈奋斗的目标。新中国成立后，我们党为促进社会和谐进行了艰辛探索，积累了正反两方面经验，取得了重要进展。党的十一届三中全会以后，我们党坚定不移地推进改革开放和现代化建设，积极推动经济发展和社会全面进步，为促进社会和谐进行了不懈努力。党的十六大以来，我们党对社会和谐的认识不断深化，明确了构建社会主义和谐社会在中国特色社会主义事业总体布局中的地位，作出一系列决策部署，推动和谐社会建设取得新的成效。经过长期努力，我们拥有了构建社会主义和谐社会的各种有利条件。

新世纪新阶段，我们面临的发展机遇前所未有，面对的挑战也前所未有。和平、发展、合作成为时代潮流，世界多极化和经济全球化的趋势深入发展，科技进步日新月异。同时，国际环境复杂多变，综合国力竞争日趋激烈，影响和平与发展的不稳定不确定因素增多，我们仍将长期面对发达国家在经济科技等方面占优势的压力。我国社会主义市场经济体制日趋完善，社会主义物质文明、政治文明、精神文明建设和党的建设不断加强，综合国力大幅度提高，人民生活显著改善，社会政治长期保持稳定。同时，我国正处于并将长期处于社会主义初级阶段，人民日益增长的物质文化需要同落后的社会生产之间的矛盾仍然是我国社会的主要矛盾，统筹兼顾各方面利益任务艰巨而繁重。特别要看到，我国已进入改革发展的关键时期，经济体制深刻变革，社会结构深刻变动，利益格局深刻调整，思想观念深刻变化。这种空前的社会变革，给我国发展进步带来巨大活力，也必然带来这样那样的矛盾和问题。我们党要带领人民抓住机遇、应对挑战，把中国特色社会主义伟大事业推向前进，必须坚持以经济建设为中心，把构建社会主义和谐社会摆在更加突出的地位。

目前，我国社会总体上是和谐的。但是，也存在不少影响社会和谐的矛盾和问题，主要是：城乡、区域、经济社会发展很不平衡，人口资源环境压力加大；就业、社会保障、收入分配、教育、医疗、住房、安全生产、社会治安等方面关系群众切身利益的问题比较突出；体制机制尚不完善，民主法制还不健全；一些社会成员诚信缺失、道德失范，一些领导干部的素质、能力和作风与新形势新任务的要求还不适应；一些领域的腐败现象仍然比较严重；敌对势力的渗透破坏活动危及国家安全和社会稳定。

任何社会都不可能没有矛盾，人类社会总是在矛盾运动中发展进步的。构建社会主义和谐社会是一个不断化解社会矛盾的持续过程。我们要始终保持清醒头脑，居安思危，深刻认识我国发展的阶段性特征，科学分析影响社会和谐的矛盾和问题及其产生的原因，更加积极主动地正视矛盾、化解矛盾，最大限度地增加和谐因素，最大限度地减少不和谐因素，不断促进社会和谐。全党同志要坚持解放思想、实事求是、与时俱进，一切从实际出发，自觉按规律办事，立足当前、着眼长远，量力而行、尽力而为，有重点分步骤地持续推进，切实把构建社会主义和谐社会作为贯穿中国特色社会主义事业全过程的长期历史任务和全面建设小康社会的重大现实课题抓紧抓好。

二　构建社会主义和谐社会的指导思想、目标任务和原则

我们要构建的社会主义和谐社会，是在中国特色社会主义道路上，中国共产

党领导全体人民共同建设、共同享有的和谐社会。必须坚持以马克思列宁主义、毛泽东思想、邓小平理论和“三个代表”重要思想为指导，坚持党的基本路线、基本纲领、基本经验，坚持以科学发展观统领经济社会发展全局，按照民主法治、公平正义、诚信友爱、充满活力、安定有序、人与自然和谐相处的总要求，以解决人民群众最关心、最直接、最现实的利益问题为重点，着力发展社会事业、促进社会公平正义、建设和谐文化、完善社会管理、增强社会创造活力，走共同富裕道路，推动社会建设与经济建设、政治建设、文化建设协调发展。

到二〇二〇年，构建社会主义和谐社会的目标和主要任务是：社会主义民主法制更加完善，依法治国基本方略得到全面落实，人民的权益得到切实尊重和保障；城乡、区域发展差距扩大的趋势逐步扭转，合理有序的收入分配格局基本形成，家庭财产普遍增加，人民过上更加富足的生活；社会就业比较充分，覆盖城乡居民的社会保障体系基本建立；基本公共服务体系更加完备，政府管理和服务水平有较大提高；全民族的思想道德素质、科学文化素质和健康素质明显提高，良好道德风尚、和谐人际关系进一步形成；全社会创造活力显著增强，创新型国家基本建成；社会管理体系更加完善，社会秩序良好；资源利用效率显著提高，生态环境明显好转；实现全面建设惠及十几亿人口的更高水平的小康社会的目标，努力形成全体人民各尽其能、各得其所而又和谐相处的局面。

构建社会主义和谐社会，要遵循以下原则。

——必须坚持以人为本。始终把最广大人民的根本利益作为党和国家一切工作的出发点和落脚点，实现好、维护好、发展好最广大人民的根本利益，不断满足人民日益增长的物质文化需要，做到发展为了人民、发展依靠人民、发展成果由人民共享，促进人的全面发展。

——必须坚持科学发展。切实抓好发展这个党执政兴国的第一要务，统筹城乡发展，统筹区域发展，统筹经济社会发展，统筹人与自然和谐发展，统筹国内发展和对外开放，转变增长方式，提高发展质量，推进节约发展、清洁发展、安全发展，实现经济社会全面协调可持续发展。

——必须坚持改革开放。坚持社会主义市场经济的改革方向，适应社会发展要求，推进经济体制、政治体制、文化体制、社会体制改革和创新，进一步扩大对外开放，提高改革决策的科学性、改革措施的协调性，建立健全充满活力、富有效率、更加开放的体制机制。

——必须坚持民主法治。加强社会主义民主政治建设，发展社会主义民主，实施依法治国基本方略，建设社会主义法治国家，树立社会主义法治理念，增强全社会法律意识，推进国家经济、政治、文化、社会生活法制化、规范化，逐步形成社会公平保障体系，促进社会公平正义。

——必须坚持正确处理改革发展稳定的关系。把改革的力度、发展的速度和社会可承受的程度统一起来，维护社会安定团结，以改革促进和谐、以发展巩固和谐、以稳定保障和谐，确保人民安居乐业、社会安定有序、国家长治久安。

——必须坚持在党的领导下全社会共同建设。坚持科学执政、民主执政、依法执政，发挥党的领导核心作用，维护人民群众的主体地位，团结一切可以团结的力量，调动一切积极因素，形成促进和谐人人有责、和谐社会人人共享的生动局面。

三　坚持协调发展，加强社会事业建设

社会要和谐，首先要发展。社会和谐在很大程度上取决于社会生产力的发展水平，取决于发展的协调性。必须坚持用发展的办法解决前进中的问题，大力发展社会生产力，不断为社会和谐创造雄厚的物质基础。同时，更加注重解决发展不平衡问题，更加注重发展社会事业，推动经济社会协调发展。

（一）扎实推进社会主义新农村建设，促进城乡协调发展

贯彻工业反哺农业、城市支持农村和多予少取放活的方针，加快建立有利于改变城乡二元结构的体制机制，推进农村综合改革，促进农业不断增效、农村加快发展、农民持续增收。坚持农村基本经营制度，保障农民土地承包经营的各项权利，发展农民专业合作组织，增强农村集体经济组织服务功能。强化支农惠农政策，增加国家对农业和农村投入，完善农村金融服务体系。加快农业科技进步，推进现代农业建设，发展农业产业化经营，提高农业综合生产能力。调整优化农村经济结构，积极稳妥地推进城镇化，发展壮大县域经济。加大扶贫力度，完善扶贫机制，加快改善贫困农民生产生活条件。各级政府要把基础设施建设和社会事业发展的重点转向农村，国家财政新增教育、卫生、文化等事业经费和固定资产投资增量主要用于农村，逐步加大政府土地出让金用于农村的比重。实行最严格的耕地保护制度，从严控制征地规模，加快征地制度改革，提高补偿标准，探索确保农民现实利益和长期稳定收益的有效办法，解决好被征地农民的就

业和社会保障。加强对农民的宣传教育，加快培养新型农民，充分发挥广大农民在新农村建设中的主体作用。

（二）落实区域发展总体战略，促进区域协调发展

继续推进西部大开发，振兴东北地区等老工业基地，促进中部地区崛起，鼓励东部地区率先发展，形成分工合理、特色明显、优势互补的区域产业结构，推动各地区共同发展。加大对欠发达地区和困难地区的扶持。中央财政转移支付资金重点用于中西部地区，尽快使中西部地区基础设施和教育、卫生、文化等公共服务设施得到改善，逐步缩小地区间基本公共服务差距。加大对革命老区、民族地区、边疆地区、贫困地区以及粮食主产区、矿产资源开发地区、生态保护任务较重地区的转移支付，加大对人口较少民族的支持。支持经济发达地区加快产业结构优化升级和产业转移，扶持中西部地区优势产业项目，加快这些地区的资源优势向经济优势转变。鼓励东部地区带动和帮助中西部地区发展，扩大发达地区对欠发达地区和民族地区的对口援助，形成以政府为主导、市场为纽带、企业为主体、项目为载体的互惠互利机制。继续发挥经济特区、上海浦东新区作用，推进天津滨海新区等条件较好地区开发开放。建立健全资源开发有偿使用制度和补偿机制，对资源衰退和枯竭的困难地区经济转型实行扶持措施。

（三）实施积极的就业政策，发展和谐劳动关系

把扩大就业作为经济社会发展和调整经济结构的重要目标，实现经济发展和扩大就业良性互动。大力发展劳动密集型产业、服务业、非公有制经济、中小企业，多渠道、多方式增加就业岗位。实行促进就业的财税金融政策，积极支持自主创业、自谋职业。健全面向全体劳动者的职业技能培训制度，加强创业培训和再就业培训。深化户籍、劳动就业等制度改革，逐步形成城乡统一的人才市场和劳动力市场，完善人员流动政策，规范发展就业服务机构。强化政府促进就业职能，统筹做好城镇新增劳动力就业、农村富余劳动力转移就业、下岗失业人员再就业工作，加强大学毕业生、退役军人就业指导和服务。扩大再就业政策扶持范围，健全再就业援助制度，着力帮助零就业家庭和就业困难人员就业。完善劳动关系协调机制，全面实行劳动合同制度和集体协商制度，确保工资按时足额发放。严格执行国家劳动标准，加强劳动保护，健全劳动保障监察体制和劳动争议调处仲裁机制，维护劳动者特别是农民工合法权益。

（四）坚持教育优先发展，促进教育公平

全面贯彻党的教育方针，大力实施科教兴国战略和人才强国战略，全面实施素质教育，深化教育改革，提高教育质量，建设现代国民教育体系和终身教育体系，保障人民享有接受良好教育的机会。坚持公共教育资源向农村、中西部地区、贫困地区、边疆地区、民族地区倾斜，逐步缩小城乡、区域教育发展差距，推动公共教育协调发展。明确各级政府提供教育公共服务的职责，保证财政性教育经费增长幅度明显高于财政经常性收入增长幅度，逐步使财政性教育经费占国内生产总值的比例达到4%。普及和巩固九年义务教育，落实农村义务教育经费保障机制，在农村并逐步在城市免除义务教育学杂费，全面落实对家庭经济困难学生免费提供课本和补助寄宿生生活费政策，保障农民工子女接受义务教育。加快发展城乡职业教育和培训网络，努力使劳动者人人有知识、个个有技能。保持高等院校招生合理增长，注重增强学生的实践能力、创造能力和就业能力、创业能力。完善高等教育和高中阶段国家奖学金、助学金制度，落实国家助学贷款政策，鼓励社会捐资助学。规范学校收费项目和标准，坚决制止教育乱收费。切实减轻中小学生课业负担。提高师资特别是农村师资水平。改进学校思想政治工作和管理工作，提高师生思想道德素质。引导民办教育健康发展。积极发展继续教育，努力建设学习型社会。

（五）加强医疗卫生服务，提高人民健康水平

坚持公共医疗卫生的公益性质，深化医疗卫生体制改革，强化政府责任，严格监督管理，建设覆盖城乡居民的基本卫生保健制度，为群众提供安全、有效、方便、价廉的公共卫生和基本医疗服务。加强公共卫生体系建设，开展爱国卫生运动，发展妇幼卫生事业，加强医学研究，提高重大疾病预防控制能力和医疗救治能力。健全医疗卫生服务体系，重点加强农村三级卫生服务网络和以社区卫生服务为基础的新型城市卫生服务体系建设，落实经费保障措施。实施区域卫生发展规划，整合城乡医疗卫生资源，建立城乡医院对口支援、大医院和社区卫生机构双向转诊、高中级卫生技术人员定期到基层服务制度，加强农村医疗卫生人才培养。推进医疗机构属地化和全行业管理，理顺医药卫生行政管理体制，推行政事分开、管办分开、医药分开、营利性与非营利性分开。强化公立医院公共服务职能，加强医德医风建设，规范收支管理，纠正片面创收倾向。建立国家基本药物制度，整顿药品生产和流通秩序，保证群众基本用药。加强食品、药品、餐饮卫生监管，保障人民群众健康安全。严格医疗机构、技术准入和人员执业资格审核，引导社会资金依法创办医疗卫生机构，支持有资质人员依法开业，方便群众就医。大力扶持中医药和民族医药发展。

（六）加快发展文化事业和文化产业，满足人民群众文化需求

坚持把社会效益放在首位，坚持把发展公益性文化事业作为保障人民文化权益的主要途径，推动文化事业和文化产业共同发展。推进文化体制改革，形成富有活力的文化管理体制和文化产品生产经营机制。加强公益性文化设施建设，鼓励社会力量捐助和兴办公益性文化事业，加快建立覆盖全社会的公共文化服务体系。优先安排关系群众切身利益的文化建设项目，突出抓好广播电视村村通工程、社区和乡镇综合文化站（室）工程、全国文化信息资源共享工程。完善文化产业政策，培育国有和国有控股骨干文化企业，鼓励非公有资本依法进入文化产业，以重大文化产业项目带动发展，推动集约化经营，提供价格合理、形式多样的文化产品和服务，增强文化产品国际竞争力。加强文化遗产保护。加强城乡社区体育设施建设，广泛开展全民健身活动，提高竞技体育水平。

（七）加强环境治理保护，促进人与自然相和谐

以解决危害群众健康和影响可持续发展的环境问题为重点，加快建设资源节约型、环境友好型社会。优化产业结构，发展循环经济，推广清洁生产，节约能源资源，依法淘汰落后工艺技术和生产能力，从源头上控制环境污染。实施重大生态建设和环境整治工程，有效遏制生态环境恶化趋势。统筹城乡环境建设，加强城市环境综合治理，改善农村生活环境和村容村貌。加快环境科技创新，加强污染专项整治，强化污染物排放总量控制，重点搞好水、大气、土壤等污染防治。完善有利于环境保护的产业政策、财税政策、价格政策，建立生态环境评价体系和补偿机制，强化企业和全社会节约资源、保护环境的责任。完善环境保护法律法规和管理体系，严格环境执法，加强环境监测，定期公布环境状况信息，严肃处罚违法行为。稳定人口低生育水平，有效治理出生人口性别比升高等问题，提高出生人口素质。

四　加强制度建设，保障社会公平正义

社会公平正义是社会和谐的基本条件，制度是社会公平正义的根本保证。必须加紧建设对保障社会公平正义具有重大作用的制度，保障人民在政治、经济、

文化、社会等方面的权利和利益，引导公民依法行使权利、履行义务。

（一）完善民主权利保障制度，巩固人民当家作主的政治地位

坚持党的领导、人民当家作主和依法治国的有机统一，依法实行民主选举、民主决策、民主管理、民主监督，积极稳妥地推进政治体制改革，健全民主制度，丰富民主形式，实现社会主义民主政治制度化、规范化、程序化，保障人民享有广泛的民主权利。坚持和完善人民代表大会制度、中国共产党领导的多党合作和政治协商制度、民族区域自治制度，从各个层次扩大公民有序的政治参与，保障人民依法管理国家事务、管理经济和文化事业、管理社会事务。推进决策科学化、民主化，深化政务公开，依法保障公民的知情权、参与权、表达权、监督权。扩大基层民主，完善厂务公开、村务公开等办事公开制度，完善基层民主管理制度，发挥社会自治功能，保证人民依法直接行使民主权利。

（二）完善法律制度，夯实社会和谐的法治基础

维护社会主义法制的统一和尊严，树立社会主义法制权威。坚持公民在法律面前一律平等，尊重和保障人权，依法保证公民权利和自由。坚持科学立法、民主立法，完善发展民主政治、保障公民权利、推进社会事业、健全社会保障、规范社会组织、加强社会管理等方面的法律法规。加快建设法治政府，全面推进依法行政，严格按照法定权限和程序行使权力、履行职责，健全行政执法责任追究制度，完善行政复议、行政赔偿制度。加强对权力运行的制约和监督，加强对行政机关、司法机关的监督。拓展和规范法律服务，加强和改进法律援助工作。深入开展法制宣传教育，形成全体公民自觉学法守法用法的氛围。

（三）完善司法体制机制，加强社会和谐的司法保障

坚持司法为民、公正司法，推进司法体制和工作机制改革，建设公正、高效、权威的社会主义司法制度，发挥司法维护公平正义的职能作用。完善诉讼、检察监督、刑罚执行、教育矫治、司法鉴定、刑事赔偿、司法考试等制度。加强司法民主建设，健全公开审判、人民陪审员、人民监督员等制度，发挥律师、公证、和解、调解、仲裁的积极作用。加强司法救助，对贫困群众减免诉讼费。健全巡回审判，扩大简易程序适用范围，落实当事人权利义务告知制度，方便群众诉讼。规范诉讼、律师、仲裁收费。加强人权司法保护，严格依照法定原则和程序进行诉讼活动。完善执行工作机制，加强和改进执行工作。维护司法廉洁，严肃追究徇私枉法、失职渎职等行为的法律责任。

（四）完善公共财政制度，逐步实现基本公共服务均等化

健全公共财政体制，调整财政收支结构，把更多财政资金投向公共服务领域，加大财政在教育、卫生、文化、就业再就业服务、社会保障、生态环境、公共基础设施、社会治安等方面的投入。进一步明确中央和地方的事权，健全财力与事权相匹配的财税体制。完善中央和地方共享税分成办法，加大财政转移支付力度，促进转移支付规范化、法制化。保障各级政权建设需要。完善财政奖励补助政策和省以下财政管理体制，着力解决县乡财政困难，增强基层政府提供公共服务能力。逐步增加国家财政投资规模，不断增强公共产品和公共服务供给能力。

（五）完善收入分配制度，规范收入分配秩序

坚持按劳分配为主体、多种分配方式并存的分配制度，加强收入分配宏观调节，在经济发展的基础上，更加注重社会公平，着力提高低收入者收入水平，逐步扩大中等收入者比重，有效调节过高收入，坚决取缔非法收入，促进共同富裕。通过扩大就业、建立农民增收减负长效机制、健全最低工资制度、完善工资正常增长机制、逐步提高社会保障标准等举措，提高低收入者收入水平。完善劳动、资本、技术、管理等生产要素按贡献参与分配制度。健全国家统一的职务与级别相结合的公务员工资制度，规范地区津贴补贴标准，完善艰苦边远地区津贴制度。加快事业单位改革，实行符合事业单位特点的收入分配制度。加强企业工资分配调控和指导，发挥工资指导线、劳动力市场价位、行业人工成本信息对工资水平的引导作用。规范国有企业经营管理者收入，确定管理者与职工收入合理比例。加快垄断行业改革，调整国家和企业分配关系，完善并严格实行工资总额控制制度。建立健全国有资本经营预算制度，保障所有者权益。实行综合与分类相结合的个人所得税制度，加强征管和调节。

（六）完善社会保障制度，保障群众基本生活

适应人口老龄化、城镇化、就业方式多样化，逐步建立社会保险、社会救助、社会福利、慈善事业相衔接的覆盖城乡居民的社会保障体系。多渠道筹集社会保障基金，加强基金监管，保证社会保险基金保值增值。完善企业职工基本养老保险制度，强化保险基金统筹部分征缴，逐步做实个人账户，积极推进省级统筹，条件具备时实行基本养老金基础部分全国统筹。加快机关事业单位养老保险制度改革。逐步建立农村最低生活保障制度，有条件的

地方探索建立多种形式的农村养老保险制度。完善城镇职工基本医疗保险，建立以大病统筹为主的城镇居民医疗保险，发展社会医疗救助。加快推进新型农村合作医疗。推进失业、工伤、生育保险制度建设。加快建立适应农民工特点的社会保障制度。加强对困难群众的救助，完善城市低保、农村五保供养、特困户救助、灾民救助、城市生活无着的流浪乞讨人员救助等制度。完善优抚安置政策。发展以扶老、助残、救孤、济困为重点的社会福利。发扬人道主义精神，发展残疾人事业，保障残疾人合法权益。发展老龄事业，开展多种形式的老龄服务。发展慈善事业，完善社会捐赠免税减税政策，增强全社会慈善意识。发挥商业保险在健全社会保障体系中的重要作用。拓宽资金筹集渠道，加快廉租住房建设，规范和加强经济适用房建设，逐步解决城镇低收入家庭住房困难。

五　建设和谐文化，巩固社会和谐的思想道德基础

建设和谐文化，是构建社会主义和谐社会的重要任务。社会主义核心价值体系是建设和谐文化的根本。必须坚持马克思主义在意识形态领域的指导地位，牢牢把握社会主义先进文化的前进方向，弘扬民族优秀文化传统，借鉴人类有益文明成果，倡导和谐理念，培育和谐精神，进一步形成全社会共同的理想信念和道德规范，打牢全党全国各族人民团结奋斗的思想道德基础。

（一）建设社会主义核心价值体系，形成全民族奋发向上的精神力量和团结和睦的精神纽带

马克思主义指导思想，中国特色社会主义共同理想，以爱国主义为核心的民族精神和以改革创新为核心的时代精神，社会主义荣辱观，构成社会主义核心价值体系的基本内容。坚持把社会主义核心价值体系融入国民教育和精神文明建设全过程、贯穿现代化建设各方面。坚持用马克思主义中国化的最新成果武装全党、教育人民，用民族精神和时代精神凝聚力量、激发活力，倡导爱国主义、集体主义、社会主义思想，加强理想信念教育，加强国情和形势政策教育，不断增强对中国共产党领导、社会主义制度、改革开放事业、全面建设小康社会目标的信念和信心。加强马克思主义理论研究和建设，增强党的思想理论工作的创造力、说服力、感召力。坚持以社会主义核心价值体系引领社会思潮，尊重差异，包容多样，最大限度地形成社会思想共识。

（二）树立社会主义荣辱观，培育文明道德风尚

坚持依法治国与以德治国相结合，树立以“八荣八耻”为主要内容的社会主义荣辱观，倡导爱国、敬业、诚信、友善等道德规范，开展社会公德、职业道德、家庭美德教育，加强青少年思想道德建设，在全社会形成知荣辱、讲正气、促和谐的风尚，形成男女平等、尊老爱幼、扶贫济困、礼让宽容的人际关系。普及科学知识，弘扬科学精神，养成健康文明的生活方式。发扬艰苦奋斗精神，提倡勤俭节约，反对拜金主义、享乐主义、极端个人主义。弘扬我国传统文化中有利于社会和谐的内容，形成符合传统美德和时代精神的道德规范和行为规范。加强政务诚信、商务诚信、社会诚信建设，增强全社会诚实守信意识。

（三）坚持正确导向，营造积极健康的思想舆论氛围

正确的思想舆论导向是促进社会和谐的重要因素。新闻出版、广播影视、文学艺术、社会科学，要坚持正确导向，唱响主旋律，为改革发展稳定营造良好思想舆论氛围。新闻媒体要增强社会责任感，宣传党的主张，弘扬社会正气，通达社情民意，引导社会热点，疏导公众情绪，搞好舆论监督。健全突发事件新闻报道机制，及时发布准确信息。加强对互联网等的应用和管理，理顺管理体制，倡导文明办网、文明上网，使各类新兴媒体成为促进社会和谐的重要阵地。哲学社会科学要坚持以马克思主义为指导，以重大现实问题研究为主攻方向，发挥认识世界、传承文明、创新理论、咨政育人、服务社会的作用。文学艺术要弘扬真善美，创作生产更多陶冶情操、愉悦身心的优秀作品，丰富群众文化生活。坚持不懈地开展“扫黄打非”。

（四）广泛开展和谐创建活动，形成人人促进和谐的局面

着眼于增强公民、企业、各种组织的社会责任，把和谐社区、和谐家庭等和谐创建活动同群众性精神文明创建活动结合起来，突出思想教育内涵，广泛吸引群众参与，推动形成我为人人、人人为我的社会氛围。以相互关爱、服务社会为主题，深入开展城乡社会志愿服务活动，建立与政府服务、市场服务相衔接的社会志愿服务体系。注重促进人的心理和谐，加强人文关怀和心理疏导，引导人们正确对待自己、他人和社会，正确对待困难、挫折和荣誉。加强心理健康教育和保健，健全心理咨询网络，塑造自尊自信、理性平和、积极向上的社会心态。

六　完善社会管理，保持社会安定有序

加强社会管理，维护社会稳定，是构建社会主义和谐社会的必然要求。必须创新社会管理体制，整合社会管理资源，提高社会管理水平，健全党委领导、政府负责、社会协同、公众参与的社会管理格局，在服务中实施管理，在管理中体现服务。

（一）建设服务型政府，强化社会管理和公共服务职能

为人民服务是各级政府的神圣职责和全体公务员的基本准则。按照转变职能、权责一致、强化服务、改进管理、提高效能的要求，深化行政管理体制改革，优化机构设置，更加注重履行社会管理和公共服务职能。以发展社会事业和解决民生问题为重点，优化公共资源配置，注重向农村、基层、欠发达地区倾斜，逐步形成惠及全民的基本公共服务体系。创新公共服务体制，改进公共服务方式，加强公共设施建设。深化行政审批制度改革，进一步减少和规范行政审批事项，简化办事程序，创新管理制度，为群众和基层提供方便快捷优质服务。推行政务公开，加快电子政务建设，推进公共服务信息化，及时发布公共信息，为群众生活和参与经济社会活动创造便利条件。完善公共服务政策体系，提高公共服务质量，增强政府公信力。推进政事分开，支持社会组织参与社会管理和公共服务。加强市场监管，整顿和规范市场经济秩序。

（二）推进社区建设，完善基层服务和管理网络

全面开展城市社区建设，积极推进农村社区建设，健全新型社区管理和服务体制，把社区建设成为管理有序、服务完善、文明祥和的社会生活共同体。完善居（村）民自治，支持居（村）民委员会协助政府做好公共服务和社会管理工作，发挥驻区单位、社区民间组织、物业管理机构、专业合作经济组织在社区建设中的积极作用，实现政府行政管理和社区自我管理有效衔接、政府依法行政和居民依法自治良性互动。加强流动人口服务和管理，促进流动人口同当地居民和睦相处。完善社区公共服务，开展社区群众性自助和互助服务，发展社区服务业。

（三）健全社会组织，增强服务社会功能

坚持培育发展和管理监督并重，完善培育扶持和依法管理社会组织的政策，发挥各类社会组织提供服务、反映诉求、规范行为的作用。发展和规范律师、公

证、会计、资产评估等机构，鼓励社会力量在教育、科技、文化、卫生、体育、社会福利等领域兴办民办非企业单位。发挥行业协会、学会、商会等社会团体的社会功能，为经济社会发展服务。发展和规范各类基金会，促进公益事业发展。引导各类社会组织加强自身建设，提高自律性和诚信度。

（四）统筹协调各方面利益关系，妥善处理社会矛盾

适应我国社会结构和利益格局的发展变化，形成科学有效的利益协调机制、诉求表达机制、矛盾调处机制、权益保障机制。坚持把改善人民生活作为正确处理改革发展稳定关系的结合点，正确把握最广大人民的根本利益、现阶段群众的共同利益和不同群体的特殊利益的关系，统筹兼顾各方面群众的关切。拓宽社情民意表达渠道，推行领导干部接待群众制度，完善党政领导干部和党代表、人大代表、政协委员联系群众制度，健全信访工作责任制，建立全国信访信息系统，搭建多种形式的沟通平台，把群众利益诉求纳入制度化、规范化、法制化的轨道。健全社会舆情汇集和分析机制，完善矛盾纠纷排查调处工作制度，建立党和政府主导的维护群众权益机制，实现人民调解、行政调解、司法调解有机结合，更多采用调解方法，综合运用法律、政策、经济、行政等手段和教育、协商、疏导等办法，把矛盾化解在基层、解决在萌芽状态。着力解决土地征收征用、城市建设拆迁、环境保护、企业重组改制和破产、涉法涉诉中群众反映强烈的问题，坚决纠正损害群众利益的行为。坚持依法办事、按政策办事，发挥思想政治工作优势，积极预防和妥善处置人民内部矛盾引发的群体性事件，维护群众利益和社会稳定。

（五）完善应急管理体制机制，有效应对各种风险

建立健全分类管理、分级负责、条块结合、属地为主的应急管理体制，形成统一指挥、反应灵敏、协调有序、运转高效的应急管理机制，有效应对自然灾害、事故灾难、公共卫生事件、社会安全事件，提高危机管理和抗风险能力。按照预防与应急并重、常态与非常态结合的原则，建立统一高效的应急信息平台，建设精干实用的专业应急救援队伍，健全应急预案体系，完善应急管理法律法规，加强应急管理宣传教育，提高公众参与和自救能力，实现社会预警、社会动员、快速反应、应急处置的整体联动。坚持安全第一、预防为主、综合治理，完善安全生产体制机制、法律法规和政策措施，加大投入，落实责任，严格管理，强化监督，坚决遏制重特大安全事故。

（六）加强社会治安综合治理，增强人民群众安全感

坚持打防结合、预防为主、专群结合、依靠群众的方针，完善社会治安防控体系，广泛开展平安创建活动，把社会治安综合治理措施落实到基层，确保社会治安大局稳定。依法严厉打击严重刑事犯罪活动，着力整治突出治安问题和治安混乱地区，扫除黄赌毒等社会丑恶现象，坚决遏制刑事犯罪高发势头。实施宽严相济的刑事司法政策，改革未成年人司法制度，积极推行社区矫正。加强对流浪儿童、服刑人员子女的关心教育，强化吸毒人员感化和管理，改进刑释解教人员帮教安置工作。完善政法保障机制，加强公安派出所、司法所、人民法庭等基层基础建设，改革和加强社区警务工作，打造服务群众、维护稳定的第一线平台。坚持执法为民，加强政法队伍建设，确保政法队伍严格、公正、文明执法，始终忠于党、忠于祖国、忠于人民、忠于法律。

（七）加强国家安全工作和国防建设，保障国家稳定安全

增强国家安全意识，完善国家安全战略，健全科学、协调、高效的工作机制，有效应对各种传统安全威胁和非传统安全威胁，严厉打击境内外敌对势力的渗透、颠覆、破坏活动，确保国家政治安全、经济安全、文化安全、信息安全。坚持党对军队的绝对领导，坚持国防建设与经济建设协调发展，全面推进军队革命化、现代化、正规化建设，推进中国特色军事变革，坚持积极防御的战略方针，抓紧做好军事斗争准备，提高应对危机、维护和平，遏制战争、打赢战争的能力，努力为党巩固执政地位提供重要力量保证，为维护国家发展的重要战略机遇期提供坚强安全保障，为维护国家利益提供有力战略支撑，为维护世界和平与促进共同发展发挥重要作用，坚定不移地捍卫国家安全统一和领土完整。加强武装警察部队全面建设。增强国防意识，完善国防动员体制机制，深入开展双拥共建工作，巩固军政军民团结。

七　激发社会活力，增进社会团结和睦

社会主义和谐社会既是充满活力的社会，也是团结和睦的社会。必须最大限度地激发社会活力，促进政党关系、民族关系、宗教关系、阶层关系、海内外同胞关系的和谐，巩固全国各族人民的大团结，巩固海内外中华儿女的大团结。

（一）增强全社会创造活力，形成万众一心共创伟业的生动局面

贯彻尊重劳动、尊重知识、尊重人才、尊重创造的方针，发挥人民群众的首

创精神，使全社会创造能量充分释放、创新成果不断涌现、创业活动蓬勃开展。坚持人民群众是历史创造者的观点，党和政府的重大决策和工作部署都要从人民群众的创造性实践中汲取智慧、经受检验，都要依靠人民群众付诸实践、取得实效。坚持发挥生产力作为最活跃最革命因素的决定性作用，坚定不移地通过深化改革破除各种障碍，完善公平竞争机制，健全现代产权制度，不断解放和发展生产力。坚持把创新精神贯穿到治国理政的各个环节，使一切有利于社会进步的创造才能得到发挥，保护创新热情，鼓励创新实践，完善创新机制，宽容创新挫折，增强自主创新能力，建设创新型国家。弘扬自力更生、顽强拼搏、团结协作精神，倡导自主创业、艰苦创业、和谐创业，营造鼓励人们干事业、支持人们干成事业的社会环境，共同致力于建设中国特色社会主义伟大事业。

（二）巩固和壮大最广泛的爱国统一战线，充分调动各方面积极性

高举爱国主义和社会主义伟大旗帜，发挥统一战线在促进社会和谐中的独特优势，支持人民政协围绕团结和民主两大主题履行政治协商、民主监督、参政议政的职能，发挥协调关系、汇集力量、建言献策、服务大局的作用，加强各党派、各团体、各民族、各阶层、各界人士的团结和谐。贯彻长期共存、互相监督、肝胆相照、荣辱与共的方针，加强同民主党派和无党派人士合作共事，不断发展我国社会主义多党合作事业。坚持全心全意依靠工人阶级的方针，发挥包括知识分子在内的工人阶级、广大农民推动经济社会发展根本力量的作用，鼓励和支持包括新的社会阶层在内的全体社会主义事业的建设者为经济社会发展贡献力量。认真贯彻落实党的民族政策，牢牢把握各民族共同团结奋斗、共同繁荣发展的主题，广泛开展民族团结进步活动，巩固和发展平等、团结、互助、和谐的社会主义民族关系，使各族人民和睦相处、和衷共济、和谐发展。全面贯彻党的宗教信仰自由政策，依法管理宗教事务，坚持独立自主自办的原则，积极引导宗教与社会主义社会相适应，加强信教群众同不信教群众、信仰不同宗教群众的团结，发挥宗教在促进社会和谐方面的积极作用。

（三）加强海内外中华儿女的团结，为实现中华民族的伟大复兴而奋斗

坚持“一国两制”、“港人治港”、“澳人治澳”、高度自治的方针，严格按照特别行政区基本法办事，在爱国爱港、爱国爱澳旗帜下，团结港澳各界人士，维护香港、澳门长期繁荣稳定。贯彻“和平统一、一国两制”的基本方针和现阶段发展两岸关系、推进祖国和平统一进程的八项主张，坚持一个中国原则决不动

摇、争取和平统一的努力决不放弃、贯彻寄希望于台湾人民的方针决不改变、反对“台独”分裂活动决不妥协。围绕两岸关系和平发展的主题，加强两岸人员往来和经济文化交流合作，支持海峡西岸和其他台商投资相对集中地区的经济发展，推进两岸直接“三通”，尽最大努力为两岸同胞谋和平、谋发展、谋福祉，使两岸同胞感情更融洽、合作更深化，共同维护台海和平稳定，推进祖国统一大业。全面贯彻党的侨务政策，做好海外侨胞和归侨侨眷工作，凝聚侨心、汇集侨智、发挥侨力。

（四）坚持走和平发展道路，营造良好外部环境

高举和平、发展、合作的旗帜，坚持独立自主的和平外交政策，坚定不移地走和平发展道路，实施互利共赢的开放战略，维护国家主权、安全、发展利益，积极争取和平稳定的国际环境、睦邻友好的周边环境、平等互利的合作环境、互信协作的安全环境、客观友善的舆论环境。坚持对外开放的基本国策，提高对外开放水平，积极发展对外经济技术合作，大力开展对外文化交流，更好地利用国际国内两个市场、两种资源，注重加强互利合作、实现共同发展。按照和平共处五项原则和其他公认的国际关系准则同世界各国发展友好关系，推动建设持久和平、共同繁荣的和谐世界。

八　加强党对构建社会主义和谐社会的领导

构建社会主义和谐社会，关键在党。必须充分发挥党的领导核心作用，坚持立党为公、执政为民，以党的执政能力建设和先进性建设推动社会主义和谐社会建设，为构建社会主义和谐社会提供坚强有力的政治保证。

（一）提高各级领导班子和领导干部领导社会主义和谐社会建设的本领

各级党委要把和谐社会建设放在全局工作的突出位置，把握方向，制定政策，整合力量，营造环境，切实担负起领导责任。坚持和完善民主集中制，扩大党内民主，推进党务公开，严格党内生活，严肃党的纪律，增进党的团结统一，以党内和谐促进社会和谐。建立科学高效的领导机制和工作机制，明确工作分工，搞好协调指导，增强政治敏锐性，加强对社会建设重大问题的调查研究，提高政策措施的针对性和有效性，解决好本地区本部门影响社会和谐的突出矛盾和问题。坚持正确的用人导向，选好配强领导班子，注重培养选拔熟悉社会建设和管理的优秀干部。深化干部人事制度改革，认真实施体现科学发展观要求的综

合考核评价办法，把领导社会建设的绩效列为考核内容，增强领导班子和领导干部统筹经济社会发展的能力。大兴求真务实之风，激励干部真抓实干，加强检查监督工作，确保中央的方针政策和工作部署落到实处。加强社会建设理论和社会政策的学习研究和教育培训，不断提高各级领导班子和领导干部管理社会事务、协调利益关系、开展群众工作、激发社会创造活力、处理人民内部矛盾、维护社会稳定的本领。加强和改进党对工会、共青团、妇联等人民团体的领导，支持他们发挥联系群众、服务群众、教育群众、维护群众合法权益的作用。

（二）加强基层基础工作

构建社会主义和谐社会，重心在基层。巩固和发展保持共产党员先进性教育活动的成果，围绕建设社会主义新农村加强农村基层党组织建设，做好企业、城市社区、机关和学校、科研院所、文化团体等事业单位党建工作，推进新经济组织、新社会组织党建工作，扩大党的工作覆盖面，发挥基层党组织凝聚人心、推动发展、促进和谐的作用。健全让党员经常受教育、永葆先进性的长效机制，建立城乡一体的党员动态管理机制，动员和组织广大党员做促进社会和谐的表率。牢固树立群众观点，一切相信群众，一切依靠群众，认真研究和把握新形势下党的群众工作的特点和规律，千方百计把群众工作做深做细做实，始终保持党同人民群众的血肉联系。以增强社会服务功能和提高社会管理、依法办事能力为重点，大力加强基层政权建设。加大对城乡基层组织阵地建设的投入。紧紧依靠广大基层干部做好基层基础工作，加强基层干部队伍建设，制定和落实定期轮训、考评激励、待遇保障等制度措施。严格要求、真心爱护基层干部，积极帮助他们解决工作生活中的困难。做好关心照顾老劳模、老党员和帮扶困难党员工作。完善公务员录用制度，注意从基层选拔优秀干部充实各级党政机关，鼓励年轻干部和大学生到基层建功立业。

（三）建设宏大的社会工作人才队伍

造就一支结构合理、素质优良的社会工作人才队伍，是构建社会主义和谐社会的迫切需要。建立健全以培养、评价、使用、激励为主要内容的政策措施和制度保障，确定职业规范和从业标准，加强专业培训，提高社会工作人员职业素质和专业水平。制定人才培养规划，加快高等院校社会工作人才培养体系建设，抓紧培养大批社会工作急需的各类专门人才。充实公共服务和社会管理部门，配备社会工作专门人员，完善社会工作岗位设置，通过多种渠道吸纳社会工作人才，提高专业化社会服务水平。

（四）深入开展党风廉政建设和反腐败斗争

党风正则干群和，干群和则社会稳。反腐倡廉是加强党的执政能力建设和先进性建设的重大任务，也是维护社会公平正义和促进社会和谐的紧迫任务。坚持党要管党、从严治党，贯彻标本兼治、综合治理、惩防并举、注重预防的反腐倡廉战略方针，推进教育、制度、监督并重的惩治和预防腐败体系建设。以思想道德教育为基础，加强党章和法纪学习教育，加强党员干部党性锻炼和思想道德修养，教育党员领导干部做道德表率，推进廉政文化建设，筑牢拒腐防变的思想道德防线。以正确行使权力为重点，用改革的办法推进反腐倡廉制度建设，拓展从源头上防治腐败的工作领域，形成群众支持和参与反腐倡廉的有效机制，健全防范腐败的体制机制。以保证廉洁从政为目标，加强对领导机关和领导干部的监督，把党内监督与各方面监督结合起来，形成监督合力，提高监督实效。严格要求领导干部廉洁自律、率先垂范，自觉做到为民、务实、清廉。加大查办案件工作力度，严厉惩治腐败。坚持纠建并举、综合治理，切实纠正损害群众利益的不正之风。认真执行党风廉政建设责任制，巩固和发展全党动手抓党风廉政建设的局面，以优良的党风促政风带民风，营造和谐的党群干群关系。

和谐凝聚力量，和谐成就伟业。构建社会主义和谐社会是建设中国特色社会主义的重大战略任务，是对我们党执政能力的重大考验。全党同志要紧密团结在以胡锦涛同志为总书记的党中央周围，带领全国各族人民万众一心、锐意进取，为把我国建设成为富强民主文明和谐的社会主义现代化国家而奋斗！

温家宝提出 06 年政府工作思路和经济社会发展目标

［新华网北京 3 月 5 日电］国务院总理温家宝 5 日在十届全国人大四次会议上作政府工作报告时，提出了 2006 年政府工作的基本思路和经济社会发展的预期目标。

温家宝说，2006 年做好政府工作的基本思路是：以邓小平理论和“三个代表”重要思想为指导，认真贯彻党的十六大和十六届三中、四中、五中全会精神，全面落实科学发展观，坚持加快改革开放和自主创新，坚持推进经济结构调整和增长方式转变，坚持把解决涉及人民群众切身利益问题放在突出位置，全面加强社会主义经济建设、政治建设、文化建设与和谐社会建设，为“十一五”开好局、起好步。

温家宝说，综合考虑各种因素，2006年国民经济和社会发展的主要预期目标是：国内生产总值增长8%左右，单位国内生产总值能耗降低4%左右；居民消费价格总水平涨幅控制在3%；城镇新增就业900万人，城镇登记失业率控制在4.6%；国际收支基本平衡。（完）

温家宝提出今年政府工作必须把握好四个原则

［新华网北京3月5日电］国务院总理温家宝5日在十届全国人大四次会议上作政府工作报告时，提出今年政府工作必须把握好四个原则：

一是稳定政策，适度微调。继续搞好宏观调控，保持宏观经济政策的连续性和稳定性，正确把握宏观调控的方向和力度，注重区别对待、分类指导，有针对性地解决经济发展中的突出矛盾。

二是把握大局，抓好重点。正确处理改革发展稳定的关系，以改革开放为动力推动各项工作，着力解决事关全局的重大问题，促进经济社会全面发展。

三是统筹兼顾，关注民生。坚持以人为本，搞好“五个统筹”，更加注重城乡、区域协调发展，更加注重社会事业建设，更加注重社会公平和社会稳定，让全体人民共享改革发展成果。

四是立足当前，着眼长远。把做好今年工作和实现“十一五”规划目标结合起来，积极进取，量力而行，注重实效。（完）

温家宝在国务院第四次廉政工作会议上的讲话

（2006年2月24日）

［新华网北京2月27日电］这次国务院廉政工作会议的主要任务是，贯彻中央纪委第六次全会和胡锦涛总书记在会议上的重要讲话精神，回顾政府系统廉政建设和反腐败工作，部署今年的反腐倡廉工作。

一　坚定信心，坚持不懈地做好政府廉政工作

反腐倡廉是政府全面履行职能、做好各项工作的重要保证。本届政府组成以来，按照中央关于反腐倡廉的决策和部署，大力加强政府廉政工作和自身建设。我们坚持以人为本、执政为民，把解决损害群众利益的突出问题作为政府廉政建设的重要内容，切实维护人民群众的切身利益；坚持标本兼治、注重治本，从推进政府改革和制度建设入手，着力从源头上预防和治理腐败；坚持依法行政、从严治政，自觉把行政权力的运行置于人民群众监督之下。政府廉政工作和自身建设取得了新的进步。

依法行政全面推进。国务院制定了《全面推进依法行政实施纲要》，确立了建设法治政府的目标，各级政府及其工作人员依法行政的意识和能力进一步提高。解决损害群众利益的突出问题取得成效。国务院作出《关于深化改革严格土地管理的决定》，加强土地征用管理，清理拖欠农民征地补偿款。下大力气解决拖欠农民工工资问题，在建设领域清偿拖欠农民工工资 333.7 亿元。纠正城市房屋拆迁中违法违规、损害居民权益的行为。制定国企改制规范性文件，保护国有资产和职工权益。政府管理制度改革不断深化。各地各部门认真贯彻实施行政许可法，深化行政审批制度改革，行政审批项目减少一半以上。工程建设项目招标投标、土地使用权出让、产权交易、政府采购等制度进一步完善。这些改革措施促进了政府职能转变，规范了权力运行，有利于从源头上减少和防止腐败。政务公开和电子政务建设得到加强。我们把政务公开作为各级政府施政的一项基本制度，努力增强政府工作透明度。全国共建立行政服务中心 4159 个，行政投诉中心 5458 个。积极推进电子政务建设。中央政府门户网站已于今年 1 月 1 日正式开通，许多地方也建立了政府门户网站，及时公布政务信息。推广公交、水电、煤气等公用事业服务价格听证会的做法，并正在形成制度。行政监督力度进一步加大。我们加强监察、审计等专门监督，强化财政资金审计，强化行政责任追究。加大对失职渎职案件的查处力度，严肃追究重特大安全生产事故、重大食品安全事故、重大环境污染事件等的领导责任。各地各部门开展民主评议政风行风活动，取得了比较好的效果。

同时，我们必须清醒地看到，虽然腐败现象滋生蔓延的势头正在得到遏制，但在一些地方和部门腐败问题依然相当突出。行政审批、许可和行政执法中的不正之风仍然是群众反映强烈的热点问题；商业贿赂在一些行业和领域严重存在，毒化政风、行风和社会风气；教育乱收费、医疗高收费等问题还没有根本解决；一些地方重特大安全事故频繁发生，其中许多与政府工作人员玩忽职守、甚至与不法分子勾结有直接关系；土地征用、房屋拆迁、国企改制、环境污染等方面存在的损害群众利益的问题，仍然是引发社会不稳定的重要因素；一些地方和部门官僚主义和形式主义严重，直接影响干群关系和政府形象。对于这些问题，必须高度重视，认真加以解决。

今年是实施“十一五”规划的开局之年。我们要继续保持经济平稳较快发展，深化各项改革，促进社会和谐稳定，任务相当艰巨。各级政府、各部门要从政治和全局的高度，充分认识新形势下加强反腐倡廉的极端重要性。今年政府廉政建设和反腐败工作，要全面落实中央关于反腐倡廉的各项部署，把推动贯彻落实科学发展观作为廉政建设的重要内容，重点抓好治理商业贿赂专项工作，继续解决损害人民群众利益的突出问题，切实加强政府机关公务员队伍建设和管理，采取更加坚决有力的措施，努力取得廉政建设的新成效。

二 集中力量，开展治理商业贿赂专项工作

中央决定，今年要在全国集中开展治理商业贿赂专项工作。这是一项事关改革发展稳定全局的重要工作。各地各部门要把这项工作作为今年反腐倡廉的重点，采取得力措施，切实抓出成效。

（一）充分认识治理商业贿赂的重要性和紧迫性

近年来，在市场交易活动中，经营者通过给予财物等手段获取交易机会或其他利益的商业贿赂，在一些行业和领域蔓延。商业贿赂直接危害我国经济社会健康发展，违背公平竞争的市场原则，破坏社会主义市场经济秩序，损害人民群众的切身利益，毒化社会风气，滋生腐败行为和经济犯罪。商业贿赂已成为经济社会生活中的一大公害，我们必须提高认识，坚决予以治理。

（二）采取有力措施，解决突出问题

这次治理商业贿赂专项工作，要着力解决公益性强、与人民群众切身利益密切相关、破坏市场经济秩序的问题；重点治理工程建设、土地出让、产权交易、医药购销、政府采购以及资源开发和经销等领域的商业贿赂行为。要通过专项治理，坚决遏制商业贿赂蔓延的势头，进一步规范市场秩序、企业行为和行政权

力，加快建立防治商业贿赂的有效机制。

开展治理商业贿赂专项工作，一方面，要坚决纠正企业事业单位及中介机构，在经营活动中违反商业道德和市场规则的不正当交易行为。各主管或监管部门要组织本行业企业事业等单位，认真进行自查自纠，检查纠正不正当交易问题。国有和国有控股企业尤其是中央企业和中央金融机构要带头遵守法律法规，自觉抵制商业贿赂。另一方面，要依法查处商业贿赂案件，突出查办大案要案。对行业自查和专项检查中发现的商业贿赂案件，要依法办案、依法处理，重大典型案件要予以曝光。治理商业贿赂根本要靠法制，依法治理要贯彻全过程。这是这项工作有序推进并取得成效的关键。

商业贿赂虽然发生在经营者的交易活动中，但与一些政府机关及其工作人员滥用职权、以权谋私有密切关系。一些部门和单位在药品生产审批、出口配额许可、物资采购中发生的严重违法犯罪问题，说明商业贿赂直接涉及政府部门，一些不法经营者与政府工作人员内外勾结，行贿受贿，危害甚大。治理商业贿赂，必须严肃查处政府工作人员利用职权参与或干预企业事业单位经营活动，谋取非法利益、索贿受贿行为。各级政府一要切实履行职责，严格执法，加强市场监管，规范市场秩序，坚决纠正不正当交易行为。二要对涉及政府工作人员的商业贿赂案件，对执法犯法、贪赃枉法的腐败分子，依法惩处，绝不手软，绝不姑息。三要强化对行政审批权和行政执法权的监督，开展规范行政审批权试点，推广运用信息网络技术对行政审批全程监控的做法，建立行政执法依据和程序公开制度，有效监督和制约行政权力运行，防患于未然。四要对政府工作人员严格要求，加强教育。政府工作人员不得参加影响公正执行公务的活动，要自觉抵制贿赂，做到防微杜渐，增强拒腐防变能力。

（三）把握政策，稳步有序推进专项治理工作

各部门要对主管或监管的行业和单位的商业贿赂治理工作切实负起责任；各地区要结合本地实际，确定治理的重点领域，着力解决突出问题。治理商业贿赂涉及面广、政策性强。要坚持实事求是，严格把握政策，注意区分正常的商业活动与不正当交易行为的界限，区分违纪违规与违法犯罪的界限。

（四）完善法规制度，建立健全防治商业贿赂的有效机制

治理商业贿赂从长期看需要推进改革、健全制度。要继续深化行政审批制度、财政管理体制、金融监管体制等改革，健全政府投资监管、国有资产监管等制度。要加快统一市场体系建设，打破市场垄断、行政壁垒和地区封锁。要进一步完善会计制度，坚决纠正和查处做假账行为；加强票据管理，减少现金交易，加大反洗钱工作力度。要研究提出修订《刑法》、《反不正当竞争法》等法律的建议，加快制定《反垄断法》工作，进一步完善规范市场竞争行为和惩治商业贿赂的法律规定。要加强商业道德和社会信用体系建设。市场经济是法治经济，也是信用经济。要结合治理商业贿赂专项工作，加快建立适合我国国情的企业和个人信用制度，实行企业诚信守法提醒制、警示制和公示制，发挥舆论监督作用，大力营造健康的商业文化。

三　坚持以人为本，继续着力解决损害人民群众利益的突出问题

近两年，我们对损害群众利益的问题采取了一系列措施，取得了阶段性成效，但有些问题并没有根本解决，有些方面人民群众还不满意。对损害群众利益的突出问题，要抓住不放，一抓到底。今年要在继续解决土地征用、房屋拆迁、环境污染、企业重组改制和破产中损害群众利益等问题的同时，下更大的决心、花更大的力气，在解决教育、医疗、安全生产方面群众反映强烈的问题上取得新进展。

（一）深入治理教育乱收费，切实解决上学难、上学贵的问题

中央决定，从今年起用两年时间全部免除农村义务教育阶段学生学杂费，继续对农村贫困家庭学生免费提供教科书和补助寄宿生生活费；将农村义务教育全面纳入公共财政保障范围。与此同时，要加大对各级各类学校收费的管理力度。坚决杜绝农村学校乱收费行为，绝不允许一边免费，一边乱收费。要全面落实学校收费公示制，学校面向学生的收费项目都必须公开透明。今年要对各级各类学校的收费项目和标准，进行一次全面清理和规范。清理规范后保留的收费项目，要在当地政府门户网站或通过其他方式予以公布，方便群众查询和监督。对违反规定乱收费的，要严肃处理有关责任人，直至撤销职务。

（二）坚决纠正医药购销和医疗服务中的不正之风，努力解决群众看病难、看病贵的问题

一方面，我们要大力发展公共卫生服务事业，保障城乡居民基本的医疗需求。在农村，要加快健全县乡村三级医疗卫生服务网络，加快推进新型合作医疗制度建设；在城市，要大力发展社区卫生服务，加快建立以社区为基础的新型城

市医疗卫生服务体系，方便群众就医，降低医疗负担。另一方面，要大力整顿医疗服务秩序和药品、医疗器械流通秩序。要推进药品、医疗器械流通体制改革，减少流通环节和中间盘剥；加强对药品和医疗耗材价格的监管，完善药品集中采购制度，治理变相涨价和层层加价；切实加强医院管理，推进院务公开，规范医院和医生的用药和治疗行为，坚决杜绝药品回扣和开单提成，遏制乱检查、乱开药、乱收费；加大对医疗卫生领域不正之风和腐败行为的查处力度，典型案例要公开处理。

（三）严肃查处安全生产领域的失职渎职和腐败问题，有效遏制重特大事故频发势头

当前安全生产特别是煤矿安全生产问题依然突出。原因是多方面的，其中一个重要原因是有法不依、有章不循，安全生产措施和管理不到位。一些地方、企业领导干部和工作人员失职渎职，有的甚至入股煤矿或参与经营，谋取不正当利益，成为不法矿主的保护伞。今年要以预防煤矿重特大事故为重点，切实加强安全生产管理。要坚决落实不合格煤矿停产整顿和关闭措施，加快煤矿安全设施、技术改造。要强化企业安全生产责任，严格煤矿负责人和生产经营管理人员下井带班制度。各级政府和有关部门要认真履行安全监督监察责任，加大安全生产事故责任追究力度。在县（市）、乡镇辖区内发现非法煤矿、非法生产，没有采取有效制止措施的，要实行问责制，追究政府主要负责人的责任。要严肃查处安全生产事故背后失职渎职、官商勾结的腐败问题。要继续清理和纠正国家机关工作人员和国有企业负责人投资入股煤矿问题，这件事要一抓到底，决不能半途而废。这里再次重申，凡是国家机关工作人员、国有企业负责人在煤矿投资入股的，不论多少，都必须坚决全部退出。隐瞒不报和拒不退出的，就地免职，并由纪检监察机关严肃处理，涉嫌违法犯罪的移交司法机关处理。对煤矿安全监管部门工作人员在煤矿投资入股、参与生产经营活动的，要加重处理。监察、工商、安全监管等部门，要对前一阶段清理纠正工作进行彻查，对行动迟缓的地方要加强督办。

四　以实施公务员法为契机，大力加强政府公务员队伍建设

建设人民满意的政府，树立良好的政风，最根本的是要有一支高素质的公务员队伍。公务员法是一部规范公务员从政行为、促进公务员队伍建设的重要法

律。各地区各部门要通过贯彻实施这部法律，全面加强政府公务员队伍建设和管理。

（一）深入开展廉洁从政教育

要按照胡锦涛总书记在中央纪委第六次全会上的讲话要求，深入学习贯彻党章，为廉政建设奠定思想基础。要把反腐倡廉教育作为公务员培训的重要内容，深入开展理想信念和从政道德教育、党的优良传统和作风教育、党纪条规和国家法律法规教育。要加强廉政示范教育和警示教育，扶正祛邪，警钟长鸣。要加强廉政文化建设，营造全社会反腐倡廉的良好氛围。

（二）从严治政，严格管理

要严明政治纪律，加强对贯彻党的路线方针政策的监督检查，加强对执行中央重大决策和工作部署的监督检查，加强对落实廉政建设和反腐败各项任务的监督检查，坚决维护中央决策的权威性、统一性、严肃性，做到令行禁止，政令畅通，提高政府的执行力。各级领导干部要自觉遵守廉洁自律的各项规定，严格执行“四大纪律、八项要求”。继续严肃查处领导干部违反规定收送现金、有价证券和支付凭证，参加赌博等问题。

（三）切实加强作风建设

所有政府公务员都要树立科学发展观和正确的政绩观，坚决纠正以权谋私、与民争利、侵害群众利益行为，坚决克服形式主义、官僚主义和弄虚作假行为。现在，有些地方搞不切实际的高指标，搞劳民伤财的“形象工程”，不仅影响了当地经济持续健康发展，而且引发了不少社会矛盾和问题；一些地方和单位讲排场、比阔气，热衷于盖办公大楼、搞高档装修，竞相办节、办论坛，花钱大手大脚，铺张浪费严重。我们国家和人民生活还不富裕。我们办任何事情，都要从实际出发，量力而行，注重实效，不作表面文章。要把人民群众满意不满意、高兴不高兴作为衡量政绩的根本标准。要牢记“两个务必”，发扬艰苦奋斗精神，增强勤俭节约意识，建设节约型政府。

（四）严格规范行政执法行为

有些地方发生的损害群众利益问题，甚至群体性事件，很多与政府部门及其工作人员不依法办事、不按政策办事有关。必须推进行政执法责任制，规范行政执法行为，做到权责一致。各级政府机关及其工作人员都要严格按照法定权限和程序行使权力、履行职责，对违法或不当的行政执法行为，必须坚决纠正。要加强教育和培训，提高各级政府公务员的素质和能力，特别要提高依法行政、依法办事的水平。

我们是人民政府，必须坚持执政为民。“为民、务实、清廉”是人民政府根本宗旨的体现，也是贯彻落实科学发展观、加强政风建设的根本要求。人民群众看政府，主要看是不是为他们谋利益，是不是为他们办实事，是不是清正廉洁。为民，就是一切为了人民，把实现好、维护好、发展好最广大人民群众的根本利益，作为政府一切工作的出发点和落脚点。凡是为民造福的事，就要千方百计办好；凡是损害群众利益的事，就要坚决制止。务实，就是坚持一切从实际出发，脚踏实地，真抓实干，扎扎实实地推进经济社会发展，实实在在地为人民群众谋利益。清廉，就是正确行使人民赋予的权力，廉洁从政，勤勉尽责，绝不与民争利，绝不以权谋私。各级政府和所有工作人员都要自觉地把“为民、务实、清廉”作为行为准则，树立良好政风，建设人民满意的政府。

推进政府廉政建设和反腐败工作，关键在于加强领导，狠抓落实。各地各部门要加快构建教育、制度、监督并重的惩治和预防腐败体系，加大从源头上防治腐败的力度。要重视和支持监察、审计工作，充分发挥专门监督机关的作用。各级政府和部门都要自觉接受监督，对监察、审计部门依法作出的监察和审计决定，必须认真落实。各级领导干部要严格执行反腐倡廉责任制，认真履行职责，敢抓敢管，把反腐倡廉的各项任务和措施落到实处。

做好新形势下的政府廉政建设和反腐败工作意义重大，任务艰巨。让我们在以胡锦涛同志为总书记的党中央领导下，高举邓小平理论和“三个代表”重要思想伟大旗帜，全面贯彻落实科学发展观，振奋精神，扎实工作，不断取得反腐倡廉的新成效，推动改革发展稳定的各项工作。

温家宝在国际反贪局联合会第一次年会暨会员代表大会上的讲话

尊敬的各位来宾，

女士们，先生们，朋友们：

值此国际反贪局联合会第一次年会暨会员代表大会在北京召开之际，我谨代表中国政府和中国人民，并以我个人的名义，向会议的召开表示热烈的祝贺！向前来参加会议的各国总检察长、司法部长、内务部长、监察部长、反贪机构负责人、国际组织领导人、专家学者以及各位代表，表示热烈的欢迎！

维护和平，谋求发展，促进和谐，是世界各国人民的共同愿望。倡导廉政，反对腐败，营造公平正义、清明廉洁、和谐稳定的良好社会氛围，是实现国家经济社会发展的必然要求，对促进世界和平与发展也具有重要意义。

腐败现象是人类社会一个危害严重的痼疾，其存在有着深刻的历史和现实原因。当今世界，随着经济全球化深入发展，一些腐败犯罪呈现出有组织、跨国化的特点，这不仅影响有关国家政治、经济、文化、社会的健康发展，也损害各国人民的切身利益。反对腐败，是各国面临的一项重大任务，也是国际社会面临的共同课题。加强反腐败国际合作，有利于各国更加有效地惩治和预防腐败，也有利于实现各国人民要求政治廉洁的共同期盼。

近年来，国际社会致力于共同惩治和预防腐败，就开展反腐败国际合作形成了重要共识。2003 年，第五十八届联合国大会审议通过了《联合国反腐败公约》，把各国在惩治和预防腐败方面形成的共识用国际法的形式确定下来，反映了各国反对腐败的共同决心和加强反腐败国际合作的强烈意愿。成立国际反贪局联合会，有助于国际社会在尊重各国政治制度、法律制度以及历史文化特点等差别的基础上，推动建设反腐败互信合作机制，加强各国在反腐败领域的务实合作，推动《联合国反腐败公约》有效实施。

这次会议以加强国际合作、有效实施《联合国反腐败公约》为主题，与会人士将交流反腐败国际合作的经验，研究反腐败国际合作中存在的问题，建立国际反贪局联合会直接合作机制。这对于提高反腐败国际合作的水平和效率，推动《联合国反腐败公约》有效实施，具有十分重要的意义。

女士们、先生们！

坚决惩治和积极预防腐败，是中国政府的一贯立场。我们认为，反对腐败是关系国家发展全局、关系最广大人民根本利益、关系社会公平正义和社会和谐稳定的重大问题和紧迫任务。我们反腐倡廉的战略方针是标本兼治、综合治理、惩防并举、注重预防。我们在开展反腐败斗争中，既坚定不移地查办腐败犯罪，依法对腐败犯罪案件进行侦查、起诉、审判，严惩各类腐败犯罪人员，同时又坚持不懈地健全教育、制度、监督并重的惩治和预防腐败体系，加强廉政法治建设，推进廉政文化建设，强化对权力运行的制约和监督，通过深化改革从源头上防治腐败，不断铲除腐败现象滋生蔓延的土壤。我们注重建立健全民众支持和参与反腐倡廉的有效机制，建立公众举报制度，保障公民对国家机关和国家工作人员违法失职行为的检举权、控告权、申诉权，不断深化反腐败斗争。经过不懈努力，中国的反腐败斗争取得了明显成效。今后，中国政府将继续旗帜鲜明、毫不动摇地开展反腐败斗争，以实现好、维护好、发展好最广大人民的根本利益。

中国政府高度重视在反腐败领域同世界各国和有关国际组织进行合作。我们主张，各国应该在互相尊重主权的前提下开展互利互惠的国际合作，在尊重各国国情的基础上加强反腐败务实合作。

中国是《联合国反腐败公约》的主要参与国，是该公约较早的签署国和批准国。目前，中国正在制定、修订和完善有关惩治和预防腐败的法律法规，以使之更加适应《联合国反腐败公约》对缔约国提出的要求。中国政府将在所承诺的公约义务范围内认真承担相应的国际责任。

我相信，在各位代表共同努力下，这次会议必将对推动反腐败国际合作产生重要影响，也必将对推动建设持久和平、共同繁荣的和谐世界产生积极作用。

国外政府创新

提高政府公信力受到国际社会普遍关注

中央编译局比较政治与经济研究中心

2007年6月26~29日，第七届“全球政府创新论坛”在奥地利首都维也纳举行。这是由联合国举办的全球政府创新论坛。联合国副秘书长、各国元首、政府总理、议员、高级官员、专家学者、商界领袖、国际组织和公民社会组织代表等共3000人参加了此次论坛。

应组委会的邀请，中共中央编译局比较政治与经济研究中心参加了此次论坛，并在论坛期间向各国与会者宣传了中国地方政府的改革创新与发展。中国地方政府创新奖获奖项目浙江温岭市“民主恳谈”、湖南省妇联“农村妇女参与村级治理”也派代表参加了论坛，并在论坛上介绍了各自的创新实践。

本届“全球政府创新论坛”的主题是：提高政府公信力。在为期四天的论坛上，与会者围绕主题，集中讨论了七个方面的内容，即通过创新提高政府公信力、政府公信力建设的知识管理、分权与地方治理、改善选举和议会过程的质量、促进公民参与、利用全球会议反对腐败、危机和后冲突国家中的治理挑战等。

论坛期间，在全体会议和小组会议之外，论坛还特别举办了部长圆桌会议、市长圆桌会议、议会论坛、公共管理协会会议、区域性咨询会议、治理创新网络会议等等。在部长圆桌会议上，来自世界各地的部长，充分展示了他们为提高、维护和加强政府公信力建设，促进地方治理创新和善治所做的努力。部长圆桌会

议为相互之间共享各自的实践和经验，以及完善提高政府公信力的政策机制提供了交流平台。

论坛结束时发表了《提高政府公信力维也纳宣言》。宣言指出：提高政府公信力已经成为全球关注的问题。促进公民参与，扩大政府透明度，建设责任政府、法治政府等对于推动民主治理具有普遍意义，但各国应该根据各自的国情和制度，进行创造性的实践。

《宣言》特别强调，妇女对于现代经济社会和政治的发展尤为重要，必须增加妇女对经济活动和政治决策的参与，确保妇女充分担任公共部门的高级职务，消除妇女参与的社会和法律障碍。

《宣言》为提高政府公信力提出了具体的政策建议。

1. 确保政府的合法性。政府必须继续致力于定期、自由、公正的选举，必须遵守并捍卫法治。

2. 提供优质的公共服务。政府应该优先考虑为民众提供及时和高质量的公共服务，并将民众的反应和参与纳入治理过程。

3. 增加透明度，完善责任机制，遏制腐败。政府应该增加决策过程透明度，确保民众知情权，改进执行机制，加强反腐败机构建设，并发挥公民社会组织的监督和评估作用。

4. 促进现代信息技术的应用。电子政务有助于促进参与和改善决策过程，政府应该加强电子政务基础设施建设，以及教育和培训。

5. 推动有效的公民参与。政府应为民间组织提供充分的政治空间，建立充分的政治互信。

6. 促进媒体发挥建设性的作用。政府应该学会并善于同媒体打交道。

7. 密切政府与民众的关系。承认各级地方政府是最接近民众的公共机构，赋予这些政府权力，使其能够发挥作为中央政府与民众之间沟通渠道的作用。

8. 建立公私伙伴关系。有效的公私伙伴关系能够增强信任，但公私伙伴关系必须接受专门的监督。

9. 鼓励公共部门的创新和能力建设。建议各国政府采取激励战略，鼓励并奖励那些成功实施创新、改善决策和公共服务的公共部门。

10. 重建危机和后冲突国家的公信力。危机和后冲突国家必须改革法律框架，开展司法改革，促进社会公正和公民教育。国际机构的援助应适应后冲突国

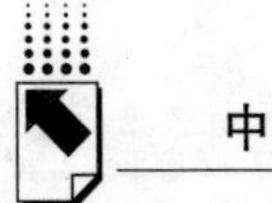

家的具体需要。

作为联合国、各国政府、国际组织、公民社会组织、学术界、商界等广泛参与的全球性交流平台，“全球政府创新论坛”有效地为各国政府展示和推广其改革和创新经验提供了充分的舞台。1999 年以来，“全球政府创新论坛”一直致力于政府改革和促进治理与善治。前六届论坛分别由美国、巴西、意大利、摩洛哥、墨西哥，以及韩国政府与联合国共同举办。

本届论坛的特点是：①论坛主题切合全球各国的政治现实。提高政府公信力是各国政府在所有发展阶段都面临的问题，也是广大民众都在密切关注的问题。②规模大。本次会议网上注册的参加者有 8000 多人，实际与会者达 3000 多人。不同种族、不同肤色、不同国籍的人聚在一起共话政府信任问题。③规格高。这次会议第一次由联合国总部主办。④东亚国家在论坛上发挥了重要作用。本届论坛同时也得到韩国政府，以及联合国设在韩国的区域和全球治理中心的支持。⑤本届论坛特别强调了妇女在治理和政治决策中的作用。

通过参与此次论坛，我们得到的启发是：首先，在中国经济改革发展取得巨大成就的同时，政治体制改革也取得了长足进展，因此，必须通过恰当的方式正面展示中国在民主政治建设、政府管理体制改革和完善公共服务等方面的改革成就。其次，“全球政府创新论坛”是一个制度性的交往平台，要充分加以利用，比如通过鼓励学术团体参加、在论坛上设立展示台等形式来有组织、有计划地向国际社会全面介绍我国的政府创新与改革，树立我国改革开放、民主创新和负责任的大国形象。第三，要更多地鼓励那些在地方改革和创新中取得成就的地方政府走向国际社会，通过鲜活的事例，有利于改善国外同行对我国的片面印象。第四，韩国对本届论坛的支持，以及韩国积极在本国创立“区域和全球治理中心”这一国际组织，给我们以深刻启示，政府要在提升国家软实力中发挥更积极的作用。

提高政府公信力维也纳宣言

联合国维也纳总部

2007 年 6 月 26 ~ 29 日

一 序 言

1. 在奥地利政府和机构伙伴小组协助下，联合国于 2007 年 6 月 26 ~ 29 日在维也纳举行了第七届“全球政府创新论坛”。各国部长、高级政府官员、市长、民间社会组织以及私营部门、学术界和国际组织代表汇聚一堂，就改善治理和提高政府公信力的良好做法、创新措施和战略进行了充分交流。在论坛的七次全体会议和七次能力发展讲习班期间，特邀嘉宾和小组成员介绍了各自的经验与观点。论坛举办前，联合国还举行了六次有各国议员、市长、公共行政机构负责人、选举专员，以及公共行政网络等参加的特别会议。为筹备此次论坛，联合国还于 2006 年 1 月至 2007 年 5 月举办了八次“政府创新”区域论坛，这些区域论坛的结论和建议也在本次全球论坛作了介绍。

2. 我们，第七届“全球政府创新论坛”的与会者，为联合国秘书处成功筹备此次论坛向潘基文秘书长表示感谢；我们感谢奥地利政府的支持和热情接待；感谢法国、意大利和韩国政府为举办这届论坛提供的资助。我们也再次对举办能力发展讲习班的机构伙伴小组成员表示最衷心的感谢。

3. 今天，提高政府公信力已成为一个全球关注的问题。我们知道，如果政治领导者和政府没有代表民众及其利益，那么，政府的公信力就会降低，公众的利益同时也会受到损害。如果国家的行为及其职能满足不了民众的期望，那么，社会就会产生不和谐。在全球化背景下，这种不和谐会更严重，并将导致不信任和冷漠。

4. 我们承认，八次“政府创新”区域筹备论坛取得了丰硕成果；我们也认识到，在提高政府公信力方面，并不存在整齐划一的方法。实际上，我们需要采取综合性的办法。虽然透明、责任和公民参与等民主治理原则具有普遍意义，但各国实现这些原则应该视本国的实际情况而定。

5. 我们认识到，妇女已经构成人口的50%以上，她们在所有生活领域发挥着关键作用。因此，我们促请在本宣言所载各项建议的总体实施中，将妇女问题列为核心议题。

作为第七届“全球政府创新论坛”的与会者，我们通过了本宣言。

二　提高政府公信力的政策建议

1. 确保政府的合法性——为了提高政府的公信力，国家必须是并且必须被认为是合法的、公正的，以及具有强大的体制能力。合法性源于对基本人权和宪法的尊重和遵守，包括政府和立法部门的权力分立，以及司法部门的独立性。选举，如果代表并反映了人民的整体选择，即赋予和保持了政治合法性。因此，我们一致认为，政府必须继续致力于举行定期、自由和公正的选举；政府必须遵守并捍卫法治。我们强调，议会和行政部门之间的建设性关系对于提高公信力非常重要。此外，合法性还源于就国家的作用和功能以及不同社会经济主体各自的作用所形成的共识。

2. 优先考虑为民众提供服务——公共部门通过提供可靠的公共服务创造“公共价值”，其绩效有助于提高政府公信力。这些公共服务不仅处理市场失效问题，而且还通过创造公正、平等和社会资本而产生价值。政府公信力部分取决于政府在多大程度上确保公民始终并及时获得所需的基本服务。地方政府提供的服务通常是公民接触政府工作的开端，它不仅影响到公民对政府是否响应民意的看法，而且影响到他们对地方政府参与社区管理的意义的理解。因此，我们建议政府优先考虑改善公共服务的供给，这对于弱势，以及边缘化群体极其重要。此外，我们还建议公共服务以客户服务为重点，提高公共服务的回应性和质量。公民的反馈意见和积极参与应被纳入治理过程之中。

3. 增强透明度和问责制，打击腐败——腐败是全世界面临的最大挑战之一。公私部门官员腐败是严重滥用权力的行为，危害极大。为了使政府能够取信于民，公务员、当选官员和其他相关人士必须遵守宪法和法律，并根据最高的道德标准行事。我们建议，除了通过和实施国家立法与行政措施外，还应严格遵守

《联合国反腐败公约》；我们建议，要增强决策过程的透明度，确保知情权，改进执行机制，提高公众认识，并加强反腐败机构；我们还建议，让民间社会组织在政策评估和反腐败举措中发挥积极作用。

4. 改善对信息通信技术的利用——电子政务潜力巨大，有助于增强透明度、促进公民更多地参与政策过程，以及改善政策决定的质量及其实施。有效的知识管理能够有助于增强公用事业的能力，具体方法包括促进公共部门和政府机构之间的更好协调、提高效率、协助改善服务、缩短回应公民的时间，以及加强电子政务举措的功效等。面对迅速变化的技术发展，各国内部和各国之间存在着出现数字鸿沟的风险。我们鼓励国际捐助界为改善发展中国家获得信息通信技术相关基础设施、教育和培训机会的方案提供资助。我们认为，政府必须在通过示例和管理保护数据安全和隐私方面发挥领导作用，以加强对网络环境的信任。

5. 支持有效的民间社会参与——必须赋予民间社会作为正式伙伴参与治理的权力，以形成提高政府公信力的氛围。开展有意义的对话和定期面对面参与民间社会组织的活动，是在政府与社区之间建立互信的最直接，也最有效的方式。作为国家和社会之间不断互动的领域，民间社会有助于促进政府提高公信力。政府应为民间社会提供充分的政治空间，使其能够发挥作用并协助建立社会和政治信任。我们建议，实现管辖民间社会活动的立法的现代化，增加妇女对经济活动和政治决策的参与，让公众更多地参与公共部门活动的计划和管理过程，鼓励公开对话和沟通。

6. 保证媒体发挥建设性影响——由于维持信任的一个重要部分取决于公众的观念，无论这种观念是真实的还是虚假的。因此，随着信息革命的出现，媒体在形成这些观念方面的作用日益增加。各国政府应该拿出更多的资源和行政时间同媒体打交道。在更多情况下，政府可以并且应当做更多的工作，使媒体对政府的积极作为给予充分关注。

7. 密切政府与民众的关系——地方治理是缩小公民、政治代表和公共行政人员之间距离的最有效方法之一。权力下放能够确保政策制订过程采纳民意并与公民保持联系，从而有助于通过增强国家的合法性、公民认同、公民赋权和公共服务，建立民主治理的坚实根基。因此，必须承认地方各级政府是距离人民最近的公共机构，必须赋予这些政府权力，使其能够发挥作为人民和中央政府之间沟通渠道的作用。为了密切政府与民众的关系，我们建议通过转让权力和资源，实行分散管理，制定地方问责制，实现地方参与过程的体制化，强化区域和地方政府。

8. 促进建立公私伙伴关系——利用每一个伙伴的优势和资源，有效的公私伙伴关系可以改善发展方案的设计和实施。为确保这些关系能够增强信任，需要订立全面的治理协议，详细说明每一个伙伴的工作重点和职责，同时考虑社会成本和效益。但是，公私伙伴关系必须接受专门的公共监督。

9. 促进公共部门的改革创新——政府赢得民众信任的能力，取决于它们能够在多大程度上增强国家能力。举例来说，这意味着通过保证创造和分配收入的适当能力来加强对结果的责任。我们建议政府采用激励战略，对成功实施创新、改善公共服务的公共部门员工予以奖励。创新应当侧重于弘扬公共价值。对于培养公共部门的道德、确保妇女充分担任公共部门的高级职务、加强共同价值观，以及动员工作人员等，领导者的角色非常关键。因此，人力资源管理和培训是加强国家能力的关键因素。

10. 在危机和后冲突国家重建信任——对危机和后冲突国家来说，社会和政治信任之间的相互作用甚至更为重要。后冲突社会的特点是政策发生彻底变化，并开始集中推行体制建设。必须改革法律框架，让前战斗人员重返社会，并促进公民教育。在这些情形下，妇女对社区发展的贡献尤其重要。因此，必须消除妇女参与的社会和法律障碍。对于残疾人来说，这也同样重要。必须同时并相互协调地开展安全部门改革、司法与调解、制宪以及通过再分配公正而预防冲突等工作。虽然建立新的体制非常困难，但更难的是实现这些机制的合法性和有效运作。在这种情况下，我们强调，国际援助组织应使其资助适应每个后冲突国家的具体需要，在过渡进程的每个阶段都应提供资助，并应让所有利益相关者参与其中。

三 后续措施

1. 我们敦促国际发展伙伴，包括双边捐助者和联合国在内，加强对发展中国家的资助，以提高其公共管理和治理能力。

2. 我们敦促在第七届“全球政府创新论坛”之后继续实施相关活动。我们特别建议：

a. 支持全球创新者网络，以交流看法和经验，并作为观察者发挥作用；

b. 支持区域和全球治理中心将良好的设想形成具体的方案并加以共享；

c. 支持区域论坛制订区域合作战略，改善公共行政和治理；

d. 促进南北和南南合作与对话；

e. 鼓励在国家开展的试点项目中对不同的方法和做法进行试验，以促进和加强有效的民主治理；

f. 至少将联合国公共服务奖中的一个重点颁发给为提高政府公信力作出贡献的项目；

g. 编拟概念文件，制订原则框架，以巩固对政府的信任。

3. 除了全球创新者网络外，我们还敦促定期举行部长级圆桌会议，审查其在处理公信力的某些问题方面的经验，并提出建议。我们还建议在区域和国家层级为地方行政人员举行类似会议。最后，我们还建议召开议员圆桌会议，以交流创新做法和体制设计。

为人民服务的政府：民主治理中公共行政角色的转变

丹尼斯·A. 荣迪内利（Dennis A. Rondinelli）

贾亚娟　译*

公共行政在治理中的角色是一个由来已久的话题。目前世界范围内对国家及其公务员职能的重估浪潮主要有以下两个起因：一是经济全球化及其影响，政府应如何应对由此产生的瞬息万变的国际经济、社会、政治和技术的发展。二是一些国家的公民愈来愈不满于政府职能以及公共行政所提供的服务。

全球化，是指人群或组织跨越国界，趋向更加互动、更为融合和相互依存的过程。全球化不仅促进各国国际贸易和投资的增长，也加速了国际资本、人员、技术和信息的流动。在过去的25年中，各国间高层政治互动和日益广泛的社会和文化交往已经成为不争的事实。全球化带给世界的不仅有机遇，还有挑战。它在呈现给我们崭新经济机遇的同时，也引发了政治、社会、技术和制度层面更为复杂的问题，这在发展中国家表现得尤为突出。为促进本国经济和社会的公平发展，各国政府必须抓住机遇，迎接挑战。为了从这种更为开放和广泛的经济互动中获益，各国政府必须支持建立一种既能便利企业走向国际市场，又能提高各阶层人们生活水平的经济体制。

在过去的20年，全球化、技术创新和通信技术的发展给政府带来了巨大压力，接踵而至的便是本国公民向其政府提出了更高要求。公民对政府与日俱增的期望常常引起公民对政府的不满和对政府信任的流失。经济合作与发展组织（OECD）在其有关九国政府再造经验的评述中指出，在欧洲，“对于政府行为绩效的不满”增加了改革的压力。事实上，在世界其他国家和地区，公众对于政

---

* 译者单位：中国社科院近代史研究所。

府的不满也很普遍。

世界经济论坛追踪了包括阿根廷、巴西、加拿大、德国、印度、印度尼西亚、意大利、墨西哥、尼日利亚、俄罗斯、西班牙、土耳其、英国和美国在内的14个国家的民意调查，结果发现，2001～2005年间，除少数几个国家外，大部分国家的公众对本国政府的信任每况愈下。其中仅在6个国家，超过半数的公民信任其政府。

在拉美，拉丁美洲民主动态调查（Latinobarometro）在2005年对中南美洲18个国家展开的一项民意调查表明，仅有49%的受调查民众认可本国政府，对于领导国家的政治精英们的信任则仅有33%（176554人参加了此次调查）。在18个拉美国家中，仅有5个国家超过半数的被调查民众认为本国的选举是“公正”的，仅有半数的接受调查者认为国家能够有效执法，72%的受调查者对于政府是否清楚如何花费税款持不信任态度，66%的居民对司法体系缺乏信任，仅有30%的人认为政府在治理国家机关腐败方面取得了一定成效。

在对非洲12个国家、共21500多人进行的一项民意调查表明，该地区普遍存在对政府行为的不满。当问及政府在创造就业机会方面成效如何，60%的受访者认为“相当糟糕或非常糟糕”，大约分别有62%和63%的人不满于政府在稳定物价和缩小收入差距方面所作的努力。一半的居民认为政府在减少犯罪方面收效甚微，48%的人认为政府并未有效地打击政府腐败。

公众对于政府的不满情绪不仅局限于国家政府。2005年欧洲的一项民意调查指出，在接受欧洲权威民意调查机构——“欧盟民调处”（Eurobarometer）调查的人中，仅有51%的民众信赖欧洲议会，46%的民众信任欧盟委员会，对欧洲理事会（European Council）感到满意的民众也仅有40%。

正如以上民意调查所显示的，在公民、媒体甚至是公务员和政治领袖的眼中，政府常与低效、官僚作风、顽固守旧、无能、反应迟缓和腐败等字眼联系在一起。公民也常常抱怨政府总是提供不充分、不恰当且与其纳税额相比成本高昂而又劣质的服务。人们经常看到政府公职人员按照自己的利益行事，而并非从广大人民群众的需要和利益出发。在许多国家，“我们代表政府，向您提供帮助”（We are from government and are here to help you）这类口号遭遇了大众的嘲笑和讥讽。各种调查和民意测验表明，公众希望看到政府改善和提高为民服务的方法和质量，也就是说，希望公共行政能够提供更优质的服务，切实有效地扩展其服务领域和范围。公民也希望政府提高公共服务的能力，从而以较低成本提供更多更优质的服务。

更有效地为民服务：政府再造运动

许多政治领袖和政府官员明白，因循守旧、墨守成规再也无法满足更为复杂、相互关联日益密切的国际经济的需要，也无法达到政治意识不断增强、国际交往日益紧密的公民的期望。全球化在增强商业竞争的同时，也促使政府创建经济、政治和社会环境，使私人部门有效参与竞争，人们实现全面发展，并通过参与经济活动受益。因此，在过去25年中，国际组织和有远见的政治领导人呼吁各国开展政府创新和再造运动。

20世纪80年代，关于政府究竟是经济发展的拦路虎还是推进器的争论，现在看来，大体已经有了定论。即便是那些最激烈的“大政府”的批判者，现在也承认，政府仍将是一个重要的政治组织，并仍将继续对千百万民众的福祉产生或好或坏的影响。所有国家的政治领袖和行政官员都面临这样的挑战，即重新界定政府的作用，提升公共部门和私人部门的能力，以帮助公民积极应对全球化带来的不确定性，分享全球化带来的好处。

因此，必须改善治理，提高公共行政水平，增强国家履行新职能和承担新角色的能力，以上问题已得到广泛认可。联合国《千年宣言》呼吁尊重人权，推行民主和善治（包括建立高效、有效的公共管理部门）。善治是实现联合国千年发展计划（MDGs）的必要条件，其他目标包括：消除极端贫穷和饥饿；普及全球初等教育；促进性别平等；降低儿童死亡率；提高母亲健康水平；与艾滋病和其他疾病作斗争；保证环境可持续发展；为促进发展建立全球性合作关系。发展中国家的政府及其国际发展伙伴日益增加了对改善治理的关注和资金支持，以期切实有效地提升公共行政能力。

然而，过去20年快速发展的全球化使政府确信，其在20世纪六七十年代所履行的职能和扮演的角色，在全球化的新背景下，应该与时俱进。正如经济合作与发展组织（OECD）曾经指出的那样，直到20世纪80年代，人们总还是抱怨政府“无力迅速有效地应对全球战略问题，无力把握新技术和新兴市场带来的机遇；在处理彼此冲突的目标时，政府所承担的多重身份（例如，决策者、管

理者、监督者、竞争性服务提供者、资金提供者）的弊端一目了然”。经济全球化和技术进步已经并将继续改变政府的“游戏规则”。一些国家的政府在提高本国国际竞争力的同时，其作为国民经济的规划者和管理者，作为商品和服务的主要提供者，以及作为经济增长发动机的角色和地位业已为人们所诟病。事实上，在残酷无情的全球化面前，即便政府在处理其内部经济活动和开展跨国境交易时，其能力也在发生改变。

为回应日益蔓延的公民对政府的不满，早在20世纪80年代，澳大利亚、新西兰、英国、美国等国政府采纳了新的公共管理方法，开展治理改革创新，这被统称为“新公共管理运动”。大卫·欧斯本（David Osborne）和泰德·盖伯勒（Ted Gaebler）的合著——《再造政府》（*Reinventing Government*）一书体现并影响了20世纪八九十年代在美国及其他国家开展的政府创新运动。该书总结了“新公共管理”运动的主要原则和特点。他们所描述的有效政府应具备以下十大特点。

1. 催化性，即政府应该“多掌舵少划桨”，确保公共服务的提供，而非服务的直接提供者。

2. “还政于民”（community-empowering），即鼓励地方组织自主解决问题而非下达官僚指令。

3. 去管制化，即对于私营部门和非政府组织能够切实有效实施的活动，政府对其应放松管制。

4. 任务导向性，即设定目标并允许雇员充分发挥才智实现目标。

5. 结果导向性，即重视有效的产出而非投入。

6. 顾客导向性，即满足公民而非官僚机构工作人员的需要。

7. 进取性，即政府应努力增加财政收入而非赋税支出。

8. 预见性，即政府应“未雨绸缪”而非“亡羊补牢”。

9. 分权，即各级政府参与和团队合作，并与非政府机构合作。

10. 市场导向性，即通过市场而非庞大的政府计划解决问题。

这十个特点，或与此类似的特点成为20世纪90年代澳大利亚、加拿大、新西兰、葡萄牙、英国和美国等国的联邦政府以及国家和地方政府进行政府再造的原则。墨西哥政府在实现其“善政日程”（Agenda for Good Government）的过程中，所关注的六大目标正好体现了上述几条原则。在墨西哥，政府努力寻求“事半功倍”的行政方式，通过运用新技术提高政府行政效率，通过教育、预防

和刑罚的方式抵制腐败。作为其改革计划的一部分，墨西哥致力于国际认可的高效政府的创建，通过职业发展与培训计划，使公共服务专业化，放松政府管制，使公民有效参与世界经济并扩展其国际视野。

在联系日益紧密的全球社会中，政府必须在保持经济活力、减少贫困、提高生活水平方面承担新的角色。在过去的十年中，涌现出大量有关创新型政府的知识和理论，对创新型政府在全球化社会中如何实现有效行政、履行其应尽职能做了描述。这些角色和作用将有助于实现《联合国千年发展目标》和其他人类发展的宣言中所规定的目标，即实现平等、持续、参与性经济和社会发展。《联合国千年发展目标》规定政府的基本职能是，实现经济和社会的可持续发展，最终提高全体人民的生活水平。《联合国千年宣言》呼吁国家和国际组织在实现这些目标过程中，应当努力促进自由、平等、团结、宽容、尊重自然并分担责任。

虽然在实现人类可持续发展和减少贫困目标的过程中，政府的作用不可替代。但是，仅凭政府一己之力是不可能实现上述目标的。在国际社会中，有效治理的实现要求国家政府与其下级公共行政部门、私人部门、公民社会组织甚至外国政府和国际组织通过民主、透明和参与过程实现合作。

在21世纪，政府通过履行四种职能实现经济和社会的可持续发展。其中最为关键的是提升组织的能力，因为只有如此才能为其他几项职能的履行创设环境和基础。没有强有力的组织，无论是政府还是私人部门，都不可能促进经济发展和社会进步。第二个重要职能是颁布和实施政策，为社会主体有效参与全球经济营造良好的环境。无力从世界经济互动中获利的国家和族群，注定也无法实现其经济和社会进步目标。第三，为了实现有助于社会平等的经济发展，尤其在贫穷的发展中国家，政府必须通过实施向穷人倾斜的政策，来帮助他们脱贫并提高他们有效参与生产性活动的能力。在以往经济增长利益的分配过程中，这些人通常是被忽略的人群。第四，在增强公共行政部门能力，以促进有利于社会平等的经济增长、参与全球经济、消除贫困等方面，政府扮演着重要角色。

什么是善治？

联合国率先对治理进行了重新界定。联合国将“治理”定义为“运用政治经济和行政权威管理一国事务的行为。正是通过这些复杂的机制、过程、关系以

及组织，公民和群体才得以表达其利益偏好，实践其权利和义务并且调和彼此的分歧”。在这个框架下，国家仅仅是众多行使权威的组织之一，私人部门和公民社会组织在帮助公民表达利益偏好和行使权利过程中发挥着重大作用。政府的作用不仅仅局限于政治治理，它还要与私人部门和公民社会组织有效互动，以实现公共目标。

在联合国开发计划署（UNDP）的界定中，善治包含以下特征：全体公民的广泛参与，法治的决策过程，治理机构行为的透明性，对公民需要与诉求的回应，对公民的无差别对待，应用公共资源的有效性，公共责任以及对发展的战略性规划。

在联合国对善治的界定背后，是对政府再造自身的需求。唯有如此，政府才能具备善治的基本特征，提高自身的能力，进而与私人部门和公民社会组织等其他治理机构进行有效合作。

通过公共部门创新（public innovation）改善政府对公民的服务

假若政府必须通过创新再造自身，以满足公民的需求以及应对全球化的挑战，那么这些概念意味着什么？它们又是如何才能应用于公共行政领域？创新是指政府或社会中其他组织的行为过程的根本性改变——它不仅仅是在增量的意义上改变社会现状。“创新”带来新的做事方式和理念（与过去的常规做法截然不同）或者导致新行为方式和互动行为的出现。政府创新很少是纯粹的“革新”；它们更多是将新观念（已在其他领域广泛运用）导入新环境。创新的形式之一就是那些能够提升政府部门绩效、带来政府服务质量提升的变化。

那么，政府创新源自何处？一般而言，创新源于对现状和惯例的不满。这种不满有时源于政府之外的群体——特殊利益集团、政党、公民群体组织或国际组织——或源于政府官僚体系、立法体系或政府执行部门当中的不满群体，或者源于司法部门。创新一般源于绩效落差（performance gaps），即公众期望与组织绩效之间的落差。当人们意识到传统政策和计划无力实现其目标时，“创新”便会将政策引入新的轨道。

另有一些创新源于政治领袖和政府外精英的“战略构想”。战略构想是那些具有社会影响力的人物所体认的信念，它关涉如何通过急剧的政策变化改善现状。政治领袖的战略构想有时能为政府设置全新的方向和日程，带来创新。外部经济、政治、社会或技术条件的变化常常导致创新性观念的产生。危机、紧急状况以及对政府（或其他重要的社会经济组织）存续的威胁有时会迫使领袖们采取新的应对问题或机遇的方式。

有时候，只有当概念或假设发生根本变化（以使采用新方式做事成为可能），创新才会发生。概念框架的改变使得大多数人以不同于过去的方式思考问题和机遇，并在新的背景下思考应对问题和机遇的方式。管理学大师 Peter Drucker 指出，创新也源于“过程需要”（process needs），即源于组织实现其目标的需要——为了实现其目标，组织必须改变其行为方式，以适应社会的需要和特征以及更广阔的过程。创新的形式通常有以下几种：技术创新、价值取向创新、组织创新、法律创新、程序创新、政治创新以及经济创新。

那么，创新是如何为政府所采纳的呢？无论创新源于何处，它都涉及新观念的引入以及将新观念与特定行为相结合。创新是一个过程，它肇始于新观念转变为具体的行动计划。创新通常要求社会中存在对问题和机遇的广泛共识——正是这些问题和机遇促使了改变的发生。将观念付诸行动是创新的本质特征。在创新被广为接受的过程中，一定程度的“社会学习”是必要的。同时，就一些问题的一定程度的社会共识也是必要的，即新问题和机遇是十分重要的，旧的应对方式不再灵验或者惯常的方法会导致高昂的经济、政治或社会代价。

一旦特定问题和机遇为社会中的大多数成员所认同，那么创新性观念就必须转变为特定的行动，新政策和新计划必须应运而生。在几乎所有的政治体系中，创新在实行之前必须首先获得其“合法性”（legitimized）。换言之，它必须得到社会中绝大多数成员的认可——至少是不强烈反对——这样它才能得以正式而有效地施行。政策必须由社会中的治理机构（通常是政府部门）“制定”，后者的权威使创新得以应用于整个社会。创新通常通过以下方式为社会所认可，即说服、讨价还价、协商、建立联盟、行政命令以及武力。通过以下六种方式中的一种和多种，创新得以“合法化”和施行：法律的制定，行政命令，新官僚机构的产生，社会、政治或经济组织的重组，程序或管制的改变，以及新行为规则或规范的实施。

最后，对创新活动的评价必须考虑其结果、成效以及倾向。一些战略性创新

得以成功实践，并实现既定目标。有些创新活动在实验或实施的过程中，遭遇了实质性的调整和修订。这些创新虽能取得一定成效但并未实现所有既定目标，也产生了始料未及的后果，如以新问题取代旧问题，甚至创新政策原本意图也发生了改变。还有一些创新活动以失败告终，这些创新活动仅在不成功的尝试之后便戛然而止。但是，无论创新活动特点如何，都能推动根本而深刻、有时甚至是未曾预料的变革的发生。

在创新的每个阶段，主要行为体扮演着关键的角色，如辨明问题与机遇，传播知识，增强公众意识，将创意转变为政策建议。而其他行为体支持并参与到非传统的行动过程中来，使政策合法化，并付诸实施，最终对其效果进行评估。

无论在民主政治体制还是在专制政治体制中，创新实施的过程都有相似性，尽管在过程组织和决策方式上存在众多差异。这些差异可能来自以下方面：①过程的开放性和参与程度；②决策制定的制度结构；③在分配资源和解决社会各利益集团间的冲突时，使用的是何种手段——政治、市场或专制手段；④决策过程向公众开放的程度。创新的主要行为体通常是一些正式、非正式的政治领袖或行政官员。但是，有时候，根据政治体制的特点，创新的行为体可以是非政府组织（NGOs）的领导人、特殊利益集团的代表者、媒体成员、私企领导、国际组织的工作人员、技术专家等等。通常，不同行为体的组合和搭配将在不同阶段“进入”或“离开”决策过程。

通过创新活动进行政府再造并非易事。实践表明，政府再造过程中将面临来自既得利益集团的巨大障碍和阻力。当创新活动无法获得来自政治领袖和政府首脑们的强有力支持时；当政府变革的倡导者未受奖励，却遭受惩罚甚至刑罚时；当政府把持各种资源却未实施有效创新时，此时，创新活动往往以失败而告终。创新活动的失败也可归因于呆板僵化的公务员体制未能招募有才之士实施创新，亦可归因于政府机构内部对于改革传统行为方式的阻挠。官僚体制的不作为和不合作，以及政府机关内部，因资源分配产生冲突也会暗中破坏创新活动。

政治领袖、政府领导人或政府内、外的集团在努力提高公共服务质量，并在公共领域进行创新时，其计划的制订不但要为实施重大创新服务，也要努力避开阻碍、削弱甚至暗中破坏创新活动的各种障碍。政府再造虽是一个长期、复杂而又充满斗争的过程，但在迎接全球化社会的挑战时，其作用却不容忽视。

技术变革的推动力

随着全球经济日益融合，大多数工业化国家以及许多发展中国家已经将经济发展重心从制造业转移到以知识和技术为基础的生产活动和服务业。这主要体现在新生产技术、新产品、通讯、交通和高科技能源系统的产生，所有这些都极大促进了全球市场的扩大和各国经济的增长。正如联合国开发计划署发布的《人类发展报告》所指出的，世界经济正在从工业时代过渡到网络时代。

对于私人部门，新技术不但能够提高要素的流动性，还能实现产品和服务的多样性。新技术实现了低成本生产、流通和分配，以及企业的比较优势。技术创新也加速了全球经济的一体化进程。信息技术和电子商务的快速发展在根本上改变着社会对企业的要求，跨国贸易方式也发生了革命性变化。在数字通讯技术的广泛应用降低成本的同时，信息交流的能力也得以加强。在1991～1997年间，运算（millions of instructions per second）成本陡降99%。电子商务将继续为生产商、供应商以及服务提供商创造更多的商业机遇。在计算机运用方面，电子、船运、仓储物流业，预计超过70%的业务最终要在电子商务平台上进行交易，这将有利于重构现有供应链，提高新兴产业间的关联度。

日益广泛的国际经济互动和技术的快速发展要求各国政府积极有效地参与全球经济并承担新角色——市场发展的催化剂，高效生产力的激发者，公平、开放市场的规范者，私人部门发展的推动者，以及资本和人力资源发展的促进器。创新型政府尽其所能提供各种服务和基础设施，以提高生产活动的国内、国际竞争力。在全球化社会中，回应型政府能够同私人部门、公民社会组织、国际金融机构和公共利益集团合作，完善各种制度和政策，保证市场机制正常运转，使各类企业通过该市场体系参与地区和全球贸易和投资活动。

虽然许多发展中国家和转型经济国家的政府正在转变其角色，但是，并不是所有政府都欣然接受这种转变。过去50年的经验清楚表明，我们所需要的并不是一个“大政府”、“强政府”来计划并控制经济和社会的方方面面。创新型政府应当另辟新径，通过民主、参与、诚实、高效、负责的政治和行政体制，引导并促进经济增长，提升人的能力，动员各种经济和人力资源，推动和鼓励私企发展，保护弱势群体，消除贫困，保护环境和自然资源。

增强公共机构能力，推动经济增长

或许，21世纪的政府所面临的唯一重要的挑战将是如何增强公共部门、私人部门、公民社会能力以满足公民要求和国际经济发展的需要。机构能力建设是一个长期过程，在这个过程中，任何国家内部组织和个人的资源运用能力得到加强，而这些资源正是解决各种经济和社会问题并实现社会公认的较高生活水平所必不可少的。机构（制度）既包含具备自我持续能力的组织，也包括被公共私人部门广泛接受的行为规则。

近年来的研究着重强调机构（制度）在经济和社会发展中所扮演的关键角色。经济学家丹尼·罗德里克（Dani Rodrik）、阿文德·萨伯拉马尼（Arvind Subramanian）和弗兰西斯科·特雷比（Francesco Trebbi）在考察了140个国家在过去一个世纪的经济增长和社会发展的经历后，坚信，只有在区分哪些国家是致力于经济发展的时候，组织的首要性才凸显出来。强大的组织机构能克服地域劣势，促进与世界经济的融合，增强贸易能力，并提高人民的收入水平。在论述经济发展时，三位经济学家得出结论，“机构能力是取胜的王牌”。

建立和增强“法治”，意味着政府通过颁布一系列健全的法制制度，指导市场经济主体的行为，使其能在市场经济中有效且高效运行。没有透明的法律制度做保证，企业主或经理人不得不费时费力地就每笔交易与政府官员进行谈判和协商，而这个过程又为行贿受贿打开了方便之门。法律制度提供的规则包括，如何建构和组织企业，规定企业活动范围，界定合法商业活动的本质特点以及规定企业的权利和责任等。法律制度也应该通过国家法律或国际协定的形式，使外资企业和跨国公司交易有法可依。这些法规应对合资企业中外资股份的份额做出规定，对企业准入和退出的条件做出限制，包括非本国公民在该国从商的签证限制、企业注册、破产清算以及进出口管理等规定。

制定有效政策以参与全球经济

《千年发展目标》规定，为实现21世纪人类可持续发展的目标，政府必须颁布并实施一系列政策，为个人和企业参与全球经济并从中获益提供良好的制度环境。认可《千年宣言》的国家首脑们相信："我们今天面临的核心挑战是，确保全球化对于全世界人民而言是一种积极的力量。"

创新型政府以全新方式应对全球化带给现代社会各个领域的机遇与风险，这些领域包括经济、社会、通讯、交通、贸易和投资。区域经济一体化和贸易、投资的国际化在促进国民经济增长和社会发展中扮演越来越重要的角色。创新型政府有效参与了全球经济互动规则的制定。在全球经济中，政府必须积极主动参与到地区贸易协定中，如自由贸易区、关税同盟、共同市场和经济联盟。从20世纪70年代开始，一些国家通过诸如北美自由贸易协定（North America Free Trade Agreement）、东南亚国家联盟（the Association of Southeast Asian Nations）、阿拉伯共同市场（the Arab Common Market）以及南部非洲关税同盟（the Southern Africa Customs）和欧盟（the European Union）等地区间贸易联盟内的合作，扩展了本国国际贸易。

创新型的政治领导人和公共管理者认识到，全球经济一体化和通讯、交通方面的技术进步产生众多相似性，比如，在世界范围的生产能力方面；国际上对速度、效率和质量更高要求扩大了企业对敏捷化商务实践（agile business practices）的需求；为实现规模经济和范围经济，要求扩大市场。所有这些趋势都对单个企业的竞争力产生影响，也促使其形成国际战略联盟，进行合作安排以共同参与竞争。在全球社会中，创新型政府创造了国家间竞争氛围，在此氛围中，企业、地方可以参与国际交易并从中获利，而且还能为国家经济和社会发展贡献力量。

各国政府在努力扩大本国国际贸易和投资、创造新的就业机会、增加收入和财富、提高居民生活水平的同时，必须努力创造一种经济体制，在这个体制中，大部分或全部的产品购买和销售可以在市场上顺利实现。有效运转的市场能够使价格真实反映经济资源的稀缺性，鼓励决策者根据市场规则行事，生产者能够取得公平的利润。对于创新型政府而言，就必须采取有效办法实施结构调整，放松对贸易和投资的管制，调整和健全产权制度，为经济交往制定相关法律。

政府在消除贫困中的角色

《联合国千年发展目标》的核心内容就是要求联合国各成员国在实现有利于社会平等的经济发展的同时，努力消除贫困。随着各国经济日益与全球经济融合，其更易受到世界经济周期和外来金融危机的影响，而贫穷国家和各国的弱势群体所受负面影响尤重。因此，政府职能，不能只局限在进行传统的宏观经济调整，推行贸易和投资自由化，实施汇率改革，为经济发展创造有利环境方面；也不能局限于实行有利于资本积累，劳动力扩张，总要素生产率提高以及基础设施建设的政策，以加快经济增长，实现人类的可持续发展。

联合国开发计划署（UNDP）表示，为了消除发展中国家的贫困，政府和私人部门必须采取行动帮助穷人有效参与经济活动。这就要求政府通过提供各类社会服务，扩大穷人接受基础教育和医疗服务的范围，制定土改政策使农民平等取得土地和农业资源；通过调整信用评估标准、信用机构实现分散经营的方式，使更多农民获得信用贷款。国家政府还必须帮助失业或低就业人群扩大生产性就业机会以维持生计，帮助穷人参与扶贫项目和计划的制订和实施，以确保其所需得到及时正确的反映。在所有转型经济国家，政府需要提供充分的社会安全网来保护那些被暂时或永远排斥在市场之外的人群。创新型政府在努力消除贫困的过程中，政策选择应着力促进经济增长和生产力提高，使穷人能够获得更多的机会提高生活水平，增强人们使用资源的能力，而资源的使用方式，应当有益于环境的可持续发展。

为了使更多人从全球化中获益，创新型政府应将消除贫困作为其核心目标。政府通过政策和项目的实施，消除贫困，提高人们参与经济的主动性，这些政策和项目能够引导资源进入穷人赖以维持生计的部门（农业和食品生产），进入穷人生活的区域（农村或欠发达地区），进入穷人所拥有的生产要素市场（主要为非熟练劳动力），进入他们的消费品市场（食品和日常用品）。

提高公共行政能力

政府在履行促进有利于社会平等的可持续经济发展、为参与全球经济创造良好环境、消除贫困等职能时，必须加强公共管理或公共行政的能力，这在发展中国家尤为重要。政府所履行的职能包括：①发展人力资源；②保障人权和政治自由；③保障健康、福利和安全；④通过公民社会建设，增强社会资本；⑤保护自然环境；⑥动员金融资源，促进发展；⑦在服务提供方面，同私人部门和非政府组织建立合作与协作关系；⑧进行政府民主和分权改革；⑨提供物质和技术性的基础设施；⑩促进私人部门发展。虽然上述作用从自身单方面而言都很重要，但它们彼此关联，共同对政府实现社会和经济发展目标的能力产生影响。注重社会公平的经济发展目标的实现依赖于国家、地方政府、非政府组织、公民社会组织以及工商业的领袖们及时根据复杂的国际社会、政治和经济环境而进行应变的能力。

建立一套能够促进有效经济互动，增强公民健康、福利和安全的治理机制，是21世纪的政府所面临的重大挑战。在创新政治制度，寻求新的治理方式，不干预和控制经济的前提下，所有政府不断面临的一个挑战，就是如何提高政府指导国民经济活动的能力。创新型政府应建立一种政治制度，该制度能保证最低限度的有关政治经济目标的公共合意的产生，鼓励政治、经济和公民社会组织领导（civic leaders）明确表达其社会和经济意愿，引导公共和私有组织的行为，使其有利于社会经济目标的实现。

加强公共行政能力的方法有：制度改革、选举改革、治理改革、行政改革以及公务员制度改革。制度改革，包括调整和修订与治理相关的基本原则和制度，建立统一、联邦的政府结构，明确政府目标与权力，理顺立法、行政、司法各部门的权限及相互关系，明确政府和公民的责任与义务。选举制度改革包括创设新的代表类型及基础，建立和修订选举登记及投票资格，修订选举和投票程序，确定候选人产生程序，预防腐败和不正当投票出现，保证投票表决权，确定公众如何保证民选官员负责。

治理改革应清楚界定国家和地方政府部门各自职能和相互关系，这将有助于机构间决策、互动和协作机制的建立，并为争端解决制定程序。行政改革通过细化官僚问责制的程序，提高政府行政水平；通过法治，提高政府决策的能力和水平；提高司法部门在维持上述行为方面的作用。注重质量的创新型政府必须加强政府融资、采购、外包、会计和其他管理活动的有效性和透明性。公务员制度改革应该制定并调整公务员的职责、责任和义务、薪酬水平、招聘程序、激励机制、培训和职业发展方针以及职业道德标准。

全球化不仅要求政府提供传统意义上诸如公路等公用基础设施，政府还应该在促进技术创新、知识应用和扩展信息系统所要求的技术基础设施建设方面扮演重要角色。知识型基础设施发展要求政府与私人部门、大学和研究机构合作，共同致力于联合国所描述的“知识、创新和技术系统”（KITS）的创建。各国政府

也正在发展政府的电子系统，也就是电子政务系统，公开政府部门的政务信息，允许各级公共部门加强合作，使公民更易获得公共服务。越来越多的政府正在加强各自电子政府能力，以降低成本，提高公共部门的效率和效能，加快决策和服务提供的步伐，提高公共服务质量，创新治理的方式和手段。

全球化所产生的变幻莫测的影响，要求政府向本社会中的弱势群体提供社会安全网，直至他们能力有所发展，并能有效参与经济活动。每个社会的政府都有责任为本社会受经济改革冲击的残疾人、穷人等弱势群体提供并维持社会救助制度。

分权与公共服务提供

从过去半个世纪经济和社会发展所得到的一个经验是，仅凭中央政府无法实现经济和社会公平。创新型政府采取适当的方式分散权力，并将权限、资源和责任转移至地方政府和非政府组织，以期后者能更多参与政治和行政决策过程，提供社会服务，这些都是建设一个强大经济体至关重要的。为了提高公共服务质量，政府不仅要增强国家机关的行政能力，还要增强区域或地区行政部门的行政能力。增强地方治理能力可以通过权力、责任和资源的纵向分权至次国家级行政单位、地方政府和其他地方组织；或通过横向分权，赋予地方更多权力。地方治理能力的增强涉及众多利益主体，包括中央政府机关、地方政府、公民社会组织、社区群体（community groups）、私人部门以及国际慈善组织（international donor organizations）。创新型政府应责无旁贷地授权上述组织和机构参与五大传统职能。这五大职能是，确定优先次序（priority-setting）、计划、生产、支付与融资以及消费。上述职能在吸引并鼓励地方组织参与工程和项目时，至关重要。

服务于民的政府努力通过完善其财政体系，以动员经济发展所需要的各类金融资源。虽然管理本国资源向来都是国家政府的重要职能，但是国家政府必须提高管理外国金融资产的竞争力。而且，在扩大税基，增强税收遵从意识，管理税收竞争方面，国家将面临越来越多的挑战。随着税收体系日益复杂化，国家必须在确保社会中所有集团税收平等方面，扮演比以往更强硬的角色。创新型政府一方面需要扩展财源，资助重点经济和社会项目，另一方面，也要充分发掘全球化带来的国际商业机遇而产生的收入。

为满足公民需要，迎接全球化的挑战，国家必须支持既能增加中央政府财政收入，亦能增强地方政府财政收入的财政体系的建设。以中国政府为例，从20世纪80年代开始，该国政府实施了一系列财政制度改革，从原来单一由中央政府全权控制财政收入，进行预算管理的公共财政体制，通过逐步分权，改革成为中央和地方政府分税制，省级政府给下级政府更为灵活的财税自主权。研究表明，财政分权制改革，不仅提高了中国经济的运行效率，而且为中国经济增长贡献了力量。

创新型的政治领袖和公共管理者明白，民主治理的实现要求在公共政策制定和政府发展纲领实施方面，实现分散式参与（decentralizing participation），反过来，分权/分散（decentraliztion）的实现需要中央政府给予地方行政部门和政治单位充分的财税支持和充足的消费力。中央政府可以通过赋予地方更多财税自主权，并允许地方政府使用各种税收工具，来扩大税源。一些国家的中央政府从诸如关税、营业税、进口税以及其他的预算安排中抽取资金，设立专门基金。其他一些国家政府从中央和省一级的政府预算中的经常收入，按照固定比例提供给地方政府作为一种非限制性经济补助，借此，赋予地方行政部门更多的灵活性。

通过公民社会组织赋予民权

全球化时代，政府一项重要的职能就是赋予公民社会组织参与经济、社会和政治活动的权利来加强公共行政的能力。公民社会组织不仅能够弥补私人部门提供服务的不足，监督政府权力，而且还有助于经济增长利益在全社会范围内实现公平分配，使个人获得提高生活水平的平等机遇。民间机构（civil institutions）引导人们参与经济和社会活动，将他们团结成为影响公共决策的社会力量。公民社会组织在缓和经济波动所带来的负面影响方面，在创建有效的社会福利分配机制方面，在政治和政府决策中，倾听民声、畅听民意方面，起着举足轻重的作用。

健康的社会和公民组织机构网络（social and civic institutions），也就是政治经济学家罗伯特·普特南（Robert Putnam）所说的“社会资本”（social capital），能够有助于提高全社会开展有利于经济和社会发展各项活动的能力。普特南对意

大利地区经济发展的研究清楚地表明，拥有较多社会资本的地区在长时期刺激和维持经济增长、促进社会进步和民主方面，比拥有较少社会资本的地区更为成功。这些地区拥有相同的政治结构和行政权限，甚至是相同数量的发展资金（大约是国内生产总值的10%）。尽管外在形式相似，但其中一些地区繁荣，一些地区却只能望其项背。

普特南发现，无论在天主教，还是共产党，甚至是封建制主导的地区，只要该地区拥有强大而广泛的社会和公民组织网络，都无一例外比那些拥有较少社会资本的地区发展得好。前者不仅取得了较高的经济发展水平，而且政治制度更加民主。普特南指出，社会资本能够产生不同凡响的效果，这是因为公民网络和规则能够通过社会交往制度化，降低机会主义，培育社会互惠和社会信任，促进政治和经济交易等活动，最终走出集体行动的困境（dilemmas of collective action）。一个健全的公民社会组织能加速信息流动，降低经济和社会交易成本，为可靠的政治、经济和社会合作开辟道路。上述内容都会对市场体制的有效运作产生至关重要的影响。

致力于促进经济和社会可持续发展的国家政府，其必须建立和增强的公民社会组织包括：雇主组织、工人组织、职业协会和政策与咨询机构、公共利益集团、社区组织、消费者组织、慈善组织以及各类社会组织。

公民社会组织能够提供市场无力提供的功能和服务，如促成社会交易，保护社会中弱势群体免遭消极的经济影响。尤其当公民社会组织内部，或与政府和私人部门进行合作时，能对经济、政治和社会发展产生重大影响。公民社会组织通过创建维持竞争体制所需要的“企业家环境”来促进经济发展。

公民社会组织能为人力资源发展所涵盖的各个方面贡献力量。正如世界银行所述，政府应责无旁贷地向社会提供公共卫生保健领域的“公共物品”，包括提供有关传染病及疫情控制信息；儿童疫苗接种；减少环境污染以及有碍公共健康的社会行为；向穷人和失业人群提供价格低廉的卫生服务；克服由不确定性和保险市场失灵带来的社会问题。但是，包括雇主组织、工会组织以及慈善组织和宗教组织在内的各类公民社会组织，在影响卫生保健政策，直接向其组织成员和非成员提供特定医疗服务方面，也发挥着举足轻重的作用。

在上述领域，政府可以寻找创新方式，支持公民社会组织，或与其一道为保护容易受经济影响的弱势群体的利益作出努力。

通过公私合作模式（Pubic-Private Partnership）扩展服务

公众对与政府提供服务的质量和覆盖面，以及对国家和地方政府在基础设施建设方面的迟缓的不满，常常迫使社会吸引更多私人部门参与进来。经济全球化对私人企业造成的压力，也迫使其必须灵活迅速地应对变幻莫测的世界市场，获得能够促进国际贸易和投资发展的便利的现代交通和通讯系统。当政府未能迅速满足经济竞争力提高所依赖的高端技术性的基础设施和服务时，私人部门便可以弥补这一空缺。此外，世界银行和国际金融公司常常将政府能否动员私人投资和提高公共服务水平作为向这些发展中国家提供贷款的先决条件。国有企业［state-owned enterprises（SOEs）］的私有化是经济改革的基本构成要素，而公私合作模式（PPPs）能够使公共服务私有化、商业化改革成为现实。

在曾经被认为是政府应独自承担责任的“公共”领域，私人部门愈来愈多地参与“公共”领域的产品生产和服务提供。公私合作模式以及其他形式的私人部门同地方、国家政府合作的模式正在全球范围内被广泛采用，如发展和扩大能源和公用事业网络及其服务，发展电信和交通运输体系，建设并运营供水、排水和污水处理设施，提供卫生、教育和其他各类服务。在许多发展中国家，创新型政府也采用公私合作模式融资并管理高速公路、机场、码头、公路，降低环境污染，建造低成本住宅，发展生态旅游业。

政府和私人部门通过一系列机制实现基础设施建设方面的合作并共同提供服务，这些合作机制包括，签订合同、授予特许经营权、BOT 项目融资（建造-运营-移交）、公私营企业以及非正式自愿合作等。创新型政府正在放松产业管制，允许私人部门与公共部门和国有企业平等参与市场竞争。政府正在进行国有企业的“法人化”改革，要求这些国有企业与私人部门进行竞争，更有效地实施成本管理和运营。政府允许并鼓励商业企业、社区组织、合作社、小型企业、民间的自愿组织（private voluntary associations）以及其他非政府组织参与提供社会服务。一些国家的政府正在使用公私合作模式作为国有企业私有化过程中的一个过渡阶段或是全面私有化的另一选择。

通过构建公私合作模式来履行曾经是公共部门“独揽”的职能，都能给公

民和政府带来潜在利益。公私合作模式能够提高服务的竞争力和有效性，扩大服务覆盖面，降低成本。正如英国政府所言，公私合作模式能够优化总体风险在公共部门和私人部门之间的分配，将风险转移到能对风险进行有效控制的组织或部门。私人部门的参与能确保各类工程和项目受到商业规则和金融审查的约束。而且，私人部门能够比政府更有效地进行供应链管理，这对于商品流通和提供服务至关重要。公私合作模式为工程和项目的设计注入新理念，使公用设施的设计和运营能够相得益彰。通过公私合作模式，政府还可以避免公共资产界定和设计方面的高昂支出，而将注意力集中在发起新活动和建造新设施的项目成本上。政府同私人部门合作有助于政府随社会需求及时对项目工程的规模进行总量调整。部分或全部取代亏损的国有企业的合作模式，能够帮助政府减少补贴和损失，并减轻对国库所造成的经济压力。公私合作模式较之公共机构更能对“市场信号”作出灵活反应，更易获得现代技术，提高维护基础设施的能力。公共部门和私人部门的合作在提供公共物品和公共服务的同时，也能创造更多的就业机会，增加收入。

探索公共行政和民主治理角色的转变

许多作者也从不同视角考察了有关公共行政和民主治理改革的各类因素，以提高政府为人民服务的能力。他们都讨论了政府为有效应对公民需求，提供公共服务，在公共行政和民主治理角色方面的转换。

沙布尔·吉玛（G. Shabbir Cheema）对增强政府与公民之间联系的诸多问题进行了综述。他指出，在过去50年中，公共行政的概念发生了巨大变化，善治被理论家、实践者和公民认为，其在确保公正合法选举时，应当具有负责、透明、分权、工具性等特点。而且，正如吉玛所说，善治建立在行政、立法和司法部门三权分立并监督制衡的基础之上。建立在民主治理体系中的公共行政部门，除了提供各种服务之外，还应当保护少数人和弱势群体的权益，提供司法救助，提高公民社会和私人部门的参与性，运用信息和通讯技术提高公民的参与性，通过相互合作实现公共目标。

为了履行上述职责，政府必须充当其所服务公民的代表。马西莫·托马索利（Massimo Tommasoli）考察了民主治理的概念。他研究了民主所面临的挑战，尤

其是发展中国家民主道路上所遇到的挑战，以及本章前面所提到的，公众对于政府、选举和公共领导方面的信任危机。托马索利评价了公众参与的各种渠道，这些渠道包括群众活动和社会运动、公民社会组织参与决策制定，并指出了多数民主制（majoritarian democracy）的利弊；并将注意力集中在政府和国际组织为促进代议制民主发展所面临的选择和方法，包括能力建设、为政府改革所进行的培训、信息共享、提供国家级评估服务、选举监督、选举管理专业化以及公民教育。

高赫·瑞斯威（Gowher Rizvi）深入研究了政府再造的概念及实现途径。他考察了政府再造运动的演变和发展，追溯了治理概念的产生及转变，以及它们对于国家角色转变的蕴含意义。瑞斯威考察了能够帮助公共管理者更有效地为人民服务的政府创新要素，包括：信息和通讯技术，放松管制，公务员制度改革，服务外包，通过绩效评估改善服务，打击腐败。他指出，虽然许多政府实施的有关治理的新举措成效显著，但是，所有创新手段都有其有限性和不足。他在文中论述，政府再造的最终目标应为增强民主治理水平和促进社会公正。

杰瑞米·鲍勃（Jeremy Pope）重点强调了透明性在重建公民对政府信任、确保政府向公民提供诚信服务方面的重要作用。鲍勃论述了民主治理中公务员和公共管理者的道德、核心价值、公共服务标准及行为准则。他还考察了行为规范及其实施的手段。但是仅有行为规范是不够的，他指出，政府必须采取措施实施规范，措施包括，政府采购信息公开、资产信息披露、公民社会监督以及政党融资准则。除了公民有知情权外，媒体也必须能够及时报道违规现象。鲍勃还评判了反贪委员会（Anti-Corruption Commission）和民法救济在消除贫困中的作用，评价了司法机构在提高政府公信力和透明性方面的作用，以及行政、立法、司法三权分立、互相制衡的重要性。之后，他又考察了其他提高政府及其公务员公信力和透明性的其他措施。

泽茜·斯泽瑞米塔（Jerzy Szeremeta）和理查德·克尔比（Richard Kerby）着重考察全世界普遍采用的、提高政府透明性的一种举措，并将行政管理部门与公民结合起来。他们指出电子政务能帮助公共管理者服务大众，并描述了联合国发展电子政务的指导方针。斯泽瑞米塔和克尔比也阐述了实施电子政务的障碍和政府可以采取的相关对策。

责任治理（accountable governance）的实现呼唤政治和行政两方面的改革。

萨比诺·卡塞斯（Sabino Cassese）和马利欧·萨维诺（Mario Savino）探索了实现高效政府的改革措施，评析了欧洲尤其是意大利在进行政府再造过程中所面临的挑战。他们也描述了意大利为实现政府分权和私有化、改革政府部门、重建官僚体制和预算过程、提高公共服务所实施的法律和政策的改变。所有上述改革措施旨在“让公众掌握主动权”。这些改革措施的制定和实施并非易事，而且许多目标仍未实现。卡塞斯和萨维诺对意大利和欧洲其他国家所实施的改革进行了比较研究并从中汲取经验。

在许多国家，公民社会组织［civil society organization（CSOs）］在弥补公共行政部门提供服务方面的能力不足，实现治理方面，地位举足轻重。爱沙·高斯－帕沙（Aisha Ghaus-Pasha）考察了公民社会组织在参与型政府和责任型政府中的作用。高斯－帕沙考察了亚洲、非洲、拉丁美洲公民社会部门的意义，公民社会的定义和概念，以及公民社会组织如何形成社会资本。在许多国家，通过公民社会组织，在实现千年发展目标和其他社会经济目标的过程中遇到一些阻碍。高斯－帕沙分析了阻碍公民社会组织发展的因素，如威权政治统治、宗教、殖民主义、低收入、受限的社会发展（constrained social development）和有限资源、法律待遇和发展模式。尽管公民社会组织在地方经济和社会发展中的作用已众所周知，但高斯－帕沙仍然突出强调了公民社会组织作为政策变迁倡导者的潜在作用，并考察了公民社会组织实现目标所采用的策略。

过去20年中，有关治理的最重要创新是非政府组织和公民社会组织在监督政府职责方面扮演越来越重要的角色。萨穆尔·保尔（Samuel Paul）考察了作为问责制的一种手段的集体行动的实施方法。他也探讨了非政府组织通畅民意诉求渠道，促使权力部门实施补救行动的方法。保尔分析了公民社会通过社区对地方服务的管理，进行独立预算分析并跟踪预算执行，举办听证会，实现公益诉讼和使用公民报告卡来推动行政问责制。

在民主治理中推行参与式决策，要求政府畅通民意诉求渠道，使每个公民获得资源控制权。正如詹姆斯·凯特罗伯（James Katorobo）所述，在许多国家，这就意味着将要产生更大程度的分权和地方自治。凯特罗伯分析了政府采用的可以扩大公民政治参与的不同分权形式，这些形式包括，去集中化（de-concentration），授权给半自治机构，转移权力至次国家级政府。他描绘出有益于民主分权的框架，并强调了政治意愿、恰当的政策、有效的立法以及宪法和制度结构的重要

性。他还考察了资源再分配的其他途径，以及提高地方政府自治、增强公民参与能力的方式。凯特罗伯也从分权治理的政府创新中吸取经验教训。

大卫·萨特思韦特（David Satterthwaite）和他的助手们深入分析了城市中的参与式治理模式（participatory governance），进一步论证了凯特罗伯等人的观点，即，分权（decentralization）对实现参与式治理模式和满足城镇居民生活需要方面的重要性。萨特思韦特和他的同事回顾了参与式治理模式的众多概念及其暗含的对于地方政府治理结构的重视。他们还考察了参与式治理模式的创新，尤其关注有关城市贫民组织及其与当地政府合作关系的创新。他们还从城市贫困群体组织和非政府组织参与式决策中总结经验。

结　语

正如上文所言，世界各国政府正在进行创新实践以求更有效地服务于民。21世纪不仅是经济、贸易、投资的全球化时代，也是技术、社会经济互动的全球化时代。在这样一个时代，所有国家必须通过开放的国际贸易和投资市场参与世界经济，各国政府再也不能对国民经济实行全权而单一的计划和控制，仅提供传统的公共服务。全球竞争的日趋激烈要求各国政府在经济发展的各个阶段，为市场发展提供制度保证，提高公共行政部门为人民服务的能力和效率。

然而，面对日益复杂的挑战和需求，政府不可能独当一面。民营企业、民间志愿组织甚至非正规部门的企业正在提供公共产品和服务，消费者支付消费税，私人企业获利。政府角色正在从控制、引导、干预国民经济迅速转变为支持和促进生产性经济活动，提供健全的基础设施和社会资本，创建和维持竞争性的商业氛围，确保公平的市场准入，保护工人和消费者的合法权益，提供医疗卫生服务，保障居民安全。

经验表明，并不存在普遍适用于各国的政府创新的路径。虽然，诸如公私合作模式是政府再造的重要形式，但对于政府在提供服务和基础设施方面所面临的困难，却不是一剂“万能药”。经过周密计划和严格实施的公私合作模式能够帮助政府提高服务质量，降低服务价格，扩大服务范围，也可以加快对经济发展和社会进步至关重要的基础设施建设的步伐。公私合作模式和其他形式的公私合作将会成为平衡公有部门和私有部门资源，提高国家和地方政府实现目标能力的重要

途径。

政府通过职能创新，在帮助公民和企业更有效地参与全球化，分享全球化所带来的利益时，扮演积极的角色。政府通过持续的创新活动，在提高服务质量的过程中，改善政府与本国公民、私人部门和公民社会组织之间的关系。各国政府在制定国际交往规则中起主导作用，借此，所有国家可以从国际化机遇中获利，将其负面影响降低到最小。在新世纪，政府如果希望实现有利于社会公平的经济增长和人类的可持续发展，就必须具备高效、参与、诚信、透明、专业化、回应性、合作性的特点。国际上，瞬息万变的经济和技术，国内，公民对优质服务逐渐增加的要求，将使政府创新势在必行。

地中海地区获联合国公共服务奖提名的创新实践精选

维伦·克拉瑞斯科夫（Vilhelm Klareskov）和
莎拉·瓦希德·舍尔（Sarah Waheed Sher） 著
徐丽丽[*] 译

本章对地中海地区公共部门的最成功创新和最佳实践作了概述。我们选择了曾在2003~2006年间获联合国公共服务奖提名的11个著名案例，它们或者最终获奖，或者进入最后的候选名单。所有这些案例中提到的公共部门机构，为改善和提高服务供应的质量，使之更契合公众需求做出了突出贡献。

这些国家政府部门如何设计新战略来改进公共服务的创新实践使阅读变得更有趣味。在某些案例中，分权被作为一种提高问责和公众参与度的有效机制而加以运用。在其他案例中，信息通讯技术（ICT）的潜力被用来开通一站式服务。其利用组织和流程改革对现有公共部门进行重组，设计新的机构以更有效地回应公众日益增长的需求。另外，在其他案例中，人力资源管理和培训在使公共部门能够更好应对日益增多的国内国际挑战中发挥了重要作用。

1. 联合国公共服务奖：起源

联合国公共服务奖是认可公共服务领域卓越成绩的最具声望的国际奖项。该奖项表彰那些为了全世界各国的发展而取得创造性成就的公共服务机构。通过一年一度的竞争，联合国公共服务奖促进了公共服务的专业化和透明性。

联合国公共服务奖旨在：

- 发现治理领域的创新；
- 奖励公共部门的卓越表现；

---

* 译者单位：国家教育行政学院社科部。

- 激励公务员进一步创新；
- 提高公共服务的专业化水平；
- 改善公共服务的形象；
- 提升政府的信任度；以及，
- 收集和传播成功的实践案例以使复制成为可能。

每年6月23日联合国公共服务日①，联合国总部所在地纽约②都要为联合国公共服务奖（UNSPA）获奖者进行颁奖。联合国公共服务日宣扬公共服务的价值和精神，强调在发展过程中公共服务的贡献，认可公务员的工作，以及鼓励年轻人从事公共部门工作。公共服务奖的颁奖仪式也通过联合国网站③进行在线直播。

从2003年第一届颁奖典礼后，联合国收到来自全世界提名的数量不断增加。目前联合国服务奖分为以下三类：

- 提高公共服务的透明度、政府责任和反应能力；
- 改善服务供给；
- 通过创新机制鼓励公众参与政府决策制定。

除了这三类之外，奖励还考虑五个地区之间的地域均衡分布：

表1　联合国公共服务奖

谁有资格获得提名？凡国家或地方各级公共组织/机构，以及履行外包公共服务职能的公私合作组织，均有资格获得提名。本奖项不接受自我提名。
如何申请？申请表格必须通过 http://www.unpan.org/depa_Psaward.asp 在线填写，只有在线填写申请表的提名者才能参与评选。预定在每年的秋季，使用联合国六种官方语言（阿拉伯语、汉语、英语、法语、俄语或西班牙语）中的一种进行提名申请。
如何筛选获奖者？公共行政和发展管理司（DPADM）将对收到的提名申请进行预先筛选。通过预选的提名单位需要提供一些附加材料，例如说明函、推荐信、其他支持文件（例如评估和审计报告、客户调查结果）等等。公发司将据此确定候选单位名单。然后，联合国公共行政专家委员会（http://www.unpan.org/cepa.asp）将对候选单位进行评选。在慎重考虑之后，评选委员会将提请联合国秘书长考虑其挑选出来的获奖单位。

来源：联合国公共管理网络组织-UNPAN。

① 联合国（2003），《联合国大会第五十七次会议官方纪录》，A/RES/57/277。

② 例外的，2007年6月26日至29日在第七次“政府创新”全球论坛期间，2007年联合国公共服务奖颁奖大会在联合国维也纳总部召开。

③ 见 www.un.org。

- 非洲地区；
- 亚太地区；
- 欧洲和北美地区；
- 拉丁美洲和加勒比海地区；
- 西亚地区。

2. 地中海地区联合国公共服务奖（UNPSA）获奖者和被提名者一览

表2以摘要形式概述了每一创新的获胜机构、方案、产出和影响。而且，表格中还涵盖了参选年份和提交类别。

表2　地中海地区联合国公共服务奖（UNPSA）获奖者和被提名者

国家	机构	方案	产出	影响	类别	结果	年份
埃　及	国家行政发展部	埃及信息社会计划	通过一站式提供以公众为中心的服务;使用政府服务	提高了政府部门的效率，降低了支出	改善服务供给	被提名	2006
土耳其	税收征管机构－税务办公室自动化项目	税务办公室自动化项目	税收征管呼叫中心	短时间内让公众享受到质量更好、效率更高的服务	在政府中采用信息通讯技术（ICT）：电子政府	被提名	
摩洛哥	出口控制和协调的自主设立	出口果蔬加工过程中质量检测的分权和扩展	18个地区新中心;员工的重新调整	提高了出口竞争力	改善服务供给	获奖	2005
西班牙	卡斯蒂利亚和利昂自治区	公共就业服务现代化	地方就业服务	增加了地方就业安置	改善服务供给	获奖	
约　旦	约旦海关（I）	重塑业务流程	计算机化的海关系统;交换网络	平稳的边境贸易,增加了收入	提高公共服务过程质量	被提名	2004
约　旦	约旦大学	服务当地社区	通过学生强制性的志愿工作	向边缘化群体提供援助	改善公共服务的结果	被提名	
摩洛哥	水务国务秘书处	向农村人口提供可饮用水	水利设施,社区维护	向农村地区提供可饮用水	改善对民众的服务	获奖	

续表 2

国家	机构	方案	产出	影响	类别	结果	年份
埃及	国家行政发展部	完善行政机制	语音信箱系统，自动传真，网络服务	节省公众时间，提供的服务更加一致	提高公共服务流程的质量	获奖	2003
希腊	内政、公共管理和权力下放部	所有服务整合到"一站式服务"	呼叫中心，与国家实体合作	节省公众时间同时降低成本	改善公共服务的结果	获奖	
意大利	公共效率管理部	创造有利于不同机构之间进行合作的环境	与工商业和其他层次的政府部门进行合作	推动行政部门的最佳实践。为了改进公共管理构建了公共和私营机构之间的网络	提高公共服务的透明度、政府责任和反应能力	获奖	
西班牙	阿尔科本达斯市政府	信息、业务处理和公众投入的绑定	一体化的信息服务；公众卡；门户网站	服务更加贴近公众。促进和改善公众和市政府之间的关系	提高公共服务进程的质量	获奖	

表 3 对介绍每个案例的方法做了总结。第一部分是案例概述。第二部分描述案例背景、方案和直接成果。第三部分通过观察采用的战略或产品、服务的提供而检验方案的实施。第四部分重点在于持续创新的可能性以及复制该方案的可能性。最后，第五部分是联系信息。

表 3 联合国公共服务奖

	章节	问题
1	摘要	对创新的简要描述
2	背景	创新实现了什么
3	采用的创新战略	创新如何产生效果
4	可持续性和可转移性	创新是如何持续的，复制的，或传播的
5	联系信息	要获取更多信息需要联系的人是谁

3. 地中海地区联合国公共服务奖方案简要介绍

埃及建立一站式服务

埃及（2006）

摘　要

由国家行政发展部主导的电子政务计划关注政府间的事务往来。通过一站式服务整合了将近50个政府部门的服务，削减了繁文缛节，提高了效率，降低了政府支出。

背　景

作为国家信息通讯技术计划一部分的电子政务项目始于2000年，通过整合而向公众提供便利的电子服务。在该项目实施前，各不同政府机构的自动化水平参差不齐，依赖于机构负责人的支持。而且，没有形成政府服务新的提供通道的概念。立法也没有为处理电子资料格式做好准备。

在设计电子政务项目时，所有这些挑战都已经被考虑到了。项目草案致力于改变政府公务员有关新技术应用的文化传统，准备实施电子政务项目所必需的基础架构，以及确保在电子政务战略明确化过程中得到包括地方社区的支持。

在过去的四年中，一系列信息通讯技术（ICT）计划的启动使政府和公众之间的互动更加便利。第一版埃及政府服务港“BAWABA”（通过一站式提供以公众为中心的服务）启用，使53项政府在线服务成为可能。服务港被认为是埃及朝建立一个提供24/7式获取政府服务的电子政务系统迈出的第一步。服务港为公众和企业提供多种服务，回应上至简单查询和表格提交下至需要提供综合服务的全程服务这样的国际查询。另一个成功项目是在不同政府部门和机构中设计、实施和应用一个完整的企业资源计划（ERP）系统。系统第一次引入了工作流程的概念，提高了政府办公室的效率。

在政府运转过程中采用信息通讯技术（ICT）也促进了地方政府的发展。项目包括地方政府级别的程序简化和分类、工作流程的自动化和监测、地方政府雇员的培训，也包括为提高透明度而对市政当局进行的全面改造。

采用的创新战略

公私合作关系

战略电子政务项目通过公私合作方式或通过成本分担、外包方式获得资助。在亚历山大的地方发展计划中，虽然政府提供必需的硬件、软件和培训，但是市政当局已经被私营部门完全改变。

政府承诺合作

因为政府网络以一种允许不同实体之间进行安全、高效的文件/信息传递的方式将所有政府部门连接到一起，新的电子政务计划被认为是公共部门之间更广泛的协作。

可持续性和可转移性

为维持现有服务和确保新综合服务的正常开展，将建立一个为不同实体提供技术支持的电子政府咨询中心（EGCC）。中心还可以进行信息处理建模、重构以及自动服务。

税收征管机构——税务办公室自动化项目

土耳其（2006）

摘　要

税务办公室自动化项目（VEDOP）是一个电子政务项目，能够让公众方便快捷地享受到高质量服务。公众通过互联网提交纳税申报单。税收征管呼叫中心允许纳税人随时随地访问征管部门，得到相关税收疑问的答案，这反过来提高了公众对该项目的参与度。

背　景

土耳其的税务制度包括多种不同的税收种类，征收时期也各不相同，使纳税人几乎每个月需要三次亲自提交纳税申报单，结果导致漫长的等待、嘈杂的办公室，以及雇用数量可观的职员。设计税务办公室自动化项目就是为了扩大税基，控制非正规经济从而创建一套更有效的税收制度。此外，随着透明度的不断增加，纳税人对财政制度的信任度得到提高。

采用的创新战略

税务办公室自动化项目（VEDOP）采用了下列战略。

信息通讯技术（ICT）的采用

电子化征税系统的应用使银行和金融机构电子化征税成为可能；消除了纸质单子可能引发的任何误差。互联网税务办公室也建立了：

• 数据库。数据库包括税收纪录，主要来自电子报税。通过数据库，税后征管能够提高审核过程的效率和效果。

• 呼叫中心。纳税人不必拨号而能够随时随地访问税收征管部门得到有关税收问题的解答，并且对有关税收的申请提供反馈。

• 通过 e-VDO，建立一个中央税务办公室让纳税人能够查询到任何税务办公室的服务。并且，

• 每年将节省大约 6600 吨用来印刷纳税申报单的纸张，这大约相当于 117000 棵树。

可持续性和可转移性

为了确保可持续性，模块化结构被用来将外部系统和新应用结合到一起。该系统有一个弹性而非僵化死板的结构，允许对新的法律和用户要求做出快速调整。系统功能几乎每个月都根据来自征管人员和纳税人双方的反馈及需求进行升级。

根据技术发展和变化对重点职员进行周期性培训。税收征管机构有一个适应信息安全政策的 ISO17799 标准，这一标准被各个层次的机构共同遵照执行。

通过下放果蔬出口质量控制权来推动工商业的发展

出口控制和协调自治权（EACCE）

摩洛哥（2005）

摘　要

摩洛哥果蔬出口质量控制权的下放说明，放弃以前集中控制的制度会对国内企业的国际竞争力产生深远影响。

背　景

1986 年，随着出口控制和协调自治权（EACCE）的设立，要出口的果蔬质量控制被限定在以港口城市卡萨布兰卡、阿加迪尔和纳多尔为中心的三个地区。

大约 500 个加工厂将向这三大中心运送 80 万 ~90 万吨的易腐烂产品。不满足质量标准的产品或者退回去重新加工或者被完全抛弃，抛弃比例在 10% ~ 50% 之间。这在加工过程中浪费了大量食物。

到 2002 年，地区中心的数量已经增加到 21 个。在加工厂内检测果蔬质量，降低了以前货物运输的高成本并将抛弃率降为 0。

随着高科技试验网络的科学支持，分散化质量控制制度成功降低了供应的成本和延迟，从而提高了国内企业的竞争力。

最近欧盟（EU）认可已经达到适用于新鲜果蔬的市场标准，EACCE 已被授权对出口到欧洲的果蔬进行检查。

采用的创新战略

EACCE 通过提高技能水平和优化流程让员工充满活力。他们将招收员工的范围限定在高技能雇员例如工程师和具有专业技能的毕业生。他们也向现有员工提供培训。专业技术员工的数量从 1986 年的 9 名增加到 2003 年的 46 名，而同时期行政管理员工的数量从 110 名减少到 60 名。

控制机构的分权和增设

1988～2002 年间，EACCE 新开设了 18 个地区中心，使重要的政府服务更加贴近工商业。除了这些中心之外，EACCE 创建了实验室，进行化学和微生物分析以及在每个主要加工区对包装进行控制。这些新的控制机构强有力地促进了工厂卫生和工作条件的改善。

公共部门与私营企业合作

只有通过 EACCE 持续不断的努力，与产业协作，果蔬的生产商才有可能在国际上获得更有利的地位。EACCE 采用了渐进式的创新方法，首先关注的是冷冻产品，因为冷冻产品能够带来最好的投资回报。第二个时期，公共部门与私营部门在加工阶段的分权、协作将致力于深化改革创新，以完善质量控制和产品追溯。

可持续性和可转移性

政府其他部门纷纷效仿 EACCE 所进行的创新实践。当前法律的修订草案正有待批准，草案强调公共部门和私营企业要继续进行分权运作并鼓励相互协作。

表 4　摩洛哥创新联系信息

名　　称	出口控制和协调的自主设立
地　　址	72, angle boulevard Mohamed smiha et rue Mohamed Baamrani
网　　址	www. eacce. org. ma

通过下放公共就业服务改善就业

卡斯蒂利亚和莱昂自治区

西班牙（2005）

摘　要

将就业服务从国家就业学院下放到卡斯蒂利亚和莱昂自治区，使自治区能够争取更好的就业机会。现代化项目重建了组织架构，带来了新的服务。

背　景

2003 年，资质从劳动和社会保障部的下属机构——国家就业学院（INEM）转到了卡斯蒂利亚和莱昂自治区。现代化项目 2004 年启动，最初的 260 万欧元预算，由国家支付，旨在帮助地区公共就业服务（ECYL）实现充分就业，同时为卡斯蒂利亚和莱昂的居民提供在本区域内生活和工作的机会。

卡斯蒂利亚和莱昂自治区是欧洲最大的地理区域，大约有 250 万居民，现在由地区公共就业服务来推动就业和培训，同时在劳动力市场上给予指导和仲裁。

考虑到欧洲的就业战略和第三地区 2004～2006 年就业计划，当地政府提出了一种公共服务提供的新概念，即人力资源将成为公众参与的主要推动力。

地区公共就业服务这一新思路确立了一种整体的服务提供方式，其中服务生命周期（SLC）变得极为重要。服务生命周期包括七个重要部分，包括与私营企业协作进行的劳动力市场研究，依托本地区 34 个就业办公室的公共机构（和各类其他实体），以及农村地区更小的综合就业办公室。

地区公共就业服务 2004 年的现代化项目已经在提供新的交流工具和技术方面取得成功，提高了用户的满意度，改善了就业效果。

采用的创新战略

管理团队用一种被称为 RADAR① 的方法对现代化项目的设计、运用以及评价进行研发。该方法使分析和持续观测 SCL 行动计划变得更为便利。评价和评议作为 RADAR 方法的一部分被广泛采用，因此成绩证明和最佳实践主体部分的进展被作为 2005 年计划改革的基础。

密切关注每一位求职者的个性化需求被认为至关重要。那些长期被排除在劳动力市场之外的群体也得到特别关注，求职者可以得到工作机会的更详细信息。

可持续性和可转移性

由于用来实施地区公共就业服务的方法经过了实践检验，其他就业办公室就可以复制和采用现代化项目的创新。

---

① 来自由欧洲品质管理基金会（EFQM）开发的卓越模式。

现代化项目一直持续到2005年底，巩固2004年以来在行动中被认可的成功之处，继续使用现代化团队这一主要方式。将近400万欧元的预算被批准来继续实施该项目。

为进一步提高地区公共就业服务，ECYL运用基准工具来衡量最佳实践并与其他西班牙的公共就业服务保持联系从而分享经验。

表5　西班牙创新联系信息

名　　称	卡斯蒂利亚和莱昂自治区
地　　址	C. Pio del Rio Hortega, 8 - 47014 Valladolid-Spain
网　　址	www. empleocastillayleon. com

通过重塑海关业务系统改进工商业

海关

约旦（2004）

摘　要

通过综合性的流程重建［MSOffice2］，采用信息通讯技术（ICTs），以及与私营部门合作，海关对改善约旦商业和投资环境，减少海关欺诈，作出了突出贡献。

背　景

近10年来，国际贸易的迅速增长使约旦海关变得越来越重要，约旦海关的角色也从简单的收税者转变成相关团体的服务提供者，因此有必要采用几种技术创新来处理货物如何跨越国境以及如何实施新的海关法规和国际协定。

一个主要成就是采用自动海关数据系统（ASYCUDA），此系统由位于日内瓦的联合国贸易和发展会议（UNCTAD）开发，使海关的行政管理和程序更加现代化。约旦由最初的系统定制发展成所谓的JARASH［约旦自动海关数据系统（ASYCUDA）为此而进行改革、自动化和融合］被认为是世界范围内自动海关数据系统的最全面运用［MSOffice3］。

在海关和信息技术领域的国家技术专家团队通过阿拉伯化该系统，设计海关的税费，以及下载地方和国际编码的参考文件来定制JARASH。计算机化的海关系统能够让遵纪守法的进口者和低风险的托运货物更为容易迅速通关。

V－SAT 小型卫星地面站交换网络①是海关的另一个重要计划。该网络通过 78 条电话线将 36 个海关中心的海关总部连接到一起，能够让每个中心的官员与总部官员保持联系而不必使用国家电话系统。V－SAT 小型卫星地面站也提供 25 条计算机通信线路，速度为 64Kbps。速度是可升级的，因此便于将来的互相连接（例如两个独立中心之间）。

位于阿曼总部的集中控制室对所有监测进行处理。安装在海关的摄像机控制着海关的查验场、检查区域、进出口以及货物存储的仓库。监测的改进已经将某些海关中心的收入提高了 10%～30%。现在总部的官员或某个中心的负责人也可以控制和指导其他中心的官员。该系统是中东地区首次引进的同类系统，并且在世界上也仅为第二套，使海关的欺诈行为和走私行为大为减少。

采用的创新战略

为构建公共部门和私营部门之间的合作关系，海关与相关的私营部门机构建立了伙伴关系理事会，每月召开一次会议分析讨论共同关心的问题。该联合理事会使公共部门和私营部门之间的关系更加密切，促进了双方的互动。

该过程将三个不同的政府实体整合到一起：财政部作为负责人，海关作为牵头机构，海关办公室作为地方实体。三方都非常清楚信息共享对于有效工作的重要性。三个独立实体被打造成一个具有共同目标和愿景的合作团队。

起初，为实施 ASYCUDA 计划开展了 250 多轮培训。培训的目的是让参与者总体上熟悉计算机的使用，特别是该系统的使用。培训包括专门针对项目团队以及为公共管理、财政和维护与确保系统连续运转的技术支持团队而开设课程。

1998 年初，海关培训中心建立。培训项目分为五个主要领域，包括计算机培训和英语语言项目。2002 年，1923 名雇员接受了服务培训，占所有海关雇员的 92%。

可持续性和可转移性

伙伴关系理事会与私营部门持续不断的互动是一个确保该成果能够持续的重要战略。约旦经济已经日益国际化，来自工商业的不断反馈至关重要。

而且，不断通过给负责人和海关中心授权分散权力，将简化和加快决策以及清关的速度。已经提到的员工培训，将确保该系统的存续能力。

---

① 甚小口径天线地球站的简称，利用卫星进行数据和音像信号交换的地面工作站。

最后，联合国开发署（UNDP）的参与，以及与海关合伙，作为协作机构与UNCAD合作，这些被认为是一种其他主权国家可以效仿复制的模式。

表6　约旦创新联系信息

名　称	约旦海关
地　址	P. O. Box 90 – Amman-Jordan
网　址	www. customs. gov. jo

对学生有价值的一课：毕业前参加社区服务

约旦大学

约旦（2004）

摘　要

通过制定每个学生10小时社区服务的毕业要求，约旦大学作为一个公共机构，已经成功地让学生更敏锐地察觉到不同社区的需求以及为各种社会边缘群体提供援助。

背　景

约旦大学从1962年开始就已经密切关注约旦首都阿曼和其他城市的社区服务。在使命描述中，约旦大学强调的是“为约旦和本地区提供社区服务”以及“地方社区和学生之间的互动往来”。

1999年，与培养学生的团队、合作、协作意识的理念相统一，大学设立了社区服务办公室（CSO）。

大学已经将社区服务作为一项大学生毕业的强制性要求。学生必须在社区服务办公室的监督下，至少完成10小时的社区服务。这样做的目的是为了让学生融入社区，了解社区需求以及在与其他成员的合作中发现和实施解决公共问题的方法。学生通过更多地参与和关心公众而获益，同样，社区也受益于学生的服务。

社区服务办公室通过多种方式开展社区服务：通过禁烟运动、癌症散步、禁毒运动、植树活动，以及许多与健康相关的不同研讨会，如关于骨质疏松症、艾滋病和国内暴力。此外，学生已经帮助了遍布在公共医院、学校、宗教场所、孤儿院和非政府组织的约旦人。

近几年，大学对学生的特殊需求也予以关注。已经建立起需要特殊服务的学生的永久数据库，并已经安排志愿者为他们提供更好的服务。

采用的创新战略

社区服务办公室通过几个正在实施的项目提供多种志愿服务。下列项目仅代表社区服务办公室整个战略范畴的一部分。

• 在微笑播种项目中，学生们每周拜访孤儿、老人和残疾人，给他们提供心理上、社会上和教育上的帮助。在穆斯林的斋月期间，孤儿院的孩子会被安排野外旅行，并获赠由社区机构捐献的礼物。

• 在 2002 ~ 2003 年期间，艾滋病的认知和预防项目就如何提高艾滋病预防的意识培训了大概 100 多名学生。此外，给大一新生发放了 5000 册有关艾滋病预防的小册子。以及，

• 2003 年，朋友项目举办了 4 场研讨会，通过“友谊关系”培训了 113 名学生志愿者，旨在帮助面临经济和社会困境的儿童。该项目由社区服务办公室和 Questscope 基金——一个约旦的非营利组织——共同合作实施。

可持续性和可转移性

社区服务已经成为大学毕业的先决条件。然而更为重要的是，高年级的学生有责任培训新生和低年级的学生在不同的项目中工作，确保高年级做得好的工作能够被后续班级的学生传承下去。此外，大学通过奖励提供了优质社区服务的学生来吸引人们对该项目的关注。

社区中的几个机构已经请求大学在某些活动中开展合作（例如，信息通讯技术，照顾孤儿和老人）。此外，个别学生在毕业之后继续志愿工作，并且有的已经启动了自己的社区服务项目。

表 7　约旦创新联系信息

名　　称	约旦大学
地　　址	Amman 11942 – 约旦
网　　址	www. ju. edu. jo

通过向农村人口提供清洁饮用水提高入学率和控制疾病发生

水务国务秘书处

摩洛哥（2004）

摘　要

通过参与式和分权式方法，摩洛哥整个国家范围内已经建立新的供水设施，

农村地区的400多万人口可以获得清洁的饮用水。

背　景

1995年，乡村供水项目计划（PAGER）启动。水务国务秘书处负责实施，目标是到2007年向90%的农村人口提供清洁饮用水，覆盖31000个村镇，1100万人口。投资成本大约为10亿美元，其中政府通过各种方式①提供80%的资金。

农村社区负责水利设施的运转和维护，而执行由水务总司和国家饮用水办公室（ONEP）负责。由3~4名技术人员，其中包括1名联络人构成的省级团队，提供技术支持和援助以及在协会成立和安装管理过程中提供指导。

乡村供水项目计划的实施产生了积极效果。农村人口使用饮用水的比例从1994年的14%增加到2003年底的55%。除了干净的饮用水和足够的卫生设施这些明显的益处之外，乡村供水项目计划还带来很多好处，比如与水有关的疾病快速减少，计划对农村地区小学入学率也产生了巨大影响——特别是对女孩来说。② 同样，农村妇女也不再受制于与取水有关的工作。此外，由于乡村供水项目计划的反复运用，目前每年可以创造50万个工作日。

采用的创新战略

国家、农村社区和PAGER用户之间形成了财务合作关系。国家提供的80%资金中，25%来自总预算，45%为国外的贷款或赠款，10%是城市人口使用饮用水而征收的附加税。用户支付的5%似乎意义不大，但这5%对于创设用户所有权以及确保持续是至关重要的。

通过让农村社区参与，授予农村社区运行和维护职责的方式而让农村社区作为服务的主要使用者参与乡村供水项目计划。在整个项目设立过程中，社区成员积极参与，能够表达他们的需求和对技术方案的观点。在考虑农村社区环境、资源和机构能力后并进行对话协商而形成了这些方案。

地方社区在这种过程中具备了主人翁精神，同时他们准备自主地对设备进行运行和维护。社区和居民作为合同的一方，服务的提供者和国家作为合同的另一方签署了合同，合同中对设备的维护做了规定。

---

① 农村社区负担15%，用户负担5%。

② 女孩的参与比例从30%跃升到51%，因为年轻的儿童，特别是女孩，通常必须待在家中为他们的家庭提供水。

可持续性和可转移性

为了确保乡村供水项目计划的持续性和确保这个方案能够成功地开展下去，运行和维护的责任交给了地方社区。合同中也规定了必须满足的前提条件，例如用户协会的建立以及在项目真正实施前资金的募集和动员。

为了保证基础设施的维护和持续性，政府已经决定由国家饮用水办公室（ONEP①）参与项目管理。

表8　摩洛哥创新联系信息

名　称	水务国务秘书处
地　址	Rue Hassan Ben Chekroun-Agdal Rabat－摩洛哥
网　址	www. matee. gov. ma

通过自动服务请求程序提供更加快捷的服务

国家行政发展部

埃及（2003）

摘　要

国家行政发展部（MSAD）已经通过不断努力改善了其服务，特别是，能够让公众通过信息通讯技术手段（ICTs）更加有效地享受到各种服务。

背　景

1976年设立国家行政发展部（MSAD）的目标是，通过采用新技术和新机制改进和提高政府效率，以便更好地为公众服务。

埃及政府总是面临提高服务效率的挑战：公众经常要遭受这样的痛苦，在政府办公室排队等候几个小时来缴税和罚款或者得到类似驾照或出生证明的政府文件。通常很难获得如何以及在哪里可以查到相关规章制度的信息。

1998年为了将政府服务现代化，政府迈出了第一步，目标是通过新技术的引进简化它向公众提供服务的方式，例如语音信箱系统、自动传真服务，以及应用网络服务。

根据公众是否位于大开罗（greater Cairo）之内或之外，即便是定居国外人

① ONEP对城市和农村地区的系统进行维护。每立方米水收取三个迪拉姆（货币单位），最贫困的家庭免费供应。

士，都可利用三种不同的服务号码来进行服务请求或查询。当公众需要各类申请表时该系统也适用，公众可以直接通过自动传真服务而获得。

公众也可以利用该部的网站来获取各类政府服务。政府的电子政务门户网站已经将这种获取信息和服务的有效方式进行了极大拓展。

采用的创新战略

服务的改进主要依赖以下三种方法：

- 将公众需要的文件档案进行综合并取消副本。
- 详细说明符合法规要求的必要费用，因此只需要最小费率并保证该费率在整个国家都是统一的。以及，
- 说明得到服务的时限。

为了实现以上措施，每类服务需要准备的表格的规则和要求必须是统一的。因此，进行查询服务的任何公众都会收到一个收据，列明所有必需的步骤和程序，以及可以直接进行投诉的机构，和完成所需要的时间。

可持续性和可转移性

该部不断发展电子政务服务，因此展示出一种对公共服务进行创新和提高的持续承诺。2004 年 1 月，该部启动了提供在线服务的国家综合电子政务门户网站。

所有利益相关者能够通过双语门户网站（阿拉伯语/英语）浏览政府公告，对相关特定服务进行信息查询，以及在一个单一用户友好的“一站式服务”中使用在线服务。目标是到 2007 年 6 月绝大部分政府可提供在线服务。

创新的经济回报是可持续性最好的保证因素之一。该方案在通讯与信息技术部的协作下开发形成，期望 1 年能够节省 90 万个工作小时。

表 9　埃及创新联系信息

名　　称	国家行政发展部
地　　址	Salah Salem Street-Nasr City, Cairo – 埃及
网　　址	www. edara. gov. eg

通过将服务整合到“一站式服务”中让获取官方文件更加容易

内政、公共管理和权力下放部

希腊（2003）

摘　要

通过设立 1502 个呼叫中心，希腊将所有服务整合到“一站式服务”中，公

众不必离开住宅或者办公室就能较为容易地得到普通的官方文件。由于公众可以通过电话递交申请，因此残疾人、老年人以及其他残障团体在获取证明方面将不再处于劣势。

背　景

1998 年 2 月第一次启动了 1502 个呼叫中心。由希腊内政、公共管理和权力下放部的政府公众关系司发起，呼叫中心通过“一站式服务”向公众提供证明和其他行政文件。

起初，呼叫中心只能提供四种需求数量最多的证明。① 然而目前该数量已经达到 21 种。

截止到 2001 年底，公众递交的申请超过 87 万份，并且仅在 2003 年 9 月，呼叫中心已经收到 286 万次呼叫，而申请总量也升至 143 万份。

采用的创新战略

通过将业务统一到单一入口对服务进行整合，1502 个呼叫中心已经极大地改进了公共服务提供的水平。表格以电子方式运转得更加快捷、低廉，并且通过传真而不是让公众在各个办公室之间穿梭。

国家电信局（OTE）的特殊服务系统一旦收到电话请求，程序就会运转，接线员提供现有服务的相关信息以及目前的程序。申请者的资料填写到标准化的电子格式中，并立即在线或通过传真发给合适的机构。然后该机构签发文件并通过挂号信投递到公众的邮政地址。②

该机构要求在特定的时间范围内迅速采取行动。如果在规定的最终期限内没有完成，用户可以上诉到有关地区的特殊委员会或内政、公共管理和权力下放部并要求赔偿。

希腊内政、公共管理和权力下放部与国家电信局和邮政服务对向公众提供可负担得起的服务价格作了特殊安排。通过国家电信局和邮政服务与国家各机构之间的合作，使用简单和已有的电话和通信技术，1502 个呼叫中心已经让几乎每个人可以享受到政府服务。唯一的障碍是电话的可获得性。

---

① 犯罪/警察纪录（30%），招聘状况（15%），出生、死亡、婚姻和家庭状况（10%），以及护照（5% ~8%）

② 有些例外情况：就护照、某些文件来说仍然必须亲自办理。

可持续性和可转移性

1998年启动以来，1502个呼叫中心经历了在范围和强度上的大幅增加，从最初的4个到目前20多个不同的文件。申请递交的数量在过去几年中稳定增长。由国家公共管理中心实施的评估对用户满意度进行评价后发现：

- 82%的用户对交付时间满意；
- 94%的用户及时收到了所要求的文件；
- 88%的用户对系统的运转整体满意；
- 95%的用户认为这个方案十分有用；以及，
- 98%的用户表明他们将再次使用该系统。

2004年，人们引入一个新的法律（Law 3242/04）来简化行政管理程序。该法规定公共机构内部的几类官方文件将自动发行，公众根本不必采取行动。例如，公共部门的雇员将不必获得犯罪记录来证明他或她的身份。相反，雇主他们自己必须开展这些调查。

迄今为止，新的法律适用于26种证明，因此公众使用1502个呼叫中心的需求将自然减弱。公众不论何时需要这些文件时，呼叫中心仍将提供更加简洁、快捷和方便的服务。

表10　希腊创新联系信息

名　称	内政、公共管理和权力下放部（Att：Marina Saraki）
地　址	Vas. Sofias15 – 106 74 Athens – 希腊
网　址	www. ypes. gr

在公共行政中构建一个接受创新的部门

公共效率管理部

意大利（2003）

摘　要

正在经历从“管制者”到“推进者”转型的公共效率管理部（PADEA）已经将自身重塑为推进者，为了加强行政机构之间的合作与理解，也作为行政部门创新的“协调中心”（cabina di regia）直接与公众和企业建立联系。

背　景

1983年，为了适应意大利公共管理现代化的需要，公共管理部宣告成立，成为总理办公室的组成部分。2001年更名为公共效率管理部（PADEA），已经成为政府中传统上的中央权威，通过单方面的活动例如法律、规章和通知来指导公共管理。

尽管在过去的十年中进行了改革，在机构和行政系统中发生的变革进一步增加了对改革的需求。例如，欧盟自己承担几种重要职能，并且其他职能已经从国家转交给地区和地方政府。同时改进私营部门和市场状况的呼声在加强。

响应改革的呼声，公共效率管理部为了加强行政机构之间的合作与理解而逐渐转变成一个推进者，也成为行政部门创新的协调中心。

今天，公共效率管理部致力于通过自愿参与的方法更新其职能，鼓励各类政府机构共同工作达成一致意见，目的是任何创新的所有利益相关者将共享目标而不是将它们认为是强加于政府机构身上的规定。

采用的创新战略

公共效率管理部已经资助了三个不同项目，目的是构建一个为了改进公共管理和服务而积极合作的管理者网络。管理者对优秀实践进行比较和交流并且鼓励采用私营部门中最先进的管理技术。公共效率管理部已经创建了一套知识管理和扩散系统，通过网站向这三个主要项目开放，相关利益团体可通过网站获取信息和交流经验。

- 质量和效率项目是一个为了提高公共管理的效率和质量，主要工商业机构之间成立工作组来开展合作的计划。例如，某个工作组参与了对职能和服务外包的分析。
- 治理项目的目标是各部门、地区和地方机构之间就设计和实施促进有效公共管理的制度在启动之初就取得一致意见。已经建立了一个观察团，收集已经在不同行政机构中得到应用的治理制度的案例，以及一个试验组，确定选择可用来进行试验的治理制度的通用模型和方法。
- Cantieri 项目为公共部门创新提供经过协调的中央政府的支持。它对区域层次、地方部门和其他公共机构的公共管理创新进行鼓励和支持。例如开发了一个自我评价工具[①]用来帮助地方行政部门分析情况和评价过程。

可持续性和可转移性

两种创新为转移到其他行政部门提供了支撑结构。第一，成立了技术部门对工

① 变化综合评价（VIC）。

作组协议和备忘录的执行提供支持，第二，学习型试验组已经起草了手册和指南。

地方政府开始共享专门技能和经验或交流特定领域的专门知识。在第一批实例中，普里亚和伦巴底地区，以及米兰和卢卡两省之间签署了协议，该协议对管理控制的实施作了明确规定。

通过研讨会、远程教育和专业团体开展的培训对方案的扩散和转移也相当重要。在这点上，公共效率管理部为了强化它的两个主要培训机构——公共行政学院和 Formez，而启动了一个重要计划，两个培训机构都直接参与这三个项目的实施。

表 11　意大利创新联系信息

名　　称	公共效率管理部①
地　　址	C. so Vittorio Emanuele, 116 – 00186 Roma – 意大利
网　　址	www. funzionepubblica. it

信息、业务处理和公众投入的捆绑

阿尔科本达斯地方议会

西班牙（2003）

摘　要

实施 ITACA 项目的目的是促进和提高公众与市政当局之间的关系。该项目在采用信息通讯技术服务（ICTs）的基础上，包括一种新型的集成 ID 卡、门户网站以及 24 小时的电话服务，运用了面向顾客的方法将地方政府提供的服务进行了集成。

背　景

1995 年，地方议会开始致力于阿尔科本达斯市政当局现代化的战略计划，为西班牙马德里社区自治的一部分，大约包括 10 万名居民以及公共服务部门中的 1200 名雇员。

1997 年，ITACA 项目的初期计划起草完成，1999 年，项目正式实施。2003 年，ITACA 项目的第二阶段，作为市政府行动计划（PAM）的一部分，不久后也随之启动。

项目的目的是通过简化公众在获取信息和在与公共机构交流中采用的工具，

① 目前称为公共管理改革与创新部。

促进和提高公众与市政当局之间的关系。项目的第一阶段强调针对公众的三类基本服务：阿尔科本达斯卡、一个功能拓展的门户网站，以及一项综合的24小时电话信息服务，称为SAC。

作为“口袋中的地方议会”，卡片已经引起极大关注。它提供免费的个性化证明表格，以及对与其他持卡人之间的相互交往和信息交流也进行了设计。该卡通过对多种服务进行整合而逐步削弱了对不同地方ID卡的需求，当需要个性化服务时公民等待的时间削减到平均不到4分钟。而且，该卡在最新建立的自助服务点上提供了信息通讯技术服务（ICTs）的通用接口。2004年，共发放16000多张阿尔科本达斯卡，建立了16个自助服务点和管理点。

功能得到拓展的门户网站的访客数量增加了将近10倍，从2000年大约27000人次增加到2003年的大约267000人次。结果是，政府在同样的时间内能够解决更多的公众问题：与2000年的大约85000个案子相比，2002年办理了125000个案子。

而且，24小时电话服务的引进导致呼叫阿尔科本达斯市政府电话的数量增加了2倍——从2000年的大约24500个增加到2003年的大约88000个，并且顾客满意率很高。2003年研究部门针对这个方面开展的一项研究表明，公众对市政当局总体评价分数为10分中的8.7分，而员工行为的得分远远高于总体评价。

采用的创新战略

阿尔科本达斯卡通过采用新技术将其他几种卡的功能整合到一张卡上，并且通过安全系统保证公民的隐私来改进服务。

改进的门户网站充分利用了互联网技术，34%的自治区人口，不包括学生，已经经常访问，将提供的信息和服务延伸到大部分人群。交互式的入口提供了多种服务，例如自治区的生活向导、顾客服务、信息服务、自治区的年报，以及地方媒体和协会的信息——全部为实时播报（INFOCIUDAD）。

通过24小时电话信息服务，将公众的信息和服务一体化，将现有办公室进行了扩展和分散（在可能的地方），以及将办公时间扩展到下午、晚上和周六。市政府也将服务和办公地点进行整合，增加可达性，提高服务质量，降低等待时间。

可持续性和可转移性

其他地方议会和地方行政部门已经采用了阿尔科本达斯市政当局应用方法的

原理，而且在ITACA的框架内将这些最初活动进行了拓展。市政当局已经增强了阿尔科本达斯卡的功能，将服务延伸到专业人员和公司，以及建立新的支付、手机短消息发送、远距离会诊和参与系统，并且开发了一个新的多入口平台。

表12　西班牙创新联系信息

名　　称	阿尔科本达斯市政府
地　　址	Plaza Mayor no. 1 – 28100 Alcobendas Madrid-Spain
网　　址	www. alcobendas. org

附录A　中国政府创新年度数据

说明：中国政府创新年度报告2007年数据部分主要是围绕“政府在和谐社会建设中的作用”这一主题进行收集。在数据收集过程中，主要参考资料是2006年中国统计数据年度报告，对国家统计局、人大、政协、财政部、民政部、新华网等各大网站，在这里一并致谢。

一　基本概况

表1　中国共产党（截至2006年年底数）

2006年项目	数　量
中共党员总数	7239.1万名
中共党员总数比上年净增	158.1万名
年龄结构	
35岁及以下的党员	1691.9万名
35岁及以下的党员占党员总数比例比上年增长	0.4%
性别与学历	
女党员	1429.2万名
女党员比上年增长	0.5%
大专以上学历的党员	2219万名
大专以上学历的党员占党员总数	30.7%
大专以上学历的党员比上年增长	1.7%
入党热情	
全国申请入党人数	1907.3万人

续表 1

2006 年项目	数 量
申请入党人数比上年增加	121.3 万人
申请入党人数增幅	6.8%
入党积极分子	1002.1 万人
入党积极分子比上年增加	42.5 万人
入党积极分子增幅	4.4%
非公部门	
全国非公有制企业中共党员	286.3 万人
个体工商户中共党员	81 万名
非公有制企业党组织	17.8 万个

表 2 历届全国人民代表大会代表人数

单位：人

届 别	年 份	代表总数			占代表总数比重(%)	
			女代表	少数民族代表	女代表	少数民族代表
一 届	1954	1226	147	178	12.0	14.5
二 届	1959	1226	150	179	12.2	14.6
三 届	1964	3040	542	372	17.8	12.2
四 届	1975	2885	653	270	22.6	9.4
五 届	1978	3497	742	381	21.2	10.9
六 届	1983	2978	632	403	21.2	13.5
七 届	1988	2978	634	445	21.3	14.9
八 届	1993	2978	626	439	21.0	14.7
九 届	1998	2979	650	428	21.8	14.4
十 届	2003	2985	604	414	20.2	13.9

表 3 2004～2005 年中国政府各部门机构数

部 门	机 构 数		2005 年比上年增长(%)
	2004	2005	
农村基层单位(万个)			
基层组织			
乡政府	1.78	1.66	-6.7
镇政府	1.92	1.89	-1.6
村民委员会	65.27	64.01	-1.9

续表 3

部门	机构数		2005 年比上年增长(%)
	2004	2005	
乡村户数	24971	25223	1.0
国营农场(个)	1928	1923	-0.3
国有及规模以上非国有工业企业(万个)	27.65	27.18	-1.7
大型企业	0.21	0.25	17.2
中型企业	2.56	2.73	6.7
小型企业	24.88	24.21	-2.7
国有及国有控股企业	3.56	2.75	-22.8
集体企业	1.81	1.59	-11.9
外商及港澳台商投资企业	5.72	5.64	-1.4
建筑业企业(个)	59018	58750	-0.5
邮电业(个)			
邮政局所	66393	65917	-0.7
金融业(个)	88218	82546	-6.4
银行系统合计	88150	82453	-6.5
保险系统机构	68	93	36.8
教育事业			
普通高等学校(所)	1731	1792	3.5
普通中学(万所)	7.91	7.80	-1.4
高中	1.60	1.61	0.6
初中	6.31	6.19	-1.9
普通小学(万所)	39.42	36.62	-7.1
学前教育(万所)	11.79	12.44	5.5
特殊教育(所)	1560	1593	2.1
科技机构(个)	32723	33714	3.0
艺术事业(个)			
艺术表演团体	2759	2805	1.7
艺术表演场所	1928	1866	-3.2
剧场、影剧院	1766	1766	
公共图书馆(个)	2720	2762	1.5
群众文化事业(个)	41402	41588	0.4
群众艺术馆	380	447	17.6
文化馆	2841	2779	-2.2
文化站	38181	38362	0.5
乡文化站	34834	34593	-0.7
艺术教育事业(个)	193	189	-2.1
其他文化事业(个)	312876	332302	6.2

续表 3

部门	机构数		2005 年比上年增长（%）
	2004	2005	
艺术创作机构	422	352	-16.6
艺术研究机构	188	188	
艺术展览机构	36	56	55.6
文物事业（个）	3965	4030	1.6
博物馆	1548	1581	2.1
文物保护管理机构	2151	2186	1.6
文物商店	106	97	-8.5
广播、电视台（座）			
广播电台	282	273	-3.2
电视台	314	302	-3.8
卫生事业（个）	297540	298997	0.5
医院、卫生院	60864	60397	-0.8
疗养院	292	274	-6.2
门诊部、诊所	208794	207404	-0.7
专科防治院（所、站）	1583	1502	-5.1
疾病预防控制中心	3588	3585	
妇幼保健院（所、站）	2998	3021	0.8
民政单位（个）	103411	101442	-1.9
事业单位	66884	66533	-0.5
社会福利企业单位	32410	31211	-3.7
行政机关	4117	3698	-10.2

注：卫生机构数从 2002 年起为登记注册数。

表 4　历届全国政治协商会议委员人数

单位：人

届别	年　份	委员总数	中国共产党委员	少数民族委员	占委员总数比重（%）	
					中国共产党委员	少数民族委员
一届	1954	198	—	19	—	9.6
二届	1959	729	40	61	5.5	8.4
三届	1964	1071	60	78	5.6	7.3
四届	1975	1199	61	81	5.1	6.8
五届	1978	1988	76	143	3.8	7.2
六届	1983	2039	76	185	3.7	9.1
七届	1988	2083	90	225	4.3	10.8
八届	1993	2093	91	241	4.3	11.5
九届	1998	2196	92	258	4.2	11.7
十届	2003	2238	99	103	4.4	4.6

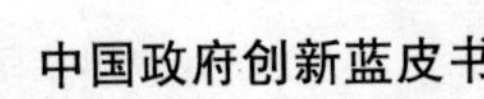

表5　中国工会组织

年　份	工会基层组织数（万个）	全国已建工会组织的基层单位的职工与会员人数（万人）				工会专职工作人员人数（万人）
		职工人数	女职工	会员人数	女职工	
1952	20.7	1393.2	—	1002.3	—	5.3
1957	16.5	2158.3	—	1746.7	—	—
1962	16.5	2667.1	—	1922.0	—	8.6
1978	—	—	—	—	—	—
1979	32.9	6897.2	2171.7	5147.3	—	17.9
1980	37.6	7448.2	2518.6	6116.5	—	24.3
1981	41.1	8183.0	2902.0	6843.9	2412.8	29.1
1982	43.3	8586.6	3065.9	7331.6	2629.3	32.2
1983	44.7	8845.7	3191.8	7693.4	2771.4	33.7
1984	46.6	9243.9	3370.3	8029.1	2950.3	41.9
1985	46.5	9643.0	3596.7	8525.8	3149.2	38.1
1986	50.2	9949.6	3664.3	8908.5	3309.2	45.9
1987	53.6	10411.8	3900.4	9336.5	3486.9	47.0
1988	56.4	10747.4	4434.9	9628.9	3647.0	47.4
1989	58.9	10998.6	4178.7	9909.2	3777.7	48.8
1990	60.6	11156.9	4291.0	10135.6	3897.7	55.6
1991	61.4	11351.4	4394.8	10389.1	3991.6	58.0
1992	61.7	11223.9	4377.1	10322.5	3974.0	58.0
1993	62.7	11103.8	4359.9	10176.1	3949.6	55.4
1994	58.3	11269.6	4483.2	10202.5	4018.1	56.0
1995	59.3	11321.4	4515.3	10399.6	4116.5	46.8
1996	58.6	11181.4	4500.0	10211.9	4093.1	60.5
1997	51.0	10111.5	4004.8	9131.0	3579.4	57.7
1998	50.4	9716.5	3882.0	8913.4	3546.7	48.4
1999	50.9	9683.0	3797.9	8689.9	3406.2	49.7
2000	85.9	11472.1	4534.5	10361.5	3917.3	48.2
2001	153.8	12997.0	5087.9	12152.3	4696.6	—
2002	171.3	14461.5	5157.6	13397.8	4665.2	47.2
2003	90.6	13301.6	5079.3	12340.5	4601.2	46.5
2004	102.0	14436.7	5502.6	13694.9	5135.3	45.6
2005	117.4	15985.3	6016.3	15029.4	5574.8	47.7

注：2003年起工会基层组织数统计口径有所调整。

表 6 中国妇联干部

单位：人

项　　目	1990	1995	2004	2005
干部总数	97566	82834	57336	61565
少数民族干部	14638	10834	6911	9156
按行政级别分				
司局级	132	321	335	255
县处级	1013	2739	3679	3201
科以下	96421	79774	53322	58109
按干部年龄分				
35 岁以下	56761	24570	25998	28355
36 ~ 45 岁	30332	47197	23028	24897
46 ~ 55 岁	9512	10349	8024	7976
56 岁以上	961	718	286	337
按干部政治面貌分				
共产党员	59097	54038	44868	49516
共青团员	21549	13271	4754	4556
民主党派	1136	1281	371	599
群　众	15784	14244	7343	6894
按干部文化程度分				
博士生	—	—	19	13
硕士生	—	698	889	1127
大学本科、大专学历	17615	30146	45046	50380
高中、中专及以下	79951	51990	11382	10045
按行政编制分				
行政编制	69158	65336	44810	48994
事业编制	7217	4944	10570	10912
招聘干部	21191	12554	1956	1659
干部参加学历教育情况				
博士生	—	—	8	43
硕士生	—	149	677	820
大学、大专学历	6676	4025	6032	6447
干部参加非学历教育情况				
党校培训	—	—	14227	18625
参加公务员管理培训	—	—	13762	23088
岗位培训	37542	9391	20394	22637
干部流动情况				
调　入	1273	2010	3331	3385
调　出	8262	1629	2667	2918
省（区、市）妇联领导进同级				
党　委	22	13	20	18
人　大	24	88	24	33
政　协	24	33	30	30

注：妇联干部指在妇联系统工作的专职干部。

表7 人口数及构成

单位：万人

年份	年底人口数	按性别分				按城乡分			
		男		女		城镇		乡村	
		人口数	比重(%)	人口数	比重(%)	人口数	比重(%)	人口数	比重(%)
1978	96259	49567	51.49	46692	48.51	17245	17.92	79014	82.08
1980	98705	50785	51.45	47920	48.55	19140	19.39	79565	80.61
1985	105851	54725	51.70	51126	48.30	25094	23.71	80757	76.29
1989	112704	58099	51.55	54605	48.45	29540	26.21	83164	73.79
1990	114333	58904	51.52	55429	48.48	30195	26.41	84138	73.59
1991	115823	59466	51.34	56357	48.66	31203	26.94	84620	73.06
1992	117171	59811	51.05	57360	48.95	32175	27.46	84996	72.54
1993	118517	60472	51.02	58045	48.98	33173	27.99	85344	72.01
1994	119850	61246	51.10	58604	48.90	34169	28.51	85681	71.49
1995	121121	61808	51.03	59313	48.97	35174	29.04	85947	70.96
1996	122389	62200	50.82	60189	49.18	37304	30.48	85085	69.52
1997	123626	63131	51.07	60495	48.93	39449	31.91	84177	68.09
1998	124761	63940	51.25	60821	48.75	41608	33.35	83153	66.65
1999	125786	64692	51.43	61094	48.57	43748	34.78	82038	65.22
2000	126743	65437	51.63	61306	48.37	45906	36.22	80837	63.78
2001	127627	65672	51.46	61955	48.54	48064	37.66	79563	62.34
2002	128453	66115	51.47	62338	48.53	50212	39.09	78241	60.91
2003	129227	66556	51.50	62671	48.50	52376	40.53	76851	59.47
2004	129988	66976	51.52	63012	48.48	54283	41.76	75705	58.24
2005	130756	67375	51.53	63381	48.47	56212	42.99	74544	57.01

注：①1982年以前数据为户籍统计数；1982～1989年数据根据1990年人口普查数据有所调整；1990～2000年数据根据2000年人口普查数据进行了调整；2001～2004年数据为人口变动情况抽样调查推算数；2005年数据根据全国1%人口抽样调查数据推算。②年底人口数和按性别分人口中包括中国人民解放军现役军人，按城乡分人口中现役军人计入城镇人口。

表 8　中国各地区人口平均预期寿命

单位：岁

地　区	1990 年预期寿命	男	女	2000 年预期寿命	男	女
全　国	68.55	66.84	70.47	71.40	69.63	73.33
北　京	72.86	71.07	74.93	76.10	74.33	78.01
天　津	72.32	71.03	73.73	74.91	73.31	76.63
河　北	70.35	68.47	72.53	72.54	70.68	74.57
山　西	68.97	67.33	70.93	71.65	69.96	73.57
内蒙古	65.68	64.47	67.22	69.87	68.29	71.79
辽　宁	70.22	68.72	71.94	73.34	71.51	75.36
吉　林	67.95	66.65	69.49	73.10	71.38	75.04
黑龙江	66.97	65.50	68.73	72.37	70.39	74.66
上　海	74.90	72.77	77.02	78.14	76.22	80.04
江　苏	71.37	69.26	73.57	73.91	71.69	76.23
浙　江	71.78	69.66	74.24	74.70	72.50	77.21
安　徽	69.48	67.75	71.36	71.85	70.18	73.59
福　建	68.57	66.49	70.93	72.55	70.30	75.07
江　西	66.11	64.87	7.49	68.95	68.37	69.32
山　东	70.57	68.64	72.67	73.92	71.70	76.26
河　南	70.15	67.96	72.55	71.54	69.67	73.41
湖　北	67.25	65.51	69.23	71.08	69.31	73.02
湖　南	66.93	65.41	68.70	70.66	69.05	72.47
广　东	72.52	69.71	75.43	73.27	70.79	75.93
广　西	68.72	67.17	70.34	71.29	69.07	73.75
海　南	70.01	66.93	73.28	72.92	70.66	75.26
重　庆	—	71.73	69.84	73.89	—	—
四　川	66.33	65.06	67.70	71.20	69.25	73.39
贵　州	64.29	63.04	65.63	65.96	64.54	67.57
云　南	63.49	62.08	64.98	65.49	64.24	66.89
西　藏	59.64	57.64	61.57	64.37	62.52	66.15
陕　西	67.40	66.23	68.79	70.07	68.92	71.30
甘　肃	67.24	66.35	68.25	67.47	66.77	68.26
青　海	60.57	59.29	61.96	66.03	64.55	67.70
宁　夏	66.94	65.95	68.05	70.17	68.71	71.84
新　疆	62.59	61.95	63.26	67.41	65.98	69.14

注：2000 年各省人口平均预期寿命是根据各省 1990 年以来人口变动调查公布的死亡率对 2000 年人口普查死亡数据修正后计算的。

表9　2005年中国各地区按性别和受教育程度分的人口（1）

单位：人

地　区	6岁及6岁以上人口		未上过学人口			小　学		
	男	女		男	女		男	女
北　京	99133	96885	7697	1562	6134	28028	13189	14840
天　津	66091	65978	6603	1599	5004	28890	13865	15025
河　北	422303	423895	58381	15437	42944	254380	120194	134185
山　西	210667	205864	21630	6521	15109	124513	58870	65643
内蒙古	152460	145956	31560	9626	21934	83456	40723	42733
辽　宁	266101	266174	25497	6650	18847	145201	68956	76245
吉　林	173247	168727	20311	6369	13942	104191	50017	54174
黑龙江	243098	238069	30028	8922	21105	138865	65924	72941
上　海	114171	113069	12505	2347	10158	36037	16521	19517
江　苏	458139	481643	96151	21065	75086	270481	125586	144895
浙　江	308907	301854	71599	19066	52532	218873	110877	107996
安　徽	374549	379692	125436	36404	89033	254019	123724	130295
福　建	219551	219498	52608	11290	41318	159882	76763	83118
江　西	259646	258022	48835	11712	37124	209474	97364	112111
山　东	570312	576288	140084	36119	103965	331391	153174	178217
河　南	576801	571650	101730	29115	72615	327316	156399	170917
湖　北	361479	353543	78240	19215	59025	227281	109864	117417
湖　南	394484	383256	62996	16842	46155	262644	130388	132256
广　东	575353	569266	67240	14720	52520	372059	175728	196332
广　西	290675	273364	45454	11098	34356	224461	111306	113155
海　南	52797	48549	8748	2067	6680	31312	15203	16109
重　庆	174616	173549	37514	10973	26541	147268	74701	72568
四　川	502405	510959	150815	44863	105952	439004	226276	212728
贵　州	229078	219328	83420	22192	61228	200332	106659	93674
云　南	276207	260891	96592	30641	65950	255810	136154	119656
西　藏	16279	16694	15016	6024	8992	14164	8096	6068
陕　西	233706	231835	44316	13179	31138	145308	69805	75503
甘　肃	160557	159501	59141	18388	40753	118587	59212	59375
青　海	33116	32728	14906	4869	10037	22575	11987	10588
宁　夏	35970	35812	11607	3527	8080	24015	12055	11961
新　疆	123489	120429	19703	7686	12017	85226	42054	43171
全　国	7975386	7902969	1646360	450088	1196272	5285045	2581633	2703412

表10　2005年中国各地区按性别和受教育程度分的人口（2）

单位：人

地区	初中			高中			大专及以上		
	总计	男	女	总计	男	女	总计	男	女
北京	63027	34090	28938	49266	24764	24501	48001	25528	22473
天津	50103	26590	23513	27873	14085	13787	18601	9951	8650
河北	391553	209414	182139	101848	56313	45536	40036	20945	19091
山西	192850	102839	90011	54343	29927	24415	23197	12510	10687
内蒙古	114065	63948	50117	45675	24899	20775	23660	13264	10397
辽宁	244140	127992	116147	73033	38466	34568	44404	24036	20367
吉林	143398	76616	66783	51242	27773	23469	22832	12472	10360
黑龙江	211122	113125	97997	70264	37978	32286	30888	17149	13741
上海	81520	42992	38528	56630	29845	26784	40549	22466	18082
江苏	370726	195339	175387	138515	78597	59918	63909	37552	26357
浙江	212998	117950	95048	74175	41981	32194	33115	19031	14084
安徽	276259	154899	121360	69520	41464	28056	29007	18058	10949
福建	151251	87054	64197	53429	31282	22147	21877	13162	8717
江西	183396	103403	79994	56016	34228	21788	19946	12940	7006
山东	479871	265134	214737	144346	84947	59399	50909	30939	19970
河南	539866	288691	251175	131090	74911	56179	48450	27685	20765
湖北	276577	153380	123197	96636	57200	39436	36287	21819	14468
湖南	308624	164487	144136	108558	62003	46554	34917	20763	14154
广东	462511	241625	220886	176299	104690	71609	66510	38590	27920
广西	215420	121699	93720	56149	33616	22533	22556	12956	9600
海南	41203	22951	18251	14558	9299	5260	5524	3276	2248
重庆	111705	59813	51892	35557	19413	16143	16122	9716	6406
四川	309710	167245	142464	78538	43785	34753	35297	20235	15061
贵州	119830	73200	46630	29927	17874	12053	14897	9153	5743
云南	132722	80138	52584	33857	19043	14813	18117	10229	7889
西藏	2799	1634	1165	700	362	338	293	163	131
陕西	181467	97658	83810	65714	36551	29163	28734	16514	12221
甘肃	92812	53116	39696	35882	21514	14368	13637	8327	5310
青海	16520	9809	6711	7161	3838	3323	4682	2613	2069
宁夏	22730	12862	9868	8534	4739	3795	4895	2786	2109
新疆	87885	47218	40667	29764	15574	14190	21340	10957	10383
全国	6088659	3316912	2771747	1975098	1120964	854134	883192	505789	377404

二　公共财政

表 1　2005 年中国政府财政收入

财政总收入（亿元）	收支差额（亿元）	财政收入增长速度（%）	财政收入占国内生产总值的比重（%）
31649.29	-2280.99	19.9	17.3
国家财政分项目收入（亿元）	各项税收	教育费附加收入	其他收入
	28778.54	356.18	2707.83

表 2　2005 年中国政府财政主要支出

	合　计						
1 支出合计（亿元）	33930.28						
2 行政管理费（亿元）	6512.34						
3 国防费（亿元）	2474.96						
4 社会文教费（亿元）	8953.36						
5 经济建设费（亿元）	9316.96						
6 用于农业的支出（亿元）	2450.31	支农支出	农业基本建设支出	农业科技三项费用	农业救济费	其　他	用于农业支出占财政支出的比重（%）
		1792.40	512.63	19.90	125.38		7.22
7 用于科学研究的支出（亿元）	1334.91	科技三项费用	科学支出	科研基建费	其他科研事业费		
		609.69	389.14	112.50	223.58		
8 用于抚恤和社会福利的支出（亿元）	716.39	抚恤支出	离退休费	社会救济福利费	救灾支出	其　他	
		148.28	55.57	324.22	62.97	125.35	
9 政策性补贴支出（亿元）	998.47	粮棉油价格补贴	平抑物价等补贴	肉食品价格补贴	其他价格补贴		
		577.91	4.69	0.93	414.94		

续表 2

	合　计						
10 基本建设支出(亿元)	4041.34						
11 增拨企业流动资金(亿元)	18.17						
12 挖潜改造和科技三项费用(亿元)	1494.59						
13 地质勘探费(亿元)	132.70						
14 工、交、流通部门事业费(亿元)	444.15						
15 文教、科学、卫生费用(亿元)	6104.18						

表 3　2005 年中国开发区高新技术企业主要经济指标

开发区	企业数(个)	从业人员(人)	总产值(万元)	总收入(万元)	出口总额(万美元)
北　京	16343	687769	26040836	48652377	948823
天　津	2239	175377	6274422	7512858	245301
石家庄	519	73427	3103402	3906812	21022
保　定	148	42930	1666924	1774411	31240
太　原	700	83089	4485181	5049331	10953
包　头	411	96576	3289103	3215341	36318
沈　阳	1193	84106	4690224	6937657	55993
大　连	1684	139780	5251957	6891170	150889
鞍　山	371	72636	2332642	2710549	7111
长　春	803	123490	8896036	9085646	36467
吉　林	564	80478	5657999	5856792	13074
哈尔滨	391	106928	4390407	5121516	27575
大　庆	280	65203	3351623	3422166	6551
上　海	701	196146	22539765	26692228	1549770
南　京	217	97237	15185247	15930317	718803
常　州	478	75838	4023963	3953364	93953
无　锡	575	163399	12097437	12098435	812457
苏　州	691	226690	13338064	14802779	1680965
杭　州	619	75065	5876721	8273124	286205
合　肥	229	68787	3877009	4255717	34957

续表 3

开发区	企业数(个)	从业人员(人)	总产值(万元)	总收入(万元)	出口总额(万美元)
福　州	180	53135	2430148	2407469	95777
厦　门	150	49563	5828873	5953521	374132
南　昌	273	77944	2558955	2838227	28060
济　南	363	91494	5865669	6452846	36187
青　岛	196	72251	6858336	7213088	185281
淄　博	190	93784	4867078	5080916	67307
潍　坊	300	91045	4681532	4924299	50879
威　海	182	47919	3614480	3717833	178334
郑　州	458	69138	3226976	3772288	18030
洛　阳	299	58520	2056514	2512098	22841
武　汉	907	142391	6289592	7249677	34465
襄　樊	104	49670	2277097	2625929	5964
长　沙	707	112009	5527711	6321246	55689
株　洲	164	54471	2384398	2520846	24515
广　州	1120	114287	7285862	9767051	304493
深　圳	287	103681	13680078	13164076	826365
珠　海	366	116219	6386259	6397383	590537
惠　州	155	91657	5688634	5657477	465489
中　山	401	64429	5152539	5489885	359491
佛　山	94	56175	3914923	3765461	244687
南　宁	307	50070	1870313	2537381	10134
桂　林	233	59288	1635030	1650063	18707
海　南	115	21368	1358570	1296828	9278
重　庆	704	166536	7163011	8502683	43849
成　都	351	105785	3315341	3885975	45253
绵　阳	96	45001	1883695	2062286	35371
贵　阳	130	59228	1647407	1681945	17852
昆　明	120	39232	2245632	2652997	42041
西　安	3003	188973	7474753	11036545	110623
宝　鸡	203	61898	1815336	1722521	8036
杨　凌	90	9934	252586	321362	6696
兰　州	414	40079	1537980	1685811	4061
乌鲁木齐	172	19835	431568	1145479	75686
全　国	41990	5211960	289575838	344156082	11164537

三　行政体制建设

表1　2006年中华人民共和国行政区划

省	省会所在地	直辖市	自治区	区政府所在地	特别行政区
河北	石家庄市	北京	内蒙古	呼和浩特市	香港
山西	太原市	天津	广西壮族	南宁市	澳门
辽宁	沈阳市	上海	西藏	拉萨市	
吉林	长春市	重庆	宁夏回族	银川市	
黑龙江	哈尔滨市		新疆维吾尔	乌鲁木齐市	
江苏	南京市				
浙江	杭州市				
安徽	合肥市				
福建	福州市				
江西	南昌市				
山东	济南市				
河南	郑州市				
湖北	武汉市				
湖南	长沙市				
广东	广州市				
海南	海口市				
四川	成都市				
贵州	贵阳市				
云南	昆明市				
陕西	西安市				
青海	西宁市				
台湾					
22个		4个	5个		2个

表2　2006年中华人民共和国县级以上行政区划变更

	时　间	批　号	变更前	变更后
国务院批　准	2月13日	国函9号	福建省泉州市人民政府驻地泉州市鲤城区庄府巷	迁至泉州市丰泽区景观东路
	3月29日	国函17号	江西省南昌市人民政府驻地南昌市东湖区民德路	迁至南昌市东湖区新府路
	4月11日	国函25号	将辽宁省北票市桃花吐镇、朝阳县孙家湾乡和柳城镇四家子村	划归朝阳市双塔区管辖
	4月11日	国函25号	将辽宁省朝阳市双塔区站南街道八里堡村、朝阳县大平房镇和联合乡	划归朝阳市龙城区管辖
	4月27日	国函29号	陕西省西安市人民政府驻地由西安市莲湖区西华门大街	迁至西安市未央区凤城八路
	6月5日	国函44号	吉林省江源县	同意撤销江源县，恢复设立白山市江源区，区人民政府驻孙家堡子镇
	7月6日	国函57号	贵州省贵阳市人民政府驻地由贵阳市南明区市府路	迁至乌当区林城东路
	7月27日	国函63号	黑龙江省佳木斯市永红区	撤销佳木斯市永红区，划归佳木斯市郊区管辖。郊区人民政府驻友谊路
	8月15日	国函73号	黑龙江省哈尔滨市动力区、香坊区	撤销哈尔滨市动力区、香坊区，组建新的香坊区。人民政府驻香坊大街
	8月15日	国函73号	黑龙江省阿城市永源镇、巨源镇	划归哈尔滨市道外区管辖
	8月15日	国函73号	黑龙江省阿城市	撤销阿城市，设立哈尔滨市阿城区。人民政府驻民权大街
	9月26日	国函97号	安徽省合肥市人民政府驻地由合肥市庐阳区淮河路	迁至合肥市蜀山区东流路
	10月22日	国函110号	重庆江津市	撤销江津市，设立重庆市江津区
	10月22日	国函110号	重庆合川市	撤销合川市，设立重庆市合川区。人民政府驻南津街道
	10月22日	国函110号	重庆永川市	撤销永川市，设立重庆市永川区。区政府驻中山路街道
	10月22日	国函110号	重庆南川市	撤销南川市，设立重庆市南川区。区政府驻东城街道

续表 2

	时　间	批　号	变更前	变更后
民政部批　准	2 月 6 日	民函 30 号	四川省屏山县人民政府驻地	由屏山镇迁至新发乡
	2 月 8 日	民函 31 号	甘肃省安西县	更名为瓜州县
	2 月 8 日	民函 32 号	辽宁省北宁市	更名为北镇市
	4 月 14 日	民函 108 号	四川省汉源县人民政府驻地	由富林镇迁至市荣乡
	10 月 8 日	民函 300 号	辽宁省沈阳市新城子区	更名为沈北新区
省民政部　门批　准	安徽省 2006	民地字	濉溪县钟楼乡	划归淮北市相山区管辖
		民地字	濉溪县古饶镇(包括原赵集乡)	划归淮北市烈山区管辖
		民地字 41 号	肥西县南岗镇	划归合肥市蜀山区管辖
		民地字 42 号	将含山县清溪镇汤下山村委会和三星村委会的赵庄、石罗堡两个村民组,景林村委会的新村、林庄、方庄、景坳郑四个村民组	划归巢湖市居巢区半汤街道办事处管辖
		民地字 71 号	将肥西县烟墩乡	划归合肥市包河区管辖
	山东省 2006	鲁政字 168 号	将莱芜市莱城区辛庄镇	划归钢城区管辖
	河南省 2006	豫民行批 14 号	将延津县的小店镇	划归红旗区管辖
		豫民行批 14 号	将新乡县朗公庙镇的油坊堤建制村和红旗区洪门镇的南马庄、东台头、西台头、东杨村、西杨村五建制村,共六建制村	划归红旗区关堤乡管辖
		豫民行批 14 号	将关堤乡的关堤、申店、东陈庄四建制村	划归洪门镇管辖
		豫民行批 13 号	将原阳县葛埠口乡的毛滩、西李寨、东李寨、任庄四建制村,师寨镇的曹杨庄、刘纪岗庄、老杨庄三建制村	划归新乡县七里营镇管辖
	湖南省 2006	民行批 11 月 27 日	将衡南县咸塘镇王江、茅坪两个村	划归衡阳市珠晖区鄗湖乡管辖
	四川省 2006 年 6 月 5 日	川民政 23 号	将江安县万里镇和红桥镇的两江村邓家山组以及大井镇的新房村天花板组所属行政区域	划归长宁县管辖
	四川省 2006 年 6 月 23 日	川府民政 30 号	将南充市高坪区青居镇联工村所属行政区域	划归嘉陵区文峰镇管辖
	四川省 2006 年 6 月 23 日	川府民政 30 号	将南充市高坪区溪头乡江中村所属行政区域	划归嘉陵区河西乡管辖。
	宁夏回族自治区 10 月 27 日		将中宁县新田村和跃进村	划归青铜峡市峡口镇管辖
	新疆维吾尔自治区 2006 年		将洛浦县吉亚乡、玉龙喀什镇与和田县吐沙拉乡	划归和田市管辖

表3　2005年中国全国行政区划

单位：个

省级区划名称	地级		县级			乡镇级		
	区划数	地级市	区划数	县级市	市辖区	区划数	街道办事处	镇
北京市	—	—	18	—	16	314	131	142
天津市	—	—	18	—	15	241	101	120
河北省	11	11	172	22	36	2205	242	943
山西省	11	11	119	11	23	1389	193	561
内蒙古自治区	12	9	101	11	21	1112	195	493
辽宁省	14	14	100	17	56	1528	550	602
吉林省	9	8	60	20	19	878	254	426
黑龙江省	13	12	130	19	65	1273	365	470
上海市	—	—	19	—	18	214	103	108
江苏省	13	13	106	27	54	1410	281	1019
浙江省	11	11	90	22	32	1525	298	752
安徽省	17	17	105	5	44	1696	241	948
福建省	9	9	85	14	26	1101	167	593
江西省	11	11	99	10	19	1550	123	773
山东省	17	17	140	31	49	1931	460	1194
河南省	17	17	159	21	50	2299	392	841
湖北省	13	12	102	24	38	1220	277	733
湖南省	14	13	122	16	34	2409	233	1089
广东省	21	21	121	23	54	1585	429	1145
广西壮族自治区	14	14	109	7	34	1232	106	699
海南省	2	2	20	6	4	218	18	180
重庆市	—	—	40	4	15	1081	112	608
四川省	21	18	181	14	43	4782	238	1865
贵州省	9	4	88	9	10	1543	92	691
云南省	16	8	129	9	12	1455	56	567
西藏自治区	7	1	73	1	1	692	9	140
陕西省	10	10	107	3	24	1745	148	917
甘肃省	14	12	86	4	17	1348	121	457
青海省	8	1	43	2	4	422	30	123
宁夏回族自治区	5	5	21	2	8	229	42	94
新疆维吾尔自治区	14	2	99	20	11	1009	145	229
香港特别行政区	—	—	—	—	—	—	—	—
澳门特别行政区	—	—	—	—	—	—	—	—
台湾省	—	—	—	—	—	—	—	—
全　国	333	283	2862	374	852	41636	6152	19522

表 4 2006 年中华人民共和国行政区划统计表（截至 2006 年 12 月 31 日）

省 级	地 级	县 级	乡 级
4 直辖市 23 省 5 自治区 2 特别行政区 合 计 34	283 地级市 17 地区 30 自治州 3 盟 333 合 计	856 市辖区 369 县级市 1463 县 117 自治县 49 旗 3 自治旗 2 特区 1 林区 2860 合计	10 区公所 19369 镇 14119 乡 98 苏木 1088 民族乡 1 民族苏木 6355 街道 41040 合计
北京市		16 市辖区 2 县 18 合计	142 镇 36 乡 5 民族乡 131 街道 314 合计
天津市		15 市辖区 3 县 18 合计	118 镇 18 乡 2 民族乡 104 街道 242 合计
河北省	11 地级市 11 合计	36 市辖区 22 县级市 108 县 6 自治县 172 合计	1 区公所 946 镇 963 乡 53 民族乡 270 街道 2233 合计
山西省	11 地级市 11 合计	23 市辖区 11 县级市 85 县 119 合计	561 镇 635 乡 193 街道 1389 合计
内蒙古自治区	9 地级市 3 盟 12 合计	21 市辖区 11 县级市 17 县 49 旗 3 自治旗 101 合计	457 镇 68 乡 98 苏木 17 民族乡 1 民族苏木 220 街道 861 合计

续表 4

省　级	地　级	县　级	乡　级
辽宁省	14 地级市 14 合计	56 市辖区 17 县级市 19 县 8 自治县 100 合计	595 镇 295 乡 77 民族乡 555 街道 1522 合计
吉林省	8 地级市 1 自治州 9 合计	20 市辖区 20 县级市 17 县 3 自治县 60 合计	425 镇 170 乡 28 民族乡 264 街道 887 合计
黑龙江省	12 地级市 1 地区 13 合　计	64 市辖区 18 县级市 45 县 1 自治县 128 合计	470 镇 379 乡 58 民族乡 363 街道 1270 合计
上海市	18 市辖区 1 县 19 合计	106 镇 3 乡 104 街道 213 合计	
江苏省	13 地级市 13 合计	54 市辖区 27 县级市 25 县 106 合计	994 镇 108 乡 1 民族乡 285 街道 1388 合计
浙江省	11 地级市 11 合计	32 市辖区 22 县级市 35 县 1 自治县 90 合计	754 镇 447 乡 14 民族乡 304 街道 1519 合计
安徽省	17 地级市 17 合计	44 市辖区 5 县级市 56 县 105 合计	924 镇 450 乡 9 民族乡 242 街道 1625 合计
福建省	9 地级市 9 合　计	26 市辖区 14 县级市 45 县 85 合计	591 镇 322 乡 18 民族乡 173 街道 1104 合计

续表 4

省　级	地　级	县　级	乡　级
江西省	11　地级市 11　合计	19　市辖区 10　县级市 70　县 99　合计	767　镇 621　乡 7　民族乡 131　街道 1526　合计
山东省	17　地级市 17　合计	49　市辖区 31　县级市 60　县 140　合计	1190　镇 275　乡 1　民族乡 466　街道 1932　合计
河南省	17　地级市 17　合计	50　市辖区 21　县级市 88　县 159　合计	832　镇 1051　乡 12　民族乡 460　街　道 2355　合计
湖北省	12　地级市 1　自治州 13　合计	38　市辖区 24　县级市 37　县 2　自治县 1　林区 102　合计	732　镇 200　乡 10　民族乡 277　街道 1219　合计
湖南省	13　地级市 1　自治州 14　合计	34　市辖区 16　县级市 65　县 7　自治县 122　合计	1091　镇 988　乡 97　民族乡 231　街道 2407　合计
广东省	21　地级市 21　合计	54　市辖区 23　县级市 41　县 3　自治县 121　合计	1137　镇 4　乡 7　民族乡 431　街道 1579　合计
广西壮族自治区	14　地级市 14　合计	34　市辖区 7　县级市 56　县 12　自治县 109　合计	700　镇 368　乡 58　民族乡 104　街道 1230　合计
海南省	2　地级市 2　合计	4　市辖区 6　县级市 4　县 6　自治县 20　合计	181　镇 21　乡 18　街道 220　合计

续表 4

省 级	地 级	县 级	乡 级
重庆市		19 市辖区 17 县 4 自治县 40 合计	595 镇 298 乡 8 民族乡 121 街道 1022 合计
四川省	18 地级市 3 自治州 21 合计	43 市辖区 14 县级市 120 县 4 自治县 181 合计	1821 镇 2496 乡 94 民族乡 249 街道 4660 合计
贵州省	4 地级市 2 地 区 3 自治州 9 合计	10 市辖区 9 县级市 56 县 11 自治县 2 特 区 88 合计	691 镇 506 乡 252 民族乡 94 街道 1543 合计
云南省	8 地级市 8 自治州 16 合计	12 市辖区 9 县级市 79 县 29 自治县 129 合计	583 镇 579 乡 150 民族乡 56 街道 1368 合计
西藏自治区	1 地级市 6 地区 7 合计	1 市辖区 1 县级市 71 县 73 合计	140 镇 534 乡 8 民族乡 9 街道 691 合计
陕西省	10 地级市 10 合计	24 市辖区 3 县级市 80 县 107 合计	908 镇 678 乡 159 街道 1745 合计
甘肃省	12 地级市 2 自治州 14 合计	17 市辖区 4 县级市 58 县 7 自治县 86 合计	460 镇 730 乡 30 民族乡 122 街道 1342 合计
青海省	1 地级市 1 地 区 6 自治州 8 合计	4 市辖区 2 县级市 30 县 7 自治县 43 合计	135 镇 202 乡 29 民族乡 30 街道 396 合计

续表 4

省　级	地　级	县　级	乡　级
宁夏回族自治区	5　地级市 5　合计	8　市辖区 2　县级市 11　县 21　合计	94　镇 93　乡 42　街道 229　合计
新疆维吾尔自治区	2　地级市 7　地　区 5　自治州 14　合计	11　市辖区 20　县级市 62　县 6　自治县 99　合计	9　区公所 229　镇 581　乡 43　民族乡 147　街道 1009　合计
香港特别行政区			
澳门特别行政区			
台湾省	资料暂缺		

表 5　2006～2007 年中央重大人事任免

地　区	姓　名	职　务	原　职	前　任
吉　林	王　珉	省委书记	吉林省委书记	王　珉
四　川	杜青林	省委书记	四川省委书记	杜青林
海　南	卫留成	省委书记	海南省委书记	卫留成
甘　肃	陆　浩	省委书记	甘肃省委书记	陆　浩
贵　州	石宗源	省委书记	贵州省委书记	石宗源
黑龙江	钱运录	省委书记	黑龙江省委书记	钱运录
陕　西	赵乐际	省委书记	青海省委书记	李建国
山　东	李建国	省委书记	陕西省委书记	张高丽
青　海	强　卫	省委书记	北京市委副书记	赵乐际
浙　江	赵洪祝	省委书记	中组部副部长	习近平
宁　夏	陈建国	区党委书记		
天　津	张高丽	市委书记		
上　海	习近平	市委书记		
重　庆	薄熙来	市委书记		
广　东	汪　洋	省委书记		
北　京	刘　淇	市委书记		
辽　宁	张文岳	省委书记		
福　建	卢展工	省委书记		
河　南	徐光春	省委书记		
江　苏	梁保华	省委书记		
安　徽	王金山	省委书记		
湖　北	俞正声	省委书记		

续表 5

地　区	姓 名	职　务	原　职	前　任
文化部	于幼军	党组书记		
人口计生委	李　斌	党组书记		
财政部	谢　旭	部　长		
人事部	尹蔚民	部　长		
监察部	马　馼	部　长		
安全部	耿惠昌	部　长		
外交部	杨洁篪	部　长		
科技部	万　钢	部　长		
国土资源部	徐绍史	部　长		
水利部	陈　雷	部　长		
卫生部	陈　竺	部　长		
农业部	孙政才	部　长		
国农税务总局	肖　捷	局　长		
国防科工委	张庄伟	主　任		
商务部	薄熙来	部　长		
司法部	吴爱英	部　长		
交通部	李盛霖	部　长		
劳动和社会保障部	田成平	部　长		
国家扶贫办	范小建	主　任		
国家审计署	李金华	审计长		
国家审计署	刘家义	党组书记		
新华通讯社	何　平	总　编		
中央机构编制委员会办公室	王东明	主　任		
国家核安全局	李干杰	局　长		
中国证券业协会	黄湘平	会　长		
鞍钢集团	张晓刚	总经理		
新闻出版署	柳斌杰	署　长		
中国气象局	郑国光	局　长		
国务院侨务办公室	李海峰	主　任		
对外友协	陈昊苏	会　长		
刚　果	吴泽献	大　使		
莫桑比克	田广凤	大　使		
匈牙利	张春祥	大　使		
大不列颠及北爱尔兰联合王国	傅　莹	大　使		
南　非	钟建华	大　使		
以色列	赵　军	大　使		
加　纳	于文哲	大　使		
冰　岛	张克远	大　使		
蒙　古	余洪耀	大　使		
几内亚比绍	严邦华	大　使		
秘　鲁	高正月	大　使		

表 6 2005 年中国全部地级城市数

单位：个

地区	合计	按城市市辖区总人口分组					
		400 万以上	200 万～400 万	100 万～200 万	50 万～100 万	20 万～50 万	20 万以下
北京	1	1	—	—	—	—	—
天津	1	1	—	—	—	—	—
河北	11	—	2	2	4	3	—
山西	11	—	1	1	7	2	—
内蒙古	9	—	—	3	2	4	—
辽宁	14	1	1	2	8	2	—
吉林	8	—	1	1	3	3	—
黑龙江	12	—	1	2	7	1	1
上海	1	1	—	—	—	—	—
江苏	13	1	4	5	3	—	—
浙江	11	1	1	3	5	1	—
安徽	17	—	—	6	9	2	—
福建	9	—	1	3	1	4	—
江西	11	—	1	2	5	2	1
山东	17	—	4	9	4	—	—
河南	17	—	1	6	7	3	—
湖北	12	1	1	4	5	1	—
湖南	16	3	1	3	6	3	—
广东	18	—	1	6	5	6	—
广西	14	—	1	3	5	5	—
海南	2	—	—	1	1	—	—
重庆	1	1	—	—	—		—
四川	18	1	—	10	5	2	—
贵州	4	—	1	—	2	1	—
云南	8	—	1	—	3	3	1
西藏	—	—	—	—	—	—	—
陕西	10	1	—	—	7	2	—
甘肃	12	—	1	1	3	6	1
青海	1	—	—	1	—	—	—
宁夏	5	—	—	—	1	4	—
新疆	2	—	—	1	—	1	—
合计	286	13	25	75	108	61	4

注：地级城市未包括拉萨。

表7　首届全国村务公开民主管理制度创新奖提名项目名单

按行政区划排序	单　　位	项　目　名　称
1	北京市密云县委组织部、民政局	村民代表设岗定责制度
2	河北省青县县委	村民代表会议制度探索
3	河北省武安市委	村级“一制三化”制度
4	黑龙江省海伦市人民政府	村级“一事一议”制度
5	江苏省太仓市人民政府	村民小组代表会议制度
6	江苏省高淳县纪委、监察局、民政局	村干部廉洁自律体系建设
7	浙江省武义县委、县政府	村务监督委员会制度
8	浙江省温岭市委、市政府	村民民主恳谈制度
9	浙江省杭州市江干区人民政府	村(社)股份制财务会计集中办公制度
10	江西省民政厅	农村村落社区建设
11	山东省潍坊市寒亭区委、区人民政府	运用现代网络手段深化村务公开民主管理
12	山东省潍坊市坊子区人民政府	村级事务管理契约化
13	山东省日照市东港区人民政府	村务大事村民公决制度
14	河南省渑池县纪委、民政局	农村基层民主监督体制探索
15	湖北省通山县人民政府	“村干部”岗位及工资“票决制”
16	湖北省民政厅	村务公开民主管理观察员制度
17	广东省佛山市委农办、市农业局	社会中介组织参与村级财务管理制度
18	广东省云浮市委、市人民政府	阳光村务工程
19	广西壮族自治区扶绥县人民政府	“公推直选”与村“两委”联动选举
20	重庆市开县麻柳乡党委、乡人民政府	村级民主“八步工作法”
21	四川省成都市成华区委、区人民政府	“村民代表联系户”制度
22	陕西省眉县人民政府	“政务、村务公开”四级联动制度
23	贵州省遵义市红花岗区人民政府	“村务点题公开”制度
24	宁夏回族自治区中宁县民政局	村级财务管理“五牙子章”制度

表8　2007年第三批“全国民主法治示范村”申报数额分配表

省　份	数　额	省　份	数　额	省　份	数　额	省　份	数　额
北　京	9	上　海	9	湖　北	14	云　南	12
天　津	9	江　苏	14	湖　南	14	西　藏	6
河　北	16	浙　江	14	广　东	14	陕　西	13
山　西	13	安　徽	13	广　西	12	甘　肃	11
内蒙古	10	福　建	12	海　南	7	青　海	8
辽　宁	10	江　西	12	重　庆	11	宁　夏	8
吉　林	10	山　东	16	四　川	16	新　疆	9
黑龙江	10	河　南	16	贵　州	10	兵　团	8

四　法治建设

表 1　2004～2005 年中国公安机关受理、查处治安案件数

单位：起

案件类别	2004		2005	
	受　理	查　处	受　理	查　处
扰乱工作、公共秩序	545030	537187	498871	488611
结伙斗殴、寻衅滋事	120030	102225	123641	109123
侮辱妇女及其他流氓活动	16455	14889	17404	16524
阻碍国家工作人员执行职务	35148	33663	38505	37092
违反枪支管理规定	7610	7392	6307	6306
违反爆炸物品管理规定	45144	44076	46139	45417
殴打他人	1193348	935634	1392145	1163672
偷窃财物	1259087	559921	1513770	924095
骗取、抢夺、敲诈勒索财物	190694	82518	213207	115702
哄抢公私财物	5387	3697	5355	4200
故意损坏公私财物	134172	92168	168879	128559
伪造倒卖票券、证件	14811	14552	17523	17338
利用迷信扰乱秩序或骗财	8119	7751	8224	8116
卖淫、嫖娼	142633	141123	143995	142746
赌　博	380276	373365	418274	412098
违反户口、居民身份证管理	734880	725012	788485	785276
其　他	1814900	1690614	1976876	1895897
合　　计	6647724	5365787	7377600	6300772

表 2　2005 年中国检察机关直接立案侦查案件情况

案件分类	受　案	立　案	立案人数		结案件数	结案人数
	（件）	（件）	（人）	要　案	（件）	（人）
贪污贿赂案件小计	48722	28322	33366	2503	26492	31109
贪　污	24382	11792	15005	591	11077	14036
贿　赂	16224	10446	11225	1527	9701	10365
挪用公款	7013	5636	6480	289	5268	6057
集体私分	847	406	604	91	402	590
巨额财产来源不明	212	24	25	5	19	21
其　他	44	18	27		25	40
渎职案件小计	14331	6706	8081	296	6124	7348
滥用职权	4125	1883	2161	133	1703	1932
玩忽职守	4353	2648	3022	94	2432	2747
徇私舞弊	3274	955	1129	46	844	994
其　他	2579	1220	1769	23	1145	1675
合　计	63053	35028	41447	2799	32616	38457

注：结案中含上年旧存（以下各表同）。

表3　2005 年中国检察机关审查批准、决定逮捕犯罪嫌疑人和提起公诉被告人

案件分类	批捕、决定逮捕合计		决定起诉合计	
	件	人	件	人
公安、安全、监狱机关提请小计	566949	860372	630063	950804
危害国家安全案	185	296	185	349
危害公共安全案	49190	57923	75107	83800
破坏社会主义市场经济秩序案	13766	21193	14932	24950
侵犯公民人身、民主权利案	126161	166134	145416	188574
侵犯财产案	293275	469145	305852	492080
妨害社会管理秩序案	84163	145357	88354	160702
危害国防利益案	199	308	207	336
军人违反职责案	10	16	10	13
检察机关直接立案侦查案件小计	14499	16047	24808	30205
贪污贿赂案	13258	14611	21146	25530
渎职案	1241	1436	3662	4675
合　计	581448	876419	654871	981009

表4　2005 年中国检察机关处理申诉案件

案件分类	受案(件)	安案复查(件)	结案(件)	
				改变原决定
不服检察机关处理决定	3623	2482	2442	498
不服不批捕	519	320	315	34
不服不起诉	1551	1241	1189	159
不服撤案	132	78	82	19
不服原免予起诉	139	103	112	30
其他	1282	740	744	256
不服法院刑事判决裁定	4504	1735	1727	102
刑罚执行中被害人申诉	1093	416	403	13
刑罚执行中被告人申诉	1903	685	698	66
刑罚执行完毕后被害人申诉	363	159	160	8
刑罚执行完毕后被告人申诉	1145	475	466	15
合　计	8127	4217	4169	600

表5　2005 年中国人民法院审理刑事一审案件收结案

单位：件

项　目	收　案	结　案	项　目	收　案	结　案
危害公共安全罪	75099	74987	贪污贿赂罪	21558	21645
破坏社会主义市场经济秩序罪	15229	15082	渎职罪	2664	2632
侵犯公民人身权利民主权利罪	177701	178046	其　他	288	299
侵犯财产罪	304641	303869	合计中含自诉案件	29396	29996
妨害社会管理秩序罪	87501	87221	合　计	684897	683997
危害国防利益罪	216	216			

表 6 2005 年中国人民法院审理合同纠纷一审案件收结案

单位：件

项 目	收 案	结 案	调 解	判 决	驳 回	撤 诉	其 他
借款合同	705018	704528	229375	308003	6986	147551	12613
买卖合同	514251	510899	157134	209714	6740	125515	11796
电信合同	119498	119484	40743	15299	234	59330	3878
租赁合同	104346	103182	23421	45451	1698	30923	1689
劳动争议	122480	121516	27944	62608	7115	20988	2861
房地产合同	93750	94635	17694	52896	1883	20252	1910
供用动力合同	77171	77316	18769	21173	1228	35697	449
建设工程合同	71829	70129	16854	33353	1730	16406	1786
农村承包合同	56565	56221	18793	18210	859	17385	974
承揽合同	64345	63902	17197	25583	1088	18258	1776
其 他	336109	333839	79010	138193	6140	100502	9994
合 计	2265362	2255651	646934	930483	35701	592807	49726

表 7 2005 年中国人民法院审理权属、侵权纠纷及其他民事一审收结案

单位：件

项 目	收 案	结 案	调 解	判 决	驳 回	撤 诉	其 他
人身损害赔偿	447602	440936	152194	212934	3390	67139	5279
所有权及其相关权利	258915	256851	62178	117025	6123	66942	4583
特别程序	180752	180937	5400	31622	3102	5417	135396
人身权纠纷	9036	9087	1738	4492	179	2446	232
特殊侵权纠纷	19882	18880	5557	8136	414	4454	319
不当得利	9346	9302	1760	4514	272	2457	299
票据、证券、股票纠纷	10739	10748	1625	4554	499	2291	1779
知识产权案件	13424	13393	1184	5282	259	6063	605
海事海商案件	6000	5821	1354	2479	194	1637	157
其 他	25704	26120	6925	12540	480	5276	899
合 计	981400	972075	239915	403578	14912	164122	149548

表8　2005年中国人民法院行政一审案件收结案

单位：件

项　目	收　案	结　案	维　持	撤　销	驳　回	撤　诉	单独赔偿	其　他
土地等资源	18974	18835	3197	3866	3404	5163	297	2908
公　安	9514	9602	2806	969	1775	2780	401	871
城　建	19197	18864	2723	2701	4598	5729	550	2563
交通运输	2945	3011	387	241	777	995	81	530
工　商	2970	2979	699	322	575	1014	74	295
环　保	1190	1220	120	28	75	222	9	766
计划生育	3480	3342	230	50	217	535	27	2283
税　务	815	828	69	26	107	572	8	46
卫　生	930	951	175	70	172	327	27	180
乡政府	3966	3953	372	88	906	1618	105	864
劳动和社会保障	7171	7152	1831	945	1587	1900	26	863
合　计	96178	95707	15769	11764	20698	28539	2418	16519

表9　十六大以来查处的部分省部级贪官

姓　名	原职务	犯罪事实	处理结果
高　严	国家电力公司原总经理	涉嫌经济犯罪	开除党籍，开除公职
刘方仁	贵州省委原书记、省人大常委会原主任	单独或伙同他人非法收受他人钱款折合人民币677万余元	无期徒刑，没收赃款，没收个人全部财产
王怀忠	安徽省原副省长	受贿517万余元；对价值人民币480万余元的财产不能说明合法来源	死刑，剥夺政治权利终身，没收个人全部财产
韩桂芝	黑龙江省政协原主席	非法收受款物共计人民币702万余元	死刑，缓期两年执行，剥夺政治权利终身，没收个人全部财产
王昭耀	安徽省政协原副主席	非法收受财物折合人民币704万余元，另有折合人民币近650万元的财产不能说明合法来源	死刑，缓期两年执行，剥夺政治权利终身，没收个人全部财产
王有杰	河南省人大常委会原副主任	非法收受财物折合人民币634万余元，另有折合人民币890万余元不能说明合法来源	死刑，缓期两年执行，剥夺政治权利终身，没收个人全部财产
荆福生	福建省委原常委、原宣传部长	收受他人钱物折合人民币数百万元；生活腐化	开除党籍，开除公职，对其涉嫌犯罪问题移送司法机关依法查处

续表 9

姓　名	原职务	犯罪事实	处理结果
杜世成	山东省委原副书记、青岛市委原书记	本人或伙同情妇收受他人财物达数百万元;生活腐化	开除党籍,开除公职,对其涉嫌犯罪问题移送司法机关依法处理
刘志华	北京市原副市长	先后索取、收受他人财物折合人民币数百万元;包养情妇并滥用职权为其承揽工程谋取巨额非法利益	开除党籍,开除公职,对其涉嫌犯罪问题移送司法机关依法查处
邱晓华	国家统计局原局长	收受不法企业主所送现金;生活腐化堕落,涉嫌重婚犯罪	开除党籍,开除公职,对其涉嫌犯罪问题移送司法机关依法处理
郑筱萸	国家食品药品监督管理局原局长	非法收受款物共计折合人民币 649 万余元;玩忽职守	死刑,剥夺政治权利终身,没收个人全部财产

五　社会发展

表1　人民生活基本情况

指　标　名　称	1989	1997	2004	2005
就　业				
城镇居民家庭每户就业人口(人)	2.00	1.83	1.56	1.51
农村居民家庭每户整半劳动力(人)	2.94	2.79	2.82	2.82
城镇居民家庭每一就业者负担人数(人)	1.78	1.74	1.91	1.96
农村居民家庭每一劳动力负担人数(人)	1.65	1.56	1.45	1.44
城镇登记失业人数(万人)	378	577	827	839
城镇登记失业率(%)	2.6	3.1	4.2	4.2
本年职业介绍服务机构(个)	—	34286	33890	35747
本年登记求职人数(万人)	—	1162	3583	4129
收入与支出				
城镇居民人均可支配收入(元)	1374	5160	9422	10493
农村居民人均纯收入(元)	602	2090	2936	3255
城镇居民人均消费性支出(元)	1211	4186	7182	7943
农村居民人均生活消费支出(元)	535	1617	2185	2555
人均储蓄存款余额(元)	461	3744	9197	10787
生活质量				
居民家庭恩格尔系数(%)				
城　镇	54.5	46.6	37.7	36.7
农　村	54.8	55.1	47.2	45.5
居住条件				
城市人均住宅建筑面积(平方米)	13.5	17.8	25.0	26.1
农村人均住房面积(平方米)	17.2	22.5	27.9	29.7
交通条件				
城市每万人拥有公交车辆(标台)	2.1	4.5	8.4	8.6
城市人均拥有铺路面积(平方米)	3.2	5.2	10.3	10.9
农村通公路行政村比重(%)	75.0	85.8	92.9	94.3
城镇每百户拥有家用汽车(辆)	—	0.19	2.18	3.37
农村每百户拥有摩托车(辆)	0.95	10.89	36.15	40.70
通信条件				
电话普及率(部/百人)	0.98	8.11	50.03	57.22
移动电话普及率(部/百人)	—	1.07	25.91	30.26

续表1

指　标　名　称	1989	1997	2004	2005
每千人拥有公用电话数(部)	0.04	1.57	17.14	20.63
城市公用设施普及占有率				
用水普及率(%)	47.4	61.2	88.8	91.1
用气普及率(%)	17.8	40.0	81.5	82.1
人均公共绿地面积(平方米)	1.7	2.9	7.4	7.9
每万人拥有公共厕所(座)	3.1	3.0	3.2	3.2
人均国内旅游花费(元)	—	328.1	427.5	436.1
城　镇	—	599.8	731.8	737.1
农　村	—	145.7	210.2	227.6
文化、教育和卫生				
文　化				
广播人口覆盖率(%)	73.0	86.0	94.1	94.5
电视人口覆盖率(%)	77.9	87.6	95.3	95.8
每百户彩色电视机拥有量(部/百户)				
城　镇	51.5	100.5	133.4	134.8
农　村	3.6	27.3	75.1	84.0
每百户家用电脑拥有量(部/百户)				
城　镇		2.6	33.1	41.5
农　村			1.9	2.1
居民家庭文教娱乐支出比重(%)				
城　镇	11.1	10.7	14.4	13.8
农　村	5.7	9.2	11.3	11.6
教育升学率(%)				
小学升初中	71.5	93.7	98.1	98.4
初中升高级中学	38.3	51.5	62.9	69.7
高中升高等教育	24.6	48.6	82.5	76.3
平均每一学生占有预算内教育事业费支出(元)				
普通高校	—	6522.9	5552.5	—
普通高中	—	1155.4	1758.6	—
普通初中	—	591.4	1246.1	—
小　学	—	333.8	1129.1	—
卫　生				
每万人口医院、卫生院床位数(张)	22.8	23.5	24.0	24.5
每万人口医生数(人)	15.6	16.5	15.0	15.2
人均卫生总费用支出(元)	76.7	186.4	583.9	—
居民家庭医疗保健支出比重(%)				
城　镇	1.3	4.3	7.4	7.6
农　村	3.1	3.9	6.0	6.6

续表 1

指 标 名 称	1989	1997	2004	2005
社会保障和社区服务社会保障				
参加基本养老保险职工人数(万人)	4817	8671	12250	13120
参加基本养老保险离退休人数(万人)	893	2533	4103	4368
参加失业保险职工人数(万人)	—	7961	10584	10648
参加基本医疗保险人数(万人)	—	1762	12404	13783
参加农村养老保险人数(万人)	—	—	5382	5442
人均离休退休费(元)	1478	5458	9808	10761
社区服务				
城镇社区服务设施(万个)	7.1	13.3	19.8	19.5
城镇便民利民服务网点(万个)	—	30.7	70.4	66.5

注：1. 城市人均住宅建筑面积、城市交通状况、城市公用事业资料由建设部提供。

2. 城镇居民家庭文教娱乐支出比重1989年为1990年数据。

3. 人均卫生总费用支出1989年和1997年分别为1991年和1995年数据。

表2　城乡居民家庭人均收入及恩格尔系数

年份	城镇居民家庭人均可支配收入		城镇居民家庭人均纯收入		城镇居民家庭恩格尔系数(%)	农村居民家庭恩格尔系数(%)
	绝对数(元)	指数(1978＝100)	绝对数(元)	指数(1978＝100)		
1978	343.4	100.0	133.6	100.0	57.5	67.7
1980	477.6	127.0	191.3	139.0	56.9	61.8
1985	739.1	160.4	397.6	268.9	53.3	57.8
1989	1373.9	182.5	601.5	305.7	54.5	54.8
1990	1510.2	198.1	686.3	311.2	54.2	58.8
1991	1700.6	212.4	708.6	317.4	53.8	57.6
1992	2026.6	232.9	784.0	336.2	53.0	57.6
1993	2577.4	255.1	921.6	346.9	50.3	58.1
1994	3496.2	276.8	1221.0	364.3	50.0	58.9
1995	4283.0	290.3	1577.7	383.6	50.1	58.6
1996	4838.9	301.6	1926.1	418.1	48.8	56.3
1997	5160.3	311.9	2090.1	437.3	46.6	55.1
1998	5425.1	329.9	2162.0	456.1	44.7	53.4
1999	5854.0	360.6	2210.3	473.5	42.1	52.6
2000	6280.0	383.7	2253.4	483.4	39.4	49.1
2001	6859.6	416.3	2366.4	503.7	38.2	47.7
2002	7702.8	472.1	2475.6	527.9	37.7	46.2
2003	8472.2	514.6	2622.2	550.6	37.1	45.6
2004	9421.6	554.2	2936.4	588.0	37.7	47.2
2005	10493.0	607.4	3254.9	624.5	36.7	45.5

表 3 2005 年中国城镇居民家庭基本情况

项 目	全 国	按收入等级分							
		最低收入户（10%）	困难户（5%）	低收入户（10%）	中等偏下户（20%）	中等收入户（20%）	中等偏上户（20%）	高收入户（10%）	最高收入户（10%）
调查户数（户）	54496	5376	2666	5454	10943	10966	10920	5440	5398
调查户比重（%）	100.00	9.87	4.89	10.01	20.08	20.12	20.04	9.98	9.91
平均每户家庭人口（人）	2.96	3.34	3.38	3.22	3.10	2.95	2.79	2.68	2.64
平均每户就业人口（人）	1.51	1.26	1.13	1.45	1.55	1.56	1.54	1.54	1.59
平均每户就业面（%）	51.01	37.72	33.43	45.03	50.00	52.88	55.20	57.46	60.23
平均每一就业者负担人数（包括就业者本人）（人）	1.96	2.65	2.99	2.22	2.00	1.89	1.81	1.74	1.66
平均每人全部年收入（元）	11320.77	3377.68	2733.30	5202.12	7177.05	9886.96	13596.66	18687.74	31237.52
平均每人可支配收入（元）	10493.03	3134.88	2495.75	4885.32	6710.58	9190.05	12603.37	17202.93	28773.11
平均每人消费性支出（元）	7942.88	3111.47	2656.41	4295.35	5574.32	7308.06	9410.77	12102.51	19153.73

表 4 2005 年中国东、中、西部及东北地区城镇居民家庭平均每百户年底耐用消费品拥有量

项 目	东部地区	中部地区	西部地区	东北地区
摩托车（辆）	37.97	21.76	16.77	9.78
自行车（辆）	149.46	113.66	93.57	98.00
家用汽车（辆）	6.11	1.26	2.57	1.26
洗衣机（台）	95.85	96.85	95.63	90.98
电风扇（台）	205.00	207.67	143.28	63.52
电冰箱（台）	94.80	90.73	88.00	83.55
彩色电视机（台）	146.84	128.98	130.52	119.50
家用电脑（台）	57.31	33.17	32.28	29.36
组合音响（套）	34.69	24.85	29.94	16.79
录音机（台）	46.89	32.39	34.84	38.66
照相机（架）	60.15	37.24	40.63	39.23
空调（台）	122.99	80.28	55.41	9.32
排油烟机（台）	82.14	53.71	55.85	77.66
移动电话机（部）	156.08	124.05	130.41	116.85

表5　2005年中国各地区产品质量情况

单位：%

地　区	产品质量等级品率			新产品产值率	质　量损失率
	优等品率	一等品率	合格品率		
全　国	39.00	36.42	24.56	18.47	0.38
北　京	3.21	2.36	94.42	66.03	0.62
天　津	37.42	30.06	32.52	28.04	0.03
河　北	45.97	39.91	14.11	17.20	0.42
山　西	23.61	55.18	21.22	13.54	0.48
内蒙古	40.22	30.71	29.08	0.20	0.38
辽　宁	35.76	32.04	32.19	7.24	0.08
吉　林	76.69	21.07	2.25	23.90	1.13
黑龙江	12.61	69.07	18.32	21.81	0.43
江　苏	53.04	34.49	12.11	12.70	0.29
浙　江	40.54	47.86	11.61	28.45	0.66
安　徽	28.44	52.96	18.60	19.14	0.67
福　建	63.99	19.65	16.36	5.89	0.03
江　西	87.71	9.18	3.12	3.77	0.07
山　东	45.82	24.82	29.37	25.79	0.92
河　南	21.89	61.51	16.60	19.72	0.49
湖　北	39.70	44.50	15.80	18.15	0.29
湖　南	52.61	43.60	3.80	24.65	0.38
广　东	17.72	68.98	13.31	6.00	0.03
广　西	19.48	16.74	63.78	5.81	0.26
海　南	77.89	3.08	19.03	2.23	0.03
重　庆	13.90	76.90	9.20	48.56	0.38
四　川	51.91	36.41	11.68	18.94	0.37
贵　州	48.28	43.46	8.26	9.74	0.75
云　南	56.74	24.44	18.61	22.22	—
西　藏	—	36.72	63.28	—	0.15
陕　西	37.42	56.57	6.01	5.89	0.07
甘　肃	—	—	—	—	—
青　海	20.52	0.94	78.53	24.58	—
宁　夏	—	—	—	—	—
新　疆	—	—	—	—	—

注：本资料由73个重点工业城市抽样数据汇总而成。

表6 2005年中国产品质量监督检查情况

项　目	监督检验企业数（个）	有不合格产品企业所占比例（%）	批次合格率（%）
农用产品	15795	19.16	81.76
拖拉机	567	12.52	84.97
农用化肥	8365	19.61	79.09
化学农药	1836	14.71	87.29
饲料	4266	22.08	81.58
农用薄膜	563	15.63	88.09
种子	198	7.58	91.92
加工食品和饮料	79801	20.56	81.82
食用植物油	14198	16.40	84.25
糕点糖果	35544	20.43	81.75
乳制品	2939	17.42	86.73
罐头	1768	23.59	79.25
白酒	22423	23.26	79.88
啤酒	907	10.92	94.00
冷冻饮料	2022	28.39	74.38
家用电器	3309	17.14	83.90
收录机、音响设备	570	16.67	80.92
电视机、录像机	124	20.16	78.62
洗衣机	101	11.88	88.79
电风扇	205	15.12	86.09
电话机	167	14.97	90.42
冰箱、冷藏冷冻箱	89	12.36	88.89
电热器具	679	15.76	83.00
厨房电器具	1162	17.47	85.51
抽油烟机	212	27.36	75.86
轻工产品	26670	17.34	83.41
纸	1483	25.62	75.55
纸制品	7157	18.63	81.38
玩具	379	22.96	39.39
家具	8566	17.22	88.60
铝制品压力锅	278	12.23	90.44
眼镜（架、片）	7496	15.14	85.70
灯泡灯管	950	15.89	84.85
镇流器	159	10.06	91.16
电热、燃气热水器	202	6.44	94.09
纺织、鞋类产品	10827	11.91	88.81
布（印染、色织、坯布）	1500	10.73	89.59
毛织品	631	13.47	86.61
丝麻织品	560	8.57	91.52
针织品	1750	17.26	85.98
鞋	6386	10.85	89.52

续表 6

项　　目	监督检验企业数（个）	有不合格产品企业所占比例(%)	批次合格率(%)
化工产品	6296	11.80	88.33
涂料、油漆	5094	12.15	87.66
化学试剂	1202	10.32	91.42
建材产品	50309	12.85	88.72
水泥	10008	7.98	93.64
水泥预制构件	12821	8.35	91.98
砖瓦	25630	16.23	85.39
油毡油纸	211	23.22	79.31
平板玻璃	229	5.68	95.84
水暖管件	1410	26.38	81.50
机械、电器产品	14043	9.83	90.37
轴承	763	11.80	90.74
阀门、泵	2812	5.05	92.33
电线	4504	13.77	86.52
低压电器元件	3451	9.13	94.07
电动工具	508	10.43	89.45
消防器材	611	6.55	93.39
电动机柴油机	1394	8.68	91.16
冶金产品及金属制品	5019	14.21	87.00
线材	2414	14.21	88.26
型材	2605	14.20	85.61
其他产品	6543	20.31	77.45
全国总计	218612	16.72	84.59

表 7　2005 年全国百强县

县　　名	位　次	综合指数	发展水平	发展活力	发展潜力
昆山市	1	113.304	127.638	99.8557	63.0196
顺德区	2	111.644	123.473	98.4188	69.8477
江阴市	3	108.387	123.413	89.1103	59.4954
张家港市	4	107.845	123.13	89.5453	57.6662
常熟市	5	104.955	118.376	94.5646	56.834
南海区	6	104.029	114.566	85.5816	70.4004
萧山区	7	93.904	104.137	88.7595	54.529
武进区	8	90.601	97.296	90.5316	61.3746
绍兴县	9	88.667	96.089	95.436	53.3022
太仓市	10	88.486	95.085	97.2504	55.0831
吴江市	11	87.791	93.676	99.6613	55.4821
鄞州区	12	83.975	89.208	95.9722	54.2281
晋江市	13	83.144	88.733	97.3525	51.0391

续表 7

县　　名	位　次	综合指数	发展水平	发展活力	发展潜力
荣成市	14	82.497	86.988	88.7088	58.686
义乌市	15	80.769	85.18	86.5009	57.5841
余杭区	16	79.571	84.745	83.152	54.6152
慈溪市	17	78.579	82.207	93.4143	53.79
文登市	18	77.704	80.762	87.9079	57.652
海宁市	19	76.02	79.433	87.9273	53.6797
余姚市	20	75.847	77.457	99.5022	54.8853
龙口市	21	75.465	79.303	84.339	53.0414
宜兴市	22	74.641	78.833	79.4204	53.0405
桐乡市	23	73.827	77.139	82.1866	53.8375
石狮市	24	73.676	77.198	80.3074	56.4243
三水区	25	72.346	73.313	88.83	58.1916
嘉善县	26	72.267	73.081	97.1163	54.7252
诸暨市	27	72.208	75.3	82.6752	52.0312
平湖市	28	71.731	71.872	98.0579	55.8388
富阳市	29	71.389	74.491	77.6778	53.4531
海盐县	30	70.539	73.085	78.7224	54.8891
玉环县	31	70.106	72.976	82.3133	50.1152
温岭市	32	69.111	73.757	69.1641	48.5287
胶州市	33	68.361	69.496	92.1479	49.5697
胶南市	34	68.351	69.6	85.2534	52.5598
乐清市	35	68.287	71.449	69.7135	52.9217
德清县	36	67.519	68.032	85.576	54.3521
扬中市	37	67.44	69.228	72.3102	59.8779
增城市	38	67.06	68.984	77.5272	51.8481
瑞安市	39	66.49	69.91	70.1338	48.8425
蓬莱市	40	66.486	66.44	85.6915	55.2447
高明区	41	66.475	65.611	96.4255	56.7537
上虞市	42	66.044	67.854	80.312	49.3104
即墨市	43	65.815	66.48	95.0427	46.4857
永康市	44	65.768	65.755	83.907	54.9646
邹城市	45	65.763	67.075	76.1676	53.2564
丹阳市	46	65.633	68.633	64.1594	52.7143
章丘市	47	65.596	65.989	79.0989	55.479
崇明县	48	65.299	64.338	73.9009	64.5931
寿光市	49	65.286	64.897	83.5479	56.1573
兖州市	50	64.827	65.37	73.9337	56.5376
长兴县	51	64.51	66.045	74.2907	51.3945
迁安市	52	64.396	65.754	67.1972	56.1278
福清市	53	64.248	66.622	66.8499	51.6037
新会区	54	63.882	62.969	80.6711	58.0845
奉化市	55	63.737	65.347	75.5381	49.2079
东胜区	56	63.719	62.235	90.4201	60.8982

续表 7

县　名	位　次	综合指数	发展水平	发展活力	发展潜力
惠阳区	57	63.678	62.898	83.0604	55.8045
巩义市	58	63.313	64.599	72.9814	51.3613
招远市	59	63.041	63.388	81.6852	50.3907
金坛市	60	62.996	63.067	74.7815	55.3667
密云县	61	62.765	60.942	82.6586	59.7251
库尔勒市	62	61.595	63.028	66.6061	51.6855
嵊泗县	63	61.117	65.172	58.4248	53.9254
溧阳市	64	60.962	61.511	70.1672	52.6171
象山县	65	60.956	60.968	81.3745	48.9284
东阳市	66	60.882	62.09	74.9414	46.9291
莱州市	67	60.76	61.407	75.8037	48.7321
温江区	68	60.683	60.336	82.8613	51.8433
新昌县	69	60.647	61.415	73.913	49.0478
三河市	70	60.526	58.93	79.6217	56.8318
桓台县	71	60.524	60.302	78.5226	50.8343
桐庐县	72	60.425	58.27	85.7643	56.2944
海门市	73	60.268	62.164	69.4751	45.9975
乳山市	74	60.207	60.607	73.9535	49.998
临安市	75	59.988	59.792	77.4644	50.4694
诸城市	76	59.945	58.86	83.7455	51.2224
海城市	77	59.71	63.424	64.2336	40.6506
斗门区	78	59.595	57.623	90.7837	54.0891
靖江市	79	59.425	58.773	72.0977	54.7631
广饶县	80	58.98	58.415	74.2218	52.4332
六合区	81	58.904	57.392	67.9514	60.7721
宁海县	82	58.901	58.532	80.8189	47.8663
河津市	83	58.885	60.341	59.338	52.51
通州市	84	58.725	59.95	66.5437	48.1504
绥芬河市	85	58.617	57.602	77.4367	63.6413
双流县	86	58.255	58.605	76.2636	46.0311
鹤山市	87	58.194	56.756	85.6122	50.6512
武安市	88	57.87	57.227	73.1157	51.7085
邹平县	89	57.804	56.315	77.5787	53.2437
鹿泉市	90	57.677	57.205	71.2517	53.0434
长岛县	91	57.575	56.466	81.0163	60.9151
石河子市	92	57.416	55.888	71.957	58.6049
开平市	93	57.303	54.602	89.4606	52.2472
宁河县	94	57.213	56.553	72.337	52.3926
惠安县	95	56.829	58.77	56.7662	47.7493
长乐市	96	56.666	57.163	58.048	53.3286
高淳县	97	56.621	57.354	56.1571	53.3447
静海县	98	56.511	55.586	70.2536	52.5854
仪征市	99	56.279	54.999	71.2045	53.4335
莱西市	100	56.113	54.618	77.4435	50.764

表8 2005年全国各地区基本医疗保险情况

地 区	年末参保人数(万人)			基金收支情况(万元)		
	合 计	职 工	离休和退休人员	基金收入	基金支出	累计结余
北 京	574.8	419.7	155.1	1020106	777404	560083
天 津	299.1	180.8	118.3	322544	311564	48169
河 北	562.1	422.6	139.6	495703	375205	440793
山 西	324.9	251.9	73.0	256014	157503	265953
内蒙古	292.0	206.0	86.0	215838	157638	188131
辽 宁	864.2	584.2	280.0	685606	551872	601820
吉 林	283.0	209.1	73.9	179795	134239	170637
黑龙江	602.9	432.5	170.4	423163	332442	318535
上 海	728.6	452.7	275.9	1510763	1464370	660798
江 苏	1124.1	821.1	303.0	1179901	905982	1044373
浙 江	639.6	476.5	163.1	840808	567871	1110044
安 徽	387.1	274.4	112.7	303672	238710	256601
福 建	333.0	255.8	77.2	404369	259821	557482
江 西	276.7	201.7	75.0	145167	112788	117566
山 东	861.5	684.8	176.7	820726	631723	641006
河 南	641.5	487.4	154.1	414793	305254	455730
湖 北	502.0	354.9	147.2	415504	296284	462525
湖 南	503.4	356.8	146.6	453295	338844	392955
广 东	1235.3	1055.0	180.3	1417976	933241	2153549
广 西	285.9	203.6	82.3	259445	176180	292685
海 南	87.2	62.8	24.5	59385	52291	38817
重 庆	237.7	145.8	91.9	207123	135065	189379
四 川	647.0	426.8	220.2	623791	430297	694515
贵 州	180.5	129.0	51.5	117655	85554	106568
云 南	320.7	225.2	95.5	387659	335928	296534
西 藏	15.2	10.4	4.8	16517	16018	5700
陕 西	348.8	247.4	101.3	240267	177114	223500
甘 肃	176.6	130.4	46.2	123129	111720	78989
青 海	62.0	41.6	20.4	78302	62816	82512
宁 夏	64.5	47.3	17.2	58171	42951	56174
新 疆	321.1	223.6	97.5	375820	308671	269076
全 国	13782.9	10021.7	3761.2	14053007	10787360	12781199

表9　2005年中国各地区离休和退休人员数

单位：万人

地　区	合　计	离休人员	退休人员	企　业	离休人员	退休人员
北　京	192.2	5.6	186.6	139.3	2.8	136.4
天　津	136.2	2.1	134.2	109.1	1.1	108.0
河　北	213.8	8.0	205.8	157.9	3.5	154.4
山　西	128.1	6.2	121.9	98.4	2.9	95.5
内蒙古	91.7	2.5	89.2	61.5	0.9	60.6
辽　宁	382.2	10.5	371.7	310.2	6.2	304.0
吉　林	158.7	4.5	154.2	123.3	2.2	121.1
黑龙江	253.1	8.7	244.4	203.0	4.6	198.4
上　海	291.3	3.2	288.1	254.2	1.7	252.4
江　苏	327.5	6.3	321.2	260.5	3.1	257.5
浙　江	176.5	2.9	173.6	130.9	1.2	129.7
安　徽	154.9	4.6	150.2	110.4	2.2	108.2
福　建	92.4	1.6	90.8	66.8	0.8	66.0
江　西	144.8	2.4	142.4	113.9	1.4	112.5
山　东	250.4	11.5	238.9	183.6	5.7	177.9
河　南	236.4	8.6	227.8	167.8	3.7	164.1
湖　北	274.2	5.4	268.8	211.8	3.3	208.5
湖　南	188.0	2.9	185.1	139.8	1.5	138.3
广　东	257.9	4.9	253.0	196.9	2.4	194.5
广　西	120.2	1.9	118.3	75.6	0.8	74.7
海　南	35.1	0.5	34.6	28.0	0.3	27.8
重　庆	112.9	1.0	111.9	81.2	0.6	80.7
四　川	274.9	3.4	271.5	190.9	1.9	189.0
贵　州	79.7	1.5	78.2	53.5	0.6	52.9
云　南	126.1	3.0	123.1	83.8	1.3	82.5
西　藏	5.8	0.1	5.7	2.7		2.7
陕　西	141.2	4.2	137.0	109.7	2.3	107.3
甘　肃	75.4	2.1	73.3	54.1	1.1	53.0
青　海	25.4	0.8	24.7	17.2	0.3	16.9
宁　夏	21.9	0.7	21.2	15.5	0.3	15.2
新　疆	115.0	4.6	110.4	90.8	3.6	87.2
全　国	5088.2	126.4	4961.8	3842.4	64.5	3777.9

注：本表总计中包括总后勤部、民政部门支付离退休费的人数；分地区数据不包括总后勤部支付离退休费的人数。

表 10　2005 年中国各地区城镇社区服务设施基本情况

单位：个

地　区	城镇社区服务设施数	城镇便民、利民服务网点	社区服务单位个数
北　京	1897	164	6354
天　津	2139	111	8907
河　北	6602	231	19758
山　西	1817	168	12137
内蒙古	4826	240	25485
辽　宁	8898	341	91287
吉　林	1999	249	11869
黑龙江	5805	583	60068
上　海	8016	104	8702
江　苏	23506	454	71447
浙　江	36255	300	50046
安　徽	6815	327	18327
福　建	5778	366	46220
江　西	3053	299	8990
山　东	9563	399	42947
河　南	3799	346	13634
湖　北	6971	278	22573
湖　南	14265	955	38045
广　东	9044	665	11108
广　西	1394	93	2681
海　南	434	4	1591
重　庆	1644	98	7968
四　川	7216	397	22660
贵　州	4704	149	12004
云　南	424	137	1365
西　藏	70	5	—
陕　西	7038	239	18544
甘　肃	1975	272	14475
青　海	360	116	1271
宁　夏	2622	42	2973
新　疆	5867	347	11328
全　国	194796	8479	664764

表 11　中国就业基本情况

项目＼年份	2001	2002	2003	2004	2005
经济活动人口(万人)	74432	75360	76075	76823	77877
就业人员合计(万人)	73025	73740	74432	75200	75825
第一产业	36513	36870	36546	35269	33970
第二产业	16284	15780	16077	16920	18084
第三产业	20228	21090	21809	23011	23771
就业人员构成(合计=100)					
第一产业	50.0	50.0	49.1	46.9	44.8
第二产业	22.3	21.4	21.6	22.5	23.8
第三产业	27.7	28.6	29.3	30.6	31.4
按城乡分就业人员(万人)					
城镇就业人员	23940	24780	25639	26476	27331
国有单位	7640	7163	6876	6709.9251	6488
城镇集体单位	1291	1122	1000	897.1599	810
股份合作单位	153	161	173	192.4	188
联营单位	45	45	44	44.1	45
有限责任公司	841	1083	1261	1436	1750
股份有限公司	483	538	592	624.9	699
私营企业	1527	1999	2545	2993.729	3458
港澳台商投资单位	326	367	409	469.8	557
外商投资单位	345	391	454	563	688
个　体	2131	2269	2377	2521.2246	2778
乡村就业人员	49085	48960	48793	48724	48494
乡镇企业	13086	13288	13573	13866	14272
私营企业	1187	1411	1754	2023.5223	2366
个　体	2629	2474	2260	2065.8835	2123
在岗职工人数　(万人)	10792	10558	10492	10576	10850
国有单位	7409	6924	6621	6438	6232
城镇集体单位	1241	1071	951	851	769
其他单位	2142	2563	2920	3287	3849
城镇登记失业人数(万人)	681	770	800	827	839
城镇登记失业率　(%)	3.6	4	4.3	4.2	4.2

注：本篇章就业人员合计和城镇、乡村就业人员小计 1990～2000 年数据根据第五次人口普查资料重新调整，2001 年及以后数据根据人口变动抽样调查资料推算，因此，与相应年份的分地区、分注册登记类型、分行业资料的分项数据之和不一致。

表 12 2005 年中国各地区按三次产业分就业人员数

地区	就业人员(万人)				构成(合计=100)		
	总计	第一产业	第二产业	第三产业	第一产业	第二产业	第三产业
北京	920.4	62.2	226.4	631.8	6.8	24.6	68.6
天津	426.9	80.5	173.3	173.1	18.9	40.6	40.5
河北	3467.3	1562.3	1048.4	856.6	45.1	30.2	24.7
山西	1476.4	641.8	385.8	448.7	43.5	26.1	30.4
内蒙古	1041.1	560.5	162.8	317.9	53.8	15.6	30.5
辽宁	1978.6	718.9	504.4	755.2	36.3	25.5	38.2
吉林	1099.4	523.9	201.8	373.8	47.7	18.4	34.0
黑龙江	1625.8	787.7	339.7	498.4	48.4	20.9	30.7
上海	855.9	61.1	331.3	463.5	7.1	38.7	54.2
江苏	3877.7	1076.7	1493.4	1307.6	27.8	38.5	33.7
浙江	3202.9	791.1	1339.9	1071.8	24.7	41.8	33.5
安徽	3484.7	1778.2	762.7	943.7	51.0	21.9	27.1
福建	1868.5	702.5	582.3	583.7	37.6	31.2	31.2
江西	2107.5	967.4	464.3	675.8	45.9	22.0	32.1
山东	5110.8	2056.5	1558.6	1495.6	40.2	30.5	29.3
河南	5662.4	3138.8	1251.7	1271.9	55.4	22.1	22.5
湖北	2676.3	1133.9	521.8	1020.5	42.4	19.5	38.1
湖南	3658.3	1962.0	639.4	1056.9	53.6	17.5	28.9
广东	4702.1	1548.7	1443.1	1710.3	32.9	30.7	36.4
广西	2703.1	1518.7	302.1	882.2	56.2	11.2	32.6
海南	377.7	215.1	40.1	122.5	57.0	10.6	32.4
重庆	1720.8	779.5	370.6	570.7	45.3	21.5	33.2
四川	4603.5	2329.9	845.8	1427.8	50.6	18.4	31.0
贵州	2215.8	1272.0	228.5	715.3	57.4	10.3	32.3
云南	2461.3	1709.2	245.1	507.0	69.4	10.0	20.6
西藏	140.4	86.3	12.9	41.2	61.4	9.2	29.3
陕西	1882.9	956.4	348.3	578.2	50.8	18.5	30.7
甘肃	1347.6	770.5	184.8	392.3	57.2	13.7	29.1
青海	267.6	131.6	46.5	89.6	49.2	17.4	33.5
宁夏	299.6	145.1	66.7	87.8	48.4	22.3	29.3
新疆	764.3	407.1	101.7	255.4	53.3	13.3	33.4
全国	75825.0	33970.0	18084.0	23771.0	44.8	23.8	31.4

表 13　中国各地区按行业分城镇单位专业技术人员数（1）

单位：万人

年份 地区	建筑业	交通运输、仓储和邮政业	信息传输、计算机服务和软件业	批发和零售业	住宿和餐饮业	金融业	房地产业	租赁和商务服务业	科学研究、技术服务和地质勘察业	水利、环境和公共设施管理业	居民服务和其他服务业
2003	160.9	90.0	41.1	101.0	17.5	159.5	29.3	36.4	112.8	26.3	7.1
2004	163.4	89.8	44.4	95.0	18.7	157.2	31.8	36.1	112.9	27.6	6.8
2005	178.4	81.9	46.8	86.0	19.3	156.2	33.5	38.3	113.5	27.7	6.5
北　京	12.9	3.8	10.0	8.2	2.7	7.1	5.1	9.0	16.2	1.0	1.7
天　津	2.9	2.0	1.0	1.6	0.3	2.7	0.4	0.5	2.8	0.6	0.3
河　北	7.2	3.7	1.4	4.1	0.8	7.8	0.8	0.9	3.6	1.5	0.6
山　西	5.4	2.3	1.1	2.9	0.5	4.4	0.4	1.0	3.1	0.8	0.1
内蒙古	2.7	1.8	0.9	1.1	0.3	3.5	0.3	0.6	2.2	1.1	0.1
辽　宁	5.9	4.6	2.2	3.3	0.8	8.9	1.6	1.5	5.2	1.6	0.3
吉　林	3.1	2.3	1.1	1.7	0.2	4.7	0.7	1.0	3.5	1.1	0.1
黑龙江	4.6	3.1	1.4	2.6	0.3	5.2	0.8	0.9	3.2	1.2	0.2
上　海	3.5	3.7	1.4	2.4	0.4	5.6	0.9	1.4	4.4	0.5	0.1
江　苏	7.0	5.1	2.1	4.4	1.1	9.8	1.8	1.9	5.1	1.6	0.2
浙　江	16.8	2.9	1.8	4.5	1.2	9.0	1.9	2.8	4.5	0.9	0.1
安　徽	5.1	2.0	0.9	2.1	0.2	4.1	0.7	0.5	2.7	0.8	0.1
福　建	5.7	2.0	1.2	2.0	0.5	4.8	1.1	1.2	2.3	0.5	0.2
江　西	3.4	2.2	0.9	1.6	0.3	3.8	0.5	0.4	2.4	0.6	0.1
山　东	12.1	5.5	1.7	6.8	1.4	9.5	2.5	2.1	4.4	2.3	0.2
河　南	11.0	3.0	1.3	6.3	1.2	7.7	1.2	1.4	4.8	1.2	0.2
湖　北	8.0	4.6	1.8	3.8	0.7	6.5	1.5	1.2	4.8	1.6	0.2
湖　南	9.1	2.3	1.4	2.4	1.0	4.9	1.4	0.9	2.9	0.9	0.2
广　东	11.0	6.9	5.1	7.9	1.7	14.1	3.9	3.9	6.8	1.4	0.5
广　西	3.8	2.5	0.9	2.3	0.5	4.2	0.9	1.0	2.9	0.8	0.1
海　南	0.6	0.9	0.4	0.4	0.3	0.9	0.3	0.3	0.5	0.1	—
重　庆	6.2	1.7	0.4	1.3	0.3	2.3	0.9	0.3	1.9	0.2	0.1
四　川	12.6	3.2	1.6	2.8	0.5	6.8	1.0	1.0	6.1	0.8	0.2
贵　州	3.3	1.0	0.5	1.7	0.2	2.5	1.0	0.5	2.0	0.3	0.1
云　南	3.2	1.9	1.1	2.1	0.4	4.3	0.4	0.6	3.1	0.8	0.1
西　藏	0.1	0.1	0.1	—	—	0.4	—	—	0.2	—	—
陕　西	3.8	2.7	1.2	2.6	0.5	4.3	0.5	0.6	5.3	1.2	0.3
甘　肃	2.1	1.5	0.7	0.9	0.2	2.1	0.2	0.3	2.3	0.7	—
青　海	0.8	0.5	0.3	0.3	0.1	0.8	—	0.1	0.9	0.2	0.1
宁　夏	1.0	0.4	0.3	0.4	0.1	1.2	0.2	0.1	0.6	0.3	—
新　疆	3.5	1.7	0.8	1.7	0.4	2.4	0.5	0.8	2.7	1.0	0.1

表 14 中国各地区按行业分城镇单位专业技术人员数（2）

单位：万人

年份 地区	合　计	制造业	电力、燃气及水的生产和供应业	农、林、牧、渔业	教　育	卫生、社会保障和社会福利业	文化、体育和娱乐业	公共管理和社会组织	采矿业
2003	3113.0	431.6	68.3	78.2	1154.2	349.3	60.1	122.8	66.5
2004	3153.1	433.6	67.8	75.2	1182.6	355.0	56.0	128.8	70.4
2005	3201.0	449.5	68.3	70.5	1200.9	364.1	54.4	140.3	65.0
北　京	143.5	18.2	1.3	0.6	23.6	11.5	6.4	3.9	0.2
天　津	47.2	9.6	0.7	0.3	13.5	5.5	0.8	0.7	1.1
河　北	162.2	17.5	3.6	1.5	74.6	17.0	2.2	9.1	4.2
山　西	96.1	11.8	2.3	1.2	36.9	10.0	2.0	1.3	8.8
内蒙古	73.2	7.4	2.3	6.0	28.0	7.8	1.7	3.6	1.9
辽　宁	132.6	21.4	3.7	2.4	42.8	15.9	2.7	4.4	3.2
吉　林	84.6	9.5	2.0	4.6	31.1	10.4	1.8	3.9	1.7
黑龙江	105.8	11.4	2.9	10.0	35.1	11.8	1.9	4.3	5.0
上　海	69.1	14.4	1.1	0.2	17.1	9.8	1.2	0.9	—
江　苏	182.4	37.1	3.5	1.9	66.2	21.7	2.3	7.4	2.3
浙　江	135.7	22.4	2.9	0.8	41.7	17.3	2.3	1.8	0.3
安　徽	100.6	9.2	2.2	1.3	45.9	12.6	2.6	4.7	2.9
福　建	96.2	21.1	2.0	1.3	37.0	8.3	1.2	3.2	0.4
江　西	84.4	9.2	1.8	1.8	38.7	10.1	1.5	4.0	1.0
山　东	240.4	39.9	5.0	2.2	86.7	27.0	2.8	20.0	8.3
河　南	196.8	23.6	4.2	1.7	86.1	21.7	2.1	12.6	5.6
湖　北	147.7	21.6	3.5	3.3	52.9	19.7	2.6	8.3	1.3
湖　南	127.0	14.0	2.3	0.9	53.8	17.1	1.4	9.0	1.0
广　东	221.4	41.7	4.0	1.5	77.9	27.1	2.7	2.9	0.5
广　西	94.6	8.1	2.0	2.4	43.1	11.8	1.5	4.8	0.9
海　南	18.9	1.0	0.3	2.5	7.3	2.1	0.5	0.4	0.2
重　庆	61.8	9.3	1.3	0.9	25.0	6.3	0.7	1.6	1.0
四　川	159.4	20.0	4.0	3.7	65.6	18.5	2.2	6.7	2.3
贵　州	67.8	7.2	1.5	1.1	31.7	6.4	0.9	4.4	1.6
云　南	85.5	7.8	1.8	4.4	38.5	9.3	1.6	3.2	0.7
西　藏	3.9	0.1	0.1	—	1.7	0.5	0.2	0.3	—
陕　西	106.3	22.7	2.2	2.0	37.7	9.5	1.4	4.4	3.5
甘　肃	53.6	6.1	1.2	1.7	23.8	5.3	1.0	2.7	0.7
青　海	14.2	1.0	0.5	0.7	5.2	1.7	0.4	0.5	0.2
宁　夏	18.3	1.7	0.8	0.6	6.2	2.0	0.5	1.0	0.9
新　疆	70.0	3.5	1.2	7.1	25.5	8.3	1.4	4.4	3.1

表15　2005年中国各地区按行业分私营企业和个体就业人数

单位：万人

地　区	合　计	制造业	建筑业	交通运输、仓储和邮政业	批发和零售业	住宿和餐饮业	租赁和商务服务业	居民服务和其他服务业
北　京	379.2	50.8	20.6	8.2	106.2	21.5	42.6	17.0
天　津	114.2	37.5	4.3	4.5	37.4	3.7	5.7	4.4
河　北	511.7	167.7	17.6	27.0	197.2	36.0	4.5	23.0
山　西	164.6	36.2	3.7	5.2	72.9	14.0	2.8	10.8
内蒙古	150.5	25.1	5.0	8.5	60.8	16.6	2.9	13.4
辽　宁	534.8	122.3	20.5	50.5	192.4	37.9	14.5	29.9
吉　林	176.9	35.8	4.5	9.6	82.5	13.5	4.5	9.6
黑龙江	250.8	42.8	6.7	17.0	102.8	29.6	4.7	18.6
上　海	500.1	112.9	31.7	12.5	199.2	14.6	55.5	18.3
江　苏	1118.4	528.2	71.4	21.2	308.0	32.6	24.3	69.8
浙　江	854.9	430.6	18.1	23.5	230.6	35.2	18.9	42.1
安　徽	432.6	102.7	11.4	23.9	178.9	38.1	7.4	32.9
福　建	224.6	65.0	5.3	3.2	89.0	11.7	9.3	16.7
江　西	302.0	84.4	5.5	12.7	120.4	23.0	4.6	20.4
山　东	809.0	284.9	29.8	25.1	294.2	49.0	22.7	48.1
河　南	412.8	90.7	8.5	22.2	179.7	41.8	5.1	33.3
湖　北	351.4	78.1	10.3	18.2	150.9	29.8	9.4	26.5
湖　南	397.1	78.3	8.5	13.0	158.2	21.5	66.5	19.1
广　东	1015.7	262.3	15.3	14.2	427.1	57.7	25.6	58.2
广　西	247.1	43.2	3.5	15.6	114.1	19.9	6.7	15.8
海　南	58.2	4.6	3.0	3.4	23.1	4.2	2.8	3.8
重　庆	196.3	40.0	10.2	6.0	80.5	12.8	8.0	13.2
四　川	488.5	95.6	15.1	18.7	197.0	48.0	16.5	36.9
贵　州	110.3	18.6	2.3	4.6	44.5	8.5	1.9	7.2
云　南	255.1	40.9	26.9	10.0	99.9	27.8	4.6	13.9
西　藏	16.6	0.9	1.7	0.7	6.1	2.7	0.2	2.1
陕　西	304.1	53.7	4.8	7.3	165.6	25.3	5.9	19.7
甘　肃	104.1	16.9	4.9	1.9	47.9	13.1	2.3	7.7
青　海	58.2	9.4	2.7	1.5	22.1	7.1	0.3	2.9
宁　夏	42.0	7.3	2.2	1.0	18.2	3.8	1.3	4.1
新　疆	143.0	20.8	3.5	7.9	58.2	19.5	4.0	10.3
全国总计	10724.6	2988.1	379.6	398.9	4065.8	720.3	385.9	649.6

表16　职工平均工资及指数（1）

年份 地区	指数(上年=100)							
	货币工资				实际工资			
	合　计	国有单位	城镇集体单位	其他单位	合　计	国有单位	城镇集体单位	其他单位
1978	106.8	107.0	105.9	—	106.0	106.2	105.1	—
1980	114.1	113.9	114.9	—	106.1	106.0	106.9	—
1985	117.9	117.3	119.2	137.0	105.3	104.8	106.6	122.5
1989	110.8	110.9	109.2	113.6	95.2	95.4	93.9	97.7
1990	110.6	111.1	108.0	110.3	109.2	109.7	106.6	108.9
1991	109.3	108.5	111.0	116.1	104.0	103.2	105.6	110.5
1992	115.9	116.2	113.0	114.4	106.7	107.0	104.1	105.3
1993	124.3	122.7	122.9	125.2	107.1	105.7	105.9	107.9
1994	134.6	135.8	125.2	126.9	107.7	108.7	100.2	101.5
1995	121.2	117.3	121.1	118.4	103.8	100.4	103.7	101.4
1996	112.9	111.6	109.4	110.7	103.8	102.6	100.6	101.7
1997	104.2	107.4	104.9	106.4	101.1	104.2	101.7	103.2
1998	106.6	106.1	102.5	97.7	107.2	106.7	103.1	98.3
1999	111.6	111.4	108.3	109.6	113.1	112.9	109.7	111.0
2000	112.3	111.8	108.5	111.8	111.4	110.9	107.6	110.9
2001	116.0	117.0	109.7	110.5	115.2	116.2	108.9	109.7
2002	114.3	115.1	111.6	108.8	115.5	116.3	112.7	109.9
2003	113.0	113.3	113.2	110.3	112.0	112.3	112.2	109.3
2004	114.1	114.8	113.1	111.6	110.5	111.1	109.5	108.0
2005	114.6	115.4	115.0	112.2	112.8	113.6	113.2	110.4
北　京	115.2	114.9	109.5	115.3	113.5	113.2	107.9	113.6
天　津	116.2	115.6	119.4	115.8	114.5	113.9	117.6	114.1
河　北	113.8	112.6	114.2	118.4	112.2	111.0	112.6	116.8
山　西	120.9	120.0	125.5	118.1	118.9	118.0	123.4	116.1
内蒙古	120.0	116.8	119.9	129.7	117.6	114.5	117.5	127.2
辽　宁	116.1	116.8	108.2	114.7	115.2	115.9	107.3	113.8
吉　林	115.9	116.2	116.4	111.8	114.3	114.6	114.8	110.3
黑龙江	115.1	113.8	119.3	113.0	114.2	112.9	118.4	112.1
上　海	114.2	114.5	111.7	113.8	113.1	113.4	110.6	112.7
江　苏	115.1	118.1	115.1	113.0	112.8	115.8	112.8	110.8
浙　江	110.2	116.8	114.2	112.4	108.6	115.1	112.5	110.7
安　徽	118.6	114.3	126.2	124.8	117.4	113.2	125.0	123.6
福　建	109.9	112.8	112.2	108.7	107.9	110.7	110.1	106.7
江　西	115.4	116.2	113.7	113.6	113.7	114.5	112.0	111.9
山　东	115.9	123.7	116.3	116.6	114.6	122.4	115.0	115.3

续表 16

年份 地区	指数(上年=100)							
	货币工资				实际工资			
	合　计	国有单位	城镇集体单位	其他单位	合　计	国有单位	城镇集体单位	其他单位
河　南	117.9	117.1	119.5	118.0	115.5	114.7	117.0	115.6
湖　北	121.6	119.0	117.3	127.2	118.4	115.9	114.2	123.9
湖　南	112.4	115.1	116.5	108.3	110.1	112.7	114.1	106.1
广　东	108.3	111.0	110.9	106.1	106.2	108.8	108.7	104.0
广　西	113.9	113.9	119.8	111.7	110.6	110.6	116.3	108.4
海　南	113.9	113.9	106.4	115.6	112.4	112.4	105.0	114.1
重　庆	115.8	117.5	118.0	112.0	114.9	116.6	117.1	111.1
四　川	112.5	113.1	113.4	112.8	110.6	111.2	111.5	110.9
贵　州	115.4	114.1	121.7	117.0	114.7	113.4	121.0	116.3
云　南	110.7	110.3	110.5	111.9	108.8	108.5	108.7	110.0
西　藏	93.8	98.3	128.5	31.3	92.4	96.8	126.6	30.8
陕　西	113.6	114.2	107.5	110.7	112.6	113.2	106.5	109.7
甘　肃	109.7	110.3	109.8	100.5	108.4	109.0	108.5	99.3
青　海	110.8	113.2	97.8	120.4	111.1	113.5	98.1	120.8
宁　夏	117.7	115.9	128.4	119.7	115.8	114.1	126.4	117.8
新　疆	107.4	106.1	109.9	111.0	106.8	105.5	109.2	110.3

注：表 13、表 14、表 16 分地区为 2005 年数据。

表 17　职工均工资及指数（2）

年份地区	平均货币工资(元)			
	合　计	国有单位	城镇集体单位	其他单位
1978	615	644	506	—
1980	762	803	623	—
1985	1148	1213	967	1436
1989	1935	2055	1557	2707
1990	2140	2284	1681	2987
1991	2340	2477	1866	3468
1992	2711	2878	2109	3966
1993	3371	3532	2592	4966
1994	4538	4797	3245	6303
1995	5500	5625	3931	7463
1996	6210	6280	4302	8261
1997	6470	6747	4512	8789
1998	7479	7668	5331	8972
1999	8346	8543	5774	9829

续表 17

年份地区	平均货币工资(元)			
	合计	国有单位	城镇集体单位	其他单位
2000	9371	9552	6262	10984
2001	10870	11178	6867	12140
2002	12422	12869	7667	13212
2003	14040	14577	8678	14574
2004	16024	16729	9814	16259
2005	18364	19313	11283	18244
北　京	34191	39067	14695	32324
天　津	25271	26685	15713	24945
河　北	14707	15291	9041	14835
山　西	15645	16027	10157	16580
内蒙古	15985	16598	10804	15514
辽　宁	17331	18360	9161	17550
吉　林	14409	14566	8735	15868
黑龙江	14458	14424	7724	16492
上　海	34345	36077	22486	33756
江　苏	20957	24659	13064	18468
浙　江	25896	39048	20567	18958
安　徽	15334	15450	9894	16788
福　建	17146	20897	13811	14947
江　西	13688	14276	8952	13140
山　东	16614	19823	11474	14018
河　南	14282	14877	10383	14852
湖　北	14419	15585	8923	13062
湖　南	15659	16649	11547	14422
广　东	23959	28835	13240	21500
广　西	15461	16113	10684	14852
海　南	14417	14427	8640	16185
重　庆	16630	18614	11614	14373
四　川	15826	17898	11067	12812
贵　州	14344	14681	10506	14161
云　南	16140	16900	10516	14894
西　藏	28950	29644	12336	19154
陕　西	14796	15223	7926	15465
甘　肃	14939	15840	9291	11827
青　海	19084	21158	10080	13591
宁　夏	17211	17634	13630	16668
新　疆	15558	15364	12738	16503

注：分地区为 2005 年数据。

表 18　2005 年中国各地区职业介绍工作情况（1）

单位：万人

地　区	本年末职业介绍机构数（个）	本年末职业介绍机构人数	本年登记机构招聘人数	本年登记求职人数				
				小　计	女　性	下岗职工	失业人员	获得职业资格人员
北　京	626	0.4	55.0	52.0	20.6	—	23.5	8.5
天　津	206	0.1	55.0	76.5	42.1	3.2	73.3	15.2
河　北	2265	0.6	189.3	194.3	92.7	8.1	37.1	42.9
山　西	653	0.3	33.3	35.2	13.5	5.7	9.3	2.1
内蒙古	1443	0.3	64.2	60.8	26.8	10.4	23.3	3.1
辽　宁	1807	0.5	139.4	171.2	85.3	23.7	97.5	20.1
吉　林	1343	0.3	58.0	63.7	30.0	14.6	27.5	8.3
黑龙江	1414	0.3	137.7	147.8	61.7	48.0	59.0	8.4
上　海	507	0.5	160.2	135.7	60.5	15.0	78.3	23.5
江　苏	2945	1.0	258.9	264.4	129.5	0.4	118.8	65.9
浙　江	2394	0.6	509.7	377.0	145.7	7.3	53.4	56.8
安　徽	1929	0.5	117.3	132.4	57.7	10.2	48.0	18.5
福　建	976	0.3	280.7	215.7	104.5	12.8	30.7	9.5
江　西	1239	0.3	160.4	182.3	71.9	21.5	48.5	13.6
山　东	1969	0.7	292.6	280.5	133.0	14.3	124.6	49.4
河　南	1443	0.5	113.3	136.8	61.3	37.3	25.2	19.7
湖　北	910	0.3	146.5	133.1	63.0	19.9	56.2	29.7
湖　南	852	0.3	91.3	137.9	70.3	28.7	61.7	118.7
广　东	1938	0.9	583.6	722.4	260.5	15.7	124.3	113.1
广　西	407	0.2	94.0	95.5	46.5	6.1	27.7	8.0
重　庆	336	0.1	32.8	34.3	16.4	2.4	19.8	6.0
四　川	1717	0.5	125.1	108.5	50.9	10.5	48.5	19.5
贵　州	410	0.2	25.9	19.5	8.2	3.6	8.8	1.7
云　南	1865	0.3	70.2	83.0	34.4	6.2	32.4	9.8
西　藏	21	—	2.2	2.1	0.9	—	0.1	—
陕　西	2251	0.6	89.1	105.3	39.1	10.3	14.9	12.2
甘　肃	640	0.2	31.3	28.7	12.6	3.5	9.3	5.4
青　海	312	0.1	42.8	45.2	9.0	1.1	6.2	1.7
宁　夏	228	0.1	23.9	32.7	9.9	0.8	6.0	1.2
新　疆	628	0.2	37.0	36.9	18.7	3.4	30.1	5.7
全　国	35747	11.2	4039.0	4128.9	1786.9	345.7	1330.4	699.8

表19　2005年中国各地区职业介绍工作情况（2）

单位：万人

地　区	本年职业指导人数	本年介绍成功人数				
		小　计	女　性	下岗职工	失业人员	获得职业资格人员
北　京	40.0	29.2	11.7	—	13.9	6.7
天　津	43.0	8.5	4.7	0.4	8.0	4.1
河　北	134.8	110.6	48.1	5.2	27.8	32.2
山　西	24.9	20.4	6.7	2.6	3.9	1.8
内蒙古	35.5	39.7	16.6	5.4	15.5	2.4
辽　宁	91.3	95.4	48.0	10.1	61.1	14.2
吉　林	43.3	40.1	18.0	8.5	14.7	5.9
黑龙江	81.6	80.5	34.1	27.8	33.8	6.2
上　海	97.1	51.4	23.3	6.4	30.4	14.6
江　苏	234.0	161.6	74.9	0.3	70.4	40.6
浙　江	182.9	203.3	70.7	4.8	27.0	32.4
安　徽	54.9	72.2	30.8	7.0	24.3	7.4
福　建	88.7	112.7	58.6	8.1	16.8	6.0
江　西	67.2	99.6	56.1	13.8	26.3	9.9
山　东	177.1	162.6	76.0	9.1	57.0	28.0
河　南	68.5	78.8	31.5	22.4	18.2	13.3
湖　北	100.3	87.3	41.6	12.6	35.9	20.1
湖　南	98.2	49.2	23.4	9.8	18.9	18.9
广　东	154.3	312.4	151.2	7.2	69.2	67.4
广　西	49.4	46.5	21.4	2.6	10.9	4.6
海　南	14.2	9.5	4.4	0.6	2.0	1.0
重　庆	30.1	22.7	10.6	1.4	14.2	3.8
四　川	94.8	58.5	26.0	6.0	26.1	12.8
贵　州	12.3	8.8	3.8	2.1	4.0	1.1
云　南	67.7	53.0	20.8	2.5	19.2	8.9
西　藏	1.8	1.0	0.5	—	0.8	—
陕　西	62.4	56.8	21.8	4.9	7.9	10.1
甘　肃	25.4	18.6	7.5	1.7	4.8	4.0
青　海	43.3	39.1	8.8	0.3	3.8	1.4
宁　夏	23.0	15.6	5.1	0.7	3.6	0.9
新　疆	29.6	19.7	8.2	1.8	11.0	4.1
全　国	2271.6	2165.3	964.9	186.1	681.4	384.8

表20　各地区城镇登记失业人员及失业率

地区	失业人员（万人）				失业率（%）			
	1990	2003	2004	2005	1990	2003	2004	2005
北　京	1.7	7.0	6.5	10.6	0.4	1.4	1.3	2.1
天　津	8.1	12.0	11.8	11.7	2.7	3.8	3.8	3.7
河　北	7.7	25.7	28.0	27.8	1.1	3.9	4.0	3.9
山　西	5.5	13.1	13.7	14.3	1.2	3.0	3.1	3.0
内蒙古	15.2	17.6	18.5	17.7	3.8	4.5	4.6	4.3
辽　宁	23.7	72.0	70.1	60.4	2.2	6.5	6.5	5.6
吉　林	10.5	28.4	28.2	27.6	1.9	4.3	4.2	4.2
黑龙江	20.4	35.0	32.9	31.3	2.2	4.2	4.5	4.4
上　海	7.7	30.1	27.4	27.5	1.5	4.9	4.4	—
江　苏	22.5	41.8	42.9	41.6	2.4	4.1	3.8	3.6
浙　江	11.2	28.3	30.1	29.0	2.2	4.2	4.1	3.7
安　徽	15.2	25.1	26.1	27.8	2.8	4.1	4.2	4.4
福　建	9.0	14.6	14.5	14.9	2.6	4.1	4.0	4.0
江　西	10.3	21.6	22.4	22.8	2.4	3.6	3.6	3.5
山　东	26.2	41.3	42.3	42.9	3.2	3.6	3.4	3.3
河　南	25.1	26.3	31.2	33.0	3.3	3.1	3.4	3.5
湖　北	12.7	49.3	49.4	52.6	1.7	4.3	4.2	4.3
湖　南	15.9	37.1	43.0	41.9	2.7	4.5	4.4	4.3
广　东	19.2	35.5	35.9	34.5	2.2	2.9	2.7	2.6
广　西	13.9	14.9	17.8	18.5	3.9	3.6	4.1	4.2
海　南	3.5	3.6	4.7	5.1	3.0	3.4	3.4	3.6
重　庆	—	16.2	16.8	16.9	—	4.1	4.1	4.1
四　川	38.0	33.1	33.3	34.3	3.7	4.4	4.4	4.6
贵　州	10.7	11.2	11.6	12.1	4.1	4.0	4.1	4.2
云　南	7.8	12.1	11.9	13.0	2.5	4.1	4.3	4.2
西　藏	—	—	1.2	—	—	—	4.0	—
陕　西	11.2	13.9	18.5	21.5	2.8	3.5	3.8	4.2
甘　肃	12.5	9.3	9.5	9.3	4.9	3.4	3.4	3.3
青　海	4.2	3.1	3.5	3.6	5.6	3.8	3.9	3.9
宁　夏	4.0	3.8	4.1	4.4	5.4	4.4	4.5	4.5
新　疆	9.6	9.9	13.3	11.1	3.0	3.5	3.8	3.9

表 21 2005 年中国分地区基本养老保险情况（1）

地　区	年末参加保险人数(万人)			离休和退休人员	基金收支情况(万元)		
		职　工	企业(含其他)		基金收入	基金支出	累计结余
北　京	520.0	364.7	364.7	155.2	2410284	1955722	1005233
天　津	308.3	200.6	193.4	107.7	1298614	1020689	599685
河　北	707.9	523.7	423.3	184.2	2098343	1658652	1699380
山　西	383.4	285.2	285.2	98.2	1328998	896569	1469883
内蒙古	338.9	252.9	224.6	86.1	890990	792843	466731
辽　宁	1193.6	832.8	760.5	360.8	3539353	2871897	2774913
吉　林	455.9	325.0	314.1	131.0	1480386	1007817	1039017
黑龙江	768.9	545.7	487.1	223.2	2093315	1672529	1395495
上　海	830.0	539.3	476.8	290.7	3598224	3621200	781724
江　苏	1345.6	1037.6	952.3	307.9	3875751	3099149	2410226
浙　江	962.3	801.3	735.2	160.9	2895812	1916798	3714726
安　徽	471.7	347.0	338.3	124.8	1200284	1005319	590319
福　建	409.6	320.8	266.4	88.9	1052179	848001	797036
江　西	387.4	282.0	265.0	105.5	824765	686325	539539
山　东	1302.4	1053.9	833.8	248.6	3601747	2958846	2937075
河　南	814.0	619.8	538.6	194.2	1924808	1511691	1756380
湖　北	804.0	597.6	539.8	206.4	1806995	1539711	930264
湖　南	718.6	523.4	369.2	195.2	1734508	1519918	1246938
广　东	1796.1	1564.9	1423.6	231.2	4576734	2799381	7754623
广　西	288.6	215.3	215.3	73.3	693388	584104	571039
海　南	120.9	84.4	65.5	36.5	313119	283228	167331
重　庆	290.2	189.6	188.2	100.5	790803	672952	319855
四　川	793.4	562.7	455.2	230.7	2331002	1806205	1959706
贵　州	183.7	132.0	117.2	51.7	532469	433645	494217
云　南	258.7	176.8	167.8	81.9	862728	713312	714496
西　藏	7.7	4.6	4.6	3.1	55794	55638	86
陕　西	376.1	268.4	268.4	107.8	1052042	832228	530677
甘　肃	197.3	142.2	137.5	55.1	608803	504034	378727
青　海	60.0	43.0	43.0	16.9	257911	188014	107950
宁　夏	67.5	51.5	51.5	16.1	214295	159268	276589
新　疆	302.1	213.1	204.3	89.0	975102	778077	935962
不分地区	22.9	18.7	—	4.2	13598	9420	44429
全　国	17487.0	13120.4	11710.5	4367.5	50933144	40403182	40410251

注：不分地区合计中，包括中国人民银行、中国农业发展银行数。

表 22　2005 年中国分地区基本医疗保险情况（2）

地区	年末参保人数(万人)			基金收支情况(万元)		
	合　计	职　工	离休和退休人员	基金收入	基金支出	累计结余
北　京	574.8	419.7	155.1	1020106	777404	560083
天　津	299.1	180.8	118.3	322544	311564	48169
河　北	562.1	422.6	139.6	495703	375205	440793
山　西	324.9	251.9	73.0	256014	157503	265953
内蒙古	292.0	206.0	86.0	215838	157638	188131
辽　宁	864.2	584.2	280.0	685606	551872	601820
吉　林	283.0	209.1	73.9	179795	134239	170637
黑龙江	602.9	432.5	170.4	423163	332442	318535
上　海	728.6	452.7	275.9	1510763	1464370	660798
江　苏	1124.1	821.1	303.0	1179901	905982	1044373
浙　江	639.6	476.5	163.1	840808	567871	1110044
安　徽	387.1	274.4	112.7	303672	238710	256601
福　建	333.0	255.8	77.2	404369	259821	557482
江　西	276.7	201.7	75.0	145167	112788	117566
山　东	861.5	684.8	176.7	820726	631723	641006
河　南	641.5	487.4	154.1	414793	305254	455730
湖　北	502.0	354.9	147.2	415504	296284	462525
湖　南	503.4	356.8	146.6	453295	338844	392955
广　东	1235.3	1055.0	180.3	1417976	933241	2153549
广　西	285.9	203.6	82.3	259445	176180	292685
海　南	87.2	62.8	24.5	59385	52291	38817
重　庆	237.7	145.8	91.9	207123	135065	189379
四　川	647.0	426.8	220.2	623791	430297	694515
贵　州	180.5	129.0	51.5	117655	85554	106568
云　南	320.7	225.2	95.5	387659	335928	296534
西　藏	15.2	10.4	4.8	16517	16018	5700
陕　西	348.8	247.4	101.3	240267	177114	223500
甘　肃	176.6	130.4	46.2	123129	111720	78989
青　海	62.0	41.6	20.4	78302	62816	82512
宁　夏	64.5	47.3	17.2	58171	42951	56174
新　疆	321.1	223.6	97.5	375820	308671	269076
全　国	13782.9	10021.7	3761.2	14053007	10787360	12781199

表 23　2005 年中国分地区失业保险情况

单位：万人

地　区	参保人数	企　业	国有企业	集体企业	其他企业	事业单位	领取失业保险金人数
北　京	357.5	268.7	92.6	11.8	164.2	77.3	3.5
天　津	197.5	164.0	93.0	17.8	53.2	33.4	3.8
河　北	461.2	337.0	219.1	40.6	77.2	122.6	13.3
山　西	288.5	238.8	208.4	25.8	4.6	48.7	4.8
内蒙古	222.2	157.7	87.1	12.6	58.0	61.0	4.9
辽　宁	607.7	454.6	204.4	119.2	131.0	108.9	46.5
吉　林	199.4	155.2	120.8	13.7	20.7	42.1	7.5
黑龙江	459.6	418.9	316.5	69.6	32.7	37.8	10.3
上　海	466.1	343.1	89.0	32.5	221.6	62.5	17.8
江　苏	838.3	675.6	222.7	116.2	336.7	146.9	30.2
浙　江	444.7	333.6	70.6	34.3	228.7	94.6	7.2
安　徽	360.3	268.3	157.5	46.6	64.1	89.1	24.3
福　建	266.6	218.9	62.1	19.3	137.4	44.5	8.6
江　西	230.7	153.9	129.3	10.4	14.2	76.5	6.0
山　东	771.1	599.9	376.4	98.9	124.6	165.4	32.2
河　南	681.9	506.8	335.7	91.2	80.0	168.5	29.2
湖　北	391.5	284.1	200.9	26.4	56.9	106.7	14.8
湖　南	382.7	250.3	192.6	27.3	30.4	130.0	11.3
广　东	1099.1	977.5	217.9	81.8	677.7	100.8	20.4
广　西	219.9	133.8	96.9	12.2	24.7	85.6	9.4
海　南	56.7	41.8	31.0	2.4	8.4	12.7	2.0
重　庆	188.2	150.7	111.8	26.4	12.5	34.9	6.4
四　川	380.5	246.1	135.1	20.0	91.1	132.6	15.6
贵　州	129.3	87.3	75.0	5.5	6.8	41.9	1.3
云　南	180.3	111.1	64.6	9.5	37.0	60.9	9.1
西　藏	6.7	2.8	2.8	—	—	3.9	—
陕　西	326.7	251.9	196.9	28.6	26.4	72.4	8.6
甘　肃	160.0	119.3	96.6	12.3	10.4	40.1	5.4
青　海	33.2	21.6	16.1	0.7	4.9	10.7	1.1
宁　夏	37.2	25.9	22.4	1.1	2.4	11.1	1.2
新　疆	202.4	145.2	116.9	4.0	24.3	56.3	5.6
全　国	10647.7	8144.5	4362.8	1018.8	2763.0	2280.5	362.3

表 24　2007 年民政事业统计月报

指　　标	单 位	1月	2月	4月	5月	7月
1. 优抚、安置						
国家抚恤、补助各类优抚对象	万人	466.6	467.0	465.0	466.0	466.0
累计安置义务兵、士官等	万人	0.8	1.3	3.8	4.4	7.6
累计接收军队离退休干部	人	630	1008	2261	2343	3994
2. 社会救济						
城市居民最低生活保障人数	万人	2240.9	2242.3	2239.6	2240.2	2236.2
城市居民最低生活保障户数	万户	1034.2	1036.5	1038.1	1040.2	1041.9
城市最低生活保障月人均支出水平	元/人、月	92.5	92.6	91.8	92.2	92.5
城市最低生活保障当月计划支出	亿元	20.5	20.2	20.3	20.2	20.6
农村居民最低生活保障人数	万人	1610.1	1728.8	1815.0	1867.9	2311.5
农村居民最低生活保障户数	万户	777.6	820	851.5	872.9	1074.6
农村居民特困救济人数	万人	612	597.7	562.3	542.5	355.3
农村居民特困救济户数	万户	252.8	244.8	229.2	223.4	144.6
农村居民五保供养人数	万人	494.4	499.3	502.1	503.9	506.7
农村居民五保供养户数	万户	467.5	472.4	475.0	477.0	480.1
3. 社会捐赠						
累计社会捐赠款数	亿元	1.1	1.5	3.3	4.9	13.5
累计捐赠衣被总数	万件	31.6	67.3	160.7	203.2	539.6
4. 民政事业费						
民政事业费支出	亿元	60.9	123.2	246.7	304.2	447.2
其中:救灾支出	亿元	4	6.7	12.0	14.8	21.8
城市最低生活保障支出	亿元	20.7	41.5	82.3	103.4	145.0
农村最低生活保障支出	亿元	4.1	8.1	17.9	22.7	37.9
农村特困救济支出	亿元	0.8	1.6	3.3	4.1	5.1
死刑,剥夺政治权利终身,没收个人全部财产五保供养支出	亿元	3.7	7.3	15.7	19.9	29.3
抚恤事业费支出	亿元	14.2	24.3	45.8	54.8	118.1
5. 福利彩票						
福利彩票销售额	亿元	46.9	79.9	195.5	247.5	343.1

表 25　2005 年中国沿海开放城市和经济特区城市社会经济指标

指　　标	沿海开放城市合计		经济特区城市合计	
	包括市辖县	不包括市辖县	包括市辖县	不包括市辖县
土地面积(万平方公里)	14.05	3.39	0.73	0.72
人口与就业				
年底人口数(万人)	9563.99	4423.04	916.04	908.80
非农业人口	4783.00	3477.00	854.00	852.00
在岗职工人数	1414.00	1069.00	301.00	301.00
地区生产总值(亿元)	34817.20	22234.58	7243.80	7238.94
第一产业	1857.44	409.28	94.55	92.52
第二产业	17350.47	10594.22	3857.26	3855.97
第三产业	15609.29	11231.08	3291.99	3290.45

续表 25

指　　标	沿海开放城市合计		经济特区城市合计	
	包括市辖县	不包括市辖县	包括市辖县	不包括市辖县
固定资产投资				
固定资产投资额(亿元)	15303.06	10758.29	1956.93	1955.10
房地产开发投资额(亿元)	3554.22	3162.49	611.43	611.43
住　宅	2562.13	2252.07	378.79	378.79
全年用电量(亿千瓦小时)	3200.42	2464.45	679.36	678.97
农　业				
主要农产品产量(万吨)				
蔬　菜	4149.97		246.94	
水　果	1215.59		36.66	
肉　类	486.32		28.17	
水产品	1546.82		76.21	
限额以上工业企业主要指标				
工业企业单位数(个)	58138.00	38088.00	9764.00	9753.00
内资企业	39748.00	24315.00	4296.00	4285.00
工业总产值(当年价格,亿元)	55033.66	40971.01	13928.73	13927.23
内资企业	28712.65	18841.09	3422.10	3420.60
主营业务收入(亿元)	54786.92	41350.08	13538.62	13537.18
利税总额(亿元)	5249.42	4004.19	1057.21	1057.02
资产总额(亿元)	38240.23	31233.55	9115.49	9110.91
每百元资产提供利税(元)	13.73	12.82	11.60	11.60
运输邮电				
客运量(亿人)	25.2		2.1	
货运量(亿吨)	31.3		1.5	
年底邮政局所数(个)	14017.0	9821.0	922.0	889.0
年末固定电话用户数(万户)	4687.7	3160.0	805.2	802.2
年末移动电话用户(万户)	6295.2	4739.6	588.1	586.4
国内贸易				
社会消费品零售总额(亿元)	11583	8483.6	2274.5	2269.1
限额以上批发零售贸易业				
商品销售总额(亿元)	27116.3	25457.4	3936.6	3934.3
实际利用外资金额(亿美元)	288.3	212.7	44.5	44.5
在校学生数(万人)				
普通高等学校	247.7	238.8	17.4	6.5
中等职业学校	161	118.6	10.7	10.7
普通中学	616.8	254.3	81.3	80.6
小　学	713.6	281.2	160.9	160.1
成人高等学校	78.6	76.1	4.1	4.1
卫　生				
医院、卫生院数(个)	3917.0	2011.0	891.0	873.0
医院、卫生院床位数(万张)	35.7	26.1	3.6	3.6
医生数(万人)	19.9	14.0	2.3	2.3
在岗职工工资总额(亿元)	3605.1	3017.9	818.4	301.3
城乡居民储蓄年末余额(亿元)	26621.8	21879.7	5028.8	5024.7

注：沿海开放城市系指上海、天津、大连、秦皇岛、青岛、烟台、威海、连云港、南通、宁波、温州、福州市；经济特区城市系指深圳、珠海、汕头和厦门四个城市。

表 26　2005 年中国省会城市和计划单列市主要指标

城市名称	年底总人口（万人）	地区生产总值（当年价格）（万元）	工业总产值（万元）	客运量（万人）	货运量（万吨）	地方财政预算内收入（万元）	固定资产投资总额（万元）	城乡居民储蓄年末余额（万元）	在岗职工人数（万人）	在岗职工工资总额（万元）
北　京	1180.7	68863101	69462116	60840	32103	9192098	28272000	74775889	444.58	15200513
天　津	939.31	36976200	67741031	4679	39485	3318507	15168405	24624100	166.12	4198024
石家庄	927.3	17867750	20155826	13908	11942	658796	9290289	13551916	87.1	1327349
太　原	340.39	8931620	9213954	3677	17772	569525	4385075	10249200	74.31	1378220
呼和浩特	213.49	7436618	4831642	4545	6540	359319	4600000	3795946	30.31	597507
沈　阳	698.57	20841339	21952498	8629	15852	1381415	13632196	18471414	95.59	1901719
大　连	565.33	21522328	25627970	12370	24667	1514247	11104875	16656295	81.21	1777237
长　春	731.5	16784691	17289653	8197	11813	610338	6504218	10593043	84.74	1503507
哈尔滨	974.84	18304514	11974562	8044	9830	980370	6389729	14614904	147.63	2431270
上　海	1360.26	91541800	157675146	9487	71303	14173976	35425531	84324900	345.28	11028270
南　京	595.8	24111100	40634843	20188	18073	2110746	14027220	15954002	88.08	2584598
杭　州	660.45	29426519	54411271	24124	19909	2504565	13866833	21916600	98.44	3010148
宁　波	556.7	24493099	48909669	28412	17308	2123797	13363043	14588012	75.68	2198126
合　肥	455.7	8535700	8808230	7080	6134	576372	4952700	5161608	38.84	739131
福　州	614.83	14763142	18601750	10490	10179	974502	6032595	11550362	79.8	1451880
厦　门	153.22	10065831	20291174	5401	3613	989474	4016175	5850735	66.36	1498285
南　昌	475.17	10077025	7262572	5187	4553	582783	5255946	6437518	52.64	949918
济　南	597.44	18766071	22375103	7428	15728	1061547	8569998	10506503	94.26	1966782

续表 26

城市名称	年底总人口（万人）	地区生产总值（当年价格）（万元）	工业总产值（万元）	客运量（万人）	货运量（万吨）	地方财政预算内收入（万元）	固定资产投资总额（万元）	城乡居民储蓄年末余额（万元）	在岗职工人数（万人）	在岗职工工资总额（万元）
青岛	740.91	26958172	43166128	19028	37636	1764118	14565808	13431016	121.32	2428949
郑州	679.7	16606006	17891575	12543	8770	1361261	8200000	14360781	87.95	1468387
武汉	801.36	22380000	22854127	15414	19612	1388169	10551808	16731705	137.3	2540734
长沙	620.92	15199001	9733713	10895	10991	1080572	8814355	9544151	67.71	1455835
广州	750.53	51542283	60319154	40524	37753	3712633	15191582	50246879	191.18	6562762
深圳	181.93	49509078	95676838	12884	9796	4123800	11810542	32293800	159	5163684
南宁	659.54	7233557	3701812	9131	7236	451954	3628975	5982307	56.25	985557
海口	147.3	3013506	2507203	14914	4909	179149	1371664	3740519	25.05	498116
重庆	3169.16	30704900	25258683	63424	39198	2568072	20063180	25021450	207.95	3458237
成都	1082.03	23707644	16614367	38113	26718	1414541	14573505	20740894	128.87	2572464
贵阳	350.66	5256159	5740645	21066	6277	624873	3435426	4977423	60.59	964896
昆明	508.47	10615544	10181367	8229	11225	906655	5230093	9938095	66.89	1279075
西安	741.73	12701400	9810221	11323	11511	730543	8351046	17167574	119.1	2111433
兰州	311.74	5670437	7887816	2546	5973	289256	2595851	5817105	51.39	871482
西宁	209.9	2375652	2277411	3349	2494	117860	1156289	2346265	20.99	373053
银川	140.6	2885029	3222799	2681	3807	181645	2016507	2649514	29.22	538329
乌鲁木齐	194.15	5625007	5401041	3640	13644	514014	1976289	5957300	45.42	924522

注：①包括市辖县；②工业总产值的统计范围为全部国有及年销售收入 500 万元以上的非国有工业企业。

表 27　2005 年中国地级及以上城市国民经济和社会发展主要指标

指　　标	全国总计	地级及以上城市合计（市辖区）	地级及以上城市合计占全国比重（%）
自然资源			
土地面积（万平方公里）	960.0	57.4	6.0
人　口			
年末总人口（万人）	130756.0	36285.0	27.8
国民经济核算			
地区生产总值（亿元）	183084.8	109743.3	59.9
第一产业	23070.4	4318.7	18.7
第二产业	87046.7	55094.1	63.3
工　业	76912.9	48381.9	62.9
第三产业	72967.7	50330.4	69.0
固定资产投资（亿元）			
固定资产投资总额	88773.6	51472.0	58.0
房地产开发	15909.2	11610.1	73.0
财　政（亿元）			
地方财政收入	14884.2	9094.4	61.1
地方财政支出	25154.3	11772.6	46.8
对外贸易			
货物进出口总额　（亿美元）	14219.1	8597.0	60.5
出口额	7619.5	4312.0	56.6
进口额	6599.5	4285.0	64.9
工　业			
规模以上工业企业数（个）	271835	139548	51.3
内资企业	215448	100811	46.8
港澳台投资企业	27559	18911	68.6
外商投资企业	28828	19826	68.8
工业总产值（亿元）	251619.5	162617.2	64.6
内资企业	171759.3	100310.6	58.4
港澳台投资企业	28311.8	20457.0	72.3
外商投资企业	51548.4	41849.6	81.2
固定资产净值年平均余额（亿元）	89460.5	56158.5	62.8
主营业务收入（亿元）	248544.0	160432.9	64.5
本年应交增值税（亿元）	8520.9	5295.4	62.1
利润总额（亿元）	14802.5	9444.1	63.8
邮电通信业（亿元）			
邮政业务收入	625.5	337.0	53.9
电信业务收入	11403.0	4163.1	36.5
国内商业			
社会消费品零售额（亿元）	67176.6	40922.1	60.9
教　育			
普通高等学校			
学校数（个）	1792	1646	91.9
在校学生数（万人）	1561.8	1432.9	91.7
卫　生			
医院、卫生院数（个）	60397	22599	37.4
医生数（万人）	193.8	92.0	47.5
医院、卫生机构床位数（万张）	313.5	173.0	55.2

注：本表数据为市辖区数，不包括所辖行政县。货物进出口总额为 35 个大中城市数据。

表 28　城市公用事业基本情况

项　　　目	1990	1995	2000	2004	2005
城市及建筑物面积					
建成区面积(平方公里)	12856	19264	22439	30406	32521
城市人口密度(人/平方公里)	279	322	442	865	870
年末实有房屋建筑面积(亿平方米)	39.8	57.3	76.6	149.1	164.5
年末实有住宅建筑面积(亿平方米)	20.0	31.0	44.1	96.2	107.7
供水、供气及供热					
年供水总量(亿吨)	382.3	481.6	469.0	490.3	502.1
生活用水量	100.1	158.1	200.0	233.5	243.7
人均生活用水(吨)	67.9	71.3	95.5	76.9	74.5
用水普及率(%)	48.0	58.7	63.9	88.9	91.1
人工煤气供气量(亿立方米)	174.7	126.7	152.4	213.7	255.8
家庭用量	27.4	45.7	63.1	51.2	45.9
天然气供气量(亿立方米)	64.2	67.3	82.1	169.3	210.5
家庭用量	11.6	16.4	24.8	45.4	52.1
液化石油气供气量(万吨)	219.0	488.7	1053.7	1126.7	1222.0
家庭用量	142.8	370.2	532.3	704.1	706.5
供气管道长度(万公里)	2.4	4.4	8.9	14.8	16.2
用气普及率(%)	19.1	34.3	45.4	81.5	82.1
集中供热面积(亿平方米)	2.1	6.5	11.1	21.6	25.2
市政设施					
道路长度(万公里)	9.5	13.0	16.0	22.3	24.7
每万人拥有道路长度(公里)	3.1	3.8	4.1	6.5	6.9
道路面积(亿平方米)	8.9	13.6	19.0	35.3	39.2
人均拥有道路面积(平方米)	3.1	4.4	6.1	10.3	10.9
排水管道长度(万公里)	5.8	11.0	14.2	21.9	24.1
排水管道密度(公里/平方公里)	4.5	5.7	6.3	7.2	7.4
公共交通					
公共交通运营车数(万辆)	6.2	13.7	22.6	28.2	31.3
每万人拥有公交车辆(标台)	2.2	3.6	5.3	8.4	8.6
出租汽车数量(万辆)	11.1	50.4	82.5	90.4	93.7
城市绿化					
园林绿地面积(万公顷)	47.5	67.8	86.5	132.2	146.8
人均公共绿地面积(平方米)	1.8	2.5	3.7	7.4	7.9
公园个数(个)	1970	3619	4455	6427	7077
公园面积(万公顷)	3.9	7.3	8.2	13.4	15.8
环境卫生					
清运垃圾(万吨)	6767	10671	11819	15509	15577
清运粪便(万吨)	2385	3066	2829	3576	3805
每万人拥有公厕(座)	3.0	3.0	2.7	3.2	3.2

注：人均和普及率指标均按城市人口计算，城市人口指市区（不包括市辖县）有常住户口的人。

表 29　2005 年中国各地区城市建设情况

地　区	建成区面积（平方公里）	征用土地面积（平方公里）	城市人口密度（人/平方公里）	年末实有房屋建筑面积（万平方米）	年末实有住宅建筑面积（万平方米）
北　京	1200.0	—	937.2	50507.0	28922.0
天　津	530.0	—	863.5	22578.1	14043.2
河　北	1316.4	49.0	2131.9	73900.8	52231.5
山　西	709.3	11.8	1587.8	40811.0	28663.6
内蒙古	824.4	13.3	538.4	34812.8	21798.9
辽　宁	1779.9	71.9	1242.7	74152.6	44977.5
吉　林	942.9	23.1	785.4	38612.6	25412.4
黑龙江	1496.0	21.0	342.4	64005.3	44504.3
上　海	819.9	97.2	2718.2	64197.8	37996.5
江　苏	2378.6	117.4	1321.4	124416.8	75836.7
浙　江	1679.7	155.3	1269.8	103567.4	74662.7
安　徽	1260.4	98.3	1448.8	46232.3	30980.2
福　建	672.6	31.8	1000.2	44907.5	32307.3
江　西	663.6	41.7	2739.7	40396.3	28004.4
山　东	2675.5	157.1	921.4	119180.4	69942.9
河　南	1572.0	37.0	5404.8	84213.6	56629.4
湖　北	1417.3	20.3	628.1	67018.3	43780.1
湖　南	1032.9	30.3	1134.6	70927.2	45303.3
广　东	3619.1	105.1	1362.5	151808.0	100395.0
广　西	772.2	28.7	711.4	53195.7	39106.5
海　南	194.2	—	2930.9	8812.4	5430.8
重　庆	582.5	34.9	1093.1	34998.4	23112.0
四　川	1442.9	30.2	254.5	83484.2	55713.6
贵　州	371.9	7.7	906.5	16386.7	12817.5
云　南	472.4	16.2	497.2	33553.6	22622.3
西　藏	74.8	0.7	1256.9	1285.8	1145.2
陕　西	561.7	13.3	2531.1	32805.9	21804.1
甘　肃	507.4	18.1	6030.9	25833.1	15171.7
青　海	105.9	1.3	2001.3	4500.0	3300.0
宁　夏	248.9	19.6	188.5	8550.8	4986.3
新　疆	595.5	11.5	230.2	25411.9	15297.7
全　国	32520.7	1263.5	870.2	1645064.1	1076899.6

表 30　2005 年中国各地区城市市政设施

地区	年末实有道路长度（公里）	年末实有道路面积（万平方米）	城市桥梁（座）	城市排水管道长度（公里）	城市污水日处理能力（万立方米）	城市路灯（盏）
北　京	15948.0	16227.0	—	6474.5	334.6	268703
天　津	5460.0	6669.0	563	10889.4	157.8	175696
河　北	8369.2	16123.5	1283	10262.7	313.0	373206
山　西	4965.3	7137.2	680	3351.5	143.9	316190
内蒙古	3867.0	6502.1	288	4505.5	105.5	431672
辽　宁	10556.1	16337.2	1232	10518.6	410.8	785639
吉　林	5423.4	8451.8	570	5085.5	155.8	245129
黑龙江	9318.3	11284.8	673	5918.3	281.3	483313
上　海	12227.0	20942.0	8070	6933.0	481.0	301285
江　苏	28673.5	40829.4	12451	28567.5	1023.9	1295670
浙　江	12523.2	21774.2	6442	18607.3	412.6	727278
安　徽	7985.5	13454.0	1125	7605.7	269.7	293524
福　建	4919.4	7703.4	1276	5911.3	249.0	323697
江　西	3916.1	6667.4	434	3563.8	120.7	361519
山　东	25161.8	42605.2	3620	23288.1	538.3	821555
河　南	7089.6	15653.4	1075	10200.5	267.4	477873
湖　北	14170.6	20524.9	1677	9124.3	449.5	332619
湖　南	5978.2	9935.8	482	5593.8	275.7	295972
广　东	24289.3	43695.9	4666	27577.1	633.6	1272744
广　西	5075.3	8122.9	583	4116.3	372.4	391972
海　南	1132.0	2352.5	128	1925.9	43.2	95400
重　庆	3629.8	5605.3	668	4106.1	168.9	188977
四　川	9021.2	15266.5	1936	9655.7	226.4	711435
贵　州	2203.6	2959.5	302	3599.6	34.5	136740
云　南	2767.0	3836.6	569	2952.4	173.9	183147
西　藏	487.0	529.3	32	278.8	—	13006
陕　西	3190.6	6457.3	477	3250.2	68.1	225373
甘　肃	2960.2	4972.1	315	2721.9	72.9	126258
青　海	557.3	935.9	63	554.4	8.5	29316
宁　夏	1300.8	2626.3	128	956.2	64.1	134971
新　疆	3848.7	5984.1	315	2959.9	132.7	250316
全　国	247014.9	392166.5	52123	241055.7	7989.7	12070195

表 31　2005 年中国各地区城市公共交通情况

地区	年末公共交通运营数(辆)				公共交通客运总量(万人次)				出租汽车(辆)
	总计	公共汽车	无轨电车	轨道交通	总计	公共汽车	无轨电车	轨道交通	
北京	21313	19872	473	968	525606	447105	10525	67976	66000
天津	6884	6768	—	116	90191	89529	—	661	31939
河北	10429	10429	—	—	99412	99412	—	—	44527
山西	4565	4439	126	—	71205	68262	2943	—	29842
内蒙古	3594	3594	—	—	36806	36806	—	—	32508
辽宁	17669	17503	45	121	321555	311347	3046	7162	81020
吉林	8283	8246	—	37	105139	103729	—	1410	49239
黑龙江	10648	10598	50	—	138506	138172	334	—	56952
上海	18680	17509	476	695	337496	266924	11166	59406	47794
江苏	22281	22197	—	84	284117	283760	—	357	41476
浙江	15981	15792	189	—	226740	220912	5828	—	29993
安徽	8880	8880	—	—	139661	139661	—	—	34287
福建	7929	7929	—	—	149465	149465	—	—	13809
江西	5818	5729	89	—	83880	80256	3625	—	9397
山东	23455	23186	269	—	247906	241642	6264	—	56226
河南	13213	13022	191	—	153775	148701	5074	—	52744
湖北	17782	17578	197	7	224224	219082	5013	130	27414
湖南	9611	9611	—	—	212507	212507	—	—	23087
广东	28979	28410	273	296	482699	447908	7671	27120	43831
广西	5239	5239	—	—	107331	107331	—	—	11970
海南	1362	1322	—	40	26798	25971	—	827	3988
重庆	7267	7267	—	—	111324	111324	—	—	16376
四川	10578	10578	—	—	192983	192983	—	—	24513
贵州	5006	5006	—	—	86310	86310	—	—	8677
云南	5547	5547	—	—	73733	73733	—	—	15794
西藏	1040	1040	—	—	778	778	—	—	1351
陕西	6908	6833	75	—	114794	113065	1729	—	22475
甘肃	3515	3415	100	—	48411	46614	1797	—	18339
青海	1839	1839	—	—	37081	37081	—	—	6894
宁夏	1448	1448	—	—	12206	12206	—	—	11183
新疆	7553	7553	—	—	94292	94292	—	—	23328
全国	313296	308379	2553	2364	4836930	4606866	65015	165049	936973

表 32　2005 年中国各地区城市设施水平

地　区	人均住宅建筑面积（平方米）	城市用水普及率（%）	城市用气普及率（%）	每万人拥有公共交通车辆（标台）	人均拥有道路面积（平方米）	人均公共绿地面积（平方米）	每万人拥有公共厕所（座）
北　京	32.86	100.00	—	17.64	10.55	—	3.66
天　津	24.97	100.00	98.50	11.23	10.41	8.38	3.24
河　北	26.04	99.95	94.20	7.15	12.17	7.79	4.34
山　西	24.79	90.32	68.29	5.25	7.93	6.02	4.68
内蒙古	22.96	83.88	68.18	5.61	10.14	7.78	6.57
辽　宁	21.96	93.83	88.11	8.94	7.95	7.49	4.70
吉　林	22.46	83.20	76.23	7.28	7.77	6.80	4.93
黑龙江	22.03	79.55	70.96	6.68	7.96	7.36	7.57
上　海	33.07	99.98	100.00	12.95	11.78	6.73	2.05
江　苏	27.95	96.28	95.11	9.07	16.32	10.27	4.23
浙　江	34.80	99.10	98.47	11.71	16.03	9.31	3.75
安　徽	22.56	90.52	72.29	7.20	11.92	6.58	3.19
福　建	32.28	98.68	96.19	12.08	12.06	9.17	2.75
江　西	25.58	92.64	80.64	8.03	9.26	7.82	2.02
山　东	26.47	77.39	75.74	6.92	12.54	8.09	1.27
河　南	23.40	91.94	69.25	7.77	9.72	7.85	3.52
湖　北	24.99	77.62	68.60	7.80	9.86	6.54	2.32
湖　南	26.00	91.11	75.43	8.86	9.56	6.87	2.55
广　东	26.46	98.80	95.42	6.45	12.04	11.00	1.81
广　西	25.23	82.28	72.68	6.93	10.24	6.76	1.89
海　南	24.18	85.97	82.56	6.49	14.44	10.44	1.38
重　庆	30.68	79.38	68.84	8.70	6.64	5.04	2.65
四　川	27.48	97.22	82.19	7.63	10.90	8.00	3.38
贵　州	20.40	92.75	64.74	8.63	6.07	5.95	2.20
云　南	28.59	82.07	60.01	9.03	7.12	7.98	2.19
西　藏	20.86	61.82	53.74	14.88	15.65	0.42	3.52
陕　西	23.40	93.24	79.82	8.19	8.19	5.11	2.18
甘　肃	23.28	85.94	55.36	6.31	9.71	6.86	2.14
青　海	22.00	100.00	72.00	17.84	9.70	5.82	4.11
宁　夏	23.90	62.89	51.84	4.76	10.21	5.38	3.65
新　疆	22.22	97.86	89.33	13.00	11.48	6.37	3.66
全　国	26.11	91.09	82.08	8.62	10.92	7.89	3.20

六　文化建设

表1　2005年中国按国别（地区）分国外专利申请受理数及授权数

单位：项

国别（地区）	申请受理数				授权数合计			
	合计	发明	实用新型	外观设计	合计	发明	实用新型	外观设计
日本	36221	30976	566	4679	18418	13883	577	3958
马来西亚	46	24	7	15	27	10	4	13
新加坡	208	129	14	65	99	47	5	47
泰国	25	10	5	10	19	2	2	15
韩国	9300	8131	143	1026	3273	2509	127	637
塞浦路斯	17	17	—	—	5	3	1	1
印度	217	198	—	19	67	38	—	29
摩纳哥	4	3	—	1	8	7	—	1
南非	84	81	1	2	38	37	—	1
德国	7502	6411	83	1008	3709	2894	32	783
荷兰	3988	3735	8	245	1333	1179	5	149
英国	1613	1331	20	262	885	638	16	231
瑞士	2106	1776	9	321	1103	867	10	226
丹麦	478	379	17	82	283	194	23	66
匈牙利	33	31	—	2	22	22	—	—
奥地利	284	260	3	21	170	145	3	22
比利时	380	340	—	40	134	116	1	17
法国	3190	2644	65	481	1674	1328	6	340
挪威	168	142	1	25	69	62	—	7
俄罗斯联邦	50	46	3	1	47	37	10	—
卢森堡	53	48	—	5	38	37	—	1
列支敦士登	84	52	—	32	68	28	—	40
西班牙	373	179	14	180	161	65	5	91
捷克	77	12	5	60	12	3	—	9
波兰	22	18	—	4	4	1	2	1
爱尔兰	82	66	3	13	48	24	7	17
芬兰	851	752	3	96	496	402	2	92
意大利	1632	1046	27	559	691	388	15	288
瑞典	1101	1015	7	79	775	690	2	83
以色列	237	220	4	13	76	68	—	8
巴西	82	61	6	15	35	21	1	13
美国	20395	18000	360	2035	7595	6160	290	1145
加拿大	724	665	22	37	270	225	12	33
新西兰	84	77	—	7	24	23	—	1
澳大利亚	707	546	20	141	382	266	5	111
总计	92418	79421	1416	11581	42058	32419	1163	8476

表2 2005年中国国内、外三种专利申请授权数

单位：项

指　　标	1990	1995	2000	2004	2005
发　明	3838	3393	12683	49360	53305
国　内	1149	1530	6177	18241	20705
职　务	908	932	2824	12176	14761
大专院校	326	258	652	3484	4453
科研单位	331	304	910	2406	2423
工矿企业	206	205	1016	6128	7712
机关团体	45	165	246	158	173
非职务	241	598	3353	6065	5944
国　外	2689	1863	6506	31119	32600
职　务	2496	1748	6222	30089	31555
非职务	193	115	284	1030	1045
实用新型	16952	30471	54743	70623	79349
国　内	16744	30195	54407	70019	78137
职　务	5100	6766	15519	26218	29191
大专院校	698	623	868	1910	2391
科研单位	1280	1025	1529	1557	1599
工矿企业	2249	2627	12821	22299	24743
机关团体	873	2491	301	452	458
非职务	11644	23429	38888	43801	48946
国　外	208	276	336	604	1212
职　务	132	154	261	485	1011
非职务	76	122	75	119	201
外观设计	1798	11200	37919	70255	81349
国　内	1411	9523	34652	63068	72777
职　务	751	5344	17789	24171	27566
大专院校	7	10	28	111	555
科研单位	35	156	248	174	170
工矿企业	598	2554	17482	23830	26658
机关团体	111	2624	31	56	183
非职务	660	4179	16863	38897	45211
国　外	387	1677	3267	7187	8572
职　务	336	1402	3108	6936	8254
非职务	51	275	159	251	318
授权数合计	22588	45064	105345	190238	214003

表3　2005年中国职业技术培训机构基本情况

单位：人

项　目	学校数（所）	注册学生数	结业学生数	教职工数	#专任教师
职工技术培训学校(机构)	4230	1723388	1933667	50589	28541
教育部门和集体办	1321	950537	1053748	28377	13587
其他部门办	1014	502024	612280	9644	5970
民　办	1895	270827	267639	12568	8984
农村成人文化技术培训学校(机构)	166601	37293423	47931805	250694	108821
教育部门和集体办	160924	35968830	46870460	232963	101516
县　办	1071	966532	1246986	10699	6204
乡　办	23799	15383126	20053644	76068	37730
村　办	136054	19619172	25569830	146196	57582
其他部门办	3756	747538	726818	6397	2636
民　办	1921	577055	334527	11334	4669
其他培训机构(含社会培训机构)	27735	9810336	9476408	224957	118642
教育部门和集体办	959	1028734	999029	14910	7200
其他部门办	1544	734478	880572	11518	5976
民　办	25232	8047124	7596807	198529	105466
总　　计	198566	48827147	59341880	526240	256004

表4　2005年中国各级各类学历教育学生情况

单位：人

项　　目	招生数	在校学生数	毕业生数	女学生占学生总数的比重(%)
高等教育				
研究生	364831	978610	189728	43.39
博　士	54794	191317	27677	32.57
硕　士	310037	787293	162051	46.02
普通本专科	5044581	15617767	3067956	47.08
本　科	2363647	8488188	1465786	45.30
专　科	2680934	7129579	1602170	49.20
成人本专科	1930250	4360705	1667889	51.12
本　科	747196	1611140	555799	50.89

续表 4

项　　目	招生数	在校学生数	毕业生数	女学生占学生总数的比重(%)
专　科	1183054	2749565	1112090	51.26
其他高等学历教育				
在职人员攻读博士、硕士学位	101653	254672	—	27.29
网络本专科生	891046	2652679	759627	48.38
本　科	408606	1272292	392310	48.38
专　科	482440	1380387	367317	48.39
学历文凭考试	—	203545	94202	48.46
自学考试	—	45698	19466	53.32
中等教育	35209758	102971534	32931917	—
高中阶段教育	15333932	40309409	10921702	—
高中	8777317	24309014	6739805	—
普通高中	8777317	24090901	6615713	46.43
成人高中	—	218113	124092	50.11
中等职业教育	6556615	16000395	4181897	—
普通中专	2411340	6297671	1567135	53.99
成人中专	479465	1125457	393926	48.30
职业高中	2482117	5824293	1530860	48.29
技工学校	1183693	2752974	689976	—
初中阶段教育	19875826	62662125	22010215	—
普通初中	19765246	61718079	21065150	47.33
职业初中	110580	431363	169132	45.92
成人初中	—	512683	775933	43.46
初等教育	16717440	111718265	23171154	—
普通小学	16717440	108640655	20194768	46.82
成人小学	—	3077610	2976386	54.72
扫盲班	—	1924380	1690506	56.98
工读学校	3543	8372	3514	12.06
特殊教育	49288	364409	43214	35.53
学前教育	13562405	21790290	10253729	45.09

表 5　2005 年中国学校、教职工和专任教师情况

项　　目	学校数(所)	教职工数(人)	专任教师(人)
高等教育			
研究生培养机构	(766)		
普通高校	(450)		
科研机构	(316)		

续表 5

项　目	学校数(所)	教职工数(人)	专任教师(人)
普通高等学校	1792	1742073	965839
本科院校	701	1197846	630010
专科院校	1091	439967	267855
职业技术学院	921	362066	220994
其他机构(教学点)	(428)	104260	67974
独立学院	295	80986	55476
成人高等学校	481	148901	84325
民办的其他高等教育机构	1077	48121	22528
中等教育	96082	6857699	5553569
高中阶段教育	31532	6824770	2056377
高　中	17066	5731590	1306589
普通高中	16092	5720244	1299460
成人高中	974	11346	7129
中等职业教育	14466	1093180	749788
普通中专	3207	334800	202994
成人中专	2582	121312	74952
职业高中	5822	389250	282499
技工学校	2855	204009	161094
其他机构(教学点)	(2386)	43809	28249
初中阶段教育	64550	32929	3497192
普通初中	61885	—	3471839
职业初中	601	24009	20240
成人初中	2064	8920	5113
初等教育	427697	6248248	5637144
普通小学	366213	6132155	5592453
成人小学	61484	116093	44691
#扫盲班	43572	89361	31685
工读学校	77	2584	1658
特殊教育	1593	42256	31937
学前教育	124402	1152046	721609

注：1. 普通高中的教职工数中包含普通初中的教职工数。

2. 括号内数据均不计校数。

表 6　2005 年中国文化、文物单位机构、人员数

机构类别	机构数(个)	从业人数(人)
文化单位合计	381512	1798718
艺术表演团体	2805	141678
话剧、儿童剧、滑稽剧团	118	8383
歌剧、舞剧、歌舞剧团	97	9671
歌舞团、轻音乐团	345	21585
乐团、合唱团	37	2425
文工团、文宣队、乌兰牧骑	351	10206
戏曲剧团	1531	72525
其中:京剧	109	7981
曲、杂、木、皮团	189	9218
综合性艺术表演团体	137	7665
艺术表演场所	1866	35678
剧　场	770	14157
影剧院	996	19176
音乐厅	20	473
综合性	35	1334
其他艺术表演场馆	45	538
公共图书馆事业	2762	50423
群众文化事业	41588	122500
群众艺术馆	447	13407
文化馆	2779	37502
文化站	38362	71591
乡文化站	34593	62949
艺术教育事业	189	13464
其他文化事业	332302	1434975
艺术创作机构	352	2576
艺术研究机构	188	3138
艺术展览机构	56	1271
美术馆	37	754
其　他	331706	1427990
文物单位合计	4030	82988
文物保护管理机构	2186	34052
文物科研机构	88	3444
其他文物机构	78	4579
博物馆	1581	38603
综合性博物馆	797	16738
历史类博物馆	532	16217
艺术类博物馆	126	3043
自然科技类博物馆	24	628
其　他	102	1977
文物商店	97	2310

表7　2005年中国各地区卫生机构数、医疗机构床位数

区	卫生机构数(个)	医院	卫生院	门诊部诊　所	疾病预防控制中心(防疫站)	妇幼保健院(所站)	医疗机构	
							床位数(张)	医院卫生院
北　京	4818	516	152	3841	28	18	79067	75715
天　津	2472	271	191	1748	24	23	41513	39491
河　北	18046	817	1966	14096	192	184	162061	153981
山　西	9430	884	1640	6094	157	131	107980	103030
内蒙古	7629	474	1358	4863	146	116	69047	63786
辽　宁	14925	915	1077	11433	128	114	177524	161244
吉　林	8755	563	817	5098	74	71	87279	82118
黑龙江	8326	886	933	5716	195	148	119692	112536
上　海	2526	247	100	1865	22	24	89758	78411
江　苏	15324	1004	1472	9497	154	112	197515	184237
浙　江	12555	553	2339	6581	138	87	140734	131067
安　徽	9197	683	2001	5415	132	117	126587	119625
福　建	7934	357	953	5876	93	89	81645	73187
江　西	10669	486	1520	7914	115	112	84836	79272
山　东	16323	1121	1786	11138	176	150	247574	231277
河　南	14554	1172	2088	10021	183	167	212407	202289
湖　北	9459	572	1176	6549	113	96	139147	128651
湖　南	15008	782	2542	10748	150	135	151297	141566
广　东	16318	960	1463	12225	134	124	208936	192839
广　西	9416	458	1295	7035	106	103	93532	87112
海　南	2464	190	312	1759	30	26	18651	17480
重　庆	6380	358	1102	4668	43	42	64174	61234
四　川	23832	1149	5176	16200	208	197	193171	184347
贵　州	6571	383	1456	4174	103	84	61594	58325
云　南	10110	648	1483	7262	153	148	106334	98836
西　藏	1378	97	666	458	81	55	6767	6412

续表 7

区	卫生机构数(个)	医院	卫生院	门诊部诊所	疾病预防控制中心(防疫站)	妇幼保健院(所站)	医疗机构床位数(张)	医院卫生院
陕西	11701	833	1769	8228	125	115	106391	99549
甘肃	11849	382	1358	9547	103	100	63314	59855
青海	1478	130	406	607	57	24	15088	14747
宁夏	1463	134	266	900	25	21	17754	16836
新疆	8087	678	831	5848	197	88	79441	75875
全国	298997	18703	41694	207404	3585	3021	3350810	3134930

表 8 卫生机构人员数

单位：万人

年份	卫生机构人员数				每千人口医生数（人）
	总计	卫生技术人员	医生	护师、护士	
1978	310.6	246.4	103.3	40.7	1.08
1980	353.5	279.8	115.3	46.6	1.17
1985	431.3	341.1	141.3	63.7	1.36
1989	478.7	380.9	171.8	92.2	1.56
1990	490.6	389.8	176.3	97.5	1.56
1991	502.5	398.5	178.0	101.2	1.56
1992	514.0	407.4	180.8	104.0	1.57
1993	521.5	411.7	183.2	105.6	1.58
1994	530.7	419.9	188.2	109.4	1.60
1995	537.3	425.7	191.8	112.6	1.62
1996	541.9	431.2	194.1	116.3	1.62
1997	551.6	439.8	198.5	119.8	1.65
1998	553.6	442.4	200.0	121.9	1.65
1999	557.0	445.9	204.5	124.5	1.67
2000	559.1	449.1	207.6	126.7	1.68
2001	558.4	450.8	210.0	128.7	1.69
2002	523.8	427.0	184.4	124.7	1.47
2003	527.5	430.6	186.8	126.6	1.48
2004	535.7	439.3	190.6	130.8	1.50
2005	542.7	446.0	193.8	135.0	1.52

注：2002 年及以后医生系执业（助理）医师数，护师（士）系注册护士数，故数据有所减少（下同）。

表 9　2005 年中国科学普及状况

项　　目	总　计	科协小计	中国科协	省级科协	地级科协	县级科协	学会小计	全国学会	省级学会
机构和人员									
实有机构(个)	6936	3136	1	31	397	2707	3800	167	3633
从业人员(人)	45793	33827	1503	6290	9182	16852	11966	2133	9833
学会个人会员(万人)	—	—	—	—	—	—	—	408	439
学术交流活动									
境内学术交流活动(次)	22365	9164	45	281	5007	3831	13201	3148	3148
参加人数(万人次)	309.96	148.95	2.31	10.37	89.39	46.88	161.01	161.01	44.07
科学技术普及(综合)									
举办科普讲座(次)	122215	100944	288	1695	20062	78899	21271	2059	19212
听讲人数(万人次)	15970.15	15175.21	11.26	10347.44	817.45	3999.06	794.94	265.18	529.76
举办科普展览(次)	53890	50308	40	1239	10460	38569	3582	495	3087
参观人数(万人次)	12832.86	11687.58	223.20	1089.47	2442.77	7932.14	1145.28	101.10	1044.18
举办科普宣传(次)	56504	49646	33	695	12836	36082	6858	534	6324
工作人员(万人次)	89.89	82.86	0.03	1.14	15.36	66.33	7.03	0.26	6.77
科普场馆(个)	—	688	1	26	157	504	—	—	—
展厅面积(平方米)	—	588775	21000	89441	239608	238726	—	—	—
科普教育基地(个)	—	8955	482	866	2259	5348	—	—	—
标准科普画廊建筑总长度(米)	—	563221		5500	63785	493936	—	—	—
本年展览总长度(米)	—	1173581	—	54604	252645	866332	—	—	—

续表 9

项目	总计	科协小计	中国科协	省级科协	地级科协	县级科协	学会小计	全国学会	省级学会
科学技术普及专题1(青少年科技教育)									
举办青少年科普讲座(次)	—	19708	244	463	4268	14733	—	—	—
听讲人数(万人次)	—	1219.13	10.35	25.95	223.76	959.07	—	—	—
举办青少年科普展览(次)	—	11095	39	260	2489	8307	—	—	—
参观人数(万人次)	—	2192.48	222.00	128.66	518.70	1323.12	—	—	—
举办青少年科技竞赛(次)	9999	9421	9	195	2167	7050	578	67	511
参加人数(万人次)	3091.09	2371.73	0.39	677.81	797.24	896.29	719.36	302.89	416.47
举办青少年科技夏冬令营(次)	3522	3146	5	69	690	2382	376	41	335
参加人数(万人次)	67.77	62.66	0.03	0.9	12.46	49.27	5.11	0.54	4.57
科学技术普及专题2(全国科普日活动)									
举办科普讲座(次)	11648	11648	1	130	2407	9110	—	—	—
听讲人数(万人次)	528.68	528.68	0.02	9.14	98.59	420.93	—	—	—
举办科普展览(次)	9470	9470	1	205	2255	7009	—	—	—
参观人数(万人次)	1882.79	1882.79	1.20	68.30	463.12	1350.17	—	—	—
举办科普宣传(次)	—	12698	3	179	2942	9574	—	—	—
工作人员(万人次)	—	21.68	0.01	0.37	3.86	17.44	—	—	—
开展科技咨询(次)	—	21848	15	593	3677	17563	—	—	—
工作人员(万人次)	—	15.47	0.01	0.24	2.83	12.39	—	—	—
科学技术普及专题3(科技下乡活动)									
组织科技下乡次数(次)	54689	47209	3	789	5547	40870	7480	301	7179
举办科普讲座(次)	30138	25536	32	419	3696	21389	4602	222	4380
听讲人数(万人次)	1122.70	1049.65	0.60	14.06	96.16	938.83	73.05	3.9	69.15

续表 9

项　　目	总　计	科协小计	中国科协	省级科协	地级科协	县级科协	学会小计	全国学会	省级学会
举办科普展览(次)	15501	14586	—	268	2501	11817	915	111	804
参观人数(万人次)	2644.18	2521.35	—	86.28	522.41	1912.66	122.83	10.11	112.72
开展科技咨询(次)	54607	44717	423	449	5503	38342	9890	259	9631
工作人员(万人次)	30.85	28.39	0.05	0.51	3.48	24.35	2.46	0.09	2.37
国际民间科技交流活动									
国外及港澳台地区来访团组(个)	3113	498	35	196	178	89	2615	784	1831
来访总人数(人次)	37576	8894	1169	1944	4288	1493	28682	11761	16921
来访总人数(人次)	2109	510	154	205	122	29	1599	503	1096
派出总人数(人次)	18595	4217	1349	1640	968	260	14378	5396	8982
社会、科技服务活动									
“金桥工程”本年完成数(项)	—	7547	—	1597	2764	3186	—	—	—
完成技术咨询合同(项)	44804	40598	—	12014	24640	3944	4206	121	4085
反映科技建议(项)	21983	17185	6	546	4900	11733	4798	249	4549
举办培训班(次)	58200	49703	40	837	6158	42668	8497	1281	7216
培训人数(万人次)	982.15	824.61	1.05	7.41	84.81	731.34	157.54	18.64	138.9
科技传媒情况									
主办科技期刊(种)	2155	73	8	58	7	—	2082	846	1236
总印数(万册)	11930.16	3440.39	108.1	3323.89	8.4	—	8489.77	5186.61	3303.16
主办科技报纸(种)	115	42	1	38	3	—	73	9	64
总印数(万份)	15786.6	11979.1	109.2	11728.6	141.3	3807.5	636.0	3171.5	—
编著科技图书(种)	1889	1039	108	180	266	485	850	179	671
总印数(万册)	1132.54	701.57	90.23	156.17	189.01	266.16	430.97	136.85	294.12

七　三农

表 1　2005 年中国各地区农村居民家庭土地经营情况

单位：亩/人

地　区	经营耕地面积	经营山地面积	园地面积	牧草地面积	养殖水面面积
全　国	2.08	0.32	—	3.74	—
北　京	0.69	—	0.13	—	0.04
天　津	1.33	—	—	—	—
河　北	1.89	—	—	—	—
山　西	2.20	0.03	0.16	—	—
内蒙古	8.29	0.52	—	121.91	—
辽　宁	3.33	0.12	0.06	—	—
吉　林	6.24	—	0.04	—	—
黑龙江	10.42	—	—	—	—
上　海	0.43	—	—	—	—
江　苏	1.12	—	—	—	0.11
浙　江	0.70	0.92	0.13	—	0.07
安　徽	1.68	0.32	—	—	—
福　建	0.80	0.76	0.26	—	—
江　西	1.47	0.75	—	—	—
山　东	1.38	—	—	—	—
河　南	1.53	—	—	—	—
湖　北	1.53	0.50	—	—	—
湖　南	1.17	0.56	—	—	—
广　东	0.66	0.37	0.10	—	—
广　西	1.31	0.63	0.14	—	—
海　南	0.98	0.88	0.39	—	—
重　庆	0.96	0.31	—	—	—
四　川	0.96	0.23	—	—	—
贵　州	1.02	0.29	—	—	—
云　南	1.40	0.62	0.11	—	—
西　藏	1.98	—	—	0.11	—
陕　西	1.84	0.32	0.25	0.11	—
甘　肃	2.65	0.68	—	0.15	—
青　海	1.95	—	—	19.85	—
宁　夏	4.13	—	0.05	0.54	—
新　疆	4.11	—	0.20	3.26	—

注：本表为农村住户抽样调查资料。

表 2　农村居民家庭基本情况

项　目	2000	2001	2002	2003	2004	2005
调查户数(户)	68116	68190	68190	68190	68190	68190
调查户人口(人)						
常住人口	286162	283223	281674	279536	278234	277759
平均每户常住人口	4.20	4.15	4.13	4.10	4.08	4.08
平均每户整半劳动力	2.76	2.73	2.76	2.80	2.82	2.82
平均每个劳动力负担人口(含本人)	1.52	1.52	1.50	1.47	1.45	1.44
平均每人年收入(元)						
总收入	3146.21	3306.92	3448.62	3582.42	4039.60	4631.21
工资性收入	702.30	771.90	840.22	918.38	998.46	1174.53
家庭经营收入	2251.28	2325.23	2380.51	2454.96	2804.51	3164.43
财产性收入	45.04	46.97	50.68	65.75	76.61	88.45
转移性收入	147.59	162.82	177.21	143.33	160.03	203.81
现金收入	2381.60	2534.70	2712.95	2929.47	3234.16	3915.50
工资性收入	700.41	769.77	839.17	916.65	997.56	1173.10
家庭经营收入	1498.81	1565.51	1653.65	1822.11	2019.83	2472.34
财产性收入	38.89	41.05	47.65	53.96	62.59	71.78
转移性收入	143.49	158.37	172.48	136.75	154.18	198.31
平均每人年支出(元)						
总支出	2652.42	2779.96	2923.60	3024.99	3430.10	4126.91
家庭经营费用支出	654.27	695.97	731.01	755.38	923.92	1189.70
购置生产性固定资产	63.90	78.13	85.50	101.64	107.74	131.14
税费支出	95.52	91.24	78.70	67.31	37.49	13.10
生活消费支出	1670.13	1741.09	1834.31	1943.30	2184.65	2555.40
转移性和财产性支出	168.60	173.53	194.08	157.36	176.30	237.60
现金支出	2140.37	2284.62	2437.72	2537.42	2862.54	3567.31
家庭经营费用支出	544.49	584.80	617.41	638.40	788.55	1052.53
购买生产性固定资产	63.91	78.13	85.50	101.64	107.74	131.14
税费支出	89.81	86.35	75.58	65.99	36.91	12.91
生活消费支出	1284.74	1364.08	1467.62	1576.64	1754.46	2134.58
转移性和财产性支出	157.42	171.26	191.61	154.74	174.88	236.15
平均每人年纯收入(元)	2253.42	2366.40	2475.63	2622.24	2936.40	3254.93
工资性收入	702.30	771.90	840.22	918.38	998.46	1174.53
家庭经营纯收入	1427.27	1459.63	1486.54	1541.28	1745.79	1844.53
财产性收入	45.04	46.97	50.68	65.75	76.61	88.45
转移性收入	78.81	87.90	98.19	96.83	115.54	147.42

注：本表至10－34表为农村住户抽样调查资料。

表 3　2005 年中国按收入五等份分农村居民家庭基本情况

项　目	低收入户	中低收入户	中等收入户	中高收入户	高收入户
平均每户常住人口(人)	4.58	4.35	4.10	3.86	3.48
平均每户整半劳动力(人)	2.94	2.91	2.85	2.78	2.61
平均每个劳动力负担人口(人)	1.56	1.49	1.44	1.39	1.33
平均每人总收入(元)	2090.02	3024.44	4022.67	5453.55	10210.56
现金收入	1538.81	2312.43	3266.32	4659.38	9408.66
平均每人总支出(元)	2647.00	3036.29	3652.61	4561.23	7515.01
现金支出	2110.56	2466.16	3057.86	3986.29	6996.58
平均每人纯收入(元)	1067.22	2018.31	2850.95	4003.33	7747.35
工资性收入	321.72	672.22	1043.14	1538.84	3096.99
家庭经营纯收入	662.60	1230.66	1651.88	2230.97	3965.85
财产性收入	21.93	32.35	46.41	80.90	304.03
转移性收入	60.97	83.09	109.52	152.63	380.48

表 4　2005 年中国按收入五等份分农村居民家庭平均每人生活消费支出

单位：元

项　目	低收入户	中低收入户	中等收入户	中高收入户	高收入户
生活消费总支出	1548.30	1913.07	2327.69	2879.06	4593.05
食　品	796.26	950.12	1120.87	1297.26	1807.58
衣　着	87.98	108.71	132.39	167.51	276.18
居　住	205.88	249.80	313.19	411.45	758.16
家庭设备用品及服务	59.60	76.22	95.84	127.60	224.14
交通通讯	111.19	153.74	206.96	281.55	539.37
文教娱乐用品及服务	155.49	209.39	262.18	345.17	571.45
医疗保健	106.45	128.52	148.11	183.52	305.10
其他商品及服务	25.45	36.57	48.16	65.00	111.06
生活消费现金支出	1163.18	1486.85	1871.00	2438.79	4195.87
食　品	435.00	553.85	696.97	888.15	1440.14
衣　着	87.20	108.04	131.88	166.89	275.66
居　住	183.70	221.40	282.23	381.64	729.49
家庭设备用品及服务	58.98	75.68	94.81	127.42	224.04
交通通讯	111.19	153.74	206.96	281.55	539.37
文教娱乐用品及服务	155.49	209.39	262.18	345.17	571.45
医疗保健	106.45	128.52	148.11	183.52	305.10
其他商品及服务	25.17	36.23	47.86	64.46	110.62

表5　城乡新建住宅面积和居民住房情况

年　份	城镇新建住宅面积（亿平方米）	农村新建住宅面积（亿平方米）	城市人均住宅建筑面积（平方米）	农村人均住房面积（平方米）
1978	0.38	1.00	6.7	8.1
1980	0.92	5.00	7.2	9.4
1985	1.88	7.22	10.0	14.7
1986	2.22	9.84	12.4	15.3
1987	2.23	8.84	12.7	16.0
1988	2.40	8.45	13.0	16.6
1989	1.97	6.76	13.5	17.2
1990	1.73	6.91	13.7	17.8
1991	1.92	7.54	14.2	18.5
1992	2.40	6.19	14.8	18.9
1993	3.08	4.81	15.2	20.7
1994	3.57	6.18	15.7	20.2
1995	3.75	6.99	16.3	21.0
1996	3.95	8.28	17.0	21.7
1997	4.06	8.06	17.8	22.5
1998	4.76	8.00	18.7	23.3
1999	5.59	8.34	19.4	24.2
2000	5.49	7.97	20.3	24.8
2001	5.75	7.29	20.8	25.7
2002	5.98	7.42	22.8	26.5
2003	5.50	7.52	23.7	27.2
2004	5.69	6.80	25.0	27.9
2005	6.61	6.67	26.1	29.7

注：城市人均住宅建筑面积由建设部提供。

表6　农村基层组织和农业基本情况

指　　标	1999	2000	2004	2005
乡镇数(个)	44741	43735	36952	35509
镇　数	19184	19692	19171	18888
村民委员会(个)	737429	734715	652718	640139
乡村户数(万户)	23810.5	24148.7	24971.4	25222.6
乡村从业(万人)	46896.5	47962.1	49695.3	50387.3
男	24995.7	25517.8	26525.8	26930.6
女	21900.8	22444.3	23169.5	23456.7
按行业分乡村从业人员(万人)	46896.5	47962.1	49695.3	50387.3
农林牧渔业	32911.8	32797.5	30596.0	29975.5

续表 6

指 标	1999	2000	2004	2005
工 业	3953.0	4108.6	5438.9	6011.5
建筑业	2531.9	2691.7	3380.5	3653.2
交通运输业、仓储及邮电通信业	1115.8	1170.6	1475.9	1567.3
批发零售贸易业餐饮业	1584.6	1751.8	2701.6	2937.7
其他非农行业	4799.4	5441.9	6102.4	6242.0
农业机械总动力(万千瓦)	48996.1	52573.6	64027.9	68397.8
农用大中型拖拉机(台)	784216	974547	1118636	1395981
农用大中型拖拉机动力(万千瓦)	2772.8	3161.1	3713.1	4293.5
小型拖拉机(万台)	1200.3	1264.4	1454.9	1526.9
小型拖拉机动力(万千瓦)	11008.9	11663.9	13855.4	14660.9
大中型拖拉机配套农具(万部)	132.0	140.0	188.7	226.2
小型拖拉机配套农具(万部)	1621.0	1788.8	2309.7	2465.0
农用排灌柴油机(万台)	645.0	688.1	777.5	809.9
农用排灌柴油机动力(万千瓦)	4934.6	5232.6	5804.2	6034.0
渔用机动船(艘)	417379	459888	486878	439604
渔用机动船动力(万千瓦)	1253.1	1338.7	1384.2	1376.1
有效灌溉面积(千公顷)	53158	53820	54478	55029
化肥施用量(万吨)	4124.3	4146.4	4636.6	4766.2
乡村办水电站个数(个)	31678	29962	27115	26726
乡村办水电站发电能力(万千瓦)	664.1	698.5	993.8	1099.2
农村用电量(亿千瓦小时)	2173.4	2421.3	3933.0	4375.7
农作物总播种面积(千公顷)	156373	156300	153553	155488
粮 食	113161	108463	101606	104278
谷 物	91617	85264	79350	81874
稻 谷	31284	29962	28379	28847
小 麦	28855	26653	21626	22793
玉 米	25904	23056	25446	26358
豆 类	11190	12660	12799	12901
薯 类	10355	10538	9457	9503
油 料	13906	15400	14431	14318
棉 花	3726	4041	5693	5062
麻 类	205	262	332	335
糖 料	1644	1514	1568	1564
烟 叶	1374	1437	1266	1363
蔬 菜	13347	15237	17560	17721
茶园面积(千公顷)	1130	1089	1262	1352
果园面积(千公顷)	8667	8932	9768	10035

表7　农村基层组织情况

单位：%

年份/地区	乡镇数(个)		村民委员(个)	乡村户数(万户)	乡村人口数(万人)	乡村从业人员(万人)		
	总　计	镇　数				总　计	男	女
1978	52781	—	690388	17347.0	80320.0	30637.8	16548.4	14089.6
1980	54183	—	709820	17673.0	81096.0	31835.9	17379.7	14456.2
1985	72153	7956	940617	19077.0	84419.7	37065.1	20153.2	16911.9
1989	55764	11060	746432	21504.0	87831.0	40938.8	22218.3	18720.5
1990	55838	11392	743278	22237.0	89590.3	42009.5	22551.8	19457.7
1991	55542	11882	804153	22566.0	90525.1	43092.5	23121.9	19970.6
1992	48250	14135	806032	22849.0	91154.4	43801.6	23449.9	20351.7
1993	48179	15223	802352	22984.0	91333.5	44255.7	23653.1	20602.6
1994	48075	16433	802052	23165.0	91526.2	44654.1	23854.1	20800.0
1995	47136	17282	740150	23282.0	91674.6	45041.8	24037.4	21004.4
1996	45484	17998	740128	23437.6	91941.0	45288.0	24154.9	21133.1
1997	44689	18402	739447	23406.2	91524.7	46234.3	24633.4	21600.9
1998	45462	19060	739980	23678.0	91960.1	46432.3	24733.1	21699.2
1999	44741	19184	737429	23810.5	92216.3	46896.5	24995.7	21900.8
2000	43735	19692	734715	24148.7	92819.7	47962.1	25517.8	22444.3
2001	40161	19555	709257	24432.2	93382.9	48228.9	25685.4	22543.5
2002	39054	19811	694515	24569.4	93502.5	48526.9	25850.1	22676.7
2003	38028	19588	678589	24793.1	93750.6	48971.0	26121.0	22850.0
2004	36952	19171	652718	24971.4	94253.7	49695.3	26525.8	23169.5
2005	35509	18888	640139	25222.6	94907.5	50387.3	26930.6	23456.7
北　京	184	143	3964	142.2	381.8	184.0	95.8	88.2
天　津	140	120	3821	119.8	397.5	178.5	97.8	80.7
河　北	1962	944	49678	1448.6	5422.3	2805.9	1504.1	1301.8
山　西	1192	475	28323	638.4	2354.9	1035.7	573.6	462.1
内蒙古	964	411	12129	351.4	1343.9	690.8	390.4	300.4
辽　宁	993	611	11920	695.6	2331.4	1113.5	618.5	495.0
吉　林	624	429	9375	383.7	1443.6	685.2	391.1	294.1
黑龙江	878	448	8952	494.0	1917.3	948.9	545.1	403.9
上　海	103	100	1875	111.1	338.2	243.5	126.2	117.3
江　苏	1092	978	18282	1593.2	5322.5	2662.5	1384.6	1277.9
浙　江	1251	758	34515	1224.6	3790.5	2298.5	1231.7	1066.9
安　徽	1466	915	24076	1346.1	5241.4	2939.2	1574.2	1365.0

续表 7

年份 地区	乡镇数(个)		村民委员(个)	乡村户数(万户)	乡村人口数(万人)	乡村从业人员(万人)		
	总 计	镇 数				总 计	男	女
福 建	934	593	14630	682.2	2667.0	1313.0	708.2	604.9
江 西	1435	772	17233	795.3	3298.5	1638.8	861.1	777.7
山 东	1423	1146	83483	2050.4	7030.1	3782.2	2015.3	1767.0
河 南	2008	776	48145	2025.7	8000.7	4752.4	2517.5	2234.9
湖 北	954	737	26682	1016.4	3993.6	1932.8	1027.3	905.4
湖 南	2220	1093	44538	1492.5	5475.8	2975.4	1619.6	1355.8
广 东	1223	1207	21825	1540.8	6451.6	3089.5	1616.0	1473.5
广 西	1130	698	14453	986.1	4146.2	2275.4	1202.1	1073.3
海 南	200	180	2615	112.6	525.6	256.0	132.6	123.4
重 庆	958	594	10015	718.8	2430.9	1366.9	736.8	630.1
四 川	4658	1869	51198	1979.2	6904.0	3801.5	2018.4	1783.1
贵 州	1385	624	19696	792.3	3276.3	1934.2	1033.0	901.1
云 南	1296	459	12940	877.4	3568.1	2050.9	1069.3	981.6
西 藏	685	142	5886	40.4	225.3	108.8	55.3	53.5
陕 西	1521	843	27809	705.0	2791.9	1437.0	781.2	655.9
甘 肃	1251	451	16585	463.7	2074.8	1084.3	570.8	513.5
青 海	392	109	4161	77.6	357.3	186.0	98.2	87.8
宁 夏	191	94	2382	93.6	415.0	212.0	110.6	101.4
新 疆	796	169	8953	223.9	989.6	403.9	224.3	179.6

注：本表乡村人口数是指户口在乡村的常住人口，具体范围按 1964 年建镇标准划分，包括后来的新建制镇人口，口径大于人口篇的乡村人口。地区系 2005 年数据。

表 8　主要农产品产量与新中国成立前最高年产量比较

产品名称	新中国成立前最高年		指数(以新中国成立前最高年为 100)		
	年 份	产 量	1949	1952	2005
种植业(万吨)					
粮 食	1936	15000	75.5	109.3	322.7
稻 谷	1936	5735	84.8	119.3	314.9
小 麦	1936	2330	59.3	77.8	418.2
玉 米	1936	1010	—	166.8	1379.9
大 豆	1936	1130	45.0	84.3	190.9
薯 类	1936	635	155.1	257.2	546.2
棉 花	1936	84.9	52.3	153.6	673.0
花 生	1933	317	40.0	73.0	452.3

续表 8

产品名称	新中国成立前最高年		指数(以新中国成立前最高年为 100)		
	年　份	产　量	1949	1952	2005
油菜籽	1934	191	38.5	48.9	684.4
芝　麻	1933	99.1	32.9	48.5	63.1
黄红麻	1945	5.5	34.6	278.2	2008.9
桑蚕茧	1931	22.1	14.0	28.1	353.0
茶　叶	1932	22.5	18.2	36.4	415.5
甘　蔗	1940	565	46.7	125.9	1532.9
甜　菜	1939	32.9	58.1	145.6	2395.5
烤　烟	1948	17.9	24.0	124.0	1360.3
苹　果	1926	12.1	—	97.5	19843.9
柑　桔	1926	40.1	—	51.6	3969.9
香　蕉	1927	10.3	—	106.8	6328.3
畜牧业(万头、万只)					
大牲畜年底头数	1935	7151	83.9	106.9	223.0
牛	1935	4827	91.0	117.3	293.3
马	1935	649	75.1	94.5	114.0
驴	1935	1215	78.1	97.2	64.0
骡	1935	460	32.0	35.6	78.3
猪年底头数	1934	7853	73.5	114.3	641.0
羊年底只数	1937	6252	67.7	98.8	596.1
渔　业					
水产品(万吨)	1936	150	30.0	111.3	3405.1

表 9　受灾面积和成灾面积

年　份 地　区	受灾面积	成灾面积	成灾面积占受灾面积比重(%)	水　灾		旱　灾	
				受灾面积	成灾面积	受灾面积	成灾面积
1978	50790	24457	48.2	2850	2012	40170	17970
1980	44526	29777	66.9	9146	6070	26111	14174
1985	44365	22705	51.2	14197	8949	22989	10063
1989	46991	24449	52.0	11328	5917	29358	15262
1990	38474	17819	46.3	11804	5605	18175	7805
1991	55472	27814	50.1	24596	14614	29414	10559
1992	51333	25859	50.4	9423	4464	32980	17049
1993	48829	23133	47.4	16387	8611	21098	8657
1994	55043	31383	57.0	17329	10744	30425	17049
1995	45821	22267	48.6	12731	7630	23455	10401
1996	46989	21233	45.2	18146	10855	20151	6247
1997	53429	30309	56.7	11414	5840	33514	20012

续表 9

年份 地区	受灾面积	成灾面积	成灾面积占受灾面积比重(%)	水灾		旱灾	
				受灾面积	成灾面积	受灾面积	成灾面积
1998	50145	25181	50.2	22292	13785	14236	5060
1999	49981	26731	53.5	9020	5071	30156	16614
2000	54688	34374	62.9	7323	4321	40541	26784
2001	52215	31793	60.9	6042	3614	38472	23698
2002	47119	27319	58.0	12378	7474	22207	13247
2003	54506	32516	59.8	19208	12289	24852	14470
2004	37106	16297	43.9	7314	3747	17253	8482
2005	38818	19966	51.4	10932	6047	16028	8479
北京	69	18	25.5	—	—	32	—
天津	122	33	26.9	—	—	34	—
河北	1127	417	37.0	65	45	826	257
山西	1765	1052	59.6	11	5	1688	1016
内蒙古	1814	1047	57.7	281	194	1382	735
辽宁	987	571	57.8	345	210	394	268
吉林	1023	642	62.8	364	252	406	242
黑龙江	2102	873	41.5	1314	434	438	162
上海	85	42	49.9	—	—	—	—
江苏	1683	751	44.6	64	28	348	154
浙江	1181	525	44.4	58	24	119	60
安徽	2882	1616	56.1	1463	1027	598	287
福建	946	429	45.3	282	111	15	6
江西	1426	613	43.0	555	153	57	28
山东	1780	713	40.0	524	342	356	72
河南	2112	1103	52.2	1100	653	424	142
湖北	2580	1414	54.8	900	559	771	380
湖南	2074	1184	57.1	495	299	840	536
广东	869	387	44.5	273	178	175	64
广西	1524	838	55.0	520	249	894	544
海南	728	375	51.5	—	—	260	184
重庆	773	462	59.7	394	293	251	98
四川	1594	649	40.7	960	400	213	86
贵州	758	320	42.2	174	93	442	170
云南	2585	1431	55.4	159	113	2053	1192
西藏	43	1	2.8	3	—	34	—
陕西	1748	888	50.8	400	248	1022	515
甘肃	1333	854	64.1	135	89	1100	687
青海	107	33	30.6	1	—	80	21
宁夏	483	335	69.5	5	3	421	301
新疆	517	352	68.2	88	48	356	272

表 10　国营农场基本情况

指　　标	2001	2002	2003	2004	2005
农场数(个)	1961	1945	1967	1928	1923
职工人数(万人)	366.0	355.7	353.7	339.6	335.9
耕地面积(千公顷)	4814.6	4740.7	4690.1	4820.1	5038.1
农业机械总动力(亿瓦)	120.1	124.4	129.9	136.4	146.3
农业机械拥有量(台、辆)					
大中型农用拖拉机	67302	72000	70000	73800	80000
小型及手扶拖拉机	216000	232000	245000	263500	270000
农用排灌动力机械	157000	168600	177000	185600	192000
联合收割机	15000	16300	18000	19000	20000
农用载重车	13000	46000	50000	54954	57299
农用化肥施用量(万吨)	133.7	134.2	143.9	152.2	159.6
农业总产值(亿元)	652.8	726.4	846.3	977.9	1118.6
农作物总播种面积(千顷)	4750.4	4792.6	4674.7	5019.0	5145.0
粮食作物	3096.0	3073.7	2831.1	3199.0	3375.8
棉　花	605.4	571.6	627.6	666.4	649.4
油　料	354.6	405.4	446.9	394.6	371.2
糖　料	138.4	148.9	115.1	101.7	100.5
麻　类	37.6	44.1	67.0	70.0	53.6
年底实有茶园面积(千顷)	32.7	31.2	29.6	30.6	30.3
年底实有桑园面积(千顷)	3.9	2.3	2.6	2.1	1.6
年底实有果园面积(千顷)	210.9	230.0	224.4	231.3	241.3
年底实有橡胶园面积(千顷)	383.6	385.3	404.3	412.4	424.2
主要农产品产量					
粮食作物(万吨)	1480.2	1498.9	1342.6	1666.2	1859.0
棉花(万吨)	84.9	99.0	103.4	116.3	124.7
油料(万吨)	52.8	67.3	71.9	65.2	66.9
糖料(万吨)	824.9	913.3	721.7	688.7	667.5
麻类(万吨)	12.0	18.0	19.4	26.7	24.5
茶叶(万吨)	3.9	4.7	3.8	3.9	4.6
桑蚕茧(吨)	—	—	—	—	—
水果(万吨)	127.6	147.8	146.4	163.1	178.8
干胶(万吨)	34.7	37.8	39.5	39.0	32.0
畜牧业、渔业生产					
大牲畜年底头数(万头)	217.4	232.6	260.2	281.9	305.0
猪年底头数(万头)	500.0	569.8	588.3	652.3	722.8
羊年底只数(万只)	1119.9	1240.0	1509.6	1575.8	1591.6
#绵　羊	890.2	945.5	431.8	1154.9	1220.6
畜产品产量(万吨)					
猪牛羊肉	72.4	78.5	87.7	102.2	121.4
#猪　肉	54.4	58.6	64.2	74.1	88.2
牛　奶	134.4	159.2	176.8	210.2	245.5
禽　蛋	19.5	19.9	21.3	21.4	22.4
羊　毛	2.1	2.1	2.4	2.7	2.9
水产品总产量(万吨)	55.3	63.1	65.7	70.8	75.9

注：本表为农垦系统数据。

八　环境保护

表 1　环境保护基本情况

指　　标	2001	2002	2003	2004	2005
水环境					
水资源总量(亿立方米)	26867.8	28261.3	27460.2	24129.6	28053.1
地表水	25933.4	27243.3	26250.7	23126.4	26982.4
地下水	8390.1	8697.2	8299.3	7436.3	8091.1
地表水与地下水资源重复量	7455.7	7679.2	7089.9	6433.1	7020.4
人均水资源量(立方米/人)	2112.5	2207.2	2131.3	1856.3	2151.8
供水总量(亿立方米)	5567.4	5497.3	5320.4	5547.8	5633.0
地表水	4450.7	4404.4	4286.0	4504.2	4572.2
地下水	1094.9	1072.4	1018.1	1026.4	1038.8
用水总量(亿立方米)	5567.4	5497.3	5320.4	5547.8	5633.0
农　业	3825.7	3736.2	3432.8	3585.7	3580.0
工　业	1141.8	1142.4	1177.2	1228.9	1285.2
生　活	599.9	618.7	630.9	651.2	675.1
废水排放量(亿吨)	433	439	459	482	525
工业废水排放量	203	207	212	221	243
生活污水排放量	230	232	247	261	281
工业废水排放达标量(亿吨)	173	183	189	201	222
工业废水排放达标率(%)	85.2	88.3	89.2	90.7	91.2
化学需氧量排放量(万吨)	1405	1367	1333	1339	1414
工　业	608	584	512	510	555
生　活	797	783	821	829	859
氨氮排放量(万吨)	125	129	129	133	150
工　业	41	42	40	42	53
生　活	84	87	89	91	97
大气环境					
工业废气排放量(亿标立方米)	160863	175257	198906	237696	268988
燃料燃烧	93526	103776	116447	139726	155238
生产工艺	67337	71481	82459	97971	113749
二氧化硫排放量(万吨)	1947	1927	2159	2255	2549
工　业	1566	1562	1792	1891	2168
生　活	381	365	367	364	381
烟尘排放量(万吨)	1070	1013	1049	1095	1183
工　业	852	804	846	887	949
生　活	218	209	202	209	234

续表 1

指　　标	2001	2002	2003	2004	2005
工业粉尘排放量(万吨)	991	941	1021	905	911
工业二氧化硫去除量(万吨)	565	698	749	890	1090
工业烟尘去除量(万吨)	12317	13998	15649	18075	20587
工业粉尘去除量(万吨)	5322	5570	5995	8529	6454
建成城市烟尘控制区数(个)	3203	3369	3599	3693	3452
烟尘控制区面积(万平方公里)	2.2	2.6	3.3	3.7	3.7
固体废物					
工业固体废物产生量(万吨)	88840	94509	100428	120030	134449
危险废物	952	1001	1170	995	1162
工业固体废物综合利用量(万吨)	47290	50061	56040	67796	76993
工业固体废物综合利用率(%)	52.1	52.0	54.8	55.7	56.1
工业固体废物排放量(万吨)	2894	2635	1941	1762	1655
“三废”综合利用产品产值(亿元)	345	386	441	573	756
噪　声					
建成城市环境噪声达标区数(个)	3111	3128	3573	3534	3565
城市环境噪声达标区面积(万平方公里)	1.5	1.6	2.0	2.1	2.5
生态环境					
森林面积(万公顷)	15894.1	15894.1	17490.9	17490.9	17490.9
森林覆盖率(%)	16.55	16.55	18.21	18.21	18.21
当年造林面积(万公顷)	495	777	912	560	365
自然保护(万平方公里)	1551	1757	1999	2194	2349
国家级(个)	171	188	226	226	243
自然保护区面积(万公顷)	12989	13295	14398	14823	14995
自然保护区面积占辖区面积比重(%)	12.9	13.2	14.4	14.8	15.0
生态示范区数(个)	215	322	484	528	528
国家级	82	82	82	166	233
湿地面积(万公顷)	—	—	3848.6	3848.6	3848.6
湿地面积占国土面积比重(%)	—	—	4.0	4.0	4.0
自然灾害					
发生地质灾害起数(次)	5793	40246	15489	13555	17751
滑　坡	3034	31247	10240	9130	9367
崩　塌	583	3097	2604	2593	7654
泥石流	1539	4976	1549	1157	566
发生地震灾害次数(次)	12	5	21	11	13
5.0级以上	11	4	17	9	11
海洋赤潮发生次数(次)	77	79	119	96	82
森林火灾次数(次)	4933	7527	10463	13466	11542
重　大	17	24	14	38	16
特　大	3	7	7	3	3
森林火灾受灾面积(万公顷)	4.6	4.8	45.1	14.2	7.4
森林病虫鼠害发生面积(万公顷)	839.0	841.2	888.7	944.8	961.0

续表1

指　　标	2001	2002	2003	2004	2005
森林病虫鼠害防治面积(万公顷)	587.3	572.0	582.9	639.5	640.7
森林病虫鼠害防治率(%)	70.0	68.0	65.6	68.0	66.7
环境污染					
环境污染与破坏事故次数(次)	1842	1921	1843	1441	1406
水污染	1096	1097	1042	753	693
大气污染	576	597	654	569	538
固体废物污染	39	109	56	47	48
噪声与震动危害	80	97	50	36	63
其　他	51	21	41	25	64
污染直接经济损失(万元)	12272.4	4640.9	3374.9	36365.7	10515.0
污染事故赔款总额(万元)	2948.7	2629.7	1999.1	3487.2	2373.8
污染事故罚款总额(万元)	315.2	511.0	392.4	476.7	708.3
环境污染治理投资					
环境污染治理投资总额(亿元)	1106.6	1367.2	1627.7	1909.8	2388.0
环境污染治理投资总额占国内生产总值比重(%)	1.01	1.14	1.20	1.19	1.30
城市环境基础设施建设投资额(亿元)	595.7	789.1	1072.4	1141.2	1289.7
燃　气	75.5	88.4	133.5	148.3	142.4
集中供热	82.0	121.4	145.8	173.4	220.2
排　水	224.5	275.0	375.2	352.3	368.0
园林绿化	163.2	239.5	321.9	359.5	411.3
市容环境卫生	50.6	64.8	96.0	107.8	147.8
工业污染治理项目当年投资来源总额(亿元)	174.5	188.4	221.8	308.1	458.2
国家预算内资金	36.3	42.0	18.8	13.7	7.8
环保专项资金	8.3	6.8	12.4	11.1	20.6
其他资金	129.8	139.6	190.7	283.3	429.8
工业污染治理项目本年完成投资(亿元)	174.5	188.4	221.8	308.1	458.2
治理废水	72.9	71.5	87.4	105.6	133.7
治理废气	65.8	69.8	92.1	142.8	213.0
治理固体废物	18.7	16.1	16.2	22.6	27.4
治理噪声	0.6	1.0	1.0	1.3	3.1
治理其他	16.5	29.9	25.1	35.7	81.0
实际执行“三同时”项目环保投资总额(亿元)	336.4	389.7	333.5	460.5	640.1
新　建	238.2	238.0	220.1	326.2	467.1
扩　建	52.1	67.0	56.7	68.8	111.1
改　建	46.5	84.7	56.7	65.5	61.9

注：森林面积和森林覆盖率2001、2002年为第五次全国森林资源清查数（1994~1998年），包括台湾省数据；2003~2005年为第六次清查数（1999~2003年），包括香港、澳门特别行政区和台湾省数据。

表2　2005年中国各地区废水排放及处理情况

地　区	工业废水排放总量（万吨）	直接排入海的	工业废水排放达标量（万吨）	工业废水中化学需氧量排放量（万吨）	工业废水中氨氮排放量（万吨）	生活污水排放量（万吨）	生活污水中化学需氧量排放量（万吨）	废水治理设施数（套）	生活污水中氨氮排放量（万吨）
北　京	12813	—	12740	1.1	0.1	88196	10.5	553	1.3
天　津	30081	2009	29962	5.9	0.6	30280	8.7	904	1.3
河　北	124533	4274	119920	38.9	3.6	83991	27.1	4271	3.3
山　西	32099	—	28526	16.8	1.4	62997	21.9	3560	2.8
内蒙古	24967	—	16634	15.5	1.9	31274	14.2	745	3.1
辽　宁	105072	41791	99917	26.8	3.3	113633	37.6	2137	5.7
吉　林	41189	—	33458	16.1	0.7	56816	24.6	681	2.9
黑龙江	45158	—	41759	13.7	1.2	68883	36.7	1142	4.2
上　海	51097	16447	49590	3.7	0.2	148613	26.8	1707	3.1
江　苏	296318	532	288936	33.8	2.4	223107	62.8	4663	6.0
浙　江	192426	5808	185978	29.0	3.1	120770	30.5	5858	3.2
安　徽	63487	—	61816	13.6	1.9	93104	30.7	1529	3.4
福　建	130939	62683	127874	9.9	1.0	81453	29.5	5385	4.1
江　西	53972	—	49726	11.1	0.8	69348	34.6	1242	2.7
山　东	139071	9062	136606	35.7	3.2	141306	41.4	4215	5.2
河　南	123476	—	113518	34.3	5.4	139088	37.8	3315	5.0
湖　北	92432	—	80926	17.7	2.6	144936	43.9	2163	5.1
湖　南	122440	—	109879	29.4	4.2	133198	60.1	3086	5.9
广　东	231568	5241	194284	29.2	0.9	406835	76.6	5971	9.1
广　西	145609	806	121873	66.4	5.7	125248	40.5	2396	3.3
海　南	7428	3718	6954	1.2	0.1	27846	8.3	267	0.7
重　庆	84885	—	79507	11.9	1.2	60336	15.0	1478	1.6
四　川	122590	—	108195	29.8	2.0	139061	48.6	4493	4.6
贵　州	14850	—	10054	2.2	0.2	40818	20.3	1935	1.6
云　南	32928	—	26659	10.7	0.4	42274	17.8	1927	1.5
西　藏	991	—	—	0.1	—	3564	1.3	15	0.1
陕　西	42819	—	39704	14.9	0.3	40549	20.1	1747	2.4
甘　肃	16798	—	12301	5.9	2.1	26930	12.3	792	1.3
青　海	7619	—	3396	3.4	0.1	11741	3.8	130	0.5
宁　夏	21411	—	14508	10.8	1.3	14406	3.5	456	0.4
新　疆	20052	—	11893	15.3	0.4	43367	11.8	468	1.8
全　国	2431121	152370	2217093	554.7	52.5	2813968	859.4	69231	97.3

表 3 2005 年中国主要城市空气质量指标

单位：毫克/立方米

城　　市	可吸入颗粒物	二氧化硫	二氧化氮	空气质量达到及好于二级的天数（天）
北　　京	0.141	0.050	0.066	234
天　　津	0.106	0.076	0.047	298
石 家 庄	0.132	0.054	0.041	283
太　　原	0.139	0.077	0.020	245
呼和浩特	0.097	0.050	0.041	312
沈　　阳	0.118	0.054	0.036	317
长　　春	0.099	0.026	0.035	340
哈 尔 滨	0.104	0.042	0.056	301
上　　海	0.088	0.061	0.061	322
南　　京	0.110	0.052	0.054	304
杭　　州	0.112	0.060	0.058	301
合　　肥	0.095	0.018	0.025	329
福　　州	0.072	0.016	0.042	349
南　　昌	0.089	0.050	0.031	339
济　　南	0.128	0.060	0.024	262
郑　　州	0.109	0.059	0.039	300
武　　汉	0.119	0.054	0.050	271
长　　沙	0.122	0.081	0.036	245
广　　州	0.088	0.053	0.068	332
南　　宁	0.067	0.058	0.038	354
海　　口	0.040	0.012	0.015	365
重　　庆	0.120	0.073	0.048	267
成　　都	0.125	0.077	0.052	293
贵　　阳	0.076	0.063	0.013	343
昆　　明	0.082	0.055	0.038	363
拉　　萨	0.070	0.010	0.025	358
西　　安	0.129	0.044	0.032	291
兰　　州	0.158	0.068	0.037	238
西　　宁	0.114	0.029	0.026	306
银　　川	0.090	0.054	0.025	323
乌鲁木齐	0.114	0.116	0.056	256

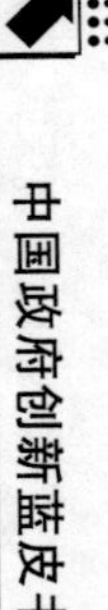

表 4　2005 年中国工业按行业分废气排放及处理情况

行　业	废气治理设施数（套）	工业废气排放总量（亿标立方米）	燃料燃烧过程中废气排放量	生产工艺过程中废气排放量	工业二氧化硫排放量（万吨）	工业二氧化硫去除量（万吨）	工业烟尘排放量（万吨）	工业烟尘去除量（万吨）	工业粉尘排放量（万吨）	工业粉尘去除量（万吨）
煤炭开采和洗选业	4427	1935	1468	467	21.0	5.7	10.9	141.8	24.6	9.7
石油和天然气开采业	437	963	926	37	3.2	11.6	1.4	9.9	0.1	0.1
黑色金属矿采选业	622	944	281	663	4.3	1.9	1.7	19.2	3.9	31.7
有色金属矿采选业	799	598	225	373	6.7	6.3	2.7	22.4	2.8	31.0
非金属矿采选业	674	1273	1039	234	5.7	10.9	6.8	30.7	8.8	22.1
其他采矿业	19	12	7	5	0.2		0.1	0.1	0.1	0.2
农副食品加工业	3534	2453	2105	348	15.6	6.4	20.4	97.2	2.1	4.7
食品制造业	2269	930	832	97	9.4	3.5	5.1	41.7	0.6	1.2
饮料制造业	2033	836	802	33	10.7	3.1	9.0	38.1	0.2	0.6
烟草制品业	706	250	145	104	1.3	1.2	0.6	6.4	0.2	1.7
纺织业	7817	3020	2956	64	29.6	8.7	12.8	120.4	0.3	1.0
纺织服装、鞋、帽制造业	508	350	132	218	1.5	0.6	0.7	6.3	1.3	5.1
皮革毛皮羽毛（绒）及其制品业	1211	291	206	85	2.1	0.6	1.1	7.6	—	—
木材加工及木竹藤棕草制品业	2284	901	514	387	4.8	0.7	5.5	20.7	1.6	10.5
家具制造业	834	314	50	265	0.4	0.5	0.2	6.8	0.2	5.6
造纸及纸制品业	5055	4515	3974	541	43.1	16.4	24.1	221.8	1.6	1.0
印刷业和记录媒介的复制	190	72	28	44	0.2	0.1	0.1	0.7	—	—
文教体育用品制造业	144	40	24	16	0.3	0.1	0.2	2.6	0.4	15.1
石油加工、炼焦及核燃料加工业	2127	9129	3717	5412	70.9	89.2	38.2	209.6	18.8	28.8
化学原料及化学制品制造业	12421	15887	9419	6469	116.8	111.1	53.6	631.7	17.5	81.6

续表 4

行业	废气治理设施数（套）	工业废气排放总量（亿标立方米）			工业二氧化硫排放量（万吨）	工业二氧化硫去除量（万吨）	工业烟尘排放量（万吨）	工业烟尘去除量（万吨）	工业粉尘排放量（万吨）	工业粉尘去除量（万吨）
			燃料燃烧过程中废气排放量	生产工艺过程中废气排放量						
医药制造业	2581	1132	669	464	6.4	2.5	4.2	32.5	0.1	0.2
化学纤维制造业	627	2886	1176	1710	11.5	5.8	4.6	117.8	0.1	1.8
橡胶制品业	1188	563	384	179	4.4	2.3	2.0	24.7	—	-0.3
塑料制品业	651	577	204	372	1.3	0.3	0.6	2.4	—	0.6
非金属矿物制品业	45519	49860	12236	37624	178.4	49.7	133.9	508.3	565.7	3971.5
黑色金属冶炼及压延加工业	10249	56190	15221	40970	142.2	43.4	69.3	989.8	125.7	1781.2
有色金属冶炼及压延加工业	4794	13183	2882	10301	70.7	434.5	19.2	284.5	18.7	379.3
金属制品业	2418	846	317	530	2.6	0.6	1.7	6.3	1.0	3.1
通用设备制造业	3191	1238	434	805	5.5	1.4	3.8	33.1	2.3	10.3
专用设备制造业	1853	736	455	281	3.3	2.3	2.1	10.5	1.7	4.7
交通运输设备制造业	5578	1947	521	1426	4.1	1.5	3.0	39.6	3.2	14.1
电气机械及器材制造业	1639	621	268	353	2.7	0.9	1.5	5.0	0.3	0.1
通信计算机及其他电子设备制造业	2272	1543	482	1061	1.7	0.7	0.8	6.1	0.4	5.8
仪器仪表及文化办公用机械制造业	686	525	154	372	1.3	0.2	0.4	1.3	—	0.4
工艺品及其他制造业	370	288	45	243	0.5	0.1	0.5	0.9	0.2	0.5
废弃资源和废旧材料回收加工业	42	8	5	3	—	—	—	0.1	—	—
电力、热力的生产和供应业	10009	88347	88175	173	1167.2	260.7	405.2	16704.8	10.8	3.9
燃气生产和供应业	293	787	158	629	1.9	0.8	1.4	25.5	0.1	2.2
水的生产和供应业	117	55	55	—	0.5	0.2	0.2	1.6	—	—
其他行业	2424	2007	1836	170	26.4	1.4	5.3	13.8	12.4	7.5
行业总计	144612	268052	154527	113528	1980.5	1087.8	854.9	20443.9	828.1	6439.2

表 5　2005 年中国主要城市工业废气排放及处理情况

单位：吨

城　市	工业二氧化硫排放量	工业烟尘排放量	工业粉尘排放量	工业二氧化硫去除量	工业烟尘去除量	工业粉尘去除量	废气治理设施数（套）	脱硫设施（套）	本年运行费用（万元）
北　京	105473	17688	32511	47003	2500967	1285158	2309	714	56813.4
天　津	241174	76601	19349	107701	2724475	260766	2863	1378	99211.5
石家庄	181460	89624	149802	193427	2917478	829272	1782	569	17604.6
太　原	150460	56469	37689	74828	2449455	593891	946	454	84371.7
呼和浩特	107676	71590	16571	3136	2178495	72077	286	9	3827.8
沈　阳	46179	51046	9890	11116	1060926	165885	952	369	3906.1
长　春	50007	61711	25059	11797	1540351	851222	750	299	11207.8
哈尔滨	60319	67959	35947	5375	749043	129864	728	25	4999.4
上　海	375231	49556	10617	74882	5742450	1505314	3067	290	111236.4
南　京	149171	47560	58871	315614	2837822	710469	1043	50	47930.7
杭　州	125844	35782	60561	40216	987053	434444	1653	194	44399.4
合　肥	24264	13338	3602	1381	786955	12624	469	70	3867.8
福　州	101502	19459	1721	3715	616022	46536	475	15	9213.1
南　昌	27002	24852	7713	14694	546197	226182	182	37	7279.3
济　南	79117	24691	29487	61803	1253016	987323	806	178	29071.9
郑　州	160953	139179	92731	38366	2517459	885330	2299	56	23790.7
武　汉	133442	46273	14404	45706	2103511	1019451	675	18	32090.5
长　沙	58887	43162	100581	14708	29899	118332	471	130	3002.0
广　州	145009	16106	5112	100132	1234292	668153	1219	135	36349.2
南　宁	66509	52457	36679	37209	253123	184590	829	176	6891.6
海　口	133	97	—	22	228	—	35	—	179.0
重　庆	683162	131289	212754	400610	2073281	375696	2150	309	72145.6
成　都	122697	156760	32601	23349	791022	169722	1514	248	15256.7
贵　阳	220297	53765	34234	90759	1355104	303707	672	206	10676.9
昆　明	102343	12401	8156	425221	864688	782058	1041	83	35720.1
拉　萨	—	—	—	—	—	—	—	—	—
西　安	94341	39541	25976	9424	566810	58358	950	327	2539.8
兰　州	60924	18399	16959	838	905194	125746	533	16	10335.9
西　宁	70185	28491	35357	—	678806	190888	352	—	9677.3
银　川	16727	4244	3223	12084	74498	72144	217	62	3182.1
乌鲁木齐	94482	45444	11105	41738	679721	175736	525	146	9496.5

表 6　2005 年中国各地区工业固体废物产生及处理利用情况

地　区	工业固体废物产生量（万吨）	危险废物	工业固体废物综合利用量（万吨）	工业固体废物贮存量（万吨）	工业固体废物处置量（万吨）	工业固体废物排放量（吨）	危险废物	"三废"综合利用产品产值（万元）
北　京	1238	10.6	969	170	389	91403	—	94715.0
天　津	1123	15.0	1153	—	20	44	—	77228.9
河　北	16279	18.5	8374	3072	5051	424149	—	428703.0
山　西	11183	4.1	5003	785	4900	6046901	—	249696.5
内蒙古	7363	37.8	3052	3693	661	624958	—	86505.0
吉　林	2457	7.1	1290	1132	33	18642	—	128649.3
黑龙江	3210	19.6	2401	313	530	300	—	138067.0
上　海	1964	48.8	1892	8	65	1233	—	91108.9
江　苏	5757	83.9	5987	197	129	53	—	931999.9
浙　江	2514	21.7	2336	25	158	56380	—	575110.8
安　徽	4196	4.5	3357	360	519	450	—	187615.8
福　建	3773	7.4	2650	99	1097	57682	—	148978.8
江　西	7007	3.3	1899	573	4591	102819	—	178811.2
山　东	9175	94.3	8683	599	322	1376	—	935661.8
河　南	6178	15.1	4244	857	1287	36354	—	339139.5
湖　北	3692	15.8	2748	874	110	167034	—	462127.9
湖　南	3366	34.6	2385	561	415	567050	904.2	263513.6
广　东	2896	129.9	2518	377	387	138538	112.0	365616.3
广　西	3489	64.2	2165	1119	109	1104791	32.0	238923.4
海　南	127	1.1	87	39	1	368	—	14738.3
重　庆	1777	13.1	1329	209	122	1844955	4899.0	81493.7
四　川	6421	21.0	3850	1325	1159	1157015	4.5	505656.7
贵　州	4854	243.3	1658	1424	1937	1312832		121322.2
云　南	4661	30.4	1646	1348	1638	706602	0.3	392999.2
西　藏	8	—	—	1	—	73000	—	—
陕　西	4588	3.9	1103	2189	1286	348679	—	49489.4
甘　肃	2249	28.6	678	1105	481	406347	15.0	91664.6
青　海	649	76.8	142	515	1	27625	—	5289.7
宁　夏	719	—	387	90	238	41047	—	23498.2
新　疆	1295	54.6	673	458	73	1094286	—	90565.5
全　国	134449	1161.6	76993	27876	31259	16546848	5967.0	7555064.3

表7　2005 年中国各地区城市生活垃圾清运和处理情况（1）

地　区	无害化处理能力（吨/日）				无害化处理量（万吨）			
	小　计	卫生填埋	堆　肥	焚　烧	小　计	卫生填埋	堆　肥	焚　烧
北　京	10350	9330	600	420	436.2	407.1	21.7	7.4
天　津	6800	5600	—	1200	116.6	87.3	—	29.3
河　北	9648	6348	2050	1250	311.3	233.1	49.5	28.8
山　西	2300	2300	—	—	81.3	81.3	—	—
内蒙古	4617	4549	50	18	140.4	122.6	17.7	0.1
辽　宁	11661	9561	1700	400	384.3	326.9	42.8	14.6
吉　林	6900	6375	—	525	233.2	216.9	—	16.3
黑龙江	10047	9522	15	510	363.3	339.9	1.0	4.0
上　海	8800	5300	1000	2500	222.4	69.7	50.2	102.4
江　苏	24000	22120	—	1880	692.1	649.4	—	42.7
浙　江	21528	13768	—	7760	628.3	431.7	—	197.6
安　徽	3071	2471	—	600	83.9	73.7	—	10.2
福　建	7831	5845	546	1020	260.4	215.0	15.1	28.9
江　西	3313	3313	—	—	129.2	129.2	—	—
山　东	17513	16003	980	530	609.6	572.0	20.7	12.8
河　南	12573	9506	1645	1422	438.0	344.1	44.9	49.0
湖　北	14721	14151	570	—	540.4	520.0	20.4	—
湖　南	6122	6122	—	—	192.9	192.9	—	—
广　东	27715	17415	—	10300	871.6	662.4	—	174.9
广　西	4170	3040	670	430	125.6	104.0	10.1	11.3
海　南	1625	1439	133	53	56.1	51.7	3.7	0.7
重　庆	5210	4210	—	1000	130.2	103.9	—	26.2
四　川	9970	7580	1340	1050	307.8	245.6	31.7	30.4
贵　州	4112	3846	250	16	102.1	92.5	9.1	0.5
云　南	7859	7570	218	71	169.2	159.4	6.9	2.9
西　藏	400	400	—	—	—	—	—	—
陕　西	4204	4154	—	50	147.5	147.5	—	—
甘　肃	1510	1510	—	—	51.3	51.3	—	—
青　海	1887	1887	—	—	54.4	54.4	—	—
宁　夏	2040	2040	—	—	48.5	48.5	—	—
新　疆	3815	3810	—	5	123.4	123.4	—	—
全　国	256312	211085	11767	33010	8051.1	6857.1	345.4	791.0

表8 2005年中国各地区城市生活垃圾清运和处理情况（2）

地 区	生活垃圾清运量（万吨）	无害化处理厂数(座)				简易处理量（万吨）	粪便清运量（万吨）	粪便处理量（万吨）	生活垃圾无害化处理率(%)
		小 计	卫生填埋	堆 肥	焚 烧				
北 京	454.6	17	13	2	2	—	171.7	127.9	96.0
天 津	144.8	5	4	—	1	28.4	25.7	25.7	80.5
河 北	680.1	17	9	6	2	219.4	202.6	196.6	45.8
山 西	619.7	4	3	—	1	213.2	571.1	409.8	13.1
内蒙古	329.0	11	10	1	—	79.0	108.5	23.9	42.7
辽 宁	768.0	10	6	3	1	279.7	148.4	34.5	50.0
吉 林	580.4	13	11	—	2	160.0	120.3	67.3	40.2
黑龙江	1125.8	24	19	1	4	400.9	272.1	123.8	32.3
上 海	622.3	5	2	1	2	399.8	253.9	253.9	35.7
江 苏	834.8	35	30	—	5	116.7	388.4	338.4	82.9
浙 江	762.5	42	28	—	14	88.3	205.4	197.3	82.4
安 徽	476.6	5	4	—	1	313.2	41.5	9.7	17.6
福 建	303.0	17	12	3	2	37.0	43.8	39.4	85.9
江 西	264.4	8	8	—	—	123.7	21.4	17.7	48.9
山 东	1046.5	44	35	7	1	379.4	325.7	322.2	58.2
河 南	756.7	28	19	6	2	231.1	81.2	23.4	57.9
湖 北	885.2	44	42	2	—	193.5	92.0	58.5	61.0
湖 南	486.0	7	7	—	—	269.0	41.4	40.2	39.7
广 东	1722.6	28	14	—	14	—	459.1	360.4	50.6
广 西	204.7	12	7	3	2	59.4	22.3	14.4	61.4
海 南	81.2	7	4	2	1	25.0	6.3	5.6	69.0
重 庆	237.6	9	8	—	1	106.9	67.5	53.9	54.8
四 川	600.7	25	14	5	6	98.3	51.5	2.6	51.2
贵 州	176.5	8	6	1	1	61.2	6.1	3.3	57.8
云 南	205.7	18	14	3	1	26.6	101.7	87.3	82.2
西 藏	44.5	1	1	—	—	—	2.5	—	—
陕 西	370.7	4	3	—	1	159.6	14.0	—	39.8
甘 肃	297.8	7	7	—	—	217.1	52.8	0.2	17.2
青 海	54.4	4	4	—	—	—	28.0	—	100.0
宁 夏	96.4	5	5	—	—	4.5	5.0	1.1	50.4
新 疆	343.6	7	7	—	—	153.4	3.9	3.0	35.9
全 国	15576.8	471	356	46	67	4444.3	3804.6	2713.8	51.7

表9 2005 年中国主要城市道路交通噪声监测情况

城市	路段总长度（米）	超标路段（米）	路段超标率（%）	路段平均宽度（米）	平均车流量（辆/小时）	等效声级
北京	596092	253339	42.5	36.0	5422	69.5
天津	276491	30138	10.9	28.8	2221	68.0
石家庄	179402	29780	16.6	29.5	1885	67.2
太原	137561	28889	21.0	23.0	2125	67.9
呼和浩特	82649	34547	41.8	30.2	2009	69.7
沈阳	144000	18144	12.6	33.7	2266	68.4
长春	123604	16563	13.4	30.8	2812	68.0
哈尔滨	120200	19352	16.1	16.8	2410	68.2
上海	215600	162778	75.5	19.9	2164	72.0
南京	165072	54969	33.3	31.0	2021	69.4
杭州	189355	41847	22.1	16.3	1833	67.9
合肥	90571	—	—	38.6	2487	68.0
福州	111230	14126	12.7	22.9	2614	68.3
南昌	67500	24907	36.9	31.2	3250	69.9
济南	161424	59565	36.9	52.6	2466	69.4
郑州	84115	11776	14.0	43.5	2934	67.6
武汉	263325	121129	46.0	21.6	2155	69.8
长沙	95800	46463	48.5	32.5	2716	70.0
广州	247364	85093	34.4	24.0	3489	69.3
南宁	102000	39780	39.0	19.8	3310	69.7
海口	107280	18774	17.5	34.2	2443	67.7
重庆	337005	74141	22.0	16.2	1698	67.9
成都	322912	94613	29.3	44.3	3185	68.7
贵阳	56780	26743	47.1	36.0	2722	69.6
昆明	91494	30376	33.2	30.2	2272	69.7
拉萨	52950	13078	24.7	20.1	815	67.8
西安	204017	29378	14.4	24.3	2910	68.0
兰州	125396	23825	19.0	19.7	1479	68.5
西宁	85680	32130	37.5	17.1	2074	69.8
银川	94280	33563	35.6	32.2	1699	68.0
乌鲁木齐	212920	107098	50.3	42.9	1991	70.0

表10 2005年中国主要城市区域环境噪声监测情况

城市	网格长度(米)	网格宽度(米)	网格总数(个)	等效声级 dB(A)
北京	1000	1000	448	53.2
天津	1000	1000	205	54.9
石家庄	500	500	240	54.0
太原	750	750	232	53.8
呼和浩特	400	400	204	54.3
沈阳	750	750	240	54.1
长春	500	500	204	56.4
哈尔滨	700	700	216	56.0
上海	1414	1414	206	57.3
南京	1000	1000	210	54.0
杭州	500	500	235	55.7
合肥	500	500	250	53.7
福州	500	500	220	56.2
南昌	500	500	201	55.9
济南	1000	1000	352	53.5
郑州	500	500	235	55.7
武汉	1000	1000	210	55.0
长沙	500	500	288	54.0
广州	1000	1000	202	55.1
南宁	550	550	200	56.0
海口	400	400	203	55.7
重庆	500	500	661	54.7
成都	900	900	215	54.6
贵阳	500	500	220	55.6
昆明	800	800	223	53.8
拉萨	—	—	—	—
西安	—	—	200	55.4
兰州	500	500	211	57.9
西宁	375	375	224	52.1
银川	500	500	200	53.3
乌鲁木齐	750	750	209	54.9

表 11　2005 年中国各地区土地利用情况

单位：公顷

地区	土地调查面积	农用地			建设用地			
		小计	园地	牧草地	小计	居民点及工矿用地	交通用地	水利设施用地
北京	164.1	110.6	12.4	0.2	32.3	26.8	2.9	2.6
天津	119.2	70.7	3.7	0.1	34.6	26.3	1.8	6.5
河北	1884.3	1306.6	60.9	81.0	173.3	149.9	10.9	12.5
山西	1567.1	1014.6	29.5	65.8	84.1	75.0	5.8	3.3
内蒙古	11451.2	9513.6	7.3	6572.0	143.9	120.1	14.8	9.0
辽宁	1480.6	1122.8	59.8	35.0	137.0	113.4	8.8	14.8
吉林	1911.2	1639.7	11.6	104.6	105.0	83.0	6.4	15.6
黑龙江	4526.5	3778.5	6.0	222.6	147.4	115.0	11.6	20.8
上海	82.4	38.0	1.1	—	24.0	21.9	1.9	0.2
江苏	1067.4	677.5	31.8	0.3	183.2	152.3	11.3	19.5
浙江	1054.0	871.2	65.5	0.1	94.1	72.6	8.0	13.5
安徽	1401.3	1121.2	34.2	2.9	162.2	130.2	9.2	22.7
福建	1240.2	1076.5	61.9	0.3	58.9	46.1	6.7	6.0
江西	1668.9	1419.0	27.3	0.4	90.6	63.8	6.5	20.4
山东	1571.3	1157.2	102.1	3.4	242.2	201.1	16.1	25.0
河南	1655.4	1229.0	31.8	1.4	215.2	185.4	11.7	18.2
湖北	1858.9	1466.4	42.7	4.5	136.8	98.5	8.4	29.9
湖南	2118.6	1793.2	49.8	10.5	133.9	105.4	9.2	19.3
广东	1797.6	1494.1	92.5	2.8	171.5	139.0	11.3	21.2
广西	2375.6	1789.1	50.9	72.8	91.0	67.9	8.2	14.9
海南	353.5	282.6	53.3	1.9	29.3	21.9	1.4	6.0
重庆	822.7	694.5	23.5	23.8	56.9	47.2	4.4	5.4
四川	4840.6	4242.6	72.1	1371.6	156.2	133.4	12.9	9.9
贵州	1761.5	1528.8	12.0	160.6	54.1	44.6	5.6	3.9
云南	3831.9	3176.1	82.8	78.3	77.5	60.2	9.5	7.9
西藏	12020.7	7760.3	0.2	6444.4	6.3	4.0	2.3	0.1
陕西	2058.0	1848.2	68.7	311.7	79.9	69.7	6.2	4.0
甘肃	4040.9	2387.7	19.8	1261.9	96.7	87.4	6.4	2.9
青海	7174.8	4370.6	0.7	4036.0	32.0	24.3	2.9	4.7
宁夏	519.5	417.8	3.4	227.9	20.3	17.9	1.8	0.7
新疆	16649.0	6306.1	35.4	5116.1	122.1	97.6	6.1	18.3
全国	95068.8	65704.7	1154.9	26214.4	3192.2	2601.5	230.9	359.9

表12 2005年中国各地区自然保护基本情况

地区	自然保护区			珍稀濒危动物繁殖场（个）	珍稀植物引种栽培场（个）	生态示范区建设试点地区和单位（个）	已批准国家级生态示范区（个）
	个数（个）	面积（万公顷）	占辖区面积比重（%）				
北京	20	13.4	8.0	—	—	7	4
天津	8	16.3	14.4	—	—	7	2
河北	30	56.5	3.0	—	—	37	5
山西	45	114.4	7.3	—	2	26	8
内蒙古	189	1413.4	12.0	—	—	15	6
辽宁	83	285.6	11.2	1	1	21	16
吉林	33	224.6	12.4	2	3	10	7
黑龙江	170	471.1	10.4	—	—	23	15
上海	4	9.4	14.8	—	—	1	1
江苏	40	80.9	7.9	—	—	51	48
浙江	52	26.4	2.6	2	3	23	21
安徽	31	40.8	3.1	5	1	30	9
福建	103	54.1	3.3	—	—	13	4
江西	128	90.2	5.4	4	5	33	6
山东	72	108.6	6.6	—	—	34	20
河南	32	75.7	4.5	1	2	24	18
湖北	62	102.9	5.5	8	7	12	6
湖南	91	106.1	5.0	3	7	30	12
广东	294	341.9	4.6	37	8	13	5
广西	72	149.8	6.2	46	5	11	3
海南	68	280.7	5.3	17	1	1	1
重庆	49	88.8	10.8	2	1	2	2
四川	161	899.4	18.4	—	—	35	4
贵州	128	88.6	5.0	3	2	12	3
云南	198	422.5	10.7	23	21	21	2
西藏	38	4097.1	34.1	—	—	1	—
陕西	44	98.7	4.8	2	4	18	2
甘肃	54	925.0	20.3	8	4	4	—
青海	10	2092.5	29.0	—	—	2	—
宁夏	13	50.7	9.8	—	—	3	1
新疆	27	2168.8	13.6	—	—	8	2
全国	2349	14994.9	15.0	164	77	528	233

表 13　2005 年中国各地区城市园林和绿地情况

地　区	城市园林绿地面积（公顷）	公共绿地	公　园（个）	公园面积（公顷）	年游人量（万人次）
北　京	44384. 4	11364. 7	264	11365. 0	12294. 0
天　津	15740. 7	5368. 6	183	2325. 3	3462. 0
河　北	44847. 6	10317. 0	291	5693. 6	6822. 5
山　西	19316. 9	5418. 6	157	3851. 3	3934. 4
内蒙古	19647. 1	4984. 9	86	3125. 8	772. 8
辽　宁	74583. 3	15386. 8	259	8300. 4	6507. 6
吉　林	26863. 6	7392. 5	69	2526. 2	1774. 6
黑龙江	51415. 2	10432. 6	152	5382. 7	9663. 8
上　海	28704. 3	11976. 1	142	1516. 6	13654. 3
江　苏	189069. 8	25687. 0	539	9924. 0	10044. 6
浙　江	56871. 7	13142. 6	748	6045. 6	12691. 3
安　徽	41896. 1	7429. 7	140	3970. 1	4901. 3
福　建	27153. 4	5862. 0	314	4445. 6	5226. 3
江　西	25166. 8	5633. 5	125	2258. 9	1777. 9
山　东	105305. 1	27480. 2	456	11380. 5	11219. 9
河　南	42964. 8	12643. 7	292	6190. 8	6892. 4
湖　北	56184. 0	13616. 2	217	5753. 0	9236. 1
湖　南	40723. 3	7143. 2	150	6589. 3	3814. 0
广　东	333015. 3	39940. 5	1492	31275. 8	23588. 4
广　西	29688. 8	5361. 8	110	3675. 9	2176. 5
海　南	6685. 1	1700. 6	35	1124. 9	2249. 9
重　庆	15938. 7	4253. 6	94	2001. 3	1250. 5
四　川	68079. 9	11197. 8	312	5700. 7	10921. 3
贵　州	28020. 4	2901. 3	44	1863. 1	2233. 2
云　南	16725. 7	4298. 9	76	4489. 3	2464. 1
西　藏	62. 6	14. 2	5	108. 0	68. 0
陕　西	15003. 1	4026. 6	88	1447. 8	6843. 4
甘　肃	11548. 0	3514. 6	83	2249. 2	1226. 0
青　海	2430. 0	562. 0	14	265. 9	266. 9
宁　夏	7726. 5	1384. 6	28	758. 0	687. 1
新　疆	22466. 4	3321. 9	112	2211. 3	702. 4
全　国	1468228. 6	283758. 1	7077	157815. 9	179367. 4

表 14　2005 年中国各地区城市环境卫生情况

地　区	清扫保洁面积（万平方米）	生活垃圾清运量（万吨）	粪便清运量（万吨）	市容环卫专用车辆总数（台）	公共厕所（座）	水冲式
北　京	11248.0	454.6	171.7	5851	5635	4551
天　津	4660.1	144.8	25.7	1346	2075	1788
河　北	13053.7	680.1	202.6	2948	5745	2266
山　西	7110.5	619.7	571.1	1396	4211	920
内蒙古	4978.8	329.0	108.5	1199	4212	808
辽　宁	19587.6	768.0	148.4	3313	9661	1373
吉　林	7615.1	580.4	120.3	2053	5363	730
黑龙江	10279.5	1125.8	272.1	3187	10731	1009
上　海	10414.9	622.3	253.9	4352	3640	3570
江　苏	27101.4	834.8	388.4	5094	10591	9463
浙　江	17262.6	762.5	205.4	2848	5087	4974
安　徽	9006.5	476.6	41.5	1182	3600	2209
福　建	6793.7	303.0	43.8	1590	1759	1749
江　西	5385.0	264.4	21.4	735	1457	1266
山　东	31996.3	1046.5	325.7	4121	4327	3845
河　南	14616.6	756.7	81.2	2678	5661	3841
湖　北	12666.4	885.2	92.0	2597	4840	3823
湖　南	7559.7	486.0	41.4	1396	2652	2240
广　东	38542.2	1722.6	459.1	6467	6555	6421
广　西	6527.5	204.7	22.3	982	1502	1437
海　南	2563.0	81.2	6.3	315	224	176
重　庆	4455.6	237.6	67.5	937	2239	1748
四　川	13103.1	600.7	51.5	2486	4729	4106
贵　州	2163.9	176.5	6.1	561	1071	1021
云　南	4437.2	205.7	101.7	1331	1180	947
西　藏	424.4	44.5	2.5	28	119	68
陕　西	4870.7	370.7	14.0	1033	1717	1397
甘　肃	3554.3	297.8	52.8	566	1094	691
青　海	1030.0	54.4	28.0	187	397	389
宁　夏	2127.4	96.4	5.0	332	938	468
新　疆	5670.5	343.6	3.9	1094	1905	1479
全　国	310806.1	15576.8	3804.6	64205	114917	70773

九　国际比较

表1　国内生产总值及其增长率

国家和地区	2005年国内生产总值（亿本币）	国内生产总值增长率（比上年增长%）				
		2001	2002	2003	2004	2005
世　界	—	2.6	3.1	4.1	5.3	4.8
中　国	183085	8.3	9.1	10.0	10.1	10.2
孟加拉国	39133	4.8	4.8	5.8	5.9	5.8
印　度	341953	4.1	4.2	7.2	8.1	8.3
印度尼西亚	26786641	3.8	4.4	4.7	5.1	5.6
伊　朗	17686654	3.7	7.5	6.7	5.6	5.9
以色列	5540	-0.3	-1.2	1.7	4.4	5.2
日　本	5029054	0.4	0.1	1.8	2.3	2.7
哈萨克斯坦	74530	13.5	9.8	9.3	9.6	9.4
韩　国	8121966	3.8	7.0	3.1	4.6	4.0
马来西亚	4945	0.3	4.4	5.4	7.1	5.3
蒙　古	22665	1.0	4.0	5.6	10.7	6.2
缅　甸	102300	11.3	12.0	13.8	3.0	5.0
巴基斯坦	70556	2.5	4.1	5.7	7.1	7.0
菲律宾	53793	1.8	4.4	4.5	6.0	5.1
新加坡	1944	-2.3	4.0	2.9	8.7	6.4
斯里兰卡	23637	-1.5	4.0	6.0	5.4	5.9
泰　国	69243	2.2	5.3	7.0	6.2	4.4
土耳其	4872	-7.5	7.9	5.8	8.9	7.4
越　南	8068549	6.9	7.1	7.3	7.7	7.5
埃　及	5580	3.5	3.2	3.1	4.1	5.0
尼日利亚	129896	3.1	1.5	10.7	6.0	6.9
南　非	15233	2.7	3.7	3.0	4.5	4.9
加拿大	13687	1.8	3.1	2.0	2.9	2.9
墨西哥	83743	—	0.8	1.4	4.2	3.0
美　国	124857	0.8	1.6	2.7	4.2	3.5
阿根廷	5323	-4.4	-10.9	8.8	9.0	9.2
巴　西	19303	1.3	1.9	0.5	4.9	2.3
委内瑞拉	2805307	3.4	-8.9	-7.7	17.9	9.3
白俄罗斯	636789	4.7	5.0	7.0	11.4	9.2
保加利亚	419	4.1	4.9	4.5	5.7	5.5

续表 1

国家和地区	2005 年国内生产总值(亿本币)	国内生产总值增长率(比上年增长%)				
		2001	2002	2003	2004	2005
捷　　克	29507	2.6	1.5	3.2	4.7	6.0
法　　国	16904	2.1	1.3	0.9	2.1	1.4
德　　国	22455	1.2	0.1	-0.2	1.6	0.9
意 大 利	14177	1.8	0.3	0.1	0.9	0.1
荷　　兰	5019	1.4	0.1	-0.1	1.7	1.1
波　　兰	9722	1.1	1.4	3.8	5.3	3.2
罗马尼亚	2872	5.7	5.1	5.2	8.4	4.1
俄罗斯联邦	216650	5.1	4.7	7.3	7.2	6.4
西 班 牙	9043	3.5	2.7	3.0	3.1	3.4
乌 克 兰	4185	9.2	5.2	9.6	12.1	2.6
英　　国	12093	2.2	2.0	2.5	3.1	1.8
澳大利亚	9269	2.2	4.1	3.1	3.6	2.5
新 西 兰	1541	3.0	4.8	3.4	4.4	2.2

注：资料来源为国际货币基金组织数据库。

表 2　中国主要指标居世界位次

指　标	1978	1990	2000	2003	2004	2005
国内生产总值	10	11	6	7	6	4
人均国民总收入①	175(188)	178(200)	141(207)	133(206)	108(180)	110(180)
进出口贸易额	27	16	8	4	3	3
主要工业产品产量						
钢	5	4	1	1	1	
煤	3	1	1	1	1	
原　油	8	5	5	5	6	
发电量	7	4	2	2	2	
水泥	4	1	1	1	1	
化　肥	3	3	1	1	1	
化学纤维	7	2	2	—	—	
棉　布	1	1	2	1	1	
糖	8	6	4	—	—	
电视机	8	1	1	1	—	
主要农业产品产量						
谷　物	2	1	1	1	1	1
肉　类②	3	1	1	1	1	1
籽　棉	3	1	1	1	1	1
大　豆	3	3	4	4	4	4
花　生	2	2	1	1	1	1
油菜籽	2	1	1	1	1	1
甘　蔗	9	4	3	3	3	3
茶　叶	2	2	2	2	1	1
水　果	—	4	1	1	1	1

注：①括号中所列数为排序的国家和地区数。②1993 年以前为猪、牛、羊肉产量的位次。③资料来源：联合国数据库、《工业产品统计年鉴》；联合国粮农组织数据库。

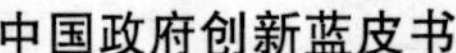

表3　各国居民消费价格指数比

国　家	总指数			其中食品
	2003	2005	2005	2005
中　国①	101.2	102.9	102.9	101.8
孟加拉国②	111.5	—	—	—
印　度③	112.5	115.0	115.0	121.5
印度尼西亚	133.0	140.3	140.3	156.0
伊　朗	148.1	186.3	186.3	192.9
以色列	107.5	—	—	—
日　本	98.1	98.4	98.4	97.8
哈萨克斯坦④	122.0			140.3
韩　国	110.7	122.8	122.8	117.8
马来西亚	104.4	108.8	108.8	109.1
蒙古(乌兰巴托)	112.8	—	—	—
缅　甸	259.8	—	—	—
巴基斯坦	11S0.5	132.1	132.1	129.5
菲律宾④	112.5	123.8	123.8	129.8
新加坡	101.1	104.6	104.6	103.2
斯里兰卡(科伦坡)	133.0	163.0	163.0	159.7
泰国(曼谷)	104.1	—	—	—
土耳其	280.4	112.1	112.1	380.5
越　南	107.0	—	—	—
埃　及⑤	109.5	105.0	105.0	133.7
南　非⑥	122.1	137.9	137.9	128.0
加拿大	107.8	114.1	114.1	112.2
墨西哥④	116.8	—	—	—
美国(加拉加斯)	106.9	113.6	113.6	113.4
阿根廷(布宜诺斯艾利斯)	141.3	183.3	183.3	161.7
巴　西	132.9	117.0	117.0	151.4
委内瑞拉④	180.6	—	—	255.0
白俄罗斯	295.0	358.2	358.2	384.3
保加利亚	116.3	114.1	114.1	129.6
捷　克	106.6	110.3	110.3	111.7
法　国	105.8	111.0	111.0	109.9
德　国	104.5	105.3	105.3	108.3
意大利⑦	108.2	113.6	113.6	112.3
荷　兰	109.9	106.5	106.5	113.1
波　兰⑧	108.4	110.6	110.6	114.6
罗马尼亚	189.9	213.8	213.8	231.7
俄罗斯联邦	159.8	189.7	189.7	199.7
西班牙	106.7	116.7	116.7	113.6
乌克兰	110.5	126.1	126.1	124.1
英　国⑨	106.5	107.3	107.3	112.7
澳大利亚	110.5	120.0	120.0	116.1
新西兰	107.2	112.2	112.2	113.0

注：①上年为100。②政府官员。③指产业工人。④包含酒精饮料和烟草。⑤包括烟草。⑥2001年=100。⑦不包括烟草。⑧包括酒精饮料。⑨指城市消费者。⑩资料来源：联合国数据库。

附录B　中国政府年度创新大事记

1. 2006年1月1日，第一届全国人民代表大会常务委员会第96次会议于1958年6月3日通过的《中华人民共和国农业税条例》正式废止。

2. 2006年3月14日，深圳市人大四届常委会五次会议通过了《深圳经济特区改革创新促进条例》，这是全国第一部关于改革创新的法规。该《条例》明确了改革创新范围包括经济体制、行政管理体制、文化体制和社会管理制度、司法工作以及各公立非营利性机构、人民团体的改革创新，明确了当前改革创新的基本程序，明确改革应当引入公众参与，明确了改革创新的鼓励和监督机制。

3. 2006年4月29日，中华人民共和国第十届全国人民代表大会常务委员会第21次会议通过《中华人民共和国农产品质量安全法》，自2006年11月1日起施行。《中华人民共和国农产品质量安全法》主要有三方面内容：一是关于调整的产品范围，本法所指农产品是指来源于农业的初级产品，即在农业活动中获得的植物、动物、微生物及其产品；二是关于调整的行为主体，既包括农产品的生产者和销售者，也包括农产品质量安全管理者和相应的检测技术机构和人员等；三是关于调整的管理环节问题，既包括产地环境、农业投入品的科学合理使用、农产品生产和产后处理的标准化管理，也包括农产品的包装、标识、标志和市场准入管理。

4. 2006年6月27日，广州市政府常务会议通过了《广州市规章制定公众参与办法》，自2007年1月1日起施行。这是全国首部规范公众参与行政立法工作的地方政府规章。《办法》规定：凡是广州市政府规章的制定工作，不管是否与公众利益有直接的、密切的关系，公众都有权参与及提出意见。

5. 2006年7月17日，《辽宁、吉林、黑龙江东北三省政府立法协作框架协议》正式签署。按照框架协议，东北三省政府的立法协作将采取三种方式：对

于政府关注、群众关心的难点、热点、重点立法项目，三省将成立联合工作组；对于共性的立法项目，由一省牵头组织起草，其他两省予以配合；对于三省有共识的其他项目，由各省独立立法，而结果三省共享——这被分别概括为紧密型、半紧密型和分散型的协作。在工作方式上，每年年底三省政府法制办将举办一次主任联席会议，“研究确定立法协作项目和论证项目，协调立法区域协作的重大事项”；而每年一两次的立法业务会议则执行落实，具体工作由立法项目的承办处室负责。

6. 2006 年 8 月 2 日，浙江省委组织部出台《市、县（市、区）党政领导班子和领导干部综合考核评价实施办法》，该办法把基层老百姓的评价、城乡社会事业发展水平等定性定量指标，与 GDP 为代表的经济指标一起，列入对市、县（区）党政领导班子的考核评价体系。

7. 2006 年 8 月 27 日，中华人民共和国第十届全国人民代表大会常务委员会第 23 次会议通过《中华人民共和国各级人民代表大会常务委员会监督法》，自 2007 年 1 月 1 日起施行。该法规定，各级人民代表大会常务委员会的监督职责包括：听取和审议人民政府、人民法院和人民检察院的专项工作报告；审查和批准决算，听取和审议国民经济和社会发展计划、预算的执行情况报告，听取和审议审计工作报告；法律法规实施情况的检查；规范性文件的备案审查；询问和质询；特定问题调查；撤职案的审议和决定。

8. 2006 年 10 月 31 日，中华人民共和国第十届全国人民代表大会常务委员会第 24 次会议通过《中华人民共和国农民专业合作社法》，自 2007 年 7 月 1 日起施行。《中华人民共和国农民专业合作社法》对支持引导农民专业合作社的发展、规范农民专业合作社的组织和行为、保护农民专业合作社及其成员的合法权益、促进农业和农村经济的发展将产生重要的指导意义。

9. 2006 年 12 月 30 日，最高人民法院颁布施行《关于人民法院执行公开的若干规定》和《关于人民法院办理执行案件若干期限的规定》两个规范性文件。这是最高人民法院落实“规范执行行为，促进执行公正”专项整改的重要举措，也是执行工作制度化、规范化建设的具体措施。

10. 2007 年 1 月 1 日，重庆市开始推行政府管理创新的“三级改革试点”。重庆市将着力培育万州等六大区域性中心城市，并对这 6 个区进行“特别放权”——把市级行政机关的 92 项行政权项赋予这 6 个区行使。其中，许可审批权 66 项，主要用于引导、约束其基础设施配套与产业布局，提高引进和管理各类投资项目的能力和对本地区经济社会事务的管理能力；强制权 7 项，旨在保证行政管理权的有效行使；税费征管权 4 项，以增强财力；人事编制权 15 项，主要用于优化机构人事管理，提高机构运行效率。

11. 2007 年 1 月 17 日，国务院第 165 次常务会议通过了《中华人民共和国政府信息公开条例》，将于 2008 年 5 月 1 日起施行。《条例》规定行政机关公开政府信息，应当遵循公正、公平、便民的原则。《条例》同时规定，行政机关应当及时、准确地公开政府信息。行政机关发现影响或者可能影响社会稳定、扰乱社会管理秩序的虚假或者不完整信息的，应当在其职责范围内发布准确的政府信息予以澄清。

12. 2007 年 2 月 14 日，国务院第 169 次常务会议通过了《地方各级人民政府机构设置和编制管理条例》，于 2007 年 5 月 1 日起施行。这是新中国成立以来第一部规范地方机构编制管理的行政法规，填补了地方机构编制管理工作的法制空白。《条例》规定：地方各级政府行政机构应当以职责的科学配置为基础，综合设置，做到职责明确、分工合理、机构精简、权责一致，决策和执行相协调；地方各级政府行政机构职责相同或者相近的，原则上由一个行政机构承担。行政机构之间对职责划分有异议的，应当主动协商解决。协商一致的，报本级政府机构编制管理机关备案；协商不一致的，应当提请本级政府机构编制管理机关提出协调意见，由机构编制管理机关报本级政府决定。

13. 2007 年 2 月 14 日，国务院第 169 次常务会议通过了《残疾人就业条例》，于 2007 年 5 月 1 日起施行。《条例》明确规定：用人单位安排残疾人就业的比例不得低于本单位在职职工总数的 1.5%，具体比例由省级政府根据本地区的实际情况确定。集中使用残疾人的用人单位中从事全日制工作的残疾人职工，应当占本单位在职职工总数的 25% 以上；用人单位应当依法与残疾人职工签订劳动合同或者服务协议，并为残疾人职工提供适合其身体状况的劳动条件、劳动保护和符合其实际情况的职业培训，不得在晋职、晋级、报酬、社会保险等方面歧视残疾人职工；用人单位安排残疾人就业达不到其所在地省级政府规定比例的，应当缴纳残疾人就业保障金。

14. 2007 年 3 月 16 日，《中华人民共和国物权法》由中华人民共和国第十届全国人民代表大会第五次会议通过，于 2007 年 10 月 1 日起施行。物权法涉及内

容广泛，对国家基本经济制度，国家、集体和个人财产的所有权，如小区车位、车库的归属，“阳光权”，住宅所占用的建设用地以及到期后是否需要续期等等问题都作出了规定。

15. 2007年3月28日，国务院第172次常务会议通过了《生产安全事故报告和调查处理条例》，于2007年6月1日起施行。《条例》对不同等级事故组织事故调查的责任分别作了规定。特别重大事故，由国务院或者国务院授权的部门组织事故调查组进行调查；重大事故、较大事故和一般事故，分别由事故发生地省级人民政府、设区的市级人民政府、县级人民政府负责调查；有关人民政府可以直接组成事故调查组进行调查，也可以授权或者委托有关部门组织事故调查组进行调查。对于没有造成人员伤亡的一般事故，也可以由县级人民政府委托事故发生单位组织事故调查组进行调查。

16. 2007年4月1日，第四届“中国地方政府创新奖”评选活动在京启动。“中国地方政府创新奖”是中国首个由学术机构对政府行为进行科学评估的奖项。在前三届的评选活动中，共有30个地方政府的创新项目荣膺“中国地方政府创新奖”，共800多个地方政府参与了评选。

17. 2007年4月4日，国务院第173次常务会议通过了《行政机关公务员处分条例》，于2007年6月1日起施行。《条例》规定，负有领导责任的公务员违反议事规则，个人或者少数人决定重大事项，或者改变集体作出的重大决定，情节严重的，给予开除处分。

18. 2007年4月4日，国务院常务会议决定，启动城镇居民基本医疗保险试点工作。

19. 2007年4月6日，宁波市政府首次征求外来务工人员对政府工作的意见。

20. 2007年4月7日，深圳首创“民生净福利”指标体系，21项民生指标考核政绩。

21. 2007年4月8日，《中国公共服务发展报告2006》发布。报告显示，我国基本公共服务综合绩效整体处于偏低水平，其中北京、上海公共服务最优。

22. 2007年4月18日，安徽成立社情民意调查中心。该中心将作为该省社情民意调查的专业机构，担负起“民意的总汇”职责，为党政部门的科学决策服务。

23. 2007 年 4 月 24 日，上海试点以房养老新模式，65 岁以上的老年人，可以将自己的产权房与市公积金管理中心进行房屋买卖交易，交易完成后，老人可一次性收取房款，房屋将由公积金管理中心再返租给老人，租期由双方约定。

24. 2007 年 5 月 18 日，青海省人民政府第 64 次常务会议审议通过《青海省节能监察办法》，于 2007 年 8 月 1 日起施行。《办法》规定，节能行政主管部门或节能监察机构监督检查能源生产、经营，使用单位执行节能法律、法规、规章规定和节能强制性标准情况，督促、帮助被监管单位加强节能管理、提高能源利用效率，并依法处罚违反节能法律、法规、规章规定的行为；如发现被监察单位违反有关节能法律、法规、规章规定或节能强制性标准的，对其发出限期整改通知书，责令其限期改正；如发现被监察单位明显不合理用能，尚未违反节能法律、法规、规章规定或节能强制性标准的，对其发出节能监察意见书，要求采取措施予以改进。

25. 2007 年 5 月 23 日，国务院第 177 次常务会议通过了《中华人民共和国行政复议法实施条例》，于 2007 年 8 月 1 日起施行。条例的出台对于进一步发挥行政复议制度在构建和谐社会中的职能，具体弘扬我国社会主义法治理念，充分体现“以人为本、复议为民”的行政理念，实现社会的公平正义，提高行政复议质量和效率，增强行政复议的公信力和权威性，提升行政复议制度的具体化和科学化，强化其可操作性，都将产生积极的进步价值和现实意义。

26. 2007 年 6 月 9 日，国家发展和改革委员会批准重庆市和成都市设立全国统筹城乡综合配套改革试验区。国家发改委要求重庆市和成都市要从两市实际出发，根据统筹城乡综合配套改革实验的要求，全面推进各个领域的体制改革，并在重点领域和关键环节率先突破，大胆创新，尽快形成统筹城乡发展的体制机制，促进两市城乡经济社会协调发展，也为推动全国深化改革、实现科学发展与和谐发展发挥示范和带动作用。

27. 2007 年 6 月 13 日，湖北省启动贫困村“村级发展互助资金”试点工作。湖北省投入 200 万元财政扶贫资金，主要用于贫困村建立扶贫互助社和村级发展互助资金，其性质是“民有、民管、民借、民还、循环使用，滚动发展”。

28. 2007 年 6 月 26 ~ 29 日，第七届“全球政府创新论坛”在奥地利维也纳举行。应组委会的邀请，中共中央编译局比较政治与经济研究中心杨雪冬博士、陈家刚博士、周红云博士代表中国地方政府创新奖项目组参加了会议。

29. 2007年6月29日，中华人民共和国第十届全国人民代表大会常务委员会第28次会议通过了《中华人民共和国劳动合同法》，将于2008年1月1日起施行。《中华人民共和国劳动合同法》从劳动合同的订立、履行和变更、解除和终止等多个方面，进一步完善了劳动合同制度，明确了劳动合同双方当事人的权利和义务，保护劳动者的合法权益，构建和发展和谐稳定的劳动关系。

30. 2007年7月1日，《农民专业合作社登记管理条例》正式施行。《条例》旨在确认农民专业合作社的法人资格，规范农民专业合作社登记行为。根据《条例》，农民专业合作社必须经登记机关依法登记，领取法人营业执照，取得法人资格。未经依法登记，不得以农民专业合作社名义从事经营活动。《条例》规定，工商行政管理部门是农民专业合作社的登记机关，相关人员可前往农民专业合作社所在地的县（市）、区工商行政管理部门进行登记。登记机关办理农民专业合作社登记不收费。

31. 2007年7月1日，中国第一部维护农民工权益方面的地方性法规《山西省农民工权益保护条例》正式实施。该条例从就业、劳动合同到工作时间等方面对农民工应享有的权益进行了法律规定，今后在山西省就业的数百万农民工的权益保护将有法可依。

32. 2007年7月3日，《江西省行政机关实施行政许可听证办法》正式在全省实施，《办法》要求除涉及国家秘密、商业秘密或者个人隐私外，听证会一律公开举行，并允许公民、法人和其他组织旁听，接受社会监督。

33. 2007年7月3日，广州市两级法院从昨日开始正式实行“通报日执行法官全体接访”制度。根据该制度，各法院将定期（每半月或一个月）安排一天或半天集中向当事人通报执行案件的进展，并在执行案件立案通知书、执行通知书中明示执行案件通报制度或通过其他方式向当事人告知该制度。其中，每个月的第一个工作日为广州市中级人民法院执行局的“案件通报日”。

34. 2007年7月12日，重庆市政府法制办公室与重庆行政学院、重庆市公安局等单位签订《重庆市招投标管理条例》、《重庆市行政执法程序规范办法》等六个立法项目委托起草协议，此举标志着重庆市已在全国率先试行立法回避制度。今后，凡是与部门权力和利益结合过于紧密的地方法规和政府规章，重庆市都将采取委托立法的办法，以避免部门立法背后的“利益扩张”。

35. 2007年7月13日，四川省政府宣布将启动“扩权强县”试点工作，富顺、盐边、泸县等27个试点县（市）将获得更多经济管理权限，以在比较短的时间内增强县域经济发展活力。

36. 2007年7月18日，司法部部务会议审议通过《司法鉴定程序通则》，于2007年10月1日起施行。

37. 2007年7月19日，福建省总工会、省劳动和社会保障厅、省企业和企业家联合会联合下发通知，要求从今年起，在生产经营正常、建立工会的规模以上企业开展工资集体协商要约行动，力争用3年左右的时间，在全省规模以上企业建立工资集体协商要约制度。

38. 2007年7月24日，四川省省委宣布，从今年开始在3年内选聘3万名高校毕业生到农村和社区任职，并同步出台9项激励保障措施。

39. 2007年7月25日，吉林省委设立“无会月制度”，每年8月份原则上不开会。

40. 2007年7月26日，国务院总理温家宝签署第503号国务院令，公布《国务院关于加强食品等产品安全监督管理的特别规定》，自公布之日起施行。

41. 2007年7月27日，广西壮族自治区第十届人民代表大会常务委员会第27次会议通过《广西壮族自治区财政监督条例》，于2007年10月1日起施行。《条例》规定，财政部门对监督对象正在进行的财政违法行为，应当责令停止；对拒不执行的，可以暂停财政拨款或者停止拨付与财政违法行为直接有关的款项；已经拨付的，责令其暂停使用；拒绝、阻挠财政监督检查或者不如实提供相关资料的，由财政部门责令其限期改正；拒不改正的，可以对单位处以三千元以上五万元以下罚款；对直接负责人员，可以处两千元以上两万元以下罚款；属于国家公务员的，财政部门还应当建议有关部门依法给予行政处分。

42. 2007年7月31日，浙江省人事厅公布《浙江省事业单位公开招聘人员暂行办法》，规定自2007年10月1日起浙江省事业单位进人一律公开招聘。

43. 2007年7月31日，贵州省首个流动人口管理服务中心在云岩区正式挂牌成立。

44. 2007年8月1日，石家庄市政府根据《中华人民共和国行政复议法实施条例》第33条的规定首次依法公开举行了行政复议听证会。

45. 2007年8月15日，深圳公布《事业单位改革新方案》。新方案取消行政级别制，推行职员职级制。管理模式上，事业单位将建立理事会、管理层、职工大会分权制衡的治理结构。财政供给方式上，政府将不再直接“养机构、养人、办事”，而是转变为向有资质的社会组织“购买服务”。干部级别上，将取消现有事业单位的行政级别，全面推行职位职级管理制度及与之配套的人员聘用聘任制度、工资分配制度和社会保障制度。

46. 2007 年 8 月 30 日，中华人民共和国第十届全国人民代表大会常务委员会第 29 次会议通过《中华人民共和国就业促进法》，将于 2008 年 1 月 1 日起施行。《就业促进法》规定，国家把扩大就业放在经济社会发展的突出位置，实施积极的就业政策，坚持劳动者自主择业、市场调节就业、政府促进就业的方针，多渠道扩大就业。《就业促进法》还明确，劳动者依法享有平等就业和自主择业的权利。劳动者就业，不因民族、种族、性别、宗教信仰等不同而受歧视。

47. 2007 年 8 月 30 日，中华人民共和国第十届全国人民代表大会常务委员会第 29 次会议通过《中华人民共和国突发事件应对法》，于 2007 年 11 月 1 日起施行。本法对突发事件的预防与应急准备、监测与预警、应急处置与救援、事后恢复与重建等应对活动作了明确规定。

48. 2007 年 8 月 30 日，中华人民共和国第十届全国人民代表大会常务委员会第 29 次会议通过《中华人民共和国反垄断法》，将于 2008 年 8 月 1 日起施行。《反垄断法》的出台，初步界定了垄断行为的三方面具体内容，建立了反垄断的执法体系和救济途径，将为部分垄断行业的改革扫清法律障碍。

49. 2007 年 8 月 30 日，首次行政法规“立法后评估工作”全部走完预定的评估程序。首次进行立法后评估试点的是《信访条例》、《艾滋病防治条例》、《蓄滞洪区运用补偿暂行办法》、《个人存款账户实名制规定》、《劳动保障监察条例》和《特种设备安全监察条例》等六个行政法规。

50. 2007 年 9 月 1 日，《环境监测管理办法》正式施行。《环境监测管理办法》对环境质量监测、污染源监督性监测、突发环境污染事件应急监测以及为环境状况调查和评价等环境管理活动提供监测数据的其他环境监测活动作出了明确规定。

51. 2007 年 9 月 14 日，深圳市政府常务会议审议通过《深圳市政府部门责任检讨及失职道歉暂行办法》。《办法》规定，政府部门不履行或者不正确履行职责，造成严重后果或者严重社会影响的，应当向公众道歉。道歉应在事故、事件发生之日起 20 个工作日内完成，政府部门向公众道歉后，未能按承诺期限落

实整改措施的，将追究有关责任人员的行政责任。

52. 2007 年 10 月 11 日，福建省率先全面推进生态公益林管护机制改革。福建省将按照“落实主体、维护权益、强化保护、科学利用”的总体要求，在稳定生态公益林所有权的基础上，以落实管护主体为核心，将生态公益林管护的责任、限制性经营的权利、补偿与林下利用的收益有机结合起来，建立主体落实、监管到位、补偿合理的责权利相统一的管护机制。

53. 2007 年 10 月 22 日，陕西省政府 2007 年第 19 次常务会议通过《陕西省依法行政监督办法》，将于 2008 年 1 月 1 日正式施行。这一办法主要是上级行政机关对下级行政机关推进依法行政工作的督促检查、考评奖惩。重点对下级行政机关依法行政工作的组织领导、行政决策、执行规范性文件监督管理、推行行政执法责任制、依法履行职责、执行政府信息公开以及转变政府职能、依法设置机构、理顺行政管理体制、创新行政管理方式、推进行政审批制度改革等方面进行监督。

54. 2007 年 10 月 23 日，哈尔滨市政府出台《哈尔滨市诚信政府建设实施意见》，以期进一步加强诚信政府建设。该文件规定，将实行市民代表旁听市政府常务会议制度，并公开城市建设规划、商业网点规划等相关内容，公开交通行业各种行政审批事项、审批程序和审批结果。

55. 2007 年 11 月 5 日，第四届“中国地方政府创新奖”入围项目揭晓，浙江省义乌市总工会“工会社会化维权模式”等 20 个项目在 337 个申报项目中脱颖而出，成功入围第四届“中国地方政府创新奖”。

后 记

本书是以各级领导干部、政治学研究人员以及关注中国政治发展的广大读者为主要对象的参考读物。本蓝皮书紧紧围绕"和谐社会与政府创新"这一主题，不仅系统地梳理了2007年度中国政府创新理论的相关研究，同时重点介绍了国内外政府创新的若干典型经验，简要分析了中国政府创新的趋势、特征以及所存在的问题。此外，本书还收录了中国政府创新的相关数据资料和政策法规。本书附录部分，向读者介绍了两年一度的中国地方政府创新奖的概况。

中共中央编译局副局长、北京大学中国政府创新研究中心主任俞可平教授担任本书的主编，主持拟定全书的总体架构和提纲，撰写了序言。参加本书编写工作的成员及分工：杨雪冬（第一篇），周红云（第二篇），周战超（第三篇），赖海榕（第四篇），卻继红（第五篇），闫健（第六篇）。中共中央编译局当代所所长何增科研究员协助主编做了大量协调工作，江西省抚州市市长助理周战超博士负责具体的组织协调及初稿统稿工作。

由于我们的研究和编辑水平有限，加之时间仓促，本书在内容、观点、编排、文字表述等方面难免有错误与不足之处，敬请广大读者批评指正。

编　者

2007年10月16日

中国政府创新蓝皮书

和谐社会与政府创新

主　　编 / 俞可平

出 版 人 / 谢寿光
总 编 辑 / 邹东涛
出 版 者 / 社会科学文献出版社
地　　址 / 北京市东城区先晓胡同 10 号
邮政编码 / 100005
网　　址 / http://www.ssap.com.cn
网站支持 / (010) 65269967
责任部门 / 社会科学图书事业部 (010) 65595789
电子信箱 / shekebu@ssap.cn
项目负责 / 王　绯
责任编辑 / 童根兴
责任校对 / 汪建根
责任印制 / 盖永东
品牌推广 / 蔡继辉

总 经 销 / 社会科学文献出版社发行部
(010) 65139961　65139963
经　　销 / 各地书店
读者服务 / 市场部 (010) 65285539
排　　版 / 北京中文天地文化艺术有限公司
印　　刷 / 北京季蜂印刷有限公司

开　　本 / 787 × 1092 毫米　1/16
印　　张 / 32.25
字　　数 / 533 千字
版　　次 / 2008 年 3 月第 1 版
印　　次 / 2008 年 3 月第 1 次印刷

书　　号 / ISBN 978-7-5097-0078-5/D·0031
定　　价 / 78.00 元（含光盘）

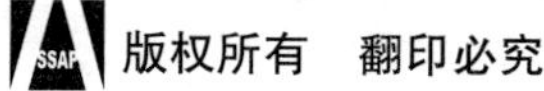

(010) 65269967